教宗史

The Popes A History

約翰·朱利斯·諾里奇
John Julius Norwich
著

黃書英 譯

AGORA
廣場

目錄

教宗史簡易年表

約 4 B.C.–A.D. 29	耶穌誕生為人並在世傳教
約 4 B.C.	伯多祿誕生
約 A.D. 28	伯多祿遇見耶穌
A.D. 64–67	羅馬大火，首次出現基督徒受迫害；伯多祿及保祿可能在此期間於羅馬殉道
66–73	猶太戰爭
132–135	猶太戰爭，猶太人被逐出耶路撒冷
約150	史料提及「國王制主教」（monarchical bishops），顯示出主教在古羅馬世界的城市裡是重要人物
180–202	里昂主教愛任紐引用福音書，攻擊異端，並強調羅馬主教的地位
180–284	羅馬帝國陷入三世紀危機中，內戰頻仍，蠻族沿各處邊界入侵，通貨膨脹失控，基督徒受到系統性的迫害
189–198	維篤一世是羅馬首位說拉丁文的主教，將遵守不同復活節慶祝日期的東方教會開除教籍
249	皇帝德西烏斯首次大規模迫害教會，遭哥德人伏擊身亡
258	皇帝瓦勒良大規模迫害教會，被波斯人俘虜
約270年代	聖安東尼開始修道運動
284–600	**晚期古代世界；基督教文化逐漸取代希臘羅馬古典文化**
301	亞美尼亞成為第一個基督教國家
303	羅馬皇帝戴克里先對教會啟動「大迫害」
306–337	君士坦丁的統治
313	君士坦丁發佈《米蘭詔書》，使基督教成為帝國合法宗教，並受優待
325	君士坦丁在尼西亞召開第一次基基督教普世大公會議，首次定義聖父與聖子關係的教義以及帝國與教會的關係
326	思維一世祝聖在伯多祿遺骸下葬之處興建的教堂；「君士坦丁獻土」成為教宗對西歐主張的根據，在約752年提出，但被證明偽造

330　「新羅馬」君士坦丁堡以基督教城市建設完成，成為東帝國首都

337　君士坦丁臨終受洗，正式成為羅馬帝國第一位基督教皇帝

343　色底卡（Serdica）宗教會議決議對各地主教對不正義的判決，可上訴羅馬主教

381　第一次君士坦丁堡宗教會議，終止亞流異端爭議；確定君士坦丁堡在教會地位僅次於羅馬，但這受到羅馬抗議

393　狄奧多西一世宣布基督教為羅馬帝國國教，並迫害其他宗教

410　羅馬主教依諾增爵一世在西哥德人掠奪羅馬後，出面善後

440–461　教宗大聖李奧一世在位；451迦克墩大公會議宗教會議，李奧一世《大卷》對基督論的觀點獲得採納，但造成基督一性論信仰者反對：452年說服匈人領袖阿提拉退兵，不攻擊羅馬；455年設法說服汪達爾人領袖蓋薩里克不要進攻羅馬，但沒成功

476　西羅馬帝國最後一位皇帝退位

529　聖本篤為西方隱修之父，擬定修道會規則，影響至大，對中古歐洲的文化保存及開發貢獻良多

535–555　拜占庭皇帝查士丁尼在義大利發動哥德戰爭，造成羅馬殘破，人口銳減

553　第五次大公會議在君士坦丁堡舉行，處理「三章之爭」，但各方皆不滿意；迦克墩教義信徒與一性論信徒持續分裂

568–774　倫巴底人入侵，並在義大利建立王國及公國，騷擾羅馬教會；拜占庭對義大利的控制急遽降低

590–604　教宗　大聖額我略一世，聖本篤修會出身，許多人認為是歷史上最偉大教宗，改革教會，建立教會音樂以及提出七死罪論點

596　額我略一世派遣坎特柏立聖奧斯丁在英格蘭重新傳教

600–900　早期中古時期

622　穆罕默德遷離麥加城到麥地那，史稱為「聖遷」，成為伊斯蘭教紀元開始

726–843　聖像崇拜爭議，726~787年為第一階段；814~843年為第二階段；此爭議造成羅馬教會與拜占庭帝國更為疏離

754	矮子丕平三世篡位成為法蘭克人國王，教宗為國王施塗油禮；丕平繼而擊敗倫巴底人，將征服土地給予教宗，為教宗國立下基礎
774	丕平兒子查理曼擊敗倫巴底國王，取而代之，但從此確立德意志國王開始干預北義大利的傳統
787	第二次尼西亞大公會議，暫時停止聖像崇拜爭議
797–802	拜占庭女皇帝伊琳娜統治
800	李奧三世在羅馬加冕查理曼為羅馬人的皇帝
849-865	「北方使徒」不萊梅總主教安司卡（Ansgar）開始在北德、丹麥及瑞典傳教
900–1300	**歐洲漸入中古鼎盛時期**
約900–950	羅馬豪強貴族狄奧菲拉克特、西奧朵拉及瑪蘿齊婭主宰羅馬政治及教宗職位
909	克魯尼的聖本篤修道院成立
約975–1025	羅馬及中部義大利貴族控制教宗位置
962	德意志國王薩克森鄂圖一世，擊敗馬札爾人，入主義大利，教宗依循查理曼前例，加冕為羅馬人的皇帝
1046	皇帝亨利三世連續罷黜三位競爭教宗職位之人，以自己意志安插德意志人擔任教宗，並進行教會改革
1054	君士坦丁堡宗主教與教宗代表開除彼此教籍，東西教會正式分裂
1058	亨利三世過世後，羅馬人起義反對改革，自行選出尼各老二世出任教宗
1073–1085	額我略七世進行教會改革，要求教士獨身，禁止買賣聖職；與神聖羅馬帝國皇帝亨利四世因聖職授予爭議而衝突，開始引進義大利南方諾曼人勢力來加以抗衡
1077	德意志國王亨利四世要求額我略七世寬恕，並解除開除教籍
1078	額我略七世正式譴責世俗權貴授予聖職.
1095–1101	第一次十字軍東征，建立耶路撒冷等四個海外政權
1098	熙篤修會（Cistercian order）成立
1113	醫院騎士團（Hospitallers）正式成立
1118	聖殿騎士團（Knights Templar）正式成立

1122　沃姆斯宗教協定（Concordat of Worms）區別出教士聖職屬靈面向以及身為地主權貴和國王臣屬的世俗面向

1130　皮洛里及弗朗吉帕尼兩大家族藉爭奪教宗職位來爭權奪利

1140　羅馬公布教會法令集（Concordantia Discordantium Canonum）（通常稱為「格拉提安法令」Gratian's Decretum），將到當時為止的教會法令進行整理

1144　修院院長蘇傑（Suger）修建聖但尼聖殿是哥德式建築第一件主要傑作

1145–1147　第二次十字軍東征

1159–1180　因為教宗與德意志國王關係緊張，造成教會分裂

1176　倫巴底聯盟軍隊在雷涅諾（Legnano）擊敗紅鬍子腓特烈一世（Frederic Barbarossa）

1177　威尼斯和約；神聖羅馬帝國皇帝紅鬍子腓特烈和教宗亞歷山大三世和解

1179　亞歷山大三世和拉特朗宮宗教會議決議教宗在未來要由超過2/3的樞機選出

1187　穆斯林領袖撒拉丁奪回耶路撒冷.

1188–1192　第三次十字軍東征

1192　森西歐・席維里（Cencius Savelli，後來教宗和諾理三世）擔任教廷財物院總長（camerarius）時，草擬「森西歐之書」（Liber Censuum），羅列屬於教宗的收入來源

1204　第四次十字軍東征，君士坦丁堡被西方基督徒攻佔，成為拉丁帝國（1204–1261）

1208　教會針對法蘭西南部卡特里派開始阿爾比十字軍征戰

1209　方濟會成立

1212　教宗伊諾增爵三世支持腓特烈二世擔任德意志國王

1215　伊諾增爵三世第四次拉特朗宮宗教會議成為博義八世禁止世俗權貴向教職人員勒索稅捐諭令（Clericis laicos）依據

1216　道明會成立

1217　第五次十字軍東征，包括征服埃及的丹米艾塔

1228–1239　第六次十字軍東征

1249–1252　第七次十字軍東征

1274　阿奎納（Thomas Aquinas）出版《神學總論》（Summa Theologiae），成為天主教會官方神學的依據

1291	馬木路克蘇丹佔領基督徒在聖地最後據點阿克雷，結束十字軍在聖地192年的歷史
1297	博義八世讓步，允許世俗政權「在緊急狀況下」得以對教職人員徵稅
1300–1600	**文藝復興時期；宗教改革時期**
1305–1378	亞維儂教宗期，所謂「巴比倫囚禁」
1307	法王路易四世逮捕多位聖殿騎士團高層，扣押資產：1314總團長莫萊受火刑處死
1308–1321	但丁《神曲》（Divina Commedia）
1337–1453	英法百年戰爭
1346–1453	黑死病散播全歐洲
1378–1417	教會大分裂
1380–1382	牛津學者約翰・懷克里夫（John Wycliffe）用中古英文翻譯聖經，並反對教會聖禮觀點、使用聖骸以及要求教士獨身
1414–1418	康士坦茲大公會議，選出瑪爾定五世，結束教會大分裂；會議譴責懷克里夫，並燒死波希米亞的揚・胡斯
1431	英法百年戰爭的法蘭西英雄阿克的貞德（聖女貞德）被火刑處死
1438	法國統治者片面強加宗教協議，切斷境內對羅馬奉獻的財源、反對某些教宗所任命的教職以及不允許部分對教宗的上訴
1448	德意志統治者片面強加宗教協議，切斷境內對羅馬奉獻的財源、反對某些教宗所任命的教職以及不允許部分對教宗的上訴
1452	尼各老五世諭令（Dum Diversas）同意西非奴隸交易
1453	君士坦丁堡被穆斯林攻陷
1455	首次金屬活字印刷的古騰堡聖經問世
1473–1481	西斯篤四世建造西斯丁小聖堂
1478	西斯篤四世成立西班牙宗教裁判所
1492	北方天主教君王攻陷南方穆斯林格拉那達，統一西班牙，強迫穆斯林及猶太人歸信，否則驅離；哥倫布發現新大陸，提供教會宣教機會

1498	道明會煽動者薩佛納羅拉（Savonarola）在佛羅倫斯活躍
1506	儒略二世發佈諭令（Cum tam divino），認定任何受教職買賣污染的教宗選舉為無效
1509	伊拉斯莫斯寫作廣為流行的《愚人頌》，指控當時的天主教會
1511	法國主導比薩宗教會議，企圖恢復宗教會議高於教宗的決議（Haec Sanctae）及定期召開宗教會議（Frequens）
1512–1518	拉特朗宮第五次宗教會議，儒略二世設法重建博義八世的教宗至高論（Unam Sanctam），反擊比薩宗教會議
1517	馬丁・路德在威登堡教堂門口公布九十五項論綱，正式宣告宗教改革的開始
1520	李奧十世發佈通諭Exsurge Domini，在譴責路德，並威脅開除教籍
1524	卡拉法（後來保祿六世）建立教士修會基廷會，明確集中在天主教改革上
1525	西班牙查理五世在帕維亞附近擊敗並擄獲法國法蘭索瓦一世，然後連續八天掠劫羅馬
1530	克萊孟七世加冕查理五世成為羅馬皇帝，是教宗最後一次加冕神聖羅馬帝國的皇帝
1534	至尊法（Act of Supremacy）使亨利八世成為英格蘭教會領袖，開啟英國宗教改革；伊格那修・羅耀拉成立耶穌會
1536	保祿三世成立專門委員會來決定天主教教會哪些面向需要改革
1536–1541	米開蘭基羅繪製《最後審判》
1542	保祿三世啟動羅馬宗教裁判法庭
1545–1563	教宗召開特倫特宗教會議，確認傳統天主教教導，同時也設定天主教教會改革項目.
1548	菲利波・內里（Filippo Neri）（羅馬使徒」，1515~1595）建立最神聖三一善會（Confraternity of the Most Holy Trinity），照顧朝聖者及病痛者
1555	奧古斯堡和約確立神聖羅馬帝國內天主教及基督新教分裂，各地子民依其政治領袖來決定信仰，算是歐洲第一次的宗教寬容條約
1559	保祿四世公布《禁書目錄》，於1966廢止

1560–1598	法國宗教戰爭
1570	庇護五世開除新教女王英格蘭伊麗莎白一世的教籍
1572	巴黎發生聖巴索羅繆大屠殺，逾三千人喪生
1598	新教徒法王亨利四世發佈南特詔令，允許稱為「胡格諾」新教徒一些宗教自由，並自己歸信天主教
1571	教宗組織神聖聯盟的聯合艦隊在勒班多摧毀鄂圖曼的海軍，解決基督教歐洲危機
1582	額我略十三世引進格里曆法
1600–1700	**巴洛可時期**
1618–1648	天主教哈布斯堡王朝與德意志境內新教強權發生三十年宗教
1633	烏爾巴諾八世譴責加利略著作，並囚禁他
1700	西班牙繼承戰爭爆發
1700–1800	**啟蒙時期**
1789–1799	法國大革命
1815	維也納會議
1854	聖母無染原罪被接受為天主教教義
1860	庇護九世因為義大利統一運動而去教宗國領土
1864	庇護九世公布《謬說要錄》（Syllabus of Errors），反擊進步、自由主義及現代文明等觀念
1869–1870	梵諦岡第一次宗教會議，超七百位主教參加，接納關於信仰的諭令（Dei Filius），肯定庇護九世1864的《謬說要錄》，接受教宗無誤論（Pastor Aeternus）
1870	義大利建國向教宗國宣戰，軍隊進入羅馬
1871–1878	普魯士首相俾斯麥發動文化鬥爭，來對付羅馬天主教
1900–現在	**教會的現代期**
1908	法國神學家阿佛列德・洛依希（Alfred Loisy）開始聖經研究的現代主義，被逐出教會
1914–1918	第一次世界大戰
1917	蘇聯共產革命

1920	本篤十五世極力阻止義大利參戰，引起協約國敵意；教宗以阿克的貞德封聖來安撫法國
1929	庇護十一世與義大利法西斯黨莫索里尼簽訂拉特朗　條約使得教宗國變成梵蒂岡城，讓教宗在現在世界政治重新立足
1933	庇護十一世與納粹協商具爭議性協議；天主教勞工運動（Catholic Worker Movement）成立
1939–1945	第二次世界大戰
1942	梵諦岡與日本建立關係
1948	以色列宣布建國
1950	庇護十二世諭令聖母升天（Assumption of Mary）教義；德蕾莎修女成立仁愛傳教會（Missionaries of Charity）
1960	甘迺迪成為第一位成為美國總統的天主教徒；約翰二十三世創造宗座基督徒合一促進理事會（Pontifical Council for Christian Unity）
1961	若望二十三世派遣特使參加在德里舉行的普世教會協會（World Council of Churches）
1962–1965	第二次梵諦岡宗教會議
1963	保祿六世任命委員會研究教會禁止的人工節育
1964	保祿六世參加在孟買的國際聖體大會（Eucharistic Congress），表示對亞洲天主教徒的關心
1965	保祿六世對聯合國大會發言，呼籲停止戰爭；保祿六世及東正教大公宗主教雅典納哥拉一世發表共同宣言，惋惜1054年發生的彼此驅逐對方離開教會
1981	若望・保祿二世遭受土耳其槍手阿里・阿加槍殺
1992	新的《天主教教理》公布
1994	若望・保祿二世獲選為時代雜誌年度風雲人物
1996	若望・保祿二世更動教宗選舉的程序
2005	本篤十六世擔任教宗，但於2013退位
2013	方濟各成為近代第一位非歐洲裔教宗，也是第一位耶穌會出身、第一位來自美洲及第一位來自南半球的教宗

圖說列表

St. Peter and St. Paul embracing. Mosaic, Byzantine school. Duomo, Monreale, Sicily/Giraudon/The Bridgeman Art Library.

The Crypt of the Popes, third century. Catacomb of San Callisto, Rome, © 2011 Photo Scale, Florence.

The Mausoleum of Theodoric. Ravenna, © 2011 Photo Scala, Florence.

Justinian and his entourage, including Archbishop Maximian. Apse mosaic. San Vitale, Ravenna, © 2011 Photo Scala, Florence.

Theodora and her entourage. Apse mosaic. San Vitale, Ravenna, © 2011 Photo Scala, Florence.

St. Gregory the Great in his study. Tenth-century ivory. Kunsthistorisches Museum, Vienna, © akg-images.

Constantine the Great presents Pope Sylvester with the tiara. Thirteenth-century fresco. Church of the Santi Quattro Coronati, Rome, © 2011 Photo Scale, Florence.

Pope Joan gives birth. Engraving, F. Spanheim. *Histoire de la Papesse Jeanne.* The Hague, 1721.

The coronation of Charles the Bald by Pope John VIII in 875. Musée Condé, Chantilly, France/Giraudon/The Bridgeman Art Library.

The Emperor Otto III. *The Munich Gospels.* Staatsbliothek, Munich, © akg-images.

Statue of the Emperor Marcus Aurelius. Piazza del Campidoglio, Rome, © 2011 Photo Scala, Florence.

Pope Innocent III. Fresco. Monastery of Sacro Speco, Subiaco, © 2011 Photo Scala, Florence—courtesy of the Ministero per i Beni e la Attività Culturali.

Pope Boniface VIII inaugurates, from the benediction balcony of the Lateran, the first Jubilee in 1300. Biblioteca Ambrosiana, Milan, © 2011 Photo Scala, Florence.

Christ presents the keys to St. Peter. Fresco by Pietro Perugino. Sistine Chapel, Rome, © 2011 Photo Scala, Florence.

Pope Alexander VI at prayer. Detail from Resurrection fresco by Pinturicchio. Borgian Apartments, Vatican Palace, Rome, © 2011 Photo Scala, Florence.

Pope Julius II. Raphael. National Gallery, London, © akg-images/Rabatti-Domingie.

Pope Pius II at Ancona. Pinturicchio. Piccolmini Library, Siena Cathedral, © 2011 Photo Scala, Florence.

Pope Leo X and his nephews. Raphael. Galleria degli Uffizi, Florence, © 2011 Photo Scala, Florence—courtesy of the Ministero per i Beni e le Attività Culturali.

Pope Clement VII. Sebastiano del Piombo. Museo di Capodimonte, Naples/Giraudon/ The Bridgeman Art Library.

Pope Paul III. Titian. Museo di Capodimonte, Naples, © 2011 Photo scala, Florence—courtesy of the Ministero per i Beni e le Attività Culturali.

Bust of Pope Paul V. Gianlorenzo Bernini. Statens Museum for Kunst, Copenhagen, © akg-images/Erich Lessing.

Pope Innocent X. Velázquez. Galleria Doria Pamphilj, Rome, © V&A Images/Victoria and Albert Museum, London.

Pope Pius VII. Jacques-Louis David. Mesée du Louvre, Paris, © RMN/Géard Blot.

Coronation of the Emperor Napoleon and the Empress Josephine in Notre Dame, December 2, 1804. Jacques-Louis David. Musée du Louvre, Paris, © RMN/Hervé Lewandowski.

Pope Pius IX and King Victor Emmanuel II. Popular print. © Mary Evans Picture Library.

Pope Leo XIII. Mass-produced popular print. Museo del Risorgimento, Milan, © 2011 Photo Scala, Florence.

Pope Pius XII at his coronation in 1939. © Mary Evans Picture Library.

Pope John Paul I, 1978. © Getty Images/Hulton Archive.

Pope John Paul II, 1981. © Press Association.

PHOTO: © CAMILLA PANUFNIK

JOHN JULIUS NORWICH is one of Britain' s preeminent historians and travel writers. He has written the histories of Norman Sicily, Byzantium, Venice, and the Mediterranean. His other books have been on Shakespeare' s history plays, on music, and on architecture.

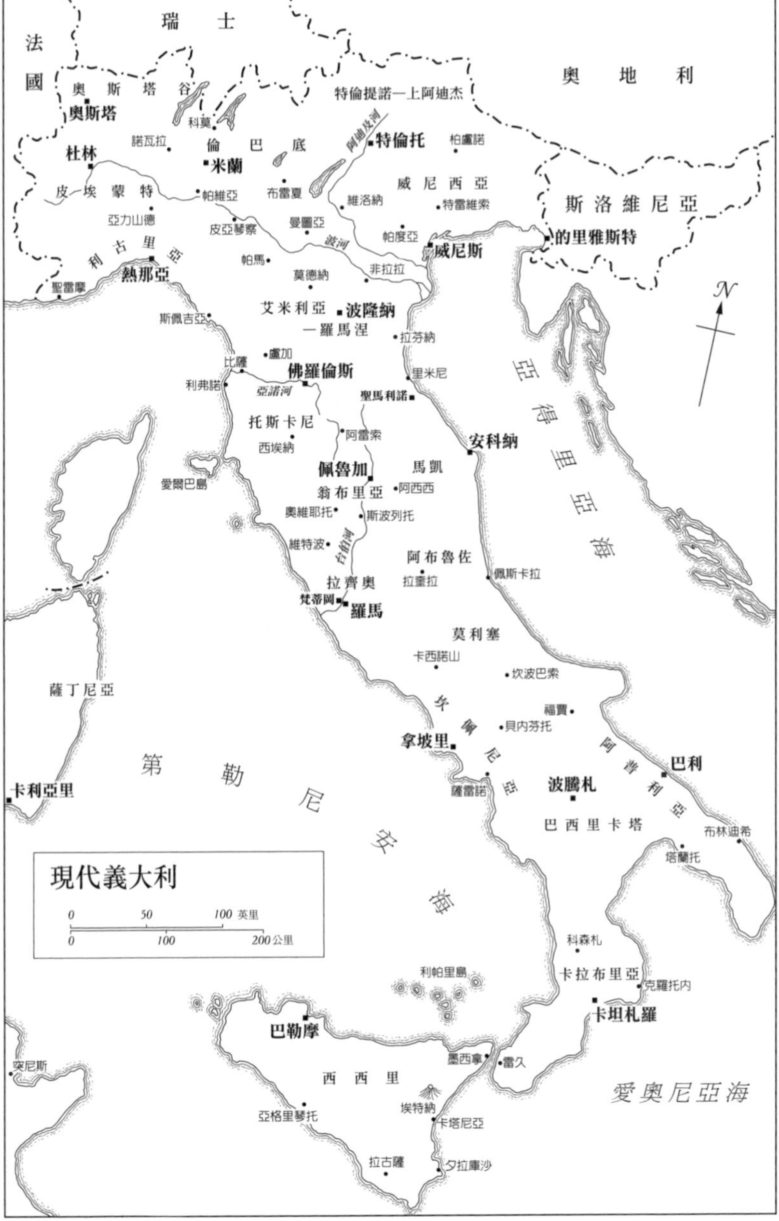
現代義大利
0 50 100 英里
0 100 200 公里
瑞士
法國
奧地利
奧斯塔谷
奧斯塔
特倫提諾—上阿迪杰
科莫
諾瓦拉
倫巴底
阿迪及河
特倫托
柏盧諾
杜林
米蘭
皮埃蒙特
帕維亞
布雷夏
維洛納
威尼西亞
特雷維索
斯洛維尼亞
亞力山德
皮亞琴察
曼圖亞
帕度亞
的里雅斯特
波河
利古里亞
熱那亞
帕馬
非拉拉
威尼斯
聖雷摩
莫德納
艾米利亞—羅馬涅
波隆納
斯佩吉亞
拉芬納
盧加
比薩
佛羅倫斯
利弗諾
亞諾河
里米尼
聖馬利諾
托斯卡尼
阿雷索
西埃納
安科納
亞得里亞海
愛爾巴島
佩魯加
馬凱
翁布里亞
阿西西
奧維耶托
斯波列托
台伯河
維特波
阿布魯佐
拉齊奧
佩斯卡拉
拉奎拉
梵蒂岡
羅馬
莫利塞
卡西諾山
坎波巴索
薩丁尼亞
坎佩尼亞
福賈
貝内芬托
拿坡里
阿普利亞
巴利
卡利亞里
第勒尼安海
薩雷諾
波騰札
巴西里卡塔
布林迪希
塔蘭托
科森札
利帕里島
卡拉布里亞
克羅托内
卡坦札羅
巴勒摩
墨西拿
雷久
突尼斯
西西里
愛奧尼亞海
埃特納
亞格里琴托
卡塔尼亞
拉古薩
夕拉庫沙
N

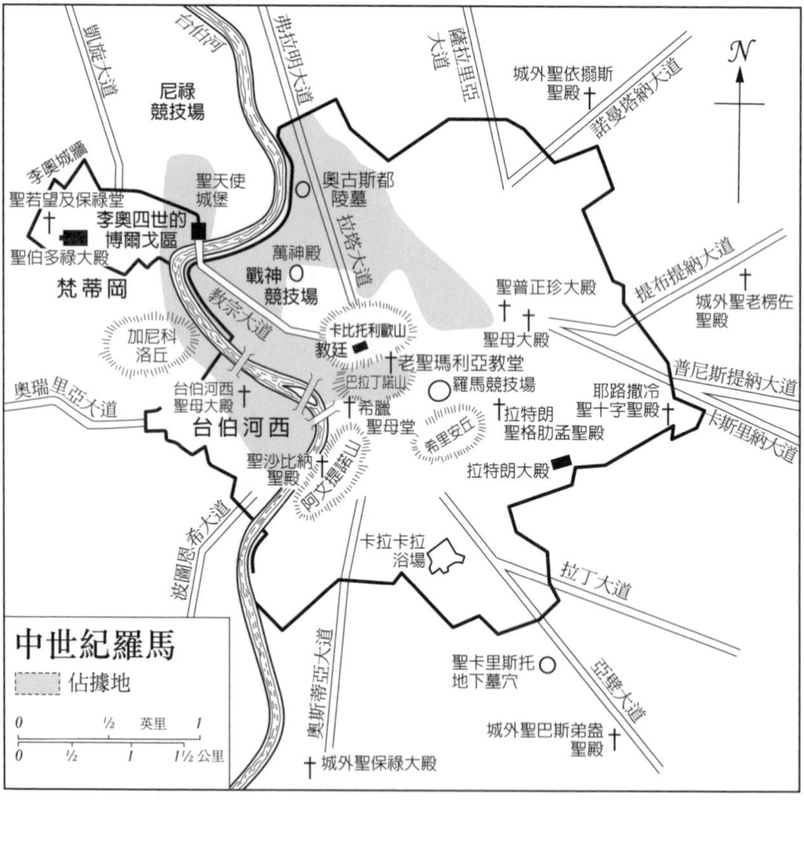
中世紀羅馬
佔據地
0 ½ 英里 1
0 ½ 1 1½ 公里
N
凱旋大道
台伯河
弗拉明大道
薩拉里亞大道
城外聖依搦斯聖殿
諾曼塔納大道
尼祿競技場
李奧城牆
聖若望及保祿堂
聖天使城堡
李奧四世的博爾戈區
聖伯多祿大殿
梵蒂岡
奧古斯都陵墓
拉塔大道
萬神殿
戰神競技場
教宗大道
加尼科洛丘
卡比托利歐山
教廷
老聖瑪利亞教堂
巴拉丁諾山
羅馬競技場
台伯河西聖母大殿
台伯河西
希臘聖母堂
希里安丘
拉特朗聖格肋孟聖殿
聖沙比納聖殿
阿文提諾山
拉特朗大殿
奧瑞里亞大道
波圖恩希大道
聖普正珍大殿
聖母大殿
提布提納大道
城外聖老楞佐聖殿
普尼斯提納大道
耶路撒冷聖十字聖殿
卡斯里納大道
卡拉卡拉浴場
拉丁大道
亞壁大道
奧斯蒂亞大道
聖卡里斯托地下墓穴
城外聖巴斯弟盎聖殿
城外聖保祿大殿

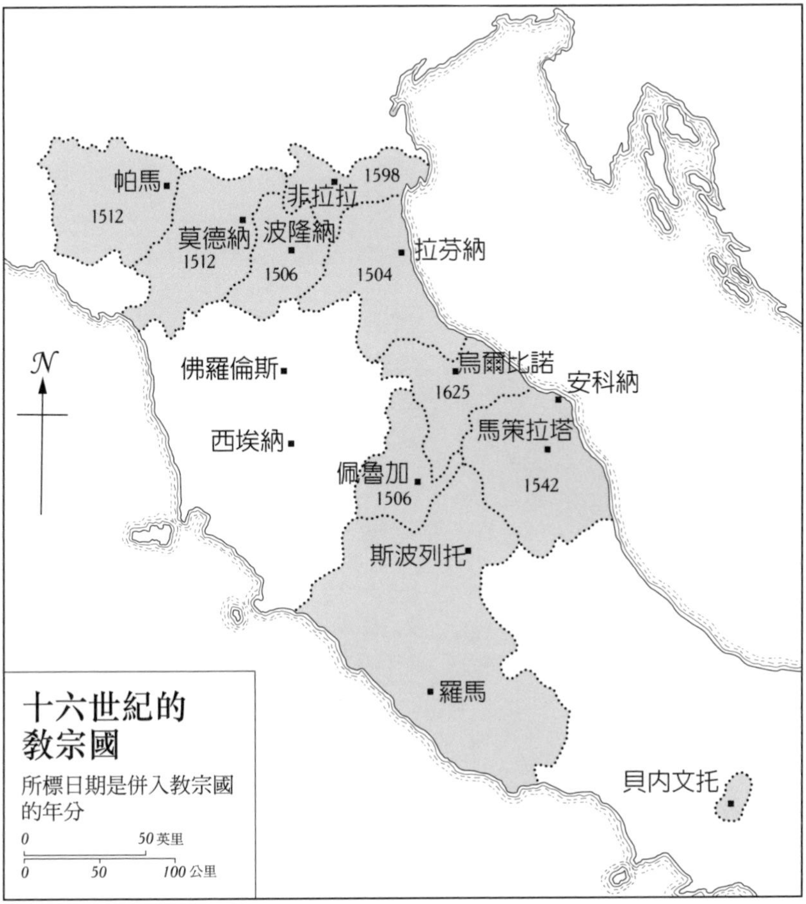
帕馬
1512
莫德納
1512
非拉拉
1598
波隆納
1506
拉芬納
1504
佛羅倫斯
烏爾比諾
1625
安科納
西埃納
馬策拉塔
1542
佩魯加
1506
斯波列托
羅馬
貝內文托
N
十六世紀的
教宗國
所標日期是併入教宗國
的年分
0
50 英里
0
50
100 公里

《教宗史》介紹及推薦

成功大學歷史系翁嘉聲教授

在人類歷史上沒有一項制度及其代表人會像教宗一樣，能在經過將近兩千年發展，至今仍有舉足輕重的世界影響力。例如教宗若望・保祿二世二〇〇五年過世時，超過四百萬人前往梵諦岡排隊瞻仰遺容，超過百國以上國家元首參與喪禮，而新聞媒體連續好幾天二十四小時轉播報導。另外，教宗為首的教廷（Holy See）雖然組織規模甚小，卻五臟俱全，與全球超過兩百個以上國家及國際組織建立外交關係，只有少數國家還沒有（包括中國及沙烏地阿拉伯）。這些使教宗本身即是有趣的現象。

但是有關教宗的歷史更關切到今天超過十億天主教信徒的信仰。宗教改革後的一般新教徒在信仰上採取「唯經」、「唯信」及「唯恩典」（*sola scriptura, sola fide, sola gratia*）的立場，讓信徒直接閱讀聖經、聆聽並回應神的話語，因信而蒙恩獲救，強調個人可以直接面對上帝。但是天主教更強調信徒必須透過在歷史中教會來詮釋、來理解上帝話語，而有兩千年歷史的天主教教會領袖教宗，正是信徒與上帝之間的中介，基督在世的代言人。這部分解釋了教宗以及教會傳統在天主教徒信仰裡的重要性。[1]這也說明了在新教方面何以常人言人殊，自創一局，各立門派。

根據《天主教法典》（*Code of Canon Law*）第二卷第二篇第一組第一章三三一條對教宗的定義，

1 「教宗史」原來的標題有*Absolute Monarchs*，「絕對的王」。

內容完整：

> 羅馬教會主教享有主單獨賜給宗徒之長伯鐸的職位，此職位亦應傳遞於其繼承人，因此教宗為世界主教團的首領、基督的代表、普世教會在現世的牧人；因此由於此職務，他在普世教會內享有最高的、完全的、直接的職權，且得經常自由行使之。[2]

根據以上定義，一部教宗史是具體而微的天主教教會史。同樣根據上述定義，教宗史書寫會有不同面向，而教宗確實曾在歷史上扮演過這許多、而且經常互補的角色。第一，教宗史是關於「伯多祿教區」（Petrine See）的理念史（history of idea）或教義史（history of dogma）。這理念的源頭是〈馬太福音〉十六章一八—一九節。基督因為伯多祿一再認出他是彌賽亞的身份，因此指定他為教會領袖：

> 18：你是伯多祿（磐石），在這磐石上，我要建立我的教會，陰間的門決不能戰勝她。19我要將天國的鑰匙交給你；凡你在地上所束縛的，在天上也要被束縛；凡你在地上所釋放的，在天上也要被釋放。[3]

歷任教宗都是根據並堅持這理念來定義及確認自己在教會裡地位；即使十四或十五世紀支持會議至上主義（conciliarism）者，都未曾否認這教宗地位來源的根據，只是對其詮釋有所爭執。

第二，教會史是自伯多祿以來兩百六十六位教宗個人的傳記歷史，這些人在《教宗史》裡提及不少，而且是本書最吸引人的部分。第三，正如個別總統與總統體制有所不同，教宗史除了教宗個人外，也是教宗體制的歷史；教宗個人生命有限，但教宗制度可以持續，而且在可預見的未來想必會繼續下去。第四，教宗從四世紀初起，便在羅馬帝國的地中海世界、中古世紀西歐、文藝復興歐洲、近代世界以及今日全球國際政治上一直扮演重要角色。天主教的普世（ecumenical）性質，使得教廷及教宗經常扮演比一般國家更國際化的角色，觸角也透過無所不在的基層教會組織而更深入，而非僅限於一國或一地而已。另外，它雖然曾有小小教宗國領土做為世俗統治（temporal rule）基地，但國力不足道也，必須借力使力來對抗強權，但教宗在屬靈上的權威曾是無與倫比，可賦予帝王合法性、號召如十字軍的大規模國際戰爭，或調停戰爭衝突。因此一部教宗史甚至是這地球上相當人數、相當面積及相當長期的世界史。

教宗制度至今已經有兩千年歷史，但曾多次面臨存亡危機，例如「巴比倫囚禁」、「大分裂」，或一八七〇年義大利建國時，教宗庇護九世被逐出羅馬，成為「梵諦岡之囚」，前途未卜。

2 http://www.vatican.va/chinese/cic/cic-libro-II-ParteII-cann330-572_zh-t.pdf（2019/12/25查閱）。本書譯「伯鐸」為「伯多祿」

3 伯多祿原來叫Simon，賽門，因為基督而改為伯多祿。*Petros*在希臘文是stone或foundation stone的意思；「馬太」在思高聖經譯為「瑪竇」。譯文取自思高聖經https://www.ccreadbible.org/Chinese%20Bible/sigao/Matthew_bible_Ch_16_.html（2019/12/15查閱）。

有時是教宗昧於時勢，如十九世紀教宗常支持君主專制，甚至譴責天主教波蘭人民起義反抗東正教沙俄的入侵，只因為教宗支持君主制度。但有時教宗則是面臨真正困難的決定：教宗面臨一戰後法西斯政權和無神論共產主義驟然崛起，以及反教權意識高漲的歐美民主國家敵意時，必須格外謹慎，步步為營，但卻常被批評者認為在一些事件上立場不夠堅定，結果出現（例如）「希特勒的教宗」這樣毀謗的作品來貶抑教廷。或許當時有人希望教宗能做出戲劇性動作或宣言，但這或許能為教宗個人爭取一些世俗讚譽，但教宗更在意的是百萬計信徒的長久福祉，所以安靜外交交涉常比高姿態及挑釁的動作或宣言，反而更能避免無謂傷害。

教宗做為一種理念、制度、個人及國際政治要角的這些面向經常會互相支援、加強，而這或許解釋教宗體制的韌性及持續。有甚於此，教宗往往在逆境中茁壯，越挫越勇，如庇護九世即使在一八七〇年成為「梵諦岡之囚」，在充滿敵意國際政治環境中卻仍勇敢召開第一次梵諦岡宗教會議，最後反而使教宗更受信徒尊重，讓受困的教廷聲望越加崇高，補足了當時低落的國際地位。一九二九年拉特朗條約雖然讓教廷從此侷限在梵諦岡一隅，但卻為教廷的國際地位立下新基礎，獲得國際保障。我個人認為現在教宗對世界關心的議題所發表言論，會比世界大國領袖更受人重視、更有份量，因為這些領袖太常受自己國家短期利益影響。我們或許不是每個人都能接受教宗對如計畫生育或同性戀的反動看法，但會相信教宗說的話會比其他世界領袖更誠懇，立場更一致，是說出自己相信的話，是出自（例如）他們對造物及生命的真誠信念。

有關《教宗史》作者John Julius Norwich，台灣讀者對他並不陌生。他三冊的拜占廷史、威尼斯史有中文譯本，都是博學多聞，又引人入勝的閱讀。他的西西里史及南義大利諾曼人歷史也一樣值得推薦。他的作品有種英國紳士「專業化業餘興趣」（professional amateurism）的氣質，有些裝出來的一派輕鬆（studied leisureliness）。他雖然博覽群籍，卻不願意掉書袋來壓迫讀者，正如英國紳士第一要務是不願造成別人不悅。他一直努力在學術準確及閱讀快樂之間求取平衡。我認為《教宗史》也是依循如此原則來書寫。但這不代表作者沒有個人意見，加上他自己也曾有在教廷工作的經驗，所以自我涉入更多。我閱讀《教宗史》後，可以感覺到正評的教宗會是什麼型態（例如比較「有效能」的教宗）；他恐怕不是人氣王波蘭籍教宗若望・保祿二世的粉絲；我也懷疑他對2013年退位的本篤十六世的批評是否太過嚴厲？但我覺得這些更加重了這本書的風格：英國紳士雖然不願造成不悅，卻不是沒意見或沒偏好的。

而如果教宗可以從理念、個人、體制及國際政治關係角色的不同角度來看，那Norwich對第三項著墨較多，然後是第四項。他在個人傳記故事上特別精彩，所以我們應該不會驚訝他為了「女教宗」會特闢一章。一般教會史或教宗史除非有特別訴求，否則不會花篇幅提這件事。稗官野史或許不是史實，卻反映出的是最先創造這故事以及後來敘述、重製這故事的人對教宗的興趣，正如現代人對女教宗的興趣或許反映出對「女力」及對教廷在制度上反女性的某種看法，所以算是廣義教宗史的一部份，是種大家對教宗所持意見的研究（doxography）。Norwich對理念及教義說得較少，這點他在個人序言也已經強調。我想真正想追求這種玄奧知識的讀者不應期望在這裡找到答案。另外，將兩千年歷史擠到原文五百頁的緊湊格局，已經是值得讚美的功夫，討論教義卻很可能打斷書寫的節奏。我想讀者對文中經常出現的「和子說」（*filioque*）可能不太會有深究的強烈意願，但也不容易想像這種問題何以在當時會造成麻煩，甚至外交決裂。大致而言，就國人閱讀來說，我想若具有良好的基本歐洲史知識，便能享受作者的博學及流暢論述，甚他至時常會發光的機智幽默，而這也是英國紳士的重要特質。

最後我就譯文本身做些評論。我覺得譯者很有耐心地進行研究，大多依循天主教習慣用法來翻譯，無論是教會組織或相關法典。譯文整體讀起來十分流暢，令人喜悅。另外，教宗是如此普世及國際化，所以我要在此強調譯者的巧思。例如英文Charles做為國王名，譯者翻譯西班牙國王為「卡洛斯」、法國為「夏爾」、德意志為「卡爾」，而在英國則是「查理」；假若四個都翻譯為（例如）「查理」，可能會造成更多混亂，也會忽略掉教宗經常要面對的是不同國家的國王。我們幾乎可以從這翻譯感覺到教廷在用不同語言和各國交涉。

類似情形也發生在教會內部譯名。例如Gregory至少有四個翻譯：正統教宗是「額我略」、對立教宗是「國瑞」、一般人是「葛戈瑞」，而改革的曆法是「格里」曆。再舉Clement一例：教宗是「克萊孟」、對立教宗「克勉」、〈「格利免」書簡〉以及聖「格肋孟」聖殿。雖然乍看之下有些困惑，但我自己首先想到的仍是譯者用心，因為有些名字特別受到教宗歡迎，如本篤、若望、李奧、額我略等等，若是先有個簡單歸類，或許會讓我們清楚一些，而不是見到不斷出現的相同人名。讀者在閱讀時，若能隨時查閱一下附錄中的教宗（及對立教宗）年表，我想會清楚很多。另外，出版社為了提供教宗與國際大事的連動，也在正文前提供簡單歷史年表。我想兩者都會有助於讀者更能欣賞這本介紹人類歷史最重要體制——教宗——的精彩論述。

前言

存在近兩千年的教宗體制，是世上延續最久的君主政體。對無數人來說，教宗是耶穌在世間的基督之代表，是神聖啟示的絕對詮釋者。對更多人來說，教宗是實現《聖經》預言的偽基督（Antichrist）。不可否認的是，羅馬天主教始於基督信仰本身；所有其他逾兩萬兩千個基督教派都是從羅馬天主教衍生或分離而出。

本書基本上是平鋪直敘的單本教宗史，已在我腦海中醞釀了至少有四分之一個世紀，一直以來也花了更久時間研究形形色色的教宗。其中幾位教宗在我四十年前所寫的諾曼人西西里史發揮重要作用，另有多位教宗也在我所寫過的史書中位居要角，包括威尼斯、拜占庭和最近所寫的地中海。我甚至可以透露一些自己在梵蒂岡的個人經歷，我曾在那裡的圖書館工作，私下覲見過兩位教宗，庇護十二世（Pius XII）和保祿六世（Paul VI），後來有幸以勤務身分，加入代表英國女王的諾福克公爵（Duke of Norfolk）去參加後者的加冕典禮。此外，我清楚記得未來的若望二十三世（John XXIII），他當時在巴黎擔任教廷大使，我父親當時在那裡擔任大使，而未來的若望・保祿一世（John Paul I）當時是威尼斯宗主教。

但本書談的是歷史，不是個人回憶錄。因此我無法詳述整個故事，因為對一本書來說篇幅會太長，而且會顯得冗長乏味。早期許多教宗只是徒留稱號，但其中有一位女教宗瓊安（Joan），我忍不住為她寫下一則短篇章節，儘管她從未存在過。本書自然要從第一位開始談起，聖伯多祿（St Peter）；但在他之後的一千年裡，大部分故事是片段而非連續，並側重於那些創造歷史的教宗，例如，保護羅馬不受匈人和哥德人侵害的大聖李奧一世（Leo the Great）；為超凡卓越的查理曼加冕的李奧三世（Leo III）；勇敢的大聖額我略一世（Gregory the Great）和其繼任者們與一任又一任皇帝爭奪至高無上的地位；依諾增爵三世（Innocent III）與悲慘的第四次十字軍東征。後面的章節會談到亞維儂教廷（Avignon）的「巴比倫囚禁」（Babylonian captivity）；文藝復興全盛期的醜陋教宗，尤其是波吉亞家族（Borgia）的亞歷山大六世、儒略二世（Julius II）、出身美第奇家族的李奧十世（Medici Leo X，「上帝賦予我們教宗地位，就讓我們享受這權力」）；反宗教改革的教宗們，尤其是保祿三世（Paul III）；時運不濟、不得不對抗拿破崙的庇護七世（Pius VII）；與他同樣封號，卻更時運不濟的庇護九世（Pius IX），在義大利統一的風暴中引領教廷，卻經常挫敗。

來到二十世紀初時，我們要特別關注非凡的李奧十三世（Leo XIII），接著是兩次世界大戰時期的教宗，即本篤十五世（Benedict XV）與令人厭惡的反猶太主義者庇護十二世（Pius XII），以及相較之下受人愛戴的若望二十三世（John XXIII）。在簡略談一下不幸的保祿六世（Paul VI）後，會談到現代最重要的教宗之謎，若望・保祿一世（John Paul I）在任期不到一個月後便離奇過世。他是遭到謀殺嗎？我在調查這個謎團之初時，覺得他可能是遭到謀殺；但現在我不太確定了。最後要探討的是令人驚嘆的若望・保祿二世（John Paul II）現象。至於本篤十六世（Benedict XVI），我們只能拭目以待。

教宗史可以像其他類型的史書一樣，從各種不同的角度撰寫。本書基本上是從政治、文化和社會的角度撰寫。難免偶爾會提到基本的教義，以便解釋亞流異端（Arian Heresy）、與東正教的大分裂、阿爾比十字軍（Albigensian Crusade）、宗教改革、聖母無染原罪（Infallibility and the Immaculate

Conception），但我會盡量避開神學，這塊領域是我沒有資格發表意見的。在寫書的過程中，我跟隨著許多教宗的腳步探究，其中有不少教宗似乎對自己的世俗權勢更有興趣，而非自身的屬靈安適感。

讓我再說一次，正如我以前在無數場合所聲明：我不是學者，我的書不是學術研究的成果。本書可能不會包含任何專業教會歷史學家不清楚的重要資訊；但本書也不是為教會歷史學家所寫。正如我所寫的其他著作，本書是給一般讀者閱讀，不論是否為信徒，只要願意稍微多瞭解教宗背景，無論如何，這段歷史都是令人嘆為觀止的故事。

一如既往，我努力維持輕鬆的筆調，當然也絕不會為了娛樂而刻意犧牲歷史的精準度，不過這往往無法完全保證，尤其是頭幾個世紀，但遺憾的是，確實仍會遺漏無數精彩且可靠的故事和軼事。有些故事能為教宗增光，有些則無法；我只能說，身為不可知論的新教徒，我絕對不懷私心，更無意粉飾或奚落教宗體制。我只是想研究這個或許是有史以來最令人驚嘆的社會、政治和屬靈組織，並竭盡所能以真實、客觀和精準的角度記述。

約翰・朱利斯・諾威治
倫敦
二〇一〇年十月

第一章 聖伯多祿（一—一〇〇）

以普遍接受的觀點來說，第一位教宗是聖伯多祿（舊譯彼得）。對我們多數人來說，他也是眾所周知的人物。我們會在無數教堂看到他的肖像，例如油畫、壁畫或石雕：一頭捲曲的白髮、剪短的鬍子、腰間晃動的鑰匙串。聖伯多祿有時站在聖保祿（St Paul，舊譯保羅）身旁，有時站在他對面，而禿頭、留著黑色鬍子的聖保祿手持書本和劍。他們代表教會的共同使命：伯多祿對離散的猶太人（Jews of the Diaspora）宣教，保祿則對外邦人（Gentiles）。伯多祿本名賽門（Simon），或西門（Symeon）。（說來奇怪，這兩個名字毫無關聯，第一個名字源自希臘文，第二個名字源自希伯來文，但在其出生地加里利的伯賽大〔Bethsaida in Galilee〕，這兩種語言是通用的。）他最初的職業是漁夫，而且相當有成就。弟弟安得烈（Andrew）與西庇太（Zebedee）的兒子雅各（James）和約翰是合夥關係；他似乎有自己的漁船，肯定能雇用一群幫手。聖約翰稱他的弟弟安得烈為施洗者約翰（John the Baptist）的門徒，賽門第一次見到耶穌可能是經由施洗者約翰。不論如何，他很快成為第一批門徒，接著成為基督挑選出的十二名使徒之一——或許可將他們視為以色列十二個部落的代表；他晉升到首位身分（pre-eminence）時，聖馬太（第十六章，第十八—十九節）在該撒利亞腓立比（Caesarea Philippi）記述道，耶穌告訴他：「你是伯多祿、我要把我的教會建造在這磐石上……我要把天國的鑰匙給你。」聖伯多祿大殿（St Peter's Basilica）內的圓頂底部周圍刻著這段文字的拉丁文版，而這段文字也是羅馬天主教會整體結構的依據。

伯多祿如今是家喻戶曉的名字，若得知這個詞原本不是名字，一定令人驚訝，但確實是一般名詞：阿拉姆語（Aramaic）是「kephas」，翻譯成希臘文是「petros」，意思是磐石。耶穌確實將這名字賜給賽門，這點幾乎是毫無疑問的；聖馬可和聖約翰也都在福音中證實此事，儘管約翰的版本較晚，而且兩人對此事件發生的場合確實記載不一致。然而《馬太福音》是唯一加入耶穌說明選擇此名字的理由的福音書，此一添加也讓學者認為這整段文字可能是後來的添寫。此事未出現在其他福音也是讓人起疑的原因，儘管有許多其他事件也是只由一位福音作者記述，也沒有引來異議。較強烈的異議是「教會」（church）一詞，希臘文是「ecclesia」，在所有四部福音中只出現在兩處，另一處[1]的前後文也因其他原因而引人起疑。無論如何，耶穌是否真的這麼早就已在思考建立教會？

若耶穌從未說過這些話，那羅馬天主教會就不是建立在磐石上，而是建立在非常不穩固的基礎。但就算他說過這段話，仍存在另一問題：他這段話究竟是什麼意思？是否由伯多祿建立教會後，接著會有無數繼承人，而每位繼承人都依序繼承伯多祿的使徒授銜？若是如此，是以什麼資格繼承？確實以羅馬主教來說，那是耶穌從未提過的城市，對他而言，耶路撒冷更為重要。這類證據表明他沒有建立教會之意。

那麼伯多祿究竟發生了什麼事？不論是他或其同行聖保祿的事蹟，《新約聖經》實際上隻字未提。按照非常早期的傳統說法，他們兩人在公元六四年都身在羅馬，此時這座城市各地遭逢大火肆虐。尼祿皇帝在大火期間遭指控「彈琴」，或者說談魯特琴唱歌，後來有傳聞是由他縱火。塔西圖斯（Tacitus）說：

為擺脫這謠言，尼祿將罪責歸咎於一群在當時因行徑令人反感而遭人厭惡的群體，也就是眾人所稱的基督徒。他們在承受各種奚落下被處死。他們被迫穿上獸皮，活生生被群狗撕裂咬死，另有些人被釘在十字架上，或被火燒死。尼祿甚至為了公開示眾而開放自己的御花園，在競技場內行刑。

按此傳統說法，伯多祿和保祿都是受害者。然而《使徒行傳》（The Acts of the Apostles）中又未提到此事，實在令人惱火，而這本書是由聖路加（St Luke）在迫害事件後不久所撰寫，而我們知道聖路加是跟隨保祿前往羅馬的。這本書甚至未提到保祿殉道，只在倒數第二節提到他在羅馬待了兩年；至於伯多祿，他在這本書第十二章一半後就永遠消失了，只簡單交代幾句：「他離開了，前往其他地方」。接著重心便轉向保祿，一直到結尾都以他為主。

有許多疑問原本是路加可以解答的。伯多祿是否真的自己要求頭朝下倒釘在十字架上？他是否真的被釘在十字架上？他是否真的到過羅馬？他確實有理由前往羅馬，因為他受託向猶太人傳教的使命，當時約有三、四萬猶太人住在羅馬，而羅馬教會創立之初時，大部分為猶太人。但《新約聖經》中完全沒有他曾前往羅馬的證據。保祿在約公元五八年寫《保祿書信》（Epistle）給羅馬人時，他似乎不在羅馬。《保祿書信》末章列出作者致意的冗長名單中，也未出現伯多祿的

1 《馬太福音》第十八章第十七節。

名字。他當時若真死於羅馬，就不可能待得很久，當然就不會久到足以創立羅馬教會，不論如何，羅馬教會當時已開始成形。同樣值得一提的是，沒有同時代或接近同時代的參考資料可證明伯多祿擔任過主教；而且根據所有跡象，公元第二世紀前羅馬甚至沒有主教。[2]

不過，有兩筆證據表明伯多祿確實造訪過羅馬，並在羅馬過世，雖然都不是確鑿的證據。第一筆證據來自他自己所寫的《伯多祿前書》，倒數第二節提到：「她（推測是指教會）在巴比倫……問你們安。」這句話乍看下毫無道理，後來發現巴比倫公認是象徵羅馬的名稱，《啟示錄》中以此意思的寫法不下四次。第二筆證據是革利免（Clement）的書信，他是羅馬司祭（presbyter），或稱教會長老，通常被列為第三、四位教宗，他本人似乎認識聖伯多祿。[3]此書信是在公元九六年寫給科林斯（Corinth）的教會，那裡曾發生嚴重糾紛。信中的關鍵段落如下（第五章）：

> 我們來看伯多祿，由於不公正的嫉妒，他忍受了不止一次、兩次，而是無數次的審訊；他這樣作見證後，就到命定為他得榮耀的地方去了。我們又來看保祿，由於別人的嫉妒和紛爭，他用自身的榜樣為我們指明了一條因忍耐而得賞賜的道路。他七次受鎖鏈捆綁，還被迫逃亡，被石頭毆打，但他將福音傳遍了東西方，因此為自己的信仰贏得了真實的冠冕。[4]

我們自問不下千次，為何早期的教父們在記述時要如此拐彎抹角？為何不清楚說明他們是否殉道或被釘上十字架？不過，我們知道保祿是在尼祿迫害期間死亡（據特土良〔Tertullian〕記載，他是被斬首），而革利免同時提到這兩人，強烈暗示伯多祿也遭遇類似的命運。可以肯定的是，到了第二世紀中葉時，世人普遍認為伯多祿和保祿皆在羅馬殉道，認識他們兩人者的後代至此時已是孫子世代。有兩個地方甚至與他們殉道有關連：並非特指類似基督徒墓窖的墓地，而是無特定教派的墓地，一處在梵蒂岡山，另一處是在通往奧斯提亞（Ostia）的路上，在城牆外。

大約在公元三二〇年，羅馬皇帝君士坦丁決定在梵蒂岡山為聖伯多祿建造聖殿時，他明顯確定要建在那個特定的位置，而非其他地方。這也為他增添無數艱辛的挑戰。他選擇的地點是在陡峭的山坡上，而非較為平坦的山腳處，因此必須在山坡處挖掉大量泥石，在下方建造三排沉重的平行牆，在三座牆之間的空間填入泥土。此外，這塊選定的場址原本就是一大片墓地，到處都是墳墓，而且仍在使用中。成千上百處墓地一定遭到毀壞，褻瀆了成千上萬具遺體。他們沒有時間拆除墳墓，只是簡單拆除墓頂，然後填入碎石，成為新聖殿的基地，順帶一提，此作法後來由二十世紀考古學家證實反而是件幸事。皇帝建造的這座新聖殿的方位也令人不解：與禮拜儀式中的

2 公元第二世紀初在羅馬所寫的論著《神牧啟示錄》（The Shepherd of Hermas），總是談到「教會的統治者」或「主持教會的長老」。很難說誰是第一位真正的教宗，或最高主教；但教會成形過程似乎是在啟德（Anicetus）時期完成（約一五五—一六六），不過在第三世紀前，羅馬的基督徒會眾仍存在分裂危機。

3 至少根據傳說，後來革利免被流放到克里米亞（Crimea），被綁在錨上後投入海裡殉道而亡。

4 譯註：經文中譯版引自黃錫木主編的《使徒教父著作》（https://bkbible.fhl.net/AF/readaf.html）。

座東朝西相反。這一切只出於一個原因：君士坦丁直接在此位置建造聖殿，是因為他認為這是聖伯多祿的埋骨處。

他是對的嗎？或許是。還有一筆接近當代的證據。歷史學家優西比烏（Eusebius）[5]引述羅馬司鐸蓋斯（Gaius）在公元約二〇〇年留下的文字：「你們若前往梵蒂岡或奧斯提亞大道，便能找到教會創立者的紀念碑。」奧斯提亞大道與聖保祿之間的關聯不是我們所關心的；但提到梵蒂岡，確實暗示了梵蒂岡山上明顯有紀念聖伯多祿的地方，而梵蒂岡山當時是開放的墓地。

第二次世界大戰後不久在梵蒂岡墓窟（聖殿的地窖，君士坦丁的教堂下層）進行考古挖掘後，出土了一座兩層三壁龕建築，稱為「aedicula」，最早可追溯至公元一六〇至一七〇年。壁龕前方有幾處更早期的墓地，此一事實可能比最初看來更重要。這些墓地沒有墓碑或石棺，因此無法確定墓主是基督徒或異教徒；不過在羅馬，至少在第二世紀中期前，遺體通常是火化的；而這一處舊墓地沒有火葬，表示是留給有特殊信仰的人，因此墓主可能是基督徒。此外，墓地有大量許願硬幣，有幾枚最早的硬幣是源自第一世紀，顯示這裡曾是多人造訪的聖殿。

因細節冗長而複雜，礙於篇幅無法在此詳述，[6]這座壁龕現在公認是蓋斯所說的「紀念碑」。更有甚者，教宗庇護十二世在一九五〇年耶誕文告中胸有成竹地聲稱這裡是聖伯多祿的墓地。這在第二世紀末的羅馬似乎是眾人普遍相信的事；但似乎也無可避免地引來異議。伯多祿不像保祿那樣是深具涵養的羅馬公民；他是未受過教育的加里利漁夫。如果他遭到處決，不管是否被釘上十字架，他的遺體通常會被投入台伯河（River Tiber），實在難以尋獲。如果他跟其他遭到尼祿迫害的無數受害人一樣被火燒死，他的遺體便不太可能保留下來。那麼這座壁龕可能比較像是某種用於紀念的衣冠塚，而非陵墓。

我們可以永無止境地猜測下去，永遠無法確定答案。從另一角度來說，我們也不一定要找到答案。就算這一座神祕的建築物與聖伯多祿無關，他也可能到過羅馬。那裡若真是他最後的安息之處，仍不足以支撐所有接任教宗有權主張繼承他的神聖使命。

而這點確實是問題的癥結所在。若要接受聖馬太的證詞，伯多祿的功用就是要成為教會的基石；按定義來說，基石是獨一無二的。羅馬天主教會和東正教會都接受的使徒傳承（Apostolic Succession）教義，認定主教代表直接承襲自使徒的屬靈血統，且連續不斷，因此擁有某些特殊權力，包括確認教徒身分、任命司鐸、為其他主教祝聖。至目前為止都很順利；但《新約聖經》中未提到他們可以從伯多祿那裡繼承這獨特的使命。

所以我們能從中得出什麼結論？聖伯多祿很可能真的到過羅馬，並在那裡殉道，可能就在梵蒂岡山某處。而那裡也可能是他的遺體埋葬處，也就是第二世紀後期形成的聖髑龕位置（不論是否確實）；可惜仍有太多疑問，讓人信心大打折扣。伯多祿很有可能未建立羅馬教會，他在殉道前似乎只在羅馬待一小段時間，當時他不太可能是我們現今所認知的教區主教（diocesan bishop），如同現今的教宗也是羅馬主教。他的地位後來在第二世紀期間獲晉升，明顯原因是羅馬教會要在

5 《教會史》（*Ecclesiastical History*）。

6 欲知細節的讀者可參考湯恩比（J.M.C. Toynbee）和瓦德帕金（J. Ward-Perkins）的《聖伯多祿大殿與梵蒂岡出土文物》（*The Shrine of St Peter and the Vatican Excavations.*）。

眾教會中取得有效的首位身分——主要是因為帝國首都的聲望——為其地位尋求正當性；於是以《馬太福音》第十六章第十八節為依據，不用捨近求遠。

現在先說回聖伯多祿本身。他是什麼樣的人？他一定有其缺點，各福音書中並無意隱瞞（除了《路加福音》）；單就他否認與基督的關係一事，若非主的寬容，他的職涯可能就此結束。他後來又動搖信念，缺乏自信；在保祿寫給加拉太人的書信中有一段難以理解的段落，講述兩人在安提阿發生的爭執，伯多祿一開始跟外邦人一起吃飯——他經常如此向對手屈服，而在這種情況下，強硬的猶太基督徒擔心他因此有違猶太教規——後來拒絕這麼做。[7]從他拔劍割下大司祭僕人的耳朵來看[8]，他可能是衝動暴力之人。然而從一開始，他是基督門徒公認的領袖，這點幾乎是毫無疑問的。三部福音的作者[9]每次提到一小群人時，總是會先提到伯多祿的名字。他始終也是這群人的發言人。他所受的教育確實沒有同行者高，那他怎麼會成為領袖？而且他後來在學習希臘語上有很大的困難；但他肯定天生具備某種特質，能讓人一眼看出而在同輩中脫穎而出。最後他成了第一位見到基督復活後顯現的門徒（若我們要相信聖伯多祿的話）。[10]

伯多祿殉道之時——若真是殉道而亡——以任何標準來看，他的一生相對來說漫長而令人驚嘆。他一開始是樸實的加里利漁夫，由世上最有領袖魅力的導師收為門徒，且幾乎是立刻被選為得力助手。雖然他後來的事工對象是猶太人，但他是在耶穌十字架受難後，第一個向外邦人開放基督信仰，不要求他們先行割禮和歸信猶太教而為他們施洗，此讓步行為對考慮歸信的中年男子來說無疑是減輕不少負擔，卻引來猶太基督徒的激烈反對，這可能也是他被希律王監禁的原因之一[11]，而希律王從未就此提出合理解釋。在他逃亡後，似乎將教會領導權交給雅各（「主的兄弟」），並在妻子[12]的陪同下開始轉往小亞細亞傳教，接著在公元六〇到六五年期間在羅馬定居，是首批使徒中唯一前往西方者。

有人認為他在世時可能不是傳奇人物。但在接下來兩百年期間，他逐漸被視為教會早期的英雄，也是教會的重要神祕元素。《馬太福音》中記載的十二字短文（聖伯多祿大殿內圓頂底部周圍刻的拉丁文版只有十個字），才是建立基督教會的真正磐石，而非伯多祿本人。但在第四世紀初，在公認是他的埋骨處興建起第一座聖殿，無疑要以他的名字命名。

7 《加拉太書》第二章第十一節至十四節。

8 《約翰福音》第十八章第十節。

9 《馬太》、《馬可》和《路加》三部福音有大量相似之處。《路加》是第一部寫成的福音，被當成另外兩部福音的架構。後來撰寫的《約翰福音》在內容、風格和觀點上與前三部完全不同。

10 《哥林多前書》第十五章第五節。也參見《路加福音》第二十四章第三十四節。

11 《使徒行傳》第二章第四節。

12 《哥林多前書》第九章第五節。值得一記的是，耶穌的第一批使徒都是已婚，且一直維持婚姻；保祿自稱例外。那為何天主教聖職人員都必須獨身？

第二章　城市的守護者（約一〇〇—五三六）

第二世紀時，羅馬的基督徒人數不斷增長，發展出自己的組織，但仍長路漫漫，其結構也不斷在變。最初的會眾幾乎由猶太人組成，但猶太人數此時已在下降：他們的領袖雅各被處決後，公元六六年時，許多人從耶路撒冷移民到佩拉（Pella，現今的約旦王國）。羅馬的基督徒會眾此時絕大多數為外邦人，而且與日俱增。

教會是如何管理的？雖然里昂的聖愛任紐（St Irenaeus of Lyons）提供了最初十三位「教宗」名單，從聖伯多祿到他的友人義祿（Eleutherius，約一七五—一八九年）為止，但須緊記的是，一直到至少第九世紀，教會高階成員才普遍使用教宗頭銜（Pope，源自希臘文「*papas*」，「仲父」），羅馬當時甚至不是我們現今所認知的主教轄區（diocese），羅馬教會的說法在當時也未普遍為人所接受或受到重視。畢竟羅馬帝國在當時有自己的國教，儘管沒有多少人信奉，但各地基督徒仍被告知要保持謹慎低調。尼祿迫害的惡夢結束了，但迫害仍有可能再度爆發，而且確實又爆發了。舉例來說，在圖密善皇帝（八一—九六年在位）的統治下有一段不幸的時期，他妄想自己是神，堅持要人民奉他為「主和神」（*dominus et deus*, master and god）；對基督徒來說幸運的是，他在宮廷叛亂中遇刺身亡，於是他們很快將他的下場視為天譴。

第二世紀上半葉，幾位皇帝對基督徒臣民的態度，與其說是仁慈，不如說是漠不關心：自公元九六年至一六一年的圖拉真（Trajan）、哈德良（Hadrian）、安敦寧・畢尤（Antoninus Pius）皆傾向於放任基督徒不管。但由於此時帝國幅員遼闊，並非所有省分的總督都採取如此開明的觀點。偶爾會有藉口發動大屠殺；此外也有公眾要求在競技場公開屠殺他們並餵食野獸。當時兩位最傑出教徒，安提阿主教聖伊格那修（St Ignatius，第一位以宗教意義使用源自希臘文的「catholic」撰文，意即「普世」，universal）和其朋友，士麥那主教聖坡旅甲（St Polycarp，聖保祿的擁護者，可能是部份《保祿書信》的作者），兩人都殉道而亡，前者在約一一〇年被投入競技場餵食獅子，後者在約五十年後原本被施以火刑柱無果，後遇刺身亡，得年約八十六歲。

伊格那修和坡旅甲都是黎凡特地區的人（Levantine），這說明了早期羅馬教會的另一問題：基督教本質上是黎凡特的宗教，大部分仍以東地中海的希臘語世界為中心。以歷史的角度來看，教會在小亞細亞、埃及、敘利亞和希臘興起，遠比義大利的少數會眾更為重要，這要感謝聖保祿和其繼承人。亞歷山大港此時是帝國的第二大城市，而安提阿是第三大城，基督徒（Christian）一詞一開始就是在此地使用。以智識的角度來看，這些城市當時都比羅馬更傑出。儘管希臘語是基督教在禮拜儀式中第一個使用的語言，到第四世紀中期前一直是主要語言，就算在羅馬也是，而且第一和第二世紀在羅馬的教宗幾乎都是希臘人，但沒有任何教宗證實是真正卓越的思想家或神學家，或甚至行政官。他們與安提阿和士麥那的主教們和其朋友確實不屬於同一個知識分子圈。

但羅馬教會對此願景並無興趣，這點不足為奇。前兩百年的教宗是為了建立至高無上的地位而存在。正如他們一直以來所提到，羅馬不只是帝國首都，也是教會早期兩位出眾的偉人，伯多祿和保祿的埋骨處。奇特的是，羅馬事業中最有發言權和說服力的擁護者聖愛任紐也是黎凡特人，他在幼年時聽坡旅甲講道，因此被認為跟他一樣是在士麥那出生。但他在西方定居，在一七七年發生恐怖迫害後不久成為里昂主教。這場迫害是由強烈反基督徒的馬可．奧理略（Marcus Aurelius）發起，他是哲學家皇帝，本不該有此行徑。對愛任紐來說，羅馬教會是「偉大而輝煌的教會，出於至高無上的地位，所有虔誠的教會，不論身在何處，必須以其為中心。」

馬可．奧理略的兒子康茂德（Commodus）接任其皇位，通常被視為羅馬最凶狠的皇帝。第一位結合學術研究與幽默感的偉大歷史學家愛德華．吉朋（Edward Gibbon）說：

> 他成日沉溺於後宮三百名來自各省和階層的美女與同等數量的孌童中；若他們的誘惑技巧無法滿足皇帝，他便化身殘酷情人，以暴行處置。古代歷史學家不顧常理或禮教的約束，詳細描述這些放縱荒淫的場面；但要將其描述內容忠實翻譯成得體的現代語言並不容易。[1]

皇帝的性情偏激與日俱增，更以海克力士（Hercules）自居，定期在競技場舉辦競賽，屠殺為數可觀的野獸，甚至以格鬥士身分下場挑戰。據說他以此身分下場不下七百三十五次，且無戰不勝——這結果是不言而喻。遭遇暗殺也是遲早的事，他在一九二年十二月三十一日被摔角手冠軍勒死，但這下場也在情理之中。

但對基督徒來說，在康茂德的統治下生活，遠比在他父親任期間更容易，甚至出現史上第一

1 吉朋，《羅馬帝國衰亡史》（*The Decline and Fall of the Roman Empire*），第四章。

位（幾乎可以肯定也是最後一位）掌控三百人後宮，同時也是基督教會長老的宦官雅辛托斯（Hyacinthus）。多虧了他和皇帝最寵愛的妃子瑪西婭（Marcia），教宗維篤一世（一八九—九九）若未與羅馬以外所有教會激烈爭執關於復活節的日期時，便趁此空檔滲透入皇宮，進一步為他的信眾謀取利益。至少有一次他得以成功救出一群基督徒，讓他們免於被迫到薩丁尼亞島（Sardinia）的鐵礦和銅礦場當苦工的悲慘命運。

✠

到了第三世紀初，教宗仍努力在亞洲各教會間建立權威，且穩步發展。有時會發生各種迫害，端看統治皇帝的態度，偶爾甚至看他們的心情；但由於兩位懷有最深敵意的皇帝，德西烏斯（Decius）[2]和瓦勒良（Valerian），基督徒因而聲名大噪，這兩位皇帝的結局都相當悽慘（圖密善也是）：德西烏斯於二四九年被哥德人屠殺，瓦勒良後來被波斯國王沙普爾一世（Shapur）俘虜十一年，餘生都被他用來當作上馬的墊腳臺。幸而瓦勒良的兒子和繼承人加里恩努斯（Gallienus）非常明智，與父親的政策大相徑庭，不但允許帝國各地的基督徒自由禮拜，也允許他們宣教。此時有許多互相競爭的宗教，包括信奉太陽神索爾（Sol Invictus，無敵太陽）的神祕教派密特拉教（Mithras），當然還有古老的奧林匹斯山諸神崇拜，這是由正式祭司以古老傳統的形式流傳，而非活的信仰（living faith）；但在羅馬，基督徒的人數已超越所有異教徒。

此時只有一個問題：羅馬正急遽衰退，越來越脫離新的希臘化世界。義大利半島各地的人口日漸減少；皇帝的主要敵人波斯不消數星期到數月便能攻來。甚至在二九三年，皇帝戴克里先（Diocletian）將帝國一分為四，以尼科米底亞（Nicomedia，現今的伊茲密特，Izmit，在馬摩拉海的東北角，

Sea of Marmara）為首都，至於另外三位共治皇帝都不想住在嚴格來說仍算是帝國首都的羅馬。帝國的重心轉往東方。義大利成了與世隔絕之處。沒有了皇帝，教宗成了羅馬最重要的人物；但羅馬此時已成了悽慘破敗的城市，瘧疾肆虐，毫無昔日的輝煌跡象。

緊接著又爆發一宗迫害事件。戴克里先在二八四年接任皇位，前二十年似乎願意容忍基督臣民，他的妻女也算是受洗過，但之後在三〇三和三〇四年，他突然發布四項反對基督徒的勒令。從各方面來看，他是有仁慈之心的正常人，特別規定不應殺人；但他的副皇帝伽列里烏斯（Gallienus）和兄弟官員們不願被剝奪聲色之娛，罔顧法規，有兩年時間在帝國各地引發大規模暴力浪潮。這波浪潮原本可能會持續更久，但皇帝於三〇五年退位，遷到達爾馬提亞（Dalmatia）海岸的皇宮退休和種高麗菜，對受害人來說是如釋重負。局勢於是再度翻轉。

這局勢翻轉得猝不及防。三〇六年，年輕將軍君士坦丁在父親君士坦提烏斯一世（Constantius Chlorus）過世時，在約克（York）獲得軍隊擁護，而君士坦提烏斯一世原本是戴克里先的四位共治皇帝之一。如今我們稱他為君士坦丁大帝，其理由充分：除了耶穌基督、先知穆罕默德和佛陀外，他或許是有史以來最具影響力的人。世上極少有人做出的決定能改變歷史進程；君士坦丁則做出了兩個足以改變歷史的決定。第一個是宗教決定：他不但個人信奉基督教，在帝國改治上也

2 在德西烏斯的統治下，教宗法比盎（Fabian，二三六—五〇）是自聖伯多祿以來第一位殉道的教宗，他在獄中受虐而亡。數年後，在瓦勒良的統治下，接下來殉道的是教宗西斯篤二世（Sixtus II，二五七—八），他在地下墓穴被捕，與隨侍的執事（deacon）一起被斬首。

接納它。他需要幾年時間建立至高無上的權威，戴克里先的四帝共治體制一點都不合他的心意，但到了三一三年，他和攝政的李錫尼（Licinius）發布《米蘭詔書》（Edict of Milan），賦予所有帝國公民完全的宗教自由。兩年後廢除釘死於十字架刑，三二一年立訂星期日為法定節日。君士坦丁在三三七年過世時，基督教是羅馬帝國的國教*，此時距離戴克里先迫害基督徒不到三十五年。

第二個是政治決定。君士坦丁將帝國首都從羅馬遷到東方的博斯普魯斯海峽（Bosphorus）沿岸一座特意打造的新城市，位在拜占庭的古希臘城市遺址，他原本要將這座城市命名為新羅馬，但從一開始就一直被稱為君士坦丁堡。他在三三〇年五月十一日行落成典禮，恰逢聖母月，因此將此城市獻給聖母，而帝國也在這天獲得新稱號，即拜占庭。但須謹記的是，他和其臣民都未承認政體在實質上有改變或中斷。對他們來說，帝國一直都沒變：是奧古斯都（Augustus）的羅馬帝國和其繼承人；而他們不論說什麼語言，就算拉丁語久而久之逐漸消失，希臘語成為普遍語言，他們都自認為是徹頭徹尾的羅馬人。

對羅馬的教宗思維一世（Sylvester I，三一四—三三五）和其信眾而言，皇帝新做的第二個決定一定能大為緩解第一個決定。迫害已成為歷史，基督教現在開始走好運了；君士坦丁唯一一次在三二六年造訪羅馬，不但拒絕參加異教遊行（此舉得罪不少傳統主義者），也在城市內外選擇了幾個地點，打算慷慨資助建造幾座聖殿。第一座是為紀念聖伯多祿而建，位於梵蒂岡山的聖地上。接著是在拉特朗（Lateran）宮殿旁的第二座主教座堂和洗禮堂，位在帝國的舊騎兵營[3]。接下來是耶路撒冷聖十字聖殿（S. Croce in Gerusalemme），紀念皇帝的母親聖海倫娜（St Helena）找到真正的十字架（True Cross），最後是亞壁古道（Appian Way）上的大教堂，傳統上被認為是聖伯多祿和聖保祿遺體在二五八年轉移的地點，但現在供奉聖巴斯弟盎（St Sebastian），可能有人會認為這樣不正當。

這都是大好消息；另一方面，正如思維一世清楚知道，君士坦丁幾乎同時下令在耶路撒冷建造聖墓教堂（Church of the Holy Sepulchre）[4]，也在特里爾（Trier）、阿奎雷亞（Aquileia）、尼科米底亞（Nicomedia）、安提阿、亞歷山大港等其他城市建教堂，更別說在他的新首都興建聖索菲亞大教堂（Great Church of St Sophia）**，意指神聖智慧（Holy Wisdom）。此時這位羅馬主教要如何進一步主張自己在整個基督教會位居至高無上的地位？今後在君士坦丁堡能向皇帝進言的不是這位羅馬主教，而是他的兄弟。曾有六百多年世人堅信君士坦丁的痲瘋病是由思維奇蹟治癒，君士坦丁為表示感謝而給他一點甜頭，將「羅馬和義大利所有省分、轄區和城市，以及西方」交給教宗和其繼承人，「永遠受羅馬教會管制」。可憐的教宗體制，君士坦丁從未這麼做。所謂「君士坦丁獻土」（Donation of Constantine）如今眾所皆知是偽造的，可能是第八世紀在羅馬教廷偽造，不過這能證明

---

3 名稱源自舊羅馬家族拉特朗（Laterani），此宮殿最初是由他們建造。

4 三二五年，君士坦丁為慶祝尼西亞會議（Council of Nicaea）圓滿結束而展開這項工程，不過是在他的母親於兩年後以七十二歲高齡前往耶路撒冷，並找到真十字架後，才賦予這座教堂新的動力。

* 編者註：君士坦丁一世在臨終時受洗，正式成為基督徒，但是當時的基督教尚未成為帝國國教。這要等到三九三年時，狄奧多西一世任內才正式公佈執行。

** 編者註：這應是由他的兒子君士坦提烏斯二世（三三七～三六一年在位）於三六〇年首次興建。

歷代教宗主張過的領土是無價的，一直到一四四〇年，這場騙局終於被義大利人文主義者洛倫佐・瓦拉（Lorenzo Valla）揭露。

教宗思維一世在任期間見證了在未來幾個世紀分裂教會的第一個重大異端，對他而言甚為不幸。此異端一開始是由亞歷山大港教會長老亞流（Arius）宣揚，他學識淵博，外形出色。他的訊息很簡單：耶穌基督不是與聖父一樣永恆，而是聖父在特定時間、為了特定目的所創造之物，是祂拯救世界的工具（Instrument）。因此，儘管聖子是完人，但地位必須低於聖父。在亞流的總主教聖亞他那修（Athanasius）眼中，這確實是危險的教義；他也立刻採取措施鎮壓此教義。三二〇年，埃及、利比亞和的黎波里塔尼亞（Tripolitania）有近百位主教指責此教義的傳播者，並視他們為異端，將他們逐出教會。

但損害已經造成：此學說像野火一樣蔓延。這些神學論點不但引來教會人士和學者熱烈討論，也在希臘語世界引發討論，是一段值得記住的時期。傳單四處派發；有人在市集上發表蠱惑人心的演講；有人在牆壁上塗寫標語。人人都有各自的觀點：不是支持亞流，就是反對亞流。亞流本人與大部分神學家不同，他是聰明的宣傳者；為了將自己的觀點傳播得更廣，他其實還寫了幾首流行歌曲和順口溜，給水手、旅人、工匠等各行各業在街頭傳唱。[5]亞流被逐出教會後匆匆離開亞歷山大港，卻在一、兩年後凱旋歸來。他在小亞細亞的兩場教會會議中現身，並在這兩次會議中獲得絕大多數支持，此時他要求恢復昔日的身分。

皇帝最後在三二四年介入。之後再也沒有地方主教的教會會議*；而是普世教會會議（universal Council of the Church），由東西方所有重要聖職人員參加，持有爭議的雙方都必須接受這種權威和特殊的大公會議（Ecumenical Council）裁決。會議是在三二五年五月和六月在尼西亞舉行，君士坦丁不但親自出席，更有甚者，他實際上主持了會議，參與辯論、鼓勵聽眾、緩和現場憤怒的情緒，敦促團結的重要性和讓步的美德，甚至偶爾從講拉丁語改為他不擅長的希臘語，努力說服聽眾。

也是君士坦丁提議在決議草案中插入一關鍵詞，至少暫時解決亞流與其學說的命運。此關鍵詞為「同質」（homoousios），意指同體，或「同一本質」，以形容聖子與聖父的關係。在草案中插入這一詞幾乎等同於譴責亞流學說，皇帝得以獲得眾人接受，除了能說明他的說服力，肯定也令人懷疑這是出於恐嚇的結果。於是會議發布判決：亞流和其擁護者正式受到譴責，他的著作被革出教門，並獲令燒毀。

皇帝原本希望西方的教會能有大批人出席尼西亞會議；但他失望了。相較於東方約有三百位主教出席，西方只有五位，加上教宗思維一世從羅馬派來的兩位司鐸，但比較像是觀察員的身分。以教宗的角度來看，此決定是可以理解的；他可能認為親自出席會貶低自己和其教會的身分。此外，西方的教會人士不如東方的弟兄有永無止盡的求知欲；不到一個世紀前，羅馬教會以拉丁語取代希臘語為通用語言，而拉丁語言當時甚至不具備必要的術語，以表達令東正教會神學家欣喜的微妙意義。然而他犯了一個嚴重錯誤。他若出席會議，便能大為提升他的聲望。若要主

5 「我們稱他為基督教會的宗教音樂之父，以表敬意」（引自《天主教神學辭典》中的「亞流教派」〔Arianism〕條目）。我們確實同意。

* 編者註：這是誤解。

張自己位居普世教會的最高領袖，他就應該名列《尼西亞信經》（Nicene Creed）草案的出席名單中，而這是教會第一份官方信仰聲明，其修訂版至今仍定期在天主教和聖公會的聖餐中宣讀。

那亞流本人呢？他被流放到伊利里庫姆（Illyricum），位於達爾馬提亞沿岸的羅馬省分，禁止回到亞歷山大港；但他很快回到尼科米底亞，接下來十年他在那裡讓當權者不得閒。最後在三三六年，君士坦丁不得不召喚他到君士坦丁堡，以進一步審查他的信仰。最後一次質詢時：

亞流在追隨者的保護下，大膽發表放肆荒謬的談話，突然因為要如廁而不得不暫停離開；接著正如書中所寫[6]：「身子撲倒、肚腹崩裂、腸子都流出來」。[7]

這一版故事無疑是由亞流的死敵，亞歷山大總主教亞他那修所寫；但他的悽慘死狀受到當代撰者們的充分證實，因此未引來質疑，憎恨他的人理所當然稱這種死狀為天譴：總主教亞他那修引用《聖經》，稱其下場與加略人猶大（Judas Iscariot）相似。

然而亞流之死並沒有讓亞流主義終結。亞流主義仍繼續在帝國多處蓬勃發展，一直到三八一年，狂熱的反亞流西班牙人，皇帝狄奧多西一世（Emperor Theodosius the Great）在君士坦丁堡召開第二次大公會議，終於為此問題制訂出令人滿意的決議。其實這場會議還制訂更多決議。會議頒佈一項禁令，禁止所有異教和異端教派。從此任何異端都將被視為反對國家之罪名。在不到一個世紀中，曾被迫害的教會成了迫害他人的教會。尤其是猶太人承受沉重的壓力；畢竟當初是猶太人將耶穌釘在十字架上。至於亞流教派，在帝國境內各地幾乎被消滅，不過仍在日耳曼蠻族部落裡

381

繼續廣為流傳了至少三百年。

教宗達瑪穌一世（三六六—八四）未派代表參加這次會議，西方甚至沒有總主教出席；他後來得知會議頒佈的法令而十分驚恐：「君士坦丁堡總主教是繼羅馬主教後獲得至高無上的地位，而君士坦丁堡是新羅馬。」他厲聲抨擊，羅馬的地位之所以至高無上，並非因為曾是帝國的首都；而是完全基於使徒一脈，最早可追溯至聖伯多祿和聖保祿。以資歷來說，君士坦丁堡甚至不能排名第二；甚至宗主教區（patriarchate）的地位都算不上，亞歷山大港和安提阿的地位都比君士坦丁堡高，亞歷山大港傳統上被認為是由伯多祿授命下由聖馬可之命建立，而安提阿是聖伯多祿赴羅馬前，曾在那裡擔任第一任主教。

羅馬和君士坦丁堡之間的關係於是迅速惡化。

✠

君士坦丁大帝於三三七年聖靈降臨節星期天過世。多年來他以基督教會的主教自居，卻等到臨終才在床上接受該撒利亞主教優西比烏（Bishop Eusebius of Caesarea）*施洗，諷刺的是，他是亞流教派。一直到該世紀末，他和其繼承人是整個帝國的最高統治者；但狄奧多西一世在三九五年過

6《使徒行傳》第一章第十八節。

7 譯註：經文中譯版引自聖經中英對照網站（https://www.o-bible.com/b5/hb5.html）。

* 編者註：原著此處應該有誤：施洗的主教是尼科米底亞的優西比烏（Eusebius of Nicomedia），此時擔任君士坦丁堡主教。作者所提之人是之前已經出現過的教會史家。

世時，帝國再次分裂，他讓長子阿卡狄奧斯（Arcadius）統治東方，次子霍諾留（Honorius）統治西方。後來證明這是徹底失敗的決定。在十三位皇帝的統治下，他們大部分時候不住在羅馬，而是拉芬納（Ravenna），每一任皇帝都比前任更軟弱無能，如今沒人能記得他們，此後西羅馬帝國步入八十年的衰退期，已無力回天，成了日耳曼和其他部落的掠奪對象，而日耳曼等部族的勢力也因此逐漸穩固。

但此時羅馬的主教們已在西方發展出一種準君主的主導地位。皇帝一如既往將重心放在東方，已免除羅馬教會的稅賦，賦予他們信仰和民法的管轄權，久而久之他們穩定建立起權威。主教達瑪穌自稱擔任「使徒」一職，刻意使用《馬太福音》中基督的宣言來支持他所主張的權力；他更委託製作《聖經武加大譯本》（Vulgate，或譯《拉丁通俗譯本》）以提升他的聲譽，那是更優越的新《聖經》拉丁文譯本，由義大利學者聖耶柔米（St Jerome）翻譯。繼任他的主教西里修（Siricius，三八四—九九）是第一位採用「教宗」（Pope）頭銜，賦予這職位現今所具備的重要意義；教宗依諾增爵一世（Innocent I，四〇一—一七）堅稱，在教會會議中討論的所有重要事務都應提交給他本人做最後決議。當時這些主張在東方從未有人當真；在東方，唯有皇帝擁有至高無上的權威，或許可經由大公會議的輔助，而且只有他能召開大公會議。儘管如此，羅馬主教此時可說是發展成熟：長久以來，他們終於成為握有實權的教宗，以拉丁語執行禮拜儀式，而非希臘語；而他們也在此時找到身為教宗的新角色：羅馬的守護者。

✠

第五世紀一開始便驚天動地：四〇一年初夏，西哥德人阿拉里克（Alaric）入侵義大利。不滿三十歲的阿拉里克已從君士坦丁堡城牆一路肆虐到南伯羅奔尼撒（Peloponnese）。其實他對帝國基本上沒有敵意；他真正的目標是為同胞建立永久的家園。若當時羅馬元老院和昏庸的西羅馬帝國皇帝霍諾留能瞭解這點，而不只是將注意力放在飼養家禽上，或許可避免最終的慘敗結局；就因為他們缺乏理解，才無法避免這後果。四〇八年九月，阿拉里克兵臨羅馬城牆下，三次圍城之戰就此展開。第一次圍城持續了三個月。地方政府無能為力，而懦弱的霍諾留躲在拉芬納的沼澤地；只能由教宗依諾增爵一世與這位征服者協商，盡其所能談條件。阿拉里克要求鉅額贖金，包括金銀等珍貴資源和三千磅胡椒粉；但多虧了教宗，他尊重教會所有資產，免去了大屠殺。

阿拉里克第二次圍城只有一個目的：推翻霍諾留。這位哥德人之王向羅馬人清楚表明，他們只要廢除那位蠢皇帝；他便願意立刻退兵。羅馬元老院緊急開會，沒多久就同意；但霍諾留拒絕退位。他繼續製造麻煩，直到四一〇年初夏，阿拉里克進軍羅馬，展開第三次圍城。由於糧食已經短缺，羅馬城無法堅持太久。大約快八月底時，哥德人攻破蘋丘（Pincian Hill）山腳下的北城牆。

佔領後按慣例就是三天的掠奪；早期在羅馬發生的洗劫似乎沒有我們在學校的歷史課本上看到的那樣凶殘，與一〇七八年的諾曼人和一五二七年的查理五世（Charles V）軍隊造成的浩劫相比，他們其實相當克制。阿拉里克本人是虔誠的基督徒，他下令不能動教堂或宗教建築，各處的庇護權都能受到尊重。但還是發動了一次洗劫，卻頗有克制；哥德人畢竟不是聖人，吉朋所記述的這段暴行，儘管偶有誇大其詞，但或許非常接近事實：無數宏偉建築付諸一炬，大量無辜百姓被殺、婦女和未婚女子遭蹂躪。

三天後，阿拉里克繼續南行；但突然嚴重高燒而未越過科森扎（Cosenza），並在幾天內死亡。

得年只有四十歲。其侍從將他的遺體帶到布森托河（River Busento），在那裡築壩，暫時將水道改向，並在乾涸的河床埋葬阿拉里克；然後打破水壩，讓河水回流，淹沒墓地。

教宗依諾增爵已竭盡所能，仍無法拯救會眾免於第三次圍城之難。他可以說是第一位真正的偉大教宗，英明能幹、剛毅果決，並具備無可挑剔的道德觀，與之前數十位平庸之輩相比，他就像燈塔一樣脫穎而出。至高無上的教宗地位因他而確立，這點應是毋庸置疑的；所有重大爭議事由都必須交由羅馬聖座裁決。他在四〇四年接到君士坦丁堡主教「金口」約翰一世（St John Chrysostom）訴請裁決時，確實感到欣慰，那位品德高尚但令人無法忍受的主教，因嚴厲譴責東帝國女皇歐多克西亞（Eudoxia）而被亞歷山大港宗主教[8]廢位，隨後遭流放，而歐多克西亞此時不顧丈夫阿卡狄奧斯（Arcadius），明顯身邊有無數情人。約翰現請求進行正式審判，讓他能與指控者對質，此舉明白暗示他視羅馬主教為上級。依諾增爵自然要跳出來為他辯護，他召集一群拉丁主教組織會議，正式要求阿卡狄奧斯立刻恢復「金口」約翰一世在其轄區的職位；此方法無效後，他派代表團前往君士坦丁堡，其中至少有四位高階主教，因此難以受到忽視；但阿卡狄奧斯不為所動。使節團甚至未獲准進入君士坦丁堡。他們帶來的國書被奪走，然後被扔進一座色雷斯城堡，幾乎可以肯定他們在那裡遭到嚴刑拷問，備受羞辱的使節團這才獲准返回義大利。

約翰一世於四〇七年在黑海朋土斯（Pontus）一處偏遠地區過世，可能是被守衛凌虐致死，教會也因他而分崩離析；教宗依諾增爵一世原以為有充分理由相信自己至高無上的地位在君士坦丁堡獲得普遍認可，不過在僅僅三年後，極其有說服力的證據全擺在他面前，證明了自己有所誤解。不過他仍繼續掌權十年，在禮拜儀式和神學領域貢獻良多，並以鐵腕手段治理羅馬。他後來

451

受封為聖徒，而他是否擔當得起，或許可受公評；但他確實賦予教宗地位一種前所未有的國際威望，在邁向崇高地位之路上豎立起第一座里程碑。

✠

教宗依諾增爵一世於四一七年過世後僅二十三年（歷經五位教宗），托斯卡尼（Tuscany）法學家和神學家李奧一世（Leo I，四四〇—六一）獲選為教宗。他是第一位採納異教大司祭（*pontifex maximus*, pagan chief priest）頭銜的羅馬主教，也是教宗史上僅兩位被冠以「大聖」（the Great）名號的第一位。事實上，教宗依諾增爵一世也有資格得到這頭銜，而李奧也滿懷熱情地延續他為羅馬教會建立最高地位的事業。他主張，教宗的職權等同於聖伯多祿本身的職權；教宗不應被視為伯多祿的發言人。這是他與西方世界所有主教和教會人士的大量通信內容中最重要的訊息。唯有他是正統的守護者，並盡其所能將這訊息傳遍東方，儘管他深知這項任務需要不少外交策略和圓滑手段。

此時對君士坦丁堡的年邁的修道院院長歐迪奇（Eutyches）而言，明顯就快要大難臨頭。一個世紀多以來，尤其在東方教會，對於基督性質方面一直存在嚴重分歧。基督是否擁有兩種不同的性質，亦即人性或神性？或只擁有一種？若只擁有一種，那是哪一種？主張雙重性質的代表人物是君士坦丁堡主教聶斯脫里（Nestorius），他後來於四三一年在以弗所公會議（Council of Ephesus）遭到廢黜。主張反方論點者也可能過於偏激；例如歐迪奇的謬誤，他認為基督只有一種性質，也就是為神性所吸收的人性。此學說又稱為一性論者，對聶斯脫里的第三位繼承人，主教夫拉維亞

8 君士坦丁堡直到四五一年前才有自己的宗主教。

（Bishop Flavian）來說同樣無法接受。歐迪奇被判異端罪，遭到譴責和降級，他向教宗李奧一世、皇帝狄奧多西一世和君士坦丁堡眾僧侶上訴，繼而引起一場幾乎難以想像的狂暴旋風。教會歷經了三年騷亂，期間陸續召開會議，卻不足以令人信服，主教們陸續被削職或復職；羅馬和君士坦丁堡之間，以及以弗所和亞歷山大港之間爆發各種詭計、陰謀、暴力和辱罵、詛咒和革出教門事件。期間教宗李奧一世寄給夫拉維亞一份知名《大卷》（Tome），他相信這份《大卷》能徹底建立基督同時擁有兩種性質的教義。迦克墩公會議（Council of Chalcedon）於四五一年維持裁決結果，由教宗代表團主持會議，譴責所有形式的基督一性論。自從正統基督教義合併雙重性質的學說以來，雙重性質的教義便一直存在，但有幾個一性論教會在迦克墩公會議時脫離，至今仍存在，包括埃及的科普特（Copts）正教會、敘利亞的聶斯脫里派、亞美尼亞（Armenians）使徒教會和喬治亞（Georgians）正教會。[9]

不過到目前為止，整個西羅馬帝國已在瓦解。不列顛、西班牙和非洲都已流失；義大利正迅速解體。匈奴人成了新敵人，是所有蠻族部落中最凶猛的，大部分仍在曠野中生活和睡覺，蔑視一切農業文化，甚至熟食，不過他們會在騎馬時將生肉夾在大腿和馬的脅腹之間來軟化生肉。他們更喜歡用獸皮製成衣服，令人驚訝的是，他們用未加工的田鼠皮簡單縫製成短袍外衣；一直穿在身上不脫下，直到外衣自然脫落。他們幾乎生活在馬背上：不論是吃飯、交易、開會，甚至睡在馬鞍上。他們的領袖阿提拉（Attila）是匈奴一族的典型代表：黑黝黝的短翹鼻、鬍子稀疏雜亂、一雙小眼睛晴亮如珠，以及與身材相比相對較大的頭。他不是優秀的統治者，更不是能幹的將軍；但他野心勃勃，加上自傲與渴望掌權，幾年間便在歐洲各地令人聞風喪膽：或許是除了拿破崙以來，有史以來最令人膽寒的人物。

但阿提拉在四五二年剛進軍羅馬後不久，便突然止步。我們不知道原因。但傳統上歸功於教宗李奧一世，他前往明喬河（Mincio）河岸與他會面，可能是在佩斯基耶拉（Peschiera），此地的加爾達湖（Lake Garda）是明喬河的源頭，他不知如何說服他停止進攻；但這位異教徒匈奴人不可能僅僅出於對教宗的尊敬而服從；那麼李奧一世究竟提出了什麼理由或誘因？答案可能是實質的進貢。但還有另一種可能：阿提拉就跟他的族人一樣，骨子裡十分迷信，而教宗可能提醒他，阿拉里克幾乎就是在洗劫羅馬後立刻死亡，並舉例之前每個入侵者在攻打聖城後都發生類似命運。阿提拉的屬下也可能說服他退兵；有證據表明，他們掠奪周圍鄉村後立刻發生嚴重糧食短缺，軍隊中也爆發疫情。最後的考量因素是君士坦丁堡的軍隊正前來支援帝國兵力。看來進軍羅馬可能不如他們一開始所想得那麼簡單了。

不論是什麼原因，阿提拉都決定調頭。儘管他已有無數妻妾，但一年後在他結婚那天晚上，他因鼻子大量出血而窒息死亡；他的生命之血流盡之時，是整個歐洲緩過氣來之時。葬禮舉行期間，經由特別挑選的一群俘虜將他的遺體放入三層棺材中：分別由金、銀和鐵製成。接著他們將遺體放入墓穴中，首先以豐富的戰利品覆蓋，接著以土填平墓穴，參與埋葬儀式者全數被處死，如此一來，這位大王的長眠之處才能永遠保密而不受侵犯。

9 同樣在迦克墩公會議上，君士坦丁堡和耶路撒冷的主教轄區獲提升為宗主教區，與羅馬、亞歷山大港和安提阿同等。君士坦丁堡的地位再度被裁定為僅次於羅馬。

教宗李奧一世拯救了羅馬一次；但僅僅在三年後，汪達爾之王蓋薩里克（Vandal King Gaiseric）兵臨城下，而這次李奧一世就沒什麼成效了。他說服蓋薩里克不要放火燒城市；卻阻止不了他展開十四天的可怕洗劫。《教宗名錄》記載，這場惡夢結束時，李奧一世發現羅馬所有教堂的銀製聖餐杯盤都被掠奪一空，他下令熔化聖伯多祿的六個骨灰甕，以製成餐盤替代[10]，而那些甕最早可追溯至君士坦丁大帝時代。此時老舊的羅馬在歷經哥德人和汪達爾人入侵後，已沒有多少東西值得掠奪。羅馬的帝國威嚴已亡，已無力回天；距離此時一百多年前，羅馬的精神早已傳到君士坦丁堡。此時最重要的是，幸而教宗治理下的基督教羅馬已證明有能力對抗任何規模的蠻族暴行。

10 《教宗名錄》也記載，他頒佈的教令指出「未通過六十年貞操考驗的修女，不應獲得頭紗的祝福禮」，通過後理應獲得祝福禮。

第三章　維吉呂（五三七—五五五）

教宗李奧一世過世後僅十五年，西羅馬帝國便走到盡頭，而李奧一世也是第一位葬在聖伯多祿大殿的羅馬主教；於四七六年九月四日退位的最後一位皇帝羅慕路斯・小奧古斯都（Romulus Augustulus）是可憐卑微的孩子，而他的退位未受到大部分臣民的注意，對他們的生活也沒什麼影響。西羅馬帝國幾乎有一個世紀處於近乎混亂的狀況，蠻族軍閥一個接一個佔據；其中最近期的西結利族（Scyrian）[1]的奧多亞塞（Odoacer）沒有主張獨立國家主權，只要求地方行政官的頭銜，提出以奉當時在君士坦丁堡統治的皇帝芝諾（Emperor Zeno）的名義來接手治理義大利。

但芝諾有個更好的主意。他在統治期間受到東哥德領袖狄奧多里克的折磨，此時東哥德人散布在黑海以北各地。狄奧多里克早年的主要人生目的是為同胞尋找安身的永久家園。為此他幾乎花了二十年時間四處征戰、爭論、討價還價、誘騙和威脅，有時支持帝國，有時反抗。從長遠來看，敵友關係搖擺不定，對雙方來說都毫無利益；大約在四八七年末時，狄奧多里克和芝諾達成協議，由狄奧多里克帶領他的所有人民進入義大利，推翻奧多亞塞，在帝國主權下以東哥德王國之名統治這片土地。於是在四八八年初期有了大規模的西遷：男女老少帶著馬匹、馱畜、牛羊，緩慢而吃力地穿越中歐平原，尋找更青蔥安寧的牧草地。

1 西結利族是日耳曼眾多小部落之一，在這裡的故事中微不足道。

他們抵達義大利後，奧多亞塞激烈反抗；但狄奧多里克逐步制伏他後，同意達成表面看似優渥的條件：兩人在拉芬納的皇宮共同治理。兩人表面上約定在四九三年三月十五日簽訂協議，狄奧多里克邀請奧多亞塞與其弟弟、兒子和主要官員到他的宮殿側廳參加宴會。當這位西結利人在貴賓席入座時，狄奧多里克走上前，拔劍朝他劈去，奧多亞塞從鎖骨到大腿的部位被劈開。奧多亞塞帶來的隨從迅速被周圍護衛拿下，他的弟弟在穿過皇宮花園逃跑時被亂箭射死。他的妻子被關進監獄，最後被餓死；他的兒子先被送到高盧，後來被處決。接著西結利一族被消滅，東哥德人狄奧多里克脫下自己族人的傳統毛皮服飾，穿上代表帝王的紫色長袍，定居下來統治。

儘管開國之初前景不樂觀，但他在位的三十三年其實繁榮和平。唯有一件事讓皇帝和教宗皆無法接受他，也就是他堅持的亞流主義；不幸的是，在他統治末期時正好遇到查士丁一世發動一場戰役，徹底消滅異端。五二四年時，狄奧多里克為此囚禁查士丁的幕僚長，即哲學家波愛修斯（Boethius），隨後下令將他勒死；兩年後他派教宗若望一世（John I，五二三—六）率代表團前往君士坦丁堡表達異議。這是第一次有教宗遠赴博斯普魯斯海峽，而且從若望一世的角度來說，這趟行程十分成功：他受到皇帝跪拜和盛大接待，在接待儀式上，教宗的寶座其實比宗主教還高。但從狄奧多里克的角度來看是失敗的，查士丁明確拒絕讓那些被迫改變信仰的亞流派恢復異端信仰。

狄奧多里克無疑是大人物，他所建造的非凡陵墓至今仍矗立在拉芬納東北郊區，半古典、半野蠻的建築力度，完美象徵著自己是駕馭兩種文明的鉅子。沒有其他日耳曼統治者能在西羅馬帝國的廢墟上建立王位，或具備狄奧多里克的治國之才和政治願景；他在五二六年八月三十日過世時，義大利失去了中世紀初期最優秀的統治者，一直到查理曼時代才得以與之相匹敵。

僅僅在十一個月後，五二七年八月一日，可與狄奧多里克相匹敵的統治者在君士坦丁堡接任皇位。查士丁尼從上臺那一刻起便決心讓義大利回歸帝國。羅馬帝國的領土未包括羅馬明顯是荒謬的；東哥德王國一直是他的眼中釘，也是應當驅逐的異端。不但必須摧毀，而且能摧毀它的，是拜占庭當時最優秀的將軍，貝利撒留（Belisarius）。

五三五年，貝利撒留率軍七千五百人駛往西西里島，此行幾乎毫不費力。越過墨西拿海峽（Straits of Messina）來到大陸，歷經一年慘烈的圍城，他佔領拿坡里和羅馬；東哥德王維提吉斯（Vitiges）最終在拉芬納投降，以一項條件交出城市和放棄王位：貝利撒留應自封為西羅馬帝國的皇帝。有野心的帝國將軍會抓住這類機會；但貝利撒留完全忠於皇帝，無意自立為皇帝。另一方面，他將這項條件當成迅速結束戰爭和取勝的理想手段。他接受了；於是拉芬納的城門打開，帝國軍隊進駐。

當維提吉斯與其家人和主要的哥德貴族被囚禁，遭到將軍背叛，他們肯定感到痛苦。貝利撒留在五四〇年五月駛回君士坦丁堡時，他並未良心不安。難道哥德人提出的條件不算背信棄義嗎？無論如何，難道反抗皇帝合法統治權的不是哥德人嗎？貝利撒留以詭計手段佔領拉芬納，以不流血的方式拯救雙方無數性命，而且也達到了目標。多虧了他，義大利現已回到帝國手中。

但過沒多久，哥德人重建王國並反擊；年輕的哥德王托提拉（Torila）呼籲所有臣民，包括哥德人和義大利人團結一致，將拜占庭人逐出義大利土地。五四四年初夏，貝利撒留返回義大利，此時他處於嚴重劣勢。查士丁尼一世一直猜疑他的權勢和聲望，一度將他累積的財富沒收，但後來歸還，而這次只給貝利撒留少許缺乏經驗的部隊和軍權，甚至更少的經費。貝利撒留竭盡所能，但仍無法阻止托提拉圍攻羅馬，於是托提拉在五四六年十二月佔領了羅馬；半島各地的戰亂持續數月後，很明顯雙方陷入僵局，雙方都不足以強大到能消滅對方。五四九年初，貝利撒留回到君士坦丁堡。他第一次的義大利之役戰果輝煌，第二次卻為他帶來五年的挫敗和失望。

托提拉在圍城時，發生了一件奇事：教宗被綁架。教宗維吉呂（Vigilius，五三七—五五）是羅馬貴族，擔任執事時曾在五三六年伴隨教宗亞加一世（Agapetus I，五三五—六）前往君士坦丁堡，說服查士丁尼取消義大利戰役，但這項任務未成功。亞加一世突然過世時，他們仍在君士坦丁堡；而維吉呂原本有自信能接任教宗，卻驚恐地接到羅馬來的消息，維理（Silverius，五三六—七）已獲選為教宗。他原本已在竭力迎合狂熱的一性論者狄奧多拉皇后（Empress Theodora），於是現與她達成祕密協議，讓當時身在義大利的貝利撒留廢黜維理，扶持維吉呂。他則保證會譴責迦克墩公會議[2]制訂的信條以示回報，宣布接受一性論教義。貝利撒留按吩咐做了；維吉呂於是匆忙回羅馬舉行加冕儀式，迫使維理流亡到安納托利亞（Anatolia）。

五四五年秋天時，托提拉的軍隊來到羅馬城外。貝利撒留以有限的資源部署，竭盡所能避免圍城，卻幾乎未得到皇帝支援。查士丁尼自己也忙於處理其他問題。麻煩的根源在於由來已久的古老謎團，即基督的身分。約一個世紀前在迦克墩公會議制訂的正統觀點是：這位救世主具備人性和神性兩種不同性質，但無法分割。但此觀點不為一性論者所接受，他們認為基督只存在神性，因此將基督視為神，而非凡人；而這些可能持異端者為數太多，遍布甚廣，已無法根除。例如埃及是徹底的一性論者；敘利亞和巴勒斯坦也冒險堅守此教義。但在西方，持異端學說的亞流派則擁護相反的理論，認為基督基本上是凡人，但此學說幾乎只在蠻族中流傳。羅馬教會此時仍堅持正統，偏離迦克墩路線的學說必然會迅速遭到反對，因此查士丁尼的操控過程既困難又脆弱。他與一性論者交涉時若太嚴苛，就可能遭到叛變，可能失去帝國最寶貴的省分，而埃及是糧食的主要來源之一。他若對他們太過體恤，則會招來正統派的憤怒，加深臣民的分裂。他充分瞭解妻子認同一性論者，自己也更願意接納他們：他們得以讓他偶爾採取表面上看似僵化的路線，實則知道妻子能暗地緩和嚴峻的情勢。

多虧了這種模擬兩可的政策，皇帝得以遏制大部分一性論者會眾，除了埃及，他堅持置之不理；但之後突然出現一位新的麻煩人物，而且帶有危險的領袖氣息。雅各．巴拉丟（Jacob Baradaeus，「襤褸者」，the Ragged）是來自美索不達米亞的僧侶，五四三年以來一直在一性論者亞歷山大宗主教底下擔任埃德薩主教（Bishop of Edessa），他擅自決定在東方各地復甦一性論觀點，不斷四處遊歷，以驚人速度將此觀點傳到敘利亞和巴勒斯坦各地，並在那些地方親自為約三十位主教祝聖，任命數千位司鐸。

查士丁尼無法撲滅巴拉丟在各地點燃的狂熱主義之火，而他自己也陷入困境。一性論者目前的情緒比以往更需要謹慎應對；同時他在面對新威脅時因軟弱無能而在西方飽受批評。此時明顯需要採取某種積極行動；於是在沒有更好的解決辦法下，他決定公開譴責——不是譴責一性論者，而是譴責持相反神學論點者，即宣稱基督是凡人而非神的聶斯脫里派。這個至目前為止多半被遺忘的教派早在四三一年就遭到以弗所公會議譴責；之後大部分人往東逃亡，前往波斯等地，

2 請見第二章，頁二二一。

少數聶斯脫里派——若還有的話——仍留在帝國境內，因此不論他們是否再度遭到抨擊已不太重要了；但他們同時被一性論者和正統派厭惡反而成為可利用的優勢，可讓皇帝用於發表權威宣言，希望能藉此緩解雙方日漸增長的敵意。他在五四四年初發布一項詔令，不是譴責異端，而是譴責三種特定顯現（manifestation），這很快成了惡名昭彰的「三章案」（Three Chapters）：聶斯脫里的老師，摩普綏提亞的狄奧多若（Theodore of Mopsuestia）和其著作，以及另兩位更隱晦的神學家，塞魯斯人狄奧多勒（Theodoret of Cyrrhus）和埃德薩人依巴斯（Ibas of Edessa）的特定著作。

這愚蠢的想法就該得到應有的回應。只有東方的正統派聖職人員認同並追隨帝國的路線，但在某些情況下是有點不情願的。希望能看到真正讓步的一性論者並未因此滿意；西方的羅馬主教們也毫不掩飾怒意。他們嚴厲抨擊道，針對聶斯脫里派的任何攻擊，對他們而言都只是偏袒一性論者的一記重拳。他們斷然拒絕譴責三章案；君士坦丁堡的教宗使節斯德望（Stephen）宣布將宗主教逐出教會以表達教宗的不滿之意。

查士丁尼一開始對這些回應感到驚訝，之後深感警覺。貝利撒留的第一次義大利戰役後四年間，拜占庭在義大利的地位逐漸惡化；此時他比往常更需要他們的支持，卻已惹惱教宗維吉呂和整個羅馬教會。這整件事能越早被遺忘越好。因此當教宗拒絕譴責三章案時，他未提出抗議，而是默默平息下來以修補關係。

有一年半時間他都在設法執行這項政策，若情況允許，他可能會繼續下去；但貝利撒留向他報告羅馬遭到圍城威脅時，他又感到驚恐，擔心托提拉若攻克羅馬城，便無法阻止他扣押教宗為人質，此舉可能只會助長他的氣焰。查士丁尼迅速採取行動。五四五年十一月二十二日，一名禁衛軍官率領一批士兵抵達羅馬，扣住維吉呂，當時他剛完成彌撒，正要離開聖則濟利亞聖殿（St Cecilia），他們將他帶到台伯河畔搭船離開。

在承受惶惶不安、耗費時日的圍城威脅期間，教宗並未特別想要留在羅馬，因此被帶往君士坦丁堡時，他毫無怨言，不過對於與狄奧多拉重建關係，他可能不全然懷抱期待：他曾承諾宣布支持一性論，但仍未履行，明顯還需要做些解釋。然而後來事實證明，他與皇帝夫婦並未如預期般盡快會面；他一整年以皇帝夫婦的客人身分待在西西里島的卡塔尼亞（Catania），這段期間他得以派遣數艘船載滿穀物去接濟羅馬。一直到五四七年一月，他才抵達博斯普魯斯海峽。

此時維吉呂仍堅持拒絕譴責三章案。雖然查士丁尼在他抵達時熱烈歡迎他，但教宗第一時間展現權威，他立刻將承認帝國詔令的宗主教和所有主教開除教籍達四個月。但過沒多久，由於皇帝和皇后不斷施壓——而皇后似乎忘了之前的不滿，但在這問題上，她與丈夫一樣積極而堅定——教宗的鬥志開始消損。五四七年六月二十九日，維吉呂與宗主教正式和解，在同一天簽署譴責三章案並交給查士丁尼，約定在西方主教委員會正式調查結束前保密，他暗示，該調查結果早已是定局；五四八年四月十一日，他發布一道判決書（*Judicatum*），嚴厲譴責三章案，並強調他支持迦克墩教義的心仍未動搖。

於是，一直到十一週後皇后過世時，此情況可能會讓人認為她和丈夫大獲全勝，最終成功恢復教會合一。事實上，裂痕很快出現，且比以往更深。狄奧多拉一直以來比丈夫更令人恐懼；她在世時，許多傑出的教會人士傾向於保持低調，不願引起她的不滿。在她過世後，他們便公然反對帝國詔令，歐洲各地也逐漸仿效。不論維吉呂可能說過什麼相反言論，大家都普遍認為他的譴責破壞了迦克墩公會議的權威；教宗現在普遍遭到西方各地基督教徒的痛斥，稱他是背信棄義的叛徒。甚至在迦太基的眾主教更是將他開除教籍。維吉呂知道自己做得太過分，他一開始從未想要譴責三章案，這麼做只是因為無法承受查士丁尼和狄奧多拉的施壓。他別無辦法，於是只能振作起僅存的些許尊嚴撤回譴責。

對查士丁尼而言，這是最後一根稻草。他現命令宗教顧問，凱撒里亞主教（Bishop of Caesarea）西奧多・阿西達斯（Theodore Ascidas）起草第二道詔令，比前一道詔令更嚴苛，並召集教會大公會議（General Council of the Church）為其背書。毫無疑問，這道詔令受到君士坦丁堡的多位西方教會人士支持，維吉呂則抗議並譴責這道詔令有違迦克墩的原則，要求立刻撤回。查士丁尼理所當然拒絕；於是教宗召集當時身在君士坦丁堡的東西方所有主教開會。這次集會宣布一致反對這道詔令，嚴禁聖職人員為奉行此詔令的教堂主持彌撒。數日後，有兩位高階教士無視這項教令，立刻被開除教籍，包括宗主教，這是他第三次被開除教籍。

查士丁尼聽到此消息時勃然大怒，而他也是出了名的脾氣暴躁；教宗擔心自己會被捕，於是前往聖伯多祿與聖保祿教堂尋求庇護，此教堂是皇帝近期在馬爾馬拉（Marmara）建造，位在聖索菲亞大教堂以南。但他正要踏入教堂時，一批帝國衛隊也抵達了。目擊此事的一群義大利教會人士後來向法蘭克大使詳細描述事件經過[3]，衛隊拔劍衝進教堂，弓箭也已上弦，氣勢凌人地逼近教宗，教宗則衝向主祭臺，此時諸位司鐸和執事圍住教宗，與衛隊扭打成一團，其中有幾人受傷，不過傷勢不嚴重。接著衛隊抓住教宗，而他正緊抓著支撐祭壇的柱子，衛隊想將他強行拖下來，有些士兵抓住他的腳，有些抓住頭髮，有些抓住他的鬍子。但他們拉得越猛，教宗抓得就越緊，最終柱子鬆動，整座祭壇坍塌在地，差點壓到他的頭。

這時越來越多人被這場騷動吸引而聚集，開始強烈抗議基督之代表（Vicar of Christ）不該遭受這種對待；士兵明顯雖不滿，但仍明智地決定撤退，留下的維吉呂雖然抵禦成功，卻已飽受驚嚇，還要清點損失。隔天貝利撒留親自帶領位高權重的代表團前來表達皇帝對此事件的遺憾，並正式向教宗保證，他可以回到查士丁尼賜給他的宮殿，並任由他支配，不需擔心被扣押拘禁，皇市親自保證教宗人身自由。

維吉呂立刻返回，但很快發現自己受到嚴密監視，幾近被軟禁。他也意識到，他若要打破現有的僵局，維持他在西方教會好不容易挽回的聲望，他必須再次採取果斷行動。五五一年十二月二十三日深夜，就在耶誕節前兩晚，身材頗為壯碩的他從宮殿一個小窗戶逃脫，搭船橫渡博斯普魯斯海峽，前往迦克墩，並直奔聖歐斐米教堂（St Euphemia）。這是明智之舉，也具有象徵性，刻意將自己與四五一年迦克墩公會議的背景相連，與質疑大公會議權威的皇帝切割，到一個世紀前舉辦這場大公會議的同一教堂尋求庇護。貝利撒留再次率代表團前來懇求他，但這次維吉呂態度堅定；數日後一支分遣隊士兵獲命逮捕他的幾名司鐸，但沒打算對教宗本人動手。維吉呂這時寫了一封長信給查士丁尼，即通諭（Encyclica），他在信中回覆皇帝對他的指控，為這場爭議解釋自己的立場，並再次提出談判。在不甚緩和的情緒中，他也對去年八月惹怒他的宗主教和兩位主教

3 他們的書信內容請參見米涅（J.P. Migne）編著的《拉丁教父全集》（*Patrologia Latina*）第六十九卷，第一一三至一一九欄。

做出開除教籍的判決。

雙方在春天恢復談判，五五二年六月時，查士丁尼決定採取重大策略性讓步：派遣宗主教和其他被開除教籍的主教到聖歐斐米教堂向維吉呂道歉，並對他卑躬屈膝，事後教宗返回宮殿。他並同意廢除雙方於近期針對三章案做出的所有聲明，包括皇帝的詔令。從教宗支持者的角度來看，這似乎是大獲全勝；但查士丁尼尚未被打敗。他現召開新的大公會議，並邀請維吉呂主持會議。

理論上來說，教會的大公會議是所有基督徒世界的主教集會。所有主教齊聚一堂時，他們相信聖靈會降臨，因此他們的宣判會是絕對無誤的。他們的宣判是至高無上的，決議也都是定案。然而實際上與會人士無可避免是經過挑選的。因此教會在某個議題上若意見分歧，那麼會議研議的結果靠的不是神旨，而是各方的與會主教人數；而皇帝和教宗都深知東方的主教人數比西方多，因此東方教會人士將佔絕大多數，尤其會議若是在君士坦丁堡舉行的話。維吉呂因此建議，議題應交由東西方相同代表人數組成的小委員會決議，但查士丁尼拒絕了；在提出其他各種可能的方案同樣被拒絕後，教宗決定，他唯一的機會就是抵制會議。於是第五屆大公會議最終於五五三年五月五日在聖索菲亞大教堂舉行時，一百六十八位與會主教中，只有十一位來自西方，其中九位來自北非。查士丁尼也選擇不出席會議，因為他解釋道，他不希望影響集會；但他寫給代表團的信會在開幕會議上大聲宣讀，提醒他們已強烈譴責過三章案。而與會人士也都早已預料到會議結果。

審議持續了超過一星期；接著在五月十四日，在不斷接獲邀請參會後，教宗制訂出他所稱的

「協議」（Constitutum），由他和其他十九位西方教會人士簽名。此章程從某種程度來說是妥協，容許摩普綏提亞的狄奧多若在著作中寫的某些嚴重錯誤；但此章程也指出，另兩位被譴責的作者在迦克墩會議中未被宣判為「正統教父」（orthodox fathers）。不論如何，譴責逝者都是不當的。因此現在再度煽動三章案是毫無理由且沒必要，此舉本身就該受到譴責。維吉呂總結道，「憑藉上帝的恩典，我們以宗座的權威主持」，禁止聖職人員對此事繼續妄自發表意見。

一直到五月二十五日，教宗才正式將協議送到皇宮。他無法指望能獲得認同；但也無法預料到義大利的局勢變化。此時托提拉過世；哥德人被擊敗；不再需要向義大利的羅馬市民爭取支持。皇帝自己對付維吉呂已綽綽有餘，現在終於可以隨心所欲對待他。他不回應維吉呂的章程；而是派書記官拿著教宗於五四七年六月譴責三章案的祕密宣言前往大公會議，並頒佈一項法令，立刻將維吉呂的名字從雙聯記事板上刪除[4]，但在維吉呂親自駁斥下，查士丁尼強調他未切斷與羅馬的往來。五月二十六日，在第七次會期時，大公會議正式為皇帝的法令背書，譴責教宗，「直到他應懺悔自己的錯誤為止」。

對維吉呂來說，前方已無路可走。他遭到貶謫，被放逐到馬爾馬拉一座島嶼，除非他接受大公會議的裁定結果，否則永遠無法獲准回到羅馬。六個月後他投降了，此時他正飽受膽結石之苦；但就在他最後屈服時，他是無條件投降的。他在十二月八日寫給宗主教的信中承認過去所有

4 雙聯記事板是兩塊雙折的記事板，上面刻著要在聖餐儀式中為特定基督徒祈禱的名單，包括生者與亡者。刪除名字可視為逐出教會。

的錯誤，並於五五四年初，幾乎可以肯定是在查士丁尼的堅持下，他向西方教會發布第二次協議，正式譴責三章案，以及所有敢於支持三章案者；至於他本人，「不論是在何處提出、或發現以我的名義為他們辯護的內容，在此聲明全部作廢」。他已無法再多言。此時他病重到無法遠行，因此繼續留在君士坦丁堡一年後，在病情稍緩時開始返鄉。只是返程太費力，途中他的病情突然惡化。他不得不在敘拉古（Syracuse）停留；身心俱疲的他在那裡過世。聖伯多祿大殿裡沒有他的墳墓。

維吉呂的情況確實對教宗地位造成無盡傷害；接任的柏拉奇一世（Pelagius I，五五六—六一）在就職後立刻加入譴責的行列，教宗的聲望一敗塗地。幾個主教轄區與羅馬斷絕來往，包括米蘭和阿奎雷亞的主教轄區；待半個世紀後才與米蘭恢復關係，一個半世紀後與阿奎雷亞和伊斯特里亞（Istria）恢復關係。同時，在五五五年，查士丁尼下令，未來推選的羅馬主教必須由皇帝親自批准（「成全」，Let it be done）。但在柏拉奇於五六一年過世後不到三十年，新就任的教宗雖未能彌補這些特定的裂痕，但徹底改革了教宗職務，賦予教宗全新的精力和方向，他就是大聖額我略（Gregory the Great）。

550

查士丁尼對三章案的焦慮轉移了他對義大利問題的注意力，雖然他的焦慮主要都是自找的。他總是傾向於低估哥德人；很可能也是因為拜占庭人在五四七年四月收復羅馬，而托提拉只佔領此地四個月，因此他堅信只要再多些時日，哥德人的反抗勢力自會瓦解。

可惜沒有。五五〇年一月十六日，幾個心生不滿的帝國駐軍第二次向托提拉敞開大門。但在五四六年，哥德人入侵城市時，無不表現出想定居下來的跡象。許多哥德人佔據空屋，帶家人一起遷入；他們重啟元老院；鼓勵難民回到自己的家；修繕受損的建築物。隔年夏天，有更多確鑿證據顯示托提拉想留下的意圖：他在馬克西穆斯賽馬場（Circus Maximus）全面恢復舉辦競賽，並親自在帝王包廂主持這場競技賽。此時他的艦隊正劫掠義大利和西西里，並在五五一年滿載戰利品而歸。這兩件羞辱之舉最終刺激查士丁尼採取行動。他最初為遠征隊挑選的總司令是他的堂兄日耳曼努斯（Germanus）；但在五五〇年秋天，日耳曼努斯死於高燒。皇帝是否如前兩次一樣轉而挑選貝利撒留？若是有，貝利撒留一定是拒絕了；在這最後一次收復義大利的遠征中，他選了宦官納爾塞斯（Narses）為總司令，此時他已經七十多歲。

這選擇並未如一般人所想得違背常理。雖然納爾塞斯大部分時間都在宮廷生活，但並非沒有軍事經歷，他曾在貝利撒留的第一次戰役時跟他一起在義大利作戰。他也有出色的組織能力，意志堅定、果決，儘管他年事已高和去勢，但仍寶刀未老，未失去決斷力。他不因自己身兼重任而妄自尊大；至目前為止，義大利只有四座城市由拜占庭掌控：拉芬納、安科納（Ancona）、奧特蘭托（Otranto）和克羅托內（Crotone）。但他可能是世上最瞭解查士丁尼的人，輕易就說服他提供至少三萬五千人。五五二年初夏，納爾塞斯進軍義大利；到了快六月底時，羅馬軍和哥德軍在塔吉納（Taginae）交戰，位在現今的斯凱賈（Scheggia）附近，後來證實這是整個戰爭中最關鍵的戰役。哥德軍逐漸被包圍擊破，在日漸西下時落荒而逃。托提拉本人身受致命傷，與其他人潰退，數小時後在卡佩（Caprae）一座小村莊過世，即現今的卡普拉拉（Caprara）。還有一場戰役要打。托提拉最勇敢的將軍德亞（Teia）決定繼續戰鬥；雙方在十月底進行最終對決，就在距離遺忘已久的龐貝城一、兩英里處。這場戰役在維蘇威火山腳下開打，成了查士丁尼在義大利最終擊敗哥德人的最後一役。查士丁尼的最大野心終於實現了。

但過沒多久，這場戰爭帶來黑暗時期。義大利一片斷壁殘垣；北方的米蘭和南方的羅馬滿目瘡痍。哥德人撤退數年內，新的日耳曼部落出現了，即倫巴底人，他們的好戰國王阿爾博因（Alboin）在五六八年穿越阿爾卑斯山，殘酷地橫掃北義大利和廣大平原，這一區至今仍以他們的族名命名，最終在帕維亞（Pavia）建都。五年內他們就佔領米蘭、維洛納（Verona）和佛羅倫斯；查士丁尼、貝利撒留和納爾塞斯不惜一切代價，才讓拜占庭統治北義大利，幾乎是才剛開始，統治又結束了。倫巴底人的進軍陣線終於在拉芬納總督區（Exarchate of Ravenna）和羅馬停下，但兩支先鋒部隊堅持要求建立獨立的斯波列托（Spoleto）和貝內文托（Benevento）公國。他們原本或許可以從這裡繼續征服南方其他地方，但因無法鞏固內部團結而落空。阿普里亞（Apulia）、卡拉布里亞（Calabria）和西西里仍由拜占庭掌控，令人驚訝的是，義大利沿海岸幾乎也是。倫巴底人對海域沒什麼興趣；他們一直都不是真正熱中於地中海的人。在倫巴底人猛烈來襲時，羅馬沒有屈服已是奇蹟，堪比上一世紀從阿提拉手中倖存下來。這一點要再次歸功於一位教宗，他也是在聖伯多祿大殿佔有一席之地的最傑出教宗之一。

額我略是郭笛努斯（Gordian）的兒子，來自羅馬的名門望族，與教廷關係深遠。他似乎和教宗亞加一世（Agapetus I）有親戚關係；他確實是教宗斐理斯三世（Felix III，四八三—九二）的直系後裔。他的出生年分不詳；肯定是在五四〇年左右。他一開始寧願在教會擔任文職，到了五七三年，在三十歲出頭時晉升為羅馬市行政長官，但他父親在該年過世，而額我略的人生也邁向新的方向。他辭去所有公職，將位於希里安丘（Caelian Hill）的家族宮殿改為本篤修道院，也將位於西西里的六座家族莊園改為修道院，並以低微的修士身分入住。

修道院生活當時在義大利是新鮮的。在東方長久以來已屬於宗教生活，但在近期才由聖本篤傳到西方，不到半個世紀前，他在卡西諾山（Monte Cassino）建立自己的大修道院，並制訂出至今仍奉行的修道院規則。修道院建立之初即獲得迴響。此時的西方前景十分悲觀。羅馬帝國消亡，蠻族在歐洲各地蔓延；當時的世界就如額我略所言：「年老體衰，行將就木」。在這樣的世界裡，體力勞動、沉思和禱告的生活確實有吸引力。本篤過世時，額我略仍是孩童，但他對這位未來教宗的影響深沉而久遠。在額我略不得不放棄修道院生活很久後，他回顧那三年的修道院生活，認為那是他這一生最幸福的時光。

教宗本篤一世（五七五—九）很快任命額我略為執事（regionarius，或deacon），負責羅馬七座教區之一，職責包括地方行政事務和照顧窮人；接著在五八〇年，本篤的繼任者教宗柏拉奇二世（五七九—九〇）派他以羅馬教廷大使身分前往君士坦丁堡，妄想能說服皇帝派軍隊協助對抗日漸逼近的倫巴底人。額我略身處的宮廷，正是時運不濟的維吉呂待過的宮廷，比起維吉呂，額我略待在君士坦丁堡的那五年似乎也不如他的前輩樂在其中，主要原因可能是他不信任希臘的一切，甚至包括語言，他堅決拒絕學習希臘語。但他未浪費時間：他贏得相繼兩位皇帝的尊重，於五八五年回羅馬時，已掌握拜占庭宮廷和習俗的第一手知識。

✠

雖然額我略帶了一群僧侶前往君士坦丁堡，而他所待的宮殿氛圍應該會更像修道院，而非外交場所，但我們可以想像，他返回羅馬後再度進入修道院時應是如釋重負。這次他不只待三年，而是五年；但柏拉奇過世時，五九〇年爆發瘟疫，而他是明顯接任教宗的人選。身為第一位接任教宗的僧侶，他勉為其難地接受了。他致函君士坦丁堡宗主教約翰，形容自己接管了一艘淹水日漸嚴重的舊船，木材已腐朽，沉船在即。義大利此時也正飽受水患、瘟疫和飢荒之苦；還有倫巴底人正兵臨羅馬城下，「我要如何考量」，他寫道：

> 眾教友的需求，以確保城市免受敵人之劍侵害，確保人民不受突如其來的襲擊而被摧毀，同時還要充分有效地傳道以拯救靈魂？談到上帝，我們需要徹底安寧且無憂無慮的心靈。

他的心靈肯定無法徹底安寧。額我略確實很快發現，在黑暗的教宗任期裡，職責就跟擔任羅馬行政官時差不多。城市裡到處是難民，包括三千名逃離倫巴底人侵襲的修女。他的其中一項優先任務是從西西里運來穀物糧食，從教會資金中撥出大筆款項賑災。而拉芬納的拜占庭總督（Byzantine Exarch，相當於省長）羅馬努斯（Romanus）的態度大大增加了他執行任務的困難度。羅馬努斯原本該是他的盟友，卻極為嫉妒教宗的權力和聲望，拒絕出力支持額我略的工作。教宗抱怨道：「他對我們的懷恨之心，比倫巴底人的劍更鋒利。」於是額我略實質上身兼義大利中部的民事和軍事總督：組織補給品，指揮部隊行動，支付薪水（通常從教會資金撥款），並擔起保衛羅馬和拿坡里的責任，這兩座城市都同時受到倫巴底的斯波列托和貝內文托公爵，以及阿爾博因的繼承人阿吉盧爾夫國王（King Agilulf）的攻擊。教宗有時要從金庫動用巨額資金收買他們；羅馬努斯持續無為和消極的敵意讓他別無選擇，加上他的官員偶爾也索要賄賂，金庫的資金繼續流失，一直到五九八年，隨時會爆發戰爭的局勢終於結束。

所有資金從何而來？所謂的「伯多祿教產」（The Patrimony of Peter）包含遍布西歐甚至北非少許地區的大量土地，幾百年來逐漸累積，主要歸功於虔誠善心的捐贈，還有近期所有前地主的決心挽救而免於落入蠻族手中。教會現已成了西方最大的地主。過去幾乎沒有人對這批種類多樣、分布範圍廣泛的財產進行有效管理；額我略現在終於要認真處理這項任務，將教產分為十五分區，單單在西西里就有兩區，各由教宗親自任命的教區長（Rector）管理。每位教區長在自己的分區內有無上權力，不只負責收租金、運輸銷售農產品和匯報精確的帳目，還要負責所有慈善機構、維修教堂和修道院。

這種重組工作需要有發展規模龐大的教廷文書院。額我略擔任教宗時，手下有十九位執事，其中七位已負責羅馬的七個地區；教宗就是由這些執事推選出來的。他們有時會獲得樞機主教

（Cardinal）的非官方頭銜，但我們現今所認知的樞機主教要再一百年後才會出現。額我略不但數次增加執事人數，更設置新位階以壯大陣容，例如副執事、公證人、司庫，以及稱為辯護人（defensor）的高階行政人員，組成除了君士坦丁堡外，在歐洲無與倫比的行政事務部門。他也透過這種方式與幾百位主教聯絡（可能的話也掌控他們），但不是所有主教都已準備好尊重教宗的權威。

新成立的文書院也負責外交關係，尤其是對基督徒世界來說最重要的國家，拜占庭帝國。自五八二年的皇帝是來自卡帕多西亞（Cappadocia）的將軍，莫里斯（Maurice）一世，長久以來戰績彪炳。平時他與教宗相處良好；但在五八八年，就在額我略接任前兩年，君士坦丁堡宗主教齋戒者約翰（John the Faster），自行採用「普世」（Ecumenical）的頭銜，暗示他在世間的地位至高無上，高於所有高階教士，包括教宗。其實約翰不是第一位提出這主張的宗主教；這個頭銜一個世紀以來已多次被使用，只是明顯沒人注意到。但這次引來教宗柏拉奇憤怒告誡；而額我略就任後表達的憤怒更明顯，急速向君士坦丁堡連發兩封信。第一封是寫給皇帝，為了帝國和平，要求他那位頑強的宗主教安分守己；第二封信是寫給皇后康絲坦汀娜（Constantina），請求她與其丈夫介入。教宗聲稱，約翰自行冠以普世頭銜的傲慢之舉，明確象徵著偽基督的時代來臨。

康絲坦汀娜是否有回應我們不得而知；但她的丈夫回應了，而且完全支持他的宗主教。此後額我略的怨恨顯而易見；皇帝莫里斯發布一項法令，禁止服役中的士兵擅自辭職，進入修道院生活，曾辭去公職進入修道院生活的額我略猛烈譴責此法令是進一步打擊教會。但拜占庭也被激怒了，而且很可能出於教宗的抗議，這個生死攸關的頭銜很快成了宗主教不可或缺的作風。額我略的繼任者們明智地決定忽視此事；但雙方必須充分瞭解，儘管這件事回溯起來似乎微不足道，卻象徵著東西方教會日益增長的敵對關係邁入了下一個階段。

這種敵對也為教宗的聲望留下難以磨滅的污點。六〇二年十一月，皇帝莫里斯的任期突然比預期早結束。他派往巴爾幹半島對抗蠻族阿瓦爾人（Avars）和斯拉夫人的軍隊，此時準備要回君士坦丁堡過冬，卻突然接到命令要守在多瑙河外的荒涼之地。與其在帳篷裡忍受寒冬、竭盡所能與當地人一起生活、身處於蠻族部落伺機劫掠的險境，眾士兵選擇跟隨百夫長叛變，而這位百夫長就是殘忍嗜血的惡魔，福卡斯（Phocas）。莫里斯和他的五個兒子（其中長子是教宗的教子）都被殺害；康絲坦汀娜和三個女兒被遣送到女修道院；福卡斯則自封為羅馬皇帝。這種暴行理應受到教宗的最嚴厲譴責，但難以置信的是，額我略向新皇帝發出祝賀信，並在此後兩年的餘生都支持他。額我略若能繼續活下去，便會見證到接下來六年的恐怖統治，諸如處決和不公正的死刑判決、昏庸與殘害、凌虐和活活焚燒致死，一直到六一〇年，福卡斯被擄獲後遭撕裂而死，只能希望額我略若此時還活著，會改變心意。

✠

歐洲北部和最西部廣大基督教世界的前景似乎比南部更有希望。部分前羅馬省分現由蠻族國王統治，多數是法蘭克人，他們名義上已是基督徒，雖然可能是亞流派；其餘則是異教徒。若要全都收為天主教徒則需要指導。額我略剛接任時，需要控制的主要地區是西哥德的西班牙、法蘭克的高盧、盎格魯—撒克遜的不列顛。

西哥德西班牙的問題已自行解決。在世紀交替時，亞流派國王雷卡雷德（Recared）在教宗的朋友，塞維爾主教黎安德（Leander, Bishop of Seville）的鼓勵下歸信天主教。當地大部分人原是羅馬省外的居民，原本就已是天主教徒；現在剩餘的亞流派貴族和主教也會跟隨君王。額我略欣喜（或許是如釋重負）之餘，贈與國王兩樣聖物：以聖伯多祿的鎖鍊製成的一把鑰匙，以及一根十字架，裡頭包含真十字架碎片和施洗者約翰被斬首後取下的數根頭髮。

法蘭克人的王國（確切來說是諸國）範圍延伸到現今的法國、比利時、荷蘭、德國西北部和瑞士。他們是日耳曼人，理論上是基督徒，國王克洛維（Clovis）已於四九九年受洗；但他們的問題不在於亞流派，而是局勢一團混亂，十幾個小邦國和王國互相爭戰和耍陰謀詭計，教會體制腐化已深，大部分成員的職務是用高價買來。於五一一至五五八年統治的國王希爾德貝爾特（Childebert）曾為了奪取土地而殺害姪子們，他造訪蘇瓦松（Soissons）時，當地主教因嚴重酒醉到拒絕讓他進城。

額我略在設法整頓秩序時，只有一位盟友，雖然可能不完全令人滿意，即奧斯特拉西亞（Austrasia）的王后布倫希爾德（Brunhilde），她是西哥德西班牙國王阿塔納吉爾德（Athenagild）之女，在嫁給西吉貝爾特一世（Sigebert I）[1]時從亞流派改信天主教。五七五年，西吉貝爾特一世遭暗殺，布倫希爾德短暫被拘禁在盧昂（Rouen）；她獲釋後與兒子希爾德貝爾特二世（Childebert II）一起住在首都梅茲（Metz），接下來三十年竭盡全力建立統一的天主教王國，與教宗長期積極通信，教宗也盡力支持她。可惜他們失敗了。她的目標或許值得嘉許，但她的方法跟其家人一樣暴力，儘管額我略已盡量視若無睹，但到了六一三年，奧斯特拉西亞的貴族已無法容忍她，他們將她扣押後虐待三天，將她綁在駱駝背上遊行，接受軍隊的嘲笑，最後將她綁在馬尾後拖行致死。

在英格蘭的問題則有點不一樣。最初一批傳教士可能是在公元第三世紀到這裡，早在三一四年就有英格蘭主教出席亞耳會議（Council of Arles），但隨著大部分是異教徒的盎格魯—撒克遜人到來，基督徒被擠到最西部，此宗教暫時黯然失色。來自愛爾蘭和蘇格蘭的凱爾特傳教士設法扭轉局勢，但他們的教會總是自掃門前雪，尤其是凱爾特修道院制度傾向於東正教模式，與西方幾乎沒有共同之處；凱爾特人也有自己計算復活節日期的系統，他們是在不同日期慶祝復活節。事實上，以前的教宗都未認真思考在帝國邊境外的傳教工作，而額我略自己光是在羅馬就有無數問題要處理。有意思的是，他相當重視這座偏遠的島嶼，經常稱其為世界的盡頭，他不但決心要在這裡傳播基督之言，也要讓這裡的基督徒受到教宗掌控，並與羅馬的信念和實踐保持一致。

按歷史學家比德（Venerable Bede）所講述，史上最早、也是最糟糕的雙關語故事提到了不列顛孩童：多年前，額我略在羅馬市集閒逛時，發現有人在販賣漂亮的金髮男孩為奴隸，他問這些男孩來自哪個國家，對方回答他們來自英格蘭島，稱為盎格魯人（Angles）。「他說：『對，他們有天使般（angelic）的容貌，應該適合上天堂與天使一起成為繼承人。』」[2]五九五年，他寫信給高盧的教區長，指示他招募英格蘭男孩奴隸，將他們培訓為僧侶，未來可能讓他們當翻譯員；隔年

---

1 她的姊姊加爾斯溫特（Galswintha）嫁給西吉貝爾特同父異母的弟弟，西法蘭克國王希爾佩里克一世（Chilperic I），這在當時是典型的情況，而希爾佩里克一世後來在情婦的慫恿下殺害加爾斯溫特。

2 比德，《英吉利教會史》（*Ecclesiastical History of England*），賽勒（A.M. Sellar）譯，第二卷，第七章。「他們不是盎格魯—撒克遜人，是天使」，這句年代久遠的引述雖是拉丁文——可嘆的是——卻是偽造的。依舊是根據比德所講述，除了這句雙關語，額我略接著又說了兩句更糟糕的雙關語，在此就饒過讀者，不加贅述了。

他派出由四十名僧侶組成的傳教團，由羅馬的聖安得烈修道院院長奧斯定（Augustine）率領前往英格蘭，他當年就是在那座修道院當修士。奧斯定抵達南高盧時，已有人警告他野蠻的英格蘭人十分危險。於是奧斯定返回羅馬，建議放棄這趟任務；但額我略勉勵他，將推薦信交給他，讓他重新上路。

儘管惶恐不安，但奧斯定和他的僧侶團終於在五九七年春天抵達肯特（Kentish）沿岸，順帶一提，聖高隆（St Columba）於同年在愛奧納島（Iona）過世。他們受到肯特國王艾塞爾伯特（King Ethelbert of Kent）的禮遇，當時他是英格蘭南部的主要統治者；比德稱他的權力已擴及恆伯河（Humber）以南的英格蘭。他的妻子柏莎（Bertha）是法蘭克國王查理貝爾特（Charibert）之女，布倫希爾德女王的外甥女，原本就是基督徒，自然而然全力支持奧斯定。她丈夫的態度一開始仍十分謹慎，「我明白了」，他對奧斯定說：

> 你相信你自己所宣揚的，否則你不會大老遠來這裡宣揚。但你不要期待我能立刻放棄我等英格蘭人世世代代奉行的習俗。所以你可以繼續宣揚：沒人會干涉你，你若能說服我們，當然我們便會接受你的訊息。

幾個月後，艾塞爾伯特與廷臣和多數臣民接受洗禮。於是他成為第一個基督徒英格蘭國王，也是聖人[3]。聖奧斯定同時在坎特伯雷（Canterbury）建立修道院，題獻給聖伯多祿和聖保祿（不過後來改名為聖奧斯定修道院），可算是義大利以外最早的聖本篤修會機構。坎特伯雷於是成為英格蘭的基督教總部，至今亦然。額我略教宗十分欣慰，「透過傳教士的耀眼奇蹟，」他宣稱：

> 上帝甚至為世界的盡頭帶來信仰。祂以同一信條連結東西方的界限。看哪，不列顛之舌，以前只能發出野蠻之語，最近學會以希伯來語的哈利路亞大聲讚美上帝。

額我略是天才管理者，也是組織者和傳教者；但不可能是高深的思想家或神學家，或甚至政治家。他的信念格外簡單：越來越多人相信奇蹟和預言，聖人和聖物受到廣泛敬奉，主要都歸功於他。他虔誠但務實，有意讓伯多祿教產成為龐大的慈善基金，為窮人提供可隨時任意使用教堂的福利——每天與十二名貧民一起進餐。事實上，透過他的鞏固工作，他已不知不覺為後來的教宗國建立起基礎，確保了其繼任者們的世俗權力，並延續了十三個世紀。如果他早點意識到這點，可能自己都會感到驚訝。儘管他決心要維護教宗寶座在教會中的至高無上地位，但他沒有世俗榮耀的欲望；擔任上帝的眾僕之僕（*servus servorum Dei*）對他來說已經足夠，這也是他一直主張的身分。

身為中世紀初期的最偉大教宗，額我略最重要的成就，是讓世人根深蒂固地相信羅馬天主教會是世上最重要的機構，而教宗是教會中至高無上的當權者。他對禮拜儀式做出重大改變，對教會音樂尤其有興趣：傳統的單旋律聖歌現今通常稱為「額我略聖歌」（Gregorian chant），即使他在

3 艾塞爾伯特和柏莎的雕像於二〇〇六年在坎特伯雷的伍頓夫人花園（Lady Wootton's Green）揭幕。

世時，這聖歌尚未發展成形，而他所創立的羅馬唱詩班，可能是首批取代聖職人員和教會會眾的受訓歌手，也是現代主教座堂合唱學校的原型。他也是寫作成癖的作家。他在擔任教宗第一年時寫的《牧民規章書》（*Liber Regulae Pastoralis*），為主教制訂了牧人生活的指導方針，他認為主教基本上是靈魂的管理者。以當時的標準來看，這本書的傳閱度格外廣泛，後來由阿佛烈大帝（Alfred the Great）翻譯。接著他又寫了《對話》（*Dialogues*），探討義大利聖人的人生和奇蹟，其中當然包括本篤，以及福音書的一系列講道和《約伯記》（book of Job）的評論文章。他還寫了近千封書信，這可能是我們瞭解額我略的人生和工作的主要來源。這些著作在中世紀為他贏得一席之地，與聖安波羅修（St Ambrose）、希波的聖奧古斯丁（St Augustine of Hippo，不是坎特伯雷的奧斯定）、聖耶柔米（St Jerome）並列四大原「教會聖師」（Doctor of the Church）。

這四大聖師中，額我略是年代最近，也是最後一位；這結果並不足為奇，因為古代世界正處於崩潰邊緣。各蠻族在羅馬無惡不作。五三七年，哥德人圍攻羅馬時截斷水道橋，對這座城市造成的災害在此後一千年都無法復原。水道橋的歷史最早可追溯至公元前三一二年，渾濁的台伯河已不敷羅馬人使用，於是他們建造了第一座宏偉的水道；在接下來的八個世紀又陸續建造十座水道，不但更能供應城內民生所需，也能為城內無數噴泉和公共浴場供水，而羅馬正是以噴泉和浴場聞名於世。這些水道橋也有其他用途：所產生的水力可供磨坊製作人民賴以為生的麵包。水道橋遭到破壞後，飢荒和疾病接踵而來，人民士氣也徹底衰退。[4]

在一片大衰敗中，大聖額我略的形象就像燈塔一樣閃閃發光。他代表誠信、秩序和基督信仰，單就以基督信仰來說，便為世人提供了更美好、更幸福世界的希望。然而他本質上是謙遜的僧侶，竭盡所能承襲他心目中的榜樣，即聖本篤的傳統。或許正是因為他的謙卑——權力難免會腐化人心——因此他能真正受到愛戴，以致於在他過世後，民眾立即要求封他為聖人。「大聖」的頭銜是後來加封；而這兩個封號他都當之無愧。

4　黑暗時代有位來自杜厄（Douai）的布商朝聖者，他得知「油、酒和水曾經由水道橋從拿坡里運輸過來」。

第五章　李奧三世與查理曼大帝（六二二—八五五）

第七世紀初，世界舞臺上出現了一群新民族和新信仰。在六二〇年前，阿拉伯的土地是基督教世界的領域。但在六二二年九月，先知穆罕默德從充滿敵意的麥加城逃亡到友善的麥地那（Medina），稱為「聖遷」（Hegira），也意指伊斯蘭教紀元，象徵穆斯林時代的開始。僅僅在十一年後，他的追隨者突然從阿拉伯竄起。隔年，一支阿拉伯軍隊在雅爾木克河（Yarmuk）河岸擊敗拜占庭皇帝希拉克略（Heraclius）；兩年後他們佔領大馬士革；五年後是耶路撒冷；八年後控制整個敘利亞、巴勒斯坦和埃及。二十年內整個波斯帝國和遠至阿姆河（Oxus）都敗在阿拉伯人之劍下；三十年內，阿富汗和旁遮普邦（Punjab）大部分地區也落入阿拉伯人之手。接著穆斯林將注意力轉向西方。橫跨北非的進度較慢，但到了第七世紀時，他們觸及大西洋，到七三二年為止，距離他們從沙漠家鄉竄起以來還不到一個世紀。按傳統說法，他們已翻越庇里牛斯山，遠征至杜爾（Tours），此地距離巴黎只有一百五十英里，最後被法蘭克領袖查理．馬特（Charles Martel）阻擋。

對基督教世界來說，這帶來天翻地覆的影響。五處歷史悠久的宗主教區中，有三處已名存實亡：亞歷山大港、安提阿、耶路撒冷；所有大規模的北非教會都已消失，僅剩下埃及的科普特基督教徒設法保留些許立足之地。基督教發源地似乎都已流失，永遠無法恢復。東羅馬帝國損傷慘重。政治重心現已轉往北方和西方。或許正如偉大的比利時歷史學家亨利．皮雷納（Henri Pirenne）所指，查理曼是穆罕默德造就的。

第七世紀下半葉和第八世紀上半葉，義大利出現兩種極端：一方面，與拜占庭帝國的政治和宗教連結正逐步減弱；另一方面，倫巴底人的權勢則同樣逐步增長。六五三年，教宗瑪爾定一世（Martin I，六四九—五五）雖年老體衰，卻因莫須有罪名被捕，並被帶往君士坦丁堡，他在那裡公然遭到脫去外袍，被拴著鐵鍊拖行遊街過市，被鞭打後驅逐到克里米亞，很快在那裡過世；在七二六年，情況發展到嚴重關頭之際，拜占庭皇帝利奧三世（Leo III）頒佈破除偶像迷信的重大詔書，要求大規模銷毀聖像，此政策不但在西方引起恐慌，也在拜占庭義大利各地引來反叛。為了報復，利奧三世沒收了西西里和卡拉布里亞教會的年收，將他們的主教和一大群巴爾幹半島主教從羅馬轄區調到君士坦丁堡轄區，從此展開了漫長而緩慢的疏離歷程，並於三百年後以大分裂告終。

此時倫巴底人正穩步鞏固自己的權勢。他們在最優秀的國王利烏特普蘭德（Liutprand）的帶領下，兩次成功圍攻羅馬。第一次是在七二九年，繼長久以來由希臘人接任教宗後，第一位在羅馬出生的教宗額我略二世（七一五—三一）與烏特普蘭德對峙後，烏特普蘭德放棄了圍城，內疚之餘將武器和盔甲留在聖伯多祿大殿，當作贖罪祭品；但十年後第二次圍城時，他和手下的心情截然不同。這次他們不但沒貢獻祭品給聖殿，反而劫掠聖殿。額我略的繼任者，額我略三世（七三一—四一）無力阻止他們，只能竭力尋找新盟友；後來在阿爾卑斯山外的高盧找到查理．馬特，或者該說他以為找到了盟友。

查理當時不是君主，嚴格來說，他是墨洛溫（Merovingian 或譯「梅羅文」）國王宮廷裡的宮相，但墨洛溫王朝無足輕重，實權落在宮相之手。身為擊退穆斯林軍隊的第一人，查理早已在歐洲各地聲名大噪；他若能阻擋撒拉森人（Saracen），也有可能阻擋倫巴底人嗎？

或許吧；但他不急。他在高盧已是分身乏術，一直到過世都待在高盧。但在七五一年，他的兒子，矮子丕平（Pepin the Short）得以說服教宗匝加利亞（Zachary，七四一—五二），握有權勢者應頭戴王冠。於是丕平在蘇瓦松（Soissons）接受英格蘭總主教波尼法斯（Boniface）的加冕，軟弱無能的國王希爾德里克一世（King Childeric）則被送到修道院終老。此後丕平欠了教宗一大筆人情債：教宗未來大有可能向他求助，所以可能更容易獲得他的支持。無論如何，加冕儀式差點辦不成，因為在同一年，倫巴底國王埃斯托夫（Aistulf）終於佔領拉芬納，而拜占庭帝國也永遠失去了北義大利的最後據點。

匝加利亞在隔年過世，他是一脈相承的最後一位希臘教宗[1]。他的十一年教宗任期歷盡艱辛。在教宗與帝國的關係徹底瓦解下，他竭心盡力拯救教宗地位——他將大聖額我略的《對話》譯入希臘語的目標或許有所貢獻，也或許沒有——但拉芬納的淪陷導致裂痕更深，而埃斯托夫此時正忙於掃蕩義大利北部和中部所殘存的拜占庭勢力。對教廷而言，現狀十分絕望，因此推選羅馬貴族教宗斯德望二世（Stephen II，七五二—七）[2]繼任匝加利亞，而非希臘人，這一點都不足為

1 諷刺的是，在希臘教宗任期間，教宗與拜占庭關係逐步瓦解。從六八五年的若望五世到七五二年的斯德望，期間十二位獲選教宗中，只有額我略二世（七一五—三一）是拉丁人。六八〇—一年在君士坦丁堡舉辦的第六屆普世教會議會中，教宗代表團全體都是希臘人。

2 他有時被稱為斯德望三世。斯德望封號的編號有點混亂，因為在七五二年三月二十三日獲選的另一位斯德望在兩天後就過世，尚未就職，因此他通常不算在內。本書採用的封號是斯德望二世。

怪。

教宗斯德望二世立刻親自趕赴丕平的宮廷，就位於馬恩河畔夏隆（Châlons-sur-Marne）附近的蓬蒂翁（Ponthion），此時剛邁入七五四年。一月六日主顯節時，他為國王施塗油禮，為其妻子、兩位兒子，查理曼（Charles）和卡洛曼（Carloman）冊封他剛打造的新頭銜：羅馬人的貴族（Patrician of the Romans）。接下來六個月，國王和教宗之間斷斷續續見面，而且大有斬獲。丕平願意擔任教宗捍衛者的角色，承諾代表教宗收復義大利所有城市，以及倫巴底人從帝國手中奪取的領土；在兩次重大遠征中，在七五四年和七五六年，他履行諾言，擊敗埃斯托夫國王，扶持藩屬王德西德里烏斯（Desiderius）登上倫巴底寶座，並娶了他的女兒。第二次戰役後丕平宣稱，由昔日帝國督主教區組成的領土中，教宗是唯一統治者，領土範圍綿延義大利中部，包含拉芬納、佩魯賈（Perugia）和羅馬。

他所謂的「丕平獻土」（Donation of Pepin）的依據至少可說是令人質疑的；君士坦丁堡的皇帝君士坦丁五世提出激烈抗議也是意料之中。曾有人認為丕平的行為可能是基於所謂的「君士坦丁獻土」[3]；但近期的證據顯示，這種無恥的謊言是在半個世紀後才捏造出來的。丕平聲稱自己的調停行為有正當理由，是出於對聖伯多祿的愛戴，因此所征服的土地是屬於聖伯多祿的。教宗國確實是由他所促成，並持續了超過十一個世紀，儘管合法基礎並不穩固。

✠

丕平於七六八年過世，按法蘭克舊俗，留下的王國被兩個兒子查理曼和卡洛曼瓜分；卡洛曼於七七一年驟逝，查理曼無視於他諸位姪子的繼承權，自己成為唯一統治者。兩個月後，講求實際的羅馬貴族哈德良一世（Hadrian I，七七二—九五）接任教宗寶座。他和查理曼延續了教宗斯德望二世和丕平之間的合作，進一步鞏固法蘭克王國和教宗之間的關係；七七三年，倫巴底藩屬王德西德里烏斯忘了自己的身分，開始圍攻羅馬，哈德良一世立刻向查理曼求助。這位羅馬人的貴族立刻馳援。他進軍義大利，佔領倫巴底首都帕維亞，將德西德里烏斯關進修道院，原本頭銜就日益增加的查理曼自封為「倫巴底國王」，徹底廢除倫巴底王國。之後在七七四年復活節，他決定造訪羅馬。

此決定令教宗哈德良感到驚訝；但他在聖伯多祿大殿階梯上隆重迎接這位貴賓，以最高禮遇接待，而查理曼據說向教宗下跪。為了回報，查理曼再次確認父親的獻土，更大幅增加領土範圍，並表示他有意按照羅馬模式，在他管轄的領土內統一所有教會。他回德意志（Germany，或譯日爾曼）後，制伏了異教徒撒克遜人，讓他們全體改信基督教，接著繼續併吞原本就信奉基督教的巴伐利亞（Bavaria）。入侵西班牙就沒這麼成功了，不過此事件也成了西歐第一部優秀史詩民謠《羅蘭之歌》（*Chanson de Roland*）的靈感來源，但查理曼接下來進軍匈牙利和奧地利北部，攻打阿瓦爾人，瓦解他們的獨立王國，併入自己的版圖。於是在一個世代間，他將法蘭克王國從歐洲眾多半部落邦國之一，提升為領土遼闊的單一政治體，可與羅馬帝國的時代相匹敵。

他的征服之旅至少在大部分情況下受到教廷熱烈支持。此時距離教宗斯德望二世千辛萬苦翻越阿爾卑斯山向丕平求助已近半個世紀，而拜占庭皇帝君士坦丁五世當時若能稍微放下反對偶像

3 請見第二章，頁一四—五。

崇拜的態度，多關心義大利，他或許便會理所當然向拜占庭皇帝求助。不平和查理曼消滅了倫巴底王國，成功攻佔拜占庭失去的領土；而拜占庭則因為自己的疏失付出慘痛代價。

但這兩人的看法並未始終一致；尤其是破除偶像迷信這個爭議點，這點相當令人意外。七八七年，為解決此問題，皇帝利奧四世的遺孀，伊琳娜女皇（Empress Irene，替她十七歲兒子攝政）在尼西亞（如同第一屆）召開第七屆大公會議。哈德良一世正式派出使節團，提出冗長縝密的論證，為聖像辯護；而會議中絕大多數都支持他。但查理曼持反對意見。羅馬和君士坦丁堡突然恢復邦交並非他所樂見。他詰問，為何他未受邀派代表前往尼西亞？他似乎是在負氣之下，命令神學家寫一部《查理曼之書》（*Libri Carolini*），為破除迷信辯護；有幾年他與教宗哈德良的關係十分緊張。但這抹烏雲最終散去。幸而在拉丁文版的大公會議裁決中發現一個失誤，「敬重」被誤譯為「崇拜」，哈德良在七九五年耶誕節過世後，雙方再度交好。

他們的關係恢復友好時；緊接著是這故事的高潮。新任教宗李奧三世（Leo III，七九五—八一六）——別跟同名的拜占庭皇帝搞混了——沒有像前任的家世或血統可炫耀。有人推論他有阿拉伯人血統。從他晉升教宗開始，就是哈德良家族和其朋友一連串陰謀下的犧牲品，他們原以為自己其中一人能繼承教宗寶座，因此決定剷除李奧三世。七九九年四月二十五日，已故教宗的外甥率一群人，在從拉特朗聖若望大殿前往聖老楞佐聖殿（St Lawrence）的神聖遊行隊伍中襲擊李奧三世，他們原本想刺瞎他的眼睛並割掉他的舌頭——傷殘可迫使他辭去教宗職位，不過他們失敗了，但他失去意識，倒在街頭。幸好他被朋友所救，並安全送到查理曼位於帕德博恩（Paderborn）的宮殿。在法蘭克執法官的保護下，他在十一月回到羅馬，卻發現敵人指控他一連串嚴重罪名，包括買賣聖職、偽證和通姦。

不論教宗是否犯下這些指控幾乎是無關緊要，不過查理曼確實抱持懷疑。還有一個更重要的問題：他將由誰審訊？畢竟誰能有資格評斷基督之代表？在一般情況下，答案可能會是君士坦丁堡的皇帝；但此時皇位由伊琳娜佔據。而伊琳娜因不明是非和殺害親生兒子而惡名昭彰，所以李奧三世和查理曼也不將她放在眼裡；而她身為女性這點就足以讓她受輕視。當時世人認為女性無治理能力，法蘭克的撒利克法的舊傳統更禁止女性繼承王位。對西歐而言，皇帝的寶座是空懸著；伊琳娜的皇位主張只不過是證明羅馬帝國已衰退的又一證據，若還需要證據的話。

查理曼在八〇〇年十一月抵達羅馬時，他的幕僚長，來自約克的英格蘭人阿爾琴（Alcuin of York）提醒他，比起伊琳娜，他更有權力評判聖伯多祿的繼承人；但他也知道，這些指控若未能充分反駁，已失去皇帝的基督教世界會再失去教宗，而他也決心為李奧三世洗刷冤屈。這案子明顯不可能以類似審判的形式審理；但在十二月二十三日，教宗在主祭臺手按福音書鄭重宣誓，否認所有指控，主張無罪，而聚集在場的主教會議會眾都接受了他的誓言。兩天後，查理曼在耶誕節彌撒結束之際站起身時，李奧三世為他加冕皇冠。

✠

查理曼的敵人很快指出，他受封的不過是一個頭銜；皇冠不會為他增加新臣民或士兵，也不會有新領土。但這頭銜比任何規模的征服都具備更永恆的意義；表示西歐在歷經四百多年來再度有了皇帝。但還有一個問題，教宗為何為他加冕。這當然不是在精心策劃分裂羅馬帝國，更不是要回到以往兩大帝國競爭的局面。就李奧三世而言，當時是沒有皇帝的。既然如此，他就扶持一位皇帝；而且從各角度來看，包括政治、軍事和政策，拜占庭已證明自己不得人心，因此他為西方選一位皇帝：而且此人的智慧、治國才能、遼闊的領土、魁梧的身材，當世無人能比。而且李奧三世若在耶誕節上午授予查理曼榮耀地位，等於是賦予自己更大的地位：任命羅馬皇帝與授予皇冠和牧杖的權力。這是新穎且具革命性的舉措。從未有教宗主張自己有這等特權，不但確立皇冠是他個人的贈禮，同時也賦予自己冊封皇帝的至高無上地位。

長久以來歷史學家一直在辯論這場皇冠加冕儀式是否由李奧三世和查理曼共同策劃，以及這位法蘭克國王當時是否真的完全如表現般驚訝。查理曼的第一位傳記作者艾因哈德（Einhard）引述他的話說，他若知道教宗的意圖，便不會踏入聖殿。確實，他從未對皇位表現出興趣，而且他後半生繼續自稱「法蘭克和倫巴底國王」（Rex Francorum et Langobardorum）。他明顯也不願意欠教宗人情。另一方面，李奧三世心中有加冕儀式的想法時，若未事先向查理曼建議，就算只是出於簡單的禮貌，這樣真的合理嗎？而且就查理曼本人來說，受封皇帝頭銜的好處難道不比壞處多嗎？我們不得不得出此結論，教宗和皇帝早已詳細討論過這想法，可能就是在帕德博恩時，而且艾因哈德的陳述，加上查理曼後來的聲明，都是經過巧妙設計的，以避免日後必定招致的批評。

有件事我們幾乎能確定：拜占庭當時的皇帝若是男性，李奧三世和查理曼是不會染指皇位的。當時同時出現兩位皇帝的概念是不可思議的；但拜占庭由女皇掌權則情況又完全不一樣了。此時查理曼接受加冕有個更重要原因：就目前來說，在這歷史的關鍵時刻，他認為這是千載難逢的機會。伊琳娜儘管有其缺點，但仍是妙齡寡婦，而且從各方面來說十分有魅力。查理曼若能說服她嫁給他，東西方所有帝國領土都能在他這位君王手下統一。

君士坦丁堡對於查理曼加冕消息的反應可想而知。對任何思想正常的希臘人來說，那不但是傲慢的驚人之舉，也是悖理逆天的行為。拜占庭帝國是建立在雙重基礎上：一是羅馬政權；二是基督教信仰。這兩者首先由君士坦丁大帝結合，他同時是羅馬皇帝和「與眾使徒並列」（Equal of the Apostles），他的所有合法繼承人也承襲這種神祕的結合。如此一來，上帝是唯一天神，因此世間只能有一位至高無上的統治者；其他所有主張自己為皇帝者都是假冒，也是褻瀆上帝。

此外，與西方眾親王不同的是，拜占庭沒有撒利克法（Salic law），即女子無繼承權。因此儘管人民有多討厭女皇，甚至貶低她，也從不會質疑她佔據皇位的權利。因此在八〇二年初，查理曼的大使團抵達君士坦丁堡時，他們更是焦慮；當他們發現，伊琳娜不但不認為與文盲蠻族——但其實查理曼識得一點字，不過他從不隱瞞自己不會寫字——聯姻是種污辱，反而感到有興趣、欣慰、樂意，原則上是接受時，他們更感焦慮了。

她的理由不難理解。她的臣民厭惡她，國庫也已空虛，帝國已衰退貧困，發生政變是遲早且無可避免的事。她的求婚者是競爭對手、冒險家或異教徒都無關緊要了；他若如傳聞所說未受過教育，那她或許能輕易操弄他，正如她操弄過亡夫和那不幸的兒子。同時嫁給他能保住帝國不分裂，而且在她眼裡最重要的是——保全自己。

這場求婚也有其他吸引力，這是她擺脫皇宮裡窒息氛圍的機會。儘管伊琳娜守了二十二年的寡——期間身邊都是女性和宦官——此時她可能仍五十歲出頭，甚至可能更年輕：終於能有機會再婚，同意也是再自然不過的事，更何況傳聞中對方是身材高大、英俊瀟灑、有精湛歌喉和閃爍藍眼睛的一流獵人？但實情並未如此演變。她的臣民無意讓這位身穿古怪的亞麻束腰外衣和可笑的鮮紅色十字交叉襪帶緊身褲、說著難懂語言的粗野法蘭克人接手皇位，而且他甚至不會自己簽名，除非用鍍金模板描字，正如三個世紀前狄奧多里克大帝的做法。八〇二年十月最後一天，伊琳娜被逮捕、廢黜和流放；一年後過世。

我們難免會猜測如果查理曼娶了伊琳娜會如何，雖然這種猜測最終無濟於事，但西方會因此接收東方，或者反之，東方會接收西方嗎？查理曼肯定不會考慮定居在君士坦丁堡：不論如何，理論上首都會遷回西方。但拜占庭人會接受這種情況嗎？似乎不太可能。最有可能的情況是，他們會宣布廢黜伊琳娜，加冕新皇帝取代她，以力抗查理曼的作為，而且他們確實這麼做了；儘管他可能想要報復，卻做不到。雙方距離太遠，溝通方式太費時。屆時確實可能會讓自己處於蒙羞境地，而且無力自救。他可能會因此無法得到查理曼或查理大帝的封號。無論如何，誰又能料到在他過世後幾年內，西方的羅馬帝國實際上是立刻崩塌？他的幸運之處在於，拜占庭人當時毫不遲疑採取強硬路線，而法蘭克皇帝和希臘女皇最終沒有聯姻。

教宗李奧三世是平凡之人，卻是歷代教宗中做出最重大行動之人，這是一大歷史諷刺。他在聖統制中，從最初相對卑微的階層一路努力爬升，基本上仍是想法簡單之人，對他而言，為查理曼加冕只是簡單的責任分工。皇帝願意大動干戈：教宗為信仰而戰，竭盡所能保護和延續信仰，為他的全體信眾提供屬靈指導，包括皇帝。

若查理曼也有同樣的看法，那麼一切都能進展順利。他早已對反崇拜聖像的辯論做出損失頗為慘重的干預；八一〇年，他再次干預神學問題，這次是另一個年代久遠的爭議，即「和子說」

（filioque clause）。尼西亞大公會議和君士坦丁堡原本裁定的信經是，聖靈「是由聖父而出」；從第六世紀開始，西方教會又在此句子中加入「和聖子」。到了查理曼的時代，法蘭克帝國普遍接受加入此句，八〇九年，亞琛大公會議正式為此信經背書，而亞琛也是法蘭克帝國的首都。兩年前，有法蘭克僧侶在耶路撒冷的橄欖山舉行禮拜儀式時引進此信經，引來附近的聖薩巴修道院（St Saba）的東方信眾憤怒反對，於是他們將此問題交由教宗裁決。

李奧三世陷入了窘境。身為虔誠的西方人，他十分滿意新增的句子，因為「和子說」具備源出於聖經的權威，但此句子冒犯到東方人。另一方面，他已準備承認西方教會無權更改大公會議草擬的信經，而且當時西方教會與君士坦丁堡的關係已然不和，無須再引發衝突。他以模稜兩可的辦法解決：認可此教義，但壓制「和子說」的字眼，他不利用煽動性的法令壓制，而是利用原本刻在聖伯多祿和聖保祿陵墓的兩塊銀碑上的希臘文和拉丁文原文為信經文本（而原文是沒有「和子說」的）。他以共同的古老信經來源支持雙方教會合一的用意再清楚不過了。

但不出所料，查理曼大帝十分憤怒。他自小就信奉「和子說」；若東方拒絕接受，那就表示西方是錯的。但誰又在乎東方的看法？他現在是皇帝了；教宗應該堅決舉旗支持西方，君士坦丁堡的異端邪說則由他們自行去解決。李奧三世命令他在禮拜儀式中將「和子說」撤除時，他沒有照做，也不回應；八一三年，他決定讓兒子路易一世當共治皇帝時，刻意不邀請教宗舉行加冕儀式。

眾教宗和眾皇帝還會持續為各自的權勢界線互相爭鬥幾個世紀，雙方都盡可能逼進對方的地盤；但就眼前來看，查理曼於八一四年一月過世後，雙方爭執只持續了二十五年，路易一世在八四〇年過世時，加洛林帝國便分崩離析。自那時候起，教宗權力便穩步增長：沒多久，每位新皇帝必須在羅馬由教宗親自施塗油禮成了普遍的共識。

但帝國解體表示教宗現必須承擔起帝國之前留下的責任；此時南義大利出現可怕的新敵人威脅。八二七年，拜占庭總督尤錫米烏斯（Euthymius）招來北非的阿拉伯人大舉入侵西西里，而尤錫米烏斯當時因與當地修女私奔，為了避免受審而反叛君士坦丁堡。四年後他們佔領巴勒摩，從此義大利半島便一直岌岌可危。布林迪西（Brindisi）淪陷後，接著是塔蘭托（Taranto），然後是巴利（Bari），而巴利有三十年是阿拉伯埃米爾的領土。八四六年時輪到羅馬了，一支阿拉伯艦隊從台伯河上岸，洗劫羅馬，甚至將聖伯多祿大殿的鍍銀門板拆下。西羅馬帝國無能為力，當時其實也已名存實亡。

羅馬這次又是由教宗挽救。八四九年，教宗李奧四世（八四七—五五）召集三方沿岸鄰居的海軍——拿坡里、加埃塔（Gaeta）、亞馬菲（Amalfi）——他自己擔起最高統帥，在奧斯提亞沿岸驅離阿拉伯艦隊。成百上千名俘虜被送到梵蒂岡，與當地工人一起在梵蒂岡周圍建造宏偉的壁壘，綿延至聖天使城堡：這座李奧城牆（Leonine Wall）高四十英尺，是中世紀初羅馬最壯觀的建築，從台伯河開始一直延伸至梵蒂岡山頂，再往下迴轉延伸至台伯河。這座城牆於八五二年完工，大部分仍屹立至今。

第六章 女教宗瓊安（？八五五—七）

李奧四世過後，生於美茵茲（Mainz）的英格蘭人瓊安（John）擔任兩年七個月又四天的教宗，在羅馬過世，之後教宗之位空懸一個月。據說瓊安是女子，穿著男人的衣服，由她的戀人從雅典帶到羅馬。她在羅馬學得並精通各門知識，最後無人能比；她後來在羅馬講授博雅教育，她的學生和聽眾有些成為優秀的導師。她的生平和學識的風評在羅馬越傳越廣，一致被推選教宗。但擔任教宗期間，她懷了伴侶的孩子。由於不知道何時會分娩，她是從聖伯多祿大殿遊行到拉特朗聖若望大殿途中產子，就在羅馬競技場和聖格肋孟聖殿（St Clement's）之間的狹窄巷道。她過世後，據說埋葬處就是產子處。眾教宗行經此地時總是會避開這條街道，許多人相信這是因為他們對產子之事深惡痛絕。她也未被列入神聖教宗名單，不僅是因為她身為女性，也因為她生子之事被視為羞恥。

於是在一二六五年，道明會（Dominican）僧侶馬丁（Martin）在他的《教宗與皇帝編年史》（*Chronicon Pontificum et Imperatum*）中寫下這個故事。馬丁來自波蘭的特拉波（Troppau），在羅馬擔任克萊孟四世（Clement IV，一二六五—八）的專職司鐸。他的書以當時的標準來說十分受歡迎，多種版本在歐洲各地流傳，而且都是要費力抄製的手抄本。也多虧了他，教宗瓊安的傳說得以成為教宗史上最古老的謬傳之一。據說瓊安在位期間是八五五年至八五七年，介於李奧四世和本篤三世

(八五五—八)之間。

馬丁不是最早記述這故事的編年史家。在他之前已有數人記述此故事，第一位是教廷圖書館館長安納斯塔西斯（Anastasius，下一章會談到他更多事蹟），如果真有瓊安此人，他本人會認識她。他們的史料寫成時間雖然更早，但所有倖存的抄本都是在馬丁之後的年代抄製。有些史料全都略過瓊安；有些則將她列為瓊安七世或八世[1]；安納斯塔西斯的早期梵蒂岡手稿中包括她的資料，但字跡明顯是後來（十四世紀）才在頁腳處插入；而且大部分與馬丁的措辭十分相似，無疑是源自於他的記述。少數史料則為這故事增添注釋：瓊安被一群暴民殺死，並就地埋葬；或說她是在女修道院終老；或說她的兒子成為奧斯提亞主教。但這些故事的主線都是一致的：九世紀中期某位英格蘭女子成為教宗，在任期間約兩年半，因不幸誤估產期而在前往拉特朗聖若望大殿途中產子。

有位編年史家則記述了不同的版本，值得在此完整引述。他是十三世紀的道明會人士，讓．德．梅利（Jean de Mailly），住在德意志邊境附近的梅茲，是《梅茲編年史》（*Chronica Universalis Metensis*）的主要作者，寫成時間比馬丁的史料早十五年，卻不如馬丁的史料備受讚譽。「試問：」他寫道：

> 有位女教宗未列入教宗或羅馬主教名單，因為她是女扮男裝。她因品格才華出眾，先是擔任教廷祕書，後成為樞機主教，最終晉升教宗。有一天在騎馬時產子。緊接著按羅馬司法審判，她的雙腳被綁在馬尾上拖行半里格（league[2]），遭民眾扔石頭。她在過世的地點就

地埋葬，墓碑上題銘：「伯多祿，眾父之父，揭示女教宗分娩」（*Petre, Pater Patrum, Papisse Prodito Partum.* Oh Peter, Father of Fathers, Betray the Childbirth of the Woman Pope）。於是為期四天的「女教宗齋戒」就此建立。

德・梅利的版本有個特別奇怪之處，他所註明的瓊安擔任教宗的日期為一〇九九年，比馬丁版本晚約兩個半世紀，此時的教宗是巴斯加二世（Paschal II，一〇九九—一一一八），他的就任日期被隨意推至一一〇六年。於是瓊安的在任期間至少有七年——確實隱瞞了很長一段時間。但無論如何這種任期是不可能出現的。第九世紀中期時，羅馬仍處於黑暗期期，並在八四六年遭撒拉森人劫掠。所有紀錄都相當混亂且數量稀少，不值得採信，出現女教宗的奇想或許是可以理解的。另一方面，三個半世紀後的所有教宗任期的時間點都已詳細記載；教宗瓊安的故事在當時就像現在一樣不可能存在。

儘管如此，這故事在當時已深植人心；也流傳了數百年。就連西斯篤四世（Sixtus IV，一四七

1 原本就有若望七世和若望八世兩位教宗。由於大家普遍同意略過瓊安，因此編號未受影響；但遺憾的是，令人欽佩的若望八世（John VIII，八七二—八八二）的名聲因此受累，因為有一本名為《教宗瓊安八世的分娩》（*Puerperium Johannis Papae*，*The Childbirth of Pope John VIII*）的書在一五三〇年出版。若望八世是果決善戰的教宗，為羅馬築堡壘以對抗撒拉森人，建立教廷海軍艦隊，最終慘死，他遭人下毒未果後又遭人毆打致死。他理應獲得更好的聲譽。

2 譯註：古長度單位，約三英里。

一一八四）下的梵蒂岡圖書館館長巴托洛米歐・普拉提納（Bartolomeo Platina）也在他所著的《教宗列傳》（*Lives of the Popes*）列入「瓊安八世」，列在李奧四世和本篤三世之間，並詳細記述她的故事。他補充道：「我所敘述的這些事情是廣為流傳的記述，但作者隱晦不詳，因此我大膽而簡略地插入這段故事，以免因固執己見而漏掉多數人堅稱存在的事蹟……不過，」他繼續寫道：「我所敘述的內容可能無法完全令人相信。」

在宗教改革時期，瓊安成了狠批羅馬教會的絕妙依據。早在一四一四—一五年的康士坦茨大公會議（Council of Constance），波希米亞改革家揚・胡斯（John Hus）也十分樂於拿她為證據。值得注意的事，大公會議不否定此證據。十八世紀法國歷史學家賈克・勒佛（Jacques Lenfant）精闢指出：「若這在當時未被視為無可否認的事實，那麼大公會議的眾教父便不會不帶著些許不滿糾正揚・胡斯，也不會不搖頭一笑置之，正如……他們當下沒什麼理由這麼做。」同時提及瓊安（胡斯與其他幾位當代編年史家其實稱她為艾格妮〔Agnes〕）也無法讓他在大公會議受到愛戴；但他當時可能知道自己已無法倖免於火柱刑，所以覺得亦無所失。

威爾斯人阿斯克的亞當（Welshman Adam of Usk）自一四〇二年至一四〇六年在羅馬待了四年，記述了教宗依諾增爵七世（一四〇四—六）從聖伯多祿大殿到拉特朗聖若望大殿的加冕遊行，在這過程中他確認了馬丁版本中的一項有趣細節：

> 出於對教宗艾格妮（Pope Agnes）〔原文如此〕的嫌惡，教宗避開他們母子位於聖格肋孟聖殿附近直道上的石像，下馬後走進拉特朗聖若望大殿參加登基儀式。

君士坦丁的拉特朗聖若望大殿一如既往，是教宗身為羅馬主教的主教座堂。由於這座大殿座落於城市的另一端，與聖伯多祿大殿對望，經常有遊行往來於兩座大殿之間，中途會經過羅馬中心的羅馬競技場和聖格肋孟聖殿。那座令他嫌惡的雕像可能是在聖格肋孟聖殿附近某處，位在拉特朗的聖喬凡尼大道（Via S. Giovanni）上。這座石像無疑是存在過的，所有舊時的朝聖者手冊皆提到過，儘管在實際外觀方面各有不同的評論。羅馬的德意志學院（German College）的共同創辦人，聶姆的狄奧多里（Theodoric of Niem）在約一四一四年記述道，這座大理石雕像「代表發生過的事實；也就是說，分娩的女子」。另一方面，一五一〇年末，身在羅馬的馬丁・路德寫道，「女子身穿教宗斗篷，抱著孩子，手持權杖」——他也為歷代教宗允許在公共場所放置這難堪的雕像感到訝異。我們則可以各自選擇要不要相信。但我們永遠無法知道事實，因為那座石像和那段押頭韻的銘文早已不在，幾乎可以肯定是西斯篤四世於一四八〇年左右移除雕像，據說他命人將雕像拋進台伯河。

眾教宗無疑都會習慣避免經過那個地點。斯特拉斯堡主教（Bishop of Strasbourg）尤哈納斯・波卡（Johannes Burckhardt），也是教宗依諾增爵八世（一四八四－九二）和兩位繼任者，亞歷山大六世和庇護三世的教廷司儀，他帶著遺憾的口吻紀錄下依諾增爵勇於打破傳統：

> 在回程途中，〔教宗依諾增爵〕行經羅馬競技場，以及象徵女教宗的石像的所在直道，據說瓊安七世（John VII）〔原文如此〕曾在此分娩。因此許多人說，從未有教宗騎馬經過這裡。所以佛羅倫斯總主教閣下……訓斥我。

但讓我們回頭看看阿斯克的亞當所寫：

> 在那裡（拉特朗大殿），他坐在斑岩椅上，椅子下方有洞，是為了讓更低階的樞機主教證實他的性別；接著眾人吟唱起《謝主頌》（*Te Deum*）時，他被帶往主祭臺。

菲利斯・西曼萊（Felix Haemerlein）在《高貴與庸俗的對話》（*De Nobilitate et Rusticitate Dialogus*，約一四九〇年）中有一段對此便桶椅的描述極為充分，教會利用此便桶椅確保如此尷尬之事永遠不再重演：

> ……至目前為止這座椅仍在相同的地點，並用於教宗選舉。為了證明他的價值，由地位較低的聖職人員在場觸摸他的睪丸以證實他是男性。在見證時，觸碰之人會大聲喊：「他有睪丸！」於是所有在場聖職人員回答：「讚美上帝！」接著他們歡喜地繼續為推選出的教宗祝聖。

他特別確認這是因為教宗瓊安，並指出是她的繼任者本篤三世設置了這有洞的椅子。

我們能從這些資料理解出什麼？我們是否真能相信繼任的眾教宗願意接受這種有失體統的觸摸？[3] 包括教宗亞歷山大六世，大家都知道他生育過孩子。再與另外兩則十五世紀的記述對比後，這團迷霧便開始清晰起來。第一則是英格蘭人威廉・布魯雲（William Brewin）在一四七〇年編撰的羅馬教會指南。他說，在拉特朗聖若望大殿的聖救世主禮拜堂（Chapel of St Saviour）中，「至少有兩張紅色大理石製成的座椅，椅子上刻有洞，我聽說這是為了證明教宗是否為男性。」第二則也是主教波卡的記述：

> 教宗被帶到聖西爾維斯特禮拜堂的門口，旁邊有兩張樸素的斑岩椅，教宗坐在從門右邊數來的第一張座椅，彷彿躺著一般；他坐著時……拉特朗聖若望大殿上司將權杖遞到教宗手上，象徵統治和懲治，以及聖殿和拉特朗宮殿的鑰匙，象徵關閉和開啟、綑綁和釋放[4]的權勢。接著教宗移駕到另一張座椅，在此遞回權杖和鑰匙。

「兩張樸素的斑岩椅」：這是所謂的教宗御座（*sedia curules*），曾有四百年用於教宗登基儀式。其中一張被拿破崙軍隊掠走，帶到羅浮宮[5]；另一張留在羅馬，不過現存放在梵蒂岡博物館，是庇護六世在十八世紀末移到那裡。現放在所謂「面具展室」（*Gabinetto delle Maschere*）的窗戶凹進處，

3 米蘭歷史學家伯納迪諾・科里歐（Bernardino Coreo）確實這麼認為。他在一四九二年親眼見證亞歷山大的加冕儀式後記述道：「最後，在至聖堂（sancta sanctorum）按慣例舉行的莊嚴儀式結束，觸碰睪丸也完成後，我回到宮殿。」

4 譯註：《馬太福音》一六：一九。

5 椅子現在還在那裡嗎？「我們在詢問那張被帶到羅浮宮的椅子時，羅浮宮的代表告訴我們，博物館『未收藏教宗寶座』」（史坦佛，P. Stanford，《女教宗》，*The She-Pope*，頁五〇）。

沒有標籤。椅子上確實有洞，挖成一個大鑰匙孔狀；但更奇怪的是椅背的角度，呈現約四十五度角。確實人坐上去便「彷彿躺著一般」；這不太可能是當便桶用。曾有人提出一個解釋，這座椅原本是用於產科或「分娩」椅（「關閉和開啟、綑綁和釋放」？），曾用於加冕儀式以象徵母堂（Mother Church）。另一方面也無法否認這是為了讓執事觸摸的絕妙設計；確實難以不讓人作此聯想。

支持女教宗存在的最後一樣重要證據，或者說至少讓世人普遍相信此傳說的證據，是錫耶納主教座堂（Cathedral of Siena）的一系列教宗半身像。雕像的建成日期不詳，但很有可能是十四世紀末。雕像共有一百七十座，從半圓形後殿中央的十字架右邊的聖伯多祿開始，逆時針方向依序圍繞教堂，一直到一一八五年過世的教宗路基約三世（Lucius III）為止。果然其中曾包括瓊安，正是放在李奧四世和本篤三世之間，她的半身像上清楚刻著銘文：「瓊安八世，來自英格蘭的女子」（Johannes VIII, Foemina de Anglia）。最令人遺憾的是，這座半身像現已不在那裡了，約一六〇〇年時克萊孟八世將雕像移除。

那座半身像後來下落不明。克萊孟的圖書館館長，樞機主教巴洛努斯（Baronius）聲稱，雕像移除時已立刻銷毀；但十七世紀初，亞耳的方濟會省會長（Provincial of the Franciscans）安東・巴吉（Antoine Pagi）前往錫耶納，留宿在修會會院時，在那裡記錄下與各司鐸和教會人士之間的談話。根據記錄，半身像沒有被銷毀，而是決定重新標上名字。經過些微重塑後，成了教宗匝加利亞（七四一—五二）的肖像，現按時間順序放在這一系列半身像中的正確位置。

有這麼多互相矛盾的證據，我們可否肯定教宗瓊安從未存在？不幸的是，可以。尤其是兩筆令人信服的文字證據出現後，分別由一位宗主教和一位教宗所寫。首先是八五八年至八六五年在君士坦丁堡擔任宗主教的佛提烏（Photius），如果瓊安真的存在，他便是與她同年代。佛提烏不喜愛羅馬，甚至懷有相當大的怨恨；但他仍特別提到「李奧和本篤，是羅馬教會相繼兩位優秀的司鐸」。兩個世紀後，教宗李奧四世（一〇四九—五四）致函賽魯拉留斯（Cerularius）宗主教馬格爾（Michael）：

但願我們不要相信君士坦丁堡教會的公眾輿論所斷然宣稱：亦即為了晉升宦官，任意違背尼西亞會議第一律法（First Law of the Council of Nicaea），該教會曾晉升一名女子為主教。我們認為此罪行惡毒陰險，儘管令人憤怒和厭惡，但出於友愛的善意，我們不願相信此事，不過，考量到你們對聖律（Holy Law）的草率判斷，我們認為此事可能發生過，因為時至今日你們仍淡然處之，不僅屢次晉升宦官和身體某部位殘弱者擔任聖職，甚至擔任主教一職。

李奧若是聽說過教宗瓊安存在之事，他會讓宗主教明顯有反擊的機會嗎？若宗主教知道女教宗之事，難道他不會以此事反擊嗎？因此我們只能得出一個結論，在十一世紀中期，羅馬尚未出現女教宗的傳說。

還有一筆確鑿的證據。根據最可靠的來源記載，李奧四世於八五五年七月十七日過世，而本篤三世於九月二十九日就任。皇帝洛泰爾一世（Lothair I）在本篤就任後幾小時內在亞耳丁內斯

（Ardennes）過世。此消息通常要花一點時間才會傳到羅馬，而當時鑄造的迪納厄斯（denarii）貨幣，一面刻著「教宗本篤」（Benedict Papa）的字樣，另一面刻著「虔誠的洛泰爾皇帝」（Hlotharius Imp Pius）。由此可見本篤並未比記載的時間晚接任，因此也沒有瓊安在任的時間段。

但或許證明女教宗確實不大可能存在的最佳論點就是女性本身、長時間隱瞞、隱匿懷孕、突然在街上分娩。女性教宗本身一開始就不太可能存在；而且在現實中，女人在街上分娩確實罕見。這一切難道不是有點太令人難以相信嗎？確實；然而還有一件幾乎同樣是不大可能存在之事，而我們不得不接受：那就是天主教會有幾百年普遍接受這頗為怪異的故事，而可憐又不小心被揭露的瓊安至今仍有支持者。[6]

6 十八世紀時，教宗瓊安（*Pope Joan*）是一種廣受歡迎的紙牌遊戲名稱；近期在一九七二年更以此傳說改編成電影，由麗芙・烏曼（Liv Ullmann）主演，以及特雷弗・霍華德（Trevor Howard）和奧莉薇亞・德・哈維蘭（Olivia de Havilland）。

第七章　尼各老一世與淫婦統治期（八五五—九六四）

教宗瓊安是虛構的；教宗本篤三世則是無足輕重之人，如果瓊安真的存在，他會是瓊安的繼任者。繼本篤之後是個笑柄，再之後是位鉅子。

這位笑柄是奪取教宗之位的安納斯塔西斯。他是在八一五年左右生於羅馬的司鐸世家，他的伯叔是極具影響力的奧爾泰主教阿森紐斯（Arsenius, Bishop of Orte）。安納斯塔西斯具備出眾的才幹和教養，早年便精通希臘語，在八四七年或八四八年由李奧四世任命為司鐸級樞機（cardinal priest）；但緊接著他與這位恩人發生爭執，逃往阿奎雷亞。李奧深知他的野心，視安納斯塔西斯為潛在對手，不斷召他回羅馬；每當安納斯塔西斯拒絕時便將他開除教籍、譴責和廢黜。李奧於八五五年過世時，他的繼任者是正式獲選的本篤三世；但主教安納斯塔西斯認定應由他的姪子接任教宗，因此以武力佔據拉特朗聖若望大殿，囚禁本篤。

混亂的統治期持續三天；但情況很快明朗，安納斯塔西斯缺乏任何程度的民意支持。此外，遭開除教籍的人怎麼能成為教宗？奧斯提亞和阿巴諾（Albano）的三位主教中有兩人按傳統要為教宗祝聖，而他們就算被威脅會遭到酷刑，也未被說服執行儀式。本篤最後獲釋，並接受就任儀式。安納斯塔西斯的教宗徽章遭褫奪，並被逐出拉特朗大殿；但本篤待他相對更寬容，只將他幽禁在台伯河西聖母大殿（S. Maria in Trastevere）的修道院。

但安納斯塔西斯又捲土重來。在本篤擔任教宗三年期間，他隱匿收斂；但隨著尼各老一世

（Nicholas I，八五八—六七）接任，他的命運驟變。他雖讓自己出盡洋相，但仍是當代最重要的學者之一；而尼各老深知安納斯塔西斯的能力，先是任命他為修道院院長，接著是教會圖書館館長（推測是因為他精通希臘語），然後成為教廷的幕僚長，處理拜占庭事務。

尼各老一世是貴族，也是獨裁者。對他而言，教宗是上帝在世上的代表——事情在此了結。皇帝可能享有保護和捍衛教會的特權，但沒有干涉教會事務的權力。教宗的權威是絕對的；召開主教會議只是為了履行他的命令；眾主教、總主教、甚至宗主教都應忠於和順從他。拉芬納總主教約翰自認地位高過他時，便被召到羅馬，並遭到開除教籍和廢黜。而帝國最有權勢的教會人士，漢斯總主教辛克瑪（Hincmar）開除一位教省隸屬主教（suffragan bishop），接著設法阻止他到羅馬上訴時，尼各老立刻恢復那位教省隸屬主教的職務；而辛克瑪抗議時，教宗便威脅要禁止他主持彌撒。法蘭克主教會議批准洛林（Lorraine）國王洛泰爾二世因為想娶情婦而提出的離婚時，尼各老也展現了他的氣魄；他逕自推翻決議，命令洛泰爾與妻子復合。國王再次拋棄她時，他便被開除教籍。科隆（Cologne）和特里爾的總主教來到羅馬為此案辯護；尼各老也以重婚共犯為由將他們開除教籍。不過這次他似乎弄巧成拙了：洛泰爾的哥哥，皇帝路易二世進軍羅馬，表面上要給他一個教訓。但教宗稱他是虛張聲勢，拒絕讓步；而憤怒的路易不得不退兵。

尼各老將教宗權威的概念延伸至東方教會幾乎是不言自明。此時君士坦丁堡的宗主教是宦官伊格內修斯（Ignatius），他是目光偏狹的偏執狂，不受信眾喜愛，因此他們決定擺脫他。他們的領導人是佛提烏（Photius），是當代最有學識的學者，能力高過伊格內修斯，而伊格內修斯的思想太狹隘，只會談論最簡單的神學教義。在一次格外成功的嘲弄宗主教的場合中，佛提烏甚至臨時想到並提出一個深奧的新異端理論，此論點是人擁有兩個靈魂，一個會犯錯，另一個永無過失。他身為知識分子的輝煌聲望反而讓其論點受到許多理應不會重視的人認真看待，包括伊格內修斯；佛提烏的學說藉由置宗主教於窘境而引起所想要的效果後，便興高采烈地撤回此學說。這或許是神學史上唯一令人完全滿意的惡作劇，僅此一點，佛提烏就值得我們感激。

八五八年主顯節時，伊格內修斯拒絕參加皇帝的叔伯的聖禮，這並非明智之舉，皇帝的叔伯曾為了兒媳婦拋棄自己的妻子。擬定適當的指控花了一點時間，但該年末，宗主教遭到逮捕和驅逐。佛提烏明顯是繼任者。可惜他是平信徒的身分，但這點難處立刻克服了：他在一星期內接受削髮儀式、任命、祝聖和就任。接著他致函羅馬的教宗尼各老，正式通知他獲得晉升。儘管這封書信本身是圓滑的外交形式，內容未包含任何反對前任的隻字片語，但附上另一封表面上由皇帝寫的信，而這封信提到伊格內修斯忽視信眾，已按教規妥當廢黜——教宗的猜疑雖正確，但兩封信都聲稱此猜疑沒有事實根據。尼各老在聖母大殿（S. Maria Maggiore）按一切應有禮儀接待拜占庭使節團，但清楚表明在未進一步調查前，不準備認可佛提烏的宗主教身分。於是他提出隔年在君士坦丁堡召開會議質詢，他會派兩位委員出席會議，並親自向他回報。

兩位委員分別是阿南伊的扎卡里（Zachary of Anagni）和波土的羅道（Rodoald of Porto），兩人在八六一年四月抵達君士坦丁堡。從他們抵達那一刻，就發現佛提烏的接待令他們難以招架——他們被一連串永無止盡的儀式、招待、晚宴和娛樂活動淹沒，而宗主教本人一直和他們寸步不離，以自身的博學知識和魅力迷惑他們。在聖使徒教堂（Holy Apostles）召開大公會議的開幕會期前，佛提烏自信滿滿，認為他們不會為難他。至於伊格內修斯，他一直等到被帶入教堂呈上證詞時，他們才有機會看到他。接著他不得不聽七十二名證人作證表明，因為他個人偏袒皇后而不支持教會選舉結果，所以職務遭到廢黜。在第四次會期結束時，他的職務廢黜經由一份正式文件確認，而這份文件末尾的簽名處明顯可看到兩個名字，扎卡里和羅道。

這兩位教長回到羅馬時，教宗無疑向他們表達不滿。他提醒他們，他們的任務是挖掘真相，不是把自己當法官。他們這麼做相當於背棄了教會的利益，屈服於拜占庭的勸誘，更像是頭腦簡單的孩童，而不是資深的聖職人員。他們讓自己受宗主教愚弄，證明自己不配擔任目前的位階和身分。他日後再來考慮他們的前途，同時先讓他們離去。

此時有位名叫狄納提斯（Theognostus）的掌院（archimandrite）[1]為躲避嚴密監控而從君士坦丁堡逃到羅馬，他為取悅尼各老而告訴他佛提烏和其友人的罪惡行徑，以及不幸的伊格內修斯不得不承受的苦難，最後被迫簽署廢職法令。教宗不再猶豫。八六三年四月，他在拉特朗大殿召開主教會議，褫奪佛提烏的所有聖職身分，恢復伊格內修斯和受其牽連者的前職位。扎卡里和羅道的教區職務被免除。但在君士坦丁堡，教宗的裁決不出所料受到忽視，爭執也沒完沒了。到目前為止，尼各老的堅決只能證明自己在東方毫無權勢；但現在出乎意料的是，保加利亞突然發生了一件好事。

✠

此時保加爾人在他們的可汗，鮑里斯一世（Boris I）的率領下，在巴爾幹地區崛起；八六五年九月，曾是天主教徒的鮑里斯前往君士坦丁堡，在聖索菲亞大教堂由宗主教施浸禮，皇帝本人擔任教父；教宗尼各老感到憤怒是預料中的事；其實鮑里斯也別無選擇，拜占庭艦隊正停靠在他位於黑海沿岸的領土，而他的國家也正陷入該世紀最嚴重的飢荒，但此理由仍無益於減輕教宗的憤怒。不過在鮑里斯改信教後不到一年，他改變了想法。在他國家的希臘和亞美尼亞司鐸突然人數氾濫，經常就深奧的教義論點相互爭執，而這些教義是他和困惑的臣民難以理解的。此外，為了與君士坦丁堡保持距離，他已要求任命一名保加利亞宗主教，但被拒絕。

錯估形勢的佛提烏將為這次拒絕付出慘痛代價。現在換可汗憤怒了。他樂於擔任皇帝的教子，但無意成為他的附庸。他充分瞭解羅馬和君士坦丁堡之間的公共事務狀況，並於八六六年夏天派代表團拜訪教宗尼各老，隨後可能挑撥他們雙方的關係。代表團帶來一份清單，列出一百零六條與保加利亞傳統互相抵觸的東正教教義和社會習俗，提議保加利亞的傳統若能延續，便能克服大部分反對新信仰的意見，並詢問教宗對每一條教義的看法。

鮑里斯向佛提烏提出這些要點時，不是遭駁回就是受到忽略；對尼各老而言，這正是他一直等待的時機。他迅速安排安納斯塔西斯處理，接著又派兩位主教前往保加利亞宮廷，帶上一份驚人的文件，內容是他針對鮑里斯清單上每條要點做出深思熟慮、嚴謹周密的回答，表現出他關心敏感脆弱的當地人，盡可能對所有要點做出讓步，至於無法讓步的要點，他也解釋了拒絕的理由。他同意，男女都可以穿長褲；也可以纏頭巾，除了在教堂時。拜占庭堅持認為在星期三和星期五洗澡是不正當，教宗則認為這毫無道理；大齋期期間也沒有理由禁食牛奶或起司。另一方

1 掌院在當時相當於西方的隱修院院長（abbot），此頭銜後來適用於一批修道院的總院長（例如亞陀斯山，Mount Athos，或邁泰奧拉，Meteora），後來也用於高階行政官，位階低於主教，或許相當於總執事（archdeacon）？

面，所有異教的迷信行為必須嚴格禁止，同樣禁止以隨機打開聖經的方式實行希臘式占卜。重婚也是禁止的。

保加爾人對禁止重婚感到失望，但整體來說相當滿意教宗的回答，或許同樣更重要的是，他明顯願意花功夫回答他們的問題，更確切來說，是安納斯塔西斯的貢獻。鮑里斯立刻發誓永遠效忠聖伯多祿，在如釋重負之餘，將他王國內所有東正教傳教士驅逐。於是羅馬天主教會再度回歸巴爾幹。

✠

尼各老一世象徵一道分水嶺：這一個半世紀以來佔據聖伯多祿之位者，他是最後一位能幹或廉正的教宗。他的繼任者是年長的聖職人員，封號為哈德良二世（八六七—七二），僅僅在短短五年內，便幾乎揮霍掉尼各老獲得的一切，向總主教辛克瑪屈服、與洛泰爾國王恢復邦交——他現在回到情婦身邊——允許保加利亞人回歸東正教。毀掉安納斯塔西斯辛苦的成果還不滿意，他甚至指控這位圖書館館長共謀殺害他（哈德良的）前妻和女兒，將他開除教籍，這也是安納斯塔西斯人生第二次被逐出教會。[2]

但與幾位繼任者相比，哈德良也算是模範。查理曼帝國此時已在王室成員彼此不斷爭鬥中消亡；沒有了查理曼帝國，教宗無法抵抗當地的羅馬貴族，這些貴族主要是克列斯謙蒂（Crescentii）、圖斯庫倫（Tusculani）、狄奧菲拉克特（Theophylacts）家族，他們完全掌控教會，教廷成了他們的玩物。哈德良的繼任者若望八世（八七二—八八二）至少鬥志昂揚，卻成為第一個被暗殺的教宗，這也算是一種榮耀，但最慘的是，他是被隨行司鐸所殺害。根據福達（Fulda）修道院的編年史所記載，他們先是下毒未果，緊接著用鎯頭敲入他的頭骨。據說繼任者瑪理諾（Marinus，八八二—四）即位的特點是有位羅馬高官遭到謀殺，而兩年後哈德良三世（八八四—五）即位的特點則是那位受害人的遺孀被脫光鞭打，遊街示眾。哈德良在八八五年前往德意志途中死亡，也被懷疑是遭人殺害。接下來兩位教宗，斯德望五世（八八五—九一）和福慕（八九一—六）是在自己的床上過世；但福慕過世八個月後，繼任者斯德望六世（八九六—七）[3]於八九六年三月下令將福慕的遺體挖出，替遺體穿上教宗袍後架到寶座上，讓遺體在一場模擬審判中接受偽證罪和覬覦教宗之位罪的審訊：據說福慕曾接受羅馬主教之位，自己同時已擔任另一教區的主教（現今已不是罪行）。不出所料，福慕被定罪：他的所有行為，包括他所授任的聖職，都被宣稱為無效或作廢，這種判決造成難以形容的亂象；最後他的遺體（少了曾用於賜福的右手三根手指）被拋入台伯河。[4]

拉特朗大殿在一次大地震後幾乎全毀，多數人認為這場災難是上天不滿教宗斯德望六世的行為而降臨的神蹟。但以超自然凶兆來證明幾乎是多餘的；所有羅馬人肯定都明白教宗的行為已越

2 凶手其實是安納斯塔西斯的表親厄魯提爾斯（Eleutherius），他與哈德良的女兒私奔失敗後殺害她。安納斯塔西斯第二次被開除教籍後很快被解除，他曾於八六九—七〇年在君士坦丁堡參加第八屆大公會議，當時他設法為西方皇帝路易二世的女兒艾蒙格（Ermengard）和拜占庭皇帝巴西爾一世（Basil I）的兒子安排婚姻但失敗。

3 或者更確切來說，是他的第二位繼任者；但期間的教宗博義六世（Boniface VI，八九六）在兩星期後就死於痛風，他曾因兩次違反道德而被免除聖職。

4 在此應補充說明一下，遺體後來由一位隱士奇蹟般找回，經修復後重新埋入原本的墳墓。

界。六個月後，他被廢黜，教宗徽章被剝奪，並被關入監獄，不久後他在獄中被勒死。

七年間歷經了六位教宗後，九〇三年，有位堂區司鐸（parish priest）被推選為教宗李奧五世，他來自一座不幸被命名為「陰莖」（Priapi）的村莊。目前不清楚他是怎麼獲選的，但這並不重要：一個月後發生了宮廷政變，在這過程中，聖職人員克里斯多弗推翻了李奧，將他關進監獄，自封為教宗並就職。史上被稱為對立教宗的克里斯多弗在任期間比李奧五世還長，持續了四個月；但他在九〇四年初反而被一位羅馬貴族推翻，這位貴族曾積極參與過福慕的「審判」，此時接任教宗為色爾爵三世（Sergius III，九〇四－一一一）。克里斯多弗被送進監獄，與李奧關在一起。過了不久，色爾爵聲稱因憐憫他們而將他們兩人勒死。

在教宗史上的此時此刻，出現了一位千嬌百媚卻不祥的人物，羅馬元老院女議員瑪蘿齊婭（Marozia）。她是羅馬執政官圖斯庫倫伯爵（Count of Tusculum）狄奧菲拉克特（Theophylact）和妻子西奧朵拉（Theodora）的女兒。克雷莫納主教勒特普朗德（Liudprand）形容西奧朵拉是「無恥蕩婦……是羅馬的唯一統治者，像男人一般行使權力」。他繼續形容道，這對討人厭的夫妻的兩名女兒，瑪蘿齊婭以及與母親同名的德多拉（Theodora），「在維納斯鍾愛之事方面，不僅與母親相當，甚至超越她」。他對妹妹的描述可能是錯的，因為她的事蹟鮮為人知；但對瑪蘿齊婭的描述是事實。瑪蘿齊婭是教宗的情人、母親和祖母，吉朋嗤之以鼻地說，這是「罕見的家譜」，她生於約八九〇年，十五歲時成為她父親的表兄色爾爵三世的情婦。（他們兩人的兒子是未來的教宗若望十一世。）九〇九年，她嫁給冒險家艾伯里（Alberic），他憑一己之力當上斯波列托侯爵（Marquess of Spoleto），他們生了一個兒子，艾伯里二世。教廷長久以來是羅馬的實質政府，此時完全受到當地貴族控制，她也是當時貴族圈中最有權勢的代表；教宗也在她的掌握中。[5]

色爾爵和若望十一世（九三一—五）之間有五任教宗，有兩位是瑪蘿齊婭的傀儡；兩人任期加起來不到三年。第三位是若望十世（九一四—二八），才幹非比尋常：他於九一五年六月在加里利亞諾（Garigliano）河畔一場決定成敗的戰役中，與圖斯庫倫的狄奧菲拉克特和艾伯里一世合力擊退撒拉森人。但瑪蘿齊婭憎恨他，部分原因可能是因為他曾是她母親的情人，當時他被任命為拉芬納主教，西奧朵拉將他召回羅馬，並將他推上教宗之位，但最主要原因還是出於她自己的野心。若望十世太強硬也太聰明；九二七年末時，他開始出現嚴重的反抗跡象，甚至與兄弟彼得一起威脅瑪蘿齊婭的權勢，於是她設法對付他。彼得在拉特朗大殿遇害，就在他兄弟的眼前，不久後，瑪蘿齊婭與第二任丈夫托斯卡尼的蓋伊（Guy of Tuscany）[6]將教宗廢黜，並將他監禁在聖天使城堡，不久後他在那裡被人用枕頭悶死。

✠

瑪蘿齊婭採取行動的原因不只是為了消滅對手；也是為自己的兒子騰出教宗之位。可惜當時她的兒子只有十八歲左右，因此她安插兩位較年長的傀儡暫時補上空缺，之後在九三一年初春扶持他為若望十一世。此時她已拋棄蓋伊，倒向更有前途的目標：普羅旺斯的修（Hugh of Provence），他近期被選為義大利國王，及時由不幸的若望十世施塗油禮。沒錯，修原本已有位賢妻，但正好

5 她讓人不禁疑惑是否為女教宗瓊安的原型？
6 艾伯里一世在九二四至九二六年間在奧塔（Orta）被殺害。

在此時過世，剛好讓瑪蘿齊婭有機會嫁給他。蓋伊是修的同父異母的兄弟，亂倫成了這樁婚姻的主要阻礙；為此修直接宣稱蓋伊和他另一位兄弟，托斯卡尼的蘭伯特（Lambert of Tuscany）是私生子——他們的母親作何感想是可想而知的——蘭伯特為此抗議時，修命人刺瞎他的眼睛並關進監獄，他很快便在監獄過世。甚少有夫妻為了結婚而讓雙手沾上這麼多鮮血。不出所料，他們於九三二年舉行婚禮時不是在教堂，而是在聖天使城堡。另一方面，這場婚禮是由教宗親自主持，這是史上由教宗為母親主持婚禮的首例、也是最後一例。這兩人一結合後，似乎勢如破竹；就眼前所見，無人能阻礙他們登上西方的皇帝寶座。

但瑪蘿齊婭的如意算盤打錯了。她忘了自己還有另一個兒子。教宗的同母異父兄弟，艾伯里（Alberic），他發現母親每結一次婚就生一個兒子，逐漸將他拋之腦後。他見識到修是怎麼處理不想要的親戚關係，也在聖天使城堡的宴會上收到明確警告，被新繼父打了一巴掌。他只希望趁還有時間時儘快行動。羅馬人一點都不喜歡修，而他的殘忍和粗暴已是惡名昭彰；此外，他們已隨時準備起義。九三二年十二月，一群暴民闖進城堡。修設法從窗戶逃走；瑪蘿齊婭和她的教宗兒子被關進監獄。之後那位令人畏懼的羅馬女議員下場不明；若望十一世後來似乎獲釋，但被軟禁在拉特朗大殿，根據主教勒特普朗德表示，艾伯里把他當私人奴隸對待。

艾伯里現在是無可爭議的羅馬首領，接下來統治羅馬二十年，整體來說算賢明，成功抵制了修不斷以各種手段重掌權勢，包括與修的女兒聯姻。他實際上任命接下來的五位教宗，其中三位如他所要求以他為尊。違背他意願的第一位教宗是斯德望八世（Stephen VIII，九三九－四二），經過兩年的順從後，似乎開始與主人發生衝突。實際情況不明；但教宗無疑遭到殘忍截肢而傷重死亡。五位教宗中最後一位是艾伯里的私生子歐塔文（Octavian），仍是青少年。艾伯里在九五四年夏天爆發致命高燒，時年僅四十歲，他命人將自己抬到聖伯多祿墳墓上方的祭壇，召集羅馬顯要人士來到他的臨終床榻前，要他們在使徒的骨骸前發誓，在時任教宗亞加比多二世（Agapetus II，九四六—五五）過世後，要推選歐塔文為至高無上的教宗。那是他最後一道命令。他在八月三十一日過世。

這充分說明羅馬人認同艾伯里的權勢——卻說明了他們的智慧不足。歐塔文當然立刻接任父親留下的羅馬臨時統治地位；九五五年十二月亞加比多過世，他改名為若望（John）[7]，並正式當選教宗。這抉擇卻引來災難。這位年輕聖父不但對教會事務絲毫不感興趣；教廷的淫婦統治更在他的任內陷入最深淵。而吉朋的記述是最恰當不過：

……我們驚訝地得知，瑪蘿齊婭那位知名的孫子與羅馬幾位遺孀公然通姦；拉特朗宮殿成了賣淫學校；他強暴未婚女子和寡婦之事令女朝聖者嚇得不敢造訪聖伯多祿大殿，以免為了表示虔誠而遭到他的繼任者侵犯。

普羅旺斯的修和瑪蘿齊婭是當代最無恥的一對淫蕩之徒，其孫子若望十二世（九五五—六四）一無是處也不是沒有道理的。他讓全城，確切來說是他促使全城陷入混亂，利用城市和教宗國的

7 他是第二位改名的教宗。五三三年的若望二世是第一位。因為他的本名是墨丘利（Mercury），他別無選擇。其實若望十二世在擔任羅馬的臨時統治者時繼續沿用舊名。

財富滿足自己對賭博和各種性放縱的慾望。羅馬的政治形勢開始迅速惡化；此外，危險的新敵人此時正迎面而來，也就是修的姪子，伊夫瑞亞的貝倫加爾侯爵（Marquess Berengar of Ivrea）。貝倫加爾雖未受加冕，卻是修在九四五年返回亞耳以來擁有實權的義大利國王，而且從那時起一直騷擾羅馬；九五九年，他佔領斯波列托公國（Duchy of Spoleto），開始劫掠羅馬北部的教廷領土。到了九六〇年秋天，若望別無選擇，只能求助於德意志國王，薩克森的奧圖（Otto of Saxony），並授以皇冠以示回報。

✠

奧圖別無所求。他一生中只有一個夢想：復興查理曼帝國。他甚至安排在查理曼位於亞琛的美麗圓形教堂執行德意志加冕儀式，證明了他真心想實現這夢想。他已統一德意志；九五五年他在奧格斯堡（Augsburg）外重挫五百年來蹂躪歐洲的馬札爾人。奧圖在歐洲各地眾所皆知且備受尊重。在接到教宗的求助後，他率大軍橫越阿爾卑斯山，於九六二年一月抵達聖城；二月二日獻主節時，他和王后阿德萊德（Adelaide）與身後的御劍侍衛，在小他們三十歲的年輕浪蕩子前下跪，在聖伯多祿大殿接受加冕，教宗在他身旁發誓不支持貝倫加爾。於是查理曼大帝的神聖羅馬帝國是由最卑劣的教宗復興，並延續了九個半世紀。

奧圖幾次以高姿態訓誡若望，敦促他革除不道德的作風，於兩星期後離開羅馬。自從加冕儀式過後，他一直堅持把教宗當成難管教的學童，兩人的關係迅速惡化；即便如此，他也未預料自己一離開，若望便立刻背叛他，與貝倫加爾的兒子阿達柏（Adalbert）協商。若望這麼做的原因令人無法理解；而且奧圖一開始似乎也不敢輕信。他收到消息時，正忙著在亞平寧山圍攻貝倫加爾；他的第一個反應是派調查團到羅馬。調查團帶回教宗擁有無數情婦的豐富細節，她們之中環肥燕瘦、貧富皆有：他更任命其中一人擔任諸城總督，賞給她大量教會財寶；還有一人曾是他父親的情婦，懷過他的孩子，已死於大出血；教宗也曾任意掠奪女朝聖者。調查團報告：「曾庇護聖人的拉特朗大殿現成了妓院。」

事到如今皇帝仍傾向於放縱他。據說他表示：「他只是個孩子，若有賢人為他樹立榜樣，他很快能改正。」他決定再給若望一次機會，並派去另一位特使，權力比前任幾位更高的克雷莫納主教勒特普朗德。

據勒特普朗德本人表示[8]，教宗竭誠以禮相待；但他很快看清，若望已準備輕蔑和漠視皇帝。由於他對有爭議的問題都完全不滿意，所以留在羅馬顯然已沒有意義，於是主教啟程回到主人身邊。但在他抵達前，奧圖已得知阿達柏已抵達羅馬，正準備接受皇冠。此時是七月，而德意志士兵不堪烈日煎熬，於是奧圖等到九月後進軍羅馬。

一切很快就結束。若望假裝短暫反抗了一下，卻騙不了任何人；奧圖即將抵達羅馬時，他搜刮走所有剩餘且能帶走的財寶，與阿達柏一起逃到提弗利（Tivoli）。皇帝在無人抵抗下進入羅馬。三天後他召開並親自主持主教會議，勒特普朗德列出約一百名教會人士出席。會議開始時，他為聖父不適合出席表示遺憾，然後呼籲大家提出反對他的證據：

8 他所寫的《鄂圖統治時期編年史》（*Chronicle of Otto's Reign*）十分引人入勝，內容包含完整的出使記事，但如同他的所有其他著作，無法盡信。

於是司鐸級樞機彼得站起身作證，他看過教宗在主持彌撒時自己未領受聖餐。納爾尼主教約翰和約翰執事樞機接著聲稱，他們看到教宗在不適當的時節在馬廄中任命執事。本篤執事樞機與其他執事和司鐸同僚表示，他們知道十年來教宗藉由任命各主教職位收受報酬，包括任命托迪（Todi）主教一職。至於他褻瀆聖物的問題，他們說，已無須調查；大家都親眼見過，已不只是傳聞而已。至於通姦，雖然沒有目擊資訊，但他們確知他與瑞納（Rainer）的遺孀、他父親的妾史黛芳娜（Stephana）、遺孀安娜，以及自己的姪甥女都有肉體關係；而且他將聖殿當成妓院和度假勝地。他曾公然狩獵；他將神師神父本篤的眼睛刺瞎，使他傷重死亡；他將副執事樞機約翰閹割致死；他曾放火燒房子，在公共場所佩帶劍、頭盔和鐵甲。他們在為這一切作證時，所有人，包括聖職人員和平信徒皆大聲指控他喝葡萄酒是出自於對惡魔的喜愛。他們說，他在賭骰子時，請求朱庇特（Jupiter）、維納斯等其他魔鬼幫忙；他不主持晨禱，也不遵守祈禱時間，更不劃十字聖號以堅定信念。[9]

奧圖接著讀一封寫給教宗的信，詳述指控罪名，「懇求」他回來為自己辯白。他補充說道：「如果你害怕可能受到魯莽群眾施暴，我們發誓不會策劃任何違反神聖教規的行動。」但若望的回覆完全就是他該有的典型反應，明顯是刻意羞辱，完全忽視皇帝身在羅馬，光是措辭本身就足以表明是他自己所寫：「主教若望致諸位主教。聽說你們想另選教宗。你們若這麼做，我會代表全能的上帝開除你們的教籍，而且你們沒有權力任命教宗或主持彌撒。」

皇帝和主教會議的回覆沉重而諷刺，但表明要點：

……我們一直認為，或說寧可相信，雙重否定等於肯定，你的威信若無損於古代作者的威信……你若有任何藉口不願前來為自己辯護——但願不是如此……那麼我們應無視你下達的教籍開除令，而是開除你的教籍，我們有正當權力這麼做。

帝國特使團來到提弗利，卻發現教宗外出狩獵，且四處尋不到人。他們也不費心等待，而是立刻回羅馬，九六三年十二月一日，主教會議第三次召開時，皇帝請眾主教考量判決。他們沒多久便裁定：

「我們請求陛下，將此無可救藥的惡魔逐出神聖的羅馬教會；獲任命取而代之者，將以優秀的談吐證明自己是統治者和施恩者，言行正直，為我們樹立榜樣……」所有人異口同聲：「我們推選李奧為牧人，他是神聖羅馬教會中德高望重的總書記……他將成為至高無上的普世教宗，我們在此譴責生活墮落的叛教者若望。」會議全體重複這段話三次，接著在皇帝同意下，良被護送到拉特朗大殿……後來在適當的時節將他推上至高無上的教宗之位。

9 勒特普朗德，《鄂圖統治時期編年史》第十一章。

但羅馬人拒絕接受他。問題在於眾人都知道，李奧八世（九六三—五）不是由眾主教自由推選出來，而是由皇帝提名。若望或許是惡魔，但他是羅馬人選出的惡魔；無論好壞，都是羅馬人選出他的，他們不準備看到他被日耳曼蠻族推翻。他們的第一次起義不過是一場騷亂，輕易就被帝國軍隊鎮壓下來。但奧圖無法永遠待在羅馬。為他撥出的封地稅款只能供他使用一段時間，他還必須對付貝倫加爾和阿達柏。於是在九六四年一月，他離開羅馬，而若望回來了。

他展開可怕的報復。他割去反對者的舌頭；削去他們的手、手指和鼻子。主教會議的所有裁決被宣布無效和作廢；二月二十六日召開的新會議將不幸的李奧開除教籍，心懷恐懼的李奧逃到皇帝身邊。但皇帝沒有心思處理。此時皇帝已成功除掉貝倫加爾，但阿達柏仍在逃，此時也沒時間放棄與他爭鬥。一直到五月初，奧圖才得以率軍隊返回羅馬，他在途中便收到若望過世的消息——不論他當時是因為在床上與一名女子用力過猛而中風死亡，或是那位女子的丈夫在盛怒下將他重傷致死，說法不一。他得年二十七歲。

第八章　大分裂（九六四—一〇五四）

德意志皇帝和羅馬人之間的敵意並未因若望十二世之死而消滅，而是逐步增長。在皇帝眼中，李奧八世應繼續擔任合法教宗，但羅馬人不支持他。他們不但不召李奧回羅馬，反而派使節團到列蒂（Rieti）通知皇帝，繼放蕩子若望後，他們覺得需要由虔誠的改革者擔任教宗；於是他們要求推選一位學識淵博、品德完美的執事，本篤。奧圖當然憤怒地拒絕：是他親自晉升李奧，因此他有責任否決，並決定維持原則：教宗的推選和就任都應經過他同意。但他必須明白，拒絕等於是蓄意拋出挑戰，而羅馬人也毫不猶豫接招。本篤五世（九六四）正式當選並即位，此時奧圖與李奧在九六四年行軍回羅馬並圍攻城市，他們投降交出本篤。由奧圖和李奧一起主持的主教會議上，本篤遭到譴責，低聲下氣的他也不為自己辯護，遭正式剝奪教宗袍和徽章時也主動默默交出，據勒特普朗德所稱，他是自己除下袍子和徽章，並以他的牧杖（或可能是他的節杖）敲自己的頭時，牧杖應聲碎裂。儘管皇帝可能因此感動，允許他保留執事職位，但仍將他放逐到漢堡，兩年後他在那裡過世。[1]

李奧八世過世後，獲選的繼任者是若望十三世（九六五—七二），奧圖只派來兩位主教代表他表達同意，而若望十三世毫不掩飾自己甘願聽從皇帝命令，因此他在羅馬遭到厭惡也是意料之

1　鄂圖三世在九八八年將他的遺體帶回羅馬。

中，僅僅在兩個月後，他在一場宮廷革命中被推翻，並被囚禁在坎帕尼亞（Campania）一座城堡。他很快便逃走；而羅馬人聽說盛怒的奧圖又要進軍羅馬，於是匆匆將若望迎回；但他們若希望藉此平息皇帝的怒氣，那他們要失望了。推翻若望的人之中，最幸運的是被放逐到德意志；其餘不是被處決就是被刺瞎。而羅馬行政官彼得被帶到馬可・奧理略（Marcus Aurelius）騎馬雕像下以頭髮吊起，這座雕像當時是在拉特朗大殿前，目前在卡比托利歐博物館（Capitol）；接著他遭受的屈辱是歷史悠久的刑罰，全裸反身綁在驢子上遊街示眾。

經過此事後，羅馬人已無餘力對抗。奧圖接下來六年待在義大利——僅在過世前數月返回德意志——藉此鞏固自己的地位，讓羅馬人確信他充其量只將教宗視為他的專職司鐸而已。九六七年耶誕節時，他命令教宗若望加冕他的十二歲兒子奧圖二世為共治皇帝，五年後為奧圖二世與拜占庭公主蒂奧法諾（Theophano）[2]主持婚禮。奧圖在九七三年五月過世前已安排了若望的繼任者選舉，繼任者是幾乎沒沒無聞的司鐸本篤六世（九七三—四）；但隨著奧圖不再以鐵腕掌控，加上奧圖二世自己完全忙於處理德意志的問題，本篤毫無生存的希望。權勢日益增長的羅馬地方家族克列斯謙蒂發起政變，推翻本篤六世，並將他囚禁在聖天使城堡，以卑微的執事法蘭科（Franco）取而代之，並採用博義七世（九七四，九八四—五）的封號。博義立刻下令絞死本篤，以證明自己的虔敬與聖潔；但很快發生一場反革命，他不得不逃到南義大利的拜占庭領土，並盡可能帶走大量教廷財寶。

教宗之位再度空懸；這次是品德高尚的蘇特里主教（Bishop of Sutri）獲選，他刻意採用本篤七世（九七四—八三）的封號，對不幸的前任表示敬意。他不但拒絕承認博義[3]，更將他開除教籍。

但博義未就此倒下：九八〇年夏天時，他甚至設法返回羅馬，在梵蒂岡東山再起。隔年三月，本篤和奧圖二世再度合力驅逐他，而且這次驅逐判決似乎更果決，因為他為此逃到君士坦丁堡，而不是拜占庭的南義大利。

選擇此避難處的另一個原因，可能是此時南方正發生激烈爭戰，經過長期的無政府混亂狀態——就舉兩處例子，巴利和塔蘭托分別由阿拉伯人統治了三十年和四十年——拜占庭人於九世紀末再度掌控那裡。可惜奧圖一世將他兒子與蒂奧法諾的婚姻視為索要「賠償」的理由，要求以義大利的拜占庭領土當作嫁妝，於是無可避免引發戰爭。九八一年，奧圖二世進軍阿普里亞，決心徹底解決這一局面。這次結果損失慘重。拜占庭迅速與撒拉森人暫時結盟，緊接著撒拉森人在卡拉布里亞附近的斯蒂洛（Stilo）擊潰帝國軍隊。幸好奧圖善於游泳，他游到一艘經過的船，不知如何瞞過了自己的身分，後來在船隻經過羅沙諾（Rossano）時跳下船，然後游上岸。他活了下來，但一直對這次屈辱耿耿於懷，於九八三年九月在羅馬死於瘧疾，得年二十八歲。在他最後幾次的作為中包括替換教宗本篤，以他在義大利的教區祕書長（Chancellor），帕維亞主教彼得取而代之，

2 蒂奧法諾原本被認為是皇帝羅曼努斯二世（Romanus II）的女兒；但她抵達德意志後才被發現只是跟皇帝的姻親約翰・齊米斯西斯（John Tzimisces）有親戚關係，絕不是大家一直以來所認為的「出身皇室」。鄂圖一開始考慮將這可憐的女孩直接送回君士坦丁堡；幸好他採納更明智的建議，兩年後齊米斯西斯成為皇帝，於是一切順理成章。

3 自一九〇四年起，博義正式被列為對立教宗，雖然古代官方教宗清單上將他列為教宗，而下一位採用博義封號的教宗是博義八世。

而本篤比他早兩個月過世。若望十四世（九八三—四）——謙虛的他拒絕沿用本名彼得——身為新教宗的第一個任務就是將這位皇帝葬於聖伯多祿大殿，他也是唯一埋於此處的皇帝。

或許因為奧圖替換教宗似乎是單方面之舉，未經過任何商議（沒有證據顯示經過正規教宗選舉），教宗若望直到過世仍是孤立無援，即便在皇后蒂奧法諾的支持下仍遭到廢黜，而蒂奧法諾必須迅速趕回德意志為自己的三歲兒子奧圖三世捍衛利益。因此當可惡的對立教宗博義在拜占庭皇帝巴西爾二世（Basil II，「保加爾人屠夫」，the Bulgar-Slayer）的資助下，意外從君士坦丁堡返回羅馬時，若望的生存希望渺茫。若望遭到扣押、嚴重毆打，按慣例被關進聖天使城堡，四個月後他在那裡被餓死或毒死。但博義的所作所為太過火。就連羅馬人都認為殺害兩位教宗是太過分了。他登上教宗之位十一個月後，在九八五年七月二十日突然過世，期間他曾因懷疑一名執事樞機有反叛之心而將他刺瞎。博義是被暗殺的嗎？沒有確鑿的證據，但他後來的下場確實令人作此聯想。他的教宗袍被脫去後，裸露的遺體被拉到街上拖行，然後放在馬可．奧理略雕像下曝曬。暴民們毫不憐憫他，對立教宗博義的遺體遭到踐踏和難以形容的羞辱——也是他罪有應得。

新教宗若望十五世一直是其親屬約翰．克列斯謙蒂（John Crescentius，克列斯謙蒂家族族長）和教廷的屬意人選，而約翰．克列斯謙蒂此時是羅馬握有實權的統治者。（蒂奧法諾此時已回德意志處理她的幼兒之事，帝國已對此事無發言權。）必須說，他已勝過博義不少；但他仍貪得無厭、厚顏無恥地任人唯親，沒多久就深受教會和人民厭惡。不過他與外國統治者和主教們的關係相當深厚（順帶一提，他是執行封聖典禮的首位教宗），在羅馬，他甘願當約翰．克列斯謙蒂的傀儡，克列斯謙蒂則提供一定的保護以示回報;但克列斯謙蒂在九八八年過世,而他的弟弟約翰·克列斯謙蒂二世接替他掌控了教宗國,將教宗軟禁,因此在九九一年,在法國眾主教召開的一場會議上,眾主教抱怨他拒絕讓他們的使節團見聖父時,教廷祕書長李奧這才不得不承認他的主人「身在如此苦難和壓迫的處境中」,因此無法給他們滿意的答覆。四年後,在九九五年三月,在受到克列斯謙蒂的迫害和聖職人員的厭惡下,若望逃離羅馬,到蘇特里(Sutri)避難;那年夏天,他派使節團向奧圖三世(此時十五歲)求助。奧圖立刻回應,帝國軍隊可能再次進軍羅馬一事,已足以迫使羅馬人自行調解。教宗獲邀返回羅馬,在拉特朗大殿隆重復職;但在軍隊尚未進城前,他嚴重高燒,幾天後過世。

奧圖此時繼續前往羅馬。他是非凡卓越的孩子。三歲接任皇位,成長過程中結合了一脈相傳的傳統野心和明顯繼承自母親的浪漫神祕主義,夢想建立偉大的拜占庭神權國家,包含日耳曼人、希臘人、義大利人和斯拉夫人,以上帝為首,以他自己和教宗依序為代表上帝的雙統治者。為追求此夢想,他更是全心關注義大利事務,尤甚於他的父親。他抵達羅馬後,在九九六年耶穌升天日,由二十五歲的表親額我略五世(Gregory V,九九六—九)加冕,而額我略五世是第一位德意志教宗,是他在前來羅馬途中慎重提名的。他在阿文提諾山(Aventine)建造宏偉的新皇宮,他在那裡的生活結合了奢華和禁慾主義,呈現奇特的融合風格,四周瀰漫著嚴謹的拜占庭宮廷禮儀的氣息,他會莊嚴地獨自以金盤用餐,偶爾脫下紫色皇袍,穿上朝聖者斗篷,步履維艱地赤腳走到遠處的聖殿。

不論奧圖是不是禁慾主義者,他很快發現自己無法承受羅馬的炎夏。六月時他離開羅馬,尋找其他涼爽氣候之地；三個月後他安全回到德意志時，羅馬人在克列斯謙蒂的帶領下廢黜額我略，將他逐出羅馬。教宗前往斯波列托尋求庇護，並從那裡發動兩次武裝反擊，兩次都失敗。於是他遷到帕維亞，並在九九七年二月舉行的主教會議上開除克列斯謙蒂的教籍，而克列斯謙蒂則以宣布教宗之位空懸為反擊，擁立卡拉布里亞的希臘人約翰·菲拉加托斯（John Philagathos），封號為約翰十六世（九九七—八）。

儘管出身希臘人，但菲拉加托斯已在羅馬教會有非凡成就。十年前，蒂奧法諾先是任命他為奧圖三世的私人教師，接著任命他為皮亞琴察總主教（Archbishop of Piacenza）：這處普通的主教轄區因為他而獲得特別升格。九九四年，他以特使身分前往君士坦丁堡，為年輕的奧圖尋找拜占庭新娘，但無功而返。他表面上以朝聖者身分造訪羅馬，克列斯謙蒂找上他時，他接受克列斯謙蒂扶持自己為教宗的提議，而他的接受理由至今仍令人費解。他明知道正統的加冕教宗仍在世，而且是由皇帝選出，又是皇帝的親戚，相信皇帝會支持他。菲拉加托斯只能被視為對立教宗和克列斯謙蒂的傀儡；他如何預期自己能保全教宗寶座？

而他確實沒保住。三月時，就在他所謂的即位後一個月，他遭到免職；很快便被正式開除教籍。十二月時，奧圖帶著由他選出的教宗額我略和軍隊再次進軍羅馬，他在九九八年二月抵達時，城門立刻打開。對立教宗若望已即時逃往坎潘涅（Campagna），但很快被抓。菲拉加托斯被刺瞎和截肢，與半個世紀前的羅馬行政官彼得承受同樣的下場，裸體反身綁在驢子上遊街。然後他正式被廢黜和免去聖職，接著被監禁在羅馬一間修道院，苟延殘喘三年後才得以過世解脫。

第九和十世紀的教宗歷史幾乎沒有激勵人心之處；但額我略在九九九年過世後，教廷歷經一場巨變，由奧圖三世任命故友（也是他的私人教師），時任拉芬納總主教的熱貝爾・奧里雅克（Gerbert of Aurillac）擔任首位法蘭西人教宗[4]。熱貝爾採用封號思維二世（九九九－一〇〇三），刻意向同名的思維一世致敬，那位與君士坦丁大帝同時代的教宗，為皇帝與教宗之間的理想關係樹立了傳統典範。

熱貝爾於九四五年左右生於奧文尼（Auvergne）的卑微家庭，但接受一流的教育，先是在奧里雅克（Aurillac），然後在加泰隆尼亞（Catalonia）的比克（Vich）求學。他因求知若渴而翻越庇里牛斯山，只為了到歐洲當時僅有的知識中心求學。當時基督教世界的數學、醫學、地理學、天文學和物理學仍十分不可靠；在伊斯蘭世界，這些知識已發展到自古希臘以來無與倫比的境界。世人將基督教世界的阿拉伯數字普及化，以及星盤、天球儀和地球儀的使用歸功於熱貝爾。他也熱愛音樂，在研發風琴方面貢獻良多。他在九七〇年被帶到羅馬，因非凡的智慧和學識、以及身為教師的才華而受眾人欽佩。他很快被召進宮裡教導十五歲的奧圖三世，獲命「革除去他身上的撒克遜的粗鄙之氣，激發希臘神透」。

身為教宗，思維已實現一切合理的期望。他證明自己是果決的改革者，廢除侵擾教會已久的兩大罪惡，任人唯親和買賣聖職，迫使法蘭西國王羅貝爾（Robert）擺脫妻子，同時密切與皇帝合作——這也是他一直以來的打算——打造他們共同夢想中的基督教羅馬帝國。有段短暫時間他們

4 頗為值得注意的是，若忽略對立教宗（這是必須的），那麼第一位法國教宗應是直接繼承自第一位德意志教宗。

是成功的：他們一起重組匈牙利和波蘭的教會，而且是思維將原本的匈牙利神聖王冠[5]送給沃伊克國王（Vajk），而國王隨後被封為聖史蒂芬（St Stephen）。為表揚這兩人的成就，奧圖甚至將拉芬納還給教宗，以及所謂的五城區（Pentapolis）：里米尼（Rimini）、法洛（Faro）、佩沙洛（Pesaro）、塞尼加利亞（Senigallia）、安科納，這是丕平大帝於八世紀賜予教宗的地區，明確表明此土地轉讓與「君士坦丁獻土」毫無關係，而他也強烈懷疑那是偽造的。

有如此才幹的教宗，羅馬人應心存感激；但他們並非這種人已不言而喻。有點可悲諷刺的是，無論是作為普世教會的中心，或復興的西羅馬帝國首都，羅馬仍然是最名不副實的城市。羅馬缺乏秩序和紀律，任由不負責任的克列斯謙蒂家族或圖斯庫倫的諸位伯爵等權貴、或本身實際上就十分反覆無常的民眾擺佈。於是一〇〇一年在提弗利爆發小疫情並失控而蔓延至羅馬時，教宗和皇帝被迫出走。奧圖於一〇〇二年初死於瘧疾，得年二十一歲；思維得以返回，但在一〇〇三年五月也跟著過世。他的教宗任期只持續四年，幾乎不到他待在羅馬的一半時間；但他充分向世人證明，教會的未來終究不可限量；教廷有復興的希望。

接下來三位教宗都是約翰・克列斯謙蒂二世的傀儡。這三人都熱中於與新德意志國王聖亨利二世（Henry II the Holy）建立關係；但克列斯謙蒂隨著年齡增長而與拜占庭更氣義相投，持續反對讓亨利到羅馬接受帝王加冕。此狀況一直持續到一〇一二年五月，羅馬自中世紀初便經常發生政治動盪，而在又一次政治動盪中，圖斯庫倫的伯爵們推翻克列斯謙蒂家族，自己掌權。克列斯謙蒂和他最後一位傀儡教宗色爾爵四世（Sergius IV，一〇〇九—一〇一二）在一星期內相繼死亡，在這樣的時間點，不得不讓人推測是遭到謀殺；但沒有證據。無論如何，不出所料，下一位教宗是圖斯庫倫家族的人，也就是圖斯庫倫伯爵葛戈瑞（Count Gregory of Tusculum）的兒子，採納本篤八世的封號，他被推選為教宗時仍是平信徒。現在德意志國王亨利造訪羅馬並與教宗改善關係已沒有阻礙了，於是他於一〇一四年聖瓦倫丁日（St Valentine's Day）在羅馬由本篤加冕。

異乎尋常的是，這位新教宗本來是士兵。他獲任命並登基後不久，即出兵率軍隊掃蕩克列斯謙蒂家族在山上避難處的殘餘勢力，接下來六年幾乎都在作戰。一〇二〇年他親自到皇帝位於班伯格（Bamberg）的宮廷，為亨利的新主教座堂祝聖，並要求協助對抗南方的拜占庭。亨利同意了，一〇二二年他至少三次進軍義大利南部。他們小勝了一、兩次，但未有重大突破。羅馬和君士坦丁堡的關係因此再次破裂，自八六一年佛提烏的大分裂後，雙方關係原本稍有修補，但現在因神聖羅馬帝國皇帝堅持在信經中加入對方厭惡的「和子說」，而教宗也懦弱地接受，裂痕因此加劇。

本篤在一〇二四年過世後，接任的兩位教宗與他的關係更密切，首先是他的兄弟，接著是他的姪子。這三人原本都是平信徒，都是在同一天接受削髮儀式、任命和登基。第一位是若望十九世（一〇二四—三二），主要是為亨利的繼承人康拉德二世（Conrad II）加冕而有知名度，當時英格蘭國王克努特（Canute）正好在羅馬朝聖而意外出席加冕儀式。克努特似乎對儀式留下深刻印象；事實上若望是墮落腐敗之人，毫無一絲靈性。若要說他的優點，只能說他的姪子比他更糟。本篤九世（一〇三二—四五，一〇四七—八）獲選的唯一原因就是靠他父親行賄，傳統上認為他是在十或

5 此王冠被認為原是四世紀喬治亞人的作品，是至今倖存的最古老王冠。至少有五十五位匈牙利國王戴過此王冠。

十二歲登基，但後來的研究顯示他可能是二十歲出頭時登基。毫無疑問的是，他是無恥的浪蕩子，讓人想起往昔世代最糟糕的淫婦統治時期。羅馬人隨著高官貪污而日漸麻木，近二十年來一直盡力承受；但他們在一〇四五年一月起義，迫使他放棄羅馬，並以克雷森主教（Crescentian Bishop）薩比納的約翰（John of Sabina）接替教宗之位，他採納思維三世（一〇四五）的封號。但思維只擔任了兩個月教宗。本篤立刻開除他的教籍，於三月奪回寶座；但不知何故他似乎失去熱情，五月時他將教宗權力交給他的教父，總主教約翰．格拉提安（John Gratian），但未特別宣布放棄教宗之位。

他為何要做出這驚人之舉，至今無人能解，但所造成的結果是一場混亂。此時至少有三位覬覦者都聲稱自己是合法教宗。其中兩位基本上微不足道；而格拉提安（此時自稱額我略六世，一〇四五—六）至少是認真的教會人士和虔誠的改革者，儘管他無法擺脫買賣聖職罪的謠言。此狀況終於由德意志國王亨利三世解決。亨利是在一〇三九年二十二歲時接任父親康拉德二世的王位。他是盡責的統治者，十分認真擔起宗教責任，也是強而有力的改革擁護者。他到義大利的最初目的是接受帝王加冕，但立刻明白他的首要任務是整頓教廷事務。他在前往羅馬途中，在皮亞琴察見到額我略，但未被說服；他的結論是——肯定是正確的——要廢黜所有三位角逐者。不過本篤拒絕臣服，並不斷在他位於夫拉斯卡提（Frascati）附近的家族地產製造麻煩，依然蔑視他的繼任者。思維（反正他從未想要當教宗）則回到他以前的主教轄區。這三人中最有資格的額我略則下場最慘。在蘇特里舉行的主教會議上，額我略被判定買賣教宗之職罪，在他的祕書長，樞機主教希德布蘭德（Hildebrand）的陪同下被流放到德意志。隔年他在科隆過世。

經過多年的無政府狀態後，我們難以責怪亨利三世自行選擇教宗，任命一位德意志人為他加冕。事實上，他依序任命了四位教宗。選擇德意志人只有一樣重大缺點：他們容易受到致命的瘧疾侵襲，而這也是羅馬長久以來的災難根源。第一位教宗，克萊孟二世（Clement II，一〇四六—七）只在任十個月[6]，傳聞在可惡的本篤毒殺他後，接下來八個月得以在聖伯多祿大殿再度接任為教宗。一〇四八年七月，亨利接下來任命的是達瑪穌二世（Damasus II，一〇四八），在任二十三天便在帕列斯特里納（Palestrina）過世。正如有些人說，他是否因為承受不了酷熱氣候，或是否又是本篤故技重施，但這些說法都無法證實；但對於當代多數重要教會人士來說，教宗之位因為他的死而成了不太值得爭取的目標；而亨利不到兩年便要第三次召人填補空缺，尋找人選的任務也越發艱困。最後，於一〇四八年十二月在沃姆斯（Worms）舉行的大公會議上，德意志和義大利眾主教一致要求由皇帝的二表兄，圖勒主教（Bishop of Toul）布魯諾（Bruno）接任教宗，他的能力已通過考驗，聖潔的品格也無庸置疑。

布魯諾是真的勉為其難接受這請求，這確實不足為奇。他只以一樣條件答應，在他抵達羅馬時，當地聖職人員和人民要由衷認可他的職位，於是在一〇四九年一月，他以樸實朝聖者的裝扮出發前往永恆之城（羅馬）。待他抵達羅馬，立刻宣布就任聖職，封號為李奧九世（一〇四九—五

6 他被本篤九世下毒的傳聞幾乎可以肯定是沒有依據的。他的墳墓於一九四二年六月三日開棺時，雖有證據顯示他死於鉛中毒；但瘧疾仍是最有可能的死因。

四），接下來六年期間，一直到他五十一歲過世，這位高大、紅髮、外型如軍人般的阿爾薩斯人（Alsatian）——他確實曾在康拉德二世一次遠征義大利中，在戰場上指揮軍隊——在教會發揮優異的領導才能，這也是教會長久以來一直欠缺的。

教宗體制至此時一直是羅馬在地的機構；是李奧真正使其走向國際。他經常四處遊歷，前往北義大利、法蘭西和德意志；主持主教會議、嚴厲譴責聖職買賣和反對司鐸結婚、主持莊嚴儀式、為無數群眾佈道。是他讓教宗的名聲傳遍整個歐洲，這是之前的教宗從未做到的。他也建立起國際教廷。教宗身邊已不再圍繞著追逐私利、一貫耍陰謀詭計，且以羅馬權貴圈為多數的聖職人員。李奧召集與他們有天壤之別的人，例如狂熱的苦修者，聖彼得．達米安（St Peter Damian），他是教會聖師，比聖方濟更早的先驅，自願以使徒身分過著貧窮生活；以及聰明的克呂尼修道院院長修（Abbot Hugh of Cluny），在他的帶領下，中世紀修道院的發展達到了顛峰；還有卡西諾山修道院院長，洛林的弗雷德里克（Frederick of Lorraine），也是後來的教宗斯德望九世（一〇五七—八）；以及樞機主教希德布蘭德，後來成為教宗額我略七世（一〇七三—八五），證明了自己是中世紀最優秀的教會人士。

教會此時不知大禍將至。法蘭西國王亨利一世不希望教宗干涉他自己的聖職任命，並禁止他的主教們出席漢斯主教會議，這場會議是在李奧擔任教宗第一年舉行。約有二十人違背他的命令，但很快便後悔了。李奧在這次主教會議一開始，便要求每位聖職人員輪流站起來宣告自己是否買聖職。至少有五人承認；他們獲得了赦免，並恢復教區職位。漢斯總主教本人受召到羅馬為自己辯護。繼承自父親的主教教區的南特主教（Bishop of Nantes）被降為司鐸。但隆格黑主教（Bishop of Langres）逃走，並被開除教籍。貝桑松總主教（Archbishop of Besançon）想為他辯護，卻在辯解過程中嚇得啞口無言，而在場的主教們很快從中吸取教訓。

但李奧是在痛苦絕望下過世，有兩個原因。一是諾曼人。諾曼人的故事要從一〇一五年左右開始說起，加爾干諾山（Monte Gargano）的總領天使彌額爾聖殿（Archangel Michael）約有四十名諾曼朝聖者，加爾干諾山是在亞得里亞海（Adriatic）沿岸突出的怪異岩石岬角，被稱為義大利的小牛。他們從這片人煙稀少、難以開墾的土地看出機會和挑戰，輕易就被當地倫巴底人說服，留在義大利當傭兵，為他們驅逐佔據半島的拜占庭軍隊。消息很快傳回諾曼第，富於冒險精神又無家累的年輕單身漢們如涓涓細流般湧入，穩定移居此地。他們為了爭取最高報酬而肆意征戰，很快因立下軍功而獲得土地報酬。一〇三〇年，拿坡里公爵瑟吉爾（Duke Sergius of Naples）為感謝他們的支援，將阿弗沙郡（Aversa）贈與他們的領袖瑞諾夫（Rainulf）。從此他們發展神速。到了一〇五〇年，他們橫掃阿普里亞和卡拉布里亞大部分地區，而教宗李奧眼見南境的威脅日漸趨近，宣布發動聖戰，組織軍隊對抗他們。

此舉證實是嚴重錯誤。諾曼人或許是難相處的鄰居，但他們絕不是異教徒，也一直堅稱忠於教廷。結果在一〇五三年六月十七日，教宗的軍隊在奇維特（Civitate）一役遭到重創。拜占庭軍隊一直未出現——憤怒的教宗支持者們難免感到遭受背叛——而教宗本人被俘。俘虜他的人以略微誇張的尊敬態度待他，九個月後，他們得償所願後（確認掠奪物，撤銷開除教籍的判決），鄭重地將他送回羅馬；但李奧羞憤難平，僅一個月後過世。

教宗的第二件不幸之事遠比第一件更嚴重，他被召去主持東西方教會的大分裂，儘管他此時已經過世。雙方幾個世紀以來的裂痕與日俱增，其疏遠的關係緩慢而穩步增長，實質上反映出拉丁與希臘、羅馬與拜占庭之間長久以來的競爭。羅馬教宗在歐洲各地迅速擴張自己的實權，野心和傲慢也隨著權力增長而遞增，君士坦丁堡看到這一趨勢，已不僅是些許焦慮，而是怨憤。就基督教會本身而言，雙方教會的處理方式基本上也有所不同。對拜占庭人而言，皇帝等同於使徒，相信教義事務只能由聖靈透過大公會議傳達才能制訂。但羅馬主教自詡為教宗、制訂信條、宣稱擁有至高無上的屬靈和世俗地位，他們對此感到憤慨，因為在他們眼中，自稱為教宗者僅相當於宗主教；對於墨守法規和紀律的羅馬人而言，熱愛討論和神學推敲的希臘舊俗一直令他們反感，偶爾也令他們震驚。早在兩個世紀前，佛提烏與「和子說」的問題原本已延燒到了緊要關頭。幸而在教宗尼各老一世過世後，加上多虧了他的諸位繼任者和佛提烏本人的善意，雙方表面上恢復友好關係；但基本問題仍未解決，「和子說」在西方持續有擁護者，而拜占庭皇帝堅稱自己是上帝在世間的代理人。再次爆發爭執也只是時間早晚的問題。

在此刻爆發或許可將部分原因歸於教宗李奧，但主要過錯還是要歸於君士坦丁堡宗主教馬格爾．賽魯拉留斯（Michael Cerularius）。與年代久遠的前任佛提烏相比，兩人是天壤之別。佛提烏博學多聞、有魅力，也是當時最優秀的學者，賽魯拉留斯則是心胸狹隘的偏執狂。在奇維特一役之前，他便已發動第一次砲轟：得知諾曼人在教宗的准許下，在南義大利的希臘教堂實行拉丁習俗（尤其是用未發酵麵包當聖餐麵包）時，他立刻命令君士坦丁堡的拉丁會眾採用希臘習俗，若他們拒絕，便關閉教會。接著雙方憤恨不平地通信，宗主教在信中譴責羅馬的某些禮拜儀式屬於「罪惡和猶太教」，教宗則認為宗主教的選舉不合教規，卻未提出一絲正當理由。為了將教宗的書信送到君士坦丁堡，李奧（此時可能已大限將至）做了不智之舉，選擇教廷中三位最狂熱的反希臘教會人士送信：他的總祕書，樞機主教宏伯特（Humbert of Moyenmoutier），在接下來發生的事件中，他證明了自己的偏執與刻薄不亞於宗主教，另外兩人是樞機主教洛林的弗雷德里克，和總主教亞馬菲的彼得（Peter of Amalfi），這兩人都曾在奇維特之役中與他一起作戰，遭到拜占庭背叛後都心懷怨恨。

從他們抵達君士坦丁堡的那一刻起便禍不單行。皇帝君士坦丁九世殷勤接待他們，但賽魯拉留斯斷然拒絕認可他們的職權。接著教宗李奧在羅馬過世的消息傳來。而宏伯特和同僚是李奧的私人代表；他們的官方身分因李奧過世而遭到撤除。在這種情況下，妥當的做法應是立刻回羅馬；但他們反而不以為意而留在君士坦丁堡，而且變得日漸傲慢專橫。當斯圖狄奧斯修道院（Studium）某位僧侶以恭敬有禮的言詞回應教宗的批評時，宏伯特卻回以一連串歇斯底里的謾罵，形容他是「惡毒的淫媒」和「邪惡的穆罕默德信徒」，暗指他肯定來自劇院或妓院，而不是修道院——他的評論肯定會讓拜占庭一般人確信，羅馬教會是一群粗魯的野蠻人組成，無法與之辯論，更遑論協議了。

最後，正如賽魯拉留斯所料，宏伯特失去最後一絲耐心。一〇五四年七月十六日星期六下午三時，在所有聖職人員聚集參加聖餐儀式時，三位來自羅馬的前使節，也就是這兩位樞機主教和一位總主教，全部穿戴禮拜法衣，當著眾聖職人員的面大步走進聖索菲亞大教堂，並走上主祭臺，正式頒佈神聖的教籍開除詔書。頒佈完後，他們轉身，一行人離開教堂，停下腳步只為了象徵性地甩掉腳上的灰塵。兩天後他們離開，返回羅馬。直到詔書公開被燒毀，三位使節正式被開除教籍後，風波才平息下來。

就算忽略使節團沒有教宗授權的事實，以任何教會法典的標準來看，詔書本身也必然不具效力，但如此小題大作的行徑仍令人驚訝：借用爵士史蒂文．倫西曼（Sir Steven Runciman）所說，很少有重要文件如此充滿明顯錯誤[7]。不過，一〇五四年夏天發生在君士坦丁堡的這一連串事件，導致了東西方教會永久分裂。這是不光彩的故事，雖然分裂已無可避免，但這些事件不應該、也不需要發生。只要臨終的教宗更有定力、心胸狹隘的宗主教或頑固的樞機主教能少點偏執，形勢便可能得以挽回。最初的危機是發生在南義大利，是羅馬和君士坦丁堡之間絕對要達成政治諒解的關鍵地區。而致命的一擊是由已過世教宗的卸任使節團所發出，他們當時代表著群龍無首的教會，因為當時尚未推選出新教宗，而且所運用的手段既不合教規，也不完善。拉丁人和希臘人開除教籍都是針對惹麻煩的權貴，而非自己所面對的教會；雙方後來都已撤回，當時也都未被視為引發永久大分裂的因素。嚴格來說，他們確實沒有分裂，因為接下來幾個世紀中（十三世紀在里昂，十五世紀在佛羅倫斯），東方教會有兩次因政治因素屈服，承認羅馬至高無上的地位。但臨時繃帶雖可蓋住傷口，卻無法治癒傷口；儘管一九六五年的第二次梵蒂岡大公會議[8]發揮慰藉作用，但樞機主教宏伯特和宗主教賽魯拉留斯於九個世紀前一起對基督教會造成的傷口至今仍在流血。

7 倫西曼，《東方分裂》（*The Eastern Schism*）。在我的《拜占庭：顛峰》（*Byzantium: The Apogee*）第三二一頁也引述了相關段落。

8 請見第二十八章。

第九章　額我略七世與諾曼人（一〇五五—八五）

李奧九世於一〇五四年四月十九日過世後，幾乎整整一年羅馬是沒有教宗的。亨利三世已任命三位教宗，都是德意志人，並決定提名第四位；但在此之前，他已在美茵茲與樞機主教希德布蘭德從羅馬率領的代表團經過長久討論。他最終決定提名年輕的施瓦本人（Swabian）格布哈特（Gebhard），他於一〇四二年擔任艾克斯提特主教（Bishop of Eichstätt）時還只有二十多歲；但格布哈特當時仍遲疑了幾個月，才在一〇五五年三月接受任命。他是最後一位由德意志國王任命的教宗，於四月十三日登基，封號維篤二世（一〇五五—七），擔任教宗期間仍保有昔日的主教職位。義大利人擔心他可能又是皇帝的傀儡；事實上，他證明自己能堅決捍衛教會權益，更是改革的擁護者，堅決之心不亞於前任。但他卻無法擺脫與同胞在羅馬一樣的命運，亦即容易水土不服，一〇五七年七月他在阿雷索（Arezzo）主持主教會議時就已患病。他在數日後過世，他的德意志隨從想帶他的遺體回艾克斯提特埋葬，但送葬隊伍在拉芬納遭到埋伏搶劫，怪異的是，遺體目前在狄奧多里克陵墓（Mausoleum of Theodoric）安息，當時那裡是教堂。

這次教宗推選沒有與皇帝協商；因為亨利三世突然過世，得年三十九歲；他的兒子亨利四世當時僅六歲。這對希德布蘭德和其友人來說是完美時機，義大利改革派可趁機收復教宗之位的掌控權，而且他們動作迅速。他們選出洛林人弗雷德里克，他曾是教宗李奧的主要副手，當時是卡西諾山修道院院長。教宗斯德望九世（一〇五七—八）在帝國朝廷幾乎不得人心，而他的哥哥，綽號鬍子的洛林人戈弗雷公爵（Duke Godfrey the Bearded of Lorraine），最近娶了寡婦侯爵夫人，托斯卡尼人畢翠絲（Beatrice of Tuscany），因此接管了北義大利最強大、組織最佳的政權。當時已有惡毒的謠言說，教宗計畫趁亨利四世仍年幼，將法蘭科尼亞王朝（House of Franconia）的王位轉移給洛林家族。

斯德望不太可能抱持這想法；但我們永遠無法知道實情，因為他也只不過在七個月後便去世。斯德望感覺自己大限將至時，強行要求羅馬的聖職人員鄭重宣誓，在希德布蘭德回來前不會推選繼任者，而希德布蘭德當時正出使德意志；但反動派趁機行動。他們從過去幾年的經驗學到，在這種情況下，一切都是靠先發制人。圖斯庫倫－克雷森聯盟匆匆策劃政變，幾日內，維列垂（Velletri）主教約翰・明西歐（John Mincio）登上教宗之位，封號是不吉利的本篤十世（一〇五八－九）。從改革派的角度來看，人選原本可能會更糟；新教宗可能意志薄弱，但李奧九世曾任命他為樞機主教，斯德望曾將他視為可能的替代候選人。不過他們無法接受他當選的方式，他們認為這不符合教規，而且腐敗。他們一起離開羅馬，到托斯卡尼見希德布蘭德，準備自行決定教宗人選。

他們選定了佛羅倫斯主教熱拉爾（Gérard），他是完美無缺的勃艮地人（Burgundian），待他獲得攝政太后艾格妮絲（Agnes）和同樣重要的洛林人戈弗雷公爵的支持後，於一〇五八年十二月就任教宗為尼各老二世（一〇五八－六一）。他和他的樞機主教們在戈弗雷公爵的支持下，率一小支特遣軍隊前往羅馬，台伯河西的城門為他們開啟。他們迅速佔領台伯島，並以此地為總部。接下來是數日的街頭戰鬥，最後攻進拉特朗大殿，對立教宗本篤險些無法逃到蓋勒瑞亞（Galeria）。[1]

改革派又贏了，但代價相當可觀。本篤十世仍在逃，而且他保有一批忠實的追隨者；許多羅馬人被迫宣誓效忠尼各老時舉的是左手，表示他們曾以右手宣誓效忠他的對手。更令人不安的是，若不是有戈弗雷公爵的軍隊支持，改革派知道他們現在是不可能贏的。總之，歷經十年的努力，教宗之位再次陷入教宗良曾身處的境地：在羅馬貴族和帝國之間左右為難，儘管有時能挑撥帝國與羅馬貴族之間的關係，但從來不足以強大到能脫離兩者而主張獨立。在這種情況下是無法實現偉大的改革任務。教會必須設法自立。

首先是本篤這問題。僅僅在十三年前，與他同名的對立教宗證明了反叛者會造成多大的傷害；本篤十世遠比本篤九世更得人心，而這次沒有皇帝像亨利三世那樣準備進軍義大利恢復秩序。戈弗雷公爵已返回托斯卡尼，不過這或許也無妨，因為他最近表現出耐人尋味的異心，令人懷疑他已與羅馬右派密謀。於是教會採取驚人的重大手段，向諾曼人求助。

這最終抉擇只能是希德布蘭德決定的。教廷沒有其他人能具備如此勇氣和威望，就連教宗尼各老本人都沒有。在整個義大利，尤其在羅馬的教會人士心中，諾曼人仍是一群野蠻匪徒——這也不無道理——不亞於在他們之前恐襲過南義大利的撒拉森人。對許多樞機主教來說，與這種人聯盟肯定遠比與羅馬貴族或甚至與本篤本人和解更駭人聽聞，除了他們悖理逆天和褻瀆神聖的紀錄已是惡名昭彰，加上僅僅在五年前，他們更是膽敢舉兵對抗聖父，俘虜了他九個月。但希德布蘭德知道自己的決定是對的。他的心意已決，教宗和樞機主教們一如既往地屈服；一〇五九年二

1 蓋勒瑞亞城市於一八〇九年廢棄，但至今在維泰博（Viterbo）路旁仍能看到城市廢墟，距離羅馬約二十英里。

月，他親自動身，與諾曼人其中一位領袖，卡普亞的理查德親王（Prince Richard of Capua）商談。理查德毫不猶豫。他立刻派三百人給希德布蘭德支配，於是這位樞機主教帶著他的新護衛隊趕回羅馬。到了三月中，他和尼各老在蓋勒瑞亞外紮營，監督他們的軍隊圍城。諾曼人部署的戰略一如既往，四處放火打劫，對整個地區造成嚴重破壞。蓋勒瑞亞人勇敢堅守，多次反擊破牆而入的軍隊；但他們在秋天被迫投降。本篤遭到俘虜、審訊、公開被免去聖職，隨後監禁在諾門塔那大道（Via Nomentana）上的聖天使城堡；教宗—諾曼人的友好時代就此展開。

本篤十世的下場對羅馬的反動派來說是一震撼彈。他們沒預料到反對他當選的樞機主教們的決心和目標有多堅定一致，也沒預料到隨後便一鼓作氣將他清除。而現在趁他們得以卷土重來前，希德布蘭德再次對他們發動攻擊，而這次造成的影響之深遠，更讓他們無力反擊。教宗選舉的管理程序一直以來都是模糊不清的；理論上是基於一項協議，最初是由皇帝洛泰爾在八二四年發起，由鄂圖大帝在下一世紀更新，根據協議，選舉由全體聖職人員和羅馬貴族執行；但新教宗必須向皇帝宣誓後才能就任。這項實行了兩百多年的法令從最初構想來看相當鬆散，在詮釋時更是鬆散，勢必遭到濫用。此法令除了賦予羅馬貴族權力外，某種程度上也要仰賴帝國，雖然每位皇帝必須接受教宗加冕這一點可以起到平衡作用，但希德布蘭德認為這絕不符合教宗至高無上的概念。現在羅馬人陷入混亂，德意志的皇帝仍年幼，一旦需要的話，諾曼人會以武力支持，而這項法令最終也成了廢物。

一〇五九年四月十三日，教宗尼各老在拉特朗大殿召開主教會議；有一百一十三位主教出席，而希德布蘭德一如往常般跟在教宗身邊，他在會議上頒佈了一項規範教宗選舉的法令，此法令後來修訂一、兩次，從此一直實行至今。這是第一次將推選新教宗的責任明確指定由樞機主教執行，而他們是在羅馬握有實權的高階聖職人員[2]。教宗推選出後再徵求其他聖職人員和人民同意。根據一項刻意模糊解釋的條文，獲選教宗仍經由帝國口頭同意，選舉人應考慮到「出於對亨利的尊敬和重視，他是當前的國王，有望成為未來的皇帝」，而他的繼任者們應直接從宗座獲得類似權益，但其意思相當明確：未來教會應自己管理事務，不需接受帝國或羅馬貴族的命令。

這是大膽的決定；若沒有諾曼人，希德布蘭德原本也不敢採取此決定。對帝國和羅馬貴族來說，這相當於賞他們一記耳光，但他們也以圓滑的外交手腕執行，不過預料任一方可能遲早會以武力要求恢復以往的特權。但希德布蘭德與卡普亞親王的談話為他和教會全體增添了信心，更別說最近在蓋勒瑞亞發生的事件。在來自卡普亞僅三百名諾曼人的幫助下，他就讓頭號敵人再度陷入狼狽；如果阿普里亞和卡拉布里亞的諾曼人動員所有人力支援教宗，還有什麼事業不能完成？這種支援得以讓教會徹底擺脫最後殘留的政治依賴，在無後顧之憂下頒佈最具意義深遠的改革措

2 「樞機」（cardinal）一詞源自拉丁文「*cardo*」，意指樞紐。這個稱謂一開始是授予羅馬二十八座領銜教堂的堂區司鐸，他們也服事教宗的聖殿（拉特朗聖若望大殿、聖伯多祿大殿、城外聖保祿大殿〔S. Paolo fuori le Mura〕、聖母大殿）。因此他們是教宗與其堂區之間的「樞紐」，逐漸形成樞機團（College），地位相當於羅馬親王，僅次於教宗。他們分為三個階級：司鐸級樞機（cardinal-priest）、執事樞機（cardinal-deacon），以及自八世紀設置的主教樞機（cardinal-bishop），全部都由教宗親自任命。

施。此外，一〇五四年的事件為羅馬和君士坦丁堡之間造成一種氛圍，神學領域的問題在這種氛圍下已明顯無望提早和解；於是希臘人的扭曲教義在南義大利越早一併清除越好。此時諾曼人終於與倫巴底臣民建立起還算和諧的關係，迫使拜占庭人退回阿普里亞幾處孤立的陣地，特別是巴利，以及卡拉布里亞的偏遠地區。若放任他們〔諾曼人〕不管，他們很快就能完成大業；接著他們很可能會從西西里的異教徒開始。他們是目前半島上最有效率的族群，儘管有其缺點，但至少是拉丁人。所以難道不該鼓勵他們繼續，反而要與之對抗嗎？

對諾曼人的領袖而言，他們只求與羅馬教會聯盟，而教會此舉無可避免會導致與帝國朝廷疏遠。他們和其同胞或許曾對抗過個別宗教機構，但他們一直（即便在奇維特戰役時）尊敬教宗，對教宗動武只是因為和平談判破裂後的自衛。他們也不夠強大，因此帝國和教宗聯手猛攻必定對他們造成威脅，這並非他們所樂見，他們也不樂見雙方結盟對抗其他敵人——拜占庭、托斯卡尼人或撒拉森人，這些也是他們有時可能要面對的敵人。另一方面，他們強大到足以以平等的政治地位與教宗協商。因此當尼各老二世於一〇五九年六月與一群樞機主教、主教和聖職人員離開羅馬，前往西南方的梅爾菲（Melfi）小鎮，也就是諾曼人在南義大利的第一個大本營時，他們滿懷期望。

教宗一行人浩浩蕩蕩地緩緩經過坎帕尼亞，在卡西諾山停留時，修道院院長德西德里斯（Abbot Desiderius）也加入隊伍，他是教宗在〔義大利半島〕南方的官方代表，因此實際上是代表教宗與諾曼人往來的大使；一行人翻山越嶺來到貝內文托，教宗在這裡召開一場主教會議；他們抵達韋諾薩（Venosa）時，大張旗鼓為新的聖三一教堂（Santissima Trinità）祝聖，這是諾曼人在義大利最重要的聖殿；最後抵達梅爾菲時已是接近八月底，發現在城門接待他們的，是卡普亞的理查德率領一大群諾曼貴族，還有另一位更重要的諾曼領袖，歐特維爾人羅伯特（Robert de Hauteville），又稱吉斯卡爾（Guiscard）。[3]

教宗造訪表面上是要召開梅爾菲主教會議，但這件事基本上已差不多被遺忘。這次造訪標榜的目標是設法對南義大利聖職人員加強實行守貞，或至少維持獨身——儘管特拉尼主教在逾一百位同僚面前遭到免職，但根據後來的紀錄顯示，成效顯然不彰。不過尼各老的造訪證實這次場合對諾曼人和教宗來說是同樣極為重要：雙方的正式和解。先由教宗開始為理查德的卡普亞親王身分施堅信禮，接著為羅伯特·吉斯卡爾施授銜儀式，先是授以阿普里亞公爵，接著是卡拉布里亞公爵，最後是西西里公爵，雖然那些在場的諾曼人之前都沒踏上過西西里島。

但教宗如此慷慨為諾曼人的領土所授予的頭銜，是他和其前任從未主張過的所有權，因此值得令人質疑。但八月那天在梅爾菲，現場大概少有人會提出這種尷尬的問題。無論如何，教宗尼各老承擔得起這種豪氣之舉；他獲得如此多回報。他無疑是為南義大利所有政治人物中最危險、最有顛覆潛力之人增添了教廷的助力；但藉由授予兩位領袖頭銜——這兩人的關係緊綳已是眾所周知——他是在謹慎與這群人劃分界線。此外，這兩位領袖向他宣誓，實際上是賦予他在南義大利大部分地區和西西里的采邑宗主權，也徹底改變教宗在該地區的地位。幸運的是，梵蒂岡檔案館保存著羅伯特的完整誓詞——但可惜沒有理查德的誓詞——也是這類文檔中現存最早的文本之一。第一部分不重要，但第二部分至關重要：

3 按字面意思是「the Crafty」，意指「狡詐之人」，相當於英語中的「wiseacre」，意指自視甚高者。

我，羅伯特，阿普里亞和卡拉布里亞公爵，未來的西西里公爵，蒙上帝與聖伯多祿恩典，若也蒙其相助，那麼從此刻起，我會忠於羅馬教會和你，教宗尼各老，我的主。我永遠不會共謀或參與任何行動而傷害你的性命、身體或害你失去自由。我也不會向任何人透露你託付於我的祕密，我保證守密，以免對你造成傷害。不論身在何處對抗所有敵人時，在我的能力範圍內，我應維持神聖羅馬教會的盟友身分，如此教會便能保有並獲得聖伯多祿的收入和領地。我會為你提供必要的協助，讓你在榮耀中穩坐羅馬的教宗寶座。至於聖伯多祿的領土……在沒有你或你的繼任者們的明確許可下，我不會企圖入侵或甚至〔原文如此〕劫掠，披上神聖伯多祿的榮耀……

若你和你的繼任者們在我之前離世，我會與最重要的樞機主教、聖職人員和羅馬的平信徒商議，根據聖伯多祿身負的榮耀，努力確保教宗的推選和就任……所以，上帝和其神聖福音，請幫助我。

出席儀式的所有人都對他們的所作所為感到滿意；但不是其他所有人都感到滿意。羅馬貴族退回自己陳腐的宮殿，既憤怒又恐懼。拜占庭明白自己失去了保有義大利殘餘領地的最後機會。而教宗選舉特權被削弱的西邊帝國，面對教宗的新聯盟，不論是軍事和政治都是難以對付的，承受著極致羞辱之餘，無能為力的帝國被迫默默看著遼闊的帝國領土平靜地被授予一群盜匪，他們對於尼各老此舉的反應是可想而知的。對義大利來說，所幸亨利四世當時還是個孩子；他若是再年長幾歲，便不會甘心屈服於這種待遇。事實上，此後教宗的名字在帝國的所有禮拜堂和教堂的代禱中都明顯被刪除，而德意志主教們召開的主教會議甚至宣布尼各老頒佈的所有法令作廢無效，並與他斷絕往來。我們無法知道他作何反應；因為在這消息傳到教宗耳裡前，他已在佛羅倫斯過世。

尼各老二世的過世導致形勢比平常更無望而混亂，他的選舉改革造成的影響正是他們一直特意要避免的。教宗的繼承權必然引起爭議，攝政太后艾格妮絲要如何接受在羅馬按教規選出的候選人，又不用默許新的豁免權？再度有兩位教宗拼命爭取聖伯多祿領地。自認更有權利的當然是盧加主教（Bishop of Lucca）安瑟莫（Anselm），由希德布蘭德一如既往率眾主教樞機推選他為教宗亞歷山大二世（一〇六一—七三），從教規上來說無可挑剔。另一方面，他的競爭對手，對立教宗何諾二世（Honorius II，一〇六一—四）是由艾格妮絲選出，受到倫巴底的主教們支持，而這群主教正如聖彼得．達米安直言不諱地評論道，他們更適合評判女子之美，而非教宗的適任與否，但他們在羅馬是有影響力的派系，也有大筆資金滋養自己的熱情；只因為有卡普亞的理查德的軍事支援（這是應希德布蘭德的要求第二次提供軍事支援），亞歷山大才得以保住自己的宗座。即便如此，何諾二世也沒放棄。一直到一〇六三年五月，艾格妮絲遭到免職，一場帝國政務會議宣布承認他的競爭對手後，他甚至設法奪回聖天使城堡幾個月；但他在隔年遭到正式廢黜，一直到過世前他仍堅持主張自己為教宗。

有希德布蘭德繼續擔任幕後掌握實權的角色，教宗和諾曼人的聯盟能繼續蓬勃發展也不足為奇了。一〇六三年，教宗亞歷山大送一面軍旗給羅伯特・吉斯卡爾和其弟魯傑羅（Roger），他們當時正在西西里與撒拉森人作戰；三年後他再送另一面軍旗給諾曼第公爵威廉（William Duke of Normandy），他揮舞著這面軍旗進軍哈斯丁（Hastings）。他也竭盡所能修補與拜占庭的裂痕，派阿南伊的彼得（Peter of Anagni）率外交使團前往君士坦丁堡；但伊斯坦堡海峽那一方的情緒太激昂，而且羅伯特・吉斯卡爾率領的諾曼人於一〇七一年佔領巴利後——剷除了拜占庭勢力在南義大利的最後一個堡壘——雙方和解的可能性更小了。但就算如此，與拜占庭的關係還是遠比西方帝國容易處理些。

亨利四世於一〇五六年在德意志登基，就在六歲生日前不久。他在位期間一開始就未特別開出好兆頭。他的母親，太后艾格妮絲接手攝政之位，一直無法控制他，在他十六歲掌權時，已經歷了一段狂傲不羈的童年和聲名狼藉的青少年時期，殘暴放蕩的名聲預示著未來的隱患。他後來終於因改過新而洗刷惡名，但在他不幸的一生中，他一直是脾氣暴躁、易怒且極度專制之人。因此在他成年後，日漸傲慢的羅馬教會看在他眼裡，也讓他更加怨恨，尤其是那些改革派的措施，是在意圖擺脫帝國的最後一絲掌控。教會和帝國之間最後的攤牌是顯而易見且無可避免的，而且也快發生了。

引爆地點就在米蘭。義大利沒有其他地方比這座位於北方的舊首都能燃燒出更燦爛的教會獨立精神，脫離羅馬的支配，此地獨特的禮拜儀式傳統自七百年前聖安波羅修的時代就謹慎保存至今；沒有誰比這裡的頑固分子更怨恨羅馬的新改革，尤其是有關聖職買賣和聖職人員禁慾的改革。另一方面，當地政府現在由激進的左翼派主導，他們被稱為巴塔里尼派（Patarines），他們之中有部分是因為真心對宗教懷有熱情，有部分是因為不滿教會長久以來享有財富和特權，後來都成為狂熱的改革擁護者。這種情況就算沒有帝國介入，也足以引爆事端了；一〇七二年晚期，在一場關於羅馬總主教空缺的爭執中，亨利明知道教宗亞歷山大已批准由按教規選出的巴塔里尼派人士擔任，但他仍正式將此職務授予自己所選擇的反改革派貴族候選人，導致形勢惡化。

雙方的緊張關係導致米蘭主教座堂慘遭祝融之災，在亞歷山大於一〇七三年四月過世時，雙方的怒火依舊高漲，以致於他的繼任者仍延續這場鬥爭。至於誰是繼任者應是毫無疑問。總主教希德布蘭德已在教廷手握實權約二十年，這些年來他一直是至高無上，只差個名分。在一場事先精心策劃的行動中，一群人在亞歷山大的葬禮上扣住他，將他帶到聖伯多祿鎖鏈堂（St Peter in Vinculis），在那裡歡欣鼓舞地擁立他為教宗，他們此舉只不過是將現有的局勢合理化；而接下來的教規選舉只是走個形式而已。他匆匆被任命為司鐸，這是升任教宗的理想資格，但在他的早期職涯中似乎被忽略了，接著他立刻就任為至高無上的教宗，封號為額我略七世（一〇七三—八五）。

十一世紀有三位優秀教宗，李奧九世、額我略七世和烏爾巴諾二世（Urban II，我們尚未談到這位），其中額我略曾是最不起眼，卻是後來最超凡卓越的人物。另兩位則是貴族，高貴的出身能讓他們獲得安穩生活和一流教育，相較之下，額我略原是托斯卡尼的農夫之子，既醜陋又不討喜，是倫巴底人，其教育標準和文化遠低於那些最重要的教會人士，一言一行都透露出他卑微的出身。[4]另外兩位幾乎是理所當然地升任教宗；他卻在教廷歷經了漫長而艱苦的見習期才登上此位——但期間的影響力是有增無減——原因不外乎非凡才能和意志力。另外兩位教宗身材高大、外表格外出眾；他則是矮小、黝黑，明顯大腹便便，聲音微弱，甚至因為有嚴重的地方口音，就連羅馬教會的同僚也常常難以理解他說的話；他沒有良那樣明顯的聖潔品格，也沒有烏爾巴諾的政治天分或外交才能。他既不是學者，也不是神學家。但他的性格中帶有令人信服的特質，在任何群體中幾乎總是能自然而然佔據主導地位，不費吹灰之力。彼得．達米安稱他為「神聖的撒旦」不是沒有道理的。

最重要的是，他專心一志實現一個目標。在他一生中，他全心全意只追隨一個理想：征服所有基督教世界，從兩位皇帝到羅馬教會的當權者。教會可成就他們，也可毀滅他們；也可免除臣民對他們的效忠。但正如教會在這世上是至高無上的，因此教宗在教會中也是至高無上的。他是世上所有人的審判長，只對上帝負責；他說的話不僅是法律，更是神律（*Divine Law*）。因此不服從他幾乎算是死罪（mortal sin）。他將所有這些相關論點列入他的《教宗訓令》（Dictatus Papae），共二十七條，於一〇七五年頒佈。其中包括一項主張，聲稱所有教宗按定義皆為聖人，繼承自聖伯多祿的神聖性——此理論必定在額我略當代引起老一輩人的震驚。以前從未有人將教會專制的概念延伸至如此極端的境界；也從未如此堅決實行。然而這極端主義最終證實會自我毀滅。面對亨利四世和羅伯特．吉斯卡爾這種程度的對手，他們就如同額我略一樣果決，卻更加靈活萬分，額我略將會學到，他的堅持、拒絕妥協，就算未直接涉及他的原則，也只會換來垮臺的代價。

但這些都是未來才會發生的事。此時亨利四世的問題仍有待解決。教宗在一〇七五年的大齋期主教會議上，明確譴責由平信徒授予教會職務，並將違規者開除教籍。憤怒的亨利立刻再將義大利教區授予兩名德意志主教，更額外增加米蘭總主教之職，儘管前任被提名人仍在世。教宗召他前來羅馬解釋他的舉措；亨利拒絕後，接著於一〇七六年一月二十四日召集所有德意志主教在沃姆斯開大公會議，譴責額我略是「假僧侶」，正式廢黜他的教宗之位。這會是讓他悔恨的決定。他的父親亨利三世廢黜過三位教宗，而他以為自己也可以這麼做。但他不瞭解的是，如今教宗權力不再像半個世紀前那樣，而且希德布蘭德跟那三位不幸的教宗也截然不同。

亨利長久以來一直渴望到羅馬接受帝王加冕儀式，但他與繼任教宗們的授銜爭執成了阻礙。但在沃姆斯會議後，他知道這趟羅馬之行不能再耽擱了。對於德意志傳出教宗遭蠻橫廢黜的消息，額我略不予理會，但他明顯也不會逆來順受。那場會議若未淪為笑柄，他們勢必會以武力驅逐他，另裁定繼任者。採取迅速順利的軍事行動是必要的；在準備行動的同時，必須採取措施盡可能消除教宗在義大利當地的支持度。羅馬北部會比較困難：托斯卡尼的瑪蒂爾達伯爵夫人是教會的虔誠支持者，難以對付，她對額我略的忠誠是堅定不移的。但南方看似更有希望。尤其是阿普里亞的諾曼公爵沒那麼喜愛教宗。若付給他報酬，他可能會刻意忽略自己的封地職責。一旦他

4 希德布蘭德（Hildebrand，或Hildeprand）是常見的倫巴底名字。他的父親名為波尼索（Bonizo），是波尼帕（Bonipart）的縮略拼法，七百年後的拼法是波拿巴（Buonaparte）。拿破崙．波拿巴也是倫巴底人，和希德布蘭德有許多共同之處。

和其屬下被說服參與聯合攻打羅馬，額我略將無勝算的機會。

亨利的大使團聯絡上羅伯特．吉斯卡爾，時間地點可能是一〇七六年初在梅爾菲，並正式提出為他的所有領地提供帝國授銜；可能甚至提到授予王冠。但羅伯特不為所動。他已在自己整個領地享受到完整的行動自由，沒有理由讓亨利有藉口進一步干涉南義大利的政治而讓自己陷入困境。他的答覆很堅決，除非是故作清高：上帝已賦予他所征服的領地；他們擊敗了希臘人和撒拉森人，也犧牲了大量諾曼人的性命為代價。他何必只為了一丁點曾屬於帝國領地的土地，而同意成為皇帝的附庸。「永遠保留他對教會的責任」——他明白這個附帶條件會讓他的忠誠度在亨利眼中毫無價值。他會一如既往繼續守住全能上帝賦予他的其餘領地。

同時教宗額我略如往常般幹勁十足地採取行動。他在一〇七六年大齋期主教會議上，廢黜所有反叛的主教，並向國王亨利厲聲發出開除教籍的判決。這在德意志造成慘重影響。自七百年前的狄奧多西大帝以來，就沒有統治君王引起教會發出驅逐令。當年的驅逐令促使皇帝狄奧多西一世屈服，現在也對亨利造成同樣的威脅。單純從教會事務的角度來說，他不太擔心這點——這問題總是能透過及時的懺悔解決——但所造成的政治後果確實相當嚴重。理論上，驅逐令不僅免除所有臣民對國王的效忠；他們如果繼續與國王來往或表現出服從，也會讓自己遭到教會驅逐。因此人民若嚴格遵守此驅逐令，亨利的政府便會瓦解，他便無法繼續穩坐王位。突然間他發現自己被孤立了。

當教宗看到對手拼命想保住周遭人對他的忠誠時，可以想像他會有多幸災樂禍。他的驅逐令效果甚至比他所奢望的還要成功。德意志眾親王在特雷布爾（Tribur）開會，同意給他們的國王在判決後一年又一天的時間內取得教宗赦免。他們已於一〇七七年二月在奧格斯堡召開帝國會議。若在該月二十二日前，驅逐令仍未撤除，他們會正式宣布放棄效忠，另選國王取代他。亨利只能屈服於他們的決定。在他看來，情況原可能會更糟。眾親王的最後通牒相當簡單，要求他自行向教宗降格俯就。如果這是他的王國要付出的代價，他已準備好付出。幸好此時塞尼斯峰（Mont Cenis）還有一條山隘尚未被雪封住。在嚴冬中他與妻子和襁褓中的兒子越過高山，匆匆穿過倫巴底，最後在卡諾薩（Canossa）堡壘找到教宗，他在朋友瑪蒂爾達伯爵夫人處作客，等待護衛隊前來送他到奧格斯堡。額我略讓亨利等了三天才見他；最後他明白自己別無選擇，也只能大發慈悲，如他所願而赦免他。

在卡諾薩發生的故事一直以來是童書作者最喜愛的題材，通常將國王生動描繪成阿諛奉承的模樣，在燈火通明的上鎖城堡大門前，穿著粗布衣，赤腳站在雪地裡瑟瑟發抖，以改過自新的實例呈現，教導孩童世俗野心是虛幻無益的。其實額我略的勝利才是虛幻短暫，亨利也知道這點。他雖受盡羞辱，但毫無悔改之心。這不過是為了保住王位而必須採取的冷血政治手段，一旦達到目的，他無意遵守諾言。教宗也不妄想國王會有誠意。若他的基督徒良心准許他拒絕赦免，他無疑會十分樂意這麼做。從精神上來說，他無疑是戰勝了；但被擊敗的對手厚顏無恥地回到他的王國，而勝利者仍被困在托斯卡尼的城堡，在倫巴底諸城的凶猛敵視下受阻而無法前往德意志，也無力干預，這樣的勝利又有何用？

當然亨利毫無改變作風的跡象。他與德意志眾親王敵對，以致於他們真的另選出對立國王，施瓦本的魯道夫（Rudolf of Swabia）。額我略竭盡全力在他們之間調解，但最終在一〇八〇年再次開除亨利的教籍，廢黜亨利，宣布魯道夫為國王。可嘆的是，他押錯了寶。魯道夫在同年戰死沙場；另一方面，亨利變得更強大。他第二次宣布廢黜額我略；接著於一〇八〇年六月在提羅爾（Tyrol）的布里克森（Brixen，現今的布雷薩諾內，Bressanone）召開德意志和義大利主教會議，他們在會議上順從地推選拉芬納總主教吉伯特（Guibert）為教宗克勉三世（Clement III）。

選出對立教宗是不難，要讓他就任卻困難多了。亨利三次企圖進攻羅馬，但只在第三次成功。最後在一〇八四年初，米蘭人和撒克遜人合力翻越利奧（Leonine City）城牆；亨利的軍隊在聖伯多祿大殿內外激戰了一、兩小時。但教宗額我略動作更快。他無意投降，匆匆趕往聖天使城堡，將自己鎖在裡面，無能為力地看著克勉於棕枝主日（Palm Sunday）在拉特朗大殿登基。就在一星期後的復活節，亨利接受加冕為皇帝。

額我略接下來獲諾曼人拯救。四年前，羅伯特・吉斯卡爾宣誓效忠他，保證給予教宗任何所需的協助；不論如何，亨利已接受加冕為皇帝，並受到順從的克勉三世支持，他若是在南義大利為所欲為，羅伯特自身的處境也會受到嚴重威脅。於是在一〇八四年五月二十四日，羅伯特率領約六千騎兵和三萬步兵，取道拉丁大道（Via Latina），在羅馬城牆下一處紮營，大約是在現今的卡佩納門廣場（Piazza di Porta Capena）。

亨利沒有迎戰。諾曼軍隊的規模和軍力的消息傳來後，就足以讓他下定決心。他召集羅馬的重要市民開政務會議時，解釋自己急需前往倫巴底。待情況允許，他會盡快返回；同時表示相信他們能勇敢對抗所有進攻者。接著在阿普里亞公爵出現在城門口三天前，他已與妻子和大部分軍隊逃走，驚恐的對立教宗也跟著倉皇逃走。

羅伯特在軍營等了三天，不確定亨利是否真的已逃跑。接著在五月二十七日晚上，在夜幕的掩護下，他靜靜地將軍隊轉移到羅馬城以北。黎明時分開始進攻，數分鐘內他的第一批突擊部隊就突破弗拉明城門（Flaminian Gate）。對方強烈抵抗，在整個戰神廣場（Campus Martius）——位於聖天使城堡的河流對面的區域——發生一場激烈的大屠殺。但沒多久諾曼人便將防守方擊退到橋的另一端，將教宗從城堡中釋放出來，在煙硝四起的廢墟中耀武揚威地將他送回拉特朗大殿。

唉，勝利的喜悅是短暫的。整座城市此時陷入一片劫掠，羅伯特的幾個西西里撒拉森軍團毫不克制。第三天時，獸行和屠殺仍有增無減，羅馬人已忍無可忍：整個城市群起抵抗壓迫者。羅伯特．吉斯卡爾驚訝地發現自己被包圍了。他的兒子衝破敵方群眾，在千鈞一髮之際救出父親，但沒多久諾曼人為了保命而不擇手段，放火燒城市。

羅馬此時災情慘重，自六個世紀前蠻族入侵以來無可比擬。教堂、宮殿、古神廟在火勢擴大之際崩塌。卡比托利歐山（Capitol）和巴拉丁諾山（Palatine）遭到損毀；競技場和拉特朗大殿之間的區域幾乎沒有一處建築逃過熊熊烈火。煙硝最終熄滅時，倖存的羅馬領袖們在公爵面前拜倒，將白刃繞在脖子間以示投降，此番情景在荒涼破敗的空城中更顯淒涼。

額我略勉強戰勝了，但付出了什麼代價？回顧那些曾拯救城市免受侵襲的英雄教宗：李奧一世曾拯救羅馬於阿提拉率領的匈奴人，以及與他同樣封號的大聖額我略拯救羅馬於倫巴底人的征服；儘管他在許多方面比前兩位優秀，卻將羅馬送上了毀滅之路。然而從他寫的書信中卻看不出悔恨或遺憾。他自認問心無愧。他是為了原則而戰，多虧了他的堅韌和勇氣，他守住了原則，完成上帝的旨意。

所以他必定是經過深思熟慮，而出奇的傲慢是額我略最不討喜的主要性格之一。但對他來說，他也有報應。羅馬人民十一年前還熱情擁護他，此時將他們所承受的苦難和損失歸咎於他（這也不無道理）；他們渴望復仇。只不過礙於羅伯特・吉斯卡爾和其軍隊，否則他們會將曾經愛戴的教宗碎屍萬段。但若沒必要的話，羅伯特並不想在羅馬多做久留，於是額我略最終將遭受羞辱：他明白諾曼人離開羅馬時，他必須跟著他們離開。一〇八四年七月初，在一大群同時是他的救星、也是害他垮臺的諾曼人和撒拉森人的護衛下，他最後一次扔下羅馬：最驕傲的教宗此時也不過是個逃亡者，逃離這座仇恨他的城市。他們騎馬南下到薩雷諾。教宗在一座能維持他尊嚴的宮殿安頓下來；一〇八五年五月二十五日他在那裡過世。他被葬在一座主教座堂東南方的半圓形後殿，這座主教座堂立面上刻著：「由羅伯特・吉斯卡爾出資建造」，現在可能還能見到他的墳墓。

額我略在教宗任期最後幾年讓教廷名譽受損，儘管這並非他所願，但他的成就規模仍超乎他所想。在教會聖統制中建立教宗至高無上的地位方面，他的成就非凡，就算他在爭取帝國認同方面未獲得類似的成就，但他維護主張的方式，使其無法再被忽視。教會已展現出魄力；未來的皇帝若要蔑視，就要自己承擔後果。然而額我略過世時就算沒有崩潰，至少也是心灰意冷；而他的遺言是一段忿忿不平的告別辭：「我滿腔正義，嫉惡如仇，故亡於流放。」

第十章 依諾增爵二世與克雷二世（一〇八六—一一八三）

導致額我略七世被驅離羅馬的亂局在他過世後算是更加惡化了。對立教宗克勉三世有自己的擁護者，但他無法冀望於贏得改革派樞機主教們的支持，因此一直不能在梵蒂岡永久就任。樞機主教們的問題是要找一個合適的繼任者，但從近期的歷史來看，教宗之位不是特別吸引人的職位。此時有一位出色的人選：卡西諾山的隱修院院長德西德里斯（Abbot Desiderius），他在過去二十七年為自己的大修道院主理事務，將修道院發展到黃金時期。他拓展修道院的土地和圖書館，發展成知識、文學和藝術中心；他的影響力遠遠超出了修道院的界限。是他在一〇五九年為教宗和諾曼人居中協商聯盟，也是他在一〇八〇年為額我略七世和羅伯特．吉斯卡爾調解。他實際上讓逃亡中的教宗躲在卡西諾山，並在他過世時陪在他身邊。

但他自己絕對不想擔任教宗，這點並不意外。他何必為了如惡夢般的羅馬教宗之位而放棄自己鍾愛的和平舒適的修道院生活？樞機主教們花了近一年時間說服他，少有教宗如此勉為其難接受任命。而且沒多久就證明他是對的。他於一〇八六年五月當選為維篤三世（一〇八六—七）四天後，就在他正式就任前，羅馬城內爆發嚴重動亂，他被迫離開。他留下教宗徽章，立刻騎馬前往卡西諾山，如釋重負的他繼續承擔以前的職務。但他的平靜日子卻不持久。十個月後，他在南義大利代理教宗之位初期，在卡普亞召開主教會議；他在會議上再度被說服接受他早已當選的教宗一職。諾曼軍隊再度闖入羅馬，現在輪到對立教宗逃亡了；一〇八七年五月九日，維篤終於在聖伯多祿大殿就任。這次他在羅馬待了約一星期，便再次退回到修道院，然後在六月中，他在聖城待了整整一個月。但他已受夠了。七月底，他回到卡西諾山，九月中過世。

他的繼任者烏爾巴諾二世（一〇八八—九九）則與他截然不同。拉熱里的奧多（Odo of Lagery）莊嚴博學，是來自香檳的貴族，也是熱情的改革派，來南方接任重要的奧斯提亞主教教區前，曾擔任克呂尼修道院上司（Prior of Cluny）。他以額我略為榜樣，忠實維護教宗至高無上的地位，而且過他具備的嫻熟圓滑的手腕是額我略極為欠缺的。由於羅馬此時再度落入對立教宗克勉和帝國支持者手中，因此他是在特拉契納（Terracina）獲選和就任，他也明白，若想在梵蒂岡就任，他需要諾曼人幫忙。他親自拜訪羅伯特．吉斯卡爾的弟弟，魯傑羅伯爵，他此時正受託統治西西里。魯傑羅得以組織一支武裝遠征隊前往羅馬，一〇八八年十一月，教宗藉此進入羅馬，不過他接著被困在小小的台伯島。接下來的秋天，他又踏上流亡之路。一直到一〇九四年復活節，他只能透過大筆賄賂才得以進入拉特朗大殿，在他就任六年後才得以正式登基。

數月後，烏爾巴諾派大使團前往君士坦丁堡。自從他登基以來，他一直努力改善與拜占庭之間的關係——教會合一當然是終極目標——可喜的是皇帝阿歷克塞一世（Alexius Comnenus）迅速回應；於是當教廷使節向阿歷克塞轉達邀請函，請皇帝在接下來的三月派代表到皮亞琴察參加羅馬教會大公會議時，皇帝立刻接受了。他知道會議上大部分議項涉及教會內部事務（聖職買賣、聖職人員婚姻、法蘭西國王腓力的通姦等），但大公會議或許也能提供他長久以來所尋求的機會，向西方求助對抗突厥人。他們在二十五年前入侵帝國，擊敗了前任皇帝羅曼努斯四世（Romanus IV）率領的拜占庭軍隊，幾乎蹂躪安納托利亞所有地區，除了沿岸少數區域。他相信，只要有大規模的遠征軍隊，就能驅逐他們。皮亞琴察的會議或許適合提出此訴求。

拜占庭的代表也善盡職責。他們相當明智，不把訴求的重點放在能獲得什麼戰利品上——不過相信這點也會提到——而是宗教方面：東方的基督徒會眾所受的苦、小亞細亞淹沒在伊斯蘭浪潮中，以及異教徒軍隊正兵臨君士坦丁堡城門下，表示可怕的危險迫在眉睫，不但威脅到東方的帝國，也威脅到所有基督教世界。留心聽著這番話的會議代表們為之動容，或許烏爾巴諾本人更是有感觸。他從皮亞琴察出發前往家鄉法蘭西時，一路上在腦海中逐漸擬出一項計畫，其野心遠遠超出阿歷克塞所想像：不折不扣的聖戰，他要結合基督教歐洲的軍力對抗撒拉森人。

他抵達法蘭西時，再次於一〇九四年十一月十八日在克萊蒙（Clermont，現今的克萊蒙費朗，Clermont-Ferrand）召開大公會議。會議持續十天，大部分是處理教會例行公事；但在二十七日星期二有一場開放大眾的公共會期，據稱教宗將對所有基督教世界發表十分重要的聲明。此承諾明確達到了烏爾巴諾所預期的效果。湧入這小鎮聽教宗演說的人群多到讓他們放棄在主教座堂發表，將教宗寶座移到東門外空地的一座高臺。他的演說沒有文本流傳下來，但他似乎一開始先重複拜占庭代表團在皮亞琴察發表的觀點；但跟他們不同的是，他接著轉而提到耶路撒冷[1]的困境，那裡的基督徒朝聖者經常遭到搶劫，受到當地突厥領主迫害。他強調，此刻西方基督教世界有責任進軍拯救東方的基督徒。同意進軍的人「只是為了奉獻，不為榮譽或利益的好處」，戰死會獲得

1 耶路撒冷自六三八年由哈里發歐瑪爾（Caliph Omar）佔領以來，一直是在穆斯林手中，但期間大部分時候基督徒朝聖者可自由進出並在城內各處做禮拜。這座城市在一〇七七年被塞爾柱突厥人佔領。

寬恕，罪孽會獲得赦免。刻不容緩：十字軍的龐大軍隊必須在一〇九五年八月五日聖母升天日前準備進軍。

這段慷慨激昂的訴求所引來的回應比烏爾巴諾所希望的更熱情。勒庇伊主教阿希馬爾（Bishop Adhemar of Le Puy）率領數百人——包括司鐸和僧侶、貴族和農民——一起跪在他的寶座前，承諾帶領十字軍。於是第一支十字軍開始籌備。

✠

結果出乎許多人意料，第一次十字軍東征出奇地轟動成功，即使當之有愧。一〇九七年七月一日，塞爾柱突厥人（Seljuk Turks）在安納托利亞的多里來昂（Dorylaeum）被擊潰；一〇九八年六月三日，安提阿落入十字軍之手；最後在一〇九九年七月十五日，歷經一場又一場可怕的大屠殺後，基督徒部隊一路攻進耶路撒冷，屠殺了城中所有穆斯林，在猶太教堂放火活活燒死所有猶太人。但教宗烏爾巴諾永遠無法知道他們戰勝了，因為他在兩星期後過世，不久後戰報才傳到羅馬。

他的繼任者是個性溫厚的托斯卡尼僧侶，巴斯加二世（Paschal II，一〇九九—一一一八）。據說英格蘭國王威廉二世（William II，威廉．魯夫斯，William Rufus）聽說新教宗的性格與他自己的總主教安賽爾（Archbishop Anselm）相似時，這位國王驚呼：「上帝在上！那麼他就沒什麼用處」——這句評論雖然客觀來說令人難忘，但對這兩位聖職人員都不公平。巴斯加或許性格溫和；但可能品格稍嫌不足。不過，他也不軟弱：對立教宗克勉過世後，他成功接連廢黜三位對立教宗，他在教宗任期前十二年堅守的原則，此時已成了教宗—帝國鬥爭的核心問題：授予主教和隱修院院長戒指和牧杖的權利。另一方面，他也準備談判；他在蘇特里與正前往羅馬接受加冕的皇帝亨利見面，他向亨利提出一項格外優渥的建議：皇帝若宣布放棄主張授予權，他會放棄帝國曾贈予教宗的所有教堂財產和權利以示回報，其中大部分曾屬於德意志，只留下什一捐等完全屬於教會的稅收。

若能獲得德意志主教教區和隱修院的龐大財富，亨利當然樂意。他欣然接受後趕往羅馬。奇怪的是，他和教宗如此輕率地計畫要處置教區財產，卻都沒有想到要和德意志眾主教商量；於是一一一一年二月十二日在加冕儀式中宣讀這項協議的條件時，引來抗議風暴，抗議聲浪強烈到不得不中止加冕儀式。這是教宗和樞機主教們後來被抓捕的導火線，這也相應證實羅馬群眾無法再忍受。他們群起反抗德意志人，在隨後發生的街頭暴動中，亨利受了傷。他和他的軍隊最後帶著教宗和樞機主教們從李奧城（Leonine Ciry）撤退。教會人士躲在鄰近的各處城堡中，等待眾怒平息。

兩個月後巴斯加出現時，他已沒什麼鬥志。四月十二日亨利強迫他讓出在選舉後和祝聖前授銜主教和隱修院院長的權利，隔天教宗為皇帝加冕，並被迫發誓永遠不會開除他的教籍。此舉再度在教廷引發強烈抗議。讓出改革派長久以來奮鬥爭取到的一切，這項投降協定顯得怯懦而難堪。教會宣布巴斯加交出的一切都是被武力奪走，因此無效。人在法蘭西的維埃恩（Vienne）總主教圭多（Guido）宣布開除皇帝的教籍，米蘭總主教喬丹（Jordan）隨後也發佈同樣的判決。教宗本人十分懊悔，考慮退位；一一一二年，他親自撤回之前的讓步行為，引述額我略和烏爾巴諾的話：「我譴責他們所譴責的；我駁回他們所駁回的」——不但說明他未掌握爭議的問題，更遑論果斷的性格。一一一六年他在一場拉特朗主教會議上再度撤回那些讓步協議，再次禁止帝國的所有授銜權。但他早已失去聲望；先前的威望再也沒有挽回。同年稍晚，羅馬的暴動更嚴重，促使他離開城市，而一一一七年亨利抵達羅馬時，他再次離開。他在隔年一月最後一次回到羅馬，並在月底過世。

✠

他的繼任者哲拉修二世（Gelasius II，一一一八—九）任期一年五天；他的教宗任期值得記述一下，只因為那也算是一場夢魘般的經歷。此時歐洲各地大部分已認可教宗的權威；相比之下，教宗在羅馬每天都是冒著生命危險。以當時的標準來說，哲拉修一定已經算是上了年紀，他在一〇八八年，也就是三十年前獲任命為樞機主教，隔年被任命為教宗祕書長。烏爾巴諾和巴斯加經常不在羅馬的情況下，他暫代職務，他也曾陪同巴斯加被囚禁，並在一一一六年的主教會議上極力為他辯護。他確實有資格安享晚年。結果教宗的三重冠尚未戴穩，就遭到羅馬當時最有權勢的家族之一的族長，孫修．弗朗吉帕尼（Cencius Frangipani）扣押，被關在他的一座家族城堡裡，並在那裡遭到酷刑。據目擊者表示，孫修「像巨蛇般發出嘶嘶聲……抓住教宗的喉嚨……用拳頭毆打他，踢他，用馬刺將他刺出血……抓著他的頭髮拖行」。若不是羅馬市行政官迅速介入，他可能就此喪命。

哲拉修即便是獲釋後，也只在羅馬待一個多月。聽到他當選時，憤怒的亨利五世從倫巴底趕往南方；教宗和他的樞機主教們逃往他的家鄉加埃塔。亨利召他回羅馬，希望與他達成和解；教宗拒絕了。亨利更是怒不可遏，任命對立教宗，國瑞八世（Gregory VIII，一一一八—一一二一）與之抗衡；哲拉修隨即開除皇帝和對立教宗的教籍。但皇帝只要留在羅馬，他就佔了上風；他和軍隊終於離開後，國瑞卻不夠強大，無法守住整座城市，只能退到李奧城牆內。

無法正式在梵蒂岡就任的哲拉修，於七月二十一日在聖巴西德聖殿（S. Prassede）主持彌撒時，又被弗朗吉帕尼抓住。這次他得以騎馬逃脫。他的隨從最後找到他時，他正靜靜地坐在田野中，仍穿著教宗袍。他受夠了。他回到羅馬只是為了準備永遠離開。然後他在六位樞機主教的護送下，從容不迫地騎馬取道比薩、熱那亞（Genoa）、亞維儂、維埃恩，前往克呂尼，一一一九年一月二十九日他在那裡過世。

✠

有一件事是清楚的：爭論不休的授銜權問題不解決，羅馬就沒有和平的一天。幸而哲拉修的繼任者確實認識到此問題的重要性，也懷著堅韌的意志力徹底解決。

總主教維埃恩的圭多（Guido of Vienne），是勃艮第的威廉伯爵之子，與法蘭西、英格蘭和德意志王室都有親戚關係。哲拉修在臨終時指名他是理想的接班人，陪同教宗前往克呂尼的極少數樞機主教在那裡主動推選出圭多，並於一一一九年二月九日在維埃恩為他加冕，封號為嘉禮二世（Calixtus或Callistus II，一一一九—一一二四）。令人驚訝的是，後來羅馬的眾樞機主教在追溯先前的推選時一致表決通過；此時嘉禮已開始工作，派特使到斯特拉斯堡與亨利五世協商。同時他於十月底在漢斯召開盛大的大公會議，為他提出的政策取得多數通過，而這次會議有超過四百位主教出席。

儘管亨利似乎也對這次和解感到焦慮，但第一次和解嘗試失敗了，主要是因為互不信任，而且嘉禮利用漢斯大公會議確認他在八年前以維埃恩總主教身分首次宣布的開除教籍判決。然後在接下來的春天，他騎馬往南穿越阿爾卑斯山，以勝利之姿經過倫巴底和托斯卡尼，然後在一一二〇年六月初進入羅馬，在那裡接受熱烈歡迎。在解決授銜權問題前，他要先處理一個小小的初步問題：對立教宗國瑞仍在逃。亨利此時已撤回對國瑞的支持，而國瑞已逃到蘇特里；但在一一二一年四月，這座小鎮被圍攻一星期後淪陷，嘉禮便將這位悲慘的對立教宗帶回羅馬。國瑞被反身綁在駱駝背上遊街示眾，下半生都在不同的隱修院中幽禁度過。

現在嘉禮的教宗之位的主要挑戰終於清除了；一一二二年初，皇帝派來大使團。他們來通知他，亨利準備進行下一輪商談，甚至指派了十二名德意志親王組成的委員會代表他。嘉禮派三位高階樞機主教（包括未來的教宗和諾理二世，Honorius II，一一二四—三〇）到沃姆斯與親王們見面；經過三星期的辛苦交涉後，於九月二十三日達成這項知名的政教協定。這是根據首先在諾曼人的英格蘭發展而成的雛形，要求皇帝放棄為新當選主教授予戒指和權杖的權利，而戒指和權杖是神權的象徵。但他可用代表世俗權力的權杖龍頭冊封他們土地。他也保證給高階聖職人員選舉和祝聖的自由。為表示回報，嘉禮保證教會在推選德意志主教和隱修院院長職位時，皇帝一定在場，選舉若有爭議時，皇帝有仲裁權。

沃姆斯政教協定象徵教會和皇帝之間長期紛爭的重要篇章劃下了句點。教宗做出了讓步，他知道部分較頑固的會眾不會滿意；但他已盡力強調這些讓步原則上不一定要接受。他所要求的只是為了和平而暫時容忍。他本人並不後悔，確實，他為自己的成就感到驕傲，他還在拉特朗大殿委託人繪製一系列壁畫以示慶祝。

但可嘆的是，教宗和帝國之間的和平不代表羅馬也會有和平。克雷森和圖斯庫倫眾伯爵的時代過去了；此時有兩大有權有勢的家族正相互對抗，一是貴族弗朗吉帕尼，另一個是更富裕、卻更像是暴發戶的新貴皮洛里（Pierleoni），儘管皮洛里家族是猶太人背景，但自李奧九世和額我略七世以來便與一些教宗保持密切往來。兩大家族間不斷的爭鬥也連累到未來幾年的教宗選舉。嘉禮於一一二四年過世時，弗朗吉帕尼家族輕鬆佔得上風。皮洛里家族支持的候選人已宣稱採用封號為雷定二世（Celestine II，一一二四），但在就任儀式中，魯貝多．弗朗吉帕尼（Roberto Frangipani）帶著隨從衝進會場拔劍相向，堅持要立刻口頭表決，通過奧斯提亞樞機主教蘭貝多的當選。接著是一場激烈混戰，雷定因此受重傷，立刻退出教宗之爭。如此一來明顯是蘭貝多當選，於是他正式登基為和諾理二世（Honorius II，一一二四—一一三〇）。

皮洛里家族和弗朗吉帕尼家族之間的爭鬥反映出教廷中也有類似的裂痕。一方是佔多數的守舊派額我略黨，由皮洛里家族支持；另一方是較年輕的族群，由教宗祕書長，樞機主教伊梅瑞（Aimeric）率領，他肯定參與了魯貝多．弗朗吉帕尼的政變。和諾理當然屬於弗朗吉帕尼這一派。他是曾陪同哲拉修前往法蘭西的樞機主教之一，也是被派到沃姆斯的首席談判之一。他是專心一志、堅毅果決的改革派，也努力加強教會在國外的地位，尤其是德意志。但他在一一三〇年一月病重；於是伊梅瑞迅速採取行動。這位祕書長深知和諾理的繼任者明顯是樞機主教皮卓．皮洛里（Pietro Pierleoni），皮卓在巴黎跟隨偉大的彼得．亞培拉（Peter Abelard）學習後，有數年時間在克呂尼當僧侶，後來獲任命為教廷使節，先是出使法蘭西，然後是英格蘭。他的真誠虔誠和無可挑剔的克呂尼背景使他成為改革派的堅定支持者；[2]他也有才幹、意志堅強、雄心抱負。但他來自皮洛里家族，對伊梅瑞和其黨派來說，這點已足夠反對。他們扣押臨終的教宗，將他帶到聖安德肋（S. Andrea）的修道院，隱密安置在弗朗吉帕尼家族的住所，他們可以在此隱瞞他的死訊，等適當時機再處理。然後在二月十一日，伊梅瑞將他信任的樞機主教們召集到修道院，開始準備新的選舉。

這種罪大惡極的不當程序立刻引起教廷其他人的反彈。他們嚴厲譴責「在和諾理葬禮前進行選舉的所有人」，並提名八位選舉人組成委員會，到聖安卓亞諾教堂（S. Adriano）會面。選擇在這頗為偏僻的教堂會面，明顯是因為他們不願意受到弗朗吉帕尼家族擺佈；但他們抵達聖安卓亞諾時，發現伊梅瑞的人已佔據教堂，並加強防禦以阻止他們進入。他們憤而離開，轉往古老的聖馬可教堂（S. Marco），在那裡安頓下來，等待下一步發展。

二月十三日，教宗終於過世的謠言傳到羅馬各地，但消息刻意被壓下。憤怒的群眾包圍聖安德肋教堂，可憐的和諾理形容枯槁，瑟瑟發抖地出現在陽臺後，群眾才散去。這是他最後一次公開露面；當天夜晚他便過世。理論上，他的遺體應在下葬前供公眾瞻仰三天，但由於新教宗的選舉不能在前任教宗下葬前舉行，因此伊梅瑞沒時間拘泥這類細節。遺體尚未冷卻就被扔進修道院院子的臨時墳場，隔天一大早，祕書長和其同黨推選出聖安傑洛（S. Angelo）的執事樞機，格戈里奧・帕帕瑞奇（Gregory Papareschi）為教宗。他趕往拉特朗大殿並正式就任，只是有點倉促，封號為依諾增爵二世（一一三〇—四三）；隨後他退回到帕拉迪奧（Palladio）的聖瑪利亞教堂（S. Maria，現今是帕拉瑞亞〔Pallaria〕的聖塞巴斯蒂亞諾教堂〔S. Sebastiano〕），弗朗吉帕尼家族可以在那裡保護他。

同時聚集在聖馬可教堂的人群越來越多。現包括二十多位樞機主教，其餘多數是貴族，以及多名擠進門的民眾。在聖瓦倫丁日早晨，依諾增爵當選的消息傳來時，立刻引起騷動。樞機主教們一致宣布，在聖安德肋教堂和拉特朗大殿進行的選舉不合教規，並擁立樞機主教皮洛里為合法教宗。皮洛里立刻接受，並採用封號克雷二世（Anacletus II）。那天剛破曉時，羅馬還沒有教宗，到了中午卻有兩位了。

不論是依諾增爵或克雷，都難以判定哪位人選更有資格主張教宗之位。克雷無疑是獲得更全面的支持，包括樞機主教全體和教會全體。另一方面，依諾增爵是由樞機團成立的八名選舉人委員會以多數票選出，儘管人數較少。他們履行職責的方式至少可說是令人質疑，但之後克雷那一方的選舉幾乎未被形容為正統。而且在他們選舉之時，已經有教宗當選並就任了。

有一件事是肯定的。羅馬已歷經皮洛里家族多年的賄賂疏通，因此克雷的支持度無人可比。到了一一三〇年二月十五日，他和其黨派已掌控拉特朗大殿，十六日接管聖伯多祿大殿。一星期後，克雷接受正式聖職授任儀式，而依諾增爵只能在新聖母教堂（S. Maria Novella）舉行規模較小的儀式。日復一日，克雷的密探分發的津貼越來越優渥，他的地位也就更穩固，直到最後他的黃

2 時不時有粗野的教長指控他，例如曼圖阿的曼弗雷德（Manfred of Mantua）和利秀的阿努夫（Arnulf of Lisieux，他甚至寫了一本書，名為《抨擊》〔*Invectives*〕），指控罪名大致上是勾引修女、與女教友共眠等；但這些指控不全然可信，這在大分裂時期只是標準常見的教會論戰。

金——根據他的敵人表示，這些黃金有部分是從羅馬的主要教堂成批掠奪而來——探進了弗朗吉帕尼家族的堡壘。被僅剩的支持者拋棄後，依諾增爵別無選擇，只能逃亡。他從台伯河西寄出的書信上記載的日期已經是四月初；一個月後他祕密租下兩艘軍艦，所有效忠他的樞機主教，除了一位外，其餘全陪同他從台伯河逃走。

逃亡證實是讓他獲救的辦法。克雷是靠賄賂收買羅馬，但義大利其他地方的多數民心是堅定支持依諾增爵的。他在比薩深受擁護，在熱那亞亦然。他在那裡搭船前往法蘭西，當他駛入普羅旺斯的聖吉萊（Saint Gilles）小港時，他恢復了以往的信心。這也是事出有因的。因為當他發現在聖吉萊等待他的，是一群來自克呂尼的代表團，一行人騎著六十匹馬和騾子，準備護送他行兩百多哩路前往修道院時，他一定覺得，至少就法蘭西而言，他有勝算的把握。如果最有影響力的法蘭西隱修院準備支持他更勝於自己的同胞，那他幾乎不用害怕其他地區；而且夏末召開的埃坦普大公會議（Council of Étampes）最後裁定，正式宣布支持他，這也只是更證實了意料中的結局。

那麼法蘭西已經穩妥；但帝國呢？依諾增爵最終的成功關鍵在此；但德意志國王，撒克遜人洛泰爾（Lothair the Saxon）並未特別急於下定決心。他仍在竭力與霍亨斯陶芬的康拉德（Conrad of Hohenstaufen）爭奪權力，必須小心翼翼衡量自己的行動。此外，他尚未在羅馬加冕為皇帝。與真正佔領羅馬的教宗為敵，可能是蘊藏危機的一步棋。但依諾增爵不太擔心；他現在已安全託付給最有權勢的擁護者，也是十二世紀最出眾的精神力量：克萊爾沃的聖伯爾納鐸（St Bernard of Clairvaux）。

對二十一世紀的客觀觀察者來說，儘管聖伯爾納鐸具備驚人的個人魅力，毫不費力折服所有接觸過他的人，卻不是討喜的人物。他身材高大卻形容枯槁，終生過著過度禁欲的生活而導致身體持續受苦，外型因此顯得陰沉憂鬱，他沉浸於宗教狂熱中，以致於毫無寬容緩和的餘地。他的傳教生活始於一一一五年，當時的熙篤隱修院院長（Abbot of Cîteaux），英格蘭人史帝夫·哈丁（Stephen Harding）派這位有領袖魅力的二十五歲僧侶到香檳的克萊爾沃創辦分院，他才脫離修道院的修練；從此刻起，他的影響力已不由自主傳播開來；在他生命中最後二十五年裡，他不斷四處奔走、布道、說服他人、與人爭辯、寫無數書信，積極參與所有涉及基督教基本原則的最激烈爭議而無法自拔。

其中一個爭議是教廷分裂。伯爾納鐸宣稱自己毫不猶豫支持依諾增爵。他的理由一如既往地情緒化。樞機主教伊梅瑞曾是他的密友；另一方面，克雷出身伯爾納鐸所厭惡的克呂尼修道院，他相信該修道院背叛了自身的改革理念，屈服於那些財富和世俗的誘惑，而消除這些誘惑是修道院的創辦宗旨。更糟的是，克雷是猶太人後代；正如伯爾納鐸後來致函洛泰爾時寫道：「由猶太人的後代佔據聖伯多祿的寶座，這是在傷害基督」。他似乎沒想到基督和聖伯多祿自己的族源問題。

身在羅馬的克雷深知自己需要國際認可；鑑於他的對手能親自號召他人支持，他則必須仰賴通信，但毫無成效。為了讓國王洛泰爾安心，他甚至將康拉德開除教籍，但國王不為所動，甚至不願出於禮貌回覆他後續的書信。他派到法蘭西的使節也遭到冷落；隨著依諾增爵發佈宣言的消息越多，克雷就越驚恐。對手的份量遠遠超出他的預期；更令人不安的是，他的對手不僅有統治親王們的支持，教會本身也支持他。在過去半個世紀中，多虧了克呂尼改革和希德布蘭德的影響，教會發展出強大而有凝聚力的國際威望。同時修會也如雨後春筍般湧現，為教會賦予新的動力和效能。克呂尼隱修院在院長尊者彼得（Peter the Venerable）的帶領下，以及馬格德堡的諾貝特（Norbert of Magdeburg）——是他說服洛泰爾不回覆克雷的書信——帶領的普利孟特瑞會（Prémontré）、聖伯爾納鐸帶領的熙篤，都發揮了關鍵的正面影響，這三人合力支持依諾增爵，也帶動教會全體支持。

於是克雷採取了唯一可能的辦法：正如以往其他走投無路的教宗，他轉而求助於諾曼人。一一三〇年九月，大約在埃坦普大公會議決定支持依諾增爵之時，他離開羅馬，前往阿韋利諾（Avellino），而西西里伯爵，歐特維爾的魯傑羅二世（Roger II de Hauteville）正等著他。魯傑羅是在一一〇一年繼承父親的爵位和封號。魯傑羅一世在四十年前剛踏上西西里島後，將這座曾因戰爭和腐敗而頹廢落沒、四分五裂、兩個世紀以來呈現無政府狀態的島嶼改造成和平繁榮的政治體，讓三個族群（諾曼人、希臘人和阿拉伯人）和三個宗教（天主教、東正教和伊斯蘭教）在互相尊重與和睦的氛圍中和樂共存。他的兒子在一一二七年繼承了阿普里亞和卡拉布里亞的兩個諾曼公國，隔年接受教宗和諾理正式授銜。他向克雷說明，他現在的任務是要統一三個領地。而統一後的國家便是王國，因此魯傑羅此時急需加冕為王。

克雷是支持他的。如果魯傑羅是他唯一的盟友，而現在看來似乎如此，那麼他的地位明顯需要極力加強。九月二十七日，他在教宗之城貝內文托頒佈了教宗詔書，授予魯傑羅和其繼承人西西里、阿普里亞和卡拉布里亞的王位，以及卡普亞公國王位、拿坡里的「勛位」（honour）——刻意模糊表達的頭銜，因為拿坡里嚴格來說雖是獨立的，但與拜占庭有模糊的隸屬關係，並非教宗所能授予——外加戰爭時可獲得貝內文托的援助。為表示回報，魯傑羅承諾宣誓效忠克雷為教宗，加上六百枚金幣（schifati）的年貢——總計相當於一百六十盎司的黃金。於是在一一三〇年耶誕節，西西里國王魯傑羅二世騎馬赴巴勒摩接受加冕儀式。在主教座堂等待他的是總主教和其領地的所有拉丁領導階層，以及希臘教會的高階代表。克雷的特使，聖沙比納聖殿的樞機主教（Cardinal of S. Sabina）首先為他施塗油禮；接著他的地位最高的諸侯，卡普亞的羅伯特親王（Prince Robert of Capua）為他戴上王冠。

此時國王洛泰爾終於做好決定，宣布支持依諾增爵。在歐洲所有親王中，只有三人支持克雷：蘇格蘭國王大衛一世、亞奎丹公爵威廉十世（Duke William X of Aquitaine）和西西里國王魯傑羅。單是最後一位便足以讓他失去可能享有的帝國支持，教宗能有什麼權利——不論是否合法教宗——在帝國所屬的領土上為新竄起的諾曼國王加冕？魯傑羅的加冕儀式過後，帝國無法再遲疑觀望了；必須是依諾增爵坐實教宗之位。然而，或許主要是為了挽回面子等其他原因，洛泰爾還想趁機強加一項條件：帝國九年前失去的戒指和權杖的授銜權，現在要歸還給他和其繼任者。

他沒料到克萊爾沃隱修院院長接下來的舉措。在伯爾納鐸和一批隨從的陪同下，依諾增爵於一一三一年三月抵達列日（Liège）接受國王的宣誓效忠。這是伯爾納鐸擅長處理的危機。他從座位上迅速起身，當著眾人的面嚴厲申斥洛泰爾，接著請他宣布放棄先前的主張，無條件效忠這位合法教宗。他說的話如同往常般有影響力，或更有可能是為他所散發的人格威力所折服。這是洛泰爾第一次與伯爾納鐸交鋒；之前不太可能有人以這種方式對他說話。他並非缺乏堅定意志之人，但這次他憑直覺意識到，他的地位不再穩固。他讓步了，正式向依諾增爵屈服，並以一項行動鞏固自己的承諾，而教宗或許認為這一行動更有價值：率德意志軍隊護送他回羅馬。

洛泰爾等了一年半 才實現諾言。德意志的動亂導致他延後出發時間；但到了一一三二年夏天，他明白解決國內問題的關鍵在於盡早獲得帝王加冕和隨之而來的聲望；於是在八月時，他與王后諾德海姆的瑞珊查（Richenza of Nordheim），率領一支武裝護衛隊出發，翻山越嶺，前進義大利。

他發現依諾增爵在皮亞琴察附近等他。教宗已設法在當地博得一些支持；帝國軍隊在這趟行程的最後階段有望多達約兩千人。這雖是令人失望的數字，但至少不丟臉。現在主要缺少的是沿海地區的支援。尤其是比薩和熱那亞——這兩大沿海共和國的協助是依諾增爵所仰賴的——當時只關注科西嘉島（Corsica）和薩丁尼亞島，那是他們長期爭奪之地；若沒有他們協助，帝國軍力在西西里島人聯合攻擊下幾乎沒有勝算的機會。同時秋天的雨季正要開始，道路很快變得泥濘難行；洛泰爾決定延後到春天加冕。到時互相交戰的共和國可能已被說服和解。

他們能和解主要歸功於克萊爾沃隱修院院長，他在耶誕節後很快出現在義大利；到了一一三三年三月，伯爾納鐸和依諾增爵一起軟硬兼施，說服比薩人和熱那亞人休戰，一個月後，他們回到洛泰爾軍營，準備進軍羅馬。此時軍隊陣容仍無起色，但帝國密探傳來消息，國王魯傑羅正全心對付自己內陸的諸侯叛亂；無法提供大軍對抗。

在四月最後一天，即將成為皇帝的洛泰爾率軍來到城外的聖依搦斯聖殿（S. Agnese fuori le Mura）前。此時羅馬已陷入混亂一段日子了。比薩和熱那亞的船艦已從台伯河駛來，正停靠在城牆下虎視眈眈；他們的出現，加上即將來襲的德意志軍隊陣容被誇大的謠言，促使許多羅馬人匆忙改變擁護對象。於是城裡大部分人敞開大門歡迎依諾增爵和洛泰爾。弗朗吉帕尼貴族和其下屬在城門迎接——他們反對克雷的心從未動搖——然後耀武揚威地帶領他們回到各自宮殿：帶國王和王后到奧圖三世以前位於阿文提諾山的帝居，帶教宗回拉特朗大殿。

但在台伯河右岸的聖天使城堡和聖伯多祿大殿仍牢牢掌握在克雷手中；而克雷不準備放棄。洛泰爾知道自己的弱點，因此提出談判，但對立教宗的回覆依然不變：將整個選舉爭議交由國際教會法庭重啟。若是合乎規範組成的法庭宣布反對他，他也會接受裁決。在那之前，他會留在所屬的羅馬。若洛泰爾能自行決定，他可能已準備接受此建議。在他看來，任何辦法都比繼續如此分裂好；兩位互相對立的教宗可能產生兩位互相對立的皇帝，這種情況下他的處境可能更危險。但此時伯爾納鐸也來到羅馬；有伯爾納鐸在，他是不會妥協的。若克雷不願屈服，就不理會他。所以依諾增爵會在拉特朗大殿登上教宗寶座，而非在聖伯多祿大殿；於是在一一三三年六月四日，他盡可能舉行盛大儀式和排場，為西方帝國的皇帝洛泰爾和皇后瑞珊查加冕。

這是半個世紀以來第二次有位公認的教宗在執行帝王加冕時，還有一位教宗就在咫尺之外，氣得七竅生煙卻無能為力。上一次發生這種情形時，額我略七世是在過了一段時間由羅伯特．吉斯卡爾即時率三萬大軍前來拯救。克雷知道自己無法指望諾曼人那一方；西西里國王雖然仍是他的忠實擁護者，卻正忙於內戰。幸好救援是不必要的。對立教宗雖然失勢，但沒有人身危險。要防止帝國軍隊從右岸攻來，就要掌控台伯島上橫跨河流上的兩座橋；目前舊的馬塞勒斯劇院（Theatre of Marcellus）成了皮洛里家族的主要堡壘，他們正採取一切有效掌控方法。在這種情況下，皇帝沒有進攻的精力和意向。他最迫切的目標既已實現，他只想盡快返回德意志。他在加冕儀式結束後幾天便帶軍隊離開；而比薩和熱那亞的船艦也駛回大海。

對教宗依諾增爵而言，洛泰爾的離開簡直是災難。他在羅馬城裡剩下的支持者立刻疏遠。只有弗朗吉帕尼家族仍忠誠以待；但沒有外援，他們無法控制羅馬。到了七月，克雷的密探在四處恢復行動，黃金再次從取用不盡的皮洛里家族金庫肆意流出。八月時，依諾增爵被迫再度逃亡。他從自己的教區偷偷溜出，正如三年前一樣，慢慢逐步逃往安全的比薩。

同時教會分裂越演越烈。洛泰爾此時明白，對立教宗只要有西西里國王的保護，就不可能離開羅馬。一一三五年秋天，拜占庭皇帝，約翰二世·科穆寧（John II Comnenus）派來的大使抵達宮廷。約翰想剷除魯傑羅國王是有自己的原因：他的帝國從未放棄南義大利的主權，而達爾馬提亞的富裕的拜占庭諸城，對豪奪劫掠的西西里海上首領來說，是永遠無法抵抗的誘惑。現在他為洛泰爾提供優渥的資助，希望一戰就能徹底擊垮他們共同的敵人。

皇帝洛泰爾不太需要費力說服。多虧了皇位為他賦予的新威望，德意志境內的狀況在過去兩年得以改善，他的對手霍亨斯陶芬家族被迫屈服。這次他毫不費力就招募到一支可觀的軍隊。他估計克雷的問題不嚴重。這位對立教宗在北義大利的最後據點米蘭已在六月落入依諾增爵之手，而教會分裂現僅限於西西里王國和羅馬。待魯傑羅剷除，克雷將因毫無盟友而不得不退出。於是洛泰爾接受了約翰的提議。

✠

到了一一三六年盛夏，洛泰爾的軍隊終於在烏茲堡（Würzburg）集結，規模與他當初於一一三二年所率領進軍羅馬的淒涼小連隊相比是天壤之別。在最前線的是皇帝的女婿，巴伐利亞的驕傲者亨利公爵（Duke Henry the Proud of Bavaria），以及他的舊敵人和對手，霍亨斯陶芬的康拉德。洛泰爾向康拉德確認，只要他承諾參戰，便歸還他的土地。這支軍隊還包含一組教會分遣隊，包括至少五位總主教、十四位主教和一位隱修院院長。待軍隊抵達波隆那時，洛泰爾將軍隊分為兩批。他提議自己繼續前進，穿過拉芬納，前往安科納，接著沿著海岸往南前進阿普里亞；同時巴伐利亞公爵帶三萬騎兵和約一萬二千步兵襲捲托斯卡尼和教宗國，若可能的話，在羅馬重新扶持依諾增爵登基，鎮守卡西諾山的修道院，然後在巴利與岳父洛泰爾會合，迎接五旬節。

此計畫大獲全勝，歡欣鼓舞的德意志會眾於一一三七年五月三十日聖靈降臨節星期天在巴利的聖尼古拉教堂（St Nicholas）集合，參加由教宗親自主持的感恩大彌撒，儘管仍有西西里衛戍部隊在堡壘外駐防。魯傑羅國王未設法阻擋入侵者，這或許有些令人意外；但國王知道，不論洛泰爾進軍範圍有多遠，他遲早會將他擊退，正如之前也有不少入侵軍隊被擊退，不論是因為疾病、酷暑，或必須在第一場降雪阻擋山路前抵達阿爾卑斯山。以往的經驗證明，雖然這種遠征隊在短期內非常有效，但在軍隊離開後少有長久守住戰果。魯傑羅認為唯一明智的辦法是慫恿皇帝竭力擴張範圍，以耗盡他的極限。

實際情況很快便證明他是對的。皇帝將一些堅決不投降的士兵公開懸掛在城內各處的絞刑臺上，其餘扔近海裡，在巴利駐軍投降後，決定不再繼續進軍沿岸地區。他做這個決定有幾個原因。他當時已七十一歲，已疲憊不堪；此外，整個情況急轉直下。德意志人和教宗隨員之間的關係迅速惡化：已離家十個月的軍隊也歸心似箭。就西西里島而言，洛泰爾至少可以感覺到自己已挽回尊嚴。他或許未如預期般徹底擊垮魯傑羅國王，但確實為他帶來嚴重打擊，他需要很長時間才能捲土重來。對教宗依諾增爵來說則是遺憾。雖然這次遠征的其中一個目標是助他重新在羅馬登基，但他們刻意繞過羅馬，聖伯多祿大殿的寶座依然遙不可及。但是：從今以後，教宗自己的戰役要靠自己搏鬥。

同時，年邁的皇帝感到自己的生命正消亡。雖然他與士氣低落的軍隊儘可能急速行進，但到了十一月中仍未抵達阿爾卑斯山腳。他的侍從懇求他在那裡過冬。他的病況日趨嚴重；他們指出，在如此嚴冬繼續前行是不明智的。但洛泰爾知道自己等不起了。生命垂危的他心意已決，強撐著前行；但到了提羅爾的布來騰旺（Breitenwang）小村莊時，他已筋疲力盡。他被抬進一處貧窮農民的茅屋；一一三七年十二月三日，他在那裡過世。

僅僅七個半星期後，克雷也跟著過世。聖伯爾納鐸已聯絡西西里的魯傑羅，希望他離開對立教宗；不過結束這次教會分裂的，其實是克雷的離世。繼任者是所謂的維篤四世（Victor IV，一一三八），在位時間短，數個月後便退位，而魯傑羅終於不用再死守這個讓他在位前七年間蒙上陰影的承諾，他明白繼續與教廷敵對沒有意義。他公開認可依諾增爵，也命令所有臣民這麼做。很難想像他還能有什麼更好的做法；但依諾增爵莫名其妙拒絕和解，並於一一三九年四月八日在拉特朗大公會議（Lateran Council）上再度宣判開除西西里國王等人的教籍，包括國王的兒子們，以及克雷祝聖的所有主教。然後更不可思議的是，他與老盟友卡普亞的羅伯特親王從羅馬率領約一千騎兵往南進軍。三心二意的談判失敗後，取而代之的是雙方公開為敵；一支西西里軍隊突然襲擊加盧喬（Galluccio）小鎮。羅伯特設法逃走，但依諾增爵就沒這麼幸運了。一一三九年七月二十二日那一晚，教宗以及他的樞機主教們、檔案和財寶全落入國王之手；這是自八十六年前羅伯特．吉斯卡爾在奇維特擊潰李奧九世的軍隊以來，教廷遭受的最大屈辱。

教宗想在戰場上與諾曼人相見的決定永遠都是錯的。正如李奧九世在奇維特一役後不得不與俘虜他的人達成協議，所以依諾增爵現在也無可避免被迫屈服。七月二十五日在米尼亞諾（Mignano），他正式確認魯傑羅在西西里王國和加里利亞諾河以南的所有義大利的霸主地位。接著他主持完彌撒後，離開教堂重獲自由。隨後他因豁免權而得以挽回些許教宗尊嚴；但無法掩蓋的事實是，對他和其黨派來說，米尼亞諾的協議相當於無條件——或者說幾乎是無條件——投降。

一一四三年九月二十四日，教宗依諾增爵在羅馬過世。長久以來與克雷的鬥爭讓他付出沉重代價。就連他的盟友也證實有利有弊。洛泰爾一接受完加冕，就不太顧及他，驕傲者亨利更是嚴重。克萊爾沃的伯爾納鐸一直對他忠心耿耿，但他似乎一有機會就搶走他的鋒頭，不論是否有意。依諾增爵最後之所以能大獲全勝，只是因為克雷過世；而且他在加盧喬被擊潰時差點立刻變得一文不值。他在承受這種羞辱之餘盡可能保持風度，與西西里國王達成協議；但他反而很快嚐到惡果。一年內魯傑羅的行為變得比以前更傲慢——這是因為多年來的教會分裂讓他能為所欲為，而克雷也從不敢和他爭論——他設立新教區、任命新主教、禁止教宗的使節未經同意便進入他的王國，甚至拒絕讓他領地內的拉丁教會人士聽從教宗的傳召。

甚至還不只這些。一百多年來在義大利各城鎮興起的共和政體自治運動不斷高漲。在羅馬，相繼接任的教宗們和老貴族已盡力挽救這座城市免於感染這股風潮，但近期的教會分裂削弱了他們的控制力。尤其是依諾增爵從未獲得多數民心。在人民眼中，來自台伯河西的他一直不如克雷是百分之百羅馬人，他也以不夠寬宏大量聞名，因此當羅馬人得知他與南方的敵人另外達成和平協議時，他們趁機宣布廢黜教宗的世俗權力，在卡比托利歐山恢復元老院，宣布成立共和政體。依諾增爵盡力抵抗，但他已年邁，當時可能已超過七十歲，也是力不從心，並在數星期後過世。

他原本葬在聖天使城堡的巨大斑岩大理石棺，這具石棺被認為之前葬過皇帝哈德良的遺骸；但因為十四世紀初發生一場損失慘重的大火後，他的遺體被轉到台伯河西聖母大殿，這座教堂是他在世時親自下令重建。於是他在這宏偉的半圓形後殿的馬賽克鑲嵌工藝中永垂不朽，從半圓形屋頂俯視著我們，手中緊握著他的教會權力，悲傷疲憊的眼中流露著異常惆悵的神色。

第十一章 英格蘭教宗（一一五四—九）

接下來十年羅馬歷經了至少四位教宗。第一位是策肋定二世（Celestine II，一一四三—四），他憎恨魯傑羅國王和其支持的所有人，並拒絕承認米尼亞諾協議；那是愚蠢的政策，但他——正好——在有生之年懊悔此事。他不得不在死前派代表到巴勒摩懇求原諒。他的繼任者路基約二世（Lucius II，一一四四—五）也沒有比他幸運。在他短暫的教宗任期中，羅馬市政府恢復了元老院的辦事機構，有選舉地方行政官的權力，甚至能自行鑄造貨幣。羅馬再次爆發嚴重戰事。這次路基約不明智地選擇採取進攻態勢，卻在指揮武裝進攻卡比托利歐山時慘遭重創。他受到致命傷，由弗朗吉帕尼家族的人抬到大聖額我略位於希里安丘的舊聖安德肋修道院；一一四五年二月十五日他在那裡過世，在位期間不到一年。

同年恩仁三世（Eugenius III，一一四五—五三）獲選繼任為教宗。其實他的選舉是在弗朗吉帕尼家族的地盤安全順利舉行；但當他接著想從拉特朗大殿前往聖伯多祿大殿就任時，發現市政府擋住他的去路，三天後他逃離羅馬城。他逃走的速度不令人訝異；其實恩仁一開始被選為教宗才是唯一令人訝異的事。他曾是克萊爾沃的僧侶和聖伯爾納鐸的門徒，性格純樸、溫和而謙讓，但完全不是塊教宗的材料。就連伯爾納鐸本人聽到這消息，也毫不掩飾表示反對，並向全體教廷致函：

願上帝原諒各位所做的一切！……是基於什麼理由或決策，在至高無上的教宗過世後，讓各位急於將一位質樸的莊稼人從安身之所找出來，搶走他手上的斧頭、十字鎬或鋤頭，將他推上教宗寶座？

他對恩仁本人同樣直言不諱：「上帝的手指從塵土中提起窮人，從糞堆中舉起乞丐，使他可以與親王平起平坐，繼承光榮之寶座。」選擇這種隱喻方式似乎是不祥之兆，但新教宗毫無怨恨，充分展現溫厚與耐心；但伯爾納鐸畢竟是他的神師，而且在接下來幾個月，他極需這位前導師，也是他此生最需要的時候，因為他此時應邀求號召第二次十字軍東征。

在基督教之伯爵國埃德薩淪陷時，這場東征是必要的。埃德薩（現今的土耳其城市烏爾法，Urfa）是在黎凡特建立十字軍國家的第一個公國，時間可追溯至一〇九八年，布洛涅的鮑德溫（Baldwin of Boulogne）離開第一次十字軍東征的主力大軍，往東方進攻，在幼發拉底河岸邊自行建立公國。他未在那裡多做久留，兩年後他繼承哥哥的耶路撒冷國王之位，但埃德薩仍是半獨立的基督教國家，一直到一一四四年耶誕夜，由摩蘇爾的大總督（Atabeg of Mosul）伊馬德丁・贊吉（Imad ed-Din Zengi）率領阿拉伯軍隊征服。埃德薩淪陷的消息傳來，震驚基督教世界。十字旗怎麼會在不到半世紀後又輸給新月旗（伊斯蘭）？這場災禍難道不是上帝盛怒的顯現嗎？

雖然埃德薩是在教宗路基約過世前近八星期淪陷，但恩仁正式收到消息並開始考慮號召十字軍時，已經在位超過六個月。第一個要決定的問題是統帥人選。在西方的親王中，他認為只有一位適合人選。羅馬人民之王康拉德尚未接受帝王加冕，此時也正為德意志境內的問題所困擾；英格蘭國王史蒂芬也已陷入內戰六年；而西西里的魯傑羅，出於種種原因，不可能選他。唯一可能的人選就落在法蘭西的路易七世（Louis VII of France）。

路易也別無所求。他是大自然的朝聖者。雖然只有二十四歲，但因渾身散發著沉悶的虔誠光環，讓他看起來比同齡人老成，而這點也惹惱了他那漂亮又充滿活力的年輕妻子，亞奎丹的艾莉諾（Eleanor of Aquitaine），令她無法忍受。一一四五年耶誕節時，他召集諸侯宣布決定率領十字軍。他們的反應令人失望，但路易心意已決。他若無法燃起諸侯心中的聖戰烈火，那麼他知道誰有辦法。他派人去找來克萊爾沃隱修院院長。

對伯爾納鐸而言，這是正合他心意的事業。他一如往常竭盡全力，格外狂熱地響應這次號召，以致於成為所有基督教世界的主要精神代言人。他願意在國王於接下來的復活節在弗澤萊（Vézelay）召開的會議上發言。他的名號立刻開始發揮魔力，法蘭西各角落的男男女女都湧進這座小鎮。由於主教座堂空間有限，無法擠這麼多人，他們匆匆在山腰上架起木製大平臺；於是伯爾納鐸在棕枝主日早晨發表他這一生最重要的演說，國王就站在他身旁，胸前別著教宗恩仁送他的十字勛章，象徵他的決心。

他的勸說文本沒能流傳下來；但據說他的聲音「如天籟般」響遍整片草地，當他開始向群眾說話時，先是靜默，然後開始大聲要求眾人縫製自己的十字布條。一捆捆裁切好的粗布已準備好發放給群眾；粗布不夠分時，這位隱修院院長脫掉自己的袍子，開始將袍子撕成條狀，以縫製更多十字布條。其他人也群起效尤，一直到深夜降臨，他和助手們仍在縫製。

這項成就令人嘆為觀止。歐洲沒有其他人能做到。然而實際情況很快就揭曉了，若沒有這次演說或許還比較好。第二次十字軍東征結果慘敗。首先，十字軍決定攻打大馬士革，而這是整個黎凡特中唯一與贊吉（Imad ad-Din Zengi）敵對的阿拉伯國家，因此原本應該可以成為法蘭克人的寶貴盟友，他們卻選擇進攻，把自己直接送進敵人的懷抱。第二，他們沿著城牆東段紮營，沒有遮蔽處和水源。第三，他們全喪失勇氣。一一四八年七月二十八日，就在開戰僅僅五天後，路易國王下令撤退。

大馬士革與提比里亞之間的敘利亞沙漠單調遼闊，是世上最能重挫敗人心的深灰色玄武岩沙地。在阿拉伯盛夏中穿越沙漠撤退，無情的烈陽和炙熱的沙漠風掠過他們的臉頰，還要防禦阿拉伯馬弓手不斷襲擊，身後拖曳著一連串腐臭的人馬屍體，十字軍必定深感絕望。他們的人力和資源損失慘重。最嚴重的是慘遭恥辱。在這一年當中大部分時候都在行軍，一路上經常處於生命危險的環境，承受最嚴酷的飢渴、疾病、極寒和極熱之苦。這支輝煌一時的軍隊曾號稱要保護基督教西方的所有理想，卻在僅僅四天後放棄一切，未收復穆斯林領土。這個終極恥辱是他們和其敵人都不會忘記的。

同時教宗恩仁也有自己的問題要對付。最棘手的是羅馬的政治局勢，已奪走他前任性命的共和運動在此地的實力又增進了，這都多虧了來自倫巴底一位奧斯定僧侶的訓導，而他在這座城市的影響力也是與日俱增。

他是布雷夏的亞諾（Arnold of Brescia），年輕時在巴黎各學院就讀，可能在巴黎聖母院師從過亞培拉，他在那裡徹底沉浸於新經院哲學，基本上是將舊神祕主義的靈修方法轉為邏輯理性的探究精神。對中世紀的羅馬教廷來說，這種激進的思想似乎已經夠顛覆了；但亞諾結合了更不討喜的特質：狂熱仇視教會的世俗權力。對他而言，教宗國一定是永遠至高無上的；根據古羅馬法律，民法一定凌駕於法典之上；教宗應放棄所有世俗浮華，拋棄權力和特權，回歸早期教父們貧困樸素的生活。唯有如此，教會才能與會眾中的卑微群眾重建關係。正如索爾茲伯里的約翰（John of Salisbury）寫道：

> 亞諾經常親自在卡比托利歐山和各種集會上演說。他已公開譴責樞機主教，堅稱樞機團為傲慢、貪婪、偽善、可恥所困，不是上帝的教會，而是交易之所、盜賊之窩……就連教宗本人也不如他自己所宣稱：與其說是靈魂的使徒牧者，不如說是以火和劍維持權威的血肉之軀，是教會的折磨者和無辜之人的壓迫者，他的行為只是為了滿足貪欲，為了填滿自己的財庫而挖空他人的財庫。

教宗當然是反擊了，而且當然也是由克萊爾沃隱修院院長聲援。於是在一一四〇年，亞諾和他的前導師亞培拉一同遭到桑斯大公會議（Council of Sens）譴責，並被逐出法蘭西。但到了一一四六年，他回到羅馬；而羅馬元老院受到他虔誠的熱情感染，並認定他的理念與他們的共和主義志向在精神上互補，因此張開雙臂歡迎他。然後恩仁解除亞諾的教籍開除令，命令他以贖罪之心度日，這大概是為了巴結共和主義者；但此舉幾乎無法改善教宗的聲望。一一四七年春天，他與樞機主教們和教廷前往法蘭西，為接下來的十字軍東征的準備工作賜福。他在法蘭西和德意志時受人尊崇；他似乎只有在羅馬才遭到斥責。他在隔年返回義大利，發現布雷夏的亞諾一如往常桀驁不馴，於是他重申開除教籍的判決，但當時他無意返回羅馬。

王后艾莉諾陪同丈夫路易七世參加十字軍東征。此行並未改善他們的婚姻。艾莉諾毫不掩飾她那陰鬱的丈夫已令她生厭到無法忍受的地步，甚至與她的叔伯，安提阿的雷蒙親王（Prince Raymond of Antioch）發展出關係，而這種關係普遍被懷疑超出了叔伯親情。她和路易從黎凡特返回途中，踏上義大利時，幾乎已在冷戰。他們在圖斯庫倫拜訪教宗恩仁，那是距離羅馬最近的小鎮，讓教宗可以安全就職。恩仁是溫和善良之人，不喜見到他人不快樂；看到這對王室夫妻因十字軍東征和婚姻的雙重失敗而意志消沉，他個人也深感苦惱。索爾茲伯里的約翰當時在教廷任職，他留下一段古怪但感人的記述，描述教宗設法為他們調解：

他下令禁止眾人反對這樁婚姻，不應以任何藉口終止婚姻，違者將開除教籍。國王明顯對這項裁決感到欣喜，他以一種幾近孩子氣的方式深愛著王后。教宗要求他們同床共眠，他用自己珍貴的帷幔為他們裝飾床鋪；他每天短暫探視他們時，藉由親切的交談努力修復他們之間的愛情。他送他們一堆禮物；待他們要啟程離開時，他忍不住流下淚水。

他若知道自己的努力都將付諸東流，或許會流下更多淚水。若恩仁能更瞭解艾莉諾，他一開始就會明白她心意已決；但就目前而言，她已準備繼續維持表象，陪同丈夫前往羅馬，接受元老院熱忱接待，路易則一如往常到重要神殿跪拜；然後翻越阿爾卑斯山返回巴黎。接著再等兩年半，她的婚姻才終於以血親為由而解除，而聖伯爾納鐸也會說服恩仁改變早先的態度；但她依然年輕，此時她精彩的生涯才正要開始，不但當上英格蘭最偉大國王的妻子，也是兩位英格蘭最糟糕國王的母親，她即將影響歐洲未來逾半個世紀的歷史進程。

一一四九年十二月，在西西里軍隊協助護送下，教宗恩仁終於返回羅馬，但仍無濟於事：一面倒的公開敵對氣氛很快迫使他再次離開。他接著與國王康拉德通信。他知道羅馬市政府曾建議康拉德應該來接管羅馬，將此地當成新羅馬帝國的首都，因此國王若要來羅馬接受加冕，他將難以拒絕。但康拉德從未這麼做。他在接受教宗邀請前，便在一一五二年二月過世。恩仁別無選擇，只能將注意力轉往康拉德的姪子和繼承人，霍亨斯陶芬的腓特烈（Frederick of Hohenstaufen），又稱紅鬍子（Barbarossa）。

此時約三十二歲的腓特烈與當代德意志人相比，似乎更具備條頓人的騎士風度，無可匹敵。身材高大魁梧，與其說是英俊，不如說是有魅力，雙眼閃閃發光，有一頭濃密的紅褐色頭髮，根據一位編年史家說，他總是一副正要開口大笑的模樣。但在他隨和的外表下，有鋼鐵般的意志，目標專一。他永遠不忘記自己是查理曼和鄂圖的繼承人，毫不掩飾收復昔日輝煌帝國的決心。

腓特烈立刻回覆教宗，提出一項規範未來雙方關係的條約；雙方達成協議後在康士坦茨簽署。根據條款，腓特烈承諾由教宗治理羅馬人，而恩仁要在他方便時在羅馬為他加冕，但這場儀式再次未按計畫成行。這次是因為恩仁於一一五三年七月在提弗利過世。他雖然不是優秀的教宗，但也展現出少有的堅毅品格，是在他當選教宗時幾乎無人質疑的。正如他的多位前任，他被迫花大錢收買羅馬人的支持，但他個人仍一直保持清廉；他溫和謙遜的作風為他贏得愛戴和尊敬，這是無法用黃金收買的。一直到他過世，在他的教宗袍底下仍穿著粗糙的白色熙篤僧侶長袍。他的繼任者是年邁的亞納大削四世（Anastasius IV，一一五三—四），當選後只活了十八個月，接下來的繼任者對腓特烈而言是更難對付的對手：英格蘭人尼可拉斯·貝斯皮爾（Nicholas Breakspear），封號哈德良四世（Hadrian IV，一一五四—九）。

哈德良在一一五四年十二月四日就任時，年約五十五歲。他是在聖奧班斯（St Albans）長大，但出於一些原因被當地修道院拒收，尚年幼的他已自行前往法蘭西。他在亞維儂加入聖魯弗斯（St Rufus）的清規經團（canons regular），最終成為該會院的院長，以極其嚴格的紀律執行者身分贏得聲譽。回到羅馬後，因為他的雄辯能力和才幹，或許還加上出色的外表，他被教宗恩仁看中。對他而言幸運的是，教宗是堅定的親英派（Anglophile）；他曾告訴索爾茲伯里的約翰，他發現比起其他族裔，英格蘭人非常適合執行所交付的任何任務，因此他更喜歡重用——他補充道，除非他們變得更輕浮時。不過輕浮似乎不是尼可拉斯後來失敗的原因。一一五二年，他以教廷使節身分被派往挪威，在整個斯堪地那維亞半島（Scandinavia）重組和改革教會。兩年後他回來，他的任務格外成功，在亞納大削過世後的十二月，這位精力充沛、魄力十足的英格蘭人獲得一致推選而接任教宗。

在急需有精力和魄力的人才下，當時可能也沒有其他更明智的選擇了。哈德良登基時，紅鬍子腓特烈已翻越阿爾卑斯山發動他的第一次義大利戰役。他抵達羅馬時，相信會要求教宗為他行加冕禮；但就算要為他行加冕禮，教宗也不太可能視他為可信賴的盟友。確實，以腓特烈眾所周

1155

知的專制主義觀點來說，只能證實他對教廷的焦慮之心從來不滅。更令人擔憂的是羅馬本身的情況，布雷夏的亞諾不論是出於什麼意圖和目的，他現在都是這座城市的統治者。而身為苦行者的教宗恩仁或許暗地裡對亞諾懷抱著同情，因此允許他回來；亞納大削則對他的怒吼充耳不聞。但教宗哈德良的作風截然不同。他登基後發現自己被亞諾的支持者幽禁在聖伯多祿大殿和李奧城內，他一開始只是命令這位煽動者離開羅馬；但不出所料，亞諾置若罔聞，甚至允許他的支持者攻擊德高望重的樞機主教圭多（Cardinal Guido），事發當時這位聖普正珍大殿（S. Pudenziana）的樞機主教正沿著聖道（Via Sacra）步行前往梵蒂岡。於是教宗祭出他的王牌，一一五五年初，基督教界史上第一次，他對整座羅馬城下達禁罰令，即禁行聖事令。

這是令人屏息的勇敢之舉。身為外地人，他擔任教宗只有幾星期，只能依靠少數人或甚至沒有民眾支持，就敢於發佈法令，關閉羅馬所有教堂。除了為嬰兒洗禮和為死者赦罪；否則禁止執行所有聖禮和儀式。不能舉行彌撒、莊嚴的婚禮；甚至無法為死者遺體祝聖埋葬處。當時宗教仍是人人生活中不可或缺的一部分，這種道德封鎖造成的影響是無法估量的。此外，復活節即將到來。若無法慶祝基督教一年中最大盛宴，感覺就夠淒涼了；但若沒有一年一度的朝聖人潮，就會少了城市的主要收入來源，情況只會更淒涼。民眾忍受了一小段時間；但到了聖週的星期三，他們無法再忍受，於是遊行到卡比托利歐山。元老院議員們明白自己被擊敗了。亞諾和其支持者遭到驅逐；禁罰令解除了；教堂鐘聲再次轟隆響起；於是教宗哈德良四世得償所願，於星期日在拉特朗大殿慶祝復活節。

紅鬍子腓特烈同時則在帕維亞慶祝，並在同一天接受加冕，戴上傳統的倫巴底鐵王冠。他接下來出兵托斯卡尼的速度非常快，羅馬教廷無疑將面臨威脅。亨利四世在七十年前對額我略七世的處置至今未被遺忘，而幾位較年長的樞機主教還記得一一一一年時，亨利五世如何在聖伯多祿大殿對教宗巴斯加下手。根據近期傳來的所有消息，這位新的羅馬人民之王可能完全有能力做出類似的事。也難怪教廷開始感到驚慌不安。

哈德良匆匆派兩位樞機主教北上前往帝國軍營。他們在錫耶納附近的聖奎里科（S. Quirico）找到軍營，並受到熱忱款待。接著為了表示真誠的善意，他們請腓特烈協助尋找布雷夏的亞諾，他已在當地一些公侯處避難。腓特烈欣然答應；他幾乎和教宗一樣厭惡亞諾的激進觀點，也樂於接受這個讓他展現勢力的新機會。他派一支部隊到城堡，扣押一名公侯為人質，直到亞諾自己送上門。這位逃亡者立刻向教廷投降；放下心中疑慮的兩位樞機主教開始執行下一個任務：為教宗和國王安排第一次重要會面。

會面安排在一一五五年六月九日，地點在蘇特里附近的格魯索營（Campo Grosso）。這場會面一開始對哈德良來說是好兆頭，腓特烈派出一大群德意志貴族迎接哈德良，跟隨神聖遊行隊伍護送他騎馬前往帝國軍營。但麻煩現在才開始。此時按慣例，國王應上前牽教宗的轡繩，在教宗下馬時為他扶住馬鐙；但他沒這麼做。哈德良一時間似乎遲疑了一下。接著他自己下馬，慢慢走向為他準備的寶座並就坐。這時腓特烈終於走向前，親吻教宗的腳，然後起身接受傳統的平安吻回禮；但這次換哈德良沒這麼做了。他指出，國王拒絕像其前任一樣服侍至高無上的教宗，除非他糾正這次疏失，否則不會回以和平之吻。

腓特烈表示反對，他說自己沒有義務擔任教宗的馬伕；但哈德良毫不動搖。他知道這表面上看起來是旁枝末節的禮節，但現實中暗藏著極其重要的意義——這種公開蔑視的行為，正是損害帝國和教廷之間關係的根源。突然間，出乎意料，腓特烈屈服了。他命令軍營往南方遷移一點；六月十一日上午，他在那裡重新上演兩天前的會面場景。國王上前去迎接教宗，牽住他的轡繩，穩穩扶住馬鐙，協助他下馬。哈德良再次讓自己穩坐寶座；他也適時賜以和平之吻；雙方談話開始。

哈德良和腓特烈永遠不會完全互相信任；但隨後的討論似乎也夠友好了。他們在康士坦茨協議的條款得以確認。雙方都不會另外與拜占庭、西西里或羅馬元老院談判。腓特烈會捍衛所有教廷利益，為表示回報，哈德良在發出三次警告後，會將所有堅持反抗帝國的敵人開除教籍。然後兩人一起騎馬回羅馬。

從教廷的立場來看，已經沒有反對帝王加冕的理由。但這場儀式自羅馬公社成立以來就從未執行過；羅馬現在要怎麼迎接未來的皇帝？這是懸而未決的問題，而腓特烈最近對抗布雷夏的亞諾的舉動導致問題更難解決。但他和哈德良很快就解決此問題。在他們尚未抵達羅馬前，元老院已派出一組代表團去迎接他們，向他們詳細說明條件。他們派出的發言人開始誇誇其談，並擺出高人一等的架子，認為單是羅馬本身就能成就帝國，因此皇帝要善加考慮自己對這座城市的道德義務——這些義務明顯包括宣誓承諾讓羅馬未來享有自由權和五千磅黃金的恩恤（*ex gratia*）。

這位發言人還在滔滔不絕時，腓特烈打斷他，指出羅馬的所有古老光輝和傳統早已隨著帝國本身傳到德意志。他只是來主張自己理所應當擁有的權利。他自然會在必要時保護羅馬，但認為自己不需要任何正式承諾。至於恩恤金，他會照自己的心意在適合的時間地點賜予。他的氣定神閒讓代表團猝不及防。他們結結巴巴地表示必須返回羅馬請求指示，接著便離開了。等他們一離開，教宗和國王立刻緊急商議。哈德良憑藉與元老院交手的經驗，無疑認定日後會有麻煩。他建議派出一支部隊連夜佔領李奧城。他指出，即便採取了這道預防措施，也無法完全避免危險。他們若想避免血戰，他和腓特烈必須儘速行動。

在一一五五年六月十七日星期五這天，情況如此緊迫，哈德良甚至決定不按正常情況等到星期日。腓特烈反而是在星期六黎明時，騎馬從馬里奧山（Monte Mario）下山，進入已被他的軍隊佔領的李奧城。教宗已在一、兩小時前抵達，正在聖伯多祿大殿的階梯等著他。他們一起進入聖殿，一群德意志騎兵跟在後頭。哈德良親自主持了彌撒；接著他在這座使徒之墳上，迅速在腓特烈側身繫上聖伯多祿之劍，在他頭上戴上皇冠。待儀式結束，頭戴著皇冠的皇帝騎馬回到城牆外的軍營，大批隨從在後頭步行跟隨。同時教宗躲進梵蒂岡，等待事態發展。

此時仍是上午九點鐘；元老院議員在卡比托利歐山集會，正要決議如何阻止加冕儀式，卻傳來加冕儀式已完成的消息。他們發現自己被反將一軍時憤怒難平，於是發動攻擊；一群暴徒很快越過聖天使橋（Ponte Sant'Angelo），進入李奧城，另有一群暴徒則從台伯島處的下游越過河流，經由台伯河西往北前進。這一天越來越熱。德意志人因連夜趕路和歷經幾小時的亢奮，已經累了，想好好睡覺然後慶祝一番。但他們收到命令，準備再次戰鬥。腓特烈一天內第二次進入羅馬，但這次不再穿加冕袍，而是穿上盔甲。

整個下午和晚上都在持續戰鬥；夜幕降臨後，帝國軍隊才將最後一批叛亂分子驅逐到橋的另一頭。雙方都損失慘重。夫來辛主教奧圖（Bishop Otto of Freising）可能是目擊者，據他表示，約有一千名羅馬人遭殺害或被投入台伯河，另有六百人被俘。元老院為這次傲慢之舉付出慘重代價。但皇帝也是，為了皇冠也付出昂貴代價。即便戰勝也未讓他進入這座古城，隔天太陽升起時，台伯河上的橋樑和城門全被封鎖。他和軍隊都未準備圍攻；一個半世紀以來，羅馬的酷暑不斷侵蝕著接連入侵的軍隊的士氣，這次也不例外，開始對軍隊造成損害，而軍中更爆發瘧疾和痢疾疫情。唯一明智的做法就是撤退，既然梵蒂岡對教宗來說已不安全，那就帶著教宗和教廷全體一起離開。六月十九日，他再次拔營，率領軍隊進入薩比尼山（Sabine Hills）。一個月後他返回德意志，將孤立無援的哈德良留在提弗利。

紅鬍子腓特烈的加冕故事已差不多告一段落，但未完全結束。除了接受加冕的皇帝和為他施加冕禮的教宗，還有第三位人物，在這整個事件進程中的影響力不亞於前兩位，儘管在事關重大的那天他本人不在羅馬。目前沒有史料記載布雷夏的亞諾當時遭到處決的確切時間和地點，只知道他是怎麼離世的。在遭到教會法庭譴責與指控異端罪和反叛罪後，他仍堅持到最後，冷靜地走向絞刑臺，未流露出一絲恐懼；當他跪下做最後的告解時，從史料上可得知，連劊子手們都忍不住流下淚水。但他們還是將他絞死；然後將他的遺體取下焚燬。最後為了確保不留下任何遺骸供人膜拜，他們將骨灰投入台伯河。對於一個不論是否步入歧途的殉道者來說，這已是莫大的榮耀。

另一方面，教宗哈德良感覺遭到背叛。他的南境正遭到西西里國王古列爾莫一世[1]攻擊，他希望新加冕的皇帝能按照康士坦茨協議的條款，率軍抵抗他（古列爾莫一世）。腓特烈本人已完全準備好這麼做，只要能指揮得了騎兵；但他們決定離開南方，立刻回德意志，而他知道自己不能把他們逼得太緊。

哈德良自腓特烈加冕後便孤立無援，無法返回羅馬，整個冬天都與教廷一起待在貝內文托。就他而言，他唯一的希望——皇帝——已證實自己有不為人知的弱點。同時南方的情勢正迅速惡化。古列爾莫一世已戰勝反抗他的拜占庭人和內部的反叛臣民，正舉兵前往教宗國境。正當他逼近時，哈德良將大部分樞機主教遠送到坎帕尼亞，這主要是為了人身安全，但或許也有其他原因。他知道自己必須與古列爾莫一世達成協議。而頑固派的樞機主教們曾多次破壞可能達成的協議；他若想挽救即將降臨的災難，那他必須要能按自己最大的自由意志進行談判。

西西里先頭部隊一出現在山頭，教宗便派祕書長，錫耶納的羅蘭德（Roland of Siena）和留在他身邊的兩位樞機主教前去迎接國王，並以聖伯多祿之名命令他停戰。他們獲得了應有的禮遇，並在貝內文托展開正式會談。但過程並不順利。西西里人位居強勢，難以與他們討價還價，但教宗這方每一分每一毫都竭力爭取。一直到一一五六年六月十八日，雙方終於達成協議。教宗將認可古列爾莫一世更廣大的領土，其範圍是教廷之前從未承認的，外加每年進貢。古列爾莫一世則承認教宗的封地宗主權以示回報；哪一方獲利最多並不難判斷。我們只要看一下教宗起草的承諾公文中的措辭：

古列爾莫一世，光榮的西西里國王和基督最親愛的子民，享有當代諸王和豪傑中最輝煌的財富和成就，頂著世上至高的光榮名號，堅定秉持著正義，為臣民重建和平，並藉由偉大的功績在所有基督之名的敵人心中徐徐注入恐懼。

就算考慮到當時傳統上習慣運用誇張的修辭，也難以想像哈德良在簽署這份公文當下不會感到羞辱。他才剛當上教宗十八個月，卻已嚐盡遺棄、背叛和流亡之苦；就連他擔起重任的寬闊肩膀也開始屈服。也才在短短的十二個月前，他對羅馬下禁罰令或與紅鬍子腓特烈鬥智的情景與現在相比，簡直判若兩人。或許索爾茲伯里的約翰為他的心情做出了最佳總結：

> 我探望哈德良閣下時，見證到沒有人能比羅馬教宗更悲戚，也沒有人的情況比他更悽慘……他堅稱教宗寶座佈滿荊棘，他披風上的刺毛如此尖銳，沉重地壓在他寬厚無比的肩膀上……若不是害怕違背上帝的旨意，他永遠不會離開英格蘭故土。

可以想像紅鬍子腓特烈聽說貝內文托的協議時會有多憤怒。難道哈德良從未親自向他擔保，不會與西西里國王私下聯絡嗎？難道他現在不是在簽署和平與友誼條約嗎？而且根據這份條約，他不但承認古列爾莫一世所主張的假王位，而且在教會事務方面，哈德良賦予他的特權甚至遠比

1 西西里國王古列爾莫一世（惡人）在一一五四年繼承父親魯傑羅二世的王位。

皇帝本人享有的還多。哈德良有什麼權利將帝國領土如此慷慨贈與他人？教宗的傲慢難道沒有極限嗎？

不久後，他最不願成真的猜疑獲得了證實。一一五七年十月，他在貝桑松舉辦一場帝國國會議會。各地派來的大使們在這座城鎮聚集：有來自法蘭西和義大利、也有西班牙和英格蘭，當然還有教宗。但教廷使節在議會上宣讀教宗託他們帶來的書信時，腓特烈原先安排的所有效果多少被破壞了。教宗未按慣例問候和祝賀議會，反而選擇藉此機會以強硬措辭表達不滿。年邁的隆德總主教（Archbishop of Lund）遠行時行經帝國領土，遭到強盜襲擊，身上所有財物遭洗劫，還被扣押勒索贖金。這種惡行本身就已經夠嚴重；但儘管已向皇帝報告整件事的細節，他卻顯然未採取任何措施將那群強盜繩之以法，導致此事情況惡化。接著話題轉向一般事務，哈德良重提自己曾幫助過皇帝——特別提醒他是由教宗親自加冕，並補充說道，希望未來還能恩賜他更多聖俸，口氣上似乎帶著一絲自視高人一等的姿態。

教宗此舉不論是否刻意維護他的封地霸主地位，我們是永遠無法知道了。可惜他使用的兩個詞，恩賜（*conferre*）和聖俸（*beneficia*），都是用於形容宗主國國君賜給諸侯封地的術語。這是腓特烈無法忍受的。如果這封書信明顯是在暗示他是承蒙教宗之恩惠才能擁有神聖羅馬帝國，就如同任何低階的公侯在坎潘涅獲得幾塊田地的方式，那麼他們雙方之間不會再有往來。議會上的德意志親王都同感憤慨；而教宗祕書長，即樞機主教羅蘭德冷淡地反問，腓特烈若不是因為教宗而擁有帝國，又是因為誰時，全場一片騷動。巴伐利亞的伯爵領主（Count Palatine of Bavaria），維特爾斯巴赫的奧圖（Otto of Wittelsbach）這時衝上前，手按在劍上；皇帝親自迅速制止才防止意外發生，相比之下，隆德總主教的不幸之事似乎顯得微不足道了。

當哈德良聽說此事後，再寫了一封信給腓特烈，這次以更溫和的措辭聲明他的話遭到誤解；皇帝接受了這解釋。他不太可能真的相信，但他無意與教宗公開撕破臉。儘管如此，在貝桑松發生的衝突，正如眾人所見，只不過是教宗和皇帝之間裂痕加深的徵兆，任何程度的外交協議都無望修補。基督教界確切掌握雙重權力的時代已經過去了——自從約一百年前額我略七世和亨利四世憤慨地互相廢黜和開除教籍以來就已經過去了。從那時候起，他們各自的繼任者便不再認為彼此之間是一體兩面。雙方各自現在都主張自己至高無上，並在必要時反抗對方。一旦遇到像哈德良和腓特烈這種強硬的人物互相對抗時，形勢隨時都會一觸即發。但麻煩的根源主要還是源自於他們各自所代表的體制，而非他們的性格。只要他們兩位在世，不論是現實或想像中，在一連串瑣碎小事的積累下，他們兩人之間的關係只會更緊繃；儘管在他們過世後，雙方的衝突才爆發成戰爭。

貝內文托協議的重要性後來證實遠比雙方簽署人當時所想的更大。對教宗而言，這項協議為解決歐洲問題開闢了新的政治途徑，接下來二十年可順勢遵循其可觀的優勢。哈德良本人也慢慢接受自己一直以來所推測的情況：皇帝雖然不太像是盟友，偶爾會像敵人一樣起爭執，但必須與他共存。與他簽訂政教協定的古列爾莫一世是強大的新盟友，得以讓他在對付腓特烈時採取比以往更堅定的態度，也正如貝桑松那封信所證明。

在教廷圈中，如此激進的政策改變一開始必然遭到反對。教廷中許多主要成員仍堅守效忠帝國和反對西西里的觀點；協議達成的消息在樞機團和帝國朝廷中引起同等程度的驚愕。但輿論漸漸傾向於支持古列爾莫一世。其中一個原因是紅鬍子的傲慢，除了在貝桑松那次，前後也發生過幾次事件可證實這點。此外，與西西里結盟既已成事實；再反對也無濟於事。就古列爾莫一世來說，他似乎有足夠誠意。在教宗的建議下，他已與君士坦丁堡議和。他有權有勢，而且據當地幾位樞機主教作證——若他們願意的話——他也相當慷慨。

而現在紅鬍子腓特烈準備劫掠蹂躪倫巴底諸城，義大利各地掀起對帝國的強烈反感，這波憎惡潮也伴隨著一絲驚恐：皇帝解決倫巴底後，還有什麼能阻擋他繼續進攻托斯卡尼、翁布里亞（Umbria），甚至羅馬？唯一辦法就是英格蘭教宗與諾曼國王結盟。一一五九年春天是第一次出現對抗腓特烈的反推力，這可直接歸因於教廷—西西里的煽動。米蘭突然背棄帝國，接下來三年米蘭人頑強違抗皇帝對他們的極力壓制。接下來的八月，米蘭、克雷馬（Crema）和布雷夏的代表在阿南伊與教宗會面；他們在古列爾莫一世的使節團面前承諾一項初步協定，這項協定後來成為倫巴底大聯盟的核心。他們承諾，未經教宗同意，他們不會與共同的敵人打交道，而教宗會按慣例在四十天後開除皇帝的教籍。最後與會的樞機主教們同意，在哈德良過世後，他的繼任者只能從出席這場會議的樞機主教中選出。

此時明顯教宗已時日不多。他在阿南伊時突然心絞痛發作，從此未再康復。他在一一五九年九月一日晚上過世。他的遺體被帶回羅馬，並放置在聖伯多祿大殿地下室一具普通的三世紀石棺中，至今仍放置在那裡。一六〇七年在拆除舊聖殿時曾打開石棺；這位唯一來自英格蘭的教宗遺體仍完整，身穿著深色絲綢製的彌撒祭披，被形容為「身材矮小，腳上穿著土耳其軟鞋，手上戴著一顆大綠寶石」。

哈德良的教宗職涯是難以評價的。與那個世紀上半葉的一連串平庸教宗相比，他確實勝過他們，只不過與他優秀的繼任者相比則相形見絀。在他離世時，他已讓教宗地位比他剛登上之時更強大、更受人尊崇，儘管這項功績的主要原因在於倫巴底聯盟的認同；但他無法完全制服羅馬元老院。他擔任教宗期間不到五年；但這幾年對教廷來說是艱難且至關重要的時期，令他負擔沉重而心力交瘁。沒多久他的健康便開始衰退，他的鬥志也隨之下降。他是在抑鬱不平和心灰意冷中過世，正如他的許多前任那樣。

第十二章 亞歷山大三世與紅鬍子腓特烈（一一五九—九八）

一一五九年九月五日，即教宗哈德良的遺體放置在聖伯多祿大殿安息後一天，約三十名樞機主教聚集在聖殿的主祭臺後方召開推選教宗的祕密會議。[1]兩天後，除了三人外，其餘皆投票給曾擔任教宗祕書長的樞機主教，錫耶納的羅蘭德（Roland of Siena），於是羅蘭德宣布當選。但那三位樞機主教中，有一人強烈支持帝國，即聖西西利亞的奧塔維亞諾（Octavian of S. Cecilia）；羅蘭德在接過猩紅色的教宗披風前，按慣例推讓一番，接著正要低下頭接受之際，奧塔維亞諾突然衝上前，抓走披風，想自己穿上。接著是一場扭打，這次他又輸了；但他的專職司鐸立刻拿出另一套披風——大概是早已料到此事而帶來——奧塔維亞諾這次終於穿上，可惜穿反了，接著便遭眾人阻止。

接著發生一場令人不敢置信的混亂場面。一群憤怒的羅蘭德支持者試圖從奧塔維亞諾背後撕開他的披風，奧塔維亞諾從人群中掙扎逃脫，慌忙將披風穿正，結果脖子被流蘇纏住，但他仍一個箭步衝上教宗寶座，坐上後宣布自己是教宗維篤四世（Victor IV）[2]。接著他穿過聖伯多祿大殿

---

1 祕密會議結束時只剩二十九人；根據利秀的阿努夫（Arnulf of Lisieux）說，圖斯庫倫主教艾馬魯斯（Bishop Imarus of Tusculum）提早離開，因為這位出了名的老饕不想錯過晚餐。

2 詭異的是，這是第二次由對立教宗選擇的封號。請見第十章，頁一二九。

裡的防守人群，找到一小群低階聖職人員，命令他們為他鼓掌歡呼以示當選，這時他們看到大門突然被撞開，一群武裝殺手闖進大殿，於是他們匆匆鼓掌歡呼。這次他至少壓制住反對方；羅蘭德和其支持者隨後找機會偷偷溜出去，躲在聖伯多祿大殿的塔樓，那是位在梵蒂岡角落的一座堡壘。同時奧塔維亞諾在殺手們的看顧下登基，這次比之前的場面稍微更正式些，並在眾人護送下得意洋洋地前往拉特朗大殿，不過他在離開前調整披風時吃了一點苦頭。

這登基手法雖有失體面，但可看得出這場政變是事先經過精心策劃，而且某種程度上帝國無疑是積極參與其中的。奧塔維亞諾本人長久以來一直是惡名昭彰的帝國支持者，他的當選立刻獲得腓特烈在羅馬的兩位大使認可，他們同時也宣布向羅蘭德激烈開戰。他們再次動用金庫，德意志人的黃金肆意流入所有羅馬人（貴族、元老院議員、中產階級或下層階級）的錢包和口袋中，於是他們公開宣稱效忠維篤四世。同時羅蘭德和忠心支持他的樞機主教們則被困在聖伯多祿大殿的塔樓上。

但奧塔維亞諾——或者我們現在必須稱他為維篤——幾乎是立刻發現他的支持度開始下降。他在選舉時的行為此時傳遍整座城市，看來整個過程已鉅細靡遺地傳開。所有羅馬人轉而認定羅蘭德是合法當選的教宗，一群民眾聚集在聖伯多祿塔樓，憤怒地大聲疾呼釋放羅蘭德。維篤在街上遭人怒斥和辱罵；他所經過之處，都能聽到一連串嘲弄他的打油詩。他無法再忍受，於是在九月十六號夜晚逃走；隔天合法當選的教宗在一片歡欣鼓舞中被帶回首都。

但羅蘭德知道他不能留下。帝國的大使團仍在羅馬，還有無限金錢可以動用。維篤所屬的克雷森家族也是，他們仍是城裡最富裕的家族。教宗逗留只為了召集合適的隨從，接著便於九月二十日前往南方的寧法（Ninfa），該地區當時由他的朋友，弗朗吉帕尼家族所掌控；他終於在那裡的聖母大殿正式就任為亞歷山大三世（Alexander III，一一五九—八一）。他的第一波行動之一，也是意料之中的是，開除對立教宗的教籍，對立教宗也迅速回報以開除教籍（這同樣也是意料之中）。這是三十年來羅馬教會第二次陷入分裂。

亞歷山大的合法性已不容置疑，紅鬍子腓特烈只能屈服，接受這既定事實，兩人也沒有理由不達成一些妥協。但未料一一六〇年二月在帕維亞大公會議上，皇帝正式承認荒謬的維篤，繼而迫使亞歷山大與西西里的古列爾莫一世更緊密結盟，令古列爾莫一世新背負了一連串無益又無用的義務，成了他二十年精華任期的政治拖累，另外歐洲其他所有統治者也很快接受亞歷山大的教宗主權。教宗於三月開除腓特烈的教籍（繼帕維亞大公會議過後他也別無選擇），免除帝國所有臣民對腓特烈的效忠，但他仍無法返回羅馬。有近兩年時間他待在特拉契納或阿南伊，這兩座教廷城市靠近西西里王國，往來便利，既有人身保護，也有他急需的金援。接著在一一六一年最後幾日，他登上駛往法蘭西的西西里船艦。

接下來三年半，他過著流亡的生活，大部分待在桑斯，為對抗紅鬍子腓特烈，他努力組織大歐洲聯盟，包含英格蘭、法蘭西、西西里、匈牙利、威尼斯、倫巴底諸城和拜占庭。但他失敗了，這也是注定的。特別是他發現英格蘭的亨利二世無法令人信任。在分裂早期，亨利原本是堅定的盟友；早在一一六〇年，利秀的阿努夫主教報告說，英格蘭國王「必恭必敬地接收亞歷山大的書信，不親手碰奧塔維亞諾的來信，而是用棍子勾起書信，然後扔到身後，且扔得越遠越好」。但在一一六三年，亨利開始與托馬斯．貝克特（Thomas Becket）交惡，隔年頒佈克拉倫敦憲章（Constitutions of Clarendon），目的在於加強自己對英格蘭教會的掌控而犧牲教宗，此舉讓英格蘭和教宗之間的關係明顯降到冰點。

但亞歷山大將來一定會忘記自己曾因外交失利而失望，因為在一一六五年初，他獲羅馬元老院邀請返回羅馬。而對立教宗維篤也在他生命中最後幾年被迫逃亡，最後在盧加死於病痛和貧困，在過世前一年他在那裡一直靠劫掠為生，但不太順利，而且當地教會的領導階層甚至不允許讓他葬在城內。腓特烈一如既往地頑固，立刻祝福由兩位溫馴的分裂派主教「選舉」出的繼任者，封號帕斯三世（Paschal III，一一六四－一一六八）；但此舉只為他和新的對立教宗引來奚落，荒謬的分裂和皇帝的固執終於讓羅馬人覺醒，對他們的怨恨和厭惡也如浪潮般接踵而來。此外，朝聖所帶來的貿易利益已因教廷分裂而耗盡。若沒有教宗，中世紀的羅馬便失去了存在的理由。

儘管如此，讓教宗返回並不容易。腓特烈盡其所能阻止，甚至雇用海盜伏擊教宗在大海上的船隻。但亞歷山大繞了一條遠路，於一一六五年九月在墨西拿上岸。兩個月後他抵達羅馬，元老院議員、貴族、聖職人員和民眾手拿著橄欖枝，莊嚴地護送騎著馬的教宗到拉特朗大殿。

✠

一一六七年初，紅鬍子腓特烈率軍翻越阿爾卑斯山，穿過倫巴底平原；接著他兵分兩路。規模較小的分隊由科隆總主教達賽爾的瑞諾（Rainald of Dassel）率領，他也是帝國祕書長和皇帝的得力助手；以及好戰的總主教，美因茲的克利斯汀（Christian of Mainz），兩人一起率軍進軍羅馬，他們所到之處實行帝國職權，為對立教宗帕斯開闢安全之路，但他仍提心弔膽地留在托斯卡尼。腓特烈本人則率領較大規模的軍隊橫掃半島，直奔安科納，並圍攻當地，那裡是拜占庭在義大利的核心勢力。當地居民激烈反抗，他們的防禦力強硬，秩序良好，且決心與為他們帶來可觀利益的東方帝國連成一陣線。他們也相當幸運。首先，皇帝因在沿岸地區發現西西里軍隊而轉移目標；待他返回後，很快收到消息，讓他放棄圍攻，立刻離開，前往羅馬。安科納人因此得救。

另一方面，羅馬人幾乎是輸了。五月二十九日聖靈降臨節星期一時，就在圖斯庫倫外，美因茲的克利斯汀率領規模龐大但無紀律的軍隊襲擊德意志人和圖斯庫倫人，雖然人數上超越對方多倍，但徹底被擊垮。帝國信使必須急速傳消息給腓特烈。他們報告說，羅馬仍在堅守，但支撐不了多久，因為沒有大規模援軍。想全力抵抗德意志人的新一波攻擊是不太有希望的。皇帝欣喜若狂。既然羅馬唾手可得，那麼安科納可以再等等。他抵達羅馬等於掌握了李奧城的命運。一波野蠻的猛攻突破了城門；德意志人如海水般湧入，卻只發現一座狀況不明的內部堡壘：聖伯多祿大殿本身周圍都是防禦據點和匆匆挖開的戰壕。此處再堅守八天後，圍攻軍隊放火燒了前院，毀壞依諾增爵二世精心修復的柱廊，終於擊垮宏偉的聖殿正門，衛戍駐軍投降。歐洲最神聖的聖殿從未經歷如此褻瀆。就算是在九世紀，薩拉森劫掠者扯下鍍銀門板也就滿足了；他們從未闖入聖殿。這次據當代人聖布列日的奧圖（Otto of St Blaise）所說，他們離開時，中殿的大理石路面上遍布屍體和垂死之人，主祭臺上沾滿鮮血。這場暴行不是出自異教徒蠻族之手，反而是西方基督教世界的皇帝。

聖伯多祿大殿於一一六七年七月二十九日淪陷。隔天在同一座主祭臺上，對立教宗帕斯主持彌撒，然後授予腓特烈——教宗哈德良已於十二年前為他加冕——羅馬貴族的金戒指：此舉是刻意蔑視元老院和羅馬人民。兩天後他更為皇后碧翠絲（Empress Beatrice）主持帝國加冕儀式，她的丈夫就站在身旁。教宗亞歷山大別無選擇：他扮成樸實的朝聖者溜出羅馬城，往沿岸逃走，幸好三天後他的朋友找到他，當時他正在坐在海邊等船。他獲救後被安全帶往貝內文托。

腓特烈成功拿下羅馬是他生涯的顛峰。他讓羅馬人臣服於他，強迫他們接受的條款雖然不算過分，但目的是為了確保未來能順從他。他扶持自己的教宗登上聖伯多祿大殿的寶座。他已經制伏了北義大利；而現在趁勢頭未減，他準備席捲西西里王國。可憐的腓特烈，他怎麼可能預見即將降臨的災難？不到一個星期，他那支傲人的軍隊將被世上無可匹敵的大災禍摧毀。在那令人難忘的八月一日，晴空萬里，他勝利的戰果在艷陽高照下顯得熠熠生輝。接著在八月二日，一大朵烏雲突然籠罩馬里奧山下的山谷，開始降下豪雨，接著是一波鬱熱沉悶的暑氣來襲。八月三日瘟疫爆發後，便以無與倫比的速度和威力擊潰帝國軍營；所到之處無一人倖免。只在幾天內，死亡人數便多到來不及全數埋葬；屍體越堆越高，在酷熱的羅馬八月天浮腫腐爛，更是助長了疫情的慘狀和傳播。腓特烈看著他身邊的精英軍隊接二連三倒地死去，別無選擇，只能拔營；在八月第二個星期，他帶著寂靜如幽靈般的軍隊緩緩經由托斯卡尼返鄉。

即便如此，惡夢仍未結束。疫情已在倫巴底傳開，德意志人所到的城鎮都封鎖不讓他們進入。在歷盡千辛萬苦下，他們終於抵達帕維亞的帝國總部；十二月一日時，那裡的阿爾卑斯山隘已經無法通行，腓特烈被迫停下，憤怒卻無能為力地看著至少十五座主要城市組成更強大的倫巴底聯盟，而且他們已於八年前在阿南伊奠定基礎。這是他遭遇過的最大羞辱；他的義大利臣民如此蔑視他，甚至未等他穿越阿爾卑斯山就表現出終極蔑視之舉。甚至在春天終於到來，雪開始融化時，他發現就連他最後一段返鄉之旅也困難重重；所有山隘都已被敵方控制，擋住他與支離破碎的軍隊的去路。這位西方的皇帝只能忍受屈辱假扮成僕人，才終於回到他的家鄉。

正當紅鬍子腓特烈同時嚐盡大獲全勝和全軍覆沒時，他的老敵人教宗情況如何？亞歷山大先是跟著弗朗吉帕尼家族的朋友逃亡。儘管形勢嚴重，他似乎認為自己仍有辦法留在首都；兩艘西西里軍艦從台伯河駛來時，他卻拒絕讓艦長帶他前往安全之地。這是勇敢的決定，但他很快會發現，這是不明智之舉。羅馬人一如既往善變，轉而反對他。他假扮成朝聖者，終於登上一艘小船，順著河流往南逃走。他在加埃塔上岸，接著前往貝內文托，與忠於他的樞機主教們見面。他差點就來不及逃走。他若落入皇帝之手，那麼他的教宗任期就真的結束了；就算他有辦法躲過抓補，可能也會命喪於瘟疫，不用說，疫情不只是在帝國軍隊中蔓延，而是在羅馬各地肆虐，台伯河已堆滿屍體。或許全能的上帝終究是站在他這邊的。

這當然是教宗支持者的觀點。各地敬畏上帝之人，或許還有大多數德意志人，都認為紅鬍子是遭到滅絕天使之手的殘酷天譴，這不僅是懲罰他的罪行，也是證明亞歷山大的目標正當。於是教宗的支持度和聲望飆升。倫巴底諸城擁護他為新聯盟的主保，甚至邀請他一同住在倫巴底（但他未接受）。同時他們在帕維亞和阿斯提（Asti）之間建造新城市，並以他的名字命名為亞力山德里亞（Alessandria）。

身在羅馬的對立教宗帕斯同時失去他那原本就少得可憐的支持度。他的健康狀況也迅速衰退，大家都知道他時日不多了。在這種情況下，亞歷山大回拉特朗大殿是輕而易舉的；但亞歷山大拒絕了。他討厭羅馬，鄙視羅馬人的不忠和貪腐。八年來他們有三次歡迎他到羅馬城；有三次轉而反對他，迫使他流亡。他不願再次經歷這一切了。還有許多地方可讓他有效處理和派遣教廷事務，包括貝內文托、特拉契納、阿南伊，又沒有永恆之城的陰謀和無止盡的暴力事件。他更喜歡待在他目前的所在地。

暌違十一年後，他才回到羅馬。

✠

一一七六年五月二十九日星期六，在米蘭外的雷涅諾（Legnano），紅鬍子腓特烈受盡倫巴底聯盟的折磨，這是他生涯中最嚴重的挫敗。他失去大量軍隊，僥倖逃命；但這場潰敗讓他醒悟。歷經四次長期的義大利戰役，他發現倫巴底諸城始終堅決抵抗他，而且自從組成聯盟後更是如此。教宗亞歷山大此時幾乎已在各地獲得認可為合法教宗，就連帝國本身也是。腓特烈若繼續堅持他的政策，只會成為歐洲的笑柄，而這個政策也已浪費他生命中多年的精華歲月。

他的大使團在阿南伊與教宗見面，協商和解條款。這次協商基本上很簡單：帝國這一方要認可亞歷山大，歸還教會財產，與拜占庭、西西里和倫巴底聯盟締結和平；教宗這一方則確認腓特烈的妻子為皇后、兒子亨利為羅馬人民之王，以及原屬於對立教宗的主教教區中的幾位尊貴教長。接下來的問題是要在哪裡舉行盛大會議。經過長時間的討論，教宗和皇帝都同意在威尼斯開會，條件是腓特烈未經亞歷山大允許不得進入威尼斯。

一一七七年五月十日，教宗與教廷抵達威尼斯。由總督與格拉多（Grado）和阿奎雷亞的宗主教們接待，並在〔威尼斯〕聖馬可聖殿宗主教座堂（Basilica Cattedrale Patriarcale di San Marco）舉行過大禮彌撒後，教宗搭乘官方平底船前往聖西爾維斯特（S. Silvestro）的宗主教宮殿，在他停留期間任由他使用。在他與皇帝見面前，還有許多工作要做；在阿南伊的討論會上，他沒有職責為西西里或聯盟說話，若承諾的和平之吻具有他所設想的含義，那麼西西里或聯盟必須與帝國的全權代表達成協議。所以此時在宗主教座堂展開了第二輪協商。同時根據和解條款，仍被禁止進入威尼斯領土的皇帝已準備就緒，先抵達拉芬納，後來（在亞歷山大的准許下）抵達基奧佳（Chioggia）。

後來證實聯盟的代表特別難以與之協商，會談拖了兩個多月；但在七月二十三日完成協議。在教宗的要求下，一支威尼斯小艦隊前往基奧佳，接腓特烈來到利都島（Lido），由四位樞機主教組成的代表團前往利都島迎接他。腓特烈在他們面前鄭重聲明放棄對立教宗，正式承認亞歷山大；四位樞機主教則輪流解除他七年的教籍開除令。現在他終於獲准進入威尼斯。隔天清晨（威尼斯）總督親自率一大群貴族和聖職人員，來到腓特烈過夜的利都島。他親自護送皇帝登上為這次場合特別裝飾的平底船，一起莊嚴鄭重地划向聖馬可廣場。

威尼斯這方面則完成了最後的準備工作。城內旗海飄揚，窗戶上都點綴著裝飾。威尼斯平時就有外國旅人和商人往來，而那年夏天城內大部分時候更是前所未見地擠滿人群，因為歐洲最重要的親王和教長為了在氣勢上壓過對手，都帶來為數可觀的隨從，使當地人數比平時增加許多倍。其中一位是科隆的總主教，帶來四百位祕書、司鐸和隨從；阿奎雷亞的宗主教則張揚炫耀地帶來三百人，美因茲和馬格德堡的總主教也是。安德里亞的羅傑伯爵（Count Roger of Andria）是西西里國王的第二使節，他帶來三百三十人；奧地利的利奧波德公爵（Duke Leopold of Austria）只帶來一百六十人，相比之下顯得寒酸。

在流傳至今的幾部第一手記述著作中，描述最為生動的或許是所謂的《威尼斯和平紀實》（*De pace veneta relatio*），作者似乎是德意志教會人士：

黎明時分，教宗的侍從趕緊前往聖馬可聖殿宗主教座堂，關上中間的門……他們帶了大量木材、木板和梯子到那裡，接著打造出一座宏偉輝煌的寶座……在這天第一個小時（上午六時）前，教宗抵達那裡，主持彌撒後很快登上最高的寶座，等待皇帝到來。他與多位宗主教、樞機主教、總主教和主教坐在一起；他的右手邊是威尼斯宗主教，左手邊是阿奎雷亞宗主教。

此時米蘭總主教和拉芬納總主教起了爭執，他們都認為自己的地位較高，各自都極力想坐在教宗右手邊第三個座位。但教宗決定制止這場紛爭，於是離開自己崇高的座位，步下臺階，坐在他們下方。於是沒有第三個座位可坐，兩人都無法坐在他的右手邊。接著在第三個小時左右，總督的平底船抵達，船上是皇帝，以及前一天派去迎接他的總督和樞機主教們；皇帝在七位總主教和教會詠禮司鐸的帶領下莊嚴走向教宗寶座。他來到寶座前時，脫下身上穿的紅色斗蓬，在教宗面前跪下，親吻他的腳，再吻膝蓋。教宗起身，用雙手扶住他的頭並親吻他，然後請他坐在他的右手邊，最後開口說道：「教會之子，歡迎。」接著他親手牽著他進入聖殿。接著鐘聲響起，眾人唱起《讚美天主》（*Te Deum laudamus*）。儀式結束後，兩人一起離開教堂。教宗騎上他的馬，皇帝扶住他的馬鐙，然後退到總督宮殿……

教宗在那一天贈送皇帝許多金罐和銀罐，裡面裝著各種食物。他還贈送一頭肥牛犢，上面寫著：「我們應該為這次會面感到歡欣喜樂，因為我的兒子死而復生；失而復得。」

《威尼斯條約》象徵著亞歷山大教宗任期的顛峰。畢竟他在這十八年的教會分裂和十年流亡中所承受的苦難和羞辱，還要面對威猛無比的皇帝堅持不懈地發動戰爭，此時終於獲得回報。他活著看到皇帝不僅承認自己是合法教宗，也承認教宗對羅馬城握有世俗權力——而皇帝曾如此傲慢地在加冕儀式上主張此權力。這場功績遠勝於一個世紀前教宗額我略駁倒亨利四世；對於那些在這炎熱夏日與老教宗一起在威尼斯歡欣鼓舞的信徒來說，這也是他憑藉毅力不屈不撓帶領教會度過史上最艱困時期的明證。

現在那段時期結束了，但他的人格特質始終如一。不論是大獲全勝那天，或皇帝待在威尼斯的日子，亞歷山大對他的前敵人都未表現出絲毫幸災樂禍之意。後來有一、兩位史學家續寫了一段傳說，敘述教宗將腳踏上腓特烈的脖子，皇帝則低聲嘀咕：「不是對你，是對聖伯多祿」，亞歷山大嚴厲回道：「是對我，也是對聖伯多祿」。但當代著作家都未提到這個故事，與流傳至今的第一手證據也不一致。皇帝的表現似乎也無可挑剔。在大和解後隔天，他甚至表現得更謙恭有禮：教宗離開聖殿時，他再次為教宗扶馬鐙，並欲一路牽著亞歷山大的馬到登船地點，直到教宗溫和地制止他。令人不禁疑惑的是，二十二年前腓特烈在赴羅馬行加冕裡的路上，在蘇特里停留的那兩天，他不是還拒絕服侍教宗哈德良嗎？

若是如普遍所認為那樣，教宗亞歷山大出生於約一一〇〇年，他此時已近八十歲。但他還有一項任務要完成。一一七九年初，他召開第三次拉特朗大公會議，其中最重要的成果是頒佈教宗選舉的規範。一直到十一世紀中期前，教宗之位通常是經由任命，有時由羅馬人民任命，有時是皇帝；但在一〇五九年，正如我們所見，大家都同意由教會單獨負責。就算在當時，選舉往往是雜亂無章的事務，從未正式制訂規則；但現在亞歷山大終於規定，新教宗的選舉權僅限於樞機團，以三分之二多數同意票選出人選。除了自若望．保祿二世之後的教宗投票權限制在八十歲以下的樞機主教外，同樣的規定幾乎一直適用至今。

亞歷山大與帝國實現了和平；可嘆的是，他未與羅馬實現和平。羅馬元老院對他仍充滿敵意，於是他在一一七九年夏天最後一次離開羅馬城。他從未喜歡過羅馬，也從未信任過羅馬人；對他這一輩子而言，羅馬一直是敵國。一一八一年八月最後一日，他在卡斯特蘭納城（Cività Castellana）過世後，遺體被帶回拉特朗大殿，羅馬人的作為證明了他的看法是對的。不到四年前，他們曾歡迎從流亡凱旋歸來的教宗；現在他的送葬隊伍進入羅馬城時，民眾卻朝棺材扔垃圾，差點無法讓遺體埋入聖殿。

亞歷山大三世是中世紀最優秀的教宗之一。一一九八年獲選為教宗的依諾增爵三世也是。在這兩任之間的十七年間，登上聖伯多祿寶座的教宗至少有五位；全部是義大利人，正如亞歷山大一樣，必須全力對付十二世紀的教宗都會面臨的接連兩個夢魘：霍亨斯陶芬王朝的皇帝們，以及羅馬元老院和人民。路基約三世（Lucius III，一一八一—五）是熙篤會僧侶，由聖伯爾納鐸推薦而獲選，他很快發現羅馬天氣太炎熱而退居到西尼（Segni）。他曾於一一八四年在維洛納與皇帝進行一次無足輕重的會面，會面時他得知腓特烈要兒子亨利迎娶康斯坦絲（Constance）時深感驚愕，康斯坦絲是魯傑羅二世的女兒，也是西西里的王位繼承人，因為她的姪子古列爾莫二世沒有孩子。這表示西西里其實會被納入帝國：教宗幾乎是被圍困了。

路基約還在維洛納時便過世，並葬在米蘭主教座堂（Duomo）。同一天，樞機主教們一致推選出米蘭總主教翁貝托・克里維利（Umberto Crivelli）為繼任的教宗，封號為烏爾巴諾三世（Urban III，一一八五—七）。烏爾巴諾無意住在羅馬，而是繼續留在維洛納，他勉為其難地派代表團到米蘭主教座堂參加亨利和康斯坦絲的婚禮；但他拒絕為亨利主持共治皇帝的加冕禮——正如路基約之前所為——而腓特烈按慣例讓阿奎雷亞宗主教舉行加冕禮時，他勃然大怒。教宗和皇帝之間的關係迅速惡化，以致於腓特烈命令亨利進攻並佔領教宗國；烏爾巴諾被迫屈服，但爭執仍未畫上句點，腓特烈原本要被判處開除教籍，但因教宗於一一八七年十月在費拉拉（Ferrara）猝逝而倖免。

烏爾巴諾是在聽到基督徒在加里利的哈丁戰役（Hattin）慘敗，薩拉丁（Saladin）佔領耶路撒冷的消息時震驚而亡。他的繼任者額我略八世（一一八七年）當選時已近八十歲，他立刻呼籲基督教世界舉兵收復失土。額我略自然不預期自己會有長久的教宗任期；事實上也只維持了八星期。他忙著為熱那亞和比薩協商休戰，對接下來十字軍東征的勝仗而言，這兩地的艦隊是必不可少的——他在耶誕節前一星期在比薩過世後，將遠征計畫留給繼任者克萊孟三世（Clement III，一一八七—九一）。大家都同意將這場十字軍東征交由紅鬍子腓特烈率領；加入這場東征的有綽號「獅心王」的英格蘭國王理查一世（Richard Coeur-de-Lion of England）、法蘭西的腓力二世（Philip Augustus of France），和西西里的古列爾莫二世（「好人」，the Good）。[3]但在出征前，古列爾莫二世於一一八九

3 好人古列爾莫二世於一一六六年繼承父親「惡人」古列爾莫一世的王位。

年十一月過世（年僅三十六歲），另外兩位國王在西西里會合，一起出征。

另一方面，腓特烈被選為陸軍統帥。他歷經漫長艱苦的旅程，穿越東歐，橫越達達尼爾海峽（Dardanelles）進入亞洲，穿越安納托利亞，終於在一一九〇年六月十日率軍走出最後的托魯斯山谷（Taurus），抵達沿岸平原。在悶熱的天氣下，眼前出現經由塞琉西亞（Seleucia）[4]城鎮流入大海的卡利卡德努斯河（Calycadnus）時，他們一定為之欣喜。腓特烈拋下隨從，策馬往河流的方向奔去，之後再也沒人看到活著的腓特烈。不論他是否因為下馬喝水而雙腳被激流沖倒，或因為馬在泥濘中摔倒而將他甩入河中，或是因為年邁疲憊的身軀跌入冰冷的山泉水時承受不住休克——他當時已年近七十歲——至今無人知曉。他被救起來，但為時已晚。他的大批軍隊來到河邊時，發現皇帝的屍體已躺在岸上。

腓特烈一過世，教宗和帝國之間的關係立刻改善。克萊孟三世幾乎沒有外交經驗；在他三年的教宗任期中，他仍得以與亨利（此時的新德意志國王，亨利六世）達成彼此都能接受的協議，承諾為他行帝國加冕禮。亨利這方則歸還他在一一八六年佔領的教宗國。同樣值得注意的是，教宗也與羅馬元老院談判成功。於是他得以回到拉特朗，而他的前兩位教宗則從未踏入此地。為回報定期的報酬和城內的主要行政控制權，元老院承認他至高無上的權威，同意宣誓效忠，並歸還教廷稅收。解決了這兩個最重要的問題後，克萊孟三世全心全力鼓吹接下來的十字軍東征。

他本不該費心的。第三次十字軍東征雖然不像第二次那樣敗得一塌糊塗，但收復耶路撒冷的主要目標也徹底失敗了。腓特烈過世後，他的軍隊立刻瓦解。許多德意志小王公立刻回歐洲；其餘人馬搭船前往泰爾（Tyre），那裡是當時黎凡特唯一仍由基督徒掌控的主要港口；這群人帶著用醋保存的皇帝遺體（卻不太有成效），踏上嚴峻的旅程，但在進入敘利亞時遇到埋伏而損失更多人馬。剩下的人終於步履蹣跚地進入安提阿時，已毫無鬥志殘留。此時腓特烈的遺體也跟他的軍隊一樣逐漸流失；他的遺體迅速腐爛，只能匆匆葬在當地的主教座堂，在那裡安息了七十八年，直到蘇丹拜巴爾一世（Sultan Baibars）率馬木路克（Mameluke）軍隊燒毀整座主教座堂和幾乎整座城市。

對十字軍東征來說幸運的是，理查一世和腓力二世幾乎完好無損地帶軍抵達；多虧了他們，尚有一線希望。阿卡（Acre）曾是王國首都；但王國的領土此時已縮小到只剩泰爾和雅法（Jaffa）之間短短的沿岸地帶，只留下十字軍巴勒斯坦昔日的一抹蒼白影子。此地還會再掙扎生存一個世紀，待最後在一二九一年落入拜巴爾之手時，唯一令人驚訝的是此地居然能撐這麼久。

✠

好人古列爾莫二世過世後，腓特烈的兒子亨利成為西西里國王，因為他娶了康斯坦絲。他原定於一一九〇年十一月前往巴勒摩行加冕儀式；但就在他出發前，父親過世的消息傳來。亨利此時將不只繼承一個王位，而是兩個。他出發的日期難免要推遲數星期；幸好那年冬天沒那麼嚴寒，阿爾卑斯山隘仍暢通，他和軍隊在一一九一年一月安全通過山隘。接著他在倫巴底花了一個月時間鞏固自己的地位後，並獲得來自比薩的艦隊協助，他坐上開往羅馬的船，教宗克萊孟就在那裡等他。

但在他抵達羅馬城前，教宗克萊孟過世。由於帝國軍隊很快就會抵達，樞機團匆匆召開祕密

4 塞琉西亞現今是土耳其的西利夫開（Silifke），而卡利卡德努斯河現今稱為哥克蘇河（Göksu）。

會議，選出繼任者，執事樞機吉辛多．波波內（Giacinto Boboni）。在這情況下似乎是怪異的選擇。新教宗家世顯赫（他的弟弟爾西斯〔Ursus〕是奧爾西尼家族〔Orsini〕的創始人），在教會的歷史既悠久又傑出，足以引以為傲，五十多年前曾在桑斯對抗聖伯爾納鐸，堅決為彼得．亞培拉辯護。但他此時已經八十五歲：難免讓人認為，在一場同樣威脅到教會和西西里王國地位的危機中，他幾乎無法對付專橫又年輕的亨利。各種跡象顯示他自己也這麼認為；若非德意志軍隊即將抵達，且眾人普遍擔心選舉延遲會導致分裂再次發生，他終於被說服接受教宗三重冠。他自一一四四年擔任樞機，直到一一九一年四月十三日神聖星期六，他才被任命為司鐸；隔天復活節星期日，他登上聖伯多祿大殿的寶座，成為教宗策肋定三世（Celestine III，一一九一—八）；四月十五日，他身為教宗的第一個正式行動，便是為西方的皇帝和皇后，亨利和康斯坦絲加冕。

至目前為止，對亨利而言一切都順著他的心意發展；但就在他繼續踏出下一步前，年邁的教宗給了他一個警告。大約是在一一九〇年頭幾個星期，西西里人為了不被併入帝國，自行推舉出對立國王：雷契的坦克雷德伯爵（Count Tancred of Lecce），他是國王魯傑羅的長子（名字也是魯傑羅）的私生子，而魯傑羅的長子比父親早過世。坦克雷德雖有其缺點，但積極進取、能幹果決；亨利預計將面臨嚴峻的反抗；確實，他最好的辦法是立刻返回德意志。

亨利當然是不以為意，繼續南行。一開始他勢如破竹，一座座城門大開；但在拿坡里嘎然而止。這座城市防禦良好，有條不紊——坦克雷德在一年前自己出資整頓此地——此地的倉廩殷實無匱。皇帝率軍抵達城下時，市民們已準備就緒。在他們看來，接下來的圍城甚至不特別難守。多虧了西西里艦隊一直以來不斷侵擾比薩船隻，亨利從未妥善控制港口通路，而防禦的敵軍持續定期接收增援和補給。儘管連續猛攻，對方仍堅決抵禦；情況很明顯，在酷暑的拖累下，圍攻方比受圍方更感到壓力沉重。最後在八月二十四日，亨利下令退兵，帝國軍隊在一、兩天內便逐漸消失在北向的山頭。

回到德意志，令人厭惡的年輕皇帝繼續製造麻煩：隨心所欲任命主教，甚至坐視布拉班特的艾伯特（Albert of Braban）遇害，而他是由策肋定批准的列日主教。接著在一一九二年耶誕節前不久，國王理查一世儘管在教廷的保護下從十字軍東征返回，但仍被奧地利的利奧波德五世（Leopold V）抓住，之後很快被交給亨利。他們索要贖金十五萬馬克幣，比英國國王的年收高逾兩倍，這筆錢最終籌到，並被皇帝用來收買他的德意志對手。於是雷契的坦克雷德在一一九四年二月過世時，就在理查獲釋後兩個星期，亨利無所顧忌地前往巴勒摩主張他的王位。他在同年耶誕節那天接受加冕。

亨利行加冕儀式時，康斯坦絲不在他身邊。四十歲的她此時第一次懷孕，決心做好兩件事：第一，她要平安產下孩子；第二，要確保大家相信孩子是她親生的。她未推遲前往西西里的行程，只是將行程放慢；她到了距離安科納以西約二十英里的小城鎮耶西（Jesi）時，她感覺到分娩陣痛。就在她丈夫完成加冕儀式後隔天，她在鎮上的主要廣場搭起帳棚，讓鎮上所有想見證產子的婦女自由進入，並產下了獨子腓特烈，一、兩天後在同一廣場，她正大堂皇地在群眾面前公開哺乳。

三年後，一一九七年十一月，亨利六世以慣常的暴虐方式平定西西里的叛亂後，在墨西拿死於瘧疾，得年三十二歲。比他年長六十歲的教宗策肋定在三個月後過世。

第十三章 依諾增爵三世（一一九八—一二一六）

一二〇二年八月，依諾增爵三世和教廷穿越拉丁姆（Latium），在羅馬以東約三十英里的蘇比亞科（Subiaco）停留。鎮上有一座修道院，教宗原本可以在那裡留宿；但可能是因為修道院安置不了他的大批隨從，他也不願意獨自留下，於是教宗一行人全體在湖泊上方的山丘上紮營。依諾增爵的健康狀況欠佳；他厭惡炎熱天氣，總是盡可能設法避開羅馬的夏天。但那年無法避開。他只有一座小帳棚；而烈日酷曬，更有惱人的蒼蠅折磨。在這種情況下工作是不可能的；大家各尋蔭涼處坐下，設法用聊天忘記不適。大部分人無法走下陡峭的山坡到涼爽的湖邊，再費力爬回山上。但教宗做到了，他滿懷感激地將雙手伸進湖中，捧起水灑在臉上。

以上這一小段插曲是取自一封書信，這封信是一位教廷成員寫給一位當時不在場的同僚，這段短文不經意透露出這位教宗是熱忱之人，而在他的帶領下，中世紀教廷邁入鼎盛時期。沒有其他教宗比依諾增爵三世更立意於提升教宗地位；他確實是世上的基督之代表（Vicar of Christ on Earth，此稱號在他的時代開始盛行），始終聳立於上帝與世人之間。是他的滿懷信心，加上在中世紀少見的幽默感造就他的耐心、樸實和始終平易近人，使他真正受到周圍人愛戴。

洛塔里歐·狄·西尼（Lotario di Segni）生於約一一六〇年，父親是西尼的伯爵塔拉西莫多（Trasimondo），母親柯拉莎（Claricia）出身羅馬貴族的斯科蒂家族（Scotti）。他與教廷關係深厚：克萊孟三世（一一八七—九一）是他的舅舅；外甥是額我略九世（一二二七—四一）。天生才智非凡的洛塔里歐曾在巴黎學習神學，在波隆那學習法律；他在年輕時便前往坎特伯雷朝聖，當時托馬斯．貝克特（Thomas Becket）剛被殺害一、兩年。克萊孟在一一九〇年任命他為樞機，但策肋定三世（一一九一—一一九八）一直壓制著他，因為他的家族與斯科蒂是世仇。此舉反而讓這位年輕的樞機有時間撰寫數本宗教相關的著作，其中一部是《蔑視塵世》（*De Contemptu Mundi*），或稱《論世人的苦難境遇》（*De Miseria Conditionis Humanae*）[1]，儘管書名帶著憂鬱感，但他的著作一定格外廣受歡迎，因為至今至少有七百份抄本倖存。不論如何，這位矮小、英俊、幽默的男子在教廷一定是令眾人刮目相看，因為教宗策肋定於一一九八年一月八日過世那天，三十七歲的他獲一致推選為繼任教宗。

在不到兩年內，依諾增爵發現自己在歐洲沒有世俗對手。亨利六世的過世，加上霍亨斯陶芬和世仇韋爾夫家族（House of Guelf）之間的敵對，導致西方帝國群龍無首，德意志處於內戰狀態。拜占庭在荒唐的皇帝阿歷克塞三世．安格洛斯（Alexius III Angelus）的統治下也幾乎是混亂狀態；獨立的諾曼西西里已滅亡；理查一世於一一九九年過世後，英格蘭和法蘭西忙於處理繼承問題。於是教宗此時的地位比近代幾位前任都要強大；教宗國之前因為霍亨斯陶芬的政策而被削弱到幾乎淪為無政府狀態，此時沒有敵對的皇帝對他耍陰謀，他很快得以重申自己在教宗國和羅馬的權威，調解各貴族派系，其中幾個與他母親的家族有關係。他甚至設法取得斯波列托公國和安科納邊界的領地，範圍從羅馬延伸到亞得里亞海，為北義大利和西西里王國之間提供了寶貴的緩衝地帶，他又創下另一外交妙舉，說服皇后康斯坦絲將西西里歸為教廷采邑，並在她的兒子未成年時封教宗為攝政。

他在保佑第四次十字軍東征時就沒那麼幸運了。正如依諾增爵的前任們，他決心要解救穆斯林佔領的聖地，早在一一九八年便召募十字軍收復耶路撒冷，為了募集資金而向聖職人員徵收百分之二點五的收入為稅收。但就在十字軍終於在一二〇二年在威尼斯集結時，他們付不出事先同意的八萬四千馬克銀幣，以運送軍隊橫越地中海；威尼斯人於是拒絕啟航，除非十字軍協助奪回達爾馬提亞沿岸的扎拉（Zara，現今的札達爾，Zadar）。扎拉立刻遭到佔領和劫掠，但十字軍和威尼斯人為了分配戰利品而差點爆發戰爭，終於恢復秩序後，雙方各自在城內不同區域安頓下來以過冬。沒多久這件事傳回教宗耳邊；他在憤怒之餘開除整支遠征隊的教籍。（後來他又重新考慮，但十分不公平的是，只開除威尼斯人的教籍。）

更糟糕的事還在後面。十字軍還停留在扎拉時，紅鬍子的第五個、也是最小的兒子，施瓦本公爵菲利普（Duke Philip of Swabia）——娶了被罷黜的拜占庭皇帝伊薩克二世（Isaac II）之女——帶來一項提議：若十字軍願意護送他的小舅子，即伊薩克的兒子阿歷克塞（Alexius）到君士坦丁堡，助他登基，取代目前的篡位者，阿歷克塞未來願意資助，並提供額外一萬人力的軍隊。他也願意讓拜占庭教會服從羅馬教廷的權威，結束一百五十年的大分裂。這項提議確實誘人，十字軍和威尼斯人都接受了，而威尼斯人也很快拋開他們之間的分歧；但此事在一二〇四年四月引發了一場難以置信的暴行，也是十字軍史上諸多暴行中最駭人聽聞的一次：肩膀上扛著基督十字架的士兵在東羅馬帝國的首都君士坦丁堡，也是基督教世界在東方最重要的前哨基地，展開一場殘酷的劫掠

1 書名英譯：*Concerning the Contempt of the World*，或*Wretchedness of Man's Lot*。

和幾近摧毀城市的暴行。結果在接下來五十七年裡，接二連三的法蘭克族暴徒（其中大部分連自己的名字都不會寫，而且都不會說希臘語）佔領皇帝寶座。拜占庭還會再延續約兩個世紀，而這一段只不過是歷史長河中一抹最黯淡的陰影。

教宗依諾增爵聽說十字軍的可怕暴行時同樣深感震驚，並努力想讓他們全體離開君士坦丁堡卻未果；但他幾乎無法忽視拉丁人佔領後產生羅馬天主教宗主教這一事實，繼而自欺欺人，認為大分裂真的結束。「經由上帝公正審判，」他寫道：「希臘人的王國從驕傲轉為謙卑，從違抗轉為虔誠，從主張分裂教會轉為天主教徒。」但他就錯在：由於君士坦丁堡的大屠殺，不但未結束分裂，反而造就難以逆轉的局勢。

同時依諾增爵對十字軍理想的信念仍未動搖——而阿爾比派即將付出代價。

✠

阿爾比派是異端基督教派，一開始是十一世紀初在今天法國南部的隆格多克（Languedoc）地區出現。他們獨特的異端邪說——卡特里派（Catharism 或譯「潔淨派」）——不僅存在於西歐。卡特里派曾出現在亞美尼亞（曾有幾百年是以保祿派〔Paulicians〕的名義存在，曾是拜占庭接連幾位統治者的眼中釘），以及保加利亞和波斯尼亞，他們在那裡被稱為鮑格米爾派（Bogomils）。他們基本上支持摩尼教學說，即善與惡構成兩種不同的領域——善的領域是心靈之神，惡的領域是物質世界的創造者——而人間是善與惡之間永無止盡的戰場。他們的領導人稱為完人（*perfecti*），要戒除肉和性欲；他們也拒絕崇拜聖人、聖像和聖骨，以及教會所有聖禮，尤其是浸禮和婚禮。對教宗依諾增爵而言，這類偏離嚴格正統信仰的觀念是不能容忍的。一開始他希望以和平方式改變他們的信

1209

仰，並派遣教廷使節，卡斯提爾諾的彼得（Peter of Castelnau），以及熙篤隱修院院長帶領熙篤會傳教團前去，後來西班牙人古斯曼的道明（Domingo de Guzman，聖道明的稱號更廣為人知）也加入傳教團；但在一二〇八年，彼得遭到圖盧茲的雷蒙六世伯爵（Count Raymond VI of Toulouse）的親信殺害，於是依諾增爵宣布發起十字軍東征。

這次十字軍東征持續了二十年，北方的公侯們在賽門・德・蒙福赫（Simon de Montfort）的帶領下與南方的公侯們爭戰，引發了幾場可怕的大屠殺——其中最嚴重的是在蒙特塞居（Montségur）城鎮——中世紀初普羅旺斯的繁華耀眼的文明因此徹底被摧毀。即使戰爭在一二二九年結束並簽訂《巴黎條約》，歷經了無數信徒遭到大屠殺後，異端仍拒絕消亡。一直要到一百年後，宗教裁判所傾盡所能，才終於成功擊潰此異端。

既怪異又諷刺的是，在一二〇九年，阿爾比十字軍東征開始，另外最早期的兩大托缽修會，阿西西的方濟各和聖道明的修會也在此時成立。教宗依諾增爵與這兩人熟識，根據方濟會的古老傳說，依諾增爵於四月十六日在羅馬口頭批准成立方濟小兄弟會。最早期的托缽修會修士相當簡樸，是四處遊歷的傳教士，接受任何工作機會（通常是務農）或食宿，必要時會乞食[2]。他們向鎮民和農民宣揚最簡單的佈道內容，特別極力照顧病人。於是托缽修會廣受歡迎，以驚人速度發展；十年後已增至逾三千位成員。第二個托缽修會，聖道明會在教宗過世五個月後，於一二一六年獲得認可。

2 就方濟會而言，「托缽修會」的稱呼其實不精準，聖方濟建議會眾盡可能靠勞力維生，行乞是不得已的最後出路。

依諾增爵在教宗任期初期時，始終最關心的問題之一是德意志未來的王位接班人，不容忽視的是，此王位是透過選舉制而非世襲。西西里的腓特烈是亨利六世的獨子，明顯會主張繼承權；但腓特烈遠在巴勒摩，而且未成年。在德意志的兩位競爭對手中，一位是他的叔叔，施瓦本公爵菲利普（Philip, Duke of Swabia）；另一位是布藍茲維公爵奧圖（Otto, Duke of Brunswick），其父是歸爾甫派（Guelf）的領導人獅子亨利（Henry the Lion），其母是英格蘭的亨利二世之女瑪蒂達（Matilda）。因此奧圖是獅心王理查一世和理查之弟約翰國王的姪子。由於菲利普拒絕為關於西西里的事做出承諾，而奧圖欣然同意尊重教廷在那裡的權利，以及在拓展教宗國方面的權利，因此教宗依諾增爵毫不猶豫支持布藍茲維公爵；他認為，幸運的話，腓特烈未來的權勢可侷限於西西里。這兩派之間的敵對導致此問題拖延了數年才終於解決；但施瓦本公爵逐漸變得強大而危險，以致於依諾增爵可能必須修正他的立場；而菲利普公爵拒絕將女兒嫁給巴伐利亞的伯爵領主而在一二〇八年被他殺害時，教宗未感到過於哀慟。如此一來，皇位明顯會是由奧圖接任王位，而依諾增爵於一二〇九年十月四日星期日在羅馬為他行加冕儀式。

但後來證實布藍茲維公爵是十分令人失望的。在數星期內他完全表現出傲慢霸道，比起紅鬍子或亨利六世是有過之而無不及，一二一〇年夏天，他入侵西西里王國，佔領整個南義大利。但不幸的是，他做得太過火：他入侵教宗領地托斯卡尼，導致他立刻被開除教籍，一二一一年九月，德意志的主要親王們在紐倫堡開政務會議，宣布將他廢黜。接著他們派大使團前往巴勒摩，邀請當時年僅十七歲的腓特烈接任空缺的王位。

這次邀請完全出乎意料。腓特烈的主要朝臣們強烈建議拒絕接受。他本人與德意志毫無關係，事實上，他從未踏足德意志的土地。他自己都尚未完全掌控西西里王國；不到一年前，墨西拿海峽對岸的布藍茲維公爵還威脅著他。此刻是否真的適合他離開西西里數個月，只為了接受一席雖然令人動心卻可能證實是虛幻的王位？另一方面，他知道拒絕此邀請會讓德意志親王們視為刻意怠慢，等於是助長主要對手的地位。布藍茲維公爵奧圖在義大利和德意志仍有大量支持。他尚未放棄長久以來的野心，完全有能力發動新戰役，而且下次他不會再犯同樣錯誤。這是他擊潰對手的機會，不容他錯過。

依諾增爵一番猶豫後同意了。腓特烈當選為王無疑將縮緊帝國對教宗國以北和以南的控制，為了強調西西里王國是脫離帝國而獨立——至少理論上是——教宗堅持讓腓特烈放棄西西里王位，支持他剛出生的兒子為西西里國王，由王后亞拉岡的康斯坦絲攝政。待這些形式程序解決，腓特烈便可以出發了。一二一二年二月底，他從墨西拿啟航。但他的目的地是直接到羅馬，而非德意志；三月二十五日復活節星期日，他在教宗面前跪下，嚴格來說是代表他的國王兒子，為西西里王國進行封建臣服的儀式。

但此時他的北上之旅前景並不明朗。七月二十八日，他在帕維亞受到熱烈歡迎；但倫巴底平原經常有一幫幫反帝國的米蘭人巡邏，隔天早上腓特烈一行人要離開城鎮時，遭到一幫米蘭人突襲。幸好腓特烈跳上一匹無鞍的馬，涉水越過蘭布羅河（River Lambro），前往友邦克雷莫納。到了秋初，他安全抵達德意志，十二月，他獲加冕為王。這是他邁向西方帝國的第一步。

以依諾增爵的角度來看，腓特烈一開始的前景是充滿希望。一二一三年夏天，他在《艾格的金璽詔書》（the Golden Bull of Eger）中保證讓他的領地內所有主教和隱修院院長自由選舉，並允許羅馬教廷擁有宗教訴訟案的上訴權，此權利在此之前不受到西西里承認。帝國和教宗之間的關係無可避免遲早會變質——他們一向如此——但在依諾增爵接下來的三年餘生中，他有十足理由慶幸自己對帝國採取的政策相當成功。

布藍茲維的奧圖的所作所為讓自己在教宗的心中聲敗名裂；加上他是英格蘭國王約翰的姪子，他的形象更是無法改善。早在一二〇八年，奧圖尚未名聲敗壞前，約翰拒絕承認教宗任命的（老朋友）史蒂芬．朗頓（Stephen Langton）為坎特伯雷總主教時，依諾增爵已對整個王國下達禁罰令。約翰為了報復而扣押所有聖職人員的財產，下令逮捕所有司鐸和書記的情婦，不過他很快允許她們贖回自由。國王和教宗開始協商，但約翰仍頑強抵抗，一二〇九年，依諾增爵開除他的教籍，為此英格蘭幾乎所有主教和隱修院院長自願被流放。由於教會過去的開除令可讓國王、甚至皇帝屈服下跪（只要想想亨利四世在卡諾薩的情形）；但難處在於，主教教區和隱修院院長職缺空懸時，他們的稅收則歸屬國王。到了一二一一年，國王除了有七個主教教區的稅收，還加上十七座隱修院的稅收，他似乎其實樂於自己被開除教籍，不急於解除開除令、恢復教籍。

但在一年後，稅收增加了十萬英鎊的約翰決定贏回法蘭西的遼闊領土，即諾曼第、安茹（Anjou）、曼恩（Maine）和波瓦圖（Poitou）部分地區，是他在任初期輸給腓力二世的領土。這明顯將牽涉一場大規模陸戰；而他知道自己在被開除教籍的情況下是無法發動這種戰役的。於是在一二一二年十一月，他同意接受朗頓。他不該多此一舉的：接下來這場戰役以慘敗收場。他的主要盟友是姪子布藍茲維公爵，也是他長久以來支持和大力資助之人；加上由法蘭德斯伯爵（Count of

Flanders）統率的低地國家，總計有一萬五千人力。腓力・奧古斯都的一萬人大軍只有西西里的腓特烈支持，但毫無畏懼，於一二一四年七月二十七日在里耳（Lille）和土奈（Tournai）之間的布汶（Bouvines）迎戰，而且打贏了這決定勝負的一戰。法蘭德斯伯爵被俘，奧圖則逃回布藍茲維。至於約翰，布汶一役象徵著他的聯盟和所有征服大陸的野心就此結束。他返鄉後地位衰退，隔年不得不簽署大憲章（Magna Carta）。

大憲章是歷史上十分知名的文件，但令人訝異的是，更不願妥協的貴族們幾乎是立刻使這項憲章難以執行。大憲章不但未確保他們與君主政體之間更健全的關係，反而引發一場內戰，並在法蘭西王子路易（後來的路易八世）由貴族招引入侵英格蘭時，很快發展成國際戰爭。教宗依諾增爵憤怒是意料之中的事，他認為這不是在反對專制的法律主張，而是企圖反抗皇家權威的封建叛亂，並在約翰的要求下，以違背國王意願為由，宣布大憲章無效和作廢。

但此時教宗正醞釀著登上他任期中的顛峰，也是中世紀教宗立法的顛峰：於一二一五年十一月召開第四次拉特朗大公會議。有超過四百位主教和總主教出席，包括君士坦丁堡和耶路撒冷的拉丁宗主教，以及亞歷山大港和安提阿的宗主教代表。其餘有超過八百位隱修院院長和修會會長，以及各國派來的使節，包括西西里的腓特烈（如今是德意志國王）、君士坦丁堡的拉丁皇帝、英格蘭國王、法蘭西國王、亞拉岡國王、西西里國王、匈牙利國王、賽普勒斯國王和耶路撒冷國王。因缺席而引起注意的是東方的希臘教會；第四次十字軍東征的慘狀仍讓他們記憶猶新。

大公會議特別關心兩個問題：聖地被異教徒佔領，以及異端的死灰復燃。新提議的十字軍東征的出征日期原定於一二一七年六月一日，並向所有聖職人員徵收四十分之一的收入為稅收，教宗和樞機主教則要繳十分之一；但依諾增爵於一二一六年七月十六日過世，於是他們的氣勢銳減，出征計畫也必然延期。至於異端的問題，值得注意的是，在會議上，繼教宗之後的第一位發言者是阿格德主教（Bishop of Agde），他花了相當長的時間討論阿爾比派問題。後來卡特里派〔Catharism，又稱阿爾比派〕的教義正式受到譴責，並將十字軍特權擴大給所有參與戰役的人享有。

在大公會議的最初會期時，聖道明抵達羅馬，請求教宗依諾增爵正式認可他的修會；但此事因為尚有各種問題待解決而擱置，後來是由依諾增爵的繼任者和諾理三世（Honorius III）為道明的修會祝聖。而道明會也證實如方濟各會一樣成功；聖道明在一二二一年過世時，已在倫巴底創辦六座小修道院、在佛羅倫斯有四座、在法蘭西有四座、在托斯卡尼和羅馬有三座、在西班牙有兩座。

總之，大公會議公布了七十一條法典或稱法令，涵蓋範圍十分廣泛。這是首次為「實體變換」（Transubstantiation）*教義下定義；第十三條法令禁止創辦新的宗教修會，而聖道明是採用聖奧斯定法規（Rule of St Augustine）克服這條法令；第十八條廢除審訊時用神裁法酷刑中的沸水和燒紅的鐵；第二十一條規定天主教徒一年至少一次在復活節告解和領聖體；第三十一條禁止由聖職人員的私生子繼承父親的教會。最後幾項條款是針對猶太人的。禁止基督徒與放高利貸的猶太人做交易；猶太人和穆斯林都要穿著獨特的衣服；聖週期間禁止猶太人出現在公共場所，也禁止行使支配基督徒的公務。

最後幾項條款在現代人看來是駭人聽聞的；現代人是不會制訂出像十三世紀初那樣的條款。

依諾增爵和其同僚是他們那個年代的產物；他們歧視猶太人，但他們迫害的其實是基督徒同胞。在苛責他們前，我們或許該細想一下猶太人在中世紀英格蘭的立場，回想在那個世紀末前，經過無數次逮捕和處決後，國王愛德華一世將所有猶太人從英格蘭領土驅逐。

除了大公會議的法令，依諾增爵還承擔了制訂大量法規；他留下逾六千封書信，其中多數是法典的教令集，最早在一二一〇年頒佈第一批教令集，並交由波隆那大學託管。他的統治象徵著中世紀教宗世俗權力的顛峰；但此時沒有人能預見這段顛峰會驟然結束。一二一六年七月，教宗離開羅馬前往北方，希望解決熱那亞和比薩之間長久以來的爭執，好讓這兩個出色的沿海共和國能合作進行計畫中的十字軍東征。數年前，他曾罹患嚴重瘧疾，差點死亡；他才剛到佩魯賈附近，又罹患同樣疾病，一、兩天後過世，得年五十五歲。

隔天晚上，他過世的房子遭人闖入，遺體被偷走。隔天他的遺體被發現時，身上衣服已被剝光，在炎炎夏日中迅速腐爛，因此立刻埋在聖老楞佐大殿（S. Lorenzo）。[3]後來據說這位中世紀最優秀教宗之一（若不是首位優秀）的遺骸，與烏爾巴諾四世、瑪爾定四世隨意一起裝入同一個盒子，放在新主教座堂聖器室的櫥櫃中。十九世紀末，李奧十三世下令將他們的遺骸遷回拉特朗大殿；於是他們的遺骸終於由一位司鐸搭火車用手提箱帶回羅馬。

3 至少是根據海琳・提爾曼（Helene Tillman）所寫的教宗依諾增爵三世的傳記所記載，我這一整個段落受惠於她所寫的傳記。她引述的是一八六五年波納西（L. Bonazzi）撰寫的《一八六〇年以前的佩魯賈歷史》（*Storia di Perugia dalle origini al 1860*）第一冊。我尚未考察這本書；更令人訝異的是，這座教堂未出現在任何城市指南書籍中。

* 編者註：這是有關再舉行彌撒聖禮時，麵包及酒如何轉化為基督的肉和血等相關教義。

第十四章　霍亨斯陶芬王朝結束（一二一六—一三〇三）

教宗依諾增爵於一二一六年七月在佩魯賈過世後兩日，樞機主教們在同一城市開會，選出年邁體弱的樞機主教森西歐·席維里（Cencio Savelli），封號為和諾理三世（一二一六—一二一七）。他出身羅馬貴族，已在教廷服務多年；一一九七年，他甚至短暫擔任過西西里的腓特烈的私人導師，不過當時腓特烈未滿三歲，可能未對他留下印象。

自和諾理就任後，他自認第一項任務是繼續前任所計畫的十字軍東征。若要成功發動十字軍東征，必須先實現政治團結，於是他努力投身外交前線，在法蘭西和亞拉岡國王之間調停，說服腓力·奧古斯都放棄入侵英格蘭，並在約翰於一二一六年過世後，協助其兒子亨利接任王位。可嘆的是，第五次十字軍東征證實和第二、三、四次一樣多災多難。這次的目標是佔領埃及城市杜姆亞特（Damietta），希望隨後以此地交換耶路撒冷。一二一八年一支艦隊啟航，最初是由耶路撒冷有名無實的國王布里昂的約翰（John of Brienne）率領，但在西班牙樞機主教聖露西亞的柏拉奇（Pelagius of St Lucia）率領教廷分遣隊抵達後（遲到四個月），這位樞機主教堅持要接管並指揮所有軍隊。

杜姆亞特陷入十七個月圍城後，絕望的埃及蘇丹卡密爾（al-Kamil）提議以約旦以西的耶路撒冷王國換取十字軍撤軍；愚蠢的是，柏拉奇拒絕了這項提議，他決心要犧牲更多人命，征服開羅，甚至整個埃及。杜姆亞特於一二一九年十一月五日正式淪陷，但戰爭又拖延了近兩年，而且若不是十字軍被尼羅河洪水困住，只能靠投降解困，戰爭會持續下去。所以本來即將戰勝的十字軍陷入另一場災難，這都拜那位冥頑不靈的領導人所賜。[1]

另一方面，教宗和諾理傾向於將責任歸咎於皇帝腓特烈二世身上。早在一二一四年，腓特烈已宣布有意率領十字軍。他的用意至今仍是個謎。他從來就不是特別虔誠的教徒；更何況他曾受到穆斯林科學家和學者栽培，能說流利的阿拉伯語，也十分尊重他們的宗教。此時他也未受到教宗等人的壓力。的確有眾多理由可以相信他後來後悔做了此承諾；他確實未表現出實現十字軍東征的熱忱，他在德意志一直待到一二二〇年，直到第五次十字軍東征出發，他仍未隨軍出征。教宗相信，他當時若能率軍出征，結果會全然不同，而他的猜想或許是對的；為了鼓勵腓特烈踏上征途，和諾理在他途過羅馬返回西西里時加冕他為皇帝。

第五次十字軍東征失敗只讓教宗更堅定地發動第六次東征，並由皇帝親自率軍。腓特烈依舊明顯缺乏熱忱，但現在有個更複雜的問題要考慮。皇后康斯坦絲已於一二二二年過世，最近有人提議腓特烈應娶十二歲的耶路撒冷世襲女王尤蘭德・德・布里昂（Yolande de Brienne）。她的王位是繼承自母親，即〔耶路撒冷〕國王阿馬爾里克一世（King Amalric I）的孫女〔蒙特費拉的瑪麗〕；她母親在十七歲時嫁給六十多歲的布里昂的約翰，在生下尤蘭達後，得產後病亡，其夫婿布里昂的約翰於是立刻接手王位。他的妻子早逝後一、兩年，他的王位所有權明顯是值得懷疑的，但他仍繼續以幼女尤蘭達的攝政王身分在阿卡統治這國家。此外，正如我們所見，近期的十字軍最初是由他率領。

腓特烈原本對此提議沒有太大興趣。尤蘭達一文不名，而且還只是個孩子；他的年紀比她大兩倍。至於她的王位也是無足輕重；此時耶路撒冷落入撒拉森人手中已有半個世紀。從另一角度來看，此王位儘管或許是徒有虛名，但在他最終率領拖延已久的十字軍東征時，可大大鞏固他對耶路撒冷的權利主張。於是經過一番商議後，他同意進軍。他再與和諾理進一步討論後，也同意這次東征（與婚姻的關連密不可分）將定於一二二七年五月二十日耶穌升天日出發。和諾理表明，若再拖延，將開除腓特烈的教籍。

一二二五年八月，帝國艦隊共十四艘軍艦抵達阿卡——此地是十字軍海外地區（Crusader Outremer）[2]最後一個倖存的前哨基地——準備將尤蘭德帶到西西里。在她出發前，她已透過代理人與皇帝完成結婚儀式；此時已被認定成年的她抵達泰爾後，接受加冕為耶路撒冷女王。接著在一群侍從的陪同下展開通往新生活的旅程，而其中一位侍從是年長她幾歲的堂表姊。腓特烈和她父親則在布林迪西等她，於十一月九日在主教座堂舉行第二次婚禮。可嘆的是，這場婚姻注定沒有好結果。隔天皇帝帶著他的新娘離開，未事先通知岳父；等約翰追上他們時，他那淚流滿面的女兒告訴他，她的丈夫已經引誘她的堂表姊。腓特烈和尤蘭德抵達巴勒摩時，這可憐的女孩立刻被送到後宮。此時她的父親收到殘酷的消息，他已不再是攝政王，更別說無權獲封為國王。

不論約翰的憤怒是因為皇帝對待他女兒的方式，或因為失去徒有虛名的王國，都已不得而知了；但不論如何，他立刻前往羅馬，料想和諾理會跟自己站在同一陣線，並拒絕承認腓特烈接任

1 這場圍城因亞西西的聖方濟意外抵達而變得更複雜，他覲見蘇丹，想讓他改信基督教，但也失敗了。

2 「Outremer」按字面意思是「海外」，是十字軍國家在黎凡特的名稱，是在第一次十字軍東征後創立。

的王位。帝國和教宗之間的關係，早已因腓特烈持續拖延並拒絕承認教宗在義大利北部和中部的權威而降至最低點，所以此事對帝國和教宗之間的緊張關係可說是雪上加霜。一二二七年和諾理過世，樞機主教奧斯提亞的烏戈利諾（Ugolino of Ostia）繼任教宗為額我略九世（一二二七—四一）時，雙方關係又急遽惡化。已經七十多歲的額我略九世猶如事先盤算好一般開始行動。他繼任後很快寫信給腓特烈：「請謹記，勿將你猶如禽獸植物般的感受看得比你猶如天使般的理智更重。」皇帝放蕩的行為很快傳了出去，弄得人盡皆知，對他而言，這封信是有效的警告。

此時十字軍已經集結。一批批年輕的德意志騎士穿越阿爾卑斯山，經由義大利的朝聖道路接踵而至，在阿普里亞〔Apulia，義大利半島南部，東鄰亞得里亞海〕加入皇帝的軍隊，從此地乘船前往聖地。但接下來在酷熱的八月，阿普里亞爆發一場疫情，可能是傷寒，也可能是霍亂；疫情殘酷橫掃十字軍軍營。此時腓特烈也患病了；率領數百騎兵的圖林根的伯爵領主（Landgrave of Thuringia）也病倒了。儘管如此，他們兩位仍於九月登上船，從布林迪西啟航，但一、兩天後伯爵領主過世，而腓特烈也意識到自己病到無法繼續。他派剩餘的十字軍先行，指示他們先做準備工作；他會在痊癒後，最遲在一二二八年五月加入他們，同時派大使團前往羅馬向教宗解釋情況。

但額我略拒絕接見他們，反而發佈教宗通諭，憤怒地譴責皇帝公然無視聖戰誓言。難道他在多次推遲後，沒有定下新的出發日期？難道他沒同意這次若未實現承諾，將接受開除教籍？難道他沒預見無數士兵和朝聖者在炎炎夏日集結時，爆發疫情是無可避免的？難道他不該因此負起疫情和所有死傷的責任，包括伯爵領主之死？誰又能證明他真的感染疾病？這是否又一次設法逃避義務？[3]九月二十九日，額我略宣布開除腓特烈的教籍。

但他也為此替自己引來新的問題。被開除教籍的人明顯是不能率領十字軍，而且數星期過後，大家越來越清楚腓特烈確實原本打算出征。另一件尷尬的事實也開始浮現：教宗過分高估自己手上的牌。腓特烈回以一封公開信，致所有參與十字軍的人，平靜合理地解釋自己的處境，請求理解與和解，總之，他會採納建議，以便為聖父樹立榜樣和奠定基調。這封信發揮了影響力。一二二八年復活節星期日，教宗額我略再次強烈毀謗皇帝時，羅馬會眾群起騷亂；教宗不堪其擾，不得不逃往維泰博尋求庇護。他在那裡繼續上竄下跳，反觀僅在幾個月前，他極力要求腓特烈率十字軍出征，現在則極力反對，讓自己陷入可笑的處境，也知道皇帝若出征並凱旋歸來，教宗的聲望將受到打擊，需要很長時間才能挽回。

一二二八年六月二十八日星期三，腓特烈二世終於從布林迪西率一支艦隊啟航，共計六十艘船，駛往巴勒斯坦。此時他已痊癒，但與教宗額我略的關係毫無改善；事實上，教宗發現他確實在準備出征時，於三月二十三日發出絕罰令。（八月三十日又發出一次。）此時腓特烈再次當父親。兩個月前，十六歲的尤蘭德誕下一名男孩康拉德後，沒多久就因產褥熱而過世。

3 儘管有確鑿的證據證明事實相反，但在《新天主教百科全書》（*The New Catholic Encyclopedia*）中的額我略九世的條目下也贊同此觀點：「九月八日，一支龐大的艦隊出戰，但腓特烈佯裝生病，命令艦隊返回奧特朗托」。腓特烈患病不是假裝的，他也沒命令艦隊返回。

皇帝在賽普勒斯待了幾個月後，於一二二八年底在泰爾登陸。為數可觀的聖殿騎士團分遣隊（Templars）和醫院騎士團（Hospitallers）在那裡迎接他，數量相當於一支可觀的軍隊；但腓特烈若能以和平外交達到目的，他其實無意打仗，他正好有理由認為他們或許想和平解決。幾個月前，開羅的蘇丹卡密爾與哥哥——大馬士革的總督阿穆贊（al-Mu'azzam）起爭執，卡密爾暗地裡向腓特烈提議：他若能將阿穆贊從大馬士革趕走，那麼卡密爾願意助腓特烈收復耶路撒冷王國。

在此期間阿穆贊過世了（更意外的是，他是自然死亡），卡密爾得以宣稱自己的主張符合長子繼承權，於是他似乎對聯盟沒那麼熱情了；但腓特烈仍滿懷期待。皇帝派遣一位使節，並指出是應蘇丹的邀請，而且全世界已經知道他人在這裡了；他怎麼能空手而返？損失聲譽可能引發致命的結果，而卡密爾永遠無法再找到另一個基督徒盟友。至於耶路撒冷，如今已是相對微不足道的城市，毫無防禦能力，人口大量減少，甚至從宗教的角度來看，對伊斯蘭的重要性遠不如基督教世界。交出這座城市換取穆斯林與基督徒之間的和平關係是否只是小小的代價——順帶一提，還能讓腓特烈立刻撤離？

沒有威脅——至少表面上沒有。但帝國軍隊就在現場，而且實力可觀。蘇丹此時的處境棘手，皇帝就在門外，等著他實踐諾言，看來若不滿足他，他是不會離開。同時卡密爾試圖佔領大馬士革仍然未果，敘利亞的情況再次讓他更加憂心。或許聯盟到頭來也不是壞事。於是蘇丹有條件地接受提議，同意一項十年條約。首先，耶路撒冷必須保持不設防。聖殿山（Temple Mount）可讓基督徒造訪，包括圓頂清真寺（Dome of the Rock）和對面的阿克薩清真寺（al-Aqsa Mosque），但必須和希布倫（Hebron）一起由穆斯林掌控。基督徒可在伯利恆和拿撒勒（Nazareth）擁有其他重要聖殿，條件是只能取道一條行經穆斯林領土的狹窄通道，而這條通道與沿岸基督教城市相連。

一二二九年三月十七日星期六，教籍仍被開除的腓特烈進入耶路撒冷，正式佔領城市。隔天，他公開藐視教宗的絕罰令，在聖墓教堂（Holy Sepulchre）參加彌撒，並刻意戴上皇冠。他實際上已完成自己的所有目標，而且沒有犧牲基督徒和穆斯林的性命。基督徒會眾理應有某種程度的喜悅；但他們的反應卻是盛怒。教籍仍被開除的腓特烈膽敢踏進基督教界最神聖的聖殿，而且是與埃及蘇丹勾結才贏得的。耶路撒冷的宗主教[4]自皇帝抵達後就刻意不理會他，現在更對整座城市下達禁罰令以示不滿——必須說這有點不合邏輯。教會服務遭到禁止；造訪聖地的朝聖者無法再期望罪孽獲得赦免。同時當地的公侯們因未被事先徵求意見而感到憤恨不平。他們自問，腓特烈佔領此地明顯有疑慮，待帝國軍隊返回西方後，他們是否有望守住所有領土？

對司鐸與平信徒而言，導火線是皇帝對穆斯林信仰和伊斯蘭文化明顯有興趣且欣賞。舉例來說，他堅持要造訪圓頂清真寺（他也詳細研究過此建築[5]）和阿克薩清真寺，據說他在阿克薩清真寺沒聽到呼喚祈禱而感到失望。（蘇丹曾命令宣禮員安靜以示尊重）他一如既往每次見到穆斯林都會提問：關於對方的信仰、使命、生活方式，以及在他身上發生的任何事。對海外地區的基督徒來說，這種態度令他們十分錯愕；甚至皇帝也因為會說流利的阿拉伯語而引來怨懟。他在耶路撒冷

4 所有東方教會的宗主教在穆斯林佔領後仍繼續獲准保有職位——正如現在也是如此。

5 清真寺的八角狀屋頂可能是蒙特城堡（Castel del Monte）的靈感來源，這座位於阿普里亞的宏偉城堡是他打獵時的居所。

多待一天，他的不受歡迎程度就隨之增長，等他繼續前往阿卡時，路上遭遇聖殿騎士團埋伏，差點喪命，他這才發現這座城市幾乎要公然叛亂。

此時他也深感危機四伏，他為同樣身為基督徒的忘恩負義感到驚訝，且不準備示弱。他命令軍隊包圍阿卡，不准任何人進出，在佈道時批評他的教會人士則遭到笞刑處置。同時他的艦隊已準備在五月一日啟航。那天黎明後不久，他的艦隊經過候船區的屠夫聚落時，遭到群眾投擲垃圾。這是他在聖地的最後一次經歷。

皇帝短暫停留賽普勒斯後，在六月十日抵達布林迪西。他發現他的帝國正處於無助的混亂狀態。教宗額我略趁他不在時向他發動相當於十字軍程度的攻擊，呼籲親王們和西歐的教會出錢出力，全面攻擊腓特烈在德意志和義大利的地位。教宗試圖在德意志扶持布藍茲維的奧圖為對立皇帝，但沒什麼成效；另一方面，他在義大利組織一場武裝入侵，目標是徹底將腓特烈趕出南方，好讓羅馬直接統治整個南方領土。阿布魯佐（Abruzzi）和卡普亞周圍地區此時正陷入激戰；而阿普里亞的幾座城市因相信腓特烈已死的謠言（由教宗派的密探堅持不懈地傳播）而公然反叛。為鼓勵其他城市也跟進，額我略近期頒佈詔書，宣布解除所有臣民對皇帝的效忠誓言。

情況原本已嚴重到極點；但從腓特烈抵達那一刻，形勢便開始翻轉。皇帝再次回到自己的人民身邊，不但沒死，反而凱旋歸來，而且為基督教界收復聖地時沒有任何人為此流一滴血。他的成就或許沒有讓海外地區的基督徒會眾感動，但對南義大利和西西里的人民來說，意義卻是大不相同。此外，回到自己帝國的腓特烈立刻判若兩人。憤怒、咆哮、侷促不安和缺乏同理心都消失了；他回到自己所熟悉和鍾愛的土地；他再度掌控事態。那年夏天他夙夜不懈地作戰，到了十月底便擊潰教廷軍隊。

但額我略九世未被擊倒；雙方的最後和解是一段漫長而痛苦的過程。接下來幾個月，皇帝一再讓步，因為他知道，這位頑固的老教宗手中仍有最危險的武器。腓特烈的教籍仍未恢復：這點十分尷尬，是揮之不去的恥辱，也可能對外交不利。腓特烈身為基督徒——儘管到此地步他仍是——並不希望自己在死前仍受到教會驅逐。但額我略仍推諉搪塞；一直到一二三〇年七月，他才十分勉為其難地同意一項和平條約（八月底在且普拉諾〔Ceprano〕簽署），解除他的絕罰令。數星期後，兩人在阿南伊的教皇廳殿一起用餐。這頓晚餐的氣氛想必難以歡樂起來，至少一開始是；但腓特烈只要願意，就能施展十足的魅力，而教宗似乎真的很滿意神聖羅馬帝國皇帝願意不辭勞煩不拘禮節地求見。於是教宗和皇帝之間又一場格外艱苦的鬥爭就暫時結束了，而這種形勢轉折在中世紀歐洲史上似乎也很頻繁。

✠

這場休戰必然證實是令人憂心的；但也維持了九年，這段期間雙方也為彼此效勞。一二三四年，時不時發動叛亂的羅馬人又再次起事，要求廢除聖職人員的豁免權，並主張漲稅權和鑄幣權，腓特烈立刻回應額我略的求助，迫使他們屈服。為了回報皇帝，教宗協助他解決與倫巴底諸城之間的難題；腓特烈頑固的兒子，德意志人之王亨利與倫巴底人密謀反叛他父親，額我略盡力調解，並義不容辭地開除亨利的教籍。但裂痕很快出現。教宗的調解失敗了，當腓特烈召集德意志親王們協助以武力鎮壓倫巴底諸城時，令教宗十分擔心；他顯然不能讓皇帝在北義大利肆虐，如同在南方一樣強制實行專制。他若真的這麼做，要怎麼阻止帝國入侵教宗國，避免整個義大利被帝國合併？

接著在一二三七年十一月，腓特烈在科提奴瓦（Cortenuova）擊潰倫巴底人。他們連夜逃走，留下華麗的米蘭軍旗戰車（carroccio），那是標準的祭壇戰車，用作軍隊的集結點。為了提高戰勝的影響力，皇帝以古羅馬凱旋之姿進入克雷莫納。在他身後的遊行隊伍，是戰勝的部隊帶著上腳鐐的倫巴底指揮官俘虜；軍旗戰車由一頭來自皇家珍獸苑的大象拉著在街頭遊行，這頭大象總是陪伴腓特烈出遊，而威尼斯總督之子和米蘭行政官（或總督）皮卓・提波羅（Pietro Tiepolo）則被綁在中央的旗杆上。對額我略來說，這是教宗地位陷入致命危機的又一證據；而且隔年腓特烈派私生子安西歐（Enzio）前往薩丁尼亞島（教宗采邑），為安西歐安排了與薩丁尼亞貴族之女結婚，並選定他為國王，這件事更證實了教宗最深切的懷疑。

到了一二三九年，雙方關係再次像之前一樣糟。教宗派部分密探在德意志挑撥離間；另派其他人說服科提奴瓦一役後的倫巴底人加強決心。同時皇帝與樞機主教們密謀，想徹底解決額我略。再次遭到開除教籍是必然的結果。腓特烈現在對此也習以為常了，而且這也成了發動戰爭的有用藉口。雙方你來我往地互相羞辱：教宗被稱為「坐在瘟疫之椅的法利賽人（Pharisee），被塗抹邪惡之油」，理應立刻被廢黜；皇帝則被稱為偽基督的先驅，是《啟示錄》中提到的怪獸，「獸從海中上來」。[6]接著腓特烈進軍。一二四〇年，他的軍隊包圍羅馬，但沒有進入城市。為了報仇，教宗於一二四一年復活節召開大公會議。從某種意義來說，這是一種挑戰：與會者是否能獲准進入城市？但皇帝宣稱他是嚇唬嚇唬而已。德意志教會人士被禁止參加會議。由於陸路全被封鎖，法蘭西眾樞機主教和主教不得不取道海路；他們的船都被帝國艦隊攔截，逾一百位重要教會人士被俘。

教宗額我略此時已快九十歲，這最後一擊對他來說難以承受。他的精神雖未被擊垮，但年邁的身體飽受腎臟病所苦。他竭盡所能撐著，但羅馬的酷暑令他難以承受，於一二四一年八月二十二日過世。腓特烈可能同樣清楚他的老對手時日不多，一直待在羅馬城外。他總是堅稱自己與教會沒有爭執，只是與教宗有個人恩怨；於是在額我略過世後，他掩旗息鼓靜靜地返回西西里。

額我略九世與皇帝之間的交戰令他的教宗政績黯然失色。但他確實對教會法典做出重大貢獻，於一二三四年頒佈的法典又稱為《教令集》（*Liber extra*），是第一部完整的教廷教令集，在二十世紀初前一直是基本權威。他跟前任一樣善待托缽修會，於一二二八年封方濟各為聖人，六年後封道明為聖人。不幸的是，他應該將教宗裁判所的管理工作委託給這些修會，尤其是道明會，裁判所對隆格多克的阿爾比派的施政越來越殘暴。

若額我略的繼任者（年邁無望的策肋定四世，一二四一）能活久一點，那麼腓特烈幾乎可以不用再擔憂；但僅在任十七天，策肋定便也跟著過世。接下來一年半，皇帝要準備組織龐大艦隊對抗熱那亞和威尼斯，同時要竭盡所能影響接下來的教宗選舉，卻徒勞無功；熱那亞樞機主教辛尼柏多．戴．費斯基（Sinibaldo dei Fieschi）於一二四三年六月獲選為教宗依諾增爵四世（一二四三—五四），儘管他沒有前任那樣過於操切，但經證實是比額我略更堅韌的對手。他上任後僅兩年，便在里昂的大公會議上宣布廢黜已被開除教籍的腓特烈，褫奪他的所有顯職和封號。

但皇帝沒這麼容易就被驅逐。霍亨斯陶芬的名號在德意志依舊享有威望，而腓特烈在自己王

6《啟示錄》第十三章，第一節。

國的馬不停蹄地巡行讓他始終備受關注，以致於他在那裡的影響力似乎無所不在：與德意志密不可分。他高傲地不理會教宗的聲明，繼續抗爭；依諾增爵反擊，接連支持兩位由德意志公爵們選出的對立國王，利用托缽修會鼓吹十字軍對抗皇帝，甚至一度默許一場暗殺他的陰謀。他花大筆金錢賄賂，若不是教廷金庫其實已耗盡，其實他願意砸下更多錢：他接任時還曾遭到一群債權人包圍，要求他償還教宗額我略欠下的債務。

法蘭西國王路易九世竭盡所能調解，但雙方的積恨太深；一二五〇年十二月腓特烈在阿普里亞狩獵時罹患嚴重痢疾，此時雙方仍勢不兩立。腓特烈於數日後在菲奧倫蒂諾城堡（Castel Fiorentino）過世，距離他五十六歲生日只差十三天。他的遺體被送到巴勒摩主教座堂，應他的要求放入原本為他祖父魯傑羅二世準備的華麗斑岩大理石棺，至今仍可以在那裡看到。

✠

腓特烈已指名由康拉德繼承德意志與王國（*Regno*）——即南義大利和西西里王國，康拉德是他與耶路撒冷的尤蘭德所生的兒子；康拉德人在德意志時，他便將義大利和西西里的政府托給曼弗雷德（Manfred），是他十一位私生子中最鍾愛的。曼弗雷德證實是他父親的傑出接班人。他重建腓特烈的輝煌朝廷，在曼夫雷多尼亞（Manfredonia）建立阿普里亞港口，並藉由將女兒嫁給伊匹魯斯專制國君主（Despot of Epirus），為帝國取得科孚島（Corfu）和阿爾巴尼亞沿岸的遼闊領土。沒多久他已合併大部分的教宗國、安科納邊界、斯波列托和羅馬涅（Romagna）。他未主張北義大利的主權，這對教宗來說是難以名狀的如釋重負；儘管如此，他在南方日漸增長的權勢只會再次喚起羅馬的焦慮，而這種焦慮感在西西里公侯們於一二五八年八月擁戴他為國王時，變得更加嚴重。

自從腓特烈名義上被廢位，且依諾增爵四世於一二五四年過世後，他的繼任者（額我略九世的姪子）便繼續前任的遺志，一直在尋找「基督的健將」（athlete of Christ），這位仁慈隨和但終究徒勞無用的亞歷山大四世（一二五四—六一）想徹底將霍亨斯陶芬王朝逐出南義大利，率教會軍隊贏得半島。英格蘭國王亨利三世的弟弟，康瓦爾（Cornwall）伯爵理查似乎有可能加入，但最後拒絕接受這挑戰；亨利國王的兒子愛德蒙（Edmund）也拒絕了，就在教宗出乎意料地將南方王國授予他之後。但在一二六一年，亞歷山大在維泰博過世，為避開羅馬的派系鬥爭，他任期大部分時間都待在那裡；經過三個月毫無結論的商議後，樞機主教們選出意想不到的人選，耶路撒冷宗主教，他當時正好以官方身分到維泰博造訪教廷。雅克．潘塔隆（Jacques Pantaléon）是法蘭西人，父親是特魯瓦（Troyes）的貧窮鞋匠。他採用封號為烏爾巴諾四世（一二六一—四）；他的目光很快落在一位同胞身上，安茹的查理（Charles of Anjou）。

查理是路易九世的弟弟，此時三十五歲。一二四六年，他透過妻子獲得普羅旺斯郡，為他帶來無數財富；此外，他也是繁榮港口馬賽的領主。教宗為這位冷酷、殘忍、野心勃勃的機會主義者提供了一個不容錯過的機會。教宗授予查理南義大利和西西里的王國，查理則回報以一次付清五萬馬克，承諾每年進貢一萬盎司的黃金，加上未來會應教宗要求提供軍援。他要率領對抗曼弗雷德的軍隊於一二六五年秋天在北義大利開始集結，並將正式命名為十字軍——表示這支軍隊會一如既往地龍蛇混雜，摻雜著希望在南義大利獲得封地的冒險家、尋求赦免罪孽的朝聖者以及只是來撈點好處的流氓。但這支軍隊也召集到來自西歐各地的無數騎士，包括法蘭西、德意志、西班牙、義大利和普羅旺斯，此外還有少數英格蘭人，查理堅信這群人不會讓曼弗雷德那麼容易對付。

一二六六年一月六日主顯節時，一群樞機主教在羅馬將西西里王位授予安茹的查理。（教宗烏爾巴諾和他的繼任者克萊孟四世〔一二六五－八〕都未曾到過聖城，他們更喜歡待在阿南伊或維泰博。）不到一個月後，查理的軍隊於二月三日越過邊界進入西西里王國，於二十六日在貝內文托外與曼弗雷德交戰。這場戰役結束得相當快。曼弗雷德一如既往地英勇，堅守陣地奮力作戰，但他的軍隊寡不敵眾，希望渺茫，很快逃離戰場。這場戰役決定了雙方勝負：十字軍聖戰結束。

霍亨斯陶芬王朝也是——差不多要結束了。兩年後康拉德的兒子康拉德（康拉丁〔Conradin〕的名稱較為人熟知）最後一次試圖力挽狂瀾，率領一支德意志人、義大利人和西班牙人組成的軍隊進入西西里王國。查理於一二六八年八月二十三日在塔利亞科佐（Tagliacozzo）村莊邊界匆匆應戰。這場戰役證實更難應付，雙方死傷慘重；但安茹（Angevin）又戰勝了。康拉丁逃走，但很快被俘。他們於十月二十九日在拿坡里公開審訊這位年輕的王子，他當時只有十六歲，而他的幾位同夥被帶到市場公開斬首。

曼弗雷德和康拉丁是風格迴異的英雄。他們因為各自的父親和祖父而相形見絀，但這不是他們的錯；畢竟當時的已知世界就是如此。事實上，從政治上來說，腓特烈是失敗者。就像霍亨斯陶芬家族的所有人，他有統一義大利和西西里並將羅馬設為首都的夢想；而教宗在倫巴底諸城的協助下，首要目標就是確保這夢想無法實現。可惜皇帝必須與能幹堅韌的額我略和依諾增爵抗爭，但從長遠來看，這種鬥爭不會有好結果。即便是在德意志，帝國也已失去力量和凝聚力；德意志公侯們的忠誠度，或甚至是他們的深切關心，都已無法再指望。至於義大利中部和北部，倫巴底諸城不可能再次屈服於帝國的脅迫。若腓特烈能接受這簡單的事實，教宗的威脅就能解除，他鍾愛的西西里王國也就能保住。可嘆的是他拒絕接受，為此他不但失去義大利，還讓自己的王朝走上絕路。

霍亨斯陶芬家族被擊敗了；但如果因此就認為教宗得勝的話，那就錯了。烏爾巴諾和克萊孟都是法蘭西人；他們竭盡所能支持同胞，即安茹的查理。康拉丁遭到復仇性的殘酷處決時，克萊孟甚至未提出抗議。兩位教宗原本的用意是讓查理的統治侷限於他的新西西里王國，但初步的勝利喚出他內心更大的野心。這些野心現在包括統治整個義大利、將教宗削弱至順從的傀儡地位、重新征服君士坦丁堡——此時已再次落入希臘人手中——讓他們回歸拉丁信仰，最終建立範圍延伸至地中海的基督教帝國。隨著日子一天天過去，安茹的查理對羅馬教廷獨立所造成的潛在威脅越來越明顯，其程度不亞於腓特烈。

一二六八年十一月，教宗克萊孟在維泰博過世；而查理對教廷的影響力太大，使教宗之位接下來空懸三年，這段期間正是他與哥哥路易九世率十字軍在突尼西亞作戰之時。維泰博（樞機主教舉行祕密會議的所在）的當權者將樞機主教們開祕密會議的宮殿屋頂拆除後，教宗之位的空懸問題才得以結束。他們倉促選出列日總主教泰德隆・維斯康提（Tedaldo Visconti），封號為額我略十世（一二七一—六），從查理的角度來看無疑是毫無用處，他阻擾查理選擇自己的姪子，法蘭西的腓力三世（Philip III）為神聖羅馬帝國皇帝，並與拜占庭結盟，以致於在一二七四年的里昂大公會議上實現東西方教會的暫時合一。不過在一二八一年，又歷經了四位教宗後[7]，查理終於如願以償，另一位法蘭西人西蒙·德·布里（Simon de Brie）獲選，在奧爾維耶托（Orvieto）就任為教宗瑪爾定四世（Martin IV，一二八一—五）。查理這位名義上的耶路撒冷國王[8]，原本就是普羅旺斯和義大利大部分土地的主人，絕對是歐洲最有權勢、也最危險的國君，此時可以進軍君士坦丁堡實現自己的最大野心，因為東方拜占庭的皇帝，巴列奧略王朝的米海爾八世（Michael VIII Palaeologus）和教宗瑪爾定又宣布教會大分裂。此時距離希臘人從法蘭西人手中收復首都君士坦丁堡只有二十年；隨著一二八二年到來，他們守住首都的希望確實渺茫。

他們被巴勒摩的人民拯救了。由於法蘭西人實行苛稅且行為傲慢，因此在整個聯國受到厭惡；三月三十日晚上，一名酒醉的法蘭西士兵在聖神大殿（Santo Spirito）外騷擾一名西西里婦女，此時晚禱正要開始，她的同胞終於怒不可遏。她的丈夫偷襲並殺害這名士兵；這宗殺人案引發暴動，繼而引起一場大屠殺。到了早上，有兩千名法蘭西人被殺害。巴勒摩和墨西拿很快地相繼落入叛軍之手。曼弗雷德之女康斯坦絲（Constance）的丈夫，亞拉岡的佩德羅三世（Peter III of Aragon）此時趁機主張西西里的王位，只是有點站不住腳。他在九月抵達巴勒摩，十月底佔領墨西拿，而法蘭西人在此做了最後一搏。

對於曾在拿坡里建立朝廷的安茹的查理而言，西西里晚禱之戰與隨後喪失西西里，相當於徹底失敗。他的王國分裂成兩半，他的聲勢消亡。他曾自吹自擂的地中海帝國似乎搖搖欲墜；他不再是世界強權。遠征拜占庭已是無望了。不到兩年後，查理在福賈（Foggia）過世。但聲譽遭受打擊的不只是安茹王朝。將西西里和西西里王國授予查理的是教宗；教廷也要留意自己的威望。瑪爾定立刻宣布召集十字軍對抗亞拉岡人，但沒人太認真看待此事；悲傷沮喪的教宗在一二八五年三月跟隨他的朋友查理過世——吃得太好，吃了從波舍納湖（Lake Bolsena）捕獲的以牛奶餵養的鰻魚。

✠

接下來兩位教宗的主要任務是將亞拉岡王朝從南義大利驅逐，收復安茹王朝。前一位是和諾理四世（一二八五—七）[9]，出身高貴的羅馬家族，不論出於什麼原因，新教宗獲准住在他於近期在阿文提諾（Aventine）興建的宮殿；但他就任時已經七十五歲，因痛風而幾乎癱瘓。他幾乎無法站立，更別說是走路了；他坐在凳子上主持彌撒，雙手需要用機械裝置才能從祭壇上抬起。他只在位兩年，接著過了將近一年才選出他的繼任者。一二八七年的炎夏令人窒息，至少有六位樞機主教受不了酷暑而過世。其餘樞機主教到山上避暑，秋天才返回開祕密會議。就算是此時他們仍

7 依諾增爵五世（一二七六）只在任五個月，哈德良五世（一二七六）只在任五個星期。若望二十一世（一二七六—七）是傑出的葡萄牙知識份子，擔任教宗八個月，他在維泰博的新宮殿書房時，被塌下來的天花板砸中頭而過世。尼各老三世（一二七七—八〇）因貪得無厭和任人唯親，被但丁打入地獄，永遠保持頭朝下的姿勢；他在力抗查理三十三個月後，因中風而過世。

8 他在一二七七年從耶路撒冷國王埃莫里二世（Amalric II）的孫女，安提阿的瑪麗亞公主（Princess Maria of Antioch）獲得此頭銜。

9 順帶一提，和諾理是最後一位在就任前結過婚的教宗。

不急著選定：一直到一二八八年二月，他們才在妥協下選出第一位方濟濟會教宗，曾是修會總會長的吉洛拉莫．瑪西（Girolamo Masci，一二八八—九二），封號為尼各老四世。他跟和諾理一樣，未能成功收復安茹帝國；一二九一年時也無力阻止馬木路克的蘇丹哈拉溫（Mameluke Sultan Qalawun）佔領阿卡，於是十字軍海外地區在延續一百九十二年後就此結束。十字軍海外地區一開始是出自於偏執和領土野心的不朽成果，因極其無能而在肉體和道德上逐步衰退。看到十字軍海外地區終結，西歐沒有多少人感到遺憾。

尼各老在一二九二年四月過世後，十二位在世的樞機主教在佩魯賈開會，羅馬當時頻頻爆發瘟疫，此時再度爆發。他們花了很長時間商議，二十七個月後才選出有史以來最不適合的人選接任教宗，但任期短暫。他是皮卓．德爾．莫羅尼（Pietro del Morrone），八十五歲的農民，曾在阿布魯佐（Abruzzi）隱居逾六十年，而他唯一的資格是曾在額我略十世的宮殿短暫出現，在陽光下曬他的外袍。由五人組成的教廷大使團前往皮卓位於山上的隱居住所時，發現拿坡里的查理二世[10]已在那裡，其中一位大使記下這段引人入勝的故事。他們發現這位新教宗正處於瀕臨恐慌的狀態；但最後恢復鎮定，經過長時間的禱告後，勉為其難地接受教宗之位。

確實，長久以來一直有個「天使教宗」的預言，他將開闢聖靈時代（Age of the Spirit）；但將教宗之位交給這位騎著驢子前往拉奎拉（L'Aquila）就任的憂心老人，任誰都很難相信會令人安心，或者說，不論是交給誰都難以令人安心。策肋定五世（一二九四）很快證明自己不過是查理二世的傀儡，他甚至住在掌控拿坡里海港的新堡（Castello Nuovo）裡。他下令在新堡建造一棟小木屋，這是他唯一能感受到歸屬的地方。他通常拒絕見樞機主教，他們的世俗老練令他害怕；每當見到樞機主教時，他們不得不放棄優雅的拉丁語，用他唯一能懂的粗俗方言交談。他不理會教廷、政治、外交和行政職責；任何人向他求恩典，他都答應。也難怪他只在任五個月，接著便明智地宣布退位：這是史上唯一自行退位的教宗*。

策劃這次退位的是樞機主教畢尼德多．凱塔尼（Benedetto Caetani），據說他在策肋定的小屋偷偷安放一根通話管，在下半夜時假裝是上帝傳音，警告他若是繼續擔任教宗，將遭到地獄之火懲罰。草擬退位聲明的肯定是凱塔尼，一二九四年十二月十三日，教宗在樞機主教會議上宣讀這份聲明，接著莊嚴地脫下教宗袍，露出裡面所穿的隱士破布衣。

可憐的策肋定：他通常被比喻成但丁在《地獄篇》第三章遇到的無名人物，並被指責為「因懦弱而放棄重要權位之人」——放棄大位（*il gran rifiuto*）。事實上他並非懦夫；他只不過是要求回到自己本不該離開的隱居處。

✠

從不幸的教宗策肋定手中接任教宗之位的必然就是那位樞機主教，畢尼德多．凱塔尼，封號為博義八世（一二九四—一三〇三），他是在一二九四年耶誕夜獲選，當時在拿坡里召開的祕密會議只花了二十四小時。在他的所有樞機主教同僚中，他是最能幹、意志最強，也最有野心；是他

10 查理二世是安茹的查理之子。西西里晚禱之戰後，亞拉岡人掌控了西西里；安茹王朝只保住拿坡里。

* 編者註：本書介紹的最後一位教宗本篤十六世，在二〇〇五年繼為後，已經在二〇一三年宣布退位。所以策肋定五世不再是唯一的一位。

策劃了策肋定的退位，他這麼做想必是為了替自己踏上教宗之位鋪路。他於一二三五年左右在阿南伊（Anagni）出生，出身中階貴族，與教廷有淵源（母親是亞歷山大四世的姪女），此時他已六十歲出頭，有四十年的資歷。他年輕時已是派往英格蘭的使節團一員，他在那裡遇到內戰，當時西蒙・德・孟福爾（Simon de Montfort）正努力遏止國王亨利三世的惡政，他一度被困在倫敦塔中，千鈞一髮之際被後來的愛德華一世拯救。他返回羅馬後，定居下來努力晉升，一路走來聖俸穩定增長，有助於他登上教宗之位。

博義由法蘭西人瑪爾定四世任命為樞機主教，一直堅決支持安茹在拿坡里和西西里的事業；他在拿坡里的第一次加冕典禮上，〔拿坡里的〕查理二世親自牽引他的白馬。但他一加冕後，便立刻返回羅馬，而且讓前任策肋定跟他回去。這位老人家感到震驚也是意料之中；因為他退位的目的就是想回山中隱居。但擁有大批擁護者的策肋定可能不知不覺中就輕易就成為反對派的中心；而博義不願冒險。抵達羅馬後，教宗得知策肋定偷偷溜走並再度回到山上時十分憤怒，立刻下令追捕他，必要時可動用武力。儘管策肋定已年邁，但仍迅速逃走，雖然花了一點時間，但最後被找到，並被帶到他那可怕的繼任者面前。接下來策肋定說出了他知名的預言。「你像狐狸般踏進這裡，」他向博義斷言：「你會像獅子般統治，但會像狗一樣死去。」

他說的這番話對他自己的命運可能沒造成什麼影響；不論他是否喜歡，他若重獲自由對博義來說太危險。博義將他囚禁在富莫內（Fumone）一處偏遠的城堡，其實對策肋定來說也算是讓他感到自在的地方，十個月後，他在那裡過世，得年九十歲。

教宗博義於一二九五年一月二十三日在羅馬再度行加冕禮。他是世間聖職人員的縮影，事實上，他一點都不像他的前任。身為一流法學家和學者，他創辦了羅馬大學，編纂法典，重建梵蒂岡圖書館和檔案館。但他本性之中沒什麼屬靈。對他而言，教會約束力的存在只是為了讓他推動自己的世俗目標，並為家族增添財富。他對待外國統治者的態度，與其說是視他們為臣民，不如說是奴僕。至於他的職務，他僅以政治角度來看待，決心重申教廷在歐洲新興國家中至高無上的地位。為了達成此任務，他充滿幹勁、自信和毅力；他缺少的是外交手腕或技巧。他對調解或妥協的概念絲毫不感興趣；他不計後果往前衝，最終付出了代價。

他宣稱一三〇〇年為聖年，這是基督教史上頭一遭，這也是他的典型作風。他向造訪聖伯多祿大殿和拉特朗大殿的人承諾，在告解後都能獲得「完全大赦」，據說吸引了來自歐洲大陸各地的二十萬朝聖者聚集到羅馬，讓城內熱鬧非凡——據說部分聖殿的聖器守司不得不用耙子收拾祭品——教宗聲望也因此無限提升。這群朝聖者包括詩人但丁，他在那年的聖週創作了《神曲》（*Divine Comedy*）；他其實將自己在聖天使橋上看到控制人潮的單向系統方式，用於《地獄》（*Inferno*）第十八章中在地獄的人群管制。

但在這群無數朝聖者中，沒有一位是國王。教宗試圖主張蘇格蘭為教廷采邑時，很快引來〔匈牙利〕查理國王和英格蘭的愛德華一世的敵意。那次舉措失敗了，博義欲支配匈牙利和波蘭的繼承之事也失敗了。但諷刺的是，教宗最難以和解的敵人是號稱美男子的法蘭西國王腓力四世（Philip the Fair）。雙方是在一二九六年開始交惡，當時腓力向法蘭西聖職人員徵收重稅，以資助他在加斯科涅（Gascony）對抗英格蘭——從此揭開了百年戰爭的序幕。自依諾增爵三世的時代起，這類稅收按慣例是為十字軍徵收；但腓力的戰役不算是十字軍戰役。教宗憤怒之餘回以一道詔書，他頒佈的《聖職人員與平信徒》（*Clericis laicos*）稱道，未經羅馬批准，禁止向聖職人員或教會徵稅。他若能認真考量這件事，他會立刻發現此舉有多短視；腓力的對策很簡單，只要禁止出口貨幣和貴重物品，同時禁止教廷收稅員進入他的國家。由於教廷金庫主要仰賴法蘭西的稅收，因此博義別無選擇，只能屈服，為了挽回些許失去的聲望，他正式冊封腓力的祖父路易九世為聖徒。

同時他也與權勢無比強大的科隆納家族為敵，此乃全然無益之舉。雖然科隆納與凱塔尼家族本是世仇，但最初有兩位科隆納樞機主教支持推選他為教宗；不過他們很快因為他的傲慢和專制作風而失望。形勢在一二九七年發展到了緊要關頭，一群科隆納的支持者劫持了一批正運往教廷金庫的金條，並聲稱這批金條是「從窮人的眼淚中」搜刮而來。博義一如既往反應過度，威脅要派教廷的衛戍部隊前往他們的家鄉帕勒斯特利納（Palestrina）和其他科隆納家族的堡壘，並驅逐樞機團的兩位樞機主教——這兩人跟劫持金條之事無關。最後他開除科隆納家族全體的教籍，以十字軍名義奪取和摧毀該家族的土地。科隆納家族全部逃到法蘭西後，他在義大利的主要敵人變成小兄弟會（*Fraticelli*），那是方濟各會的屬靈分支，他們反對修會中日益增長的世俗物欲，希望回歸創辦人的禁慾主義和清貧的信條。他們厭惡博義，不僅因為他的富裕和傲慢，也因為策肋定因他而退位、遭到囚禁和死亡。

動手的時候到了。教宗被迫捲入一場肆意毀謗的戰爭，其程度甚至可能是教宗史上無可比擬的。這場戰爭的發起人不只指控他任人唯親、買賣聖職罪或貪婪，而這些罪名都很容易成立；他們還指控他崇拜偶像，因為他豎立許多自己的雕像，以及指控他不敬神罪，甚至肛交罪。（他被指控說過，與男孩發生性關係並不比雙手互相摩擦糟。）所有這些指控，加上其他許多更古怪的指控，都在法蘭西引起熱烈回應——如果法蘭西確實不是消息來源的話。博義八世在登基後三、四年期間，可能是有史以來引起最多人憎恨的教宗。

接著在一三〇一年秋天，〔法蘭西〕腓力國王立刻囚禁沒沒無聞但抗命的帕米耶赫主教（Bishop of Pamiers），指控他叛國和侮辱行為。教宗根本不願費時調查案情，憤怒地要求釋放主教；腓力拒絕了；而雙方的戰爭進入最後階段。博義再次頒佈詔書《我兒聽好》（*Ausculta fili*，listen, son），高傲地傳喚國王和他的高階聖職人員於一三〇二年十一月親自到羅馬出席主教會議。不用說，腓力再次拒絕了；但令人訝異的是，有三十九位法蘭西主教勇敢出席。此事過後，博義發出最後一擊，頒佈詔書《一聖教諭》（*Unam sanctam*），在大量引用克萊爾沃的聖伯爾納鐸和聖多瑪斯·阿奎納（St Thomas Aquinas）說過的話後，直截了當地聲稱「所有人類都必須獲得羅馬教宗的救贖」。其內容沒有什麼特別的新意；依諾增爵三世等其他幾位教宗也做過類似聲明。不過，教宗的專制主義難以繼續發展，博義考量事情時無疑還是要以腓力國王為主。

腓力可能是聽從新大臣，紀堯姆·德·諾加雷特（Guillaume de Nogaret，他的阿爾比派祖父死於火刑，因此不喜歡教廷）的建議，改回以前的全面人身攻擊戰術。腓力反覆提起所有舊指控，加上幾個新指控，例如非婚生子罪和異端罪，包括不相信靈魂不朽，腓力並堅持要求召開大公會議，傳訊教宗。德·諾加雷特獲命親自率一千六百人軍隊前往義大利扣押教宗，必要時動用武力，並將他帶回法蘭西。此時博義正在阿南伊的宮殿潤飾一道詔書，內容是開除腓力的教籍，並免除他的臣民對他效忠。他原訂於九月八日頒佈詔書；但德・諾加雷特在七日率軍抵達，跟隨他抵達的還有夏拉・科隆納（Sciarra Colonna）和一群義大利傭兵。教宗穿上全套教宗禮服，勇敢面對他們，並挑釁他們動手殺他。他們暫時囚禁他；但他後來被阿南伊人民所救，並迅速偷偷被帶走，畢竟他也是阿南伊人。德・諾加雷特認為除非大開殺戒，否則無法找到他，因此明智地決定撤退。

但他這次任務沒有白費力氣。這位老教宗的自尊心遭到致命打擊。經過數日的休息，奧爾西尼家族的朋友護送他回羅馬；但他從此再也沒有康復。不到一個月後，他在一三〇三年十月十二日過世。博義是在但丁造訪地獄後三年才過世，不過但丁已預先將他打入第八層地獄，頭朝下埋入熔爐裡。他對博義的批判可能有點苛刻；但讀者或許看得出他的用意。

第十五章 亞維儂教廷（一三〇九—六七，一三七〇—六）

下一任教宗本篤十一世（一三〇三—四）是謙遜的道明會士，據說他只跟道明會士在一起時才感到自在。他是前任教宗的少數支持者之一。儘管他舉止溫和，但他曾在阿南伊全力支持教宗博義；現在他要致力於達成安撫法蘭西腓力國王這一棘手的任務，說服他放棄召開大公會議審訊已過世的教宗博義八世的計畫。他暫時成功達成此任務，只不過在此之前，他要撤回博義針對腓力和其臣民發佈的所有現行教廷法令和聲明，包括曾涉及阿南伊事件的所有法蘭西人，唯獨除了德·諾加雷特。另一方面，他譴責德·諾加雷特、夏拉·科隆納和義大利人因對教宗動手而犯下褻瀆罪，命令他們於一三〇四年六月二十九日前晉見他。他們從來沒有出現，因為除了其他原因外，教宗在這天前已在佩魯賈因患痢疾而病危；十天後他便過世。

教宗博義在阿南伊遭到人身攻擊一事未被遺忘；許多明智的教會人士跟他一樣痛恨此事，對腓力國王的行為仍深感震驚，他們認為此舉是羞辱教廷和其所代表的一切。但也有其他教會人士同樣厭惡教宗對待那兩位科隆納樞機主教的方式，無論如何都希望能結束與法蘭西的漫長紛爭，而此紛爭的理由隨著博義過世也不復存在。一三〇四年七月在佩魯賈召開的祕密會議意見紛歧，僵局持續了十一個月；最終眾人同意若要推選新教宗，必須從樞機團以外的人挑選。於是波爾多（Bordeaux）的總主教柏川·德·賈特（Bertrand de Got）獲選，封號克萊孟五世（一三〇五—一四）。他不是樞機主教，也未出席過推舉教宗的祕密會議；但他曾在一三〇二年出席博義召開的主教會議，儘管他得以與腓力維持友好的工作關係。

雖然新教宗是無恥的任人唯親者，但仍是傑出的法典學家和效率高的行政管理人。他專心擔任起教會的傳教角色，甚至在巴黎、牛津、波隆那和薩拉曼卡（Salamanca）的大學設置阿拉伯語等其他東方語言的教授職位。與其他國家打交道時，他表現出屬靈上的獨立性，令人印象深刻，他免除英格蘭愛德華一世對公侯們的誓言；中止坎特伯雷總主教的職權；開除蘇格蘭國王羅伯特・布魯斯（King Robert the Bruce of Scotland）的教籍，因為他在教堂殺害老敵人約翰・康明（John Comyn）；解決了匈牙利爭執十五年的繼承問題。他若是義大利人，並在羅馬當選和加冕，他或許能證明自己就算不是優秀的教宗，至少是鐵腕人物。但身為法國國王腓力的臣民，從他當選那一刻起，便發現自己幾乎無法承受來自主人的壓力。腓力像是胸有成竹一般開始行事，他首先堅稱，既然新教宗已經在法蘭西，那麼他應該在法蘭西加冕。克萊孟的任期一開始就沒什麼好兆頭：他騎馬前往里昂行加冕典禮時，圍觀群眾攀爬到牆上觀看遊行隊伍時，有一堵牆突然倒塌。教宗被擊中摔下馬，但沒有生命危險，只是扭傷；遊行隊伍中其餘人就沒這麼幸運。有幾人受重傷，不列塔尼公爵（Duke of Brittany）則罹難。

相信當時克萊孟有意在適當時機遷回羅馬；他暫時留在法蘭西的理由是希望能結束法蘭西和英格蘭的敵對，這樣才能結合雙方的力量，再次號召十字軍前往聖地。四年來他沒有固定居所；他不斷在里昂、普瓦捷（Poitiers）和波爾多之間遷徙，他的樞機主教們盡量跟隨著他。（此時大部分樞機主教是法蘭西人：一三〇五年十二月任命的十位樞機主教中，有九位是法蘭西人，其中四人是他的姪子。一三一〇又增加了法蘭西人，一三一二年再次增加。）同時腓力向他施壓，讓他留在法蘭西；但在一三

○九年，克萊孟決定定居亞維儂，此地位於隆河（Rhône）[1]東岸，當時是腓力的諸侯，即西西里國王和普羅旺斯伯爵，安茹的查理的產業。在他之後，另有六位教宗定居這座小鎮（當時約有五千居民，只能算是村莊），接下來六十八年此地是教廷的所在。

這段期間通常稱為「巴比倫囚禁」。但一點都不是那樣子。教宗並不是被俘虜；他們是自願待在亞維儂。儘管如此，那裡不是舒適的地方。詩人佩脫拉克形容那裡是「噁心的城市」，承受西北風侵襲，「猶如匯聚了全世界的污穢物的下水道。」亞拉岡大使因受不了街道的惡臭而生病，不得不返鄉。這裡是教廷領土，也是各種罪犯的避難處，而且此地的酒館和妓院都是惡名昭彰。這裡也不適合容納教廷全體。教宗和隨行人員遷入當地的道明會隱修院；幾位幸運的樞機主教設法徵得較大的住宅；其餘的人則盡可能各自找到安身之所。

遷到亞維儂至少能讓克萊孟有一定程度的獨立自主；但腓力對他來說太強勢。教宗此時是病人（在擔任教宗期間患有胃癌），很快便證明自己不過是法蘭西國王的傀儡。腓力堅持要讓教宗博義八世受審的決心從未動搖，並於一三○九年強迫克萊孟展開全面調查。隨後出現延誤和各種複雜的情況，於是在一三一一年四月暫緩調查程序；但教宗必須付出沉重代價：科隆納的樞機主教們沉冤昭雪，他們的家族獲得全面賠償，博義採取的所有違反法蘭西利益的舉措全部作廢，紀堯

1 東西岸由十二世紀的聖貝內澤橋（Pont Saint-Bénézet）銜接，是隆河流向地中海前的最後一座橋。原本有二十二道拱門；可惜一六八○年大洪水來襲，幾乎全部沖垮，只剩四道。至今仍有老歌傳唱這座橋，儘管推論歌詞中提到的跳舞場地其實是在橋下的芭德拉絲（la Barthelasse）小島，而不是在橋上。

姆・德・諾加雷特獲得赦免。但還有一個更大的恥辱正醞釀著：克萊孟將被迫參與腓力剷除聖殿騎士團的計畫。

✠

對於現今的我們而言，很難理解聖殿騎士團在中世紀後期的影響力。聖殿騎士團成立於十二世紀初，在第一次十字軍東征後便保護朝聖團前往聖地，主要由聖伯爾納鐸（St Bernard）贊助，五十年內在基督教世界幾乎每個國家都設有這些騎士僧侶團，從丹麥到西班牙、從愛爾蘭到亞美尼亞；一個世紀內，這群「耶穌基督的貧苦騎士團」為一半歐洲提供金援，是文明世界中最強大的銀行業者，儘管伯爾納鐸的誓願是清貧、貞潔和服從。到了一二五〇年，他們已擁有九千筆地產；他們在巴黎和倫敦的房子被用來當作保存王室寶藏的據點。〔英王〕亨利三世曾於一二三五年向英格蘭的聖殿騎士團借錢購買厄列宏島（Oléron）；〔法王〕腓力四世為女兒伊莎貝拉與英格蘭愛德華二世的不幸婚姻準備嫁妝時，也向法蘭西的聖殿騎士團借錢。〔法王〕路易九世在第六次十字軍東征結束時在埃及被俘後，聖殿騎士團也為他提供大部分贖金，〔英王〕愛德華一世也向他們貸款至少二萬五千里弗爾[2]（livres tournois），後來豁免五分之四的償款。

在聖殿騎士團經營的所有國家中，在法蘭西的權勢最大，他們其實形成了國中國；隨著他們的影響力增長，引起腓力國王極度擔憂也是意料之中。但腓力之所以反對他們，還有一個不太光彩的理由：他急需金錢。他已驅逐猶太人和倫巴底銀行業者，並剝奪他們的產業；以同樣方式對待聖殿騎士團，可讓他獲得聖殿騎士團在王國內的全部現金和地產，為他徹底解決財務問題。他知道聖殿騎士團是難對付的對手；幸好他已準備好武器。多年來一直流傳著騎士們在午夜會議上行祕密儀式的謠言。此時他只要正式進行調查；要找到能提供所需證據的目擊證人並不難，只要給少許的報酬就好。

於是腓力國王準備動手；他的調查結果證實比他所奢望的更滿意。聖殿騎士團明顯是撒旦崇拜者。他們有自己崇拜的偶像，名叫巴風特（*Baphomet*，可能是穆罕默德〔Mahomet〕的變體字）。他們行祕密入會儀式時，會正式否認基督，踐踏十字架。他們的清貧誓願，正如世人皆知，早已被拋諸腦後；現在更揭露貞潔的誓願也遭遇同樣命運。尤其他們不但准許肛交，更積極鼓勵。不過因此生下的私生子會被處理掉，通常是活生生以火烤死。

一三〇七年十月十三日星期五[3]，聖殿騎士團總團長雅克·德·莫萊（Jacques de Molay）和六十名主要弟兄在巴黎被捕。為逼迫他們認罪，先是朝廷當權者，接著是宗教裁判所都對他們施以酷刑。接下來六個星期，至少有一百三十八名騎士接受審問，其中一百二十三人最終承認部分指控罪名（不意外），包括德·莫萊。同時腓力致函其他君王，敦促他們仿效他的做法。英格蘭的愛德華二世讓人感覺立場有些搖擺，他最初傾向於苛責岳父，但在教宗克萊孟堅定的指示傳達後，他不再猶疑不定。英格蘭的聖殿騎士團團長於一三〇八年一月九日被捕，隨後他的所有騎士很快也被捕。

聖殿騎士團有自己的擁護者。教宗特地派三位樞機主教到巴黎審訊德·莫萊時，他正式翻

2 譯註：法國古代貨幣。

3 這被認為是惡名昭彰的十三號星期五的由來。

供，並露出胸部展示自己明顯遭酷刑的證據。於是在克萊孟主持的第一場樞機主教會議上，樞機團有至少十位成員揚言要辭職，以抗議他的政策；二月初，宗教裁判所獲指示暫緩針對騎士團的所有行動。但形勢已無法扭轉。八月時，總團長再次遭到審訊和酷刑，然後第二次認罪。

聖殿騎士團的公審定於一三一〇年四月十一日開始，並宣布企圖翻供的被告人會被處以火刑；五月十二日，五十四名騎士被處以火刑，接下來兩星期另有九人被處以火刑。這整個卑鄙的公審又拖延了四年，這段期間教宗和國王繼續協商——令人起疑且揮之不去的明確跡象——並討論如何處置騎士團的龐大財產。同時雅克・德・莫萊在監獄裡受苦，等待著判決。一三一四年三月十四日，當權者終於將他帶到巴黎聖母院前的絞刑架上，最後一次讓他公開招供。

他們會後悔做此決定。身為總團長的雅克・德・莫萊這七年來幾乎沒有什麼出色的作為。他招供又翻供，又再次招供；未表現出英雄氣概，甚至沒什麼領導風範。但此時他已是七十多歲的老人，且行將就木；他已沒什麼可失去。於是他在朋友傑佛・德・夏赫內（Geoffroy de Charnay）的支持下，無所顧忌地大聲表明：上帝是他的見證，他和騎士團是完全無辜的，不承認被指控的所有罪名。他和德・夏赫內迅速被皇家官員帶走，信使趕緊去通知國王。腓力不再猶豫，立刻做出判決。那一晚，這兩位老騎士被船載到塞納河一座小島，那裡已準備好火刑柱。

後來有傳聞說，德・莫萊在死前許願，請求讓教宗克萊孟和腓力國王在今年內出現在上帝的審判席前；值得注意的是，教宗一個多月後便過世，而國王在十一月底一次狩獵意外中喪生。德・莫萊和德・夏赫內勇敢面對火刑，慷慨就義。那天夜幕降臨後，來自遙遠岸邊的奧斯定修道院的會士前來收殮他們的遺骸，奉他們為聖人和殉道者。

圖1 聖伯多祿與聖保祿。西西里蒙雷阿萊主教座堂（Cathedral of Monreale）裡的十二世紀馬賽克畫。

圖2 羅馬的聖卡里斯托地下墓穴（Catacomb of San Callisto）的教宗墓穴，曾葬有第三世紀的九位教宗和八位主教的遺體，現已清空。

圖3 位於拉芬納的狄奧多里克陵墓（Mausoleum of Theodoric），以單一巨石建造的蓋頂是第六世紀令人難以置信的成就。這座陵墓也葬有教宗維篤二世（1055-7）的大理石棺。

圖4 查士丁尼一世和他的隨行人員，包括總主教馬克西米安（Maximian）。最左側手持盾牌者被認為是貝利撒留。當代馬賽克畫，六世紀，拉芬納的聖維塔教堂（San Vitale）。

圖5 狄奧多拉皇后和她的廷臣。當代馬賽克畫，六世紀，拉芬納的聖維塔教堂（San Vitale）。

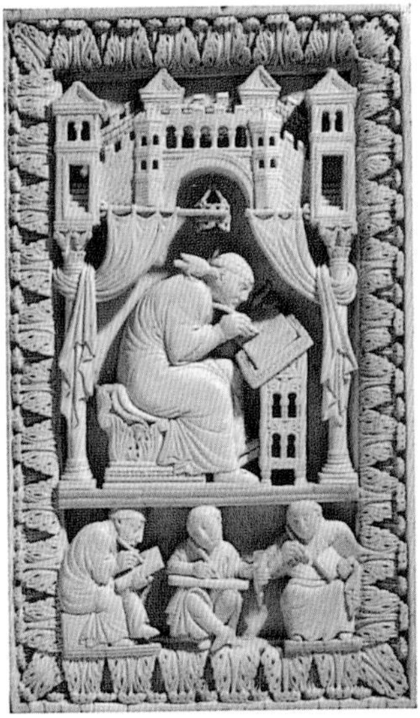

圖6 大聖額我略（590-604）在他的書房。在他耳邊的是聖靈細語。下方是抄寫員正忙著抄寫他的著作。十世紀象牙雕塑，藝術史博物館（Kunsthistorisches Museum），維也納。

圖7 君士坦丁大帝向教宗思維獻上三重冠。他身後是教宗的馬；思維騎上馬時，皇帝按傳統要為他扶住馬鐙以示敬意。十三世紀壁畫，四殉道堂（Church of theQuattro Santi Coronati），羅馬。

圖8 教宗瓊安（？855-857）分娩。雕刻，史班海姆（F. Spanheim），《女教宗瓊安的歷史》（*Histoire de la Papesse Jeanne*），海牙，1721年。

圖9 教宗若望八世（872-882）於875年為禿頭查理二世（Charles the Bald）加冕。貢代博物館 （Musée Condé），尚提伊（Chantilly）。

圖10 皇帝奧圖三世登基，兩側是教會和平信徒的代表。《慕尼黑福音》（The Munich Gospels），巴伐利亞國立圖書館（Staatsbibliothek），慕尼黑。

圖11　馬可・奧理略騎馬雕像。中世紀時立於拉特朗大殿外，當時被認為是代表君士坦丁大帝。卡比托利歐廣場，羅馬。

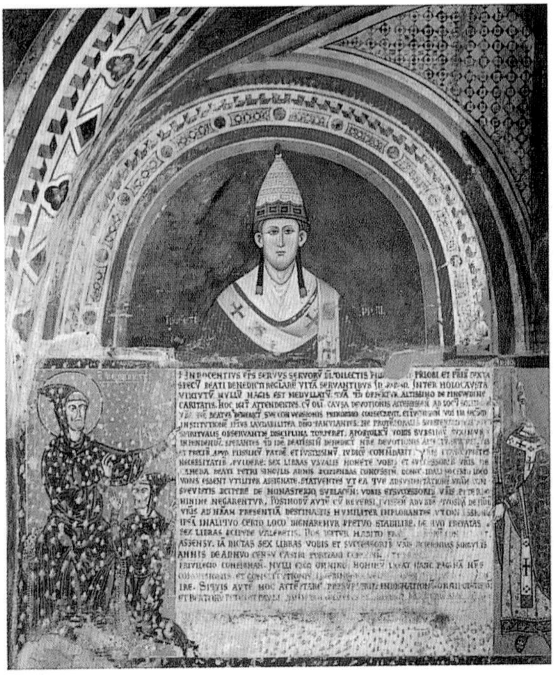

圖12　中世紀最偉大的教宗。依諾增爵三世（1198-1216）。十三世紀壁畫，聖穴修道院（Monastery of Sacro Speco），蘇比亞科（Subiaco）。

圖13　教宗博義八世（1294-1303）於1300年第一個大赦年的就任儀式，在拉特朗大殿的賜福陽臺。盎博羅削圖書館（Biblioteca Ambrosiana），米蘭。

圖14　基督將天國的鑰匙交給聖伯多祿。壁畫，彼得羅・佩魯吉諾（Pietro Perugino）繪，西斯汀小聖堂，羅馬。

圖15 教宗亞歷山大六世（1492-1503）祈禱。耶穌復活壁畫的細部，賓杜里喬繪，波吉亞套房，梵蒂岡宮殿，羅馬。

圖16 教宗儒略二世（1503-1513）晚年時。拉斐爾繪，國家美術館（National Gallery），倫敦。

圖17 教宗庇護二世（1458-1464）在安科納等待歐洲各王侯抵達率領十字軍。賓杜里喬繪，皮科洛米尼圖書館（Piccolomini Library），西埃納主教座堂。

圖18 教宗李奧十世（美第奇，1513-1521）和姪子們。拉斐爾繪於1518年，就在李奧委任他為新聖伯多祿大殿的建築師後不久。烏菲茲美術館（Galleria degli Uffizi），佛羅倫斯。

圖19 教宗克萊孟七世（美第奇，1523-1534）。他拒絕為亨利八世廢除第一次婚姻，並縱容1527年的羅馬劫掠。謝巴斯提亞諾・德・皮翁伯（Sebastiano del Piombo）繪，卡波迪蒙特美術館（Museo di Capodimonte），拿坡里。

圖20 教宗保祿三世（法爾內塞，1534-1549）。他在獲選教宗前有四名私生子女。提香為他繪製兩幅肖像，這是其中一幅，卡波迪蒙特美術館，拿坡里。

圖21 教宗保祿五世（波吉西，1605-1621）。他是頭號反動派，首先反駁伽利略所擁護的哥白尼日心說，支持地心說。貝尼尼繪。丹麥國立美術館（Statens Museum for Kunst），哥本哈根。

圖22 教宗依諾增爵十世（潘費里，1644-1655），在任期間主要由他惡名昭彰、陰險腐敗的情婦歐琳碧亞・梅道齊林主導。維拉斯奎茲繪，多利亞潘費里美術館，羅馬。

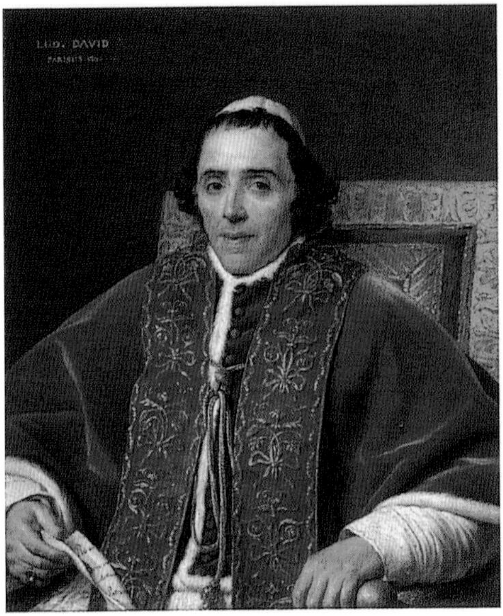

圖23 教宗庇護七世（1800-1823），不得不竭力應付拿破崙，而拿破崙待他十分粗暴。賈克一路易・大衛繪，羅浮宮博物館，巴黎。

圖24　一八〇四年十二月二日，皇帝拿破崙在巴黎聖母院為自己和皇后約瑟芬加冕，教宗庇護七世坐在右側觀禮。賈克一路易・大衛繪，羅浮宮博物館，巴黎。

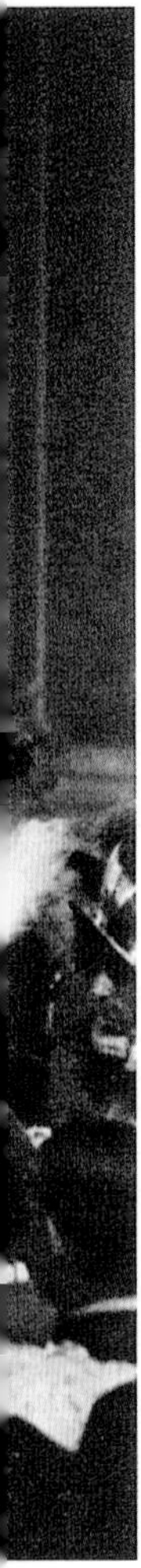

圖25 教宗庇護九世（1846-1878）和國王維特・埃馬努埃萊二世。通俗版畫。

圖26 教宗李奧十三世（1878-1903）。大量印製的通俗版畫，復興運動博物館（Museo del Risorgimento），米蘭。

圖27 教宗庇護十二世（1939-1958）在一九三九年的就任儀式時坐在分娩座椅上。

圖28 教宗若望・保祿一世（1978）第一次在陽臺面向聖伯多祿廣場賜福。

圖29 教宗若望・保祿二世（1978-2005）於1981年遭暗殺未遂後，不得不乘坐加裝防護的「教宗座駕」。

1314

換做是優秀的教宗，例如額我略七世或依諾增爵三世，必定會拯救聖殿騎士團；可嘆的是，克萊孟沒這麼優秀。在國王最可恥的統治時期中，他對腓力的卑躬屈膝成了他記憶中不可磨滅的污點。他只有一次表現出是按自己意願行事：腓力策劃這起行動只是想奪取聖殿騎士團的財產，而教宗於一三一二年五月二日頒佈的詔書裁定，騎士團的所有地產（除了卡斯提爾王國〔Castile〕、亞拉岡、葡萄牙和馬約卡島〔Majorca〕延後裁決外）應轉交給他們的弟兄，醫院騎士團，於是他們突然意外一夜致富，而這是腓力無法欣然接受的。但在詔書生效前，國王早已過世。

在聖殿騎士團遭迫害期間，教宗的健康狀況日益惡化；最後於一三一四年四月二十日在隆河的羅克莫爾（Roquemaure）一座城堡過世。克萊孟五世至今之所以讓人記得，主要是因為他是亞維儂教廷的第一位教宗；但要記住的是，教廷駐地從未正式轉移過。克萊孟本身從未放棄返回羅馬的想法；他只是不斷推遲返回的時間，這也難怪，當時義大利中部和北部正歷經有史以來最大動盪。在倫巴底和托斯卡尼的那一頭，支持教宗的歸爾甫派（Guelfs）和支持神聖羅馬帝國皇帝的吉伯林派（Ghibelline）正發生激烈爭執，而羅馬的科隆納家族和奧爾西尼家族也是；盧森堡的亨利大公於一三一二年抵達羅馬參加亨利七世加冕為皇帝的典禮時，他不得不殺出一條路才能進入羅馬。（這場典禮是由三位樞機主教在拉特朗大殿的廢墟中舉行，拉特朗大殿是在四年前毀於大火。）總之，教宗沒什麼意願越過阿爾卑斯山；已病危的他寧可在自己的家鄉離世。

✠

克萊孟五世過世後，教宗之位有兩年五個月一直空懸。祕密會議一開始在卡潘塔斯（Carpentras）舉行，但因加斯科涅的部分樞機主教對義大利黨派之爭煽動武裝攻擊而中止。這股亂象蔓延到這座城鎮，地方上大部分人的情緒都被點燃。克萊孟的一個姪子洗劫教廷金庫後不見蹤影。接下來是一段漫長的冷靜期，樞機主教們等到一三一六年三月才重新開會；即便如此，他們也拖了五個月才達成共識，也是因為腓力五世（五月時繼承父親的王位）將他們囚禁在道明會修道院，每天都減少他們的飲食配給，直到他們做出決定為止。他們最後選出賈克・篤斯（Jacques Duèse），封號若望二十二世（一三一六—三四）。他當時已經六十七歲，但跟前任不一樣的是，他有優秀的管理能力；他也精力無限，總是隨時準備應戰。他沒多久就應戰了，與方濟各會的「屬靈派」（Spirituals）長期交鋒，那是類似「小兄弟會」（Fratcelli）的極端團體，他們的訴求是回歸聖方濟最初的戒律，並嚴格遵守他的規則和遺囑，尤其是關於清貧誓願的原則。若望收到訴求後毫不猶豫宣稱，《聖經》中完全沒提到基督和其使徒是「窮人」，未持有自己的財產。他宣稱，比起清貧或貞潔，服從是更好的美德。他更駁斥，為了安排便利，方濟會的財產理論上歸屬教廷，並允許修會「使用」這筆財產。所以，此後不論方濟會人士喜歡與否，都是財產擁有者，而且在許多情況下算是相當富裕。

這一切導致修會分裂，而且其效應是前所未有的；許多方濟各會會士公開分裂。其中包括修會會長，且塞納的麥可（Michael of Cesena），以及英格蘭神學家，奧坎的威廉（William of Ockham），兩人從亞維儂逃到教宗的頭號敵人的宮廷，也就是德意志國王，巴伐利亞人路易四世（Louis IV the Bavarian）。路易的敵意源自一三二二年，他在戰場上擊敗並俘虜奧地利的腓特烈（Frederick of Austria），他相信贏得這場戰役能讓他獲封為神聖羅馬帝國皇帝。但若望禁止他行使帝國權力，直到教宗解決紛爭。路易以「薩克森豪森稱謂」（Sachsenhausen Appellation）回應，他首先否認教宗有權力干涉帝國選舉，接著抨擊教宗對屬靈派的譴責。若望為此做出開除教籍的判決；但在一三二八年一月，路易抵達羅馬，由年邁的夏拉・科隆納為他加冕為「人民統帥」（captain of the people），三個月後，鄭重廢除「加歐赫的賈克」（Jacques of Cahors，加歐赫是教宗的出生地）的教宗之位，由某位方濟各屬靈派人士為對立教宗取而代之，封號尼古拉五世（Nicholas V），並由皇帝為他戴上教宗冠冕。

但路易做的太過火。他既不是奧圖大帝，也不是紅鬍子腓特烈這種能扶持教宗或對立教宗之人，而羅馬人也知道這點。此外，他只有一支充場面的軍隊，拿坡里的國王羅伯特派軍隊北伐時，他帶著對立教宗逃跑了。一三二九年一月，他們兩人出現在比薩，另有且塞納的麥可、奧坎的威廉，他們在主教座堂舉行一場儀式，將教宗若望模樣的稻草人穿上隆重教會祭服，正式接受異端指控的譴責。這種怪異的儀式對提高皇帝或對立教宗的名聲沒什麼作用，而且尼古拉之後也未跟隨他的保護者和支持者。隨著原本就薄弱的權勢迅速流失，他離開路易，獨自返回德意志，經過幾個月的流浪後，他自行放棄。教宗若望出乎意料地待他寬容，正式赦免他，甚至給他一小筆養老金，不過他採取了預防措施，在尼古拉的三年餘生中將他幽禁在教宗住所。

異端的指控明顯是毫無道理；但若望二十二世在生命將盡時，斗膽甘冒風險，此時他其實也已八十多歲。當時正統神學家普遍會認同聖徒升天後能立刻獲准見到上帝的完整異象；若望在一三三一至二年冬天發佈的一系列佈道中，聲稱這不是事實，並堅稱完整的神聖異象會保留到最後的審判後；到那時他們才能思考基督的人性。此說法隨後引來巴黎大學一個博士委員會的抗議風暴，導致他遭受譴責，他們並堅持要求召開大公會議。最後教宗修改並撤回他的說法，承認受祝聖的靈魂「在條件允許下會盡可能清楚地」看到異象，儘管這種折衷說法有點荒謬，但似乎能令批評者滿意。正如他的前任，他是不知悔改的的任人唯親者：他任命的二十八名樞機主教中，有二十人來自南法，有三人是他的姪子。但與克萊孟不同的是，他從未認真考慮遷回羅馬[4]；在他過世之時，教廷受到法蘭西的影響——加上受到法蘭西國王的影響——比之前更徹底。

此時的亞維儂比克萊孟五世剛抵達時更大、更富裕。教廷在此定居二十五年後，此地已不再是惡名昭彰的村莊。此時這裡已發展成城市，教宗克萊孟和若望一起打造的財政系統為這裡帶來無數財富。所有地區經過整頓後，為樞機主教和大使們，以及從歐洲各地到此賺錢的銀行業者、商人、建築師、畫家和工匠興建了精緻的宮殿和豪宅[5]。亞維儂教廷迅速發展成歐洲第一大財政勢力。深感震驚的佩脫拉克在一三四〇年寫道：

> 加里利的貧窮漁夫的繼承人們在此統治；奇怪的是，他們忘了自己的根源。我回憶起他們的祖先時，感到震驚的是看到他們滿身穿金戴銀，身穿紫衣，吹噓著各國和各親王贈送的禮物；還看到豪華的宮殿，高地上築起堡壘，而不是一艘因避難而日趨沒落的船……我們看到的反而是一群惡名昭彰的一丘之貉，而不是神聖的隱士；也不是清醒的聚會，而是放蕩的宴會；不是虔誠的朝聖，而是腐敗和異常怠惰；不是像使徒一樣赤腳，而是像盜匪般騎著雪白駿馬從我們面前奔馳而過，馬匹配戴著金飾，以金器餵食，若主不制止這種盲從的奢華享受，他們很快會讓馬匹安上金製蹄鐵。

若望相當樂於帶頭示範這種愚蠢的炫富。沙托納迪帕普（Châteauneuf-du-Pape）葡萄園便是由他建立；一三二四年十一月他為孫姪女舉行婚宴，供應飲食的紀錄流傳下來，包括九頭牛、五十五頭羊、八頭豬、四頭野豬、兩百隻閹雞、六百九十隻雞、三千顆蛋、五百八十隻鷓鴣、二百七十隻兔子、四十隻　、三十七隻鴨、五十九隻鴿子、四隻鶴、兩隻野雞、兩隻孔雀、二百九十二隻小鳥、三英擔[6]起司、兩千顆蘋果等其他水果、十一桶葡萄酒。

或許到頭來，屬靈派說得有道理。

✠

教宗若望二十二世在一三三四年十二月四日過世。這次，僅這一次，樞機主教行動相當迅速。新教宗在二十日選出：是帕米耶赫的主教，雅克．福尼爾（Jacques Fournier），是麵包師傅的兒子，曾是熙篤會僧侶，封號本篤十二世（一三三四－四二）。他不是有吸引力的人物。身材高大壯碩，聲音宏亮，他因擔任宗教裁判所的法官而打開知名度，擅自剷除卡特里派在法蘭西西南方的最後殘跡。此舉十分成功：在五位主教和納瓦拉國王（King of Navarre）面前，以火刑燒死一百八十

4 有一度勉強提議遷到波隆那，但幾乎是立刻作罷。

5 其中一座宮殿是小皇宮（Petit Palais），至今仍座落於主教座堂西北方數百碼處。小皇宮的文藝復興風格立面是在十五世紀由教廷使節朱利亞諾．德拉．羅維爾（Giuliano della Rovere）所添加，他就是未來的教宗儒略二世（Julius II）。

6 譯註：英擔（hundredweight），重量單位，一英擔相當於四十到五十公斤。

三名男女——當代人形容這壯觀的場面「非常盛大，是取悅上帝的全燔祭[7]」[8]。教宗若望為此任命他為樞機主教，以獎勵他在此任務中的優秀表現。

儘管本篤頑固倔強，他也有其素養。他沒有若望的傲慢；鄙視奢侈生活，仍繼續穿著熙篤會的會衣。他厭惡任人唯親，他未提拔自己的親戚，他對前兩任教宗時期養成的所有陋習宣戰。所有聖職人員的食客和聲名狼藉的僧侶，若沒有留在亞維儂的正當理由，全部都被打發走。他首次修正了發佈公文應付的費用；為熙篤會、方濟各會和本篤會起草嚴格的新法規。但在外交方面，他所涉及的事都沒什麼成效。他試圖防止法蘭西和英格蘭爆發百年戰爭，結果徹底失敗，而百年戰爭也終結了聯合十字軍的可能性，他也努力修補與皇帝路易之間的關係，但輕易就遭到法蘭西國王腓力六世和拿坡里國王阻擾。

有證據表明在本篤剛開始擔任教宗時，認真考慮過返回義大利，但由於羅馬的狀況毫無改善，因此最初只考量波隆那。他幾乎是在就任後立刻下令整修聖伯多祿大殿和更換屋頂，接下來數年繼續花大筆金錢整修聖伯多祿和拉特朗大殿。但過沒多久，他似乎被樞機主教們（他們幾乎都是法蘭西人）和腓力國王勸阻；到了一三三五年末，他的臣民相信教宗會留在隆河畔一段時間，甚至可能永遠留下，於是開始興建教皇廳。

教皇廳的選址就在主教座堂以南。第一棟建築是高一百五十英尺的塔樓，低樓層設為教廷金庫，高樓層是教宗的個人房間。本篤在此增設兩層樓的小禮拜堂，以及現今位於宮殿北區的整座建築；他的繼任者增設更精緻的西廳和南廳，於是這些建築在宏偉的拱頂接見廳以南構成一座龐大的修道院迴廊，後來稱為榮耀庭院（*cour d'honneur*）。於是教皇廳（Palais des Papes）成了結合宮殿、修道院和堡壘的怪異建築，難以算是成功的建築；如今也因為缺少家具陳設而處境尷尬。但不可否認，這對流亡教廷來說仍是非凡壯觀的紀念建築。

教宗本篤在一三四二年四月二十五日過世。佩脫拉克稱他是被「年齡和葡萄酒壓垮」；事實上他當時只有六十歲出頭，但這番指責或許有幾分道理：儘管他嚴格禁慾，但他的食慾旺盛是眾所周知的。他與繼任者相比是天壤之別。皮爾．羅傑（Pierre Roger）是科雷茲（Corrèze）鄉紳地主的兒子，雖然沒有顯赫的出身，但已有出眾的職涯經歷。他有神學和法典學的雙博士學位，二十八歲擔任桑斯總主教，二十九歲擔任盧昂總主教，不久後他很快獲任命為祕書長，並由腓力六世任命為法蘭西首席大臣。國王其實很渴望他能接任本篤，因此派兒子到亞維儂，希望能左右選舉，但王子抵達後發現沒有必要了：樞機主教們已經選出羅傑為教宗克萊孟六世（一三四二—五二）。

「我的前任們，」克萊孟宣稱：「不知道怎麼當教宗。」他要開始向他們證明自己更像教宗，不過他其實活得不像教宗，更像東方的君主。他身穿華麗的衣服，有一大群隨從簇擁著，向所有靠近他的人贈財賜恩（他也宣稱：「教宗理應讓臣民幸福」），他的奢侈和外放作風輕易就遠勝於歐洲所有君王；他的宮殿開支據說是腓力國王在巴黎的十倍。他的登基宴會有三千賓客參加，共計吃

7 譯註：holocaust，亦有大屠殺之意。

8 穆林斯（E. Mullins），《亞維儂教廷》（*Avignon of the Popes*）。伊曼紐．勒羅拉度瑞（Emmanuel Le Roy Ladurie）在《蒙塔尤》（*Montaillou*）中細述了這一段駭人聽聞的故事。

掉一千零二十三頭羊、一百一十八頭牛、一百零一頭小牛、九百一十四頭小山羊、六十頭豬、一萬零四百七十一隻母雞、一千四百四十隻鵝、三百隻狗魚、四萬六千八百五十六份起司、五萬份水果餡餅、兩百桶葡萄酒。不只是他周圍的一切環境令人眼花繚亂；他本人也是。他聰明非凡，是當代最優秀的雄辯家和傳教士；且魅力無窮。但所有舊時代的陋習又回來了。帶著報復心態回到以往糟糕的任人唯親作風。克萊孟在十年任期中任命了二十五位主教，其中有二十一位是法蘭西人，至少有十位是他的近親；其中一人後來成為額我略十一世，是亞維儂七位教宗中最後一位，普遍被認為是他的兒子。還有其他謠言是與女人有關：大部分謠言集中在美麗迷人的西西莉（Cécile），她是蒂朗伯爵夫人（Countess of Turenne）、教宗姪子的姻親姊妹，經常在宮殿裡擔任女主人。佩脫拉克一如既往地異常激動憤慨：

> 我就不提通姦、誘姦、強姦、亂倫了；這些只不過是他們縱欲狂歡的前奏。我不計算他們侵佔多少人妻或剝奪多少少女的貞操。我也不用說他們用什麼手段讓她們憤怒的丈夫和父親默不作聲，也不用提是哪些卑鄙之人為了黃金出賣自己的妻女。

他斷言，妓女們「群聚在教宗的床上」。一般詩人或許不是最有力的目擊證人；但佩脫拉克是中世紀最優秀的作家之一，他若願意，原本可以為我們留下一段關於亞維儂教廷的精彩精準的記述。可惜他只留給我們一段幾近怪誕的歪曲作品。

教宗克萊孟是否曾考慮讓教廷返回羅馬？確實沒有。不僅是因為本篤開始興建的教皇廳殿已完工；一三四八年，他從拿坡里王后和普羅旺斯伯爵夫人喬安娜（Joanna）手中買下亞維儂和維奈桑（County of Venaissin）周遭的土地。喬安娜當時二十二歲，以美貌聞名；但她是以難民身分前來亞維儂。三年前，與她一起住在拿坡里的年輕丈夫，匈牙利大公安德魯（Prince Andrew of Hungary），遭到她的姑婆，瓦洛的凱瑟琳（Catherine of Valois）下令殺害，但不排除喬安娜與她共謀的嫌疑。安德魯的哥哥，匈牙利國王路易（King Lewis of Hungary）以復仇為由，進攻拿坡里，自行主張拿坡里王國的所有權。喬安娜與她的第二任丈夫塔蘭托的路易（Louis of Taranto）逃到亞維儂向姻親兄弟尋求庇護，並請求教宗克萊孟為她洗刷冤屈。

從不掩飾好女色的克萊孟樂得答應她的請求。調查結果幾乎已成定局，但過個場裝裝樣子顯然還是很重要的。他們將教宗的寶座設在高臺上，樞機主教們分別坐在兩側形成半圓形。由路易國王的兩位大使進行起訴；喬安娜據說是為自己辯護，而且辯解得相當出色。接著克萊孟站起身，宣布她無罪。喬安娜的第一個目標達到了，她現在還有一項訴求。她那齷齪的姻親兄弟扣押了她的財產，現在她身無分文。他已經回到匈牙利，而拿坡里當地的公侯們重新召她回去；但她和丈夫沒有盤纏可以上路。教宗再次樂得義不容辭。他立刻準備八萬枚弗洛林金幣，並要求以城市和郡的所有權為回報。

這段故事之所以更值得注意，是因為此事發生在黑死病那一年。瘟疫已在一三四八年一月蔓延到亞維儂；到了九月，瘟疫已奪走至少六萬二千人性命，可能佔城內和周遭地區人口的四分之三，包括佩脫拉克的戀慕之人蘿拉（Laura），以及思定會會士（Austin Friars）[9]的所有英格蘭人會眾。教宗克萊孟大可以到鄉下避難，留在亞維儂表示他有相當大的勇氣，他在此地安排車伕和墓葬業者運走和埋葬屍體，不過他們很快不得不放棄這艱困的工作。他還買了一大塊地，並改建成墓地。到了四月底，這塊地已埋葬了約一萬一千人，還有一批屍體等著埋在上面。有位法蘭德斯教士當時在那裡目睹疫情爆發，他記述道：

> 大約在三月中，教宗經過深思熟慮後，大赦所有在復活節前告解和懺悔的病危者，他同樣下令每星期在特定日子舉行虔誠的宗教遊行和反覆唸誦禱文。據說來自鄰近各區參加這些活動的人數有時多達兩千人；許多男女是赤腳行走，有些人披麻蒙灰以示懺悔哀悼，一邊走一邊流淚和扯頭髮，用鞭子鞭打自己，甚至打到出血。

在疫情爆發初期，教宗會親自參加這些遊行，但發現疫情容易傳染後，隨即下令終止遊行。他接著明智地避居到自己的私人住所，不接見任何人，整日整夜都燒著兩堆柴火度過。盛夏時在亞維儂燒柴火是無法承受的，他暫時避居到瓦隆斯（Valence）附近的城堡，隨著秋天到來再回到教皇廳燒柴火。這預防方法證實相當成功，他倖存下來，但一直到將臨期（Advent）疫情才終於緩下來；到那時亞維儂已沒剩多少人慶祝將臨期了。

歐洲在擺脫惡夢之時，也開始尋找替罪羔羊；而目標落到了猶太人身上，這或許難以避免的。難道猶太人不是敵基督嗎？難道他們沒有綁架和折磨基督徒孩童嗎？難道他們沒有經常褻瀆聖體嗎？難道他們沒有在基督徒社區的水井裡下毒，導致所有居民感染疫情嗎？猶太人指出自己所受的苦和基督徒一樣多，按理說甚至更多，因為他們不得不擠在猶太人聚居區，但這些辯解徒勞無功；指控他們的人聽不進去。早在五月時，普羅旺斯就發生屠殺猶太人的行為，在拿邦（Narbonne）和卡爾卡松（Carcassone）的所有猶太人社區遭到清算。在德意志和瑞士發生幾近大屠殺的迫害。教宗克萊孟迅速採取行動。七月四日和九月二十六日，他兩次頒佈詔書，譴責所有大屠殺事件，呼籲所有基督徒以寬容和克制的方式行事。繼續傷害猶太人者會立刻被開除教籍。

可嘆的是，對許多猶太人來說為時已晚。十四世紀的通訊速度緩慢；儘管教宗努力制止，但仍發生了三百五十宗屠殺事件，超過兩百個猶太人社區徹底被滅絕。但此事不能怪克萊孟。反而值得記住的是，他是史上第一位主動捍衛猶太人的教宗，不論是身在何處的猶太人。這是他一生中最高尚勇敢的時候，是值得許多繼任者遵循的典範。

為了復甦急劇下滑的羅馬經濟，教宗克萊孟宣布一三五〇年為聖年，但這方法未成功。來到羅馬的朝聖者為此地的荒廢和腐敗感到震驚。這座城市已有半個世紀沒有教宗，到了前所未有的蕭瑟地步。羅馬人似乎曾有一度可能挽回自尊；當時是一三四四年，羅馬浣衣女之子克拉・狄・連索（Cola di Rienzo）正好是天才煽動家，他發起一場激烈運動，反抗當地貴族，藉由喚起眾人對

9 來自列斯特（Leicester）的教士亨利・奈頓（Henry Knighton）在該世紀末寫道：「沒有人關心。」他更直言不諱地補充說道：「一百五十位方濟各會士中，無人能倖存下來記錄這件事——而且是一件好事。」

這座城市的昔日偉業的記憶，並預言羅馬將輝煌重生，燃起眾人的願景。他因此於三年後在卡比托利歐山獲得護民官（Tribune）的封號，並獲得無限的獨裁權力；接著他召開「國家」會議，鄭重向義大利所有城市授予羅馬公民身分，宣布推選義大利皇帝的計畫，其人選想必指的是他自己。

但統一義大利的訴求，不論是由德意志王公或羅馬煽動者宣布，注定都是失敗的。克拉因毫不費力獲得獨裁權而驕傲自滿。他佔據了拉特朗大殿倖存下來的住所；他採用封號「聖靈的白袍騎士」（White-robed Knight of the Holy Spirit）；他在一處斑岩水池行沐浴禮，這處水池被認為是教宗思維為君士坦丁大帝施洗的地方[10]；據說克拉最終接受了六個不同王冠的加冕。難怪到了一三四七年，一群羅馬人民轉而反抗他，迫使他逃亡。他被教廷使節開除教籍，先是跟隨小兄弟會逃亡；接著在一三五〇年遷到布拉格，向德意志國王查理四世求助。但此舉證實是一嚴重錯誤：查理認定他是狂人，將他關押了兩年，然後把他交給教宗。克萊孟一直不太能抗拒克拉，雖然讓他接受異端審判，但暗地裡為他安排無罪開釋。

一三五二年十二月，六十一歲的教宗克萊孟過世時，克拉．狄．連索仍在亞維儂受牢獄之苦。隔年他接受審判，正式獲判無罪。接著在一三五四年，克萊孟的繼任者依諾增爵六世（一三五二—六二）下定決心將教廷遷回羅馬，並設想將克拉以元老院議員身分送回羅馬，相信他能協助他的代理（Vicar-General）副主教，西班牙樞機主教吉爾．艾瓦雷茲．卡里洛．狄．阿伯諾斯（Gil Alvarez Carrillo de Albornoz）鋪路——重申教宗在羅馬的權勢，帶頭反抗始終與教廷敵對的貴族，說服民眾支持教廷事業。於是克拉回到以往的榮景，在羅馬受到嚴密保護和款待，但昔日的魔力消失了。民眾一如既往善變，群起反對他。他穿著閃亮的盔甲出現在卡比托利歐的露台上，高舉著羅馬旗幟，但徒勞無益；只引來群眾更大聲嘲笑。他假扮成乞丐試圖逃走，但藏在破衣服裡的金手鐲閃閃發光，洩漏了他的身分。不一會兒他的屍體被倒掛在一處公共廣場，詭異的是，六個世紀後仿效他最成功的貝尼托．墨索里尼（Benito Mussolini）也遭遇類似的下場。

依諾增爵六世此時已經七十歲；但他仍精力充沛。許多樞機主教已習慣了克萊孟奢華的生活方式，他們一定十分後悔選擇了這位新繼任者。在新教宗的帶領下，亞維儂經歷了徹底改革。放棄多采多姿、奢侈鋪張的作風、遊行和列隊排場；回歸樸實、節儉、公正和紀律。正如本篤十二世在任期間，改革在當時是司空見慣的事。新教宗將自己位在隆河對岸的維勒納夫（Villeneuve）的宅第貢獻給加爾都西會（Carthusian），並提供大部分經費將這座宅第改造成修道院[11]。但他心中一直未忘記返回羅馬；而且沒有比阿伯諾斯更適合的代表。比起教會人士，這位樞機主教更像是一位將領，迅速制服了曾實權控制教宗國的各種專制君主和封建領主。反叛的城市一個接一個收復：維泰博、奧爾維耶托、斯波列托、里米尼、安科納。最重要的是，他從米蘭的維斯康提手中收復了波隆那。並非所有城市都是以武力征服，砸錢收買也是方法之一，尤其是波隆那，到了一三六四年，教宗國再次全部承認教宗的權威。

10 事實上君士坦丁是在尼科米底亞（Nicomedia）的臨終床上受洗。請見第二章。

11 現稱為祝福谷加爾都西會修道院（Chartreuse du Val de Bénédiction），在法國大革命時期已遭到嚴重破壞。但現在仍能看到雙中殿和教宗依諾增爵之墓。

教宗努力整頓教廷，而且整體來說是成功的。在他的帶領下，比起前任的豪奢時期，亞維儂確實顯得不如往日的繁華；但也剷除了最糟糕的惡習，帳目也得以平衡。在外交方面，他與查理四世維持友好關係，即便查理四世在頒佈所謂的金璽詔書（Golden Bull）以規範德意志國王的選舉，其中未提到教宗有權批准候選人後，仍於一三五五年如旋風般造訪羅馬，由奧斯提亞的主教樞機為他加冕。但他的新十字軍計畫失敗了（此時這類計畫一向會失敗），他試圖修補與拜占庭的分裂也同樣無果。（因為他按慣例遵循教廷政策，以拜占庭完全服從羅馬為條件，會失敗也是意料之中。）

或許依諾增爵最優秀的外交成就是一三六〇年協商的《布勒丁尼條約》（Treaty of Brétigny），在百年戰爭期間帶來相對和平的九年。但他很快就為自己的舉措後悔。在敵對期間，佔雙方主要戰力的傭兵獲得大筆報酬，整體來說他們也表現良好；在和平期間，他們突然失業了。他們除了組成「自由傭兵團」四處掠奪外，還能做什麼？而且還有比教廷首都更好的選擇嗎？一三六〇年十二月，就在條約剛剛簽訂七個月後，他們佔領了隆河上游約二十五英里處的小鎮蓬聖埃斯普里（Pont-Saint-Esprit），截斷了亞維儂與外界的聯繫。沒多久亞維儂也被圍困；而一三六一初再次爆發瘟疫時，圍城持續不斷。到了那年夏初，已經有一萬七千人死亡，包括九名樞機主教。

此時已年近八十的教宗依諾增爵屈服了。他收買這群盜匪，支付他們大筆金錢（為此他必須借貸），以換取他們的退兵。雙方協議的條款內容並未流傳下來，很可能涉及到他們遷往義大利之事，並在那裡協助樞機主教阿伯諾斯的和平運動。一直以來，樞機主教（阿伯諾斯）雇用幾支自由傭兵團是眾所周知的事，但是否包括圍攻亞維儂的那群盜匪？這我們就永遠無法得知了。

教宗依諾增爵在一三六二年九月帶著失望傷心離世。樞機主教們一開始選擇克萊孟六世的弟弟為繼任者——明顯是渴望回到昔日的美好時光——但他拒絕了；他們無法從樞機團中推出人選後，於是選出了本篤僧侶吉奧姆・德・格里莫（Guillaume de Grimoard）為教宗烏爾巴諾五世（一三六二—七〇）。由於他曾擔任教廷使節出使義大利執行各種任務，因此在公共事務方面並非完全沒經驗；但他仍不諳世故、嚴謹且格外虔誠。在擔任教宗八年間，他堅持穿著本篤修會的黑色會衣，晚上在特別為僧侶而設的小房間睡覺時，是睡在沒有墊褥的木板上。他一天會花幾小時讀書和禱告。他是嚴謹的學者，贊助藝術和科學，為貧困學生提供優渥的獎學金，據說他個人資助了一千四百名學生，並資助蒙佩利爾（Montpellier）的一所學院，不僅在奧倫治（Orange）附近創辦大學，還有遙遠的維也納和克拉科夫（Cracow）。

烏爾巴諾懷抱著兩個雄心壯志：一是號召十字軍對抗突厥人，並希望藉此讓東方教會回歸天主教會；二是將教廷遷回羅馬。十字軍再次未能順利成行。十字軍原定由法蘭西國王約翰二世帶領，他曾在普瓦捷戰役被英格蘭人俘虜，近期剛以數名人質（包括他的兒子）交換回來，正在籌措贖金而遲遲未出征。他來到亞維儂，宣誓率領十五萬大軍攻進聖地。但進軍之前，他被押為人質的兒子逃脫了，而約翰以信守承諾為由，主動回到英格蘭接受囚禁，一直到過世仍在英格蘭當人質。

返回羅馬的討論歷時漫長，而現在的條件比半個世紀前更有力。阿伯諾斯十分善盡職責；貝爾納博・維斯康提（Bernabò Visconti）雖持續在波隆那製造麻煩，但最後被收買，此刻教宗國也算是處於和平狀態。於是在一三六六年六月，教宗烏爾巴諾公開向諸位樞機主教和歐洲所有王公宣布，教廷要離開亞維儂，遷回羅馬。不論王公們是怎麼想的，教廷全體都感到震驚。此時教廷所有成員，從樞機主教到最低階的抄寫員都是法蘭西人。他們的家都在亞維儂或維勒納夫，而且當中有許多人是花了不少錢在當地購買住所。他們的語言是法語或普羅旺斯語。他們最不想要的就是離開此地，前往一處瘧疾和惡臭橫生的城市，那裡已幾近荒廢破敗，不斷被一群腐敗的貴族和惡名昭彰、行事陰晴不定的烏合之眾摧殘。但聖父發話了。他們別無選擇，只能開始打包行李。

這趟令人憂心的旅程一度可能無限期延宕：法蘭西海盜將軍貝特朗．杜．蓋克蘭（Bertrand du Guesclin）獲國王查理五世之命，率領三萬人軍隊——大部分是自由傭兵團——對抗西班牙的殘酷者佩德羅一世（Pedro the Cruel）時，他改道前往亞維儂，興高采烈地要求教廷支付他二十萬枚弗洛林金幣，（他說）要當作接下來出征的費用。教宗則回以開除他們所有人的教籍，但他們行事變得更惡劣，蹂躪周圍鄉村地區，恫嚇整個鄰近地區，強暴大量修女，表現得像是最惡質的佔領軍。絕望的烏爾巴諾向城內所有人徵收特別稅以支付所要求的金額；但杜．蓋克蘭得知這筆錢是從人民徵得後立刻歸還，堅稱他無意讓人民變得更貧窮。他只接受從教廷金庫取出的錢財。結果教宗徵收新稅的對象落在教會人士身上，依舊讓人怨聲載道；於是這位將軍才帶著他們的人馬穿越庇里牛斯山，前往西班牙。

教廷繼續回到令人鬱悶的準備工作。會有一小群人留在亞維儂，平日的教廷工作會持續到羅馬準備接手為止；其餘人的大遷徙日期訂在一三六七年四月三十日。如此大規模的搬遷行動令人難以想像：有數百人（可能數千人）遷移，他們的家人和所有財物，加上所有教廷檔案、家具和設備都要跟著遷移，全部都要裝到貨船上，沿著河流往南運到馬賽。五月十九日，教宗和樞機主教們再從那裡登上威尼斯、熱那亞、比薩和聖約翰騎士團羅得島（Rhodes）基地所供應的船隊。聖約翰騎士團也同意護送教宗一行人，他們取道陸路，先前往熱那亞，接著往東南方走向義大利西岸。

教廷船艦在大海上行駛十七天後，於六月五日抵達科內托（Corneto）港口，阿伯諾斯在那裡等著他們。烏爾巴諾自然是希望能立刻前往羅馬，但阿伯諾斯勸阻他。阿伯諾斯指出，拉特朗大殿完全不適合居住。梵蒂岡雖正在準備，但尚未就緒：在秋天之前聖父若能在他位於維泰博的住處作客會比較好。於是一直到十月十六日，烏爾巴諾才在二千人武裝部隊的護衛下進入羅馬，這是六十三年來第一位教宗踏入羅馬城。

他在羅馬的日子只剩三年；但在這三年間，他開始重建拉特朗大殿，並制訂一套修復羅馬所有教堂的宏偉計畫，此時幾乎所有教堂都已瀕臨崩塌。同時教宗的出現對羅馬人來說如久旱逢甘霖；城市終於出現穩定甚至繁榮發展的機會。加上城內舉行了一些盛大慶祝活動，歡迎歐洲各地王公前來向教宗祝賀，市民也顯得朝氣蓬勃，這些王侯包括：賽普勒斯國王彼得一世（Peter I of Cyprus）、拿坡里的喬安娜女王、神聖羅馬帝國皇帝查理四世，最值得注意的是拜占庭皇帝約翰五世．帕里奧洛格斯（John V Palaeologus），他是在一三六九年十月十八日星期四正式簽署公文，宣布他個人接受羅馬天主教信仰，並蓋上皇家金印。東西方教會的合一已無可能了，雙方關係仍像以往一樣疏遠，沒有一位東正教會人士陪同皇帝前來羅馬。約翰之所以簽署那份公文，只有一個目的：說服西歐派軍隊協助對抗鄂圖曼突厥人，而突厥人對君士坦丁堡的威脅與日俱增。他所簽署的公文對他自己有約束力，對其他人卻沒有。烏爾巴諾是唯一一位有東西方皇帝拜訪的教宗；而約翰的到訪也證明他將教廷遷回羅馬的決定是成功的——尤其正面臨重大人身危險和可怕的政局動盪，更別說還要面對法蘭西國王和幾乎整個樞機團的堅決反對，仍成功達成這項任務。但事實上，教宗已不堪負荷。他此時已年近六十，他仍心屬法蘭西——他在一三六八年九月任命的八位新樞機主教中，有六位是法蘭西人，只有一位是羅馬人——而且自抵達羅馬以來，樞機團便持續施壓。此外，阿伯諾斯此時已過世，沒有他牢牢掌控義大利的事務，義大利的政局便開始迅速惡化。佩魯賈的局勢其實已發展到了反抗羅馬權威的地步，並雇用了一支自由傭兵團以便威脅屬於教廷的維泰博。他們聽令於惡名昭彰的英格蘭僱傭兵，約翰·霍克伍德爵士（Sir John Hawkwood），他曾在克雷西（Crécy）和普瓦捷征戰過，現定居義大利，不論是誰，只要願意出最高價，他都樂於受雇。

或許霍克伍德在收到無法抗拒的提議後，被說服達成協議；但此時教宗收到更驚人的消息。一三六九年，法蘭西的查理五世併吞了亞奎丹，這一區是艾莉諾女王（Queen Eleanor）在一一五二年嫁給英格蘭後來的亨利二世時的嫁妝，亨利的五世孫，國王愛德華三世憤怒之餘發動兩次遠征，欲收復失土。《布勒丁尼條約》被拋諸腦後；百年戰爭再次肆虐，而且比以往更狂熱。這對教宗烏爾巴諾是一場大災難。他已向約翰·帕里奧洛格斯承諾會盡最大努力組織龐大十字軍對抗鄂圖曼突厥人，但他也深知唯有讓法蘭西和英格蘭拋開歧見，同意為基督教界事業合作，才能啟動十字軍東征。因此他必須恢復英法之間的和平。身處在遙遠的羅馬明顯無法完成此任務；但若身在亞維儂或許還有機會。於是儘管表面上不情願，但內心或許是如釋重負的他下令返回亞維儂。

教廷船隊共三十四艘船於一三七〇年九月四日從科內托啟航；九月底前教宗便回到亞維儂，二十七日他受到英雄式的熱烈歡迎。在場迎接他的人當中，沒有多少平信徒和教會人士相信，經過這次悽慘的試驗後，教廷會再次離開亞維儂。羅馬太偏僻、太危險、太不健全、太不現實。只要心智正常，都不會想回去。教宗烏爾巴諾本人也贊同這觀點嗎？或許是吧；但就算他回到文明世界，一定仍深深感到失落，甚至挫敗。沒有紀錄顯示他曾與法蘭西或英格蘭國王進行協商；但他的機會也很渺茫。他返回亞維儂六星期內便病重，並於十二月十九日過世。他被葬在亞維儂主教座堂；但在一三七二年，他的弟弟將他的遺體遷往馬賽的聖維克多修道院（Abbey of St Victor），後來成為異教信徒膜拜的對象，或許也是因為如此，五個世紀後，教宗庇護九世於一八七〇年決定為他行宣福禮。

✠

正如我們所知，亞維儂教廷嚴格來說不屬於法蘭西。另一方面，從文化和情感方面來說，當地人自認為法蘭西人，或自認為普羅旺斯人，兩者在當時幾乎沒有差別。此時當地人口已增至約三萬人，而這座城市大小只有巴黎的四分之一；但以重心放在銀行業和國際貿易業的知識和宗教中心來說，亞維儂可與羅馬相匹敵。大學法學院（University Law School）吸引來自歐洲各地的學生，在教皇廳設置的神學院亦然。此地宏偉的圖書館也收藏著知名的阿拉伯文和希伯來文手稿，更別說還有大量希臘語和拉丁語文學和哲學藏書，使這座城市成為早期人文主義研究的中心。被佩脫拉克批評成又髒又臭的老城市亞維儂早已消失；一三七〇年造訪此城市的人會發現這是一座美麗繁榮的城市，以宏偉宮殿為主要特色，街道兩旁林立著較小的宮殿和豪宅，適合樞機主教們和主教們居住。城牆內外有大量教堂和修道院。商業區擠滿人潮；來到亞維儂的東西方商人供應的幾乎都是奢侈品。

於是法蘭西樞機主教團絕大多數或許還帶著些許沾沾自喜和「早就告訴過你」的心態召開祕密會議，只用了兩天就從他們當中選出繼任教宗：皮爾羅吉．德．伯佛（Pierre-Roger de Beaufort），封號為額我略十一世（一三七〇—八）。他自小就是教會人士，十一歲時便是賀德茲（Rodez）的教士，十九歲時由叔伯克萊孟六世任命為樞機主教，他十分虔誠、苦行且傾向於神祕主義，但他也具有堅強的意志，常令認識他的人大為驚奇。健康狀況是他的缺點之一，常令他的醫生感到擔憂，甚至偶爾引起醫生的恐慌。

或許是他的性格帶有神祕特質，因此儘管亞維儂有明顯的優勢，加上前任的不幸經歷，他仍相信教廷屬於羅馬。的確，若需要調解英格蘭和法蘭西之間的和平，亞維儂的地理位置更有利；但教宗國的位置對基督教世界來說也同樣重要，而且在該區製造麻煩的反叛軍閥只能從義大利掌控。此外，額我略是亞維儂教會人士中少數真心喜歡義大利半島的人。他年輕時曾在佩魯賈學習法律，他在那裡認識了許多當代最重要的人文主義學者，並習得優秀的義大利語。後來在烏爾巴諾在羅馬那幾年裡，他是教宗的主要代理人之一。於是他下定決心；一三七二年五月九日，他向樞機主教們宣布，他們全部將「很快」遷往羅馬。

當然，他應該知道這不是容易的事。他不但要面對樞機主教們的反對，還有法蘭西和英格蘭的反對。第二，金庫裡已沒有資金負擔運輸費用。除了義大利的戰役，更別說還有兩年前宗座和教廷遷回羅馬時，已花光了教廷金庫裡的資金。額我略不得不借錢，他向安茹公爵借了六萬枚弗洛林金幣，再向納瓦拉國王借了三千枚金幣，才得以讓教廷站穩腳根。此外，義大利的局勢一如既往地動盪；挑起戰事的又是米蘭的維斯康提家族，並威脅到皮埃蒙特（Piedmont，教宗不太擔心此地）和羅馬涅（教宗非常擔心此地）。教宗對米蘭採取強硬措施，包括軍事聯盟、發佈禁罰令，甚至號召十字軍，但都沒有成效，最後不得不忍辱締結和平。此時波隆那還宣布獨立，而教宗必須召來阿伯諾斯的繼任者，日內瓦的羅伯特（Robert of Geneva）樞機主教來擔任他在義大利的使節，以招募一支自由僱傭兵團來維護他的權威。

樞機主教羅伯特並不具備前任巧妙的外交手段。他立刻封鎖波隆那，試圖逼迫市民投降，摧殘周圍鄉村地區，縱容傭兵盡情洗劫糟蹋。他最後的暴行是放縱他們在切塞納鄰近城鎮洗劫；結果造成逾四千男女老少遭到屠殺。但波隆那仍然續堅守；直到教宗回到羅馬才終於休戰。

這一切只是讓遷回之事拖延更久，英格蘭、法蘭西和亞拉岡的國王們也拖到最後一刻才呼籲仲裁。基於所有這些原因，一直到四年半後，教宗額我略才第一次宣布離開亞維儂。若不是令人敬畏的加大利納．貝寧卡撒（Caterina Benincasa），即現今以錫耶納的聖加大利納（St Catherine of Siena）之名更為人熟知的年輕道明會修女來到亞維儂，要求召集新的反穆斯林十字軍，同時呼籲額我略將教廷遷回歷史和精神家園，他可能會拖得更久。[12]他最終與樞機主教們和教廷於一三七六年九月十二日離開亞維儂，先是前往馬賽，由喬安娜女王在那裡提供船隊，其他統治者也在那裡等待他們。剛出發，這支小規模船隊立刻遇到強烈暴風雨，有幾艘船因此失蹤。倖存下來的船隻行駛

12 不要將她和另一位女聖人，瑞典的聖彼濟達（St Bridget of Sweden）搞混了，她也曾向烏爾巴諾五世施以類似壓力，她自一九九九年後成為歐洲的主保聖女。

了兩個月才到達科內托，再從這裡沿著海岸慢慢航向奧斯提亞，再取道台伯河駛向羅馬。額我略最後於一三七七年一月十三日星期二登陸。

教廷回到了羅馬。這次定居下來了，再也沒有離開過羅馬。教廷回來後，義大利在某些方面雖未改變，但其他方面與七十年前的義大利相比是天差地別。教會合一依舊遙遙無期：歸爾甫派和吉伯林派最初的爭執原因早已被遺忘，但仍繼續互相抨擊，且一如往常釀成流血事件，罄竹難書且徒勞無益。但舊時的對立現象因七十年來沒有教宗或握有實權的皇帝而消除，而黑死病疫情已告一段落，如今風向也已無所顧忌地轉變。此時盛行各地的世俗和探究精神本身並非新興的概念，其根源可從西西里的魯傑羅與他的希臘和阿拉伯賢人開始追溯，一直到腓特烈二世和他的獵鷹、曼弗雷德和他的吟遊詩人、布雷夏的亞諾（Arnold of Brescia）和經院學派學者、波隆那和薩雷諾的醫生和法學家。但十四世紀在克拉·狄·連索和北方專制君主們的政治影響範圍下，以及在但丁、佩脫拉克、薄伽丘和人文主義者的文化影響範圍下，為此精神賦予了一種新動力；同時，長久以來阻止其發展的教廷障礙突然消失了。文藝復興已然展開。

第十六章 願天歡喜！（一三七八—一四四七）

但亞維儂並未就此結束。教廷這龐大的機器不會在數星期內就拆解遷移完畢。教宗或許是回到台伯河，但許多教廷部門仍留在隆河畔，還有為數可觀的藏書和大批檔案，此時仍存放在宮殿的一整座側廳。其中一個部門是處理財務；教宗額我略十一世在接下來十四個月的任期中，所有開支都是靠亞維儂定期將黃金運來。事實上，在為數可觀的教廷工作人員中，只有相對少部分人跟隨額我略回到羅馬，而他們主要是高階人員；數百名文書、會計、祕書和抄寫員中，絕大部分人員仍留在亞維儂，其中甚至包括六位樞機主教，負責留下調解英格蘭和法蘭西。總之，在教宗離開後，亞維儂決不是想像中的被廢棄的悲慘城市，不過也沒人能預見，即便是稍微猜測一下，也不知道有個重獲新生的希望正等在前方。

遠在羅馬的教宗額我略雖仍只有四十八歲，但也知道自己時日不多，已開始考慮繼任者的問題。他已敏銳地意識到教會仍處於分裂狀態，他深知教廷此時若想好好留在羅馬，就必須重用義大利人，這表示教宗一職首先要由義大利人擔任。於是他任命義大利人擔任樞機主教，讓法蘭西人在樞機團的影響力逐步消退。額我略於一三七八年三月二十七日過世時，明顯已獲得羅馬人認同。他們並非特別鍾愛或尊敬教宗，但已決心不再讓教宗離去。他們隨後在祕密會議中大喊：「我們要羅馬人，或至少是義大利人！」[1]——在某種程度上，他們如願以償。

1 原義大利文：Romano lo volemo, o almeno italiano. 英文譯文：We demand a Roman, or at least an Italian!

從多方面來說，封號為烏爾巴諾六世（一三七八—八九）的波托洛梅．皮亞諾（Bartolomeo Prignano）是出乎意料的人選。他不是羅馬貴族，而是出身拿坡里的工人階級，一直保有濃厚的拿坡里口音。身為有名無實的巴利總主教（而且未出席祕密會議），他成年後幾乎終其一生待在教廷文書院，是徹頭徹尾的官僚：嚴謹、有效率、勤勉認真。在某些情況下，他或許會是完美合格的教宗。但多年來法蘭西樞機主教們以施恩姿態對他指手畫腳，已對他造成一定程度的影響。他剛擔下至高無上的權力後沒多久，性情便徹底改變；那個沉默稱職的公務員一夕之間變成狂暴的專制之人，在樞機主教會議上猛烈羞辱樞機主教們，有時甚至肢體攻擊。

儘管有幾位權高位重的平信徒也成了教宗施暴的對象，包括芳迪公爵（Duke of Fondi），甚至拿坡里的喬安娜女王派來的大使團，但承受最大打擊的必然是那十三位法蘭西樞機主教。他們一個接一個溜到阿南伊，並於八月二日公開發表聲明，聲稱教宗烏爾巴諾是在一夥人的暴力下推選出的，因此不合法；他們呼籲教宗立刻退位。一星期後，羅馬仍無回覆，於是他們前往拿坡里王國境內的豐迪（Fondi），在喬安娜的保護下宣布廢黜烏爾巴諾。接著在九月二十日選出日內瓦的羅伯特為克勉七世（Clement VII）。兩位教宗皆開除彼此的教籍，向對方的支持者發佈禁罰令。西方的大分裂就此展開，如此延續了近四十年。

若烏爾巴諾是出乎意料的教宗人選，克勉也是令人深感震驚。的確，他既不是具有優勢的法蘭西人，也不是義大利人；而且他在義大利有野蠻暴行的紀錄，因此烏爾巴諾輕易就能徵召軍隊反抗他。克勉先是逃到拿坡里向喬安娜求助；儘管她個人支持他，但她的臣民明顯支持烏爾巴諾——畢竟烏爾巴諾是自己人——而克勉很快跟他的樞機團回到亞維儂。烏爾巴諾同時在歐洲各地任命至少二十九位新樞機主教，組成新的樞機團。

西方基督教世界此時面臨有史以來的獨特困境。對立教宗並非此時才有的；但這次的兩位教宗都是由同一批樞機主教們選出，而烏爾巴諾的選舉無疑是合法的——沒有人相信樞機主教們遭到恐嚇這一說詞——而他的廢黜方式也是前所未有的：教宗是否能由推選出他的人廢黜？另一方面，烏爾巴諾明顯越來越情緒不穩。於是歐洲大陸一分為二：英格蘭、德意志、義大利中部和北部、中歐都仍忠於烏爾巴諾，而蘇格蘭、法蘭西、薩伏伊（Savoy）、勃艮第和拿坡里則承認克勉的職權。經過漫長的猶豫後，亞拉岡和卡斯提爾爾也承認克勉。[2]

教會以往能容忍教廷流亡到亞維儂；但兩位對立的教宗，一位在亞維儂、一位在羅馬，對他們來說疲於應付。有兩位教宗等於有兩個樞機主教團、兩個教廷文書院、同一個主教轄區或隱修院的職位會有兩人獲任命——而且開支會增加兩倍。以開支來說，身在亞維儂的克勉有優勢，因為負責財務的部門尚未完全遷回羅馬。他建立了奢華鋪張的教廷，程度可與他同封號的克萊孟六世相匹敵，並藉此繼續與對手抗衡。但烏爾巴諾也不得閒。他最急需應付的敵人是拿坡里的喬安娜，她膽敢繼續支持克勉，但很快便付出代價。烏爾巴諾在一三八〇年廢黜她，並加冕她的表哥取而代之，即年輕的杜拉索的查理（Charles of Durazzo）。查理隔年進入拿坡里，將她囚禁在穆羅（Muro）的城堡；過沒多久便命人勒死她。

2 「就連聖徒也感到困惑，不知誰對誰錯。錫耶納的聖加大利納支持烏爾巴諾，聖樊尚・費雷爾（St Vincent Ferrar）則支持克勉」（艾蒙・達菲，Eamon Duffy，《聖徒與罪人》，*Saints and Sinners*）。

但烏爾巴諾很快發現這位新的國王就跟喬安娜一樣棘手。教宗此時執著於為他那一無是處的姪子取得寶貴的拿坡里封地，查理拒絕授予後，他開始介入拿坡里王國的內政。此時格外偏執的烏爾巴諾與他的樞機主教們遷到諾切拉（Nocera），他在那裡聽說有六位樞機主教與查理共謀組織攝政委員會，將握有實權並代理他的職務。他在盛怒下開除國王的教籍，對樞機主教們處以酷刑。查理趕往諾切拉，並包圍這座城市；烏爾巴諾和隨行人員逃到熱那亞。那六位樞機主教中，有五人被處死；第六位是英格蘭人亞當・伊斯頓（Adam Easton），因他的君主理查二世親自求情而得以獲釋。直到一三八六年，查理在匈牙利遭暗殺後數星期，教宗才返回羅馬，三年後過世。

比對手多活了五年的教宗克勉，嚴格來說已被現今的教會視為對立教宗，儘管他將為這種觀點感到震驚。他從未懷疑過自己當選教宗的合法性；烏爾巴諾過世後召開的祕密會議未承認他為合法教宗以徹底結束大分裂，這點令他感到十分失望。祕密會議反而荒唐地選出另一位拿坡里人，皮卓・塔莫切里（Pietro Tomacelli），封號為博義九世（一三八九－一四〇四）；一度驚險萬分的是，一三九一年法蘭西國王查理六世宣布打算親自帶博義回羅馬，不過幸好後來作罷。克勉最後幾年仍留在亞維儂，在備受沉重壓力下（主要來自法蘭西，尤其是巴黎大學）同意考慮一項決議，兩位教宗同時退位，由新召開的祕密會議推選新教宗；但他跟博義一樣，堅決拒絕所有這類建議，直到一三九四年九月十六日突然中風過世前仍頑強抵抗。

✠

結束分裂本來是很容易的事；只要有一位教宗過世，他的樞機主教不再召開祕密會議推選繼任者，讓在世的教宗保有無可爭議的職權，此問題就能解決。但羅馬在一三八七年拒絕了結束分裂的機會，亞維儂在一三九四年也是。遺憾的是，教宗博義有買賣聖職的傾向，年輕又精力充沛，查理六世致函亞維儂的所有二十一位樞機主教，請求他們接納他的提議。但都徒勞無功：他們以決不能受外界影響為由而未打開他的信。但他們所有人都發誓會解決分裂的問題；如果多數人決定當選人應退位，那麼他就會退位。接著他們進行選舉，並一致推選亞拉岡的樞機主教佩卓・德・魯納（Pedro de Luna），封號本篤十三世（一三九四－一四一七）。

本篤的資歷令人刮目相看。他是最初放棄效忠教宗烏爾巴諾的那群樞機主教中的最後一位，但他最終承認烏爾巴諾被廢黜為合法後，便堅定不移地支持克勉，克勉則任命他為伊比利半島的大使。亞拉岡和卡斯提爾、葡萄牙和納瓦拉最後能支持亞維儂教廷，這都要歸功於本篤。一三九三年，他被調派巴黎，在那裡公開表示支持兩位教宗皆退位以結束大分裂的方案，並宣稱自己若當選，一定會遵循此法。這表態是否對他在祕密會議上有利，我們是永遠無法得知了；但他一當選教宗後，立刻改變心意。這位驕傲又倔強的西班牙人此時明確表示，唯有他自己是合法教宗，世上無人能說服他放棄自己的責任。

而且他也證明了這點。一三九五年五月，查理六世派大使團造訪亞維儂，包括三名皇室公爵；一三九七年六月，英法派來大使團；一三九八年五月，德意志派來大使團。他們都是來請教宗遵守之前的誓言，要他正式退位。但他仍為不所動。接著該年六月，法蘭西國內召開的主教會議決定不再服從本篤。這對他來說是一大打擊，因為他將失去法蘭西教會的所有重要稅收；這也會引起納瓦拉和卡斯提爾跟進法蘭西。幾位驚慌失措的樞機主教也離棄他。但本篤仍處變不驚，將自己關在宮殿裡，相信形勢遲早會倒向他這邊。

而情勢也確實如他所料。法蘭西教會並未支持博義；而是選擇獨立，如此做法讓許多教會的領導階層深感不安。人民也多有抱怨，在繳稅給教廷的同時，看到這筆稅金直接流入皇家金庫更令他們感到忿恨。一四〇三年三月某天晚上，在最有影響力的盟友，奧爾良公爵（Duke of Orleans）的協助下，教宗本篤溜出他的宮殿，進入普羅旺斯，他在那裡立刻受到熱烈歡迎。不費吹灰之力，法蘭西、納瓦拉，甚至搖擺不定的樞機主教們都重新支持他。

這一局本篤贏了；但他仍致力於結束大分裂，一四〇四年九月，他終於覺得自己的勢力已夠強大，足以派一位大使前往羅馬，提議兩位教宗會面，或至少派全權代表人會面。

但羅馬的博義就跟亞維儂的本篤一樣棘手；然而，他在十月一日過世（死於膽結石）。從各方面來說，他是稱職的教宗，修補了前任製造的大部分傷害，重新贏得拿坡里效忠，或許最重要的是，鞏固了自己在羅馬的權勢，結束共和獨立，建立新的元老院（由他親自提名）負責城內行政。博義也大規模重建聖天使城堡。他犯下的大錯是在財務方面不擇手段：贖罪券、買賣聖職、聖職首年捐（有俸聖職者或主教教區一年的收入要直接捐給羅馬）——看來只要能讓金錢源源不絕流入他的金庫，他樂於容許這些弊端。但由於主要財務管理部門仍在亞維儂，因此博義和其教廷要存活下來並不容易。

博義的繼任者依增諾爵七世（一四〇四—六）同樣拒絕兩位教宗會面的提案；但在應付羅馬人方面，他則沒有前任那樣擅長，以致於十一位公民領導來到梵蒂岡協商，卻遭到他那指揮教廷義勇軍的愚蠢姪子殺害時，形勢一觸即發。一群民眾為此闖入宮殿；依增諾爵和他的樞機主教們有幸逃脫，並逃往維泰博。一直到一四〇六年春天，他們才得以安全返回，六個月後，教宗過世，但在此之前他已在羅馬智慧大學（Sapienza University of Rome）設置希臘語教職，這所大學是一個世紀前由博義八世創辦。

羅馬的樞機團此時選出威尼斯人安喬洛・科洛（Angelo Correr）接任教宗為額我略十二世（一四〇六—一五），其原因難以理解。額我略確實是傑出的教會人士（他已擔任十五年的君士坦丁堡拉丁宗主教），長久以來聲明自己最大的期望是結束大分裂；但他此時已經八十歲，乍看之下，他的願望不太可能實現。結果，他因為又活了九年而得以實現願望，不過分裂結束的功勞並不歸他。

✠

在額我略當選前，十四位樞機主教全員宣誓，若自己當選，會在亞維儂的教宗本篤過世或退位時立刻辭職。他們也都承諾，當選後三個月內會安排與本篤協商，決定兩位教宗會面的地點。額我略信守承諾，派一位大使與對手協商；經過漫長且偶有激烈爭執的討論後，雙方終於同意於一四〇七年九月二十九日在薩沃納（Savona）會面。但在做出此決定後，這位老人家開始動搖。他的主要壓力是來自於拿坡里國王拉迪拉斯（King Ladislas of Naples）、威尼斯總督米伽勒・史泰諾（Doge Michele Steno of Venice），以及未來的皇帝，盧森堡的西吉斯蒙德（Sigismund of Luxembourg），反對者都不樂見教廷再次落入法蘭西人手中。本篤都已經抵達拉斯佩齊亞（La Spezia）附近的韋內雷港（Portovenere），但額我略在盧加停下腳步，堅決宣布他不想跟對手見面了，而且無論如何都不會退位。

此變卦令人震驚，讓額我略失去大部分支持。兩位敵對教宗的樞機團最後放棄效忠各自的教宗，於一四〇八年六月在利弗諾（Livorno）開會，並向雙方教會的領導階層發出請求，包括兩位教宗、歐洲王公們或其代表，請他們於一四〇九年三月二十五日在比薩召開大公會議。兩位教宗拒絕了；但到比薩開會的邀請獲得最令人滿意的回覆，接受邀請的至少有四位宗主教、二十四位樞機主教、八十位主教（另有一百零二位主教派代表參加）、四個修會的會長，以及一大群來自大學和會院的傑出神學家。這次大公會議開了十五場會期，歷時超過十個星期。額我略和本篤在會議上被譴責為「惡名昭彰的分裂主義者和異教徒」，並被正式廢黜，儘管有許多人質疑他們犯下什麼異端罪。接著樞機主教們召開祕密會議，選出米蘭的樞機總主教，皮卓・費勒奇（Pietro Philarghi）為教宗歷山五世（Alexander V），他是孤兒，自小在克里特（Crete）以乞食為生，一直到擔任教宗為止。

但大公會議犯了一個十分慘重的錯誤。他們召喚兩位敵對教宗出席會議，在他們拒絕出席時宣布他們是抗命不從，這等於暗示大公會議的地位比教宗高，這是兩位敵對教宗都不會認同的原則。不久後，大家明白比起兩位教宗，同時有三位教宗只會對基督教世界造成負擔。但他們仍不悔悟，而且教宗歷山於一四一〇年五月突然過世後，他們立刻推選繼任者。

這次加入教宗群的是巴達賽瑞・卡薩（Baldassare Cossa），封號為約翰二十三世（一四一〇—一四一五）[3]，當時多數人相信是他下毒害死前任。是否真是他所為，這是值得懷疑的。但他是海盜出身，這點是毋庸置疑的；而且當上教宗後，基本上仍從事劫掠。從道德和精神上來說，他讓教廷墮落到自十世紀淫婦政治以來無以名狀的地步。一位當代編年史家帶著驚駭之心記述一則在波隆那流傳的謠言，卡薩在那裡擔任教廷使節時誘姦兩百名已婚婦女、寡婦和未婚女子，更別說還有大量修女。遺憾的是，接下來三年的數字沒有記錄下來；但他似乎保持著相當可觀的平均數字，因為在一四一五年五月二十九日的另一場大公會議上，他被指控類似罪名，這次會議是在康士坦茨（Konstanz）召開，也是唯一在阿爾卑斯山以北召開的大公會議。

相當諷刺的是，康士坦茨大公會議原本是教宗約翰的提議。他精力充沛且智力過人，但在這種情況下，他實在難以勝任精神領袖的身分。他第一次召開的主教會議簡直一團亂，據說有一隻貓頭鷹一直飛撲到教宗臉上，朝著他尖叫，以致於會議不停被打斷。（不論這故事是否真實，會有這種故事流傳，表示他普遍受到輕視。）他認為，主持大公會議能為他博得所缺乏的聲望，而且可以藉此處理許多事務。首先他要處理兩位敵對的教宗：額我略和本篤，他們已拒絕承認比薩會議的與會人士有權力廢黜他們。另外也急需調查英格蘭的約翰．威克里夫（John Wycliffe）和波希米亞的揚．胡斯（John Hus）的訓導內容。此時他需要強大的庇護者；於是在一四一二年末時，他找上歐洲一位領導，西吉斯蒙德。

西吉斯蒙德此時四十四歲。他是皇帝查理四世的兒子，也是德意志國王和匈牙利國王（經由妻子而接任），他是波希米亞國王溫塞斯拉斯（King Wenceslas of Bohemia）同父異母的弟弟（他會在七年後繼承波希米亞王位），因此十分關心胡斯在歐洲各地迅速蔓延的影響力。他曾於一四一三年耶誕節前在洛迪（Lodi）親自與教宗約翰協商，並一起宣布於隔年十一月一日在康士坦茨召開大公會議。在隨後的討論中兩人迅速達成協議，除了一點：西吉斯蒙德清楚表明他要親自主持大公會

3 他當選的情況和隨後的廢黜使他無法位列教會的教宗名單。儘管如此，頗為令人訝異的是，樞機主教安傑洛．龍嘉利（Angelo Roncalli）於一九五八年當選教宗後採用了與他相同的封號（請見第二十八章）。

議。對約翰而言，這是一大打擊。他若能主持會議程序，或多或少能按自己的意願控制他們。但若由西吉斯蒙德主持會議，一切情況反而可能對他不利。於是在一四一四年十月初，他憂心忡忡地出發前往康士坦茨。

出席比薩會議的人數相當可觀，但大部分都是義大利人或法蘭西人。康士坦茨大公會議有歐洲中部最強大的諸侯做後盾，整個規模都截然不同。共有近七百位代表出席，包括二十九位樞機主教和約一百八十位主教。揚．胡斯親自出席，西吉斯蒙德曾寫信給他，賦予他安全通行權，因此他以為人身能獲得安全保證；但僅在一場初步聽證會後，教宗便下令逮捕他，並在國王於耶誕節前抵達時交給他，接著胡斯於一四一五年七月六日在康士坦茨被處以火柱刑。

同時教宗約翰逃離了他自己的大公會議。在新一年的頭幾個星期中，眾人轉而反對他，並堅持要他接受無數罪行的審判。他有位堅定的盟友，即奧地利的公爵，哈布斯堡的腓特烈（Frederick of Habsburg）；一四一六年三月二十日，為了向西吉斯蒙德表示誠意，公爵不得不安排一場比武大會，約翰費了一番周折扮成馬伕偷溜出城，先是前往腓特烈位於沙夫豪森（Schaffhausen）的城堡，希望由勃艮第公爵保護他渡過萊茵河。但結果仍是白費力氣。大公會議要求他立刻無條件退位，但未果，西吉斯蒙德則派兵追捕他。同時約翰在缺席的情況下接受審判，並正式遭到譴責。正如愛德華．吉朋指出：「最可恥的指控罪名被壓下來：基督之代表只被指控強盜、謀殺、強姦、肛交和亂倫罪」。接下來四年，約翰由巴伐利亞選帝侯路維三世（Elector Ludwig III of Bavaria）監禁，後來他花大筆金錢贖回自由。他返回羅馬後，出乎意外的是，他獲得寬恕；他長久以來放蕩和墮落的作為，在圖斯庫倫主教轄區和文藝復興初期最宏偉的墳墓中得到了報應，這座墳墓位於佛羅倫斯主教座堂的施洗所，是多那太羅（Donatello）和米開羅佐（Michelozzo）的共同傑作。

一切問題終於在康士坦茨會議解決。約翰二十三世和此時八十七歲的本篤十三世一起被廢黜；額我略十二世被說服榮譽退位，並獲保證他在聖統制中的地位排行第二，僅次於未來的教宗——他之所以能獲得此特權，是因為他此時已年近九十，而且看起來更顯老，可能也無法享有此特權太久。確實，兩年後他過世，在樞機主教歐登・科隆納（Oddone Colonna）當選為教宗瑪爾定五世（一四一七—三一）後，大分裂總算真正結束。

✠

隨著大分裂結束，文藝復興時代的教廷也隨之展開，以瑪爾定為第一位代表。儘管他出身羅馬歷史最悠久且最傑出的家族，但他也無法立刻立足於羅馬。這座城市一直以來經常處於戰亂，此時有兩股傭傭兵在此交戰，他一直等到當選三年後才終於能首次以教宗身分進入羅馬。他看到滿目瘡痍的羅馬時深感震驚，此地人口已降至約二萬五千人，一片委靡頹喪，且多數人處於半飢荒狀態。街道上甚至有狐狸和狼在遊蕩。曾經壯觀宏偉的建築現在已殘破不堪，無人居住。梵蒂岡在半個世紀前展開的修復工作早已延宕許久，教宗甚至難以找到適合居住的地方。幸好他家族的宅邸仍適合居住；在城市完全恢復前，他不得不在此住下和復工。

同時他開始辦正事。他接管雜亂的教廷財務工作，並展開一項雄心壯志的城市修復重建計畫：城牆、防禦堡壘、橋樑、毀壞的聖殿和教堂。他召來北方的三位優秀畫家，畢薩內洛（Pisanello）、馬薩喬（Masaccio）和簡提列・德・菲布里阿諾（Gentile da Fabriano），只為拉特朗大殿作畫。在外交方面，他成功掌握（至少有相當大的程度）法蘭西教會，該教會在亞維儂時代變得十分傲慢自大。他為樞機團的國際化採取初步重要步驟，削減義大利和法蘭西勢力，任命英格蘭人、德意志人和西班牙人。他驅逐了在羅馬城內和周圍鄉村地區作亂的無數強盜。最終他重新建立了教宗國的秩序。

在教廷歷經一番大分裂的混亂後，他完成這一切成就的背後目的，是重申權勢和威望。近期在比薩和康士坦茨的兩場大公會議確立了幾項令人擔憂的新原則。教宗似乎不再是至高無上：此時在大公會議上只能任憑擺佈，大公會議的地位不但高於教宗，甚至能任意廢黜他。根據教會議至上主義者的說法，此時構成教會終極權威的是大公會議，而非教宗；教宗是大公會議的僕人，要順從並尊重會議的決定。大家同意定期舉行大公會議。總之，教廷此時正經歷西歐大部分國家已熟悉的歷程：緩慢邁向民主化的歷程，由議會政府逐步取代專制君主制度。

對於這些想法，瑪爾定五世並非不完全認同。康士坦茨大公會議畢竟為教會解決了四十年的大分裂，可能還避免了教會徹底解體；他能當上教宗，確實主要歸功於會議。但從另一角度來看，大公會議是效率低下的事情，不常會面，要商量許多不同意見，要花很長時間才能做出重大決定。大公會議不能替代成為強大的掌權者；而教宗瑪爾定不但下定決心，也能取而代之。他自己做決定，親自嚴格掌控樞機主教們和教廷。舉例來說，一四二三年九月即將在帕維亞舉行下一屆大公會議時，他宣布他不會出席。出於這個原因，加上突然爆發瘟疫，迫使大公會議在最後一刻改在錫耶納舉行，出席的代表人數相對較少；他們討論到進一步限制教宗的權勢時，他以出席人數稀少為由結束會議。教會必須等到下一次，即一四三一年七月在巴塞爾（Basel）舉行的大公會議再決定。

隨著一四三〇年即將結束，六十二歲的教宗也只是更證明自己對巴塞爾會議的熱情更不如上一場。他再次明確表示不會親自出席；他任命樞機主教朱利亞諾．塞薩里（Giuliano Cesarini）代他主持會議，並授權他在即將發生危險時可隨時解散會議。在這種情況下，就算他希望出席，他也不會出席；一四三一年二月二十日，他因中風過世。他就算不是偉大的教宗，至少也是出色的教宗；他為羅馬恢復了和平與有效率的政府。米開羅佐和多那太羅再次合力打造教宗墳墓；但這次的墳墓是座落在羅馬，而不是佛羅倫斯，而且墳墓上的題詞是「他那個時代的幸福」（TEMPORUM SUORUM FELICITAS），相信任何教宗都會為此題詞感到自豪。

✠

但這句墓志銘不太可能出自於樞機團。他們從來都不喜歡瑪爾定。他們討厭他的傲慢、不願聽建言，甚至不願跟他們商議，更別說接受他們的建議。當時政務會議的風氣盛行，他們或多或少都受到感染。他多少會口頭應付了事；但久而久之，他對會議的想法也越來越不耐煩。此時巴塞爾大公會議即將召開，基本上下一任教宗不論是誰，都應認同即將提出的改革。因此樞機主教們都保證，不論是誰當選，都會全力支持大公會議，在教會體制中與樞機團合作，而非反對。

可惜事與願違。他們選出威尼斯人加布萊爾．康道莫（Gabriele Condulmer），但跟他叔伯額我略十二世一樣不是貴族，身為思定會會士，他早年大部分時間都在潟湖島上隱居。他升任要職的過程一直都是靠無恥的裙帶關係，先是擔任錫耶納主教，於一四〇八年升任樞機主教；不論他在祕密會議前做過什麼承諾，待他接任教宗為恩仁四世（一四三一－四七）後，對於出席大公會議，他表現出的意願也跟教宗瑪爾定差不多。事實上，大公會議最後於一四三一年七月二十三日召開時，出席人數非常少，缺席者包括由瑪爾定任命主持會議的樞機主教塞薩里，於是六個月後，恩仁想解散會議。但此舉證實是一嚴重錯誤。出席的代表人數或許相對較少；但他們全是教會會議至上主義者，堅決拒絕解散。他們聲稱，教宗無權解散會議，他們在教會的地位至高無上，而非教宗；除非他當著他們的面撤回解散詔書，否則被遣散的會是他，不是他們。

但恩仁拒絕讓步，隨後的僵局也只有西吉斯蒙德國王能打破。身為德意志國王和準皇帝，他需要教宗的支持以鞏固自己在北義大利的地位，對抗胡斯派時也需要大公會議的支持。一四三三年五月，他前往羅馬，正式由恩仁加冕；接下來六個月，他努力調解雙方，說服他們各自放低姿態，一直到那年底，雙方達成一項令人堪憂的協議。事實上這項協議更像是教宗投降。恩仁不得不撤回解散詔書，並承認大公會議的最高權力，儘管做了極少許的保留。

看到教宗受辱，其他敵人也充分利用這次機會。首先是科隆納家族。一四三四年春天，他們被命令歸還經由親戚瑪爾定五世取得的教會財產，於是憤怒之餘在羅馬街頭策劃叛亂；差不多在此時，米蘭的大公會議支持者菲利波·馬利亞·維斯康提（Filippo Maria Visconti）派兩名傭兵隊長（僱傭兵將軍）入侵教宗國。然後在恩仁被圍城困住時，羅馬人再次起義宣布成立共和國。對於時運不濟的教宗來說，這一切令他難以承受。他喬裝成僧侶，但很快被認出，他在遭到連番砲轟中盡力自保，得以搭上一艘小船從台伯河逃往奧斯提亞，再轉乘槳帆船逃往比薩。六月時他出現在佛羅倫斯，樞機團和教廷很快跟他會合。

接下來九年他以科西莫·德·美第奇的客人身分待在佛羅倫斯，不斷與巴塞爾的會議至上主義者對抗，他們的陣容此時因各大學的法學家和神學家加入而更壯大，日漸變得更激進和反教宗。目前教宗也幾乎無力對抗他們，但在一四三六年夏天，他向基督教世界所有自稱為王公者發出正式譴責。另一方面，他在重建政治地位方面相當成功。教廷中有位經驗老道的前戰士，喬凡尼・維特里斯奇（Giovanni Vitelleschi），恩仁看中他，晉升他為主教，派他領一支小部隊前往羅馬。精力充沛且殘忍無情的維特里斯奇對叛亂份子〔共和主義者〕毫不留情，迅速恢復羅馬和教宗國的秩序。

但還有巴塞爾要處理；而此僵局原本可能會無限拖延下去，不過此時出現一重大發展：拜占庭皇帝，約翰八世・巴列奧略（John VIII Palaeologus）造訪西方。

✠

面對鄂圖曼突厥人殘酷的步步進逼，拜占庭帝國已到了生死存亡之際。西歐大規模軍隊的援助，將是他存續的唯一機會，但取得軍援的所有努力都因遇到同一個阻礙而落空：東方和西方教會的大分裂。唯有分裂結束，才能由統一的基督教界操戈，發動期盼已久的十字軍。

對約翰・巴列奧略而言，巴塞爾大公會議似乎是一線希望。西方所有基督教國家的代表再次出席會議；儘管他的前任，曼努埃爾二世（Manuel II）的大使團帶著失望從康士坦茨返回，但這十五年來發生了很多事，包括教宗勉為其難地接受拜占庭一直以來所堅持主張的：唯有整個教會召開大公會議，由東西方派代表出席，才能實現合一。而這次拜占庭的訴求或許能讓更多人接受。

但這一切代表著新的開始；而且明顯巴塞爾這地點並不合適。以往發生太多痛苦和令人反感的事；如果新的大公會議想要成功舉行，改變地點是至關重要的。比較迂腐的會議至上主義者自然反對——他們甚至在一四三九年宣布廢黜教宗，選出對立教宗取而代之——但如此武斷之舉等於又回到教廷分裂，反而讓他們失去僅存的些許聲望，於是基督教國家一個接一個臣服於教宗恩仁的權威。

在理想的情況下，拜占庭皇帝希望新的大公會議能在君士坦丁堡召開；但他不得不承認，就現狀來看這不可行。於是他願意接受教宗所選擇的費拉拉，並承諾會親自與他的宗主教率領帝國代表團出席。恩仁聽到這令人欣喜的消息後便刻不容緩。一四三七年九月，他的使節團已抵達君士坦丁堡處理瑣事，其餘人則跟威尼斯人協商以僱請一支艦隊，鄭重接送拜占庭代表團到費拉拉。於是約翰．巴列奧略讓弟弟君士坦丁（Constantine）代為攝政，於十一月二十七日星期三，率七百多人踏上這歷史性的西方造訪之旅，其中包括有史以來最重要的東方教會人士。其中年近八十歲的宗主教約瑟夫二世（Joseph II）因心臟病而行動不便，但仍能讓所有見過他的人心生敬愛；另外有十八位教省總主教，其中有幾位是代表亞歷山大港、安提阿和耶路撒冷的宗主教同僚，包括聰明年輕的教省總主教，尼西亞的的貝薩里翁（Bessarion）；另有十二位主教，包括君士坦丁堡的聖迪米特里奧斯隱修院（St Demetrius）院長依西多祿（Isidore），他在前一年晉升為基輔和全俄羅斯（All Russia）的主教。

一四三八年二月八日，一行人抵達威尼斯，由總督弗朗切斯科．福斯卡里（Francesco Foscari）接待皇帝，並在費拉拉侯爵大宮殿[4]旁的大運河舉行盛大華麗的儀式。接下來三個星期他待在那裡，寫信給所有歐洲王侯，敦促他們出席大公會議，或至少派代表出席。皇帝在該月底離開，踏上西方之旅的最後一段路程。與威尼斯的盛大歡迎相比，他抵達費拉拉的待遇顯得黯淡無光，加上遇到傾盆大雨，更顯慘澹。教宗熱烈歡迎他，但當皇帝得知，他的宗主教在數天後抵達時，將向教宗下跪並親吻他的腳時，情況更顯得烏雲密佈。為此他委婉地指出，此事不可行；最終教宗不得不讓步。他若未讓步，費拉拉大公會議後來會不會舉行就很難說了。

大公會議剛開始時並不順利。約翰已規定四個月後再開始正式討論教義；他出席的主要原因是向歐洲其他王公求助，因此他決定，在王公們到來前，不應做重要決定。但春去夏來，仍沒有王公出席。拉丁人越來越不耐煩了，為希臘代表團負責食宿的教宗也越來越擔心教廷金庫所剩無幾。

八月時爆發了瘟疫。怪異的是，希臘人似乎有免疫力，皇帝大部分時間不待在費拉拉，而是沉迷於狩獵，但拉丁人代表團和整座城市的死亡率非常高。同時拉丁人對這群客人更是心生惱怒，而希臘人也失去耐心。他們已離家大半年，至今卻一無所獲。大部分人身上的錢已所剩不多，教廷提供的補貼也越來越不穩定。到頭來很明顯歐洲王公們無意出席會議，所以也不需要再等他們。十月八日大會開始認真商議時，大家都如釋重負。頭三個月，大家幾乎只關注和子說——十分微妙的是，四個世紀前這是造成大分裂的重點[5]，但此時因語言問題又更複雜了。代表團中只有少數人會兩種以上的語言，且沒有合格的翻譯員。大公會議於十二月十三日結束時，還是一如既往無法達成協議。

此時教宗設法說服代表們遷往佛羅倫斯。他提出的理由是費拉拉的疫情仍在蔓延，但他真正

4 這座十三世紀的宮殿於一八六〇年代在極其體察不周的情況下修復，因後來的歷史發展，如今稱為土耳其商館（Fondaco dei Turchi），至今仍屹立於大運河上游，在聖茂古拉堂（S. Marcuola）水上巴士站對面。

5 請見第八章。

的動機應是與財務有關：大公會議已持續八個月了，且沒有結束的跡象，已幾乎要耗盡教廷的金庫。另一方面，到了佛羅倫斯，相信美第奇家族會願意幫忙。但遷移地點也證明對其他方面有好處。在一四三九年二月底恢復會議時，疲憊、焦慮、思鄉且可能相當飢餓的希臘人似乎比前一年更容易妥協。三月底他們同意拉丁人的信條，即聖靈是由聖父和聖子而出，相當於希臘人近期接受的信條，即聖靈從父而出，從子領受。此一突破後不久，宗主教約瑟夫最後過世；但接下來正如一位觀察家相當不客氣地指出，在混淆了介系詞後，他還能怎麼做呢？

隨著「和子說」終於解決，其他懸而未決得問題也迅速定案。希臘人不贊同羅馬在煉獄滌罪和聖禮上使用無酵餅的信條，他們也強烈反對拉丁人分送聖體和聖血給平信徒，以及禁止非修道院司鐸結婚的常規。不過針對所有這些問題，他們只是提出象徵性的反對。教宗至高無上的問題可能在其他時候會引來異議，但自從巴塞爾大公會議後，這已成了微妙的話題，因此盡可能粉飾而過。多虧了皇帝，他恩威并施以確保臣民服從，於是每項重大議題都在仲夏時達成協議，一四三九年七月五日星期日，除了以弗所教省總主教毫不讓步，但約翰也禁止他行使否決權外，東正教所有主教和隱修院院長都正式簽署《合一法令》（Decree of Union），這不過是一項拉丁人立場的聲明，除了允許一、兩項希臘習俗的讓步。接著拉丁人也簽署；隔天在佛羅倫斯主教座堂公開宣布這項法令，先由樞機主教塞薩里以拉丁語宣讀，接著由尼西亞的教省總主教貝薩里翁以希臘語宣讀。拉丁文版開頭是「*Laetentur Coeli*」——「願天歡喜」（let the heavens rejoice）；但上天很快會明瞭沒什麼理由可歡喜的。

教宗恩仁大獲全勝。至少表面上他讓東正教回歸羅馬教會[6]。為此他建立了個人的至高無上地位。巴塞爾激進的教會會議至上主義者憤怒到啞口無言。他們先是中止他的職權，接著廢黜他，最後在一四三九年十一月五日選出對立教宗，人選令人訝異，是薩伏伊的阿梅迪奧八世（Amadeus VIII）公爵。阿梅迪奧原是十分虔誠的平信徒，在日內瓦湖（Lake of Geneva）創辦了一個騎士隱士修會（他本人也是會士）。他勉為其難接受教宗之位，自封為費利克斯五世（Felix V，一四三九—四九）；但他很快後悔這項決定，因為沒人當他是教宗。巴塞爾大公會議也因此出醜，不過也拖延到一四四九年才逐漸消亡。

九年不在羅馬的教宗恩仁於一四四三年九月返回，在他友人埃尼斯·席維斯·皮科洛米尼（Aeneas Silvius Piccolomini）寶貴的幫助下，著手反擊分裂時帶來的影響。皮科洛米尼是未來的教宗庇護二世，此時仍是平信徒，曾是對立教宗費利克斯最信任的顧問；但他現在改變效忠對象，多虧了他的外交技巧，一四四七年德意志王公們宣布齊心效忠恩仁，而恩仁正好在一、兩星期後過世。他這十六年的任期並不容易：大半時間都在佛羅倫斯流亡。但他與巴塞爾大公會議長久以來的爭鬥最終獲勝；教宗在教會的至高無上地位從此再也未受到挑戰。

6 西方未預料到的是，皇帝在一四四〇年二月回到君士坦丁堡時，《願天歡喜》（*Laetentur Coeli*）遭到三位僅存的宗主教否認，法令的簽署人全被譴責為信仰的叛徒，在城內各地受到嚴厲抨擊，有時遭到肢體攻擊，這項法令也從此一蹶不振。

第十七章　文藝復興（一四四七—九二）

若按先前所說，瑪爾定五世是文藝復興時期第一位教宗，那麼恩仁就是第二位。從性格上來說，他不是文藝復興式的人物——他在臨終時為自己離開隱居生活表示悔恨，但他與美第奇家族在佛羅倫斯的那九年間也發揮了他們的影響力；他回到羅馬後（順帶一提，是在安基利訶〔Fra Angelico〕的陪同下），在餘下的四年任期致力於完成瑪爾定未完的城市重建工作。為了讓羅馬達到與北方的米蘭、熱那亞、威尼斯等其他大城市立下的標準，就得向權貴課稅；但恩仁全力以赴，而他的教宗祕書弗拉維奧·比翁多（Flavio Biondo）為此撰寫了三本關於重建工作的書，《羅馬重建》（*Roma Instaurata*），書中的讚美之詞是實至名歸。

利古里亞（Liguria）的普通醫生之子托馬索·佩查里（Tommaso Parentucelli，一四四七—五五）於一四四七年三月當選為教宗，封號尼各老五世，然而此時從藝術和文化上來說，羅馬仍十分落後。過去一百四十年來，有超過一半時間教宗不在羅馬，也因為隨之而來的亂局，古典和人文知識的榮景將托斯卡尼到翁布里亞（Umbria）的最後一縷中世紀殘跡掃除，卻幾乎未觸及羅馬城。但丁、佩脫拉克、薄伽丘，都是佛羅倫斯人，難以想像羅馬會出現類似的人才。儘管一三〇三年的博義八世和一百年後的依諾增爵七世努力為羅馬打造應有的大學，但成果仍然有限。

但在十五世紀初，風氣改變。首先此地開始感受到希臘文化的影響。一三六〇年，薄伽丘想學習希臘語，但難以在義大利找到希臘語老師；他最後找到年邁的卡拉布里亞僧侶，此人的習性令人厭惡，薄伽丘住在他家三年，準備翻譯第一部拉丁文版的荷馬作品，但也是最糟的譯本。不過在世紀之交時，佛羅倫斯出現一位一流的希臘學者，曼努埃爾・赫里索洛拉斯（Manuel Chrysoloras）。接下來十五年，他在那裡教書，直到過世，身後留下一本書，《問題》（*Erotemata*），但內容並不如書名激動人心，基本上是一本希臘文法書，以答問的形式撰寫。他的學生中有兩位是義大利早期最傑出的人文學家，李奧納多・布魯尼（Leonardo Bruni）和波焦・布拉喬利尼（Poggio Bracciolini），兩人都成了教廷成員，因此能為教廷注入一些新知識。沒多久赫里索洛拉斯便與一大群希臘知識分子一起陪同約翰・巴列奧略前往費拉拉和佛羅倫斯的大公會議。

這群希臘人為他們帶來新的古風意識。異教徒的古羅馬光輝被忽視和遺忘了一千年，教宗或朝聖者都對其毫無興趣。接著教廷有七十年待在亞維儂，然後是四十年的分裂；而且這些年來在許多方面是災難重重，確實讓後來的教宗們以全新的眼光看待這座城市——他們看到牛群在羅馬廣場吃草、或古代雕像被碾碎好讓當地偷工減料的建造商做成水泥時，他們實在是深感震驚。因此自十五世紀中期，整個教廷制度徹底改變。文藝復興時期的教宗們充滿人文主義思想，雄心壯志且精力充沛，不但決心復興昔日偉大的羅馬，也決心建造一座結合古典和基督教文明精華的新城市，證明自己和其家族的偉大之處，還要讓所有見證者欽佩羨慕。

尼各老五世跟前任一樣，曾待在佛羅倫斯一段時間，他曾在那裡擔任斯特羅濟（Strozzi）家族的導師，並與美第奇相熟的學者圈結交。因此他比恩仁更富有文藝復興文化，也比較不咄咄逼人，在政治上更精明，不但恢復了羅馬的秩序和教宗國的自治，也賦予波隆那實際的獨立地位，說服史上最後一位對立教宗費利克斯五世退位。他最大的成就是宣布一四五〇年為大赦年，吸引約十萬朝聖者，他們受到全大赦的吸引而湧進羅馬。此舉完全修補了教廷的財務狀況。這場慶祝活動的高潮是錫耶納的聖伯爾納定（S. Bernardino）的封聖盛典，他是方濟各會士，六年前過世，他的非凡魅力讓他在義大利人心中博得一席之地，或許可與當今的畢奧神父（Padre Pio）相媲美。

誠然，大赦年並非一切都是順利按計畫進行。初夏時爆發瘟疫，造成數百人死亡，目擊者寫道：「所有醫院和教堂擠滿病患和垂死之人，他們在疫區的街道上像狗一樣倒下。」十二月十九日，一群馬和騾子在聖天使橋被人群嚇到而到處亂竄；約兩百名朝聖者被踐踏而死，或跌入台伯河而淹死。但從長遠來看，這些災難並未造成多大影響。經過一個半世紀後，大赦年最終證明教廷回歸正軌。亞維儂、大分裂、大公會議運動衍生出反教宗的過分行為，現都已成為歷史。教宗們完全堅定回歸所屬的羅馬，並全心全意留下。

✠

一四五二年，哈布斯堡的腓特烈三世[1]率領逾二千隨從穿越阿爾卑斯山，接受教宗加冕為神聖羅馬帝國皇帝；同時新皇帝的妻子，葡萄牙國王之女朵娜·雷諾拉（Donna Leonora）也接受加冕。腓特烈行經義大利每座城市時都受到熱烈歡呼，賀禮也如排山倒海般湧來。在費拉拉時，他不但受到侯爵博爾索·埃斯特（Borso d'Este）的歡迎，也受到篡權的米蘭公爵的長子，加萊亞佐·馬里亞·斯福爾扎（Galeazzo Maria Sforza）的歡迎，他不得不聆聽加萊亞佐·馬里亞的八歲弟弟宣讀冗長的歡迎致詞，「《約翰福音》中的兩章」。波隆那和佛羅倫斯的接待儀式更是繁複，並在錫耶

1 腓特烈是與他同名的奧地利公爵腓特烈的姪子，也是對立教宗約翰二十三世的庇護者。（請見第十六章）

納第一次見到他的新娘。接著兩人一起騎馬前往羅馬，於三月九日進城。十六日，教宗尼各老在聖伯多祿大殿為兩人主持婚禮，接著為腓特烈戴上倫巴底的鐵皇冠。帝國加冕儀式在三天後舉行，接著是年輕皇后的加冕儀式，為她戴上特製的后冠。儀式結束後，皇帝特地為教宗牽馬到聖殿門口，在教宗上馬時扶住他的馬鐙。這些慶祝活動最後以拉特朗大殿舉行的盛宴告終。

這是最後一次在羅馬舉行的帝國加冕儀式，也象徵著尼各老教宗任期的最高峰。但災難來得很快：一四五三年五月二十九日星期二，經過五十五天的圍攻，鄂圖曼蘇丹穆罕默德二世（Mehmet II）的軍隊攻破君士坦丁堡的城牆，結束了東方的基督教帝國。西歐各地收到消息時都深感驚恐。拜占庭帝國已持續了一千一百二十三年；雖然自兩個半世紀前第四次十字軍東征後就未能恢復元氣，但仍是基督教界在東方的堡壘。隨著難民從被征服的城市逃往西方，他們隨身帶走的英雄捍衛史詩故事無疑也完好如初地跟著傳到西方。儘管西歐驚慌氣餒，但仍未發生深刻變化；最直接受影響的威尼斯和熱那亞兩個邦國則刻不容緩祝賀蘇丹，並盡力與新政權達成最佳協議。

在羅馬的教宗尼各老未表現出像那兩個以商立國的共和政體一樣的犬儒主義和利己主義。他竭盡所能鼓吹西方發動十字軍，這事業受到兩位希臘樞機主教，貝薩里翁和依西多祿的熱烈支持，依西多祿自佛羅倫斯大公會議後便留在義大利，並接受天主教。同樣支持發動十字軍的有德意志的教廷使節，埃尼斯．席維斯．皮科洛米尼，即未來的教宗庇護二世。但仍無濟於事。在兩、三百年前，基督徒的狂熱之情足以發動軍隊遠征，收復朝聖者的聖地；但隨著文藝復興的人文主義出現，舊宗教勢力已滅。歐洲躊躇不決，拜占庭已消亡。鄂圖曼軍隊此時的勢力已登上顛峰，古老的帝國已無東山再起的希望。

這是尼各老的唯一重大失敗。他別無選擇，只能接受，並回到他人生中兩大主要興趣，書籍和建築，他說，這是唯一值得花錢在上面的兩件事。他的兩位前任也對建築有熱情，不過對文學沒什麼興趣；教宗瑪爾定確實不喜歡古典作家（因此也不喜歡異教徒），並堅稱除了聖奧斯定的作品外，古代作品毫無保留價值。相較之下，尼各老幾乎時刻手中都拿著書本。他會閱讀所有拿到手的書，以精美的字跡在書頁邊緣空白處大量加註。他的使節皮科洛米尼懷著欽佩之心寫道：

他自年輕時便涉足所有博雅教育，他熟悉所有哲學家、史學家、詩人、宇宙學家和神學家；對民法和法典，甚至醫學都不陌生。

因此尼各老接任教宗時，特意建立「一座圖書館收藏所有書籍，包含拉丁文和希臘文，以方便學者共同使用，並符合教宗和宗座的尊嚴」。他必須從頭做起：舊的教廷藏書還留在亞維儂，那裡大部分書籍已遺失或遭竊；剩餘的書籍大半在對立教宗本篤十三世被廢黜時帶到瓦倫西亞（Valencia）附近的佩尼伊斯科拉（Peniscola）城堡。現在教宗派親差訪遍歐洲，尋找稀有手稿，學者們也準備將基督教和異教的希臘文本精確翻譯成拉丁文，並固定聘用四十五名抄寫員。尼各老過世時，他已花了三萬枚弗洛林金幣收集約一千二百卷書籍，至今仍是梵蒂岡圖書館的核心藏書。[2]

同時他繼續前任未完的羅馬重建工作。他加強了李奧城牆和其他近期的防禦建築，監督修復四十座早期基督教堂、維修水道橋、鋪砌街道，並展開聖天使堡的重大修復工程。但他最重要的成就是梵蒂岡和聖伯多祿大殿，並決定以梵蒂岡取代拉特朗大殿，成為教宗的主要居所。這座十三世紀晚期的宮殿基本上是尼各老三世的成果，他修復並擴大北側和西側建築，聘請萊昂·巴蒂斯塔·阿伯提（Leon Battista Alberti）和貝爾納多·羅賽利諾（Bernardo Rossellino）為建築師。他也委託安基利訶（和他的助手貝諾佐·戈佐利，Benozzo Gozzoli）為他的禮拜堂和書房繪製聖斯德望（St Stephen）和聖老楞佐（St Lawrence）的故事，更在聖事禮拜堂以基督的一生為主題繪製循環場景圖。[3]

他的聖伯多祿大殿計畫更是雄心壯志。正如羅馬其他所有宏偉建築，聖伯多祿大殿也是年久失修；阿伯提堅稱大殿坍塌是遲早的事。然而尼各老心中的計畫不只是要整修；他設想將建築擴大約三分之一，在宗徒聖殿周圍增建耳堂和新的半圓形後殿，還有一項新計畫是在外部打造壯觀的嶄新空間，如此一來，經由博爾戈區（Borgo）的三條新大道將匯聚於此，群眾可在此聚集參加彌撒祝福。這些計畫都在教宗過世後終止，但想像一下這些計畫若真能實現也是很有意思，那麼半世紀後的儒略二世（Julius II）可能也就不會下令徹底重建；另一方面，我們應該就不會有宏偉的貝尼尼廣場（Bernini piazza），這廣場至今仍是歐洲最壯觀的開放空間之一。

教宗尼各老五世於一四五五年三月過世，得年五十七歲。他的教宗任期只有八年，但他的影響力甚是深遠。瑪爾定和恩仁都受到文藝復興思想影響，但兩人都未全心接受人文主義精神。尼各老是認為人文主義和基督信仰之間沒有矛盾或衝突的首位教宗。對他而言，藝術既不虛榮也不輕浮，也能見證上帝的榮耀。因此教會理所當然在藝術領域發揮領導作用，正如領導精神領域一樣。與他同樣想法的其他教宗會跟隨他的腳步；但尼各老，也唯有尼各老，結合了自己的觀點與發自內心的虔誠、謙遜和正直。他於一四四九年下令重審阿克的貞德（Joan of Arc，即聖女貞德）一案也完全是他的典型作風，她於一四三一年五月三十日在盧昂被處以火刑，罪名包括異端和巫術。重審歷經了七年，聽取了一百一十五名證人的證詞；案子最終在他的繼任者任期間結束，她獲得平反的功勞按慣例歸於他的繼任者，但對他則十分不公平。

尼各老五世與許多前任和繼任者不同的是，他既不貪婪，也不任人唯親。他無疑是卓越非凡的，但他從不以此自詡。早年時他曾向朋友維斯帕西諾．達．畢斯提奇（Vespasiano da Bisticci）形容自己「只是敲鐘的司鐸」；從某種實質意義的角度來說，他也一直都是。

✠

一四五五年四月四日，十五位樞機主教在羅馬召開祕密會議，卻錯失良機。他們原本可能會選出樞機主教貝薩里翁，他是當時羅馬最有學識和教養的教士。身為前東正教教省總主教，為了結束四百年的分裂，他是所有同輩中最有資格的人選，他也能帶領教廷邁向全新且更健全的方

2 當時尚未有印刷書。印刷書的發明無法確定是哪一年，只知道大約是一四五〇年。

3 根據喬爾喬．瓦薩里（Giorgio Vasari）表示，循環場景圖在保祿三世新建階梯時損毀。尼各老唯一留下的成果是他的禮拜堂。在描繪聖老楞佐接受聖職的壁畫中，據說三世紀的教宗西斯篤二世的畫像是依照尼各老本人所描繪。

向。可嘆的是，理應對他有利的希臘血統反而對他不利；樞機主教們反而選出七十七歲的加泰隆（Catalan）法學家，阿方索·德·博賈（Alfonso de Borja）——博賈這一姓氏的拼法後來改為義大利文拼法，波吉亞——封號為嘉禮三世（一四五五—八）。

因痛風而跛腿的嘉禮十分虔誠、因循守舊，在擔任教宗期間致力於兩項雄心壯志的目標。第一是組織歐洲十字軍，將君士坦丁堡從突厥人手中解救出來；第二是提升他家族和同胞的財富。他對藝術和文學一點都不感興趣。據說他第一次走進梵蒂岡圖書館時驚呼：「瞧這浪費了多少教會的財產！」在他擔任教宗三年期間，羅馬的文藝復興暫時停擺。畫家、雕塑家、金屬製造工、櫥櫃製造工都被解雇。為了替十字軍籌款，嘉禮毫不猶豫將梵蒂岡金庫中最有價值的金銀製藝術品出售，還有教廷圖書館中大量最珍貴的書籍。他在台伯河造船廠建造軍艦，派遣傳教士在大陸各地販賣贖罪券，在西方基督教界各地課徵重稅。但各地反應冷淡。歐洲各朝廷雖為君士坦丁堡感到悲痛，但因更專注於自己的問題而不想為其作戰。但他們仍派遣海陸聯合部隊征討，也不算完全失敗：一四五六年七月，匈雅提·亞諾什（Janos Hunyadi）率匈牙利人在貝爾格勒（Belgrade）擊敗突厥人，一年後在列斯伏斯島（Lesbos）外殲滅鄂圖曼分遣艦隊。但這兩次戰勝沒有進一步結果，從長遠來看也不是重要戰役。

嘉禮花費同樣精力投入的第二個目標相對來說較成功。他授予兩個孫外甥樞機職；這兩人是他姊妹的孫子，為此先將姓氏改成波吉亞，其中羅吉戈（Rodrigo）更被任命為教廷的副祕書長，這職位讓他在接下來三十五年一直身處梵蒂岡事務的最前線，一直到他自己接任為教宗亞歷山大六世。更讓教宗威信掃地的是，他在自己的宗座和教廷任命西班牙人和加泰隆人，不過在他過世後留任的人數極少。他在一四五八年八月六日過世時，眾人普遍感到欣慰。

✠

沒有多少人喜歡教宗嘉禮；大家都喜歡埃尼斯・席維斯・皮科洛米尼（Aeneas Silvius Picrolomini）。他出生在古城錫耶納，家境貧寒，家中有十八名兄弟姊妹，他靠自己的努力提升地位，在錫耶納和佛羅倫斯花八年時間學習人文主義學；然後他成為各樞機主教參加巴塞爾大公會議時的祕書，其中一位樞機主教尼可拉斯・亞伯嘉提（Nicholas Albergati）在一四三五年派他到蘇格蘭執行祕密任務，這是他早年時最大的冒險之旅。

此任務的目的是要說服國王詹姆士一世攻打英格蘭，以結束百年戰爭。埃尼斯原本希望取道倫敦，但英格蘭人確實懷疑他此行不懷好心，因此拒絕讓他上岸；他不得不回到歐洲大陸，從斯勒伊斯（Sluys）搭船直接前往蘇格蘭。這趟旅程差點以慘敗收場。來自西面的狂風將船隻推向挪威海岸，埃尼斯驚恐之餘發誓，若能倖存下來，他要赤腳走到距離最近的聖母瑪利亞聖殿。累積大量雨水的船隻終於在第十二天顛簸飄搖到丹巴爾（Dunbar）附近的港口，他也確實在冰凍之地步履維艱地走到懷克（Whitekirk）的聖井。幸好這段路只有約五英里，而且他做到了；但他在那裡休息一段時間後，發現自己的腳失去所有知覺。他一開始以為自己無法再行走；事實上他後來康復了，但餘生都為關節炎所苦，在擔任教宗期間大部分時候都要坐轎子。

他寫的《評論》（*Commentaries*）是以第三人稱記述自己的人生，其中有一段關於十五世紀初在不列顛的描述十分有意思：

這裡的城市沒有城牆。房子一般不用灰漿砌合；屋頂覆蓋著草皮；鄉村的大門都用牛皮封閉。平民貧窮且粗魯，平時吃肉和魚，麵包對他們來說反而是奢侈品。男人矮小勇猛；女人美麗迷人，容易說服。那裡的女人認為親吻不如在義大利的碰手……蘇格蘭人最喜歡聽到的是辱罵英格蘭人……

然後埃尼斯……扮成商人，離開蘇格蘭，前往英格蘭。這兩國的邊界是一條從高山上流下的河。他搭了一艘小船渡過這條河，大約在落日時抵達一座大鎮，他敲了敲一家農舍的門，並在那裡與屋主和堂區司鐸吃晚餐。屋主供應了許多佐料、雞和鵝，但沒有麵包或葡萄酒。村子裡所有男女都跑了過來，彷彿看到怪異景象，就像我們的同胞看到衣索比亞人或印度人一樣驚奇，他們驚訝地盯著埃尼斯瞧，問司鐸他從何處來，是做什麼生意，是不是基督徒……

這頓飯吃到晚上第二個小時，司鐸和屋主要所有男人和小孩向埃尼斯告辭後趕緊離開，並說蘇格蘭人通常會在河水退潮時，在晚上過河來突襲他們，因此他們很害怕，要逃到遠處的一座塔樓。他們無意勸他跟走，儘管他誠摯懇求他們，他們也不願帶走女人們，雖然其中有許多漂亮的少女和已婚婦女。他們認為敵人不會對她們做壞事——他們認為強暴不算壞事。於是埃尼斯與兩名僕人、一名嚮導和一百名婦女留下……

但大半晚上過去後，此時埃尼斯非常睏倦，有兩名年輕女子帶他到一間茅屋，想和他一起睡，詢問她們時，她們說是這國家的習俗。但比起女人，埃尼斯更關心搶匪的事，他擔心

1458

> 搶匪隨時會出現，於是趕走那兩個抱怨的女孩……於是他獨自與小母牛和母山羊待在一起，但牠們會偷偷將他草蓆中的稻草咬出來，讓他無法闔眼入眠。

他當時仍是平信徒，但他回到巴塞爾的大公會議文書院工作，之後很快升任對立教宗費利克斯五世的祕書。一四四二年，費利克斯派埃尼斯參加法蘭克福議會（Diet of Frankfurt），他抵達後，很快引起德意志國王腓特烈三世的注意，腓特烈三世的歷史稍後會談到。這位國王十分欣賞他的文學天賦，以及他出眾的智慧和效率，因此任命他為桂冠詩人。接下來三年，這位年輕人便在維也納的皇家文書院工作，他在閒暇時不但寫了大量頗為色情的詩歌[4]，也寫了一部同樣風格的小說，《路克提亞與艾麗亞露絲》（*Lucretia and Euryalus*），頌揚他的朋友，祕書長卡斯巴．席利（Caspar Schlick）的風流韻事。他本人似乎也不是省油的燈，有數名公認的私生子可證實他的風流韻事。

但這種生活方式未持續下去，一四四五年，埃尼斯的人生發生巨變。他先是與對立教宗分道揚鑣，正式與恩仁四世和解；接著在一四四六年三月，他被任命為司鐸。此後他的性格真的改變，且晉升神速：一四四七年擔任的里雅斯特（Trieste）主教，一四五〇年擔任錫耶納主教，一四五六年升任樞機主教。兩年後他獲選為教宗，按照他一貫作風，為紀念聖母庇護當年的埃尼斯，採用封號庇護二世（一四五八—六四），並著手組織十字軍。

4 他的大部分詩文是受到詩人費爾佛（Francesco Filelfo）的啟發。費爾佛曾受尼各老五世委託寫一本故事書，後來被形容為「最令人作嘔的作品，史上最粗野污穢的狂想內容」。據說尼各老非常喜歡。

他理應最是心知肚明。以他長久以來的外交經驗，他應該清楚知道歐洲的親王們不會為了攻打突厥人而放下自己重視的事；不過就像他的多位前任，他拒絕接受這點。他上任後兩個月內便頒佈教宗詔書，號召基督教界發動聖戰，召集基督徒統治者於一四五九年六月一日在曼圖阿（Mantua）出席代表大會。幾乎所有統治者都拒絕邀請；不正面拒絕的也都推託迴避或含糊其詞。庇護抵達曼圖阿後發現無人出席。他認為教宗的影響力慘跌是因為大公會議運動，而之前在那場運動中，他還是堅定的會議支持者；一四六〇年一月，他再次頒佈詔書，將訴諸於大公會議的一切上訴譴責為異端，但此舉根本無濟於事。

但他並未因此灰心喪志。他若不能用武力擊敗蘇丹穆罕默德，或許他能以道理說服他認錯。一四六一年，他起草一封非比尋常的信給蘇丹，他在信中詳細駁斥《可蘭經》的訓導，同時詳盡闡述基督教信仰，最後呼籲他放棄伊斯蘭教，接受洗禮。現在看來那封信可能從未送出；如果有的話，沒收到回信也是意料之中。但接下來威尼斯和匈牙利有好消息傳來：至少這兩國答應共同發動十字軍。現在庇護又重新燃起所有希望。他宣布，隔年夏天軍隊將在安科納與艦隊會合；他本人將親自率領。

錫耶納主教座堂的皮科洛米尼圖書館有一幅華麗的循環壁畫，描繪庇護的一生，最後一段場景描繪他抵達安科納的情形。但實際情況與這幅畫所呈現的情景相去甚遠。教宗於一四六四年六月十八日從聖伯多祿大殿率領七零八落的十字軍離開羅馬時已患病，而且實際上病重到花了一整個月才抵達目的地。他終於抵達安科納時，發現只有極少數十字軍等著他，明顯沒有將帥，更沒有裝備。他還得知威尼斯艦隊延遲了。最後由時任總督克里斯多福・莫洛（Cristoforo Moro）率領艦隊於八月十二日駛入港口；但與教宗期待的大規模艦隊不同，只有十二艘小槳帆船。庇護大失所望，在心灰意冷之餘，兩天後過世。他破碎的心葬在安科納，遺體則被帶回羅馬。以那個世紀最有才華的教宗來說，這是悲傷的結局。庇護也是任人唯親，教廷裡全任用錫耶納鄉親；但他的文學和學識天賦、管理技能、對藝術的鑑賞贊助、長年的外交經驗，在那時代沒有多少人能與他相匹敵。他也是打造城市的唯一教宗。他在一四五九年到一四六四年僅五年間改造了他的出生地，那是一座名叫科西納諾（Corsignano）的小村莊，他根據所有最新的都市規劃理論，以古典線條重新設計，在當地建造主教座堂和大廣場供他的家族使用，並以自己的名字皮恩扎（Pienza）命名。

✠

庇護的成就是難以超越的，而他的繼任者保祿二世（一四六四—七一）明顯令人失望。保祿本名皮卓・巴波（Pietro Barbo），是威尼斯富商的後代，據說他自認長相格外英俊——以現有的肖像來看其實難以讓人認同——他一開始想自稱福慕（Formosus，英俊之意）；幸好他的樞機主教們勸阻他。不論他是否長相出眾，都未反映在他的學識成就上。無恥又粗俗的他立刻開除庇護喜愛的人文主義者，他們的領導巴多羅密歐・薩奇（Bartolomeo Sacchi）抗議並語帶威脅地提及大公會議後，接下來四個月被關在聖天使城堡的地牢。薩奇又稱普拉提納（Platina），後來成為教廷圖書館館長，是《教宗的生活》（*The Lives of the Popes*）一書的作者。羅馬學院（Roman Academy）有幾位成員講授的內容，被教宗認為過度重視古代文化，對教會不夠尊重，因此他們也遭受同樣下場，後來在樞機主教貝薩里翁親自介入下才獲釋。

保祿喜歡的是財富和炫耀。身為年輕的樞機主教（他是恩仁四世的外甥，二十三歲就當上執事樞機），他已經收集了大量一流的古董和藝術品，令人出乎意料。他鼓勵舉辦狂歡節、賽馬和各種公共娛樂活動。為皇帝腓特烈三世在一四六八年第二次造訪羅馬時舉辦的慶祝活動令市民難忘。同時也讓人驚訝的是，他著手修復羅馬古蹟，包括萬神殿、提圖斯凱旋門（Arches of Titus）、塞維魯凱旋門（Septimius Severus）和馬可・奧理略的騎馬雕像。他也建造宏偉的威尼斯宮（後來墨索里尼在二樓的陽臺向眾人發表長篇演說），教宗並在生前的最後五年住在那裡。最後，多虧了他，兩位有魄力的德意志人得以在羅馬開設第一間印刷廠。

教宗的性傾向引來許多猜測。他似乎有兩個癖好——年輕的英俊男子和甜瓜——雖然當時謠傳他喜歡一邊看著年輕的英俊男子受凌虐，一邊狂吃甜瓜，但這點肯定不太可能是真的。他在一四七一年七月二十六日死於中風，得年五十四歲，據說是沉溺於那兩個癖好而導致。

✠

他的繼任者法蘭斯科・德拉・羅維爾（Francesco della Rovere）採用封號西斯篤四世（一四七一—一四八四）時，相當令人出乎意料；西斯篤三世在四四〇年過世，已過了一千多年。新教宗是方濟各會人士，其實也是此修會的會長，身為傑出的神學家，他深受樞機主教貝薩里翁等其他資深教會人士的尊敬。他以傳教士的身分大受歡迎，且明顯熱中於改革。方濟各會以熱愛清貧生活而著稱；但在西斯篤成為教宗時，證實他是個例外。他在一夜之間性情大變。他花錢如流水；單是他的加冕三重冠典禮就花費了十萬枚杜卡幣（ducat），超過教廷年收入的三分之一。為了籌措更多資金，他販售的全大赦贖罪券數量是前所未有的多，外加高調的教廷頭銜和閒職。他將米蘭的主教轄區授予一位十一歲男孩，將里斯本總主教一職授予一位八歲男孩。他也授予大量職位給親友。他有十一名姪甥，他先是為其中兩人，朱利亞諾・德拉・羅維爾（Giuliano della Rovere）和佩卓・羅維爾（Pietro Riario）授予樞機主教職位（傳聞佩卓・羅維爾是他與姊妹所生的兒子）。一、兩年後，二十八歲的樞機主教佩卓因放蕩過度而死，他再任命第三名外甥吉羅拉莫・巴索（Girolamo Basso）為樞機主教。他還有四名姪子和兩名姪女與米蘭、拿坡里和烏爾比諾（Urbino）的統治王朝，以及羅馬的奧爾西尼家族和法爾內塞家族（Farnese）聯姻。

同時他也繼續城市的重建工作。西斯篤繼續尼各老五世停擺的工作。他為羅馬建造自古以來第一座橫跨台伯河的新大橋——西斯托大橋（Ponte Sisto），以確保一四五〇年的災難不會重演；他也建造聖母平安堂（Santa Maria della Pace）和人民聖母教堂（Santa Maria del Popolo），後者其實成了德拉・羅維雷（della Rovere）家族的陵墓。他振興羅馬學院，整修聖靈醫院（Ospedale di S. Spirito，至今仍是醫院），以及卡比托利歐山上的馬可・奧理略騎馬雕像。他開拓新廣場，以寬廣的新街道取代中世紀狹窄的巷弄迷宮。他身後留給羅馬一座文藝復興城市。他在梵蒂岡內延續尼各老的圖書館工程，擴大三倍規模，任命之前遭貶謫的普拉提納為圖書館館長。

但最重要的是，西斯篤因建造西斯汀小聖堂（Sistine Chapel）而留名，這是他最大的貢獻，主要是為了舉行祕密會議而建，此處也稱為宗座小聖堂（cappella papalis），教宗會定期在此參加禮拜，在樞機主教們和達官顯貴的陪同下一起祈禱。基礎建設在一四八一年完工時，一群畫家被請來繪製壁畫。其中最重要的有波提且利（Botticelli）、吉爾蘭達（Ghirlandaio）和佩魯吉諾（Perugino），另外賓杜里喬（Pinturicchio）和西諾萊利（Signorelli）等幾位也有貢獻。（此時米開朗基羅只有六歲；還要再過二十七年，他才會勉為其難被儒略二世說服，接手繪製東牆和天花板。）

其實諷刺的是，世上最華麗建築的建造者，卻策動出世上最齷齪的機構之一。在西班牙，收復失地運動（*Reconquista*）——從摩爾人（Moors）手中收復失土——幾乎已完成；但有成千上萬被迫受洗的猶太人，即瑪拉諾人（Marranos），令人深感擔憂。在前任國王亨利四世的統治時期，他們享有相當大的權力，在政府、商界和金融界，甚至教會身居要職。越來越多人懷疑他們之中有許多人仍堅守舊信仰。於是在一四七八年，西斯篤頒佈詔書，下令進行重大調查。惡名昭彰的西班牙宗教裁判所就此開始推動，允許道明會修士托馬斯·德·托爾克馬達（Tomás de Torquemada）引進殘暴恐怖的政權，並獲得兩位君王，斐迪南（Ferdinand）和伊莎貝拉（Isabella）的全力支持，其殘暴程度是在西班牙二十世紀和內戰之前無可比擬的。[5]

就義大利而言，西斯篤完全可以選擇不參與持續撕裂半島的權力鬥爭，此時威尼斯、米蘭、佛羅倫斯、拿坡里等較小的政權永無止境地耍手段爭奪至高無上的地位；可嘆的是，他未作壁上觀。他參與其中，並對羅馬教廷的道德聲望造成無法估量的損失，使教廷也成為這場無止境紛爭的其中一方。歷史學家至今仍在辯論他與一四七八年的所謂帕齊家族（Pazzi）陰謀有多大關連，此陰謀的目的是以教宗的姪子吉羅拉莫·羅維爾（Girolamo Riario）取代美第奇，成為握有實權的佛羅倫斯統治者。

西斯篤於一四七三年花費四萬杜卡幣為兩名姪子購買伊莫拉（Imola）城鎮時，向美第奇的次要競爭對手帕齊家族的銀行借貸大部分金額。先前因出於自己的原因而拒絕借錢的美第奇家族想當然會勃然大怒，隔年西斯篤解除他們在教廷的主要銀行業者資格時，他們更是怒不可遏，另外西斯篤任命帕齊家族的最親密夥伴，弗朗西斯科・薩維亞蒂（Francesco Salviati）為比薩（受佛羅倫斯管轄）總主教時，這對他們來說更是在傷口上灑鹽。（偉大的）羅倫佐・德・美第奇（Lorenzo de' Medici）拒絕承認此任命，禁止新任總主教進入比薩，甚至佛羅倫斯；於是西斯篤揚言要開除教籍並對整個佛羅倫斯邦國發佈禁罰令。

於是雙方之間的關係日益惡化，陰謀也隨之醞釀中；一四七八年四月二十六日星期日，在弗朗西斯科・德・帕齊（Francesco de' Pazzi）和總主教薩維亞蒂的命令下，陰謀開始執行。在佛羅倫斯主教座堂舉行大禮彌撒時，在事先安排好的時刻——不出所料，是在舉起聖體的鐘聲響起時——一群殺手（包括弗朗西斯科）衝向羅倫佐的弟弟朱利亞諾（Giuliano），刺進他的胸膛和背部至少十二次（一些目擊者說十九次），接著轉向羅倫佐。但他拔出自己的一把短劍反擊，接著跳過一排矮欄杆，進入唱經樓，躲在祭衣間裡。他傷得很重，但沒有生命危險；朱利亞諾則傷重不治。

佛羅倫斯所有人立刻群起反抗。謀反者很快遭到圍捕，而且毫不留情。羅倫佐不考慮在東牆外的正式執法場行刑；他決定嚴懲以儆效尤。偉大的人文主義者波焦的兒子，雅各布・布拉喬利尼（Jacopo Bracciolini）被懸吊在一扇高窗上絞死，俯瞰著領主廣場（Piazza della Signoria）；弗朗西斯科・德・帕齊也遭遇類似下場，被吊死在傭兵涼廊（Loggia de' Lanzi）的頂窗上，總主教和他的兄弟雅各布・薩維亞蒂（Jacopo Salviati）也是。根據羅倫佐・德・美第奇的門生，即人文主義者和古典

5 早期也有宗教裁判所，例如所謂的教廷裁判所，最終在十三世紀剷除了卡特里派。西班牙宗教裁判所的規模則大不相同。

學者波利齊亞諾（Angelo Poliziano）表示，垂死的總主教被吊在弗朗西斯科旁邊時，可能是經過一陣不由自主的痙攣，狠狠咬住他很長一段時間，在他死後，牙齒還卡在弗朗西斯科的胸膛上。

教宗西斯篤真的捲入了這場陰謀嗎？他肯定早已知道這件事，還可能積極慫恿過，沒有人能比他更急於徹底剷除美第奇。據說他堅持不該發生流血事件；但既然此陰謀的目的是刺殺，他怎麼可能有兩全的辦法。此時他終於實現長久以來揚言要做的事，下令開除美第奇的教籍，對佛羅倫斯下達禁罰令；整個義大利爆發戰爭。不過政變失敗了。若羅倫佐不夠幸運，下場便會和他的弟弟一樣，成功的謀反者有可能輕易改變佛羅倫斯的政權；而沒有人比教宗西斯篤四世更由衷贊成這次政變。

✠

西斯篤於一四八四年八月十二日過世，大家普遍認為他的死因與義大利王侯們逼迫他和談而深感絕望有關，從某種角度來說符合他的性格。他的去世確實無人惋惜；事實上他過世的消息傳出後，在他最大的敵人科隆納家族的鼓動下，羅馬歡慶了兩個星期。他在梵蒂岡的獨立銅製墳墓宏偉華麗，是由波拉約洛（Pollaiuolo）打造，也是他的一貫作風，可能也是所有教宗墳墓中最壯觀的，除了西斯篤的姪子朱利亞諾（未來的儒略二世）為自己規劃的墳墓以外，而此墳墓是由米開朗基羅打造，但從未妥善完工。

不用說，朱利亞諾一定覬覦教宗之位；樞機主教羅吉戈．波吉亞（Rodrigo Borgia）也是。但兩人儘管提供了鉅額賄賂和有利可圖的晉升，都無法獲得樞機團的多數支持。於是相互競爭的兩人只好合作，確保樞機主教們在祕密會議中選出能讓他們支配的平庸傀儡。只能說他們這招成功了。繼任的是熱那亞人傑巴蒂斯塔·席波（Giambattista Cibo），封號為教宗依諾增爵八世（一四八四—九二），無可救藥且無足輕重。他也是任人唯親，不同的是受惠者不是他的姪子，而是他跟一名拿坡里情婦所生的孩子們，他的其中一個兒子是無可救藥且放蕩的弗朗切斯凱托（Franceschetto），娶了羅倫佐的女兒，為表示回報而任命羅倫佐的十三歲兒子喬凡尼（Giovanni）[6]為樞機主教。三年後，於一四七九年，喬凡尼就任樞機主教時，他的父親寫信警告他羅馬盡是罪惡——「是所有罪惡的淵藪」——敦促他「行事要能說服所有人相信，你會把教會與教廷的福祉和榮譽看得比世上其他事物還要重要」。最重要的是，喬凡尼必須提防樞機團誘使人犯下惡行，「此時的樞機團裡幾乎沒有聖人……若樞機主教們能恪守本分，整個世界都會更好，他們便能選出好教宗，繼而確保基督教界的和平。」

西斯篤身後為教廷留下龐大債務，在開支方面，依諾增爵也毫不遜色；因此儘管教廷繼續販售贖罪券、職務和頭銜，若不是此時出現最意想不到的財源，讓他獲得一筆意外之財，他的財務狀況肯定岌岌可危。此財源便是鄂圖曼帝國。鄂圖曼蘇丹一旦過世，為避免出現繼位爭議，按慣例長子會立刻勒死所有弟弟；但征服君士坦丁堡的穆罕默德二世在一四八一年過世時，繼位的兒子貝亞茲（Bayezit）不知為何未盡快殺死弟弟傑姆（Cem）[7]，而他也在爭奪王位。他奪位失敗後

6 喬凡尼此時對教會的晉升並不陌生，他在八歲時已擔任隱修院院長，十一歲時被任名為卡西諾山的本篤會院牧，後來成為教宗李奧十世。

7 這是現今土耳其語的拼法，發音為「傑姆」（Gem）。

逃到聖約翰騎士團的羅得島，聖約翰騎士團大團長皮埃爾・德・奧布森（Pierre d'Aubusson）在一四八〇年對抗傑姆的父親穆罕默德時成功守住羅得島，因此名滿歐洲。德・奧布森歡迎傑姆到來，但暗地裡與蘇丹達成協議，軟禁傑姆以換取每年四萬杜卡幣的金援。德・奧布森很快發現羅得島距離鄂圖曼的領土太近，無法令人安心，於是將傑姆送到騎士團位於法蘭西的領地。他在那裡待到一四八九年，然後由教宗依諾增爵接手（畢竟他是寶貴的外交和政治資產），交換條件是任命德・奧布森和法蘭西國王的提名人為樞機主教。傑姆抵達羅馬時受到盛大歡迎，並由弗朗切斯凱托護送到梵蒂岡，他和隨從住在華麗的套房，受到奢華款待。

然而蘇丹繼續提供金援，隔年突厥大使來訪，獻給教宗十二萬杜卡幣——相當於教廷的總年收——當作這位皇子三年的贍養費。他也送來一樣禮物，是耶穌釘在十字架上時被刺進側腹的聖矛；為存放這支聖矛，特地在聖伯多祿大殿建造了小聖堂。傑姆此時與他的廷臣心滿意足地在梵蒂岡住下，在這裡的花園看到一群穿戴著長袍和頭巾的穆斯林，一定比看到教宗的一群孫子在玩要更引人側目。

然而此時教宗的身體迅速衰退。以下引述一段近期出版的著作內容：

他整天幾乎在睡覺，醒來時食慾驚人……他變得異常肥胖，行動越來越遲緩，生命將盡時，為了攝取營養，只能從年輕女子的乳房吸吮幾滴奶水。他似乎要臨終時，為了挽救性命而犧牲三位健康的年輕人性命，將他們的血輸入自己體內。（諷刺的是，還是由猶太醫生替他輸血。）他付給每一名犧牲的年輕人一枚杜卡幣。他們在抽血過程中死亡，身體僵硬後，必須撬開他們緊握的手才能取出硬幣。[8]

依諾增爵於一四九二年七月二十五日過世，活到足以得知摩爾人終於被驅離西班牙。他是格外平庸的教宗。在他的治理下，一直需要鐵腕掌控的羅馬陷入無望的動亂，而教宗國幾乎處於無政府狀態。他在臨終時請求在場的樞機主教們寬恕他的缺點，囑咐他們選出更相稱的繼任者。可惜他們沒這麼做。

8 諾爾（G. Noel），《文藝復興時期的教宗》（*The Renaissance Popes*）。

第十八章 惡魔（一四九二—一五一三）

一四九二年證實是史上最事關重大的一年。該年一開始就十分轟動，一月二日，西班牙人徹底征服格拉納達，終結了摩爾王國，鞏固了斐迪南和伊莎貝拉的統治；三月時，西班牙的猶太人有三個月時間改信基督教，否則就得離開這個國家；四月時，「偉大的羅倫佐」在卡雷奇（Careggi）的家族別墅中過世；七月底，教宗依諾增爵八世在羅馬過世；八月初，克里斯多福・哥倫布出航，意外發現新大陸。

依諾增爵的繼任者，羅吉戈・波吉亞此時已六十一歲，封號亞歷山大六世（一四九二—一五〇三）。他的伯祖父嘉禮三世已為他鋪好路：他在二十五歲時獲任命為樞機主教，並已掌控多個主教轄區和隱修院，二十六歲時已擔任教廷的副祕書長，此職務能保障他獲得鉅額收入，而且在接下來四任教宗任期間都留任。他能獲選為教宗的主要原因，無疑是靠毫無節操的大筆賄賂：據說他用了四頭騾子從波吉亞宮殿運送金塊給樞機主教阿斯卡尼歐・斯福爾扎（Ascanio Sforza）。他的主要對手，樞機主教朱利亞諾・德拉・羅維爾的財力不如他，不得不竭力壓下自己的怒氣。

但眾所周知亞歷山大是十分聰明，在管理方面經驗豐富，應該是比任何對手有能力恢復羅馬秩序，而羅馬在依諾增爵的統治下險些失控。據說他從不缺席定期舉行的樞機主教會議，除非他生病或人不在羅馬；沒人比他更瞭解教廷的運作。他也相當機智、有魅力且善於陪伴，有位羨慕的當代人寫道：「女人都像是鐵之於磁鐵，被他所吸引。」他所缺乏的是宗教情懷。他毫不掩飾自己加入教會是為了從中得到他想要的東西——而且他所得不少。他當選教宗後，便在聖伯多祿大殿前的廣場舉行鬥牛慶祝活動，他至少曾跟三名女子生下至少八名子女，並因此遭到庇護二世強烈斥責，但此舉無濟於事。與他最親近的四名孩子是他跟羅馬貴族瓦諾莎．卡塔尼（Vannozza Catanei）所生，分別是：喬瓦尼（Giovanni）、切薩雷（Cesare）、盧克雷齊亞（Lucrezia）、喬弗雷（Goffredo，或拼為Gioffrè，加泰隆語的拼法是Jofré）。他們全家至少有五人獲任命為樞機主教：切薩雷升任樞機主教時只有十八歲，當時他已經是總主教。

亞歷山大擔任教宗兩年後，法蘭西國王查理八世率三萬人軍隊進軍義大利，展開一連串侵略行動，接下來七十年，半島幾乎由外國人統治。歷史學家費雪（H.A.L. Fisher）形容查理八世是「年輕放蕩且神智似乎不正常的駝子」。開戰理由是拿坡里。昔日的安茹帝國的皇室血脈在一四三五年便隨著女王喬安娜二世凋零，而拿坡里的王位已由西西里國王，亞拉岡的阿方索（Alfonso of Aragon）佔據，繼任者是他的私生子費迪南（Ferdinand）[1]，接著再由其子繼位，名字也是阿方索。但一般認為這位篡位的非婚生孫子的王位繼承權不太站得住腳；而查理身為與他同名的安茹的查理一世的後代，他的繼承權更有力。這一切對教宗亞歷山大來說確實是壞消息。一四九三年時，他已讓兒子喬弗雷娶費迪南的孫女，並在費迪南過世後立刻認可小阿方索的王位，並為他加冕。儘管查理不斷威脅要廢黜他，而他最大的敵人，樞機主教朱利亞諾．德拉．羅維爾也宣布支持法蘭西國王，並赴北與國王結盟，但他仍不動聲色。

對查理而言，入侵行動一開始看似形勢大好。他與堂弟奧爾良公爵順利穿越阿爾卑斯山，他的沉重大砲另外運往熱那亞。米蘭此時由傑出的盧多維科．斯福爾扎（Ludovico Sforza，「摩爾人」

盧多維可，Ludovico 'il Moro'）統治，他熱情接待查理，盧加和比薩也同樣熱烈歡迎他。在佛羅倫斯，迎接他的是道明會的煽動者薩佛納羅拉（Savonarola），並視他為解放者，國王借此機會驅逐皮耶羅．德．美第奇（Piero de' Medici），皮耶羅完全沒有其父羅倫佐的治國之才，而羅倫佐已在兩年前過世。一四九四年十二月三十一日，羅馬打開大門，查理在現今的威尼斯宮（Palazzo Venezia）落腳，亞歷山大六世（他求助於蘇丹巴耶濟德二世但未果）則暫時躲在聖天使城堡；但兩星期後，國王和教宗首次會面，剩下的就靠亞歷山大知名的魅力了。一四九五年一月十七日，在聖伯多祿大殿前的大廣場，他在法蘭西二萬名士兵前舉行彌撒，查理親自擔任輔祭。

這群法蘭西人繼續留在羅馬十天。他們就像攻佔的軍隊，越來越不受歡迎。他們不尊重當地居民；每天打家劫舍，姦淫擄掠。就連瓦諾莎．卡塔尼的宮殿都被洗劫。他們在切薩雷．波吉亞的陪同下，於一月二十七日離開前往拿坡里時，羅馬人才面露喜色，如釋重負。切薩雷表面上以教廷使節身分跟隨他們離開，實際上是受押為人質，以防止他父親有異心。蘇丹皇子傑姆也隨著那一大群人離開，他則是唯一讓羅馬人覺得離開很可惜的人。

二月二十二日，查理進入拿坡里。國王阿方索立刻退位，進入修道院；他的兒子弗蘭特（Ferrante）則亡命天涯。另一方面，拿坡里人一直認為亞拉岡王朝（House of Aragon）是篡位的外國人，因此將法蘭西國王當英雄般歡迎。五月十二日，他第二次接受加冕。但他很快發現，迅速進攻和持續佔領計畫是截然不同的。拿坡里人雖然很高興能擺脫亞拉岡人，但很快發現這兩人同樣

1 並非西班牙的伊莎貝拉的丈夫斐迪南。

都是外國來的壓迫者。許多較小城鎮的居民也開始騷動，他們發現沒有理由支持那些貪婪放蕩的法蘭西駐軍。

拿坡里王國之外也是，人人開始自危。甚至以往正面看待查理進攻的邦國，包括義大利和外地邦國，都開始自問這位年輕的征服者究竟還要征服多少土地。同樣想得到拿坡里的斐迪南和伊莎貝拉與皇帝馬克西米連（Emperor Maximilian）結盟，為鞏固盟約，他們將自己的女兒，後來人稱「瘋女」（the Mad）的胡安娜（Joanna），嫁給馬克西米連的兒子「美男子」腓力，並準備以艦隊侵略；就連國王的前盟友，米蘭的「摩爾人」盧多維科．斯福爾扎此時也跟其他人一樣感到身處險境，加上奧爾良公爵出現在阿斯蒂附近，更讓他不安，而且奧爾良公爵從祖母凡倫蒂娜．維斯康提（Valentina Visconti）公爵夫人那裡繼承米蘭的主權，他知道對方的勢力不亞於自己，也不亞於查理掌控拿坡里的勢力。教宗亞歷山大此時已恢復冷靜，為他的反法蘭西聯盟，即神聖同盟（Holy League）找到多方支持，神聖同盟表面上是愛好和平，但實際上只有一個目標：徹底擊退新國王。

身在拿坡里的查理聽到聯盟的消息時勃然大怒，但也未低估自己此時所面臨的險境。更糟的是，他失去了兩位重要人質。切薩雷已偷偷逃走；傑姆在卡普阿（Capua）發高燒後數日便過世。一個星期前查理才剛舉行拿坡里加冕儀式，此時就要永遠離開他的新王國，率二萬頭裝滿拿坡里戰利品的騾子回到北方。羅馬人一想到他要回來就感到恐慌。亞歷山大六世和教廷大部分人逃到奧爾維耶托，只留下一名倒楣的樞機主教迎接國王。

幸好法蘭西軍隊這次出乎意料地守規矩，可能是因為查理在安全穿越阿爾卑斯山前，不願再浪費時間。他想見教宗，討論解散神聖同盟的可能辦法，並希望獲得教宗認可他在拿坡里的加冕；但由於亞歷山大決心躲著他，他也無能為力。他要在仲夏時拖著沉重大砲行軍穿越亞平寧山，這實在是一場惡夢；七月五日，他抵達帕馬（Parma）附近的小鎮福爾諾沃（Fornovo），發現曼圖阿侯爵（Marquis of Mantua）弗朗切斯科・貢扎加（Francesco Gonzaga）率領神聖聯盟的三萬士兵在等著他。隔天他們只打了一仗，而且一下子就結束；卻是義大利兩百年來最血腥的一役。昔日的傭傭兵隊長時代結束了，他們以往的目標總是盡量拖延戰爭，存活下來以便再次戰鬥；他們往往把戰鬥當成莊嚴的孔雀舞，而短兵相接和火砲之類的戰鬥太軟弱無力且不到位，無法造成重大傷害。法蘭西人採用了一種與眾不同的交戰方式；他們與瑞士和德意志傭兵一起大開殺戒，從大砲轟出的沉重鐵球可造成嚴重傷亡。

貢扎加將福爾諾沃這場戰役視為戰勝；少有客觀的觀察家會同意他的見解。法蘭西無可否認丟失了他們的輜重——包括查理的劍、頭盔、金印和「黑皮書」，其內容是女子俘虜的肖像——但他們的損失與義大利人相比是微不足道，義大利人未能徹底阻擋他們。那一晚他們繼續行軍，數日後順利抵達阿斯蒂。但有壞消息等著他們。阿方索的兒子佛蘭提諾（Ferrantino）在卡拉布里亞登陸，在西西里島來的西班牙軍隊的支援下迅速進軍拿坡里。七月七日，他重新佔領了拿坡里。法蘭西一年來的戰績突然間付諸流水。一、兩星期後，查理率軍穿越阿爾卑斯山返回，留下奧爾良公爵盡力堅守法蘭西據點。

但十一月在里昂被他遣散的士兵身上帶著比任何征服夢想都還要致命的傳染病。哥倫布的三艘船於一四九三年從加勒比海返回西班牙，引進第一批舊世界所稱的梅毒病例；病毒透過斐迪南和伊莎貝拉派去支援國王阿方索的西班牙傭兵為媒介，迅速蔓延到拿坡里，並在查理抵達時猖獗。經過三個月的閒散度日，他的部隊一定全都染病，肯定也是他們將疾病傳播到阿爾卑斯山以北。

✠

查理安全離開時，亞歷山大得以自行安排主要任務，即擴大自己的家族勢力。他的長子喬瓦尼此時已是干迪亞公爵（Duke of Gandia），意在當上拿坡里國王；但這個野心在一四九七年六月喬瓦尼失蹤後落空了。兩天後他的屍體在台伯河中發現，他的喉嚨被割斷，身上至少有九處刺傷。凶手是誰？喬瓦尼此時只有二十歲，但他的性格殘暴不穩定，且偏愛有夫之婦，這已為他樹了不少敵。

最有可能的凶手是他的弟弟切薩雷；有難聽的傳聞說他們兩人都愛上弟弟喬弗雷的妻子桑琪雅（Sancia）而勢如水火，或有一說是愛上妹妹露琪亞（Lucrezia）。切薩雷是很有可能會殺自己的手足，三年後應該也是他殺害了妹夫，即露琪亞的第二任丈夫亞拉岡的阿方索，而且他嫉妒哥哥之事是眾所周知的。還有一件怪異的事實是，儘管教宗亞歷山大因自己最鍾愛的兒子遭到暗殺而膽顫心驚，據說他有三天不思飲食，但他似乎很滿意沒有人遭到正式起訴，更別說被定罪了。若切薩雷是無辜的，相信他會上窮碧落下黃泉尋找殺害哥哥的凶手。

亞歷山大有段時間看似改過自新。他確實如此說過。「我們遭遇的打擊」，他曾宣稱：

是我們所能承受最重的打擊。干迪亞公爵是我們在這世上最愛的人。我們願意以七頂三重冠換回他的生命。上帝這麼做是為了懲罰我們的罪孽。我們要下定決心改正生活，改革教會。

改革確實是需要的。戰爭耗盡了維持教宗國和繼任教宗們雄心壯志的建設計畫所需的資本，因此他們要不斷尋找新的收入來源。一四六二年他們在托爾法（Tolfa）附近發現明礬礦，成了教廷財庫的天賜之物。明礬是布料和皮革貿易中不可或缺的礦物。在此之前要花大錢從小亞細亞進口；此後教宗可以宣布禁止由穆斯林世界供應，建立自己的壟斷地位。但僅靠明礬是遠遠不夠的。特赦是另一個寶貴的收入來源，販賣聖職亦然。教廷還發明了更多閒職；這些都能帶來大筆金錢，也保障了終生收入。這也造成教廷成員人數大增，但多數成員完全無事可做。

亞歷山大所提出的改革中，包括任命一個委員會，由六名最虔誠的樞機主教組成；不到兩個月後，他們制訂出一項改革詔書（Bull of Reformation）草案。此詔書禁止教宗販賣有俸聖職，禁止將教會財產轉讓給平信徒。至於招募自各國的樞機主教，一人只能擁有一個主教轄區；他們的家眷人口被限制為八十人，馬匹限制為三十匹；也禁止他們狩獵、看戲劇、辦嘉年華會或比武大會；葬禮開支不得超過一千五百枚杜卡幣。較低階的聖職人員也有類似限制：必須拒絕所有賄賂，並禁止納妾。

但是該由誰來執行這些新規定？只有那些能忍受失去利益的人。於是這項詔書草案被擱置，教宗亞歷山大很快又悄悄走回老路。從未宣布放棄老路的切薩雷逐漸取代喬瓦尼，成為他父親最鍾愛的兒子，並於一四九八年說服亞歷山大撤除他的樞機主教職務和宗教誓約，允許他回到世俗世界。再度回到平信徒身分後（他是史上第一位放棄樞機主教一職的人），他很快成為教宗幕後操縱決策的人（éminence grise）。多虧了他的影響，亞歷山大在那年底放棄反法蘭西政策，並甘願許可終止法蘭西新國王路易十二世的婚約，同時向路易保證，不會反對他對米蘭和拿坡里的主張。他這麼做也等於是為法蘭西進軍義大利的新冒險之旅開路；但這類考量對切薩雷來說不太至關重要，他以教廷使節身分鄭重拜訪法蘭西，他在那裡被封為瓦倫提諾公爵（Duke of Valentinois），並獲賜新娘，即納瓦拉國王的妹妹，阿爾布雷特的夏洛蒂（Charlotte d'Albret）。回到義大利後，他全力投入教宗國，一個接一個剷除翁布里亞和拉吉歐（Lazio）、羅馬涅和馬爾凱（Marches）的封建領主，方法包括驅逐或下毒，一直到整個地區都成為波吉亞家族的私人封地。

一四九八年也解決了一個自教宗亞歷山大上任以來一直備受困擾的問題。主要體現此問題的是道明會會士吉羅拉莫．薩佛納羅拉（Girolamo Savonarola），他原本來自費拉拉，自一四九〇年住在佛羅倫斯，他的佈道內容激進猛烈，預言世界末日，自稱能與上帝直接溝通。他嚴厲批評的主要對象是美第奇家族、米蘭公爵和教廷，尤其是亞歷山大就任後。他直言不諱：

> 教宗們和教長們一面公開反對世俗的驕傲和野心，卻一面深陷於此。他們一面宣揚禁慾，卻一面供養情婦……他們滿腦子只考慮世界和世俗之物；他們不在乎靈魂……他們敗壞了教會的名聲……妓女坐在所羅門的寶座上，向經過的路人示意……噢，淪為娼妓的教會，你在世人眼前沉淪，毫不避諱，你被玷污的氣息直升天穹。

一四九四年，正如我們所知，法蘭西入侵後，導致美第奇家族被推翻並被逐出佛羅倫斯；但對佛羅倫斯人來說，這是薩佛納羅拉造成的，他也成了佛羅倫斯的新領導，建立了一個「基督教和宗教共和國」，並下令定期「燒毀浮世之物」——鏡子、化妝品、精緻衣物、世俗書籍和畫像（包括米開朗基羅和波提且利的畫作）、樂器、賭桌，甚至西洋棋。在這種情況下，這裡的氣氛肯定就像十七世紀的清教徒英格蘭（指北美的新英格蘭），而不是十五世紀文藝復興的佛羅倫斯。

到了一四九七年，教宗受夠了。他將這位狂暴的會士逐出教會，薩佛納羅拉不以為意時，教宗便呼籲逮捕和處決他。此時佛羅倫斯人也厭惡他了。一四九八年四月八日，一群暴民襲擊聖馬可修道院，而他是這間修道院的院長；在隨後的混戰中，他有幾位支持者被殺害，最後他和兩位親密夥伴投降。他們三人遭到屈打成招；五月二十三日，他們被帶到領主廣場，在那裡被脫下會士長袍，以鎖鏈一起吊在同一副十字架上。他們下方燒著熊熊大火，於是薩佛納羅拉被火燒死，就像當初浮世之物在他面前被燒毀一樣。三人的骨灰被扔進亞諾河（Arno），以確保不會留下遺骸讓後人膜拜。

一四九三年在義大利外，教宗亞歷山大為西班牙和葡萄牙近期在非洲和美洲發現的領土做出至關重要的裁決，這也是他此生所做最關乎命運的決定。在這個世紀大部分時間中，葡萄牙人在王子東·恩里克（Dom Henrique）的激勵和鼓舞下，一直穩步探索非洲西岸，而恩里克以航海探險家亨利王子（Prince Henry the Navigator）的稱號更為人熟知；在這世紀最後十年間，瓦斯科·達·伽馬（Vasco da Gama）和巴爾托洛梅烏·狄亞士（Bartholomew Diaz）已繞過好望角，為通往印度群島開闢好望角路線。對於這些成就，西班牙的君王們沒有顯露出多大興趣；一直到哥倫布於一四九三年第一次航海返回時宣布，他在新大陸插下卡斯提爾旗幟佔領土地，他們才受到重視。於是教宗亞歷山大在他們的要求下，在亞述群島（Azores）以西一百里格〔一里格等於五點五五六公里〕處劃一條南北界線，宣判將此界線以東所有新發現的區域分配給葡萄牙，以西的所有區域分給西班牙。一四九四年，經葡萄牙人抗議後，按照《托德西利亞斯條約》（Treaty of Tordesillas）將這條界線往西移一些；於是一五〇〇年時，葡萄牙才得以宣稱巴西的主權，這也是現今巴西仍說葡萄牙語的原因。

✠

亞歷山大教宗任期最後四年時，主要是繼續實現自己和切薩雷的野心，侵吞整個教宗國，將其變成波吉亞的家族封地。切薩雷此時的地位終於壓倒他父親，親自制訂和執行這項計畫，包括剷除羅馬許多名門望族，尤其是奧爾西尼家族；並策劃幾場暗殺行動，通常在暗殺成功後扣押財產，另外公開販售教會最高聖職以籌措資金，包括樞機主教職位。切薩雷．波吉亞因殘暴而受人憎恨和恐懼。威尼斯大使向他的政府報告說：「每天晚上有四、五人發現被暗殺，有主教、教長等人，因此羅馬人人心驚膽顫，害怕遭到公爵殺害。」

他雖因感染梅毒而嚴重毀容，在他生命將盡時，他出現在公共場合時總是戴著面具，與他接觸的人幾乎都對他印象深刻。他的精力無限，勇氣十足。他似乎不需要睡覺，行動速度驚人：據說他前一刻才剛離開一座城市，下一刻就抵達下一座城市。而且他跟他父親一樣好女色。在他短暫的人生中，至少留下十一名私生子；教廷司儀尤漢尼．波卡（Johannes Burckhardt）的日記無疑透露出切薩雷如何消磨空閒時間：

（一五〇一年）十月三十日星期日晚上，切薩雷．波吉亞閣下在宗座宮殿的套房用晚餐，有五十位體面的妓女或交際花陪同，她們在用餐過後與僕人等人一起跳舞，一開始衣著完整，然後脫光。同樣是在晚餐過後，地板上放著金燈臺，上面點著蠟燭，栗子散落一地，裸體的妓女們跪在地上，在金燈臺之間穿梭爬行，用手撿起栗子。教宗、切薩雷閣下和露琪亞夫人都在現場觀看。最後，與妓女們一起做這表演最多次的男子們獲得賞賜，有絲綢製的緊身上衣、鞋子、帽子等衣服。

此時或許值得提一下露琪亞夫人。她一直被塑造成波吉亞王朝的妖姬形象；但她有多大程度符合此稱號是難以確定的。她確實不只有美貌：她父親有兩次讓她完全掌控梵蒂岡宮殿，並授權她處理他的信件。至於她的名聲，有傳聞她與至少一名兄弟亂倫，或甚至父親，但完全沒有證據，除了在處理離婚期間她的第一任丈夫喬凡尼．斯福爾扎（Giovanni Sforza）提出指控外，期間雙方也互相提出其他無根據的指控。她似乎很有可能是父親和兄弟的政治野心下的不幸工具。她在一四九三年十三歲時嫁給斯福爾扎（先前有兩次訂婚），只因為亞歷山大渴望與米蘭結盟；但過沒多久，斯福爾扎已沒有用處，於是這位教宗的女婿就成了絆腳石。一四九七年時，他似乎遭設計暗殺，至於主謀是三位波吉亞中的哪一位就不得而知了，但他得以及時逃出羅馬，然後決定離婚以解決問題。喬凡尼不僅要準備失去妻子，也會失去她的嫁妝，以及教宗先前授予他的封地佩沙洛，他竭力對抗，但最後被迫同意以羞辱的陽萎為由離婚，儘管他聲明已圓房不下千次。還有一件尷尬之事是，他們離婚時，露琪亞已懷孕；但她偷偷生下孩子後，喬凡尼從未確認自己是孩子的父親。

露琪亞的第二次婚姻更是不幸；她的第二任丈夫是亞拉岡的阿方索，是她真心所愛之人，但被切薩雷殺害——很可能是出於嫉妒，但也有政治意味。據說她十分傷心；但亞歷山大很快為她安排第三次婚姻：名字也是阿方索，是費拉拉的艾斯特親王（Este Prince of Ferrara）。婚禮後的慶祝活動照例是奢華盛大，資金來源是販賣教廷八十個新聖職的所得，以及任命九位新樞機主教（其中五人是西班牙人），每個樞機主教職位換取十三萬杜卡幣。大約在此時，教宗也侵佔梵蒂岡樞機主教喬凡尼．米凱爾（Giovanni Michiel）的所有財產，他最近剛不幸慘死，幾乎可肯定是被切薩雷毒死。這次婚姻表面上是成功的，因為露琪亞為她丈夫生了許多孩子；但仍無法阻止她與詩人皮卓．班博（Pietro Bembo）和雙性戀的曼圖阿侯爵，法蘭西斯科．貢扎加，發生激烈的婚外情，而貢扎加是她丈夫的姊夫。儘管她行為不檢，但仍獲得相對的尊重地位，且活得比她家人都還要久，於一五一九年在費拉拉產下第八個孩子後過世。

✠

一五〇三年八月，羅馬經歷最炎熱、最糟糕的氣候。附近的龐廷（Pontine）沼澤水沒排乾；瘧疾蔓延，並發生數起瘟疫病例。這一年能離開羅馬的人都離開了；此時更有一支法蘭西軍隊正進軍拿坡里，而在這關鍵時刻，教宗留在梵蒂岡。八月十二日時，亞歷山大和切薩雷發高燒。切薩雷康復了，但七十二歲的教宗不敵感染，六天後過世。

父子同一天患病的事實難免引來這是陰謀的揣測。有人指出，八月三日兩人與近期獲任命的樞機主教卡斯特里西（Castellesi）一起在他附近的莊園用餐；他們有意毒害東道主，卻意外自己喝了毒酒的謠言迅速傳遍羅馬。出於某些原因，這頗為荒謬的故事流傳下來，並融入許多重要的歷史故事中；但此謠言忽略了一個事實，儘管此時波吉亞父子已有許多殺人紀錄，但他們沒有殺害卡斯特里西的明確動機。而且也沒有毒藥需要一個多星期的時間才毒發。可能的原因是亞歷山大和切薩雷只不過是疫情的受害者，而教宗完全是自然死亡，儘管看起來不像。

多虧了這兩人，波吉亞家族成了邪惡殘暴的傳奇故事，而露琪亞多少也有一點貢獻。大部分事蹟都已明確證實；但所有傳說都包含誇大元素，往往掩蓋真相。此外，由於波吉亞家族的傳說都集中在他們所犯的罪行，導致他們的功勞常被遺忘。亞歷山大在就任前已擔任過連續五任教宗的副祕書長；他是當時最瞭解梵蒂岡運作方式的人。在過去五十年間，教廷已盡力打造出並列歐洲超強大國的聲望，在政治上得以與法蘭西和西班牙平等協商。不幸的是，正如亞歷山大所深知，事實並非如此。教廷缺錢、缺人力，甚至在自己的地盤都缺乏基本安全防禦，不斷受到奧爾西尼家族和科隆納家族的威脅，還有出了名的容易因憤怒而反叛的羅馬人民。而「教宗代理人」（papal vicars）明顯大部分是傭兵隊長，他們本質上只想滿足自己的私心，從不值得信任；同樣不可信賴的是義大利的主要邦國，威尼斯和佛羅倫斯、拿坡里和米蘭，以及其他不太重要卻同樣獨立自主的城市。然後是法蘭西人，不斷威脅侵略，還有在背後蠢蠢欲動的西班牙和鄂圖曼突厥人，而此時突厥人的勢力明顯已如日中天。

總之，教廷在各方面都有實際存在或潛在的敵人，卻沒有堅定的盟友。想在獨立自主中完好無損地生存下來，就急需充裕的資金、穩固的管理和精明的外交；而亞歷山大都能在這幾個方面全面提供，只不過他的手段值得質疑。他在教宗任期第二年就證明了這點，他說服查理八世離開羅馬，繼而拯救自己和繼任者們免於成為法蘭西的地方總督。單就這一點，他就值得後世感激。他之所以不受後世感激，主要是因為他的私生活，以及在世時和過世後不斷遭到毀謗，而他也以格外沉著之心忍受。切薩雷則因為無法忍受毀謗而不只一次被他責備；但可以這麼說，他若能像兒子那樣，或許情況會好些。只要他願意，就能輕易反駁許多針對他的指控；但他不願回應，也因此成就了自己的壞名聲。

✠

儘管切薩雷．波吉亞最後康復，但在八月十二日這關乎命運的一天，跟他染上同樣疾病的教宗則不敵病魔。亞歷山大的逝去造成局勢孤立封閉，繼而引起一連串混亂；幾個城市公開造反。法蘭西斯科．貢扎加已率領一支法蘭西軍隊抵達距離羅馬只有四十英里的維泰博；同時西班牙軍隊在傑出的年輕將軍龔薩佛．德．哥多華（Gonsalvo de Córdoba）的率領下，從拿坡里迅速往北進軍。若是在平時，切薩雷或許能處理這情況；但此時他在梵蒂岡身患重病，無力迅速採取軍事措施拯救自己的生涯。政治行動是他唯一的希望；這表示他要確保父親的繼任者能支持他。他設法從家族的私人金庫籌措十萬杜卡幣；他在病床上拿出這筆鉅款，希望能賄賂即將召開的祕密會議。他決心不惜一切代價防止祕密會議選出對他最危險的敵人，即樞機主教朱利亞諾．德拉．羅維爾，也是教宗西斯篤四世的姪子，在亞歷山大擔任教宗期間，他大部分時間在法蘭西流亡。而防止這位樞機主教獲選的最可靠方法，就是阻止他回羅馬。

他失敗了。德拉．羅維爾毫髮無損地抵達羅馬，與他一起抵達的還有樞機主教喬治．安布瓦士（Georges d'Amboise），他是路易十二世的總幕僚，對教宗三重冠同樣野心勃勃。第三位決心角逐的候選人是樞機主教阿斯卡尼歐．斯福爾扎，他因支持法蘭西的政策而與亞歷山大分道揚鑣；他現在由安布瓦士放出監獄，以便讓他投票給法蘭西人，斯福爾扎意外發現自己相當受歡迎，於是開始為自己遊說。事實上安布瓦士很快就被淘汰：此時選出法蘭西教宗就跟選出西班牙教宗一樣不妥，尤其是德拉．羅維爾到處宣傳，選出法蘭西人等於是再次將教廷交給法蘭西。現在似乎只剩德拉．羅維爾和斯福爾扎兩人在角逐；但兩人的票數都不足以勝出，樞機主教們最終做出折衷選擇，選出錫耶納主教法蘭斯科．托德席尼—皮科洛米尼（Francesco Todeschini-Piccolomini），他採用封號為庇護三世（一五〇三），向伯父庇護二世致敬。此時他已六十四歲，但外表和舉止看似年紀更大，並因痛風而行動不便。一般認為他可能時日不多。

事實上，他僅在位二十六天後便過世，是史上教宗任期最短之一。他無疑是正直、優秀、誠實的教會人士，而且在亞歷山大將教廷領地轉讓給兒子干迪亞公爵時，他是唯一敢於抗議的樞機主教。有強烈跡象顯示，他若能活得再久一點，他會召開大公會議，推動急需的改革。隨著他在一五〇三年十月十八日過世，這機會也流失了，而付出代價的是教會。

在最短的教宗任期過後，是歷時最短的祕密會議。十一月一日召開的祕密會議只歷時數小時。朱利亞諾．德拉．羅維爾已做足準備，巧妙地四處賄賂；他甚至得以確保阿斯卡尼歐．斯福爾扎這一票，也是唯一重要的潛在競爭對手。顯然他天生善於指揮。借用威尼斯使節所說：

> 沒有人能影響他，他幾乎不用找其他人商議。他的強勢、殘暴和不易配合的程度是難以形容的。他在身心方面皆具天生優勢。有關他的一切都會被誇大，不論是行事或熱情。比起令人怨恨，他更令人畏懼，因為他本身並不小氣或卑鄙自私。

可能有人認為令人生畏、不願改名字的儒略二世（一五〇三－一三）當選後會終結切薩雷．波吉亞。結果沒有。就在奧爾西尼家族襲擊切薩雷位於博爾戈區的府邸前兩星期，此時完全康復的切薩雷已躲進聖天使城堡。德拉．羅維爾的信使抵達時，他還在那裡，信使則向他保證，德拉．羅維爾當選教宗後將保護他的安全。於是切薩雷聽說德拉．羅維爾當選後，便回到自己位於梵蒂岡的舊居所。但他也知道，他只是勉強獲准留下而已。儒略跟他虛與委蛇對自己有利，只因為他的權力基礎是在羅馬涅，而威尼斯在那裡掌控越來越多城市；儒略此時尚無軍隊，因此需要切薩雷。等他不再需要這位瓦倫提諾公爵時，無疑會拋棄他。

當然他也這麼做了。切薩雷．波吉亞仍保有他不少的舊勢力，但沒有父親的保護與支持，權力和榮耀的日子逐漸消逝，也逐漸從我們的故事中淡出。他在一五〇四年流亡到西班牙，一五〇七年為大舅子納瓦拉國王約翰打仗，在圍攻維亞納（Viana）時過世，得年三十一歲。

✠

有個傳說是米開朗基羅在雕刻十四英尺高的教宗儒略二世銅像時，建議在教宗左手放一本書，而儒略回答道：「不了，給我一把劍，我可不是學者！」[2]這倒是事實；他確實是個戰士，徹頭徹尾。自李奧九世一〇五三年在奇維特一役以來，就沒有教宗親自領軍作戰；儒略則好幾次親自領軍，尤其是在一五一一年一月，六十八歲的他全副武裝，在大雪紛飛中親自率軍長途跋涉，從法蘭西手中攻下米蘭多拉（Mirandola）。他的世界觀就跟他的敵人亞歷山大六世一樣，格外世俗；至於屬靈，他不願在這方面花時間，也毫無興趣，在他擔任教宗期間，建立和鞏固教廷的世俗權力是他的主要任務。為此難免要大動干戈。到了一五〇四年秋天，他已成功讓法蘭西和

〔神聖羅馬〕帝國聯合對抗威尼斯——又一個將外國軍隊招引進義大利解決國內紛爭的例子；一五〇六年四月，在為新的聖伯多祿大殿舉行奠基儀式後，他立刻率領教廷全體遠征，從當地家族手中收復佩魯賈和波隆那，那些家族自詡為獨立的專制君主而統治著當地。佩魯賈的巴利奧尼家族（Baglioni）不戰而降，這或許令教宗頗為掃興；波隆那的本提沃里歐家族（Bentivoglio）則極力反抗，但在那裡統治超過四十年的族長喬凡尼（Giovanni）最終逃到法蘭西，教宗以勝利之姿進入城市。[3]

但威尼斯仍是教宗的主要敵人。五年前他原本是樞機團中最受威尼斯信任的朋友；但威尼斯近期在羅馬涅佔領數座城市，而這些城市原本是由切薩雷・波吉亞掌控。這些城市傳統上屬於教廷，而威尼斯拒絕交出；於是現在儒略決心消滅威尼斯。在他心中，義大利分為三部分。北方是法蘭西的米蘭，南方是西班牙的拿波里。夾在兩者之間的土地只能屬於強大繁榮的邦國；而儒略認定這個邦國必定是教廷。羅馬派出一批新特使，分別拜訪法蘭西和西班牙、〔神聖羅馬帝國〕皇帝馬克西米連、米蘭、匈牙利和尼德蘭。他們皆提出同樣的提案，由西方基督教界組成聯合遠征隊，對抗威尼斯共和國，繼而瓜分其帝國。

歐洲各邦國想必內心並不認同這項政策。他們加入聯軍提案的動機並不是為了支持教廷毀滅

2 過了不久，這座雕像被波洛涅西家族（Bolognesi）推倒。他們將雕像碾碎後賣給費拉拉公爵，他再重新鑄造成大砲，並暱稱大砲為儒略。

3 同年一月二十一日，宗座瑞士近衛隊（Swiss Guard）成立，這是保護教宗的固定僱傭兵團，他們在儒略任期間確實發揮所長。

威尼斯，而是自救。無論他們多努力自詡行為正當，旨在對抗不公不義，但他們深知自己的行為比威尼斯之前的作為更應當受譴責。但保證能瓜分領土的誘惑太大，無法抗拒。他們接受了提議。於是奧地利的瑪格麗特（Margaret of Austria）代表父親馬克西米連，以及樞機主教安布瓦士代表法蘭西國王，於一五〇八年十二月十日在康布雷（Cambrai）簽署這項威尼斯帝國的死刑執行令。雖然儒略的使節當時人在康布雷，但他一直到隔年春天才正式加入聯軍；他似乎因擔心其他簽署者是否真心加入而猶豫不決。但一五〇九年三月，亞拉岡的國王斐迪南二世宣布正式加入後，他不再猶豫了。四月五日，儒略公開與其他國家聯盟，對威尼斯下達禁罰令，十五日，第一批法蘭西軍隊進入威尼斯領土。一個月後，五月十四日，法蘭西人在阿格納德羅（Agnadello）村莊外與威尼斯人交手。威尼斯在這場戰役中徹底慘敗，死傷人數約四千人，失去了整個內陸領土。該月底前，教宗的使節收復羅馬涅那些至關重要的土地，悲劇就此展開。

七月初，教宗同意接見威尼斯派到羅馬的六位大使，但很快就看得出來他這麼做只是為了讓威尼斯共和國遭受更多屈辱。大使團在七月初抵達時，便以教籍遭開除為由禁止他們進城，直到天黑後，他們才能寄宿在同一處住所，或一起外出處理公務。只有一名使者獲得接見，儒略在這場會面猛烈譴責他，使形勢急速惡化。他發誓，除非康布雷聯盟嚴格落實條款，威尼斯人則要在脖子上套上韁繩向他下跪，他才考慮赦免他們。接著局勢很快開始翻轉。阿格納德羅自發起義支持威尼斯的首批消息傳來不到兩個月後，七月十七日，帕度亞（Padua）在成為帝國城市僅僅四十二天後，又回歸聖馬可翼獅（Lion of St Mark）[4]的保護羽翼下。馬克西米連原本不在義大利，但一聽說帕度亞脫離聯盟的消息後，他很快率軍南下。他在九月十五日開始圍城；兩個星期後德意志和法蘭西以大砲轟倒城牆。但每一場攻擊都遭到反擊，到了三十日，皇帝放棄進攻。

教宗儒略聽說帕度亞的消息時勃然大怒；在馬克西米連未能收復帕度亞後，教宗聽說維洛納也可能宣布支持威尼斯時，據說他將帽子扔到地上，咒罵聖伯多祿。他對威尼斯的仇恨就跟以往一樣帶有報復心，而戰爭仍在繼續。一開始威尼斯完全拒絕教宗的條件；甚至向突厥蘇丹求助，要求盡量多派軍隊，並借貸至少十萬杜卡幣。但蘇丹未回應，到了年底，威尼斯人認為必須投降了。於是在一五一〇年二月二十四日，教宗儒略二世在聖伯多祿大殿的中間大門外，坐在一張特製的寶座上，身邊圍著十二位樞機主教。五位威尼斯大使（第六位於數日前過世）身穿緋紅色衣服走向他，親吻他的腳，接著跪在階梯上，由發言人正式代表共和國請求赦免，由安科納主教宣讀協議全文。這對聆聽全文的大使團來說一定痛苦萬分，因為整個過程至少歷時一小時，期間他們依然被迫跪著。他們艱難地站起身後，接受十二位樞機主教的十二記鞭打（實際上鞭打幸得豁免），發誓遵守協議條款，然後再次親吻教宗的腳，才終於獲得赦免。大殿大門這才開啟，接著除了教宗，所有人都在主祭臺前鄭重祈禱，然後在西斯汀小聖堂舉行彌撒，根據其中一位威尼斯人在報告中所說明，教宗「從不參加這些冗長的禮拜」。

看來局勢又再次翻轉。聯盟成員不太能接受教宗與威尼斯和解的消息；舉行赦免儀式時，法蘭西、帝國和西班牙的駐教廷大使當時人都在羅馬，但因缺席而引人注意。雖然儒略未正式脫離聯盟，但之後很快聽說他自吹自擂說，藉由赦免威尼斯，相當於將匕首刺進法蘭西國王的心臟——這足以證明，比起威尼斯，他現在認為法蘭西是他的義大利政策的主要障礙，可見他確實改

4 譯註：象徵威尼斯。

變了立場。到了一五一〇年盛夏，他明顯徹底變卦，並做出新的部署。他與威尼斯的宿怨已解決；現在輪到法蘭西了。

以各種客觀標準來看，教宗儒略的行為是卑鄙的。他先是慫恿法蘭西對威尼斯動武，現在不但拒絕遵守承諾給他們報酬，更是以殘暴惡毒的手段對付他們，就像當初對付威尼斯一樣。他還與皇帝展開新的協商，意圖鼓動他對抗前盟友。他的主張是，他的最終目標是從外國侵略者手中解救義大利，後來的護教士也經常以此主張為他辯護，但這些侵略者一開始若不是他招引進來，這種主張會更有說服力。

無論如何，教宗突然改變政策還有另一個動機。由於是首次徹底鞏固教宗國，他現在決心以合併費拉拉公國來增加版圖。阿方索公爵去年成了法蘭西國王的代理人；他在科馬基奧（Comacchio）的鹽廠與教廷在切爾維亞（Cervia）的鹽廠有直接競爭關係；最後一點，他是露琪亞・波吉亞的丈夫，也就是亞歷山大六世的女婿，其實光是這點，就注定要受到教宗譴責。在基督教界傳閱的一道教宗詔書中，這位不幸的公爵遭到譴責和開除教籍，其措辭就連殉道者聖伯鐸（St Peter Martyr）都表示令他感到毛骨悚然。

✠

一五一〇年初秋，教宗儒略對未來寄予厚望。教廷與威尼斯聯軍在八月中毫不費力佔領摩德納（Modena），雖然費拉拉加強防禦，但仍無法抵抗指揮有方的圍攻。教宗決心要在戰爭尾聲時在場，他從容不迫地北上，在九月底抵達波隆那。波隆那人待他冷淡。因為本提沃里歐家族在一五〇六年遭驅逐，波隆那人受盡教廷代表的屈辱和苛政，正處於公開反抗的臨界點。波隆那的總督，樞機主教佛蘭斯科・阿里多西（Francesco Alidosi）曾被傳喚到羅馬回覆挪用公款的指控，卻因教宗親自介入而獲宣告無罪——於是羅馬民眾私下議論，如此不斷為了溺愛男人而明目張膽腐敗，也只能以同性戀關係解釋。但羅馬城內的緊張局勢很快因另一件更令人焦慮之事蓋過。十月初，米蘭總督，肖蒙的領主（Seigneur de Chaumont）率一支法蘭西軍隊從倫巴底南下，全速進軍波隆那。到了十八日，距離城門只剩三英里路。

當羅馬城四面被敵人嚴嚴實實包圍之際，教宗儒略卻因高燒而臥病在床，他知道自己能依靠的人手不到一千人，自認毫無希望。據說他呻吟道：「噢，我們要毀了！」（*O, chè ruina è la nostra!*）[5]他承諾波隆那人免除他們的賦稅，以換取他們的支持，但他們仍不為所動；在第十一小時，兩支援軍同時抵達時，他正與法蘭西展開和平協商。兩支援軍分別是威尼斯的一支輕騎兵隊和拿坡里的一支分遣隊，這支分遣隊是國王斐迪南近期獲得教宗認可後進貢的。教宗立刻恢復勇氣，和平協商中止。肖蒙的領主在最後一刻似乎覺得對教宗本人下手一事感到不安，因此被說服撤退：但此決定仍未阻止儒略在他騎馬離開後開除他的教籍。

很難不為肖蒙的領主感到些許遺憾。他只是命途多舛。他一次又一次在即將大獲全勝之時，卻又讓機會從手中溜走。他也常遇到荒謬的倒楣之事。儒略在圍攻米蘭多拉時，肖蒙的救援遠征軍兩次姍姍來遲：第一次是因為他的鼻子被雪球擊中，而雪球中剛好夾帶著石頭；接著隔天他摔下馬，跌入一條河流，差點因盔甲太重而淹死。他花了三天時間才康復，此時他在距離被圍攻的

5 英文譯文：'Oh, what a ruin is ours!'

城堡只有十六英里路，結果導致米蘭多拉淪陷。一個月後，他意圖收復米蘭多拉卻失敗了；一五一一年三月十一日，三十八歲的他突然病死，他認為自己是中毒——儘管沒有其他嫌疑人——在他過世後七小時，教廷解除教籍開除令的判決信才送達。

但此時費拉拉公爵立下輝煌戰績，擊敗一支沿著波河下游地區進軍的教廷軍隊，教會的禁令對他來說似乎沒有那麼大的影響，而儒略再次處於防守地位。五月中，肖蒙的接班人，吉安・賈科莫・特里武爾奇奧（Gian Giacomo Trivulzio）再次領軍進攻波隆那；在他即將入城時，居民趁機群起反抗他們厭惡的樞機主教阿里多西，希望徹底解脫。樞機主教在驚慌失措下逃亡，甚至懶得警告在西面通道與教廷軍隊一起紮營的烏爾比諾公爵，也未警告在南面一、兩英里處的威尼斯人；五月二十三日，特里武爾奇奧率軍進入波隆那，收復本提沃里歐家族的政權。

缺乏品德的樞機主教阿里多西似乎至少還有些許羞恥心，為避開盛怒的教宗而將自己封鎖在瑞佛城堡（Rivo）；但他其實不需要這麼做。儒略前幾天已謹慎退避到拉芬納，未顯露出一絲怒氣。即便在此時，在他眼中，他這位親愛的朋友也沒做錯：他毫不猶豫將這場災難的責任全歸咎於烏爾比諾公爵，並傳喚他立刻來覲見。接下來兩人的面談不太可能讓公爵減低長久以來對阿里多西的輕蔑，因為阿里多西的懦弱，他成了代罪羔羊。於是當他在街上遇到這位舊敵人時——阿里多西當時離開城堡，剛抵達拉芬納，要向教宗報告他的近期動向——他遏制不住怒氣。公爵將騎著騾子的樞機主教拖下，拔劍刺向他；阿里多西的隨從以為他是奉教宗命令行事，沒有即時阻止，等公爵重新上馬騎往烏爾比諾時，他們才走向前，而他們的主人已倒地身亡。

從史料上來看，教宗儒略得知最寵愛的親信被殺害時，悲痛到神情駭人。他哭到不能自已，將所有食物揮開，不願再待在拉芬納，立刻坐轎子前往里米尼，透過遮掩的簾子仍能清楚聽到他的哭聲。但接下來還有更多打擊等著他。米蘭多拉在一、兩星期內被特里武爾奇奧攻佔，他一直認為自己有責任。此時沒了將軍的教廷軍隊已亂成一團，因士氣低落而瓦解。對法蘭西而言，波隆那奪回後，等於是大開方便之門，方便佔領教會在羅馬涅的所有領地，而這些領地是他極力奮鬥了很長一段時間得來的。過去八年的成果付諸東流。此時教宗在里米尼的聖弗朗切斯科教堂（S. Francesco）發現門上釘著一張公告，是由他的至少九位樞機主教在馬克西米連和法蘭西的路易的支持下簽署，宣布將於九月一日在比薩召開大公會議，針對他的教宗職權濫用進行調查和革新。

身為教宗和男人，儒略有許多缺點。他個性魯莽，當代歷史學家弗朗切斯科・圭恰迪尼（Francesco Guicciardini）寫道：「他非常魯莽，若不是出於世人對教會的敬畏、親王們之間的不和，以及那個時代的形勢，他會自取滅亡」——可見他的性格善變、報復心重、不善組織、判斷力糟糕。雖然他善於外交戰術，但缺乏長期策略的觀念。他滿腦子都是世俗野心，為追求自己的目標而不擇手段。不過他完全具備某些特質，其中一個是勇氣，另一個是不屈不撓的精神。他在近七十歲返回羅馬時，已經在考慮組織新聯盟，由他自己帶領，囊括威尼斯、西班牙、英格蘭，可能的話還有「神聖羅馬」帝國，結合所有這些兵力可以徹底將法蘭西逐出義大利半島；於是協商在一五一一年七月展開。

協商過程未出現嚴重問題。西班牙的斐迪南已藉由康布雷聯盟獲得所想要的一切，並且不樂見法蘭西在義大利的地位進一步增強。在英格蘭，斐迪南的女婿亨利八世願意讓對手佔領北方，讓盟友佔領南方，不過在他接受提議時，不得不向教宗指出，若這些提議不是由明顯的雙重代理人傳達會更好（那位代理人顯然是由過世的樞機主教阿里多西推薦），那位代理人會定期向國王路易報告所有事情發展。威尼斯在整個協商過程努力抵抗法蘭西對維內托（Veneto）和夫里烏利（Friuli）的攻勢，此外別無所求，且整體來說算是成功。馬克西米連一如往常猶豫不決；但就算沒有他，新聯盟也有望成為一股不可忽視的力量。

皇帝態度矛盾的原因除了天生性格外，還有一個原因是在比薩召開的大公會議，是他和國王路易一起發起的。路易已經開始後悔這個召開會議的想法，很快便不再支持。經過兩場短暫的會期後，在當地的敵意環伺下，會議遷到米蘭；雖然會議在米蘭有法蘭西的保護，卻公然遭到奚落，以致於當地的編年史家不願紀錄會議過程，因為他聲稱，沒有人認真看待這會議，而且他的墨水也不夠用了。

同時原本病危的教宗幾乎是奇蹟般康復，並得以在十月四日宣布成立「神聖同盟」（Holy League），開始準備戰爭。但他很快發現，國王路易手上也有一張重要的新王牌：路易的外甥，內穆爾公爵（Duc de Nemours），法克斯的賈斯頓（Gaston de Foix），他在二十二歲時便已證明自己是當代傑出的軍隊指揮。勇敢、富有創造力、足智多謀，這位令人驚嘆的年輕人可以當機立斷，而且一旦下決定後，接著便如閃電般調動軍隊。一五一二年二月初，米蘭突然出兵，足以重挫教廷軍隊收復波隆那的意圖；不幸的是，隨著法蘭西軍隊出征，對貝加莫（Bergamo）和布雷夏的市民來說，這是起義並恢復效忠威尼斯的時機。但後來很快證明他們的想法錯了。內穆爾公爵率軍隊在惡劣天氣中日夜行進，途中意外遇到一支企圖截擊他們的威尼斯師級部隊，他們在清晨四點鐘的月光下擊潰他們，在抵達布雷夏城外之時，對方的防禦部署尚未就位，他和夥伴貝爾德（Bayard）率軍進攻，他們為了抓穩傾斜濕滑的地面而赤腳戰鬥。布雷夏迅速被攻佔，而叛軍的領導在主廣場遭到公開斬首，整座城市被洗劫了五天，期間法蘭西和德意志軍隊殺害並強姦當地居民，殘暴程度駭人聽聞。他們又花了三天時間清理街上一萬五千具屍體。為避免類似下場，貝加莫匆匆支付六萬杜卡幣，結束了叛亂。

但戰役未結束。內穆爾公爵決心不讓敵人有喘口氣的機會，返回米蘭召集新軍隊，接著立刻返回戰場。他帶領約二萬五千人軍隊進軍並圍攻拉芬納。為了拔除教廷軍隊，此戰勢在必得。拉芬納的指揮官是拿坡里的西班牙總督拉蒙·狄·卡多納（Ramón de Cardona），眼見如此重要的城市即將被攻佔，他不能見死不救。於是在一五一二年四月十一日復活節星期天，他在城下的沼澤平原加入戰局。

自從查理八世做出第一個重大決定，要在半島建立法蘭西據點後，近二十年來發生的所有衝突中，拉芬納一戰是最血腥的。教廷一方最後逃離戰場，約有一萬名西班牙人和義大利人戰死。一些重要的西班牙隊長嚴重受傷，其中數人落入法蘭西手中，包括教廷使節，樞機主教美第奇。拉蒙·狄·卡多納本人已經提早逃走，據說他是馬不停蹄逃到安科納，是少數能安然無恙倖存下來的人之一。但這場勝戰付出慘痛代價。法蘭西的損失也相當可觀，最糟的是，內穆爾公爵本人在戰勝那一刻戰死，因為性急的他一如既往想阻止西班牙撤軍。年邁的帕里斯領主（Seigneur de la Palice）接替他的位置，他的速度和風範都不及內穆爾公爵。這位年輕人若能活下去，或許能重整剩下的軍隊，進軍羅馬和拿坡里，迫使儒略達成協議，恢復路易國王在拿坡里的王位；但帕里斯的性格更為謹慎。佔領拉芬納後他便已滿足，卻無法阻止軍隊毫無節制地屠殺和強姦，程度甚至超越幾星期之前布雷夏遭受的洗劫。

此時政治前景突然發生一件離奇的變化，不但讓閱讀義大利歷史的讀者感到困惑，也讓寫史書的作者感到惱火。拉芬納的消息傳到儒略耳裡時，他有預感法蘭西會立刻進軍羅馬，於是準備逃走。但就在他要逃走前，他收到被俘使節的來信，而帕里斯允許他和主人通信，實在不明智。樞機主教美第奇寫道，法蘭西人的損失不亞於同盟；他們已精疲力竭，因年輕的將領過世而士氣低落；他們的將軍在未收到法蘭西當權者的指示和確認前，不會擅自行動。此時在羅馬的威尼斯大使也覲見了教宗，並向他保證，事實與廣泛流傳的謠言相反，共和國並未接受法蘭西另外簽署和平協議的提議，也無意這麼做。

儒略立刻燃起一股勇氣。戰事既然暫時受到壓制，他便全力投入原定於一五一二年五月召開的大公會議。此時這場大公會議比往常更加重要，因為路易國王脫離教會召開的米蘭大公會議利用打勝拉芬納一役宣稱教宗抗命，並中止他的職務。其實就連在米蘭也沒多少人認真看待這項如此明顯政治性十足的裁決；儘管如此，教會公然分裂的情況是必須進行調查和解決的。五月二日，教廷宮殿舉行莊嚴的儀式，至高無上的教宗乘轎來到拉特朗大殿，後面跟隨著十五位樞機主教、十位總主教、五十七位主教和三位修道院修會會長：展現聖統制的力量，讓米蘭的幾處叛亂顯得無足輕重——正如原本就如此計畫一樣。拉特朗大公會議在第二場會期中，正式宣布比薩和米蘭的大公會議的議項無效，所有與會者都是分裂教會者。

在同一天，教宗儒略也宣布皇帝馬克西米連加入神聖同盟；馬克西米連此時下令，跟隨法蘭西軍隊一起作戰的所有帝國臣民應立刻返鄉，違者處死。對帕里斯來說，這是悽慘的消息。他的法蘭西軍隊已嚴重耗損，大部分人已被召回北方對付即將入侵的〔英王〕亨利八世：德意志傭兵突然離開，讓他變成沒有軍隊的將軍而處境難堪，或是瑞士人和威尼斯人突然聯合反抗他時，他卻沒有任何軍力能控制他們。同時西班牙和教廷軍隊也回到戰場，儘管他們有一絲先前戰敗的陰影，但仍得以在暢行無阻下行軍。到了七月初，教宗不但收復所有領土，甚至擴大版圖，包括雷焦艾米利亞（Reggio Emilia）、帕馬、皮亞琴察。帕里斯則別無選擇，只能帶著僅剩的軍隊返回法蘭西，而路易十二世在三個月前或許還掌握著整個半島，但此時所有希望都化為烏有。

教宗儒略二世在一五一三年二月二十一日因高燒過世，可能是感染梅毒多年所致。除了他的穿著和頭銜，他幾乎不像是聖職人員。他在擔任教宗期間以政治和戰爭為主；他參與的教會活動大部分僅限於例行事務，不過他頒佈了一項重大豁免令，允許他哥哥亞瑟（Arthur）的遺孀，亞拉岡的凱瑟琳（Catherine of Aragon）嫁給亨利八世。

目前為止，儒略留給後世最重要的遺產是贊助藝術。他熱愛古典雕像，為梵蒂岡增添大量傑出的收藏品，例如《貝爾維德爾的阿波羅》（*Apollo Belvedere*）和《拉奧孔》（*Laocoön*）。後者是一五〇六年一名男子在他的葡萄園中意外挖掘出來。但如今他受世人記住的主要原因，是他決定以新建築物取代舊的聖伯多祿大殿，而這座新建築比之前更格外壯觀宏偉。他最後委託布拉曼帖

（Bramante）[6]執行計畫，布拉曼帖放棄了他原本設計的希臘正十字交叉教堂，在巨大圓頂正下方是聖伯多祿陵墓，最後決定採用更傳統的拉丁聖殿設計，設有中殿和通道，搭配萬神殿衍生出的柱廊。放棄古老的馬賽克鑲嵌工藝、聖像、巨大的中世紀分枝燭臺；不久後，這位建築師博得「破壞大師」（*Il Ruinante*）的新綽號。光是聖伯多祿大殿的工程就讓布拉曼帖下半輩子不愁沒工作，儒略還讓他負責重新設計。

教宗也鼓勵並雇用二十六歲的拉斐爾，委託他為自己的套房繪製壁畫，即所謂的「拉斐爾室」（*Stanze*），而他斷然拒絕住在他討厭的亞歷山大的套房。至於米開朗基羅，正如我們所知，他因受到殘忍脅迫而為西斯汀小聖堂繪製天花板（這位藝術家抗議道：「我是雕塑家，不是畫家」）。儘管他受到脅迫，但有人推測這兩人是戀人。這兩人確實是同性戀，儘管儒略在擔任樞機主教時生了三個女兒，也被多人指控過肛交。整體來說此推測似乎不太可能是真的；但我們也永遠無法知道答案了。

教宗儒略二世的缺點中絕對不包含過分謙虛；早在一五〇五年，他也委託米開朗基羅設計他的墳墓。此墳墓原本打算設計為高三十六英尺，包含四十座雕像，全部都超過真人大小；根據瓦薩里的說法，他決定重建聖伯多祿大殿的主要原因是為了容納墳墓。可惜資金用盡，必須徹底修改工程方案。如今在羅馬看到的聖伯多祿鎖鏈堂便是適度修改過的版本；儒略其實就葬在這座聖

6 他的本名是多納托・丹喬洛・拉薩里（Donato d' Angelo Lazzari），別名布拉曼德（*Bramante*），在義大利文中的意思是「招攬」，因為他不斷在替自己招攬工作。

伯多祿鎖鏈堂，這無疑原本是他心目中的新聖伯多祿大殿。

第十九章　兩位美第奇（一五一三—一五三四）

儒略過世後，一場歷時短且順利的祕密會議選出繼任教宗李奧十世（一五一三—一五二一），且僅此一次未涉及聖職買賣。教宗李奧十世本名喬凡尼·德·美第奇，是「偉大的羅倫佐」的次子。據說這位三十七歲的教宗就任後不久便寫信給弟弟朱利安諾（Giuliano）說：「上帝賦予我們教宗地位，就讓我們享受這權力。」這話或許是偽造的，也或許不是；但確實是對這位新教宗的任職態度和整個人生觀的精準總結。不過這句話也容易被誤解。李奧十世並非天生像亞歷山大六世那樣享受自己的教宗地位。他沒有縱慾狂歡，也沒有不得體的作威作福。贖罪券和教會聖職的買賣一如既往存在——畢竟要有某種方式籌措資金——但儘管如此，李奧十世仍十分虔誠：他認真負起自己的宗教職責，每星期齋戒兩次。

但事實上，比起教宗，他更像是文藝復興時期的貴族。他與前任一樣是同性戀，是高雅講究的藝術贊助人，遠比他父親羅倫佐更敢於表現闊綽。他熱愛狩獵，會帶著三百隨從騎馬出獵；他是貪不厭精的老饕，除了舉行奢華饗宴，也主動參加朋友的宴會。一四九四年，他的家族被驅離佛羅倫斯時，他遊歷過法蘭西、德意志和尼德蘭，並在尼德蘭認識伊拉斯謨斯（Erasmus）；但六年後，他返回羅馬，迅速在教廷發揮政治影響力，到了一五一二年，他成功在佛羅倫斯重建美第奇家族的控制權，在擔任教宗期間成為當地的實權統治者。

他像是事先計畫好一般展開任期：率一行遊行隊伍從未完工的聖伯多祿大殿行進到拉特朗大

殿，其規模是羅馬有史以來最奢華鋪張的。儘管他受盡瘻管和痔瘡之苦，但他仍騎著白馬，由一百一十二名侍從護送，更別說還有無數名樞機主教、教長和使命，以及騎兵和步兵分遣隊同行，遊行時教宗的侍從還向群眾灑金幣。但這一切才剛開始。他花費七萬五千杜卡幣，從布魯塞爾（Brussels）訂購金線和絲線製成掛毯——根據拉斐爾繪製的圖稿製成，現存放在維多利亞與亞伯特博物館（Victoria and Albert Museum）——然後他花了兩倍的錢，為朱利安諾迎娶薩伏伊的費莉貝塔（Filiberta of Savoy）的婚禮舉辦慶祝活動，費莉貝塔是法蘭西的法蘭索瓦一世（Francis I）的姨母。他委託米開朗基羅為佛羅倫斯的聖老楞佐大殿創作新立面，他的家族三代都已葬在那裡，並建造一條一百二十英里長的道路通到托斯卡尼一座採石場；後來因資金不足，不得不放棄計畫時，李奧抱怨藝術家難以配合，不過這也不難理解。接著他又著手另一項計畫：在同一建築內建造美第奇小聖堂（Medici Chapel），最後得以在他的堂弟，教宗克萊孟七世的任期內完工。

他在知識和科學方面也有一番成果。李奧十世復興了羅馬大學（Sapienza），這所大學已荒廢三十年，他聘請了近一百位教授，大幅增加學科數量，此時已包括醫學、數學、植物學和天文學。他也設置希臘文和希伯來文的教授職位，每個職位都有自己的印刷廠。他甚至鼓勵戲劇（在此之前羅馬沒有戲劇），尤其是他的密友樞機主教比比恩納（Cardinal Bibbiena）籌劃了一場令人耳目一新的性感喜劇。

李奧的傳記作者保羅．喬維歐（Paolo Giovio）認為他在任期間是黃金時期。羅馬最有權勢的銀行業者阿戈斯蒂諾．基吉（Agostino Chigi）豎起一座宏偉的凱旋門，在遊行隊伍經過的下方刻著文字：「愛神維納斯（Venus）和戰神馬爾斯（Mars）的時代過去了，現在由智慧女神米娜瓦（Minerva）

統治。」要羅馬人認同將他比喻為亞歷山大六世和儒略二世的統治是不難；但說到智慧女神可能就比較有難度。李奧雖受過高等教育、世故老練，卻很難將他形容為智慧。雖然他販賣許多贖罪券、設置許多新職位，他仍欠了羅馬和佛羅倫斯的銀行業者很多債，教廷持續債臺高築。

在政治上，李奧猶豫不決的性格是無可救藥的。一五一五年，法蘭索瓦進軍米蘭，教宗聯合神聖同盟抵抗他；但在隨後的馬里尼亞諾（Marignano）戰役中，法蘭西軍隊擊潰了同盟聯軍，教廷軍隊雖然盤踞在戰場外五十英里處，卻未參戰，而李奧隨後趕緊去波隆那見戰勝的國王。結果他簽訂的政教協定令人感到不值，教廷要割讓帕馬和皮亞琴察，但美第奇家族保住了佛羅倫斯。

但佛羅倫斯已不能滿足他們。李奧自己在年輕時便受惠於肆無忌憚的任人唯親，因此也竭盡全力為下一代延續此傳統。他任命兩個堂兄弟和三個姪子為樞機主教；至於他最喜愛的姪子，也就是已故兄長之子羅倫佐（Lorenzo），他想為其安排更好的出路：烏爾比諾公國（Duchy of Urbino）。目前的公爵是儒略二世的姪子，弗蘭斯科・德拉・羅維爾（Francesco della Rovere），曾於一五〇八年反叛，對抗教宗國；一五一六年時，李奧直接開除他的教籍，扣押並凌虐他派到羅馬表達抗議的特使。接下來引發的戰爭持續了兩年，耗資八十萬杜卡幣；戰爭結束時，他預期能受惠的羅倫佐也過世了。不過羅倫佐的女兒凱薩琳（Catherine）得到遠比烏爾比諾公國更有價值的出路；她嫁給法蘭索瓦的兒子和繼承人亨利，成了法蘭西王后。

✠

一五一七年夏天，羅馬經歷良最可恥、也最不可思議的震盪執政期。教宗突然宣布，他發現有幾位樞機主教共謀要暗殺他，首腦是樞機主教亞方索・佩楚奇（Alfonso Petrucci），而尷尬的是，傳聞佩楚奇是教宗的情人。他們似乎賄賂佛羅倫斯醫生維切里（Vercelli），在替教宗做瘻管手術時注射毒藥。維切里在接受嚴刑拷打時毫不意外地認罪，並立刻被絞死和分屍。佩楚奇也遭受類似下場，並牽連其他多名樞機主教，他也被判死刑。由於基督徒依法不得對教會高階神職人員下手，因此他是由摩爾人用緋紅色絲繩勒死。其他樞機主教在繳交鉅額罰款後得以免除死刑。

這種指控未必屬實。被指控的樞機主教都對李奧多少有怨言，但一般認為不會構成暗殺的動機。就算他們想謀殺教宗，真的會選擇這種方式嗎？而且其中只有佩楚奇想逃跑；但怪異的是，他們都認罪了。真相如何我們永遠無法得知了；但羅馬輿論堅持相信實際上沒有謀殺一事，是李奧捏造整件事，只為了收取鉅額罰款。不論如何，教廷再度失去信譽，而李奧隨後又任命至少三十一位新樞機主教，他們為了晉升樞機主教而共付給李奧五十萬杜卡幣，此舉對恢復教廷聲望毫無助益。

顯然教宗不瞭解挽回聲望的必要性。正如他的多位前任，他對於改革只是口是心非；在研究他的教宗任期時，通常會忘了前四年舉行的第五屆拉特朗大公會議。但這場大公會議毫無成就。會議中未商議緊急要事，也沒有跡象顯示會議有收到教宗的確切指示。同時公然販賣贖罪券和職務、性醜聞等無恥放肆的現象持續氾濫。對李奧而言，他長久以來就未隱瞞自己的嗜好，現在更是公然炫耀自己的最新男寵，公爵傑姆之子，吟唱詩人蘇里曼多（Solimando）。而這一切弊端都為推動改革運動提供更大助力，此時任何不帶偏見的觀察家都明白，除非教會迅速下定決心自清門戶，否則不久後將出現嚴重叛亂。

一五一七年十月三十一日，就在佩楚奇陰謀事件後，教宗李奧任命三十一位新樞機主教時，馬丁・路德在威登堡（Wittenberg）的教堂門上釘上佈告，宣布他準備在一場公開辯論會中，為九十五項主張贖罪券無效且非法的論綱進行答辯[1]。此任務並不艱鉅。以現金出售屬靈恩典的想法明顯不合理；而近期市場上又出現新改良的贖罪券。舉例來說，此時已能為尚未犯下的罪行購買贖罪券，也就是預存事先赦免的信用額度；或是為已故親戚購買贖罪券；錢付得越多，他們待在煉獄的時間就越短。

此時教會已在深淵邊緣搖搖欲墜；李奧卻仍只把路德發起的運動當成是「僧侶為瑣事爭吵」。此人明顯令人惱怒；但此時幾乎讓人遺忘的薩佛納羅拉更是令人惱火。這個令人厭煩的德意志人無疑是同路人。同時在一五一八年十一月，教宗頒佈詔書：否定教宗有權授予和發放贖罪券者，將被開除教籍。但在德意志，無人認真看待此詔書，正如圭恰迪尼所哀嘆，「人們已徹底失去」對教廷的敬畏之心。為了整肅這位僧侶，三心二意的李奧想先博得思定會會長的支持，然後召見路德的保護者，選帝侯薩克森的腓特烈（Elector Frederick of Saxony）；但這兩個計畫都失敗了。接著在一五二〇年，他再次頒佈詔書《主啊！請起》（*Exsurge Domine*），譴責路德四十一項罪狀。路德公開燒毀這道詔書，隨後被開除教籍。一五二一年十月十一日，教宗授予英格蘭國王亨利八世「信仰捍衛者」（*Fidei Defensor*，Defender of the Faith）[2]的頭銜，以表彰他所寫的書，《七聖事答辯論：反駁馬丁・路德》（*The Defence of the Seven Sacraments against Martin Luther*）。

1 現今的學者認為，他從未在門上釘通知，而是以一般方式派發。應該是。
2 現今的英國硬幣上印有信仰捍衛者的縮寫「*Fid. Def.*」或「*F.D.*」。

一五一五年元旦時，法蘭西國王路易十二世在巴黎過世。僅一年後，一五一六年一月二十三日，亞拉岡的斐迪南國王（Ferdinand of Aragon）也跟著過世。這兩人過世後，有兩位在此時相對較沒沒無聞的年輕人被推上歐洲事務的前線。他們兩人是天壤之別。法蘭索瓦一世接任王位時只有二十歲，因正值盛年而精力充沛、富有男子氣概。他是才女的理想對象，或許不是特別英俊，但優雅瀟灑、才思敏捷、精明機智、有無限的求知欲，因記憶力過人而令眾人驚嘆。他喜愛盛大排場的儀式盛典、盛宴和遊行；而他的臣民在歷經了好幾位無趣又令人生厭的君主後，他的作風深得民心。

哈布斯堡的查理（Charles of Habsburg）生於一五〇〇年，父親是皇帝馬克西米連之子，美男子腓力（Philip the Handsome），母親是斐迪南和伊莎貝拉的女兒，瘋女胡安娜，但他都未遺傳到父母的主要特質。他的外貌笨拙，有哈布斯堡人的典型大下巴和隆起的下唇；他也有明顯駭人的口吃，說話時還會噴口水。他毫無創造力，也沒有主見；像他如此毫無魅力的統治者十分稀少。拯救他的是他有顆善良的心，隨著年紀增長也養成堅忍睿智和機靈敏銳的性格。雖然他是文明世界中最有權勢之人，卻從未像法蘭索瓦和亨利八世那樣享受君權，也不像李奧十世那樣享受自己的教宗職權。

查理十六歲時已是尼德蘭統治者，並代表母親接掌亞拉岡和兩西西里王國（Two Sicilies）的攝政權，他的母親此時已徹底發瘋。三年後，他的祖父馬克西米連皇帝過世。該帝國的皇位懸而未決，而查理的繼任權仍未成定局。仍有許多人支持他的弟弟斐迪南大公（Archduke Ferdinand）。還有一個更強大的對手，即法蘭索瓦一世，在皇位空懸初期，他獲得到教宗李奧的熱烈支持。英格蘭的亨利八世也曾一度有意角逐皇位，但沒什麼人看好他。查理的幸運之處在於，德意志的選帝侯都討厭法蘭西人當皇帝；奧格斯堡有個福格家族（Fuggers），是格外富裕的銀行業者，竭盡所能斂財；而李奧在最後一刻也不再反對查理了。一五一九年六月二十八日，查理獲選為皇帝，隔年十月二十三日他加冕為查理五世，但不是在羅馬加冕，而是在舊加洛林王朝的首都亞琛。除了尼德蘭和西班牙，拿坡里、西西里和新大陸，舊帝國的繼承權也都轉移到他身上，包括現今的奧地利大部分地區、德國和瑞士。米蘭、波希米亞和西匈牙利後來也由他繼承。對於才華能力中等的人來說，這真是一大繼承權。

不知道教宗李奧是否完全明白，在他撤回反對查理加冕時，等於是認同歐洲大陸邁入兩極分化的最後階段。法蘭西國王如今被帝國包圍和箝制住；反過來說，皇帝此時則發現自己是分裂版圖的最高統治者，由一個懷有敵意的邦國分隔成兩部分。於是這結果是無可避免的：兩個男人為了爭奪歐洲和西地中海的統治地位而陷入長期不共戴天的爭鬥。而教廷在這場爭鬥中主要是維持權勢平衡；但李奧本身堅決支持查理，儘管他在初期是支持法蘭索瓦。

這位年輕的皇帝一開始就很明顯不願接受法蘭西在義大利立足。他本身對義大利沒有野心，除了維持他對西西里、拿坡里和薩丁尼亞的掌控，這幾處領地是他外從祖父斐迪南那裡繼承來的；也決心將這幾處傳給他的繼承人。至於其他領地，只要當地統治者安分守己，承認他的地位，表現出應有的尊重，他便甘心讓他們繼續控制自己的邦國。另一方面，他則無法容忍法蘭西的影響力。只要國王法蘭索瓦插手義大利，便對帝國掌控拿坡里構成挑戰，也嚴重危害帝國和西班牙之間的溝通。一五二一年，皇帝與李奧簽署祕密條約，結合教廷和帝國軍力再次將法蘭西人驅逐出倫巴底，恢復米蘭的斯福爾扎王朝。這場勝戰讓教廷收復了六年前失去的帕馬和皮亞琴察。

對教宗李奧來說，這是值得慶祝的；在隨後的宴會上，他可能比平時更狂歡放縱，而且持續了一整晚，他著了涼，接著很快發燒；然後在十二月一日過世。他若是身為文藝復興時期的王公，那會是十分出色；身為教宗則是糟糕透頂。他在七年間估計花費約五百萬杜卡幣，身後留下逾八十萬元債務。此時梵蒂岡估計已售出逾二千一百五十個職務，價值約三百萬杜卡幣。李奧十世過世時，義大利仍局勢動盪，北歐處於宗教革命邊緣，而教廷也墮落至深。

由於教廷金庫入不敷出，李奧過世後，他的葬禮上用的蠟燭，還是前一天為樞機主教賈南多尼歐・狄・桑喬吉歐（Gianantonio di Sangiorgio）辦葬禮時所剩下的；由於民心普遍對教會反感，以致於三十九位樞機主教於十二月二十八日召開祕密會議時，需要請護衛保護他們。

眾所周知祕密會議的過程十分煎熬，這次尤其糟糕。這年冬天格外嚴寒，梵蒂岡完全沒有烤火；有幾扇窗戶缺少玻璃，只是粗略地用木板遮蓋。出席的樞機主教中多數平日過著極度奢華的生活；此時他們只能擠在一起取暖，在昏暗的燈光中瑟瑟發抖，分配到的食物量也不足，食物是從「牆壁裡的圓形轉盤」傳過來給他們，而且只有最原始的衛生設備。第六天時，有位年邁的樞機主教因奄奄一息而被抬出，分配的飲食則更少了。他們理應設法迅速做出決定；但每次都立刻陷入僵局。樞機主教朱利奧・德・美第奇（Giulio de' Medici）有十五人公開表示支持，一開始似乎是最有希望獲選，但陰險的樞機主教法蘭西斯科・索德里尼（Francesco Soderini）策動其他人堅決反對他；然後朱利奧宣布自己支持亞歷山卓・法爾內塞（Alessandro Farnese），但樞機主教艾吉迪歐・狄・維泰博（Egidio di Viterbo）也用如同的詆毀手段對付亞歷山卓。而艾吉迪歐正好是亞歷山卓的聽告解神父，儘管他的詆毀遭質疑是否適當，但傷害已經造成。

此時皇帝查理五世送來一封信，強烈推薦他昔日的私人導師，來自烏得勒支（Utrecht）的六十二歲荷蘭人，安卓亞・佛倫斯・戴鐸（Adrian Florensz Dedal）。在羅馬幾乎沒什麼人聽說過他，不過：他在羅馬也沒有敵人，而且以他的年齡來說，任期應該不會太久。或許這是繼教宗李奧之後的折衷人選，沒有不良紀錄（至少就目前所知）或許不是壞事。而且投票給他不就能逃離冰冷的梵蒂岡，回到自己溫暖的底邸嗎？於是在經過十四天的惡夢後，他在一五二二年一月九日獲選為教宗。

由於瘟疫大爆發，教宗哈德良六世（一五二二—二三，Adrian VI，他無意將稱號改為Hadrian的傳統拼法）刻意延後出發行程，然後取道海路前往羅馬，並於八月抵達。他不會說義大利語，他的拉丁語也沒人聽得懂，而且到了年底，他已與所有人敵對：民眾認為他是北方的蠻族；而教廷因為他拒絕如常發放特殊俸祿而憤怒；查理五世期望他能加入聯盟對抗法蘭索瓦一世；而樞機主教索德里尼因祕密策劃將拿坡里的控制權交給法蘭西人而被教宗逮捕，於是法蘭索瓦一世下令停止法國境內應奉獻給梵諦岡的歲貢不得運往羅馬。同時他過著僧侶的生活方式。沒有像亞歷山大的交際花、儒略的軍隊、李奧的男寵和盛宴。哈德良一天在飲食上只花一克朗（crown），只聘用他的法蘭德斯老管家一人烹飪、洗衣和打掃。他對文藝復興藝術和建築毫無興趣：他曾揚言要將西斯汀小聖堂重新刷白，將拉奧孔雕像投進台伯河，因為那是「異教偶像的肖像」。

不用說，他所承諾的改革終成泡影。他掌控不了樞機主教們，他們仍繼續過著奢侈生活；他也無法制止販售贖罪券，少了這項收入，教會將面臨破產。他的所有新計畫全以慘敗告終：成立歐洲聯盟對抗蘇丹的計畫；對宗教改革運動的處理方式（他和之前的教宗李奧一樣，不斷忽視宗教改革運動的重要性）；就連突厥人佔領羅得島和驅逐聖約翰騎士團後，他提議基督教世界三年休戰也失敗。他來到羅馬後才一年多，便於一五二三年九月病亡，眾人如釋重負。之後還要再等四個半世紀後才選出下一位非義大利人為教宗。

但樞機主教們意識到要再召開祕密會議時，又倍感壓力。所幸這次會議召開的時間是秋天（十月一日），而不是寒冬，但情況仍一如既往日漸膠著。從一開始就沒有暖氣、新鮮空氣和自然光線；接著在十月底，中餐和晚餐減成一道菜；過不久，樞機主教們只有麵包、葡萄酒和水。眾人再次都認為應儘速選出人選；但在勝敗關頭時總是情緒高漲而陷入僵局，經過日益難熬的五十天，終於決定出人選。

朱利奧．德．美第奇顯然是角逐者，他受到皇帝支持，繼而也獲得西班牙代表團支持；但有許多義大利樞機主教，包括索德里尼（哈德良過世後立刻被釋放）和有權勢的朋佩．科隆納（Pompeio Colonna）決心阻擋他當選。英格蘭人則固執卻有點荒謬地支持樞機主教沃西（Wolsey）；而法蘭西人則意見紛歧。樞機主教們如此一來一往辯論；醞釀著狡詐黑暗的陰謀詭計；策劃著複雜的交易，折衷人選提出又被否決。結果在十一月十九日，終於以多數票選出最有機會獲勝的樞機主教朱利奧，於是眾樞機主教也省去不少麻煩，更別說也擺脫了身體承受的煎熬。出乎意料的是，朱利奧採用了大分裂時殘暴的對立教宗的封號，克萊孟七世（一五二三—三四）。[3]

朱利奧·德·美第奇是「偉大的羅倫佐」之弟朱利亞諾的私生子，四十五年前，朱利亞諾在佛羅倫斯主教座堂被帕齊殺死。羅倫佐找到朱利奧的母親，並說服她讓他親自撫養這男孩。後來羅倫佐在一四九二年過世後，朱利奧交由羅倫佐的次子喬凡尼監護。喬凡尼只比朱利奧大三歲，兩人關係親密；喬凡尼成為教宗李奧十世時，他首先便是讓堂弟認祖歸宗，並任命他為樞機主教，讓他成為佛羅倫斯的實權統治者。

儘管他們兩人感情深厚，卻是天差地別。李奧的外貌格外醜陋，頭大體胖，滿臉通紅；但他有不可抗拒的魅力。此時四十八歲的克萊孟身材高大修長，可能長得英俊，但嘴唇細長緊繃，表情高傲，永遠皺著眉頭。他虔誠、刻苦、勤奮；但沒人喜歡他，除了他的朋友本韋努托·切利尼（Benvenuto Cellini）。圭恰迪尼甚至形容他「有點陰沉、難相處，出了名的貪婪，不值得信任，天生不願行善」。若有人以為再選出一位美第奇表示可以回到教宗李奧的奢侈自在的日子，那他就要失望了。

這類型人理應可以證明至少是位稱職的教宗。可嘆的是，克萊孟不是。他猶豫不決、優柔寡斷，明顯害怕被要求做決定。他或許能當個還算不錯的少校，卻是糟糕的將帥。優秀的德國歷史學家利奧波德·馮·蘭克（Leopold von Ranke）稱他是史上最糟糕的教宗，但比起第十、十一世紀的教宗們，這評價似乎有點不公平；不過事實上在他擔任教宗的十一年間，羅馬是自蠻族入侵以來

3 請見第十六章。

遭到最慘重劫掠，新教在德意志建立，成為獨立的宗教，而英格蘭教會也因亨利八世離婚而徹底脫離。

正如先前的哈德良，克萊孟發現自己陷入查理五世和法蘭西國王之間的角力漩渦中，而他的處理方式比前任更拙劣。他的首要效忠對象應是皇帝，而且他能當選主要也是歸功於皇帝；但在一五二四年，他與威尼斯和佛羅倫斯一起跟法蘭西祕密結盟，而法蘭索瓦率二萬軍隊穿越瑟尼峰（Mont-Cenis）山隘進入義大利。十月底，他重新佔領米蘭，接著轉往南方的帕維亞過冬，意圖讓提奇諾河（River Ticino）改道以便佔領該城市，但失敗了。四個月後帝國軍隊抵達時，他仍待在那裡。一五二五年二月二十一日星期二，兩軍在帕維亞外交戰。

帕維亞一役證實是決定歐洲歷史走向的關鍵戰役之一。也是首次確實證明槍炮優於長矛。戰役結束時，法蘭西軍隊差不多被殲滅；法蘭索瓦一如既往表現出堪稱楷模的英勇氣概；他騎的馬被殺死後，他繼續徒步戰鬥，直到累垮而不得不放棄。他被俘虜後送到西班牙，並在那裡待了一年，雖被監禁但受到禮遇。查理釋放他的條件是簽署《馬德里條約》（Treary of Madrid），放棄勃艮第、拿坡里和米蘭的主權。但他回到巴黎，條約條款公開後，引來全體上下強烈抗議。尤其是教宗克萊孟深感驚恐：義大利若沒有法蘭西據點，他還能期待誰來保護他對抗皇帝？他立刻召集米蘭、威尼斯和佛羅倫斯組成反帝國聯盟，以保衛自由獨立的義大利，也邀請法蘭西加入。儘管法蘭索瓦才剛簽下《馬德里條約》，也儘管他和教宗在米蘭方面的觀點紛歧（教宗支持斯福爾扎王朝，而法蘭索瓦要親自統治），但在一五二六年五月十五日，這位國王以一貫的花體字在盟約上簽下自己的名字。

此聯盟稱為「干邑同盟」（League of Cognac），為義大利事務引進了激動人心的新概念。這或許是第一次全力主張米蘭和義大利其他所有邦國不應受外國統治的協議。口號是自主。但不用說，查理五世並非以同樣觀點看待此同盟。對他而言，這是直截了當的蓄意挑戰，接下來幾個月，他和教宗之間的關係逐步惡化。最終在九月，皇帝送兩封信到羅馬。若這兩封信是由馬丁．路德所寫，行文會更直言不諱。第一封信是由皇帝本人寫給教宗，指責他未對基督教世界和義大利、甚至教廷盡到義務。第二封信是寫給樞機團的眾樞機主教，指責更是嚴厲。信中指出，若教宗拒絕召開大公會議討論教會改革，樞機團則有責任召開會議，不需教宗同意。這明顯是威脅到教宗的權威。確實，這對教宗克萊孟而言相當於宣戰。

在米蘭內外，戰爭幾乎未消停過；一定有許多米蘭人很難搞清楚，到底是要效忠斯福爾扎王朝，還是皇帝或法蘭西國王。一支帝國軍隊於一五二五年十一月進入米蘭，整個冬天都在圍攻堡壘中的弗蘭西斯科．馬里亞．斯福爾扎（Francesco Maria Sforza），而時運不濟的斯福爾扎最後在一五二六年七月十五日投降。他投降的消息讓教宗陷入絕望。他的金庫已空虛，在羅馬又遭人憎恨，理論上應是盟友的法蘭索瓦卻無意幫他。同時宗教改革運動正有所進展，而鄂圖曼的威脅仍步步進逼。此時隨著秋天將至，有謠言說皇帝正準備發動大規模艦隊，派一萬名騎兵進軍拿坡里王國，相當於踏進教宗的自家門口。更嚴重的是，克萊孟知道羅馬城中有帝國內應，在樞機團的樞機主教朋佩．科隆納的熱心協助下，他們會全力興風作浪對付他。

兩個多世紀以來，羅馬一直因為兩個最古老家族的競爭而分裂，分別是科隆納家族和奧爾西尼家族。兩家都富可敵國，統治著遼闊的領地，猶如主權國家，各自培養自己的朝廷。他們也因自身的財富而締結有利的聯姻；柯瑞絲・奧爾西尼與克萊孟的伯父羅倫佐的婚宴，是十五世紀最奢華的慶典，一直讓人津津樂道。奧爾西尼家族長久以來與教廷可說是關係特殊，是因為所有通往羅馬以北的主要道路都要經過奧爾西尼家族的土地。因此歷代教宗都會謹慎小心，不得罪他們。

光是這一點就足以得罪他們的對手，而一五二〇年代他們對手中的重要代表就是朋佩・科隆納。這位樞機主教是士兵出身，而且士兵作風或許一直都沒變。他投入教會只是因為家族壓力；他一點都沒有聖職人員的樣子。其實儒略二世——他更沒有聖職人員的樣子——拒絕晉升他；是李奧十世最終讓他進入樞機團，但不論朋佩有多心懷感激，也不會因此感激李奧的堂弟。他對克萊孟懷著刻骨的仇恨和強烈的妒忌之意，因此決心消滅他，不論是廢黜，或必要時置他於死地。

一五二六年八月，朋佩的親戚維斯帕先・科隆納（Vespasiano Colonna）代表家族到羅馬與教宗和奧爾西尼家族協商休戰。克萊孟如釋重負，解散了自己的軍隊，科隆納家族的軍隊隨即攻打阿南伊，阻擋了羅馬和拿坡里之間的連繫。九月二十日天剛破曉，同一支部隊突破聖若望拉特朗大門，湧入羅馬時，教宗仍在震驚之中，尚未回過神，也來不及重新調集人馬。經過幾小時激戰，在同一天下午約五點時，克萊孟沿著亞歷山大六世為預防這類事件而建造的祕密通道，從梵蒂岡逃往聖天使城堡。同時劫掠也已開始。正如教廷一位祕書所記述：

> 教皇廳殿幾乎被劫掠一空，就連教宗的臥室和衣櫥也被劫掠。聖伯多祿大殿和宮殿的私人祭衣間、聖殿、教長和其家人的套房、甚至馬廄都被劫掠一空，門窗搖搖欲墜；聖餐杯、

十字架、牧杖、貴重的裝飾品都被這群暴民奪走。

暴民甚至闖進西斯汀小聖堂，將拉斐爾的掛毯從牆上撕下。鑲有寶石的金製聖餐杯和聖餐盤，以及教會所有金銀財寶全被搶走，總價值估計約三十萬杜卡幣。

只要事先準備妥當，教宗就能在聖天使城堡撐上數月；但在這種突發情況下，這座堡壘完全來不及預備足夠糧食。克萊孟別無選擇，只能盡力談判。隨後的協商相當棘手，但結果對朋佩．科隆納而言不盡如人意，他此時明白，他的政變計畫算是失敗了。公眾輿論徹底反對他的家族。羅馬遭到劫掠，而科隆納遭到指責——這也是理所當然。十一月時，這位樞機主教被剝奪所有顯職和聖職俸祿，他家族的重要成員也遭受類似下場。除了三座小堡壘，科隆納家族損失了在教宗國的所有財產。

克萊孟雖倖免於難，但也是僅只於此。根據教廷另一名成員在一五二六年十一月底記述道：

教宗已窮途末路：不僅僅是他自己，還有教廷、羅馬、他自己的國家，以及整個義大利，但他不太在乎自己的情況。此外，他也無力阻止。他不僅花光了自己所有錢財，還有朋友和僕人的所有錢財。我們的聲譽也已蕩然無存。

他確實有理由灰心喪志。以戰略來說，他各方面都處於弱勢，而皇帝也徹底利用他的弱點。

前一年八月，蘇萊曼大帝（Süleyman the Magnificent）在匈牙利的莫哈奇（Mohacs）贏得他人生中最輝煌勝戰。此時又傳來費拉拉變節的消息，當地的公爵阿方索・德埃斯特（Alfonso d'Este）成了〔聖聖羅馬〕帝國支持者。米蘭特使寫道：「深受打擊的教宗似乎心如槁木。法蘭西、英格蘭和威尼斯的大使們想助他振作，但都徒勞無功……他猶如醫生放棄的病人。」但克萊孟的苦難還未結束。十二月十二日，一位西班牙大使送來皇帝的私信，再次要求召開大公會議。隔年初，波旁公爵（Duke of Bourbon）率帝國軍隊往教宗國前進。

第二代波旁公爵夏爾（Charles）是法蘭西地位崇高的貴族，也是王國的世襲宮廷總管（Constable）。他理應為他的國王征戰，而他也與國王有遠親關係；但法蘭索瓦的母親，薩伏伊的路易絲（Louise of Savoy）曾質疑他的繼承權，於是他賭氣之下為皇帝效力。儘管他變節，但仍是有魅力的人物，他的所有屬下都欽佩他的勇氣。他從不推卸承諾過的事，而且在戰場上，只要是戰況最激烈的地方，都能見到他的身影，他總是身穿銀白色戰袍，扛著黑、白、黃相間的軍旗，上面裝飾著鮮明的紋章：「希望」（*Espérance*），十分容易分辨。此時他繼續從米蘭率二萬德意志和西班牙軍隊往南行進，沿途城鎮的所有市民，包括皮亞琴察、帕馬、雷久、摩德納、波隆那，皆拼命抵抗。其實他們可以省點力：公爵並無意浪費時間攻打他們。他率軍隊直奔羅馬，在城外的加尼科洛丘（Janiculum Hill）停下；一五二七年五月六日清晨四點鐘，他們開始進攻。

在沒有重型大砲的情況下，波旁決定攀登城牆，這戰略遠比擊倒城牆更困難危險。他本人便是第一批傷亡人員。他帶領一支德意志軍隊來到牆腳下，正在架攀登梯時，胸口便被火繩槍射中。（當時在場的本韋努托・切利尼宣稱是他射的。）圍攻者和被圍攻者都清楚看到穿著白色戰袍的人影墜落，然後約有一小時圍城結果懸而未決；接著德意志和西班牙軍隊在復仇之心的刺激下更是戰鬥力大增，在上午六、七點間，帝國軍隊破城而入。從那一刻起便一路長驅直入。羅馬人從城牆處衝出來捍衛自己的家園，許多教廷軍隊為了自保而加入敵軍。只有宗座瑞士近衛隊和部分教廷義勇軍英勇應戰，直到被殲滅為止。

入侵軍隊逼近梵蒂岡時，教宗急忙逃離聖伯多祿大殿，再次從密道逃往聖天使城堡，而城堡已擠滿驚慌失措並尋求庇護的家庭。由於人群太過擁擠，升降閘門費了極大力氣才能放下。有位樞機主教不得不由僕人將他從窗戶推入；另有一位樞機主教是用籃子吊起拉入城堡。士兵們在城堡外的博爾戈區和台伯河西區瘋狂大開殺戒。樞機主教吉歐梵尼·馬利亞·丘吉·德爾·蒙提（Cardinal Giovanni Maria Ciocchi del Monte），即未來的教宗儒略三世被人抓住頭髮懸空吊起。聖神醫院幾乎所有病患被殺死；聖殤禮拜堂（Pietà）裡的孤兒也無一倖免。

帝國軍隊在午夜前渡過台伯河，德意志軍隊在鮮花廣場（Campo dei Fiori）紮營，西班牙軍隊在納沃納廣場（Piazza Navona）紮營。接下來的劫掠被形容為「有史以來最恐怖的洗劫」。大屠殺從河的對岸開始便有增無減：一上街頭幾乎一定是會被殺死，但留在屋內也未必更安全；任何教堂、宮殿或房子，不論大小皆被掠奪蹂躪。修道院被劫掠，女修道院被侵犯，有姿色的修女被帶到街上以一人一枚教廷銀幣（giulio）出售。至少有兩位樞機主教被拖到街上凌虐；其中一人已逾八十歲，隨後重傷不治。一名在場目睹的威尼斯人記述道：「地獄也比不上羅馬此時的慘狀。」

四天四夜後城內洗劫才暫緩下來。五月十日朋佩·科隆納和他的兩位兄弟率八千人抵達時，表面上恢復了秩序。此時城內每條街其實都已毀壞，且遍佈屍體。一名被捕的西班牙工兵後來表示，他和同袍光是在台伯河北岸就埋葬了約一萬具屍體，另外將約兩千具屍體扔進河裡。六個月後，因大飢荒和蔓延多時的瘟疫，羅馬人口比圍城前少了一大半；在一年中最炎熱的季節裡，這座城市大半殘垣斷壁，屍橫遍野。文化界也是損失慘重。畫作、雕像、所有圖書館，包括梵蒂岡的圖書館全被劫掠破壞，教廷檔案館也被洗劫一空。畫家帕爾米賈尼諾（Parmigianino）遭監禁，為了保命不得不替關押他的人畫肖像。

同時，帝國軍隊的損失跟羅馬人一樣慘重。軍隊同樣在鬧飢荒；士兵已有數月未發薪餉，士氣低落，只對打家劫舍有興趣。軍隊紀律瓦解：德意志和西班牙軍隊互相攻擊。教宗克萊孟別無他法，只能再次投降。他表面上付出的代價是割讓奧斯提亞、奇維塔韋基亞（Civitavecchia）、皮亞琴察、摩德納等城市，加上四十萬杜卡幣，為了籌措這筆錢，他只能融化所有教宗三重冠，變賣鑲嵌在冠冕上面的黃金珠寶；實際付出的代價其實更高，因為威尼斯人（儘管是他們是盟友）佔領了切爾維亞和拉芬納。有史以來首次發展出有效政府體制的教宗國已分崩離析。十二月初，教宗喬裝打扮逃離羅馬，前往奧爾維耶托；他在那裡接見英格蘭的亨利八世的大使團，他們請求他解除亨利八世與亞拉岡的凱瑟琳的婚姻。其中一位大使記述道：

教宗暫住在該城主教的老舊宮殿裡，宮殿衰敗凋零；我們前往他的私人房間時，經過三個房間，全部毫無陳設裝飾，屋頂已坍塌，有三十名流氓之流站在房間裡，想必是在勒索錢財。至於教宗的臥室，裡面所有衣服都不值二十枚金幣……被囚禁在羅馬還比自由地待在這裡好。

教宗除了要考慮是否批准婚姻無效，同時也要考量其他事情，且一如往常般躊躇不決；大使團失望而回。

查理的姑姑，薩伏伊的瑪格麗特（Margaret of Savoy），與她的大姑路易絲，也就是法蘭索瓦國王的母親，在一五二八至九年戰爭期間開始協商，至此時終於和平落幕。兩人於一五二九年七月五日在康布雷見面，並在八月第一個星期簽署條約。這項稱為《夫人和約》（Ladies' Peace）的條約確認義大利由西班牙人統治。法蘭索瓦再次放棄自己所有主張，換取查理保證不主張勃艮第屬於帝國；但法蘭索瓦在干邑同盟中的盟友完全未納入考量，因此不得不接受查理於年底強制實行的條款，這些條款包括威尼斯要將所有南義大利領地割讓給西班牙的拿坡里王國。弗蘭西斯科・馬里亞・斯福爾扎恢復了在米蘭的所有權，不過查理保留了駐紮堡壘的權利；於一五二七年被逐出佛羅倫斯的美第奇家族也得以恢復所有權，不過是花了十個月圍城才確實恢復；馬爾他島（Malta）則於一五三〇年讓給醫院騎士團。

覺得遭到法蘭西國王背棄的人認為，這是項恥辱的協議。但至少這項協議為義大利恢復和平，結束了義大利史上漫長而不光彩的一段時期，這段時期自查理八世於一四九四年入侵開始，便只為義大利人帶來破壞和毀滅。為了落實一切，皇帝第一次翻越阿爾卑斯山，接受帝國加冕。這已不再是必要的儀式；他的祖父馬克西米連未受加冕，而查理登上皇位近十年間，權威也未受到最終認可。儘管如此，其實在教宗將皇冠戴在他的頭上之前，嚴格來說他的神聖羅馬帝國皇帝頭銜是不成立的；對於神聖使命感強烈的人來說，頭銜和聖事都同樣重要。

按慣例帝國加冕儀式是在羅馬舉行。但查理在一五二九年八月中抵達熱那亞時，接到蘇丹蘇萊曼正進軍維也納的消息；他立刻認為此時南下半島實為不智之舉。不但費時，而且會讓他身處險境。信使迅速向教宗克萊孟傳信，雙方同意在這種情況下，可在波隆那舉行儀式，此城市仍在教廷掌控內，更容易進出。即便如此仍可能有變數：查理在九月前往波隆那的路上時，收到他弟弟斐迪南在維也納的緊急求助，差點立刻取消加冕儀式的計畫。經過慎重考慮後，他決定不取消。就算等他抵達維也納，該城市也已淪陷，或是蘇丹為了過冬而撤軍；不論是何種情況，他帶到義大利的小部隊也不足以翻轉局勢。

於是在一五二九年十一月五日，查理五世正式進入波隆那，教宗克萊孟在聖白托略大殿（Basilica of S. Petronio）前等著迎接他。在簡短的歡迎儀式過後，兩人進入廣場對面的波德斯塔宮（Palazzo del Podestà），那裡已為他們準備好相鄰的套房。在加冕儀式舉行前有許多事情要處理，還有許多懸而未決的問題要討論和解決。畢竟兩年前教廷羅馬剛遭到帝國軍隊洗劫，克萊孟當時還被查理囚禁在聖天使城堡；友好關係要重新建立一下。接下來帝國與所有義大利前敵人起草和平條約。直到整個半島的和平狀況終於穩固後，查理才會心甘情願向克萊孟下跪，接受帝國加冕。加冕日期訂於一五三〇年二月二十四日，並向基督教界所有統治者廣發邀請。查理和克萊孟給自己不到四個月的時間內穩定義大利未來的局勢。

出乎意料的是，事實也證明他們做到了。於是在預定日子那天在聖白托略大殿簽署和平條約，查理從教宗手中接過寶劍、王權寶球、節杖，最後是神聖羅馬帝國皇冠。這是史上最後一次由教宗為皇帝加冕；自教宗李奧三世為查理曼大帝戴上帝國皇冠以來，七百年的古老傳統在此終結。帝國雖未結束，但再也沒有皇帝從基督在世間之代表手中接受加冕，就連象徵性接受都沒有。

還有亨利八世的婚姻宣告無效的問題尚待解決。亨利八世下定決心要取消婚姻：他急需生個兒子，而凱薩琳生子的可能性越來越低。幸好他似乎還有條出路。凱薩琳原是他哥哥亞瑟的遺孀，而法典規定禁止娶過世兄弟的遺孀。儒略二世曾扭曲這條禁令以特許亨利娶她；此時亨利以此禁令不單是教會之法令，也是上帝之法令為由作辯護。所以這項特許本身不合法典，因此他的婚姻無效。而他與凱薩琳無子顯然就是天主不滿的徵兆。

一般人會認為，對教宗而言，只要能維持英格蘭和天主教會的良好關係，允許婚姻宣告無效只是個小小代價。但還有一個無法克服的問題：亨利想擺脫的妻子是皇帝的姨母，而他最近才剛替皇帝加冕。宣布開除亨利的教籍會更安全；而亨利強迫總主教克蘭默（Cranmer）宣布他與凱薩琳的婚姻無效，並迎娶安妮．博林（Anne Boleyn）時，克萊孟終於在一五三三年七月十一日開除他的教籍。亨利也反擊了。他或許是「信仰捍衛者」；但此時他毫不猶豫與羅馬決裂，建立以自己為首的英格蘭教會。

儘管教宗遭遇這一切不幸之事，而且其中有許多是他招致的，但他從未忘記自己是美第奇家族的一員，也是文藝復興公爵。他是切利尼和拉斐爾的贊助人，並委託米開朗基羅在西斯汀小聖堂的東牆繪製《最後的審判》，完成聖老楞佐大殿的美第奇墓園。他的家族於一五三〇年在佛羅倫斯東山再起，此時該城市由亞歷山德羅（Alessandro dé Mediei）統治，一般認為他是「偉大的羅倫佐」之孫，羅倫佐二世的私生子[4]。克萊孟過世後一年內達到生涯中唯一真正的外交成就：兩宗聯姻，為美第奇家族與歐洲兩個最有權勢、彼此間卻水火不容的皇室聯姻，即瓦盧瓦王朝和哈布斯堡王朝。第一宗聯姻是羅倫佐二世的女兒凱薩琳和奧爾良公爵亨利，他是法蘭索瓦一世的兒子，也是未來的法蘭西國王亨利二世；第二宗聯姻是亞歷山德羅和奧地利的瑪格麗特，她是查理五世的私生女。教宗在一五三三年十月前往馬賽主持第一宗聯姻[5]，他在該年底回羅馬時已經患病。此後他再也沒康復，並於一五三四年九月二十五日過世。

4 但有幾位歷史學家認為他是克萊孟的兒子。

5 十四年後，他的姪孫女凱薩琳成為法蘭西王后。第二宗聯姻不太圓滿，亞歷山德羅在一五三七年被他的遠親羅倫奇諾（Lorenzino）暗殺。

第二十章　反宗教改革*（一五三四—一六〇五）

亞歷山卓．法爾內塞（Alessandro Farnese）是樞機團的高階成員，於一五三四年十月十三日獲選為教宗保祿三世（一五三四—四九）。此時只有六十七歲的他外表更顯老態，駝背特別嚴重，留著長長的白鬍子，拄著枴杖蹣跚而行，看上去像是比實際年齡至少大了十歲；令人驚訝的是，祕密會議只花兩天時間便一致推選出他，他接下來擔任了十五年教宗。一五二二年在推選出哈德良六世的祕密會議上，他已經是最有望獲選之人；但樞機主教艾吉迪損害他的聲譽，徹底毀了他獲選的機會。但此時他已戒掉從前的生活方式，而艾吉迪反對的理由也已被大家遺忘；此外，法爾內塞已事先經過縝密計畫，為自己的教宗之位鋪路。

保祿先前曾被稱為「裙帶樞機主教」，因為大家相信，他之所以獲任命為樞機主教，完全是因為他的妹妹朱莉婭（Giulia）是亞歷山大六世最喜歡的情婦。不過從一開始，他就明確表現出自己並非靠裙帶關係而當上教宗。正如朱莉婭，他是文藝復興時代的產物，是在「偉大的羅倫佐」的宮殿長大；正如艾吉迪極力指出，儘管在二十五歲當上樞機主教，但輕浮的他已經育有四名子女。他也同樣不知羞恥地任人唯親，晉升他的兩名孫子為樞機主教，分別是十六歲和十四歲。他

＊編者註：雖然 Counter-Reformation 時常被譯為「反宗教改革」，但其中許多內容是有關天主教教會回應當時挑戰時，所進行的內部改革，故有強烈的天主教宗教改革含意。此處仍沿用大家熟悉的「反宗教改革」。

在一五三六年恢復狂歡節（Carnival）；羅馬再次響起了鬥牛的歡呼聲，再次看到賽馬和煙花表演，梵蒂岡也響起舞會和晚宴的音樂。然而結果證明他具有強烈的道德良知，也是改革者，而這正是保祿三世成為十六世紀最有意思的教宗的原因。

讓我們先看看他的世俗方面。從建築方面來看，他的最大成就是位於羅馬朱利亞街（Via Giulia）的法爾內塞（Palazzo Farnese）[1]。此建築是在一五一七年開工；但由於規模宏偉，一直到一五八九年才完工，此時他已過世四十年。四位建築師中包括米開朗基羅，保祿也委託他重新設計卡比托利歐宮（Campidoglio），馬可・奧理略的騎馬雕像現已移入成為中心裝飾品，他還接替小安東尼奧・達・桑格羅（Antonio da Sangallo）成為聖伯多祿大殿的建築師。直到八十九歲過世前，米開朗基羅花了十七年時間建造這座新大殿，期間設計了大圓頂，而這段期間他拒絕收取費用，他表示，這是獻給上帝的。

正如文藝復興時期所有教宗，保祿三世也有建立王朝之心，決心要拓展家族財富。法爾內塞是歷史悠久而傑出的僱傭兵領袖家族，在維泰博和波舍納湖擁有地產，但他們不像奧爾西尼或科隆納是貴族。他們明顯還有進步的餘地：保祿先是任命他惡名昭彰又放蕩的兒子皮耶路易吉（Pierluigi）為教會總司令[2]。接下來他任命皮耶路易吉的兒子歐塔維歐（Ottavio）為卡梅里諾公爵（Duke of Camerino）；接著在一五三八年，他安排歐塔維歐娶奧地利的瑪格麗特，也就是被暗殺的亞歷山德羅・德・美第奇的十五歲遺孀[3]。最後在一五四五年，他任命皮耶路易吉為帕馬和皮亞琴察公爵，此王朝延續了約兩個世紀。

對他而言花心思在這些藝術和建立王朝之事固然重要，但相對來說沒有佔用他多少時間。他大部分時間都用在教會和解決教會身陷的險境。首先是突厥人造成的險境。突厥人在傑出的蘇丹蘇萊曼的帶領下，不但逐步深入中歐；也正威脅到義大利沿岸地區和東地中海剩下的基督教前哨基地。唯有所有天主教國家同心協力，才有可能將他們一網打盡。因此，兩大死對頭，法蘭西的法蘭索瓦和皇帝查理必須和解。

另一個險境是新教。現在要消滅新教已經太晚了：北歐大部分地區已投入這波潮流。他只能專心降低傷害。他越是思考如何有效遏止這股潮流，他就越相信召開大公會議是首要辦法，而且要有路德教派組成的強大代表團參加。各方無可避免地表示反對。樞機主教們認為改革會威脅到他們目前舒適的生活方式；皇帝則擔心大公會議可能固守成規，無法與他的新教徒臣民達成妥協，他寧願拋開所有神學問題，只討論改革措施；而路德教派要求所有基督徒召開完全自由不受約束的會議，堅決拒絕出席在義大利舉辦的任何會議，或由教宗主持的會議。至於法蘭西國王，他樂得看到查理陷入宗教問題，因此不希望解決這些問題。但保祿堅持不懈，同時召集特別委員會，命令委員會呈報教會的所有弊病，並提出能補救這些弊病的建議措施。此委員會由一群樞機主教組成，是為了執行這項任務而特別加入樞機團的；其中包括虔誠的英格蘭人文主義者瑞吉諾．博爾（Reginald Pole），是亨利八世的表弟；以及若望．伯多祿．卡拉法（Gian Pietro Carafa，未來

1 這是普契尼（Puccini）的《托斯卡》（*Tosca*）第二幕的背景設定，現今是法國大使館。

2 一五三五年，保祿派皮耶路易吉前往皇帝查理五世的宮廷時，特別叮囑他在那裡要克制自己避免肛交。

3 請見第十九章，頁二九八。

的保祿四世），他是年邁的拿坡里人，曾在英格蘭擔任教廷大使，後來創辦基廷會（Theatine Order）[4]。委員們於一五三七年三月提交報告。有位重要的教會歷史學家[5]以一個詞形容這份報告：引起轟動。報告中列出當前的陋習，包括販賣贖罪券與教會有俸聖職和閒職、主教職位氾濫等，罄竹難書，並將這一切陋習明確歸咎於教廷。而這一切造就了新教改革運動（Protestant Reformation）。也難怪，若教會能保持良好秩序，新教改革運動也就不會出現。教廷驚恐之餘將報告銷毀（委員會刻意未安排教廷成員加入）；但仍有一份抄本流出，沒多久德文譯本便傳到路德教會。

現在人人終於意識到該改革了，而且是認真的改革，教宗保祿也竭盡所能鼓勵改革。他熱情接待年輕的菲利波．內里（Filippo Neri），他的主要任務是清理羅馬底層社會烏七八糟的旅館和妓院；數年後，他同樣熱烈迎接較年長的依納爵．羅耀拉（Ignatius Loyola），與他一同從西班牙前來的是六位志同道合的巴斯克人（Basque），他們便是所謂的耶穌會（Society of Jesus）。一五四〇年，教宗頒佈詔書，正式承認耶穌會。耶穌會士沒有特別的會衣，沒有固定的總部，也沒有唱詩班禱告，他們只有兩個教條：嚴格紀律和無條件服從。他們有一段曲折起伏的歷史；但他們都是反宗教改革的先鋒。

教宗終於獲得回報：一五四五年十二月十三日，延宕多時的大公會議在特倫特（Trent）召開，地點是皇帝所建議，因為地處安全無虞的帝國領土。會議一開始時相當不順利，開頭幾場會期只有一位樞機主教、四位總主教和三十一位主教出席；但後來逐漸增加，且接下來十八年斷斷續續召開。絕大部分是義大利人出席；就連出席人數最多，有超過二百七十位主教時，德意志人數從未超過十三人。但重點是，大公會議在眾人反對下仍確實召開了；此外，會議也證明已準備好反抗皇帝的意願，勇敢辯論由來已久的教義問題：信則得救、實體變換、煉獄等。

這次大公會議連一點成功都算不上。會議最終解散時，新教徒清楚知道，這場會議只不過是一場羅馬木偶劇，當然是除了令人不滿，還能有什麼？就算對天主教徒來說，改革也不如許多人所希望那樣徹底全面。舉例來說，關於教廷改革是隻字未提，而這一點遠比其他事項都重要。主要是因為皇帝和法蘭西國王（亨利二世已於一五四七年接任法蘭索瓦一世的王位）對彼此的敵意有增無減，會議召開得斷斷續續，法蘭西代表團經常未出席。對整個西方基督教而言，這次會議一點都不像長久以來所期盼和祈求的聯合大公會議；只不過是反宗教改革的告解會議，目的是重新讓歐洲回歸天主教，必要的話會動用武力。結果也很明顯：在法蘭西，至少發動了八場對抗胡格諾派的內戰，一五七二年在巴黎發生的聖巴托羅繆大屠殺（Massacre of St Bartholomew）有逾三千人喪生；西班牙和尼德蘭之間的戰爭持續超過八十年；三十年戰爭（一六一八—四八）的惡夢對北歐各地造成無盡的破壞。

但無論如何，大公會議為教會振興紀律和屬靈生活奠定了穩固的基礎，也表現得比以往更強

4 基廷會是改革派修會，禁止擁有產業或乞食。他們在反宗教改革中發揮重要作用。「他們遵守最嚴格的禁慾生活方式，他們的會衣與世俗聖職人員只有一處不同，他們穿白色襪子」（《牛津基督教會字典》，*Oxford Dictionary of the Christian Church*）。

5 艾蒙·達菲，《聖徒與罪人》。

烈和明確。多虧了特倫特大公會議，新教徒浪潮最終停止；也多虧了教宗保祿三世的遠見和決心，最終召開了大公會議。

教宗保祿若是在一五四五年底過世，可能會滿意地含笑離世；悲哀的是，他又活了四年，這段期間發生了悲劇，他為此受到打擊。一五四七年九月，皮亞琴察人群起反抗他的兒子皮耶路易吉並暗殺他；接著為逃避教宗的復仇，他們向皇帝尋求保護。查理答應了；一旦皮亞琴察受他的保護，而他又能處理得當，他或許很快也能將帕馬收歸所有。對保祿而言，這是背信棄義。他一開始的反應是憤怒，並重申帕馬屬於教廷領土，卻發現皮耶路易吉的兒子歐塔維歐拒絕放棄領土，而且他另一個孫子，也是他的樞機主教，選擇支持歐塔維歐。歐塔維歐逾越了自己的權限；這位樞機主教沒那麼幸運。教宗將他召喚到面前，將他的四角帽奪下扔在地上。但已年屆八十二歲的他承受不住怒氣，數小時後過世。

✠

保祿三世於十一月中過世，祕密會議於隔年冬天召開推選繼任者。儘管處境艱辛，但仍持續了近三個月。十五世紀時，祕密會議只有樞機團的成員參加，而樞機團隸屬教廷，因此都身在羅馬；到了十六世紀，歐洲各地的樞機主教都被召來參加，但不表示一定會等眾人都到齊才召開。在一五四八年召開的會議初期，英格蘭人瑞吉諾．博爾佔優勢：第一輪時他獲得二十五票，而獲選的應得票數是二十八票。他若能為自己的利益而遊說，或許能獲得全票通過；但那不是他的作風。他未努力說服仇視外地人的義大利人，而他們也決心投給自己人，於是在法蘭西樞機主教們抵達時，祕密會議仍未表決出結果。由於擔心會選出英格蘭人教宗，他們指控博爾為異端，並設法離間他的幾個支持者。博爾的主要支持者是教宗的孫子，樞機主教亞歷山卓・法爾內塞，他提出詭計多端的計謀，在深夜時覆核選票，而大部分人此時會因為太睏或喝醉而分心；但這也不是博爾的作風。他說，他要從敞開的大門走進梵蒂岡，而不是像竊賊一樣在晚上偷偷進去。

這次祕密會議可能是教廷史上唯一發生過故意戲弄之事。受害人是樞機主教伊波利托・德埃斯特（Ippolito d'Este）。他的兄弟為了竊聽祕密會議，爬上西斯汀小聖堂的屋頂而被抓到，讓自己出盡洋相。這位樞機主教當時不幸正出現嚴重的頭髮和鬍鬚脫落問題。起因應該只是禿頭症，而且大家都知道這情況；但他在同僚面前被提訊時，他們卻暗指脫髮問題是梅毒所引起。可憐又憤怒的德埃斯特掉入了陷阱，他聲明自己已有一年多過著禁慾生活。之後他在教宗選舉中便再也沒有競爭力了。

習以為常的陰謀戲碼上演完後，法蘭西和義大利各派終於同意選出一位相對無足輕重的人選，儘管受到皇帝反對。吉歐梵尼・馬利亞・丘吉・德爾・蒙提（Giovanni Maria Ciocchi del Monte）接任教宗為儒略三世（一五五〇—五五），他是稱職的法典學家，二十五年前羅馬遭到洗劫時[6]他深受其害，後來在召開特倫特大公會議時是主席之一。但不太得體的是，他因迷戀一個十七歲男孩而更廣為人知，這位男孩名叫伊諾先蘇（Innocenzo），是他兩年前在帕馬街頭撿來的，他在接任教宗後立刻任命這男孩為樞機主教。

他像是胸有成竹般開始。他也是典型的文藝復興教宗，無恥地自我放縱且任人唯親，羅馬民

6 請見第十九章，頁二九三—四。

眾私下謠傳，他舉辦的盛宴在主要客人離開後，通常會淪為同性戀的縱酒狂歡會。他揮霍大筆金錢為自己建造精緻的鄉村莊園，即朱利亞莊園（Villa Giulia）[7]；他十分關心米開朗基羅的聖伯多祿大殿工程；他任命帕勒斯特利納（Palestrina）在他的私人小禮拜堂擔任唱詩班指揮和主唱。或許令人訝異的是，他堅信教會需要改革，他鼓勵耶穌會並竭盡所能讓特倫特大公會議步上正軌，此外，瑪麗一世〔有「血腥瑪麗」外號〕接任英格蘭王位時，他真心感到欣喜，因為英格蘭終於回歸天主教。但毫無疑問，他的人生目標主要是追求享樂。對於聲名狼藉的人來說，他在過世時應驗了因果報應，尤其他是出了名的貪吃：他的消化系統失靈，並於一五五五年三月二十三日過世，而且是餓死的。

✠

馬賽羅・喬維尼（Marcello Cervini）是人文主義者和學者。他曾將希臘文著作譯成拉丁文，也將拉丁文著作譯成義大利文；他接連被任命為三個主教教區的主教，儘管長年不在教區，但他仍在那幾個教區堅持不懈地推動改革；他曾是特倫特大公會議的三位主席之一；也重新組織梵蒂岡圖書館。經過短暫的祕密會議後，多虧了法蘭西人和帝國支持者僵持不下，他成了折衷人選，他選擇保留自己的名字，封號為瑪策祿二世（Marcellus II，一五五五）。他是徹頭徹尾的改革者。他盡量縮減加冕儀式的開支，也將他的朝廷開支縮減到極限。他極度厭惡任人唯親，因此禁止家族所有成員出現在羅馬。他就任時只有五十三歲，便已有偉大成就；可惜僅僅在位二十二天，他便中風過世。帕勒斯特利納的《教宗瑪策祿彌撒》（*Missa Papae Marcelli*）是他唯一流芳後世的紀念。

若望・伯多祿・卡拉法於五月二十三日獲選為教宗保祿四世（一五五五－九）時已七十九歲，

是十六世紀最年長的教宗，也是至今最恐怖的教宗。他狹隘、偏執、拒絕妥協，甚至不願聽取他人意見，猶如倒退到中世紀。他暫停舉行特倫特大公會議，以樞機主教和神學家組成的委員會取代；他制訂《禁書目錄》（*Index of Forbidden Books*），列入伊拉斯謨斯的所有著作；[8]他特別喜歡宗教裁判所，從不缺席每週會議；他最終發動教宗史上迫害猶太人的最殘暴行動，以致於在他擔任教宗短短五年內，羅馬的猶太人口減少一半。

自君士坦丁大帝於四世紀採納基督教後，反猶太主義很快先是出現在羅馬，接下來幾個世紀更是越來越嚴重。但在保祿四世的統治下，猶太人第一次被集中到一處聚居區，被禁止買賣任何商品，除了食物和二手衣，每座城市只允許一間猶太教堂（羅馬有七間被拆除），他們被迫只能說義大利語或拉丁語，而且在街上必須戴黃色帽子。一五五五年七月十七日頒佈的詔書《因為如此荒謬》（*Cum nimis absurdum*）列出無數類似規定，並持續實行了三個世紀。

除了猶太人，保祿四世也討厭西班牙人。以他出身拿坡里的古老家族而言，這一點也不奇怪；但他一如往常毫無節制，做得太過火。他從未原諒皇帝查理在一五五五年締結《奧格斯堡和約》（Peace of Augsburg），為實現德意志的和平，將路德派控制的地區讓給他們。兩年後，他放棄上一任所持的中立立場，無視查理此時是天主教改革的主要支持者，與法蘭西的亨利二世結盟，向

7 現在這座城市的發展已超出鄉間莊園的規模，也是國立伊特魯里亞博物館（National Etruscan Museum）的所在地。

8 諷刺又怪異的是，此目錄的開頭幾部著作中，有一部著作的主要作者包括保祿四世。那是保祿三世召集委員會在教會和最需要改革的地區調查主要弊端的報告（請見頁三四六）。報告的用意是為了保密，只是給教宗看的；報告流出並落入新教徒手中後，立刻被列為禁書，目的是不想讓此報告落入天主教徒手中，但失敗了。

西班牙宣戰。結果是慘敗。拿坡里的西班牙總督，阿巴公爵（Duke of Alba）率軍北上，羅馬人再次準備抵禦圍城；對教宗而言幸運的是，阿巴公爵手下留情，只攻打奧斯提亞，放了羅馬一馬。從接下來的《卡維條約》（Treaty of Cave）來看，阿巴公爵也很慷慨。但保祿拒絕接受安撫。他對哈布斯堡王朝的仇恨甚至導致他與查理的兒媳婦，英格蘭女王瑪麗一世發生爭執，而瑪麗一世已讓她的國家回歸天主教。他革除備受尊敬的樞機主教博爾的使節職權，並召他回羅馬接受異端罪的指控，博爾不滿之餘，極力協助伊莉莎白女王——瑪麗同父異母的妹妹——將她的國家回歸新教。

教宗的一些行為（尤其是關於西班牙的問題）可歸咎於他那兩個一無是處的姪子，查爾斯（Charles）和喬維尼（Giovanni），他也任命查爾斯為樞機主教，任命喬凡尼為帕利亞諾公爵（Duke of Paliano）。他們兩人都十分貪腐，但他卻完全倚重他們，直到過世前六個月，他才終於看清真相。他立刻免除他們所有職務和勛位，將他們逐出羅馬，但為時已晚：損害已經造成。而他本人也從未從震驚中復原。他在一五五九年八月十八日傷心離世，成了十六世紀最受民眾厭惡的教宗。他離世的消息傳遍羅馬時，民眾歡聲雷動。他們首先攻擊宗教裁判所的總部，砸碎建築，放出裡面的囚犯；接著他們遊行到卡比托利歐山，將那裡的教宗雕像推倒，將頭敲斷，然後扔進台伯河。

接下來是一段漫長的祕密會議。四個月以來法蘭西和西班牙樞機主教們陷入僵局，一直到耶誕節才終於選出教宗。吉歐梵尼・安喬洛・美第奇（Giovanni Angelo Medici）來自米蘭，是卑微的書記之子，與佛羅倫斯的望族同姓，但沒有親戚關係，他採用封號為庇護四世（一五五九—一六五），證明自己與令人擔憂的前任是天壤之別。保祿儘管有諸多缺點，但他的坦誠是無可指責的；庇護則毫不費力隱瞞自己有三名私生子女。保祿的苦行之嚴格到據說在梵蒂岡闊步行走時雙腳處會冒出火花；庇護則一派怡然自得。他重啟特倫特大公會議；修補與哈布斯堡王朝之間的嫌隙，與查理之子，西班牙的腓力二世（Philip II of Spain）和其哥哥皇帝斐迪南一世（Emperor Ferdinand I）[9]建立友好關係；他限制宗教裁判所的權力；刪減教廷的禁書目錄內容，而且，事實已證明禁書目錄並無成效；他逮捕了保祿那兩名可惡的姪子，其中帕利亞諾公爵親手將疑似她的情人刺死；他的妻子被證實無辜後，兩人都被處決。

庇護並非沒有任人唯親；只是他比較幸運，有個好外甥。嘉祿・鮑榮茂（Charles Borromeo，後來被封為聖徒）獲任命為樞機主教和米蘭總主教，是當代最優秀的改革者和管理者，主導特倫特大公會議的後面會期。他在米蘭實行嚴格的紀律，引來眾多敵意，但他不屈不撓協助窮人和病患，尤其是在一五七六年爆發可怕的大瘟疫時。如今外甥的名譽似乎要蓋過舅舅，但庇護本身的成就也令人刮目相看。他藉由這位總主教帶領大公會議做出裁決，也是他確認了詔書《上帝保佑》（*Benedictus Deus*）中的法令，此詔書能讓天主教界普遍接受，主要也是歸功於他。他也開始編寫天主教教理問答集、重編彌撒經書和日課經，儘管在他過世前仍未完成。最重要的是，他重振了文藝復興傳統，鼓勵藝術家和學者，創辦大學和印刷廠，建造更精緻的建築，豐富了羅馬的文化，包括庇亞門（Porta Pia）和戴克里先浴場（Baths of Diocletian）內的天使與殉教者聖母大殿（S. Maria degli Angeli）。

9 查理五世於一五五六年退位，到艾斯垂馬杜拉（Extremadura）的尤斯特（Yuste）修道院隱居。

庇護的主要失敗之處是想制止新教在英格蘭和法蘭西傳播。他拒絕將英格蘭的伊莉莎白女王開除教籍，希望能說服她像瑪麗一樣堅信天主教，卻徒勞無功。同時他為法蘭西國王提供大筆資金，以對抗胡格諾派。當伊莉莎白堅持不懈維持父親的英格蘭教會，加上胡格諾派的力量有增無減時，他自然是大失所望；但他在一五六五年十二月過世時若回顧六年政績，仍是十分成功的，他應慶幸此時教會的狀況比他剛上任時要好太多了。

✠

但可嘆的是，接下來局勢再度翻轉。總主教嘉祿．鮑榮茂清楚表明不願擔任教宗，最後推薦了令人生畏的樞機主教米薛．吉斯里（Michele Ghislieri）。吉斯里是牧羊人出身，至少從隱喻的角度來說這點符合教宗的資格。但後來保祿四世任命他為宗教裁判所的法官，這點則不符合了。他的封號是庇護五世（一五六六—七二），他未採用保祿的封號頗令人訝異，因為他和卡拉法幾乎是同一個模子刻出來的。他本身嚴格禁慾，擔任教宗後，在教宗袍底下仍繼續穿苦行的剛毛襯衣，以及粗糙的道明會托缽會衣，定期參加懺悔遊行時會赤腳除冠走路，他也期望周遭的人跟他一樣過著苦行生活。他推行一連串法令，意圖剷除褻瀆上帝的言行，褻瀆上帝的富人會被罰重款、窮人則被鞭打，並確保嚴守瞻禮日和守大齋。他也禁止醫生治療未告解或近期未接受聖事的病患。

性一如往常是令人煩憂的問題。教宗發現他無法徹底廢除賣淫，於是下令所有未婚妓女必須受鞭刑，所有被判定肛交罪的男子處以火刑。他堅持通姦罪應處以死刑，且難以被勸服。於是單身男子不敢聘僱女僕；修女則不敢養公狗。女子不得靠近梵蒂岡收藏的古典雕像。米開朗基羅在西斯汀小聖堂繪製的《最後的審判》中的人物都被塗漆覆蓋。數月後，羅馬人抱怨庇護想將這座城市變成大型修道院。

庇護曾在宗教裁判所擔任法官多年；而他基本上仍延續了裁判所法官的作風。他延續前任的傳統，親自參加羅馬宗教裁判所的所有開庭會議，甚至經常造訪酷刑室，就算到了酷刑室他也毫不動容。對於被判定異端罪者，他毫不猶豫判處死刑。他派一支小教廷軍隊前往法蘭西協助國王的宗教戰爭時，特別指示將軍殺掉所有胡格諾教徒囚犯。對於猶太人，他也同樣遵循了保祿的迫害政策；除了羅馬的猶太人聚居地和安科納另一個小聚居地外，禁止他們踏入所有教廷領土。

他在擔任教宗期間有一個首要目標：防止路德教派在義大利廣為流傳。不論他的方式受到什麼批評，都十分有成效。在阿爾卑斯山另一頭的德意志，自簽訂《奧格斯堡和約》以來，紛爭確實已差不多結束；德意志人此時有半數以上是路德教派。法蘭西已一分為二，西屬尼德蘭也是，而那裡的荷蘭喀爾文教徒（Calvinist）人數也在增長中。英格蘭和蘇格蘭已失守；庇護於一五七〇年「廢黜」伊莉莎白女王並開除她的教籍，但此舉只是讓她的天主教臣民的日子更難過。在義大利以外，只有腓力二世的西班牙堅定信仰。此外，新教不是唯一的敵人。在地中海其他地方，威尼斯於一五七〇年被迫將賽普勒斯島割讓給突厥人；隔年十月，即使威尼斯、西班牙和教廷的聯合艦隊在雷龐多（Lepanto）摧毀鄂圖曼的海軍，但這場勝戰、也是史上最後一場槳帆船交戰的大規模海上戰役，其影響力也沒有維持多久：僅僅在十七年後，西班牙艦隊被擊敗，下一世紀時，克里特島也步上賽普勒斯島的後塵。

雷龐多一役後僅七個月，教宗庇護五世過世。他專心一意改革，對基督教界強加實行特倫特大公會議的裁決；但他太極端、太心胸狹隘、太頑固，不但不利於他的會眾，也不利於他自己：

但十分不可思議的是，他被封為聖徒，也是自頗為荒謬的策肋定五世（一二九四）至深受世人敬佩的庇護十世（一九〇三—一四）之間，唯一受封的教宗。

✠

經過異常短暫的祕密會議後，波隆那人余戈・邦卡帕尼（Ugo Boncompagni）獲選為教宗，封號額我略十三世（一五七二—八五），此時已七十歲，仍精力充沛。他是法典學講師出身，很快在特倫特大公會議上成為領導人物；為表彰他的表現，他獲任命為樞機主教，並以使節身分被派往西班牙與腓力二世交涉。他再次表現出色，取得極為多疑的腓力二世的信任，他回到羅馬後，普遍被認為是教宗的不二人選。

額我略的名字至今之所以受世人記住，主要是因為格里曆（Gregorian Calendar），是他在一五八二年頒佈詔書採用。舊的儒略曆自公元前四六年實行以來，至此時已延遲了十天；於是額我略在一五八二年減去十天，從十月四日直接跳到十月十五日，並做微調，世紀年不設為閏年，除非能以四百除盡才設為閏年。（因此一六〇〇年有三百六十六天；一七〇〇年沒有。）儘管修改曆法是眾所期盼，但此時修改卻不湊巧。由於天主教、新教和東正教正互相激烈爭執，因此格里曆只有羅馬管轄的邦國先採用。廣義上來說，新教徒是在十八世紀的不同時期陸續接受格里曆（英國和其美洲殖民地在一七五二年採用），而俄國、希臘和巴爾幹邦國則拖至二十世紀才採用。

但對額我略而言，曆法相對來說似乎不太重要。從一開始他就表明，他擔任教宗期間的主要目標是對抗新教，同時堅持推動特倫特大公會議的法令；換句話說，他會延續前任的政策。比起庇護，他的性格是更容易聽從勸告且隨和，因此會更加有成就。特倫特大公會議一次又一次證明，若沒有嚴格受過神學和辯論訓練的聖職人員，就無法推動影響深遠的改革，於是他著手創辦大學和神學院。他首先擴展羅馬的耶穌會學院（Jesuit College），此學院原本是儒略三世創辦；現在稱為額我略大學（Gregorian University）。耶穌會也受託管理德意志學院（German College），此學院辦得相當有成效，因此在帝國其他城市也創辦更多學院，包括維也納、布拉格和德意志的富爾達（Fulda）。羅馬也創辦了英格蘭神學院，不斷有英格蘭神學院的傳教士冒險前往伊莉莎白和詹姆士一世時期的英格蘭，有幾位在那裡殉難。他也為希臘人、馬龍派教徒（Maronite）、亞美尼亞人和匈牙利人創辦其他學院。

額我略若是在新一代司鐸和傳教士的知識與教義培訓方面能知足，他身為教宗的履歷或許會更出色。舉例來說，有人會認為，他不該在收到胡格諾教徒在聖巴托羅繆日遭到大屠殺的消息時，特地下令唱《讚美天主》（*Te Deum*）並親自到聖王路易堂（French church of St Louis）參加感恩彌撒；也有人認為，他不該試圖說服西班牙國王腓力二世從愛爾蘭或尼德蘭出兵英格蘭；或者這些願望未實現時，他也不該積極慫恿策劃陰謀暗殺英格蘭女王伊莉莎白——「北方的耶洗別」（Jezebel of the North）。他曾宣稱，這種行為是上帝的作為。

但在其他事業方面，額我略比較開明，也更有成就。他更換舊的使節，把之前派往國外的教宗代表全汰換一新，他稱這批新使節為教廷大使（nuncio），通常是總主教階級，是訓練有素的外交官，此後在每個天主教國家協助促成教廷政策，他們會在這些國家久居，努力完成教宗的心願。他為教會爭取到波蘭的支持，不過駐俄羅斯教廷大使時運不濟，所幸能逃脫「恐怖的伊凡四世」（Ivan the Terrible）的魔掌；他派耶穌會傳教士到世界各地：往西到巴西，往東到印度、中國，甚至日本。他耗費鉅資重建並進一步改善羅馬，為羅馬增添幾座新教堂，包括宏偉的耶穌教堂（Gesù），這是歐洲最壯觀的巴洛克式教堂之一。一五七八年，羅馬地下墓穴出土後，勤奮好學的他為之著迷，堅決認為應對突然重見天日的早期基督徒遺骸妥善進行科學研究。

但這次額我略的擴建計畫，以及資助天主教統治者阻止新教傳播，很快便將教廷金庫散盡，更別說還有經營大學等機構的開支。為彌補財務狀況，他宣稱佔有教廷領土者，若不能提出所有權的鐵證，就必須將土地歸還；但此舉惹怒一群被剝奪土地的地主，於是他們為了報仇而公然搶劫。額我略擔任十三年的教宗，在八十三歲過世時，教廷幾乎是窮困潦倒，而教宗國也面臨無政府狀態。

從另一角度來說，羅馬教會此時的鬥志可能是半個世紀以來最高，正要奮起反擊。秉著特倫特大公會議賦予的新精神，教會自行推動反宗教改革，首先以城市本身為代表：包括新聖伯多祿大殿，雖尚未完工，但已經相當壯觀；以及在各處如雨後春筍般湧現的宏偉教堂；還有為數可觀的各族裔和國家的神學院學生；都是證明復興的天主教活力十足的活生生例子。一五七五年，成千上萬朝聖者湧入羅馬慶祝大赦年，鄭重造訪聖城的七座大殿[10]，這一定在他們心中留下深刻印象，而他們的信仰一定受到鼓舞，更堅定信念。

✠

額我略過世後兩星期，於一五八五年四月二十四日選出的教宗西斯篤五世（一五八五－一五九〇），秉著更強大的精力和決心延續前任未完的工作。弗利斯・佩瑞提（Felice Peretti）是農場工人的兒子，來自安科納附近，他在十二歲時加入方濟會，由於他天生聰明才智，身為傳道士的他在教會中迅速晉升。一五五七年，保祿四世認可他的志向，派他前往威尼斯，先是改革托缽修士的方濟各修道院，後來任命他為宗教裁判所的法官。他在擔任法官時嚴重越了界。威尼斯人是虔誠而勤懇的天主教徒，但教宗意圖限制他們的行動自由時，他們總是會反抗。他們是商人；靠經商維生，為了生意興隆，他們同樣要跟新教徒和穆斯林建立友好關係。他們拒絕凡事都聽令於教宗。雖然他們阻擋不了宗教裁判所法官進來，但堅持派自己的代表與他們一起審案，必要時發揮適度的影響力。

這樣的安排一直相當順利，直到佩瑞提出現。他試圖欺凌恫嚇他們，他們對他的嚴苛和傲慢感到憤慨，因此罷免他：但庇護四世在三年後又重新任命他，庇護五世晉升他為修會的副總會長、宗教裁判所的大法官和樞機主教。由於不受教宗額我略喜愛，他長期蟄居在艾斯奎蘭山（Esquiline）的私人莊園，編纂聖安波羅修的著作，此版本在《牛津教宗辭典》中被形容為「此聖安波羅修版本明顯良莠不齊」；但額我略過世後，他的個人特質使他成為繼任者的不二人選，並以全票當選。

在所有反宗教改革的教宗中，西斯篤五世是最令人震驚的。他既嚴苛又不知變通，格外無情，無法容忍他人不照他的意願行事，像獨裁者般統治著羅馬。樞機團的權力大幅消減。他將樞機主教人數修正至最多七十位，此標準在接下來四百年都維持不變。接著他設置十五個獨立的教

10 聖伯多祿大殿、拉特朗聖若望大殿、聖母大殿、耶路撒冷聖十字聖殿、城外聖保祿大殿、城外聖老楞佐聖殿（S. Lorenzo fuori le Mura）、城外聖巴斯弟盎聖殿（S. Sebastiano fuori le Mura）。

區部（Congregation），或嚴格來說是十四個，因為其中聖職部（Holy Office）原本就已存在，處理各方面政治、宗教和世俗事務，並一直延續至二十世紀。其中一個部門負責大學，另有部門負責梵蒂岡印刷廠，此印刷廠在一五八七年印製一部《七十賢士譯本》（Septuagint），是《希伯來聖經》的希臘文譯本。接著印製整部拉丁文聖經的修訂版，即《聖經武加大譯本》（Vulgate）。西斯篤將此任務托付博學的樞機主教組成的委員會，但他們的進度緩慢，於是最後他自己接手。可嘆的是，鑑於他之前編纂的聖安波羅修文集，文本分析一直都不是他的特長。這部著作終於完成時，所有嚴謹的學者都為之驚愕；在他過世後立刻回收，經大量修訂後於一五九二年由克萊孟八世重新出版。

在教會紀律方面，教宗格外有成效。其中一個主要問題在特倫特大公會議最後階段的會期纏繞許久，即主教的神權問題：主教的權威是否源自教宗，或直接源自上帝？沒有多少人敢向西斯篤五世提出此疑問：他現在規定，所有新主教在上任前必須向羅馬的教宗臣服，並定期返回羅馬報告教區的事務。

在恐怖統治下，西斯篤兩年內在教廷領土各地徹底恢復法紀。至少七千名盜匪被公開處決；據說在聖天使橋上被釘上尖樁的頭顱數量比市場的甜瓜還多。同時為彌補梵蒂岡的財務，他將開支縮減到極限（西斯篤身為方濟各會士不是沒有道理的），並嚴格控制糧食價格。他調高新稅金、籌資開辦貸款、鼓勵農業、將沼澤的水排乾、補助羊毛和絲綢業。教宗靠販賣職務一年賺取約三十萬盾（scudo，銀幣），不過他只販賣官僚和行政職務，沒有教會職務。早在他過世前，就已成為歐洲最富裕的王侯之一。

他的外交政策正如他的前任們，以仇恨新教為主，將新教視為實現普世天主教會夢想的主要障礙。他原本承諾為腓力二世的入侵英格蘭計畫提供鉅額資助，但西班牙無敵艦隊（Spanish Armada）於一五八八年遠征慘敗後，他拒絕付款。隔年胡格諾教徒亨利四世（他曾於一五八五年被開除教籍）同意歸信天主教，以換取法蘭西王位，於是教宗不再與亨利對立，而此舉再次讓腓力失望。

但教宗西斯篤五世最為世人所記住的是建築上的成就。他請賈科莫・德拉・波塔（Giacomo della Porta）完成聖伯多祿大殿的圓頂。同時請他最喜愛的建築師多明尼哥・馮塔納（Domenico Fontana）設計新的拉特朗大殿、位於梵蒂岡內的新教宗居所、梵蒂岡圖書館的大規模重建工程。曾出現在尼祿競技場（Nero's Circus）的巨大埃及方尖塔，此時豎立在貝尼尼大廣場，場面壯觀；在台伯河左岸的三座較小型的方尖塔也為拉特朗大殿、聖母大殿、人民聖母教堂前的廣場增添威嚴感。寬廣的新大道連接各主要朝聖教堂。宏偉的水道橋，即費利切水道噴泉（Acqua Felice）將二十英里外的帕里斯提納（Palestrina）的水引至羅馬。另外增設兩座水道橋後，城內各處很快再湧現數百座裝飾噴泉。西斯篤只統治了五年，但反宗教改革的羅馬充滿巴洛克風格的光輝，主要都歸功於他。

他原本該獲得這座城市擁戴；可嘆的是，他的傲慢和暴躁脾氣讓他備受厭惡。自中世紀以來少有教宗比他更不得民心。他在一五九〇年八月二十七日過世時，正是瘧疾連續爆發結束時，全城一片歡欣鼓舞；一群民眾興高采烈地到卡比托利歐山上將他的雕像推倒，正如三十一年前保祿四世的雕像被推倒一樣。

接下來十六個月，羅馬至少經歷三位教宗。在教宗史上，這三位教宗可能輕易就受忽視，他們分別是烏爾巴諾七世（一五九〇）、額我略十四世（一五九〇—一）和依諾增爵九世（一五九一）。烏爾巴諾是令人欽佩的教會人士，或許原本能成為優秀的教宗；可惜他在獲選教宗那晚罹患瘧疾；不到兩星期後便過世。親民的他留下可觀的私人財產，為羅馬的貧窮女孩提供嫁妝；至少他在她們心中是永世難忘。額我略是嘉祿．鮑榮茂和菲利波．內里的朋友，虔誠心善，但性格十分軟弱，他之所以受世人記住，主要是一件掃興的事，他禁止羅馬市民做一項最受歡迎的娛樂活動：替教宗選舉、教宗任期和樞機主教任命開賭盤。儘管依諾增爵只當了兩個月的教宗，仍可說是這三位教宗中最有成效。他極力反對當時仍是新教徒的法蘭西的亨利四世、採取強硬措施對抗盜匪、管控台伯河的航線、竭盡所能改善衛生。一五九一年耶誕節前一星期他患病，但堅持前往七座大殿進行傳統朝聖；不幸的是，這一虔誠行為卻造成致命後果。

隨著伊帕利多．阿杜布蘭迪（Ippolito Aldobrandini）升任教宗，羅馬局勢也回歸穩定，他父親是傑出的佛羅倫斯律師，曾被美第奇家族逐出故鄉佛羅倫斯。他採用封號克萊孟八世（一五九二—一六〇五）。從多方面來看，克萊孟象徵反宗教改革的理想。他過著十分虔誠的生活，每天花數小時禱告和冥想，每天告解，一年有十五次徒步走到七座朝聖教堂。可惜他的身體狀況承受不住嚴苛的苦行生活，他受痛風所折磨，久而久之他更依賴兩位姪子，辛吉歐（Cinzio）和皮耶卓（Pietro），他也晉升這兩人為樞機主教，以及一位十四歲的姪孫。有這兩人為他分擔大部分行政工作，他得以空出大量時間做學術研究。一五九二年，他出版《聖經武加大譯本》修訂版——原本被西斯篤五世改得面目全非——並修訂主教禮儀書、彌撒經書、日課經。四年後，他大幅增加禁書目錄，包括首次查禁猶太書籍。這也反映出克萊孟狹隘偏執的老毛病。他在擔任教宗期間積極鼓勵宗教裁判所，任期間判處了逾三十名異教徒火刑；包括前道明會會士喬丹諾・布魯諾（Giordano Bruno），一六〇〇年二月十七日他在鮮花廣場受刑，他的雕像至今仍矗立在廣場。

在政治方面，克萊孟經過長期猶豫而勉強做出了一個最重要決定，即認可亨利四世為法蘭西國王。曾是胡格諾教徒的亨利於一五九三年為天主教會所接納，發表了知名言論：「巴黎值得一場彌撒（*Paris vaut bien une messe*）」。[11] 克萊孟對他依舊不信任；直到國王隔年在沙爾特（Chartres）加冕後，他才終於接受大使的建議，解除西斯篤五世發佈的教籍開除令，認可亨利。但在一五九八年四月十三日，亨利頒佈《南特詔書》（Edict of Nantes），准許胡格諾教徒享有宗教自由（除了在特定城鎮，包括巴黎），與天主教徒享有同等公民權，克萊孟可能會後悔認可過他。不用說，此舉引來西班牙震怒，而他覺得自己夠強大，因此不理會西班牙。

克萊孟八世在一六〇五年三月五日過世。教廷在他過世之時若是比他剛上任時更強大，可能主要是因為在一六〇〇年精心規劃的大赦年慶祝活動，為羅馬吸引約五十萬朝聖者。多虧了第十六世紀的教宗們，此時的羅馬擔當得起基督教界的首都。這一個世紀以來，天主教會不斷遭受可怕打擊：英格蘭和蘇格蘭現在信奉新教，已無法挽回；在西屬尼德蘭，腓力國王意圖消滅荷蘭喀爾文教徒，而他們正公然反抗；在德意志，皇帝馬克西米連似乎十分認同路德派；在法蘭西，亨利四世雖然歸信天主教，但因為《南特詔書》而失去可信度。但羅馬此時比以往都更氣勢浩大；

11 英譯文：Paris is well worth a Mass.

一五九九年十二月三十一日午夜時分，教宗在八萬信徒的見證下按儀式打開聖門（*Porta Santa*，Holy Door），展現出反宗教改革的非凡成就。

第二十一章　巴洛克羅馬（一六〇五—一七〇〇）

教宗克萊孟過世後，樞機團選出樞機主教亞歷山卓．德．美第奇（Alessandro de' Medici），封號為李奧十一世（一六〇五），是他說服克萊孟解除亨利四世的教籍開除令，之後又擔任兩年駐法蘭西教廷大使。他十分虔誠聰明，原可能會成為優秀的教宗；但他此時已七十歲，上任二十六天後突然感染風寒過世。曾花費三十萬盾以保證他當選的亨利國王想必十分不好受。繼任李奧的是來自錫耶納的樞機主教卡米洛．波吉西（Camillo Borghese），當選時只有五十二歲，相信任期會相當長，而他也確實統治了十六年。

教宗保祿五世（一六〇五—二一）是他所選的封號，他與前任一樣十分虔誠，但不太聰明。他完全沒理解到教廷此時僅是歐洲的並列強權之一；已不可能再像中世紀那樣保持教宗至高無上的理念。保祿想守住至高無上的地位，卻立刻遇到對手——威尼斯共和國。威尼斯人雖不質疑自己服從教義的義務；但另一方面，他們的政治獨立性也是神聖不可侵犯的。此外，威尼斯的生存之道是國際貿易；他們以前就不歧視異教徒了，現在怎麼可能要他們歧視異端者？

在克萊孟八世任期間，他們就已成功反抗過幾次。在面對教廷的強力施壓下，他們仍堅持主張西尼達（Ceneda）小鎮的主權；一五九六年，威尼斯印刷廠和書商與教廷得以達成特殊協定，在特定條件下，他們能出版禁書目錄的著作。威尼斯共和國也堅決捍衛外交官的宗教自由。一六〇四年，威尼斯允許亨利．沃頓爵士（Sir Henry Wotton）帶新教的祈禱書入境，允許他在私人小禮拜堂舉行聖公會禮拜，於是克萊孟指責威尼斯，威尼斯則堅定回覆：「共和國不會搜索英格蘭大使的行李，據說他過著平靜清白的生活，從未有醜聞。」教宗也未堅持，而亨利爵士接下來十四年在威尼斯大使館繼續信奉他的宗教，未受到干擾。

另一方面，保祿五世更是嚴苛。教廷使節現在要更常覲見總督以表達異議和抗議。他們質疑為何元老院近期未經特許而禁止在城內增建宗教建築？威尼斯則主張現有的教堂和修道院已無力負擔，且佔全市一半土地；但這番主張白費力氣，且不被接受，而且教廷開始以威脅激烈的態度溝通。於是雙方在保祿剛上任時便出現衝突。威尼斯竭盡所能維持友好關係，甚至將波吉西家族列為貴族；但這層客套的面紗未維持太久。

一六〇五年夏末，衝突終於大爆發，當時有兩名自稱聖職人員者——其中一人後來證實從未接受聖秩（holy order）——遭到威尼斯當局指控，其中一人不斷企圖破壞他姪女的名節，另一人「對他的家眷犯下謀殺、詐欺、強暴和各種暴行」。十人團（Council of Ten ordered）下令立刻針對每一案件進行調查，並擅自審訊和懲罰這兩名罪犯。教宗立刻展開抨擊。他反駁說，這兩名囚犯是聖職人員，因此不由共和國管轄，必須立刻將他們交給教會當局。

雙方爭執持續到秋天；接著在十二月，教宗送兩封簡函給總督。一封是關於教會地產問題，另一封是關於那兩名聖職人員。威尼斯若不立刻廢除關於地產的法令，並交出那兩名囚犯，教會將對威尼斯下達禁令。不用說，威尼斯無意聽從。以外交手段處理此事的時機已過，為了將此案公諸於世，共和國現在需要的是一位法典學專家，同時是神學家、辯證學家、政治哲學家和辯論家，可條理分明地地辯論。元老院刻不容緩，立刻委派帕羅・薩丕（Paolo Sarpi）。

薩丕當時五十三歲，自十四歲起便是聖母忠僕會（Servite）會士。他以博學聞名，其名聲遠高於屬靈方面；確實，他的整體思想模式更符合科學，而非神學。身為解剖學家，他在血液循環的發現方面也有功勞，比哈維（Harvey）早了四分之一世紀；身為光學家，他也博得伽利略的感激。此時身為元老院的官方顧問，他為共和國起草回覆信函：「按照世人無權廢除的神律，王公們有權在其管轄範圍內為世俗之事立法；由於所討論的事務是屬於世俗而非屬靈，因此不需要聖座的告誡。」

教宗沒耐心進行這類辯論，他聲稱此論點是「異端邪說」。一六〇六年四月十六日，他在一場樞機主教會議中宣布，除非威尼斯在二十四天內全面屈服，否則開除教籍，禁罰令也將即日生效。但威尼斯不願等待。五月六日，總督李奧納多・多納（Leonardo Donà）向國內所有宗主教、總主教、主教、主教代理、隱修院院長和修會會長頒佈公告。在公告中，他鄭重向全能上帝提出異議，表示自己已竭盡所能向教宗解釋共和國的合法權利。但聖父閣下不願傾聽，反而發佈公開告誡書，「失去理智，違反聖經、教父和聖典的教義」，因此正式宣布這份告誡書毫無價值。因此聖職人員將受命繼續照顧信徒的靈魂和主持彌撒。在這份公告最後，他祈禱上帝帶領教宗認清自己的自負行為、對共和國做的錯事、威尼斯事業的正當性。

接著總督按薩丕的建議將所有耶穌會士驅離共和國領土——他們一開始就堅定支持教宗——並在遣散教廷大使時說了以下這段話：

> 閣下！想必你知道，我們每一個人對我們國家的政府、貴族和人民都十分堅決而忠誠。我

們駁回你們的教籍開除令：這命令對我們來說一文不值。現在想想這會導致什麼結果，假設其他人也追隨我們的腳步的話。

對教宗保祿和其教廷來說，他們此刻要面臨一個慘痛事實。禁罰令無效了。這在中世紀是教廷的軍械庫中最可怕的武器，足以威脅國王和皇帝屈服，現在卻失去威力。更糟的是，全世界都知道這招沒用了。這對教廷聲望的影響原本就已無法估量，而隨著這荒謬的禁罰令繼續執行，教廷的聲譽更是日益惡化。這道禁罰令必須盡快解除。但要做到並不容易，必須找到方法。

有段時間受到致命打擊的保祿甚至無法深思熟慮，但他最終不得不接受。他接受法蘭西提出的調解，開始協商。威尼斯一如往常按照薩丕所建議，堅守自己提出的條件。威尼斯徹底拒絕請求撤除禁罰令；這類要求必須由法蘭西國王提出。至於那兩位囚犯，待禁罰令解除，會將他們交給法蘭西大使，以示對國王的尊重，但不妨礙威尼斯審訊和懲罰他們的權利。威尼斯堅決不重新接納耶穌會，而接下來半個世紀他們也繼續被驅離威尼斯。最後，多虧了法蘭西樞機主教范索瓦．拉．如瓦烏斯（François la Joyeuse）極力調停，他謹慎起草一道教令，說明教宗已改變心意，並會撤除禁罰令，威尼斯也會收回嚴正聲明；但未提到威尼斯是否認錯或後悔自己的行為。

於是在約一年後，一六〇七年四月，禁罰令解除。這也是教會史上最後一次。此後再也沒有教宗敢冒險，而教廷對天主教歐洲的權威再也無法回復以往了。但禁罰令解除不表示雙方真正和解。保祿五世已公然受辱；此外，還有幾個問題尚待解決，他也無意放下這些問題。其中在他心中最重要的是向那些違抗他法令的聖職人員報復，而最重要的報復對象，就是讓他挫敗的主要策劃者，帕羅．薩丕。

薩丕未立刻放棄與羅馬恢復關係的職責。他還有任務要完成，並繼續每日從聖母忠僕會修道院步行到總督的宮殿，不理會此舉可能會讓自己身陷險境的意見。一六〇七年十月二十五日傍晚，他正返回修道院，在走下聖福斯卡橋（S. Fosca）的階梯時遭人行刺，殺手刺他三刀後逃跑，刀子深深嵌入他的顴骨。他奇蹟康復；後來他分析刀子的尖頭處，以雙關語表示他認出刀子是羅馬教廷的「樣式」（style，「作風」）。沒有證據能支持他的看法；但事實上那群殺手此時已確認身分，而且也已立刻逃到羅馬，在那裡的街頭居功自誇，且全副武裝，卻未被指控任何罪名，令人猜測那場攻擊就算不是教廷唆使，至少也未反對。

薩丕後來又遇到兩次行刺，其中一次是在自己的修道院迴廊內。他兩次都倖存下來，最後於一六二三年一月十五日在床上壽終正寢。但復仇心盛的教宗在他入土後仍不放過他。元老院提議建立紀念碑紀念他時，教廷大使強烈反對，並威脅若有類似事情發生，聖職部將宣稱他是不知悔改的異教徒。威尼斯這次屈服了；直到一八九二年才在聖福斯卡廣場（Campo S. Fosca）中央豎立小型青銅像，距離他差點殉難的地點只有數碼遠。

✠

自威尼斯事件後，加上刺殺帕羅．薩丕不成，保祿五世一直無法振作起來。在英格蘭，「火藥陰謀」（Gunpowder Plot）[1]的記憶再度被喚起，這起事件是在禁罰令頒佈前五個月發生；在法蘭

1 天主教徒於一六〇五年十一月五日密謀刺殺國王並炸毀國會。陰謀被揭發而失敗。

西，大家將亨利四世於一六一〇年遇刺的責任歸咎於教廷；在整個歐洲，教宗的終極弱點已表露無遺。但他仍一意孤行，始終嚴加執行教會紀律，此外更實行狹隘的保守主義（此時明顯是守舊過時），不像身處十七世紀，反而是倒退回十六世紀。舉例來說，他在一六一六年反對伽利略支持哥白尼的日心說，即太陽在宇宙中心，而非地球。

至於其他方面，保祿繼續堅守整修羅馬的反宗教改革傳統，其中最重要的是聖伯多祿大殿。新大殿的工程於一五〇六年展開時，伯拉孟特原本的規劃是希臘正十字設計；後來拉斐爾支持拉丁式，並在西側增建中殿[2]，但米開朗基羅改回原本的希臘設計。保祿五世和他的建築師卡洛．馬代爾諾（Carlo Maderno）以禮拜儀式為由，且為了掩蓋君士坦丁聖殿佔據的空間，最終決定拉丁式，並增建中殿和西立面，教宗也積極鼓勵外甥，樞機主教希皮歐尼．卡法萊（Scipione Caffarelli）建造宏偉的波吉西莊園，而他為了表示感激而改姓氏為波吉西。波吉西莊園是第一座宏偉的羅馬莊園別墅，靈感來源應該是古羅馬皇帝哈德良在提弗利的莊園。

某種程度來說，樞機主教希皮歐尼（Scipione）是退回到文藝復興時代。到了十七世紀，「姪甥樞機主教」的觀念盛行已久，已不再引發爭議；對於教宗任命親屬為主要親信顧問，此時已是司空見慣。而希皮歐尼的不同之處在於，他確實是靠優渥的聖俸致富，而且在花費上毫不吝嗇。以往少有教宗表現出極力贊助藝術[3]，樞機主教更是沒有。但他耗費鉅資整修許多教堂，擔任樞機主教時，他特地費時七年整修七大朝聖者聖殿之一的城外聖巴斯弟盎聖殿。

教宗保祿雖然明顯全心支持，但他的品味跟外甥完全不一樣。他自己的生活方式雖不至於極度禁慾，但簡單樸實。但他就像所有之前反宗教改革的教宗，以同樣堅定不移的自信，團結天主教會度過史上最大危機。除了義大利和伊比利半島，整個歐洲仍持續發生宗教動亂，信仰告解方面的爭議長久以來未有定論，因此羅馬的強硬領導顯得至關重要；幸好反宗教改革就算有過錯——宗教裁判所、禁書目錄、過度堅持教宗至高無上的地位、耶穌會和近期其他一、兩個新創辦的修會的狂熱——這些也都體現出教會的信心而非膽怯。一六二〇年十一月（此時距離馬丁·路德在威登堡的教堂門上貼出九十五條論綱以來已過了一個世紀），保祿五世在慶祝白山（White Mountain）之役戰勝時突然中風，對許多人來說，最糟的情況可能過去了，教會撐下來了。

白山之役如今對多數說英語的國家而言已被遺忘；但此役對中歐歷史影響甚深。此役對天主教事業來說是一大勝利，尤其是皇帝斐迪南二世，他是在前一年繼承皇位。接受耶穌會教育且深受影響的斐迪南是堅定的天主教徒，決心讓歐洲各地都信奉天主教。此舉未讓他在波希米亞博得民心，而波希米亞自揚·胡斯的時代以來便堅信新教；一六一八年五月二十三日，他的兩位代表在布拉格城堡（Hradcany Castle）被拋出五十英尺高的窗戶外，幸好是落在一堆馬糞上，此時他發現全國正掀起全面叛亂。隔年波希米亞正式廢黜他，以新教徒選帝侯腓特烈五世（Frederick V）取而代之；全國叛亂後來演變成三十年戰爭，是二十世紀以前最殘忍的歐洲大災難。

2 聖伯多祿大殿未按正規的禮拜儀式建造，主祭臺是設置在西端，而指南針必須反轉：東方變成西方，西方變成東方（請見第一章，頁五）。

3 他的收藏品在一八九一年轉移到波吉西莊園；在此之前是存放在波吉西府邸（Palazzo Borghese），此宮殿是教宗保祿在一六〇五年就任那年購入。

一六二〇年十一月八日，斐迪南的天主教軍隊在白山底下與腓特烈的新教徒軍隊交戰，距離布拉格以西數英里，而哲學家勒內・笛卡兒（René Descartes）就在斐迪南的軍隊中。天主教軍隊一大清早突襲防守方，令他們潰逃。他們的軍隊約有一萬五千人，逾三分之一被殺或被俘。逃跑的人當中包括腓特烈，他的任期之短而獲得冬日國王（Winter King）[4]的稱號。他和王后，即英格蘭的詹姆士一世之女伊莉莎白餘生都在逃亡。至於他的王國波希米亞落入了哈布斯堡王朝手中（即天主教徒手中）近三百年。

✠

教宗保祿從第一次中風稍微緩過來後，約十星期後再次中風，這次奪走了他的性命。他在一六二一年一月底過世，此前已貢獻皇帝與天主教聯盟（Catholic League）領袖，即巴伐利亞選帝侯（Elector of Bavaria）馬克西米連一世（Maximilian I）逾五十萬弗洛林金幣。繼任教宗額我略十五世（一六二一—二三）在姪子樞機主教盧多維科・盧德維西（Ludovico Ludovisi）的協助下，又將金額提高到約兩百萬。如此龐大的金援讓天主教徒在白山之役後得以乘勝追擊，驅離所有戰線的新教徒，於是為表示感激，馬克西米連將近期佔領的海德堡的整座宮殿圖書館（Palatine Library）獻給教宗，五十輛馬車裝載量的無價書籍全納入梵蒂岡。

額我略的任期持續了兩年多一點。天主教徒的連續勝戰一直延續到繼任者烏爾巴諾八世（一六二三—四四）的二十一年任期，烏爾巴諾本名瑪菲歐・巴貝尼（Maffeo Barberini），來自佛羅倫斯歷史悠久的富商家族。但教廷的金援很快耗盡，並非烏爾巴諾對天主教事業不夠專心致志；只是新教出現新的領導人，讓戰局出現變化，他就是瑞典國王古斯塔夫二世・阿道夫（King Gustav II

Adolf，或 Gustavus Adolphus 的拼法較廣為人知）。古斯塔夫決定參戰的原因至今不明；但他可能是對神聖羅馬帝國日漸強大感到擔憂，也可能為自己在波羅的海周圍提升經濟和商業影響力懷有野心。不論如何，他在一六三〇年入侵帝國時，局勢立刻翻轉。他不斷逼退天主教勢力，直到新教徒收復自一六一八年以來失去的領土。

古斯塔夫・阿道夫的成就，正如過去十年來的那些天主教徒，沒有龐大金援是無法成功的，而且這筆金援的來源是最出乎意料的：樞機主教黎胥留（Richelieu），自一六二四年以來他便是法蘭西國王路易十三世的首席大臣。黎胥留有段時間擔心日漸強大的哈布斯堡王朝，該王朝在法蘭西東部邊境擁有大量領土，包括西屬尼德蘭；為了掌控權勢，儘管他是樞機團的一員，他仍毫不遲疑支持新教事業。於是為表示回報，瑞典保證在德意志提供一支軍隊抵抗哈布斯堡王朝（另外瑞典未經法蘭西准許，不得與皇帝達成和平協議），於是他樂得每年資助國王古斯塔夫一百萬里弗爾銀幣（livre）。

古斯塔夫如果沒有在一六三二年十一月的呂岑（Lützen）一役中戰死，黎胥留應該會一路繼續順遂下去。雖然失去領導，瑞典仍繼續撐了兩年；但在一六三四年九月六日，皇帝之子斐迪南大公（Archduke Ferdinand，未來的斐迪南三世）率帝國軍隊在多瑙河谷的訥德林根（Nördlingen）擊潰他們的軍隊，造成一萬七千人死亡，四千人被俘。訥德林根一役後，戰爭局勢再度翻轉。瑞典人地位貶謫，領導權落入黎胥留手中，瑞典與法蘭西結盟，於一六三五年五月向西班牙宣戰。此後雙方

4 他其實統治了一年又四天。

首領都是天主教徒，於是戰爭從純粹的宗教問題變成政治問題，不再是天主教和新教之間的競爭，而是哈布斯堡王朝和波旁王朝之間的競爭。

教宗烏爾巴諾竭盡所能扭轉局勢。他認為自己的任務是協調三大天主教勢力，法蘭西、西班牙和哈布斯堡王朝，以建立對抗新教的聯盟陣線。另一方面，他在法蘭西擔任駐法教廷大使時，一直是徹頭徹尾的親法分子，他十分懷疑西班牙對義大利懷有野心。但無論他怎麼努力，都無法藏匿他更支持哪一方的意圖，也或許他從未努力隱瞞。曼圖阿的貢扎加一脈於一六二四年凋零時，教宗毫不猶豫支持法蘭西人選接任。教宗內心無疑是強烈反對法蘭西和瑞典結盟，但儘管西班牙的腓力四世不斷施壓，他也未採取行動。

情況其實已走到窮途末路了，而烏爾巴諾也明白這一點。他毫不意外將注意力轉向兩個能讓他有存在感的領域：教會行政和藝術。他竭力修訂日課經，添加幾首自己寫的新聖詩。他為宣福禮和封聖盛典編寫適當程序，批准了幾個新宗教修會。他還有另一個特別有興趣的領域，傳教工作：他創辦烏爾巴諾神學院（Collegio Urbano），訓練傳教士，並派大量傳教士到遠東，更創辦多種語言印刷廠。在藝術方面，他最知名的貢獻——或許也是巴洛克羅馬中最庸俗浮華之作的總結——是委託吉安羅倫佐．貝尼尼（Gianlorenzo Bernini）為聖伯多祿大殿（他在一六二六年為聖伯多祿大殿祝聖）建造宏偉的聖體傘（baldacchino），旨在標示出聖伯多祿之墓和上方主祭壇的位置。四根螺旋形圓柱上爬著巨蜂——巴貝尼家族的紋章，這完全是當時的特色（也是烏爾巴諾本人的一貫作風）；自文藝復興時期以來沒有教宗如此無恥地提拔自己的家族，為家族增添財富。他任命一名兄弟和兩名姪子為樞機主教，為另一名兄弟和其兒子提供優渥的有俸聖職；據說教廷有約一億五百萬盾流入巴貝尼家族，讓教廷變得更窮了。他在生命將盡時良心不安，向法典學家和神學家詢問這種開支是否有罪。他還有時間悔悟；卻未彌補。

烏爾巴諾因對待朋友伽利略的態度而備受嚴厲批評。反宗教改革的教宗們都鼓勵天文學，這點或許令人感到訝異，據說額我略十三世創辦梵蒂岡天文臺，而尼古拉·哥白尼為保祿三世寫的書便主張地球是繞著太陽運轉，而非太陽繞著地球運轉。儘管此觀點與《創世記》中的創世故事不相符，但教會也是過了約七十年才提出反對；而保祿五世在一六一六年終於譴責日心說時，日心說的最強支持者伽利略被告誡不准倡導或講授此學說，不過他仍被允許以假設的角度討論。接下來數年，他將重心放在其他事務上，避開這波爭議。

教宗烏爾巴諾在擔任樞機主教時，曾竭盡所能保護他的朋友。他個人欽佩伽利略，甚至寫了一首拉丁文詩讚揚他發現太陽上的黑子。一六三二年，伽利略在申請批准出版《兩大世界體系的對話》（*Dialogue Concerning the Two Chief World Systems*）時，烏爾巴諾願意批准，只要求書中應該包括他自己對這主題的看法。結果這成了伽利略此生中最大的失誤。在書中捍衛亞里斯多德的舊地心說的人物被命名為辛普里修（Simplicius[5]），常以笨蛋的形象呈現。伽利略藉由辛普里修之口說出教宗的言論是可以理解，甚至符合邏輯；但此舉不夠世故。格外注重個人尊嚴的烏爾巴諾非常憤怒；此外，這本書的整體基調明顯就是倡導日心說的著作，也是宗教裁判所明確禁止的。

伽利略沒必要與他最強大的支持者敵對；現在他不得不付出代價。一六三三年，他在羅馬接

5 譯註：源自「simple」，有笨蛋之意。

受審判，而判決早已是定局。他被判處終生監禁（後來因為他的年齡和聲望，改為軟禁於家中），並被正式要求公開放棄日心說。《兩大世界體系的對話》被下令焚燬，加上他的其他所有著作，以及未來可能寫的書。教宗甚至連他過世後都不放過。這位偉人於一六四二年一月八日過世，得年七十七歲，托斯卡尼大公（Grand Duke of Tuscany）提議將他葬在佛羅倫斯的聖十字聖殿，就在他家族和父親的墳墓旁，並立一座大理石陵墓紀念他；但遭到烏爾巴諾和其姪子，樞機主教弗蘭西斯科．巴貝尼（Francesco Barberini）的反對，遺體最後葬在某個走廊盡頭的小房間。直到一個世紀後，遺體才遷到教堂正殿，葬入較體面的墳墓。

✠

伽利略過世後兩年半，教宗烏爾巴諾八世於一六四四年七月二十九日過世。在他生命將盡時，他的姪子們嗅到了經濟利益的機會，慫恿他以卡斯特羅（Castro，教廷封地）領主歐多瓦多．法爾內塞（Odoardo Farnese）拖欠債務為由發起小戰爭。法爾內塞反擊，並獲得法蘭西和義大利聯盟支持，該聯盟包括威尼斯、托斯卡尼和摩德納，教廷軍隊徹底被擊潰。羅馬人還記得烏爾巴諾和其家族已淘走鉅額教廷資金，而這次敗戰付出的昂貴代價成了最後一根稻草。教宗過世的消息傳出時，街頭一片歡欣鼓舞。

繼任者是七十歲的金巴蒂斯塔．潘費里（Giambattista Pamfili），封號為依諾增爵十世（一六四四—一六五五），強烈反對烏爾巴諾所持的一切立場。他仇視法蘭西，認為他們無恥地利用教廷金援充實自己，他支持西班牙，並聲稱只有西班牙是教廷可以安心依賴的國家。其實他完全是靠西班牙行使否決權，否決了他的對手才當選教宗。樞機主教馬薩林（Mazarin）於一六四二年接任黎胥留，擔任路易十三世的的首席大臣，也想反過來否決潘費里，但他的信來得太晚[6]。教宗就任後的第一個行動是成立調查委員會，調查並扣押巴貝尼家族累積的財產，此舉引起巴貝尼樞機主教們的恐慌，其中一人逃跑。但其餘人向馬薩林求助，於是他設法說服依諾增爵不再追究此事。

儘管與前任相比，依諾增爵是恪守規範，但他仍同樣任人唯親。儘管他沒有任命姪甥擔任樞機主教，但仍樂於協助家族累積大量財富，其中最大的受惠者是他陰險的嫂嫂，歐琳碧亞．梅道齊林（Olimpia Maidalchini）夫人，用現代話來形容她便是「貪婪到令人作嘔」，除了搜刮大量錢財，同時極力操控教宗。因此羅馬人難免猜測他們兩人的關係；眾所周知教宗每件問題都會詢問她的意見，若沒有她的准許，他是不會做決定的。

教廷的財務狀況讓依諾增爵無法延續幾位前任的大規模建設計畫。不過納沃納廣場、華麗的貝尼尼噴泉、博羅米尼（Borromini）在拉特朗聖若望大殿內部的巴洛克改造，也有他的功勞。不意外的是，還有一座潘費里莊園，位在羅馬西部的奧瑞里亞道（Via Aurelia），是依諾增爵的姪子卡米洛（Camillo）所建造。依諾增爵留給後世最深刻的印象不是他所委託建造的建築，而是由維拉斯奎茲（Velázquez）繪製的華麗肖像，現懸掛在羅馬的多利亞潘費里美術館（Galleria Doria Pamphilj）[7]，據說他第一次看到這幅畫像時評論道：「太真實了」。

---

6 至此時皇帝與法蘭西和西班牙諸王已逐漸建立起否決權，可否決他們不支持的教宗人選。

7 多利亞潘費里莊園（Villa Doria Pamphilj）的名稱如今較廣為人知，但不要跟多利亞潘費里宮殿（Palazzo Doria Pamphilj）搞混了，宮殿位於威尼斯廣場（Piazza Venezia）以北的科爾索大道（Corso）起點處，美術館則是位於宮殿內。

依諾增爵在一六五五年元旦過世，隨後的祕密會議花了三個月時間選出繼任者。拖延三個月的主要原因是法蘭西的樞機主教馬薩林強烈反對支持度最高的樞機主教，也是伊莫拉主教法比歐・基吉（Fabio Chigi）。但他最後勉強收回反對，於是基吉當選為教宗亞歷山大七世（一六五五—一六六七）。但他與馬薩林之間的爭執並未結束；馬薩林無法原諒羅馬，因為前一年他的頭號對手，樞機主教狄雷茲（de Retz）耍詭計對付他後逃離法蘭西，而羅馬為他提供安居之所。因此馬薩林強烈支持法爾內塞家族，而法爾內塞家族此時正欲收復在教宗國的土地；另外法蘭西於一六五九年與西班牙簽訂《庇里牛斯和平條約》（Peace of the Pyrenees）時，他刻意輕慢教廷，拒絕讓教廷調解。馬薩林於一六六一年過世，但年輕的路易十四世拒絕和解；事實上，他斷絕所有外交關係，在一六六二年入侵教廷領土亞維儂和維奈桑，更威脅要出兵教宗國，使雙方關係惡化。若亞歷山大有更大毅力和決心，或許能抵抗這殘酷的壓力；可惜他沒有。他生性安靜、勤奮好學、屬靈深厚，更適合溫和靜思的生活；他不適合在無情的十七世紀發揮強硬侵略的治國之才。於是他向路易屈服，於一六六四年毫無怨言地接受國王強制提出的屈辱條件，即《比薩條約》（Treaty of Pisa）。

在他任內或許有一件事較為令他滿意，就是為瑞典女王克莉絲汀娜（Queen Christina of Sweden）施洗。克莉絲汀娜放棄瑞典王位，乘坐由貝尼尼特別設計、並由教宗送來的轎子，踏上漫長的朝聖之路，穿越義大利，於十二月二十日抵達羅馬。一六五五年耶誕節，在聖伯多祿大殿舉行的盛大儀式上，亞歷山大親自為她施堅信禮，歸信天主教，為紀念亞歷山大，克莉絲汀娜也將他的封號納入自己的名字。那天晚上她正式入住法爾內塞宮（Palazzo Farnese）[8]，接下來三十五年餘生一直住在羅馬，為亞歷山大和其三位繼任者帶來不少麻煩，但比起他們，她古怪的衣著和行為與獨特的性格魅力，在這座城市留下更難以磨滅的印記。

✠

接下來三位繼任者的前兩位，古利歐・羅斯皮利歐西（Giulio Rospigliosi）和艾米利・阿特利（Emilio Altieri）都採用封號克萊孟。克萊孟九世（一六六七—九）於一六六七年六月就任，僅在位兩年半，期間他的主要成就是修復與法蘭西的關係，至少暫時解決了楊森主義（Jansenism）不斷引起的動盪。楊森主義那令人沮喪的教義首先是由前伊珀爾主教（Bishop of Ypres）康涅留斯・楊森（Cornelius Jansen）提出，強調原罪、人類墮落、宿命論、神恩的必要性；楊森主義一百年來分裂了法國的教會。路易十四決心消滅此教派，一六五三年，在他的嚴厲要求下，依諾增爵譴責楊森的主要論著《奧斯定》（*Augustinus*）中的五項主要論點。

克萊孟也彌補了與威尼斯的關係。威尼斯此時正與突厥人陷入膠著無望的戰爭，突厥人這二十年來不斷圍攻威尼斯在地中海的最後一處倖存的殖民地，即克里特島。依諾增爵十世早在一六四五年派出一支教廷分遣艦隊協助，但艦隊司令，皮翁畢諾親王（Prince of Piombino）尼可洛・盧多維希（Nicolò Ludovisi）格外厭惡這場遠征，差點立刻撤軍返回。此後教宗提供進一步協助，條件是

8 她後來搬到羅維爾宮（Palazzo Riario，西斯篤四世的姪子所建造），現稱為科西尼宮（Palazzo Corsini）。這裡曾存放著她驚人的藝術收藏品，也曾是亞凱迪亞學會（Arcadian Academy）的所在地，此學會原是為了研究藝術、文學和哲學而設，現仍存在於羅馬。

讓他掌控威尼斯主教轄區，但威尼斯毫不考慮便拒絕這項提議。亞歷山大七世也曾提出一項條件，重新批准耶穌會，該修會是在一六〇六年被勒令驅離威尼斯；他們也拒絕這項提議。但現在情況危急；教宗克萊孟決心竭盡所能協助威尼斯，再次提出這項提議時，威尼斯接受了。耶穌會得以回來，教宗在法蘭西、西班牙和帝國的配合下，成功組織兩支遠征軍隊前去救援被圍攻的島嶼。

可嘆的是，為時已晚。第一支遠征軍於一六六八年啟航，軍隊中主要是年輕的法蘭西貴族，他們只為自己的榮耀而戰；在首戰中他們展現極大的勇氣，但此戰結束時，倖存下來的人逃得不夠快，其中許多人甚至未活著回到法蘭西；而且身上帶有瘟疫病菌。第二支軍隊隔年出發，大部分也是法蘭西人，但打著教廷旗幟出航。情況與上次大致相同，只是這次少了勇氣。法蘭西船艦抵達後兩個月內便啟航離開，隨後在一片絕望中，教廷、帝國和馬爾他騎士團（Knights of Malta）的幾艘援助船隻也啟航返回西方。獨自留下的威尼斯人無力再戰鬥，一六六九年九月六日，艦隊指揮官弗朗西斯科・莫羅西尼（Francesco Morosini）投降。

此時教宗的健康狀況堪憂；收到克里特島的消息後，他嚴重中風，十二月九日過世。由於法蘭西和西班牙堅決否決彼此的人選，因此祕密會議歷時五個月後，才選出繼任者艾米利・阿特利，即克萊孟十世（一六七〇－六），此時他已經八十歲，無能到無可救藥的地步。雖然他沒有姪子擔任樞機主教，但仍賦予樞機主教帕盧齊・德利・艾伯多尼（Paluzzi degli Albertoni，他的姪子娶了教宗的姪女）類似角色，並要求他改姓氏為阿特利。此舉最後證實鑄成大錯：這位樞機主教立刻接管所有行政，為自己和家族累積龐大財富，克萊孟在羅馬的名聲也隨之蒙羞。

教宗能發揮的個人影響力主要侷限於外交領域。自克里特島淪陷後，突厥人的威脅更大了。蘇丹的注意力現轉往波蘭，那是歐洲當時最大的邦國，克萊孟和樞機主教貝內代托・奧代斯卡基（Benedetto Odescalchi，後來很快繼任為依諾增爵十一世）都為波蘭將軍約翰・索別斯基（John Sobieski）提供大筆金援，索別斯基得以在一六七三年十一月，在聶斯特河（Dniester）流域的科丁（Chocim）擊潰鄂圖曼軍隊，六個月後獲選為波蘭國王。但克萊孟與法蘭西的路易十四世交涉時就沒那麼成功了。路易隨著年紀增長，勢力也越來越強大，態度也更加霸道，主張王室有權掌控法蘭西的主教任命和主教空缺的教區收入（國王徵收權）。一六七五年法蘭西大使（本身是樞機主教）覲見教宗時，在八十五歲的教宗想起身時，伸手將他按回椅子上。

依諾增爵十一世（一六七六―八九）繼任後，隔年教廷才開始堅持主張自己的權利。依諾增爵十分清廉端正，是十七世紀至此為止最優秀的教宗，他公開警告路易勿再擴大王室特權。他指出，此舉是褻瀆上帝，而上帝會藉由褫奪他的王位懲罰他[9]。於是巴黎和羅馬公開斷交。一六八二年三月，法蘭西聖職人員在一場集會中正式採用四項高盧信條（Gallican Articles），此信條否認教宗的世俗權威，主張大公會議的至高無上地位，重申高盧教會的古老權利和自主權。可想而知，一個月後依諾增爵駁回這些信條，在問題解決之前，拒絕批准所有法蘭西主教的任命。到了一六八五年，至少有三十五個法蘭西主教教區虛位以待。

九個月後，國王對胡格諾教徒的鎮壓與日俱增，並撤銷《南特詔書》，這項法令是約一百年

9 上帝差點就這麼做了：路易的王位最後由他的曾孫繼承。

前亨利四世賦予他們的特權。但他若是以為此舉能重獲教宗的支持，那他要大失所望了；依諾增爵公開譴責這種相當於宗教迫害的暴力行為。國王和教宗在對抗突厥人這一至關重要的問題上也是針鋒相對，而突厥人仍不斷對基督教歐洲施壓。依諾增爵竭盡所能聯合皇帝利奧波德一世（Leopold I）和此時已成為波蘭國王的約翰．索別斯基組成「神聖同盟」對抗他們，正因如此，才得以在一六八三年將鄂圖曼軍隊逐出維也納。但路易國王毫無作為。在面對突厥人方面，他深知皇帝承受的壓力比他大，因此他樂得袖手旁觀。於是在依諾增爵的教宗任期內，法蘭西和教廷的關係逐步惡化。一六八七年，教宗拒絕接受新上任的法蘭西大使；一六八八年一月，他開除路易和其所有大臣的教籍，同年拒絕國王所提名的科隆總主教（和選帝侯），反而採納利奧波德提出的人選。九月時，法蘭西再次佔領教廷飛地亞維儂和維奈桑。儘管依諾增爵未能讓路易國王屈服，但至少向他證明教廷仍是不可忽視的一股勢力，而這點是他的前任們沒做到的。就算沒有路易的支持，他仍繼續對抗突厥人，招募威尼斯和俄羅斯加入神聖同盟，使同盟翻轉鄂圖曼佔上風的形勢，於一六八六年解放匈牙利，隔年解放貝爾格勒。

長久以來一直有個驚人的論點，教宗依諾增爵暗地裡慫恿並支持新教徒奧蘭治的威廉（William of Orange）取代天主教徒的英格蘭國王詹姆斯二世。儘管詹姆斯想讓英格蘭回歸天主教會，但依諾增爵十分不信任他：一方面是他與路易的關係太親近，另一方面是他太過激進且咄咄逼人。不過教宗確實從不支持詹姆斯，而威廉推翻他時，他可能既不訝異，也不特別擔心。不過這個論點仍無確鑿證據可證明，而且此臆測的可信度不高。

依諾增爵於一六八九年八月十二日過世。他這一生中並未特別受會眾歡迎：他完全不腐敗，性格嚴苛堅毅，過著苦行和格外節儉的生活，這也是因為他繼承了前任留下的五十萬盾債務，別無選擇。他避免任人唯親，竭盡所能說服樞機主教們仿效他。他過世後，優秀的品格逐漸獲人肯定，僅過了四分之一世紀後，教宗克萊孟十一世展開封聖程序。但法蘭西仍未忘記與他的嫌隙，而且未失去對羅馬的影響力：一七四四年，在路易十五世的堅持下，教廷暫緩了封聖程序。直到二十世紀中期，庇護十二世再次啟動封聖程序。依諾增爵現在終於位列真福；但尚未列為聖人。

✠

依諾增爵十一世於七十八歲時過世；亞歷山大八世（一六八九－九一）繼任時七十九歲。選出樞機主教皮卓．歐多博尼的祕密會議一開始有皇帝和法蘭西國王雙方派的大使參與，但在大使抵達會議前，樞機主教們已經達成共識。毋庸置疑，法蘭西代表起初反對：畢竟歐多博尼曾是教宗依諾增爵的得力助手，依諾增爵曾任命他為羅馬的宗教裁判所大法官和聖職部部長。但在初步討論中，歐多博尼保證，法蘭西和教廷之間的關係會是他優先關心的事務，於是法蘭西撤銷反對。

這位新教宗之前已擔任三十七年樞機主教。他是威尼斯人，是兩百年來第一位威尼斯人教宗。他的私生活無可挑剔，是優秀的學者，擁有義大利最豐富的私人藏書。他性格溫厚、慷慨、魅力無窮，老人小孩都喜歡他，與前任形成強烈對比。亞歷山大的外表不顯老；他的頭腦依舊敏捷，而且能振奮羅馬民心。他經常公開露面，不拘禮節地穿梭於城市各地。他經常說他的第二十三小時已到了，所以要趕工。奢侈的開銷和鋪張浪費的舊習又回來了；據目擊者說，他的登基大典「是我們畢生見過最美妙的場面」。狂歡節也恢復了，還有歌劇公演，其中《哥倫布》（*Colombo*）一劇還是出自當初的樞機主教皮卓．歐多博尼筆下。

最後，是昔日的任人唯親也回來了。教宗亞歷山大就任後，任命二十歲的姪孫皮耶卓（Pietro）為樞機主教，任命姪子詹巴提斯塔（Giambattista）為教廷國務卿；這兩個職務都有優渥的聖俸。越來越多家族成員從威尼斯來到羅馬，他們也獲得聖俸優渥的職務。他也沒忘了威尼斯共和國。威尼斯此時正投入企圖不小的戰爭，意欲將國力正盛的突厥人逐出伯羅奔尼撒，同樣由弗朗西斯科・莫羅西尼率領，他曾在克里特島的戰役中擔任艦長將軍，此時擔任總督；亞歷山大也熱烈支持，提供鉅額金援，派大批槳帆船和一支一千五百人軍隊。一六九〇年四月，甚至將他視聖過的帽子和寶劍送給莫羅西尼〔總督〕。

但他從就任一開始，便未忘記主要任務是必須改善與法蘭西的關係。幸好路易十四世此時的態度是願意聽取進言，他的地位現在因為英格蘭發生光榮革命和詹姆斯二世被罷黜而削弱。他願意將亞維儂和維奈桑歸還教廷，教宗中止外國駐羅馬大使館所主張的庇護權和免稅權時，他也沒有異議。儘管皇帝強烈反對，但為了回報路易，亞歷山大仍晉升博韋（Beauvais）主教圖桑・德・佛賓・強森（Toussaint de Forbin Janson）為樞機主教，這也是路易多年來殷切期盼的。佛賓曾是一六八二年法蘭西聖職人員大會（Assembly）的簽署人，因此依諾增爵十一世不斷拒絕晉升他；但對亞歷山大來說，為了和解，樞機主教一職不過是小小的代價。

✠

儘管有這些小讓步，但基本問題仍未解決：教宗仍斷然拒絕批准所有法蘭西主教的任命，除非他們正式放棄和否認高盧信條，而路易這一方則堅決支持。亞歷山大親自私下寫信給國王，甚至曼特農夫人（Madame de Maintenon）——路易此時已祕密與她結婚，據說她對他有極大的影響力

——但仍徒勞無功。一如既往，他收到希望破滅的回覆。他努力與法蘭西國王調解的結果是一無所獲，反而為此嚴重破壞原本與皇帝之間的良好關係，他在懊悔之餘不得不接受這點。樞機主教佛賓的晉升仍令利奧波德感到怨恨，加上他自己提名的人選都未獲得晉升，他更因此耿耿於懷。教宗為威尼斯的伯羅奔尼撒戰役提供大筆金援，他也為此感到怨恨，因為教宗提供給他對抗突厥人的金援相對大幅減少。但教宗亞歷山大可能不太在乎皇帝的感受。一六九〇年十一月中，他又任命兩位樞機主教。兩人都不是由皇帝提名，而是與他的姪子有關係。

此時亞歷山大仍十分健康；但在一六九一年一月，他的腿嚴重發炎，迅速生壞疽。二十九日，他將十二位處理與法蘭西紛爭的樞機主教召來床邊，向他們發佈宗座簡函，宣稱支持高盧信條的一六八二年聲明在法律上是無效的。這是他臨終前祭出的回馬槍；三天後便過世。

✠

隨後的祕密會議持續了五個多月，是一三〇五年以來歷時最久的。若不是因為那年夏季比往年更炎熱，西斯汀小聖堂的溫度高到讓人無法忍受，可能還會拖得更久。而拖延的原因主要是路易國王，他強烈支持威尼斯人樞機主教葛雷戈瑞・巴巴里戈（Gregorio Barbarigo）；但法蘭西最後讓步，投票給七十六歲的拿坡里總主教安東尼奧・皮納塔利（Antonio Pignatelli），封號為依諾增爵十二世（一六九一—一七〇〇）。他是在巴西里卡塔（Basilicata）出生的拿坡里貴族，是最後一位來自南義大利的教宗，順帶一提，還是最後一位蓄鬍的教宗。

他不但採用與前前任一樣的封號，也將他視為模範，差別在於依諾增爵十一世嚴厲而難親近，而依諾增爵十二世經常公開和私下聽取意見，與所有階層都能輕鬆交談。他憎恨任人唯親；

拒絕批准亞歷山大八世的姪子們的職位，並於一六九二年六月二十二日頒佈詔書《羅馬宗座應得體》（*Romanum decet ponteficem*），禁止在任教宗的所有親戚接受資產、職務或稅收。若有教宗的家族成員獲任命為樞機團一員，必須基於功績，而且年收入不得超過一萬二千盾。將來出席祕密會議的所有樞機主教和教宗本人都必須向此詔書宣誓。這項禁令在天主教世界各地影響甚深，也有效結束了教廷任人唯親的陋習。[10]

依諾增爵堅稱窮人才是他的親人；他們是繼教會福祉之後，他始終最關心的事。一六九二年，他將老舊的拉特朗大殿改造成臨時收容所，收容至少五千名無家可歸的失業者，一六九三年，他接管里帕大碼頭（Ripa Grande）的聖彌格收容所（Ospizio di S. Michele），這是由依諾增爵十一世的家族創辦的男孤兒院，原本只能容納三十人，委託建築師卡羅・馮塔納（Carlo Fontana）[11]改造後能容納三百名孤兒。這兩棟建築，加上西斯篤五世的收容所和另一間棄嬰收容所，結合成一間聯合宗徒收容所，教宗將這間收容所交給三位樞機主教管理，此後收容所成了他最關心的事，但引來他人抱怨說，他經常為此忘記其他事情。

馮塔納是依諾增爵最喜愛的建築師，依諾增爵在擔任教宗期間委託他許多任務。其中最具有雄心壯志的是完成蒙特奇特利歐宮（Palazzo di Montecitorio）的擴建工程，這項工程是四十五年前由貝尼尼奉依諾增爵十世之命開始，完工後將用作大司法宮（Palais de Justice），終於可將羅馬各仲裁機構和法庭集中在一處。這項工程未按原本規劃進行，否則將負擔不起天文數字的費用，但這座建築至今仍是巴洛克羅馬鼎盛時期的最壯觀例子[12]。馮塔納也為聖伯多祿大殿設計洗禮堂[13]，並在右邊通道設計克莉絲蒂娜女王紀念碑。

依諾增爵堅決反抗的另一個長年弊端是教會職務的買賣。由於此慣例十分有利可圖，因此他面臨多數人反對；但他將自己的開支刪減到極致以彌補損失。接著他將目標轉向奇維塔韋基亞和內圖諾（Nettuno）海港，他拓展這兩座港口以提高穀物貿易。他也將奇維塔韋基亞設為自由港口，資助港口建立宏偉的新水道橋，甚至於一六九六年五月親自造訪這座城市，是一個多世紀以來首位造訪此地的教宗。

教宗最偉大的外交成就是結束路易十四世與教廷之間的五十年僵局。首先他批准國王在一六八二年聖職人員大會上提名的所有主教職位，而這場大會採納了四條高盧信條。為表示回報，路易撤除主教必須支持高盧信條的法蘭西聖職人員宣言，主教們也正式撤回簽署。整體來說，這是令人滿意的和解，唯一嚴重的缺點是信條本身維持不變：在法國大革命前，多數時候法蘭西教會仍無視梵蒂岡的權威。此外無可避免的是，雙方的議和引來帝國的猜忌。依諾增爵已竭盡所能改善與皇帝利奧波德之間的關係，正如他盡力改善與國王路易的關係，並資助利奧波德八萬盾對抗

10 經仔細調查發現，保祿五世的姪子們光是從教廷財務院（Apostolic Camera）就掏走二十六萬盾，烏爾巴諾八世的姪子們掏走一百七十萬盾，依諾增爵十世的是一百四十萬盾，亞歷山大七世的是九十萬盾，克萊孟十世的是一百二十萬盾，亞歷山大八世的是七十萬盾。此外他們更從各種空缺職位收取為數可觀的收入。

11 不是十六世紀的多明尼哥・馮塔納。目前所知，這兩人毫無關係。

12 自一八七一年後用作義大利眾議院（Chamber of Deputies）。

13 巨大的斑岩立面據說取自哈德良陵墓（Mausoleum of Hadrian），後來用於裝飾神聖羅馬帝國皇帝奧圖二世的墳墓。

突厥人。但歷來的帝國駐羅馬大使毫不掩飾敵意和傲慢，似乎特意挑起衝突；此外，法蘭西和帝國之間的激戰使雙方無法成為朋友。一六九七年九月的和平談判締結了《雷斯威克條約》（Treaty of Ryswick）[14]，教廷雖未出席，但得以設法在條約中加入一項條款，在受條約約束的所有新教國家中，羅馬天主教信仰可保持不變。

一六九九年十一月初，八十四歲的教宗病重，此後再未徹底康復，但仍打起精神在慶祝一七〇〇年聖年時公開露面，在奎里納爾宮（Quirinal Palace）[15]的陽臺上為成千上萬朝聖者賜福，甚至造訪各主要教堂。接著在八月一日嚴重舊疾復發，拖了八星期後，於九月二十七日清晨過世。他在擔任教宗九年期間成就頗多：終結任人唯親的陋習、與法蘭西和解。他甚至為西班牙決定未來；儘管他與路易十四立場不同，仍建議沒有子嗣的西班牙國王卡洛斯二世（Charles II）提名路易十四之孫，安茹公爵腓力（Philip, Duke of Anjou）為他的繼承人，而非皇帝利奧波德的小兒子查理（Charles）。一七〇〇年十月三日，依諾增爵過世後僅一星期，卡洛斯二世按他的建議修改遺囑，一個月後過世。

儘管依諾增爵十二世不會知道，但還有一件讓他聲名遠播的事，他在過世一百七十年後被寫入英格蘭文學作品。羅勃特・白朗寧（Robert Browning）的《環與書》（*The Ring and the Book*）的讀者（若有的話），會看到他變成這部冗長故事的十二位敘述者之一。這對於提高他的名聲並無幫助；幸好他的名聲也不需提高。

14 此條約解決了大同盟戰爭（Nine Years War），法蘭西在此戰爭中對抗結成大同盟的帝國、英格蘭、西班牙和聯省共和國（United Provinces，尼德蘭）。

15 自克萊孟八世至一八七〇年（庇護九世），奎里納爾宮是教宗的主要居所。

第二十二章 啟蒙時代（一七〇〇—四八）

十七世紀最後兩位登上聖伯多祿大殿寶座的教宗十分年邁；十八世紀第一位教宗則十分年輕。年僅五十一歲的吉安．法蘭斯科．奧巴尼（Gian Francesco Albani）獲選為教宗，經過長時間猶豫後接受，封號為克萊孟十一世（一七〇〇—二一）。他自一六九〇年擔任樞機主教，深受兩位前任教宗的影響，實際上也是他為依諾增爵起草任人唯親禁令的詔書。由於他的明智、學識和雄辯天賦，他長久以來被認為是教宗的適合人選，但說來古怪，他在獲選前兩個月才被任命為司鐸。

西班牙的卡洛斯二世臨終決定指名安茹的腓力為他的繼承人，此舉引來軒然大波也是意料之中：因為查理是皇帝查理五世的最後一位男性子嗣，而歐洲兩大王朝現在都垂涎並主張西班牙王位。西班牙的腓力三世（一五七八至一六二一年在位）有兩個女兒：長女安妮嫁給法蘭西的路易十三世；次女瑪麗亞嫁給皇帝，奧地利的斐迪南三世。安妮適時生下未來的路易十四世；瑪麗亞生下皇帝利奧波德一世。利奧波德娶了卡洛斯二世的妹妹瑪格麗特；他們的小孫子約瑟夫．斐迪南（Joseph Ferdinand）理所當然繼承哈布斯堡王朝。這情況看來注定會有一場繼承大位之爭。國王卡洛斯於一六九八年立下遺囑，確認約瑟夫．斐迪南為繼承人，繼承之事似乎已經解決；但在一六九九年二月，這位年輕的王子意外得天花過世，不過死因令人難以信服：許多人，包括男孩的父親立刻表明懷疑有人下毒。不論如何，利奧波德的小兒子查理大公（Archduke Charles）此時代表帝國主張西班牙王位。

克萊孟跟他的前任依諾增爵一樣，更屬意安茹的腓力接任西班牙王位。腓力的祖父路易十四或許有其缺點，但無疑是此刻最強大的羅馬天主教支持者。此外，以教廷在義大利的領地來說，西班牙有糟糕的不良紀錄；克萊孟很清楚，相較於西班牙人，由法蘭西人掌控西班牙下轄的拿坡里、米蘭和西西里，教廷的領地會更安全。但他也難以指望皇帝利奧波德和國王路易會支持他，而路易也立刻派年輕的腓力前往馬德里奪取王位，並派一群法蘭西官員陪同，準備接管所有重要政府職位。路易此時沒料到隨後而來的戰爭有多險惡，又會歷時多久，也沒料到為了孫子的王位要付出多大代價。

於是在一七〇一年，教宗克萊孟就任後不到三個月，安茹的腓力以西班牙國王腓力五世的身分被迎入馬德里，而法蘭西軍隊幾乎在同時間佔領西屬尼德蘭。在大家尚未反應過來前，歐洲已掀起了西班牙王位繼承戰爭。

✠

皇帝利奧波德也迅速採取行動。若西班牙從歐洲最弱的君主手中傳到最強大君主手中，還有什麼機會能讓貿易繼續下去？正如教宗所擔憂的，利奧波德決心佔領西班牙在義大利的領土，從米蘭開始進攻，防止其落入法蘭西之手。他與英格蘭和荷蘭結盟。這兩個海洋國家都與西班牙有利潤豐厚的貿易往來；有幾個英格蘭和荷蘭商人定居在加的斯（Cadiz）和西班牙其他港口。在十七世紀大部分時間，雙方一直針鋒相對；但現在他們與皇帝有了共同的目標：阻擋法蘭西人。於是大同盟（Grand Alliance）就此誕生。

至於教宗克萊孟，大家都知道他支持法蘭西，他其實已經致函馬德里恭喜國王腓力，而他提議和解時遭到無視也是意料之中。在爆發戰爭時，他已盡力保持中立，但在利奧波德和腓力皆要求教宗將拿坡里和西西里授予他們時（腓力已在無人反對下宣稱西西里的主權），保持中立一點都不容易。我們若要相信威尼斯大使所說的，那麼教宗擔憂哈布斯堡王朝的權勢和膽大自傲，也擔憂波旁王朝的輕率和傲慢殘暴，更別說他們的高盧信條。優柔寡斷始終是他最大的弱點；現在他躊躇不決，拼命想爭取時間，從而成功抵抗雙方。

半島再次無可避免淪為戰場。先是法蘭西橫掃半島，佔領米蘭；但接著在一七〇六年，帝國的傑出將軍，薩伏伊的尤金親王（Prince Eugene of Savoy）將他們逐出北義大利。一年後，利奧波德的繼任者，約瑟夫一世派奧地利軍隊入侵教宗領土，掌控拿坡里，威脅羅馬。教宗沒有名副其實的軍隊，被迫接受約瑟夫的條件，認可他佔領拿坡里和他弟弟查理大公所主張的西班牙王位，而此舉當然使教廷和西班牙之間的關係嚴重惡化。

接著在一七一一年四月十七日，年僅三十三歲的約瑟夫在維也納過世，這次死因可以肯定是天花，而整個歐洲政局又再次一夜間翻轉。約瑟夫在六年任期間強烈支持查理主張西班牙王位；但查理此時不只是西班牙王位的主張者；也是他哥哥的皇位繼承人。大同盟成立是為了阻止波旁王朝這樣的個別家族變得更強大；若查理繼承皇位（而他確實於隔年獲選繼承皇位），哈布斯堡王朝恐怕只會變得更強大，而他們的統治權會再次像天伯祖查理五世一樣更團結一致。歐洲各強權難免要過了多月後才能接受新局勢；一直到一七一二年元旦，大同盟和法蘭西才開始在荷蘭的烏得勒支協商。

歐洲在歷經十一年的動亂後，這次協商簽訂了《烏得勒支條約》（Treaty of Utrecht），實際上包含一連串條約，法蘭西和西班牙再次藉此規範與鄰國之間的關係。教宗克萊孟一如往常發現自己被忽視。查理將西班牙的主張權讓給腓力，並獲得米蘭和拿坡里。法蘭西和西班牙皆正式承認薩伏伊的維托・阿梅迪奧二世公爵（Duke Victor Amadeus II of Savoy）為西西里國王[1]，而他正是國王腓力的岳父。這些協商完全未向教宗諮詢，就連處置教廷的舊封地帕馬和皮亞琴察，也未經過他同意。

羅馬教廷的政治和外交威望確實在慘跌中；只有在教義方面的事務，他們至少還願意聽一下教宗的意見。他現在最大的煩惱是法蘭西的楊森主義[2]。而楊森主義製造麻煩已經超過半個世紀了，公然反抗路易十四想剷除它而付出的一切努力。近期索邦神學院（Sorbonne）有四十名博士裁定，允許天主教徒聆聽楊森主義的譴責時可以「畢恭畢敬地保持沉默」，此舉再度掀起軒然大波。此事激起國王新一波怒火。國王此時要求教宗克萊孟頒佈詔書，宣稱消極默認是不夠的，而教宗在此前已斥責過那群博士；不論何時何地，只要這令人厭惡的教義再次興起，就必須積極堅決譴責。克萊孟按要求做了，但結果出乎他的意料。此舉立刻在法蘭西引來強烈抗議，由貴族出身的教會人士，巴黎總主教兼樞機主教，路易—安東尼・狄・諾阿耶（Louis-Antoine de Noailles）帶頭將抗議浪潮延燒出楊森主義者的圈子外。路易國王此時的怒火更盛，堅持要教宗再頒佈詔書，要徹底譴責楊森主義。教宗再次按他的要求做了，頒佈知名的詔書《上帝獨子》（*Bull Unigenitus*），譴責楊森派領袖帕斯奎・奎斯奈（Pasquier Quesnel）近期出版的《福音書的道德反思》（*Moral Reflections on the Gospels*）中一百零一條論點，而這本書十分受歡迎。但諾阿耶和另十五位主教斷然拒絕接受此詔書，看來高盧信條仍未消亡，而此僵局一直持續到一七一五年國王過世。

他的曾孫繼承人路易十五世此時只有五歲，交由奧爾良公爵腓力（Philip）攝政。公爵對宗教沒有興趣；他只希望能一勞永逸地解決此問題。他禁止眾人進一步討論具有爭議的詔書，將問題交給教宗解決。克萊孟回以第三道詔書，繼續支持《上帝獨子》，並將所有不服從的人開除教籍。此舉不但引來狄．諾阿耶譴責，也引來幾名主教、法蘭西高等法院（parlements）和索邦神學院等廣泛譴責。此詔書自然獲得攝政王的支持，但爭議仍持續不斷，教廷在法蘭西的名聲原本就已迅速敗壞，此後更是每下愈況，而教宗在長久臥病後於一七二一年三月十九日過世，得年七十一歲，之後爭議仍在延燒。教宗在任二十年間，羅馬遭遇兩次洪災，一七〇三年初一場暴風雨來襲，猛烈程度嚴重到教堂敲起鐘聲。接著發生一連串地震，其中一次震垮了羅馬競技場第二層的三座拱門。

克萊孟十一世具備許多美德，十分虔誠、勤奮、清廉，且慷慨贊助藝術。他戒不了的缺點是優柔寡斷。他天生缺乏領導人才應具備的政治判斷力，繼而無法運用自己的威望帶動外國會眾，更別說按自己的意願行事了。他原本不太願意接受教宗一職，也從未欺騙自己在這職位上有所成就。在他過世前數月，他向姪子，樞機主教安尼巴雷．奧巴尼（Annibale Albani）口述自己的墓誌

1　一七二〇年，他不得不將西西里讓給皇帝，以換取相對不重要的薩丁尼亞島。此後至一八六一年，他的遠房表親維托．艾曼紐二世（Victor Emmanuel II）成了義大利統一後的首位國王，他和其繼任者們也稱為薩丁尼亞國王，但他們繼續在祖先的首都杜林（Turin）統治這座島。

2　請見第二十一章，頁三八一。

銘：「教宗克萊孟十一世，曾先後擔任專職司鐸與此聖殿的詠禮司鐸，擔任教宗……年後於……過世。為他禱告。」

✠

隨著十八世紀持續推進，教廷有個新敵人要對抗的局勢也逐漸明朗起來：這個敵人遠比困擾天主教界一千多年的教義差異更具隱患，即啟蒙時代。對多數教會人士來說，就連異教徒都比懷疑論者、不可知論者（仍有相對較少數人敢於自稱無神論者）或反教權主義者好。

置身於新的知識趨勢中，教廷該採取什麼措施是難以判斷的；但有一件事很清楚，即這股趨勢未打倒教會。克萊孟十一世後的兩位繼任者都十分虔誠，他們都為了教會放棄公爵身分和領地，但兩位任期都不長（於一七二一—四年在位的依諾增爵十三世原本就已患病且過胖，不到三年後過世；於一七二四—三〇年在位的本篤十三世不到六年），對羅馬沒有產生多大影響。依諾增爵確實在解決國外緊張局勢方面有些成就。一七二一年，為討路易十五世的歡心，他晉升放蕩墮落的首席大臣紀堯姆・杜布瓦（Guillaume Dubois）司鐸為樞機主教，隔年授予皇帝查理六世拿坡里和西西里島，而這是克萊孟九世一直拒絕做的事。

依諾增爵的繼任者本篤十三世於一七二四年五月二十九日獲選時已七十六歲，年老昏聵，而且當上教宗並非他所願。他除了禁止聖職人員戴假髮外，也拒絕扮演教宗的角色，並拒絕與查理、路易和西班牙的腓力交涉，而且直接不理會他們；同時過著像堂區司鐸的儉樸生活，睡在奎里納爾宮頂樓一間粉刷成白色的小房間（他後來搬到梵蒂岡）、聆聽告解、探望病人和提供宗教指引。一星期服務十三名窮人用餐數次。他將大部分教宗事務委託給尼可拉・科西亞（Niccolò

Coscia），他是在擔任貝內文托總主教時結識的，並於一七二五年在多人反對下晉升他為樞機主教。這可說是他做過最損失慘重的決定。科西亞十分卑劣貪腐，一心只為了提升自己的財勢，販賣教會職務，接受賄賂，任命貝內文托的親信擔任教廷職務，掏空教廷金庫。同時本篤接受他的所有建議，毫不質疑，也毫無異議。克萊孟十一世已正式廢除任人唯親；但套句近期一位歷史學家[3]所說，此時教會「雖未任用親人，但仍有任人唯親的惡行」。

本篤一貫在錯誤的時間和場合堅持己見。有個例子可證明他這個傾向，葡萄牙的約翰五世主張與其他幾個朝廷一樣，也有權為樞機團提名人選時，教宗拒絕了，於是約翰斷絕外交關係，召回教宗領地的所有葡萄牙居民，禁止所有人與教廷交流，甚至想阻止從葡萄牙送捐獻到羅馬。

由於尼可拉．科西亞的貪婪，加上他的上司天真地輕信於他，教廷為此受盡苦難，不僅是在財務方面，政治威望也是。教宗因過於年邁而無法學習治國之道，也因過於單純而未看清他所信任之人有多腐敗和表裡不一。他於一七三〇年二月二十一日壽終正寢，而且離開的正是時候。

但就在本篤入土為安之際，羅馬人民怨聲沸騰。他們雖愛戴這位老教宗，但也憎恨科西亞和他的貝內文托親信。在梵蒂岡的生活過得遠比教宗更舒適奢華的科西亞在逃跑時未被人認出（讓人用擔架抬出），他躲到友人馬奇斯．阿巴提（Marchese Abbati）位於科爾索大道的房子；但他很快被人找到。該房子被人包圍，而且幾乎被破壞殆盡。不久後，這位令人厭惡的樞機主教被捕並接受審訊。他設法拖延審訊程序，但在一七三三年四月，他被判處開除教籍，在聖天使城堡監禁十

3 達菲，《聖徒與罪人》。

年，罰款十萬盾。這是史上對樞機團成員做出最嚴厲的判決之一，但無人有異議。

✠

接替老態龍鍾的本篤十三世的教宗只比他年輕三歲。教宗克萊孟十二世（一七三〇—四〇）本名洛倫佐．科西尼（Cardinal Lorenzo Corsini），是富裕的佛羅倫斯人，此時已七十九歲，正如他的多位前任，他深受痛風之苦[4]。他是學識豐富的學者，昔日擔任樞機主教時，在納沃納廣場的潘費里宮擁有卓越的畫廊；但在他就任教宗的兩年內，他的視力模糊到簽名時必須請人把他的手扶到簽名處；一七三六年八月時，帝國大使哈拉赫伯爵（Harrach）記述道：「他以前記憶力驚人，現在幾乎已完全喪失，他的臉色如此蒼白，恐怕會在這季節結束之際離世。」

另一方面，教宗克萊孟尚未失去青春活力，他也絕非毫無用處。他在反抗科西亞方面態度堅決果斷；為了決心挽救教廷財務，他重啟本篤十三世禁止的國家彩券，批准發行紙幣。他也在安科納建立自由港口，將本篤一些較過於慷慨的措施取消。儘管這些方法都證實有益，但仍未減輕沉重的債務。

此外，教廷的國際威望也隨著財務狀況持續衰退。帕馬和皮亞琴察公爵安東尼歐．弗朗西斯科．法爾內塞（Antonio Francesco Farnese）在一七三一年過世時因沒有子嗣，查理六世再次主張公爵領地的主權，而且直接無視克萊孟的抗議。一年後，主權讓渡到西班牙的腓力五世之子，唐．卡洛斯（Don Carlos）和他那難以對付、來自義大利的王后伊莉莎白．法爾內塞（Elizabeth Farnese）[5]身上時，他也同樣無能為力。一七三二年，由於唐．卡洛斯的母親是義大利人而非西班牙人，卡洛斯得以正式受封為帕馬公爵和托斯卡尼大公（Grand Prince of Tuscany）。同一年稍晚，教廷大使被逐出威尼斯。一七三三年，法蘭西人封鎖了仍屬於教廷管控的亞維儂。一七三四年春天，無助焦慮的教宗只能眼睜睜看著唐・卡洛斯在路易十五的支持下，行經教宗國往南進軍，耀武揚威地進入拿坡里；暮秋時，儘管遭到墨西拿、特拉帕尼和敘拉古堡壘的抵抗，他仍佔領了西西里。一七三五年，這位公爵將帕馬讓給帝國，以換取拿坡里國王的稱號；一七三六年，西班牙和拿坡里皆與教廷斷絕外交關係。為挽回他們，克萊孟不得不無條件將拿坡里王國授予唐・卡洛斯。

同時教宗的健康狀況越發令人擔憂，此時因疝氣和膀胱問題而更痛苦。一七四〇年一月二十八日，他要求舉行臨終聖禮，於二月六日過世，得年八十八歲。鑑於他所受的苦，他一直到臨終前所展現的精力仍相當驚人，儘管有這麼多外交措施失敗，但責任不在於他；他只是時不我予。由於他家族的財富和彩券的收益，羅馬在他過世後比他剛上任時更富麗堂皇，他在卡比托利歐山興建一座古董雕像博物館（歐洲第一座公共古董博物館），為聖若望拉特朗大殿建造新立面，興建華麗的科西尼聖堂（Corsini Chapel），這兩項都是亞歷山卓・伽利略（Alessandro Galilei）的作品，他也規劃翠維廣場（Piazza di Trevi），委託尼可拉・薩維（Nicola Salvi）打造輝煌的特雷維噴泉（Trevi

4 確實有很多位教宗被記載患有「痛風」，讓人不禁疑惑，痛風一詞在當時是否為混成詞，包含風濕、關節炎等其他多種疾病的意思。

5 伊莉莎白是基於正當理由主張權利，該公爵領地自一五四五年授予保祿三世的私生子皮耶路易吉以來，一直在法爾內塞家族手中（請見第二十章，頁三五〇）。

Fountain）[6]。他也擴大梵蒂岡圖書館，大量增加館藏，包括二百個伊特魯里亞花瓶、逾三百個古董徽章。對一個八十多歲的人來說，這是了不起的成績。

✠

克萊孟十二世過世後的祕密會議歷時逾六個月，是自大分裂以來最久的一次。最後的折衷人選完全出乎意料，是波隆那人帕斯洛・羅倫佐・蘭伯提尼（Prospero Lorenzo Lambertini）。據說他在祕密會議最後數日開玩笑說道：「你們要是想找聖人，選高迪（Gotti）；你們要是想找政治家，選阿多瓦迪（Aldovrandi）；你們要是想找好伙伴，選我。」看來樞機主教們想找好伙伴；蘭伯提尼正式獲選，為紀念晉升他為樞機主教的教宗而採用封號本篤十四世（一七四〇－五八）。後來證實他是值得等待的人選。他是博學的神學家和教會法學家，他所寫的著作至今仍是關於封聖的權威，他也為人和藹可親、機智幽默。他最喜歡在羅馬四處閒逛，與路人閒談；拿坡里國王於一七四四年造訪羅馬時，教宗不在奎里納爾宮接待他，而是在鄰近的咖啡館，正符合他的作風。[7]

但在本篤隨和的魅力下，隱藏著嚴謹和勤勉不懈的性格。他深知自己的任務是要挽回教廷的尊嚴和影響力，設法讓教廷繼續在十八世紀生存。但在他上任僅兩個月，就出現第一個、也是最嚴重的危機：皇帝查理六世於一七四〇年十月過世。此前查理已向歐洲主要強權取得鄭重保證，會尊重他二十三歲的女兒瑪麗亞・泰瑞莎（Maria Theresa）繼承他的君主政權，就算未繼承帝國。教廷與威尼斯共和國、英格蘭和荷蘭都已同意；路易十五世雖不願承諾，但一直表現出友好可靠的態度，而新上任的普魯士國王腓特烈二世（King of Prussia, Frederick II，史稱「大帝」，the Great）不但堅定承認她的繼承權，甚至必要時會提供軍事協助。他所言很快證實是謊言；但瑪麗亞・泰瑞莎要到兩個月後才知道，一七四〇年十二月十六日，普魯士派一支三萬人軍隊侵略帝國省分西利西亞（Silesia）。奧地利王位繼承之戰就此展開。

查理還屍骨未寒，伊莉莎白．法爾內塞便強迫她那唯唯諾諾的丈夫腓力五世主張哈布斯堡的所有世襲財產。他們的理由不太站得住腳，而她也心知肚明。一如往常，她真正想要的是義大利省分，而且她有一個寶貴盟友：她的兒子唐．卡洛斯，此時是拿坡里國王卡洛斯（King Charles of Naples）。數星期內一支西班牙軍隊翻越庇里牛斯山，在路易國王的支持下，經由隆格多克和普羅旺斯進軍；同時西班牙的蒙特瑪公爵（Duke of Montemar）更率一支分艦隊駛往奧貝泰洛（Orbetello，現今的埃爾科萊港〔Porto Ercole〕附近），與拿坡里的軍隊會合。此時薩丁尼亞的國王卡洛．埃曼努埃萊（King Charles Emmanuel）[8]與瑪麗亞．泰瑞莎共患難，於是奧地利和薩丁尼亞與法蘭西和西班牙的兩個波旁王國對抗。他們也有其他盟友：一七四二年八月，六十六歲的英國艦隊司令湯瑪斯．馬修斯（Thomas Matthews）率海軍分遣艦隊出現在拿坡里岸邊，威脅轟炸城市，除非國王卡洛斯立刻退出波旁聯盟。這個威脅十分有效；馬修斯接著轉而對抗法蘭西和西班牙的分遣艦隊，將他們逐回土倫港（Toulon），從而切斷拿坡里與西班牙之間的所有海軍連繫。

6 噴泉於一七三二年開始施工，一七五一年後由朱賽．帕尼尼（Giuseppe Pannini）完工，克萊孟十三世於一七六二年啟用。

7 帕尼尼根據此事繪製一幅迷人的畫作，現存放在拿坡里的卡波迪蒙提博物館（Capodimonte Museum）。

8 請見頁三九六。

這段期間，教廷的態度尚不確定。儘管先前教廷保證過，但教宗拖到一七四〇年底才正式承認瑪麗亞・泰瑞莎的世襲繼承權。另一方面，帝國皇帝仍待選出。有兩位明顯的人選：瑪麗亞・泰瑞莎的丈夫，洛林的法蘭茲（Francis of Lorraine），以及選帝侯，巴伐利亞的查理・阿勒貝（Elector Charles Albert of Bavaria）。本篤私下支持查理・阿勒貝；由於法蘭茲原本已是托斯卡尼大公[9]，他若獲選為皇帝，等於是將帝國的威脅引到教宗門前。本篤謹慎向法蘭克福（皇帝選舉就在這裡舉行）的教廷使節下達指示，千萬不要表態，只鼓勵選出願意保護教會利益的人選。

一七四二年一月二十四日，查理・阿勒貝以全票當選為皇帝查理七世，三星期後加冕，本篤立刻承認他的皇位。瑪麗亞・泰瑞莎則立刻宣布選舉無效，並派一支軍隊前往巴伐利亞，展現出即將讓她聲名大噪的氣魄。二月十三日，軍隊進入慕尼黑，八月時，這位憤怒的女王宣布扣押奧地利教會所有有俸聖職。此時教宗國也被西班牙、法蘭西和拿坡里佔領。本篤十四世的任期才剛開始就不順遂。

新皇帝查理七世於一七四五年一月二十日因急病過世，此時距離他就任仍不到三年，但這對大部分人來說是如釋重負，尤其是教宗，對他而言，這位新皇帝一直令他大失所望。這次他的繼任者幾乎沒什麼爭議，托斯卡尼大公於十月正式加冕為法蘭茲一世（Francis I）。儘管法蘭茲承受來自法蘭西和西班牙的強大壓力，自己也多有疑慮，但教宗仍承認他的皇位。現在還有懸而未決的問題需要解決，約一年後法蘭茲才會正式服從；但當時雙方關係的恢復之路已逐漸明朗，並正式互派外交代表。

歷經八年的戰爭終於結束，並於一七四八年簽訂《愛克斯・拉夏貝爾和約》（Treaty of Aix-la-

Chapelle，又稱「第二亞琛和約」），而唯一真正的贏家是普魯士的腓特烈，也是他先掀起這場戰爭的。卡洛．埃曼努埃萊保留薩伏依和尼斯（Nice）；帕馬和皮亞琴察公爵領地在隸屬帝國十二年後，交托給卡洛斯三世的弟弟，波旁的菲利波（Philip of Bourbon），於是他建立波旁－帕馬王朝（House of Bourbon-Parme），至今仍存在。瑪麗亞．泰瑞莎的丈夫獲正式認可為皇帝法蘭茲一世。對許多人來說，奧地利王位繼承之戰實在不值得一戰。

9 他在一七三六年應皇帝要求接受托斯卡尼，以交換他的前洛林公爵領地，而皇帝希望賠償失去王國的前波蘭國王斯坦尼斯拉斯．列辛斯基（Stanislas Leszczinski，路易十五世的岳父）。

第二十三章 耶穌會與法國大革命（一七五〇—一七九九）

但在戰爭期間和之後，教宗本篤花大把時間與歐洲各強權進行外交協商。秉著調解的本意，為了換取良好關係與順利運作教會機器，他不害怕做出實質讓步。他甚至與西班牙協商到將約一萬二千個教會職務轉讓給國王，只留下五十二個。教廷感到震驚；本篤只指出，反正國王斐迪南肯定會霸佔，而且透過協商他可以獲得一百三十萬盾補償金。

教宗將注意力轉往葡萄牙——而雙方是在本篤十三世時代斷絕外交關係[1]——他願意答應國王約翰的所有要求，甚至授予他「最忠貞」（Fidelissimus，Most Faithful）的頭銜。但約翰在一七五〇年過世後，這國家開始讓他嚴重焦慮，加上賽巴斯丁·德·卡瓦洛·梅洛（Sebastian de Carvalho e Mello）於同年崛起，他以龐巴爾侯爵（Marquis of Pombal）的稱號更廣為人知。由於新國王若澤一世（Joseph I）是好享樂且無足輕重之人，龐巴爾很快成了王國中最有權勢者，也是最令人聞風喪膽之人，以致於在一七五九年，駐里斯本教廷大使寫道，他是有史以來最專橫的大臣，不只在葡萄牙，而是整個歐洲。龐巴爾認為，他知道怎麼做對自己的國家最好（而事實上他幾乎是大錯特錯），不容任何人反對他：表達反對意見或阻止他的人都被監禁或處死。他討厭教會是意料之中，他竭盡所能想控制教會，其中他特別討厭最活躍的耶穌會。

1 請見第二十二章，頁三九九。

多年來耶穌會已越來越不得民心。耶穌會創於一五三四年，原本是謙遜的傳教修會，現在成了精明傲慢、渴望權力且野心勃勃的龐大組織，沉浸於在國際間行使陰謀詭計，行動完全不擇手段。多年來他們一直被楊森派的宣傳冊執筆者嘲笑；布萊思．巴斯卡（Blaise Pascal）在他的《致外地人書》（*Lettres provinciales*）中抨擊他們是無恥的偽君子。每次有暴行和惡行事件發生時，他們都會遭到責難。不論是法蘭西的亨利三世和亨利四世遭暗殺，或英格蘭的女王伊莉莎白和詹姆士一世遭暗殺未遂，眾人都會質疑還能是誰主導的？英國內戰難道不是耶穌會行使陰謀造成的結果嗎？

耶穌會在葡萄牙的宮廷有五位聽告解神父，並幾乎壟斷大學和學校。耶穌會的權勢必須打破，而龐巴爾也決心打破。一七五五年（里斯本發生大地震這年），耶穌會一名會士因宣講一場不忠誠的佈道而被驅逐，儘管其實聆聽的人都沒注意到國王所反對的內容。兩年後，王室的耶穌會告解神父被強行驅逐，隔天所有耶穌會會士被禁止進出宮廷，他們的名字也從主教座堂的傳教士名單中刪除。龐巴爾告訴大使，此舉主要原因是耶穌會傳教士被指控在殖民地的西屬巴拉圭和葡屬巴西煽動印第安人叛亂。差不多在此時，葡萄牙駐羅馬特使強烈暗示教宗本篤，他若不對耶穌會採取堅決措施，國王若澤會將整個耶穌會逐出他的王國。

教宗的本能反應總是順應時勢。他不願得罪國王，但他厭惡龐巴爾的態度，因為龐巴爾要求教宗接受他所指責的事實，不得質疑。他禮貌性回應道，他會指派一位樞機主教調查所指控之事，並按調查報告考量適當的處理方式。一七五八年四月一日，就在他過世前一個月，他正式任名葡萄牙樞機主教弗蘭西斯科．薩達納（Francesco Saldanha）為葡萄牙耶穌會的改革和視察專使。

本篤與普魯士交涉時，藉由承認新教徒腓特烈二世的國王身分替自己掃除障礙，而這是教廷之前否認的頭銜，此外他的天主教徒臣民數量因腓特烈二世佔領西利西亞而大量增加；另一方面，教宗斷然拒絕讓他將布雷斯勞（Breslau）的樞機主教職位，即他領土內所有天主教徒的副主教（Vicar-General）轉移到柏林，儘管國王保證會將那裡的天主教小聖堂提升為主教座堂的地位。教宗明白此舉結果等於是在建立普魯士國教會，實際上從羅馬獨立出來，這是他不會接受的。

另一個嚴重問題是他所繼承的沉重債務。他在每個行政部門厲行節約，但在外國軍隊的掠劫下相互抵銷；債務依然沉重不堪。他在教會法典和禮拜儀式改革方面則較為有成效。異族通婚得以合法化；與羅馬有往來且實行東方禮的基督徒獲得正式保證可繼續以傳統形式禮拜，例如黎巴嫩和中東其他合一教會（uniate Churches）的馬龍教派（Maronites）。他指示禁書審定院（Congregation of the Index，實際上是教廷審查院，papal Board of Censorship）避免過度狂熱，盡可能開明寬鬆地解釋訓令。然而共濟會（Freemasonry）和教宗公開承認欣賞的伏爾泰[2]著作仍列為禁書。

正如所料，本篤十四世是藝術和科學的熱情贊助人。與前任不同的是，他並非富人出身；他不興建宏偉的紀念建築。不過他仍設法在羅馬大學設數學、化學和物理學的教授職位，在波隆那大學設立解剖學研究所和外科手術教授職位；他為梵蒂岡圖書館和卡比托利歐博物館（Capitoline Museum）增加大量藏書。在他最後十年的幸福和平的任期間，羅馬成為天主教歐洲的宗教和知識之都，這主要也歸功於他：約翰・約哈希姆・溫克爾曼（Johann Joachim Winckelmann）就是在這樣的

2 伏爾泰甚至撰寫悲劇《穆罕默德》（*Mahomet*）獻給教宗本篤。

羅馬創立了藝術史；這樣的羅馬也在數年後啟發了愛德華・吉朋。與吉朋同時代的霍勒斯・沃波爾（Horace Walpole）對本篤做的總結十分精確：「毫無傲慢或私利的司鐸，毫無親信的王侯，毫無任人唯親的教宗」。他深受羅馬會眾愛戴，他在一七五八年五月三日過世時，整個羅馬都為他服喪。

✠

「誰能想到呢？」樞機主教卡洛・德拉・多瑞・瑞瑟尼科（Carlo della Torre Rezzonico）在得知自己獲選為教宗時寫信給兄弟：「在上帝和世人面前，我深感困惑……你知道我的缺點；若其他人也知道，便不會如此行事。」他的母親得知消息時震驚而亡。

瑞瑟尼科採用封號為克萊孟十三世（一七五八—六九），以紀念同一封號的教宗晉升他為主教。瑞瑟尼科出身威尼斯的富裕家族，他的家族在約七十年前買得貴族身分。十分熟識他的耶穌會歷史學家朱利歐・切薩雷・柯達拉（Giulio Cesare Cordara）寫道：

> 他具備親王和教宗的所有美德。他天性仁慈、慷慨、公正、誠實，厭惡一切欺瞞和誇大言行。他的思想敏捷、堅忍不拔、勤奮不懈。人們很容易就對他心悅誠服；他的談話親切有度；他生性不驕傲，也不鄙視他人。儘管他命中注定地位崇高，但他仍明顯保有謙遜溫厚的性格。

克萊孟缺乏的是自信，他因過分害羞膽怯而無法自行做決定。因此他越來越仰賴教廷國務卿，樞機主教魯吉・杜里賈尼（Luigi Torrigiani），而十分推崇耶穌會的杜里賈尼在教宗遇到危機時深深影響他的處理態度。

耶穌會的問題為克萊孟的整個教宗之路蒙上陰影。在他就任之時，主要戰場仍是葡萄牙，龐巴爾侯爵在葡萄牙的迫害行動與日俱增。本篤十四世選擇薩達納為調查員是損失慘重的錯誤。薩達納是龐巴爾的遠親，他能事業有成都是因為龐巴爾，也對龐巴爾言聽計從。一七五八年六月五日，在他獲任命後不到一個月，他發佈一項裁決，宣布他已瞭解耶穌會在歐洲、亞洲、非洲和美洲所持有並受到葡萄牙保護的所有學院、住所、修道所和會院，都有可恥的商業交易。耶穌會遭到開除教籍，禁止所有貿易，並交出所有帳簿。兩天後，耶穌會正式停止講道和聆聽告解。

葡萄牙人的反應，不論是貴族或百姓都感到恐懼。仍在進行祕密會議的羅馬也是情況大致相同。里斯本的教廷大使接獲指示，通知薩達納他的裁決相當優秀，只是有一點疏漏：證據。若沒有證據，這裁決只不過是毀謗。教廷更評論道，儘管這位樞機主教的調查是在五月三十一日正式開始，但這份裁決於四天前的二十七日就已印製好。至於耶穌會遭到停權，大使指出此裁決完全不合規定；耶穌會有些成員可以被停權，但不應整個修會都被停權。後來查明里斯本宗主教是在受脅迫下簽署裁決書。裁決書發佈後，他躲到鄉下的隱居處；一個月後過世。

而這一切只是剛開始。九月三日晚上，國王若澤遇刺。主使者幾乎可肯定是一群不滿的貴族，其中十二人遭公開處決；但很快有謠言傳出，這起刺殺未遂事件是由耶穌會煽動，讓龐巴爾獲得等待已久的完美藉口。里斯本的七個耶穌會機構遭到包圍和搜查，一七五九年二月五日，機構裡所有物品遭到扣押，包括食物；沒有任何虔誠的捐助人同情他們，神父們淪為乞丐。四月二十日，此時已康復的國王致函教宗克萊孟，重申對耶穌會的指控，並通知教宗，他已將耶穌會逐出葡萄牙。教宗雖抗議但無用。不久後，教廷大使也遭到驅離，這是雙方三十年來第二次斷絕外交關係。

此時反耶穌會的熱潮延燒到法蘭西。法蘭西在這五十年來出現伏爾泰、盧梭、狄德羅（Diderot）和他主編的百科全書，一直是歐洲反宗教思想的中心。伏爾泰寫給腓特烈大帝：「只要世上有流氓和傻瓜，就會有宗教。而我們的宗教無疑是世上最可笑、荒謬且殘忍的。」教廷遭到憎恨，耶穌會又是教廷的最大發聲擁護者。他們實際上也壟斷教育，在哲學家（或法蘭西自由思想家）心中，他們是反動和蒙昧主義的主要堡壘。也難怪許多法蘭西人支持龐巴爾對付他們的行動。總之，法蘭西成了火絨盒；諷刺的是，點燃火絨盒熔線的是耶穌會神父：安東・拉瓦雷（Antoine Lavalette）。

拉瓦雷神父是耶穌會在馬提尼克島（Martinique）執行傳教工作的代表，他在一七五三年成為西印度群島所有耶穌會聚落的宗座監牧（Apostolic Prefect）。但他除了是神父，也是商人，也在鄰近的多米尼克島（Dominica）經營大片農場，雇用約五百名奴隸，將他們辛苦生產的農作物運回法蘭西。若不是發生七年戰爭（一七五六—六三），英國與法蘭西敵對，一切可能會如此順利進行下去。拉瓦雷的兩艘寶貴船貨在波爾多外被英國人扣押，使他欠下一百五十萬里弗爾債務。巴黎高等法院宣判耶穌會需承擔責任，更宣布沒收其資產，在完成法規審查期間禁止修會下達指示或接收新信友。法蘭西政府建議修會應由獨立於羅馬的特別副總會長管理，但教宗立刻否決此建議，他說：「讓他們保持原狀，不然就終結他們。」這項指令以拉丁語表達會更簡潔有力：「留著他們，不然就不留。（*Sint ut sunt aut non sint*）」法蘭西政府選擇後者，一七六四年十二月一日，王室頒佈裁決，廢除耶穌會，將他們逐出法蘭西。

✠

現在輪到西班牙了。卡洛斯國王在精神失常的同父異母哥哥斐迪南國王過世後，於一七五九年從拿坡里返回。儘管西班牙遠比鄰國法蘭西更傾向於天主教，但因受到啟蒙時代的影響，多數人將普遍落後的因素歸於教會的影響。巴拉圭動亂一事，耶穌會尤其受到指責，正如他們在葡萄牙遭到指責那樣，而他們仍持續否認所有指責。他們又因為被指控未參與的罪行而第三次遭到驅逐。

一七六六年三月十日，馬德里頒佈一項法令，在西班牙的皇家城鎮、大學城鎮和省會城市禁止穿戴傳統的垂地斗篷和寬邊帽，反而規定男子戴法式短假髮和三角船型帽。據說這種遭禁止的穿著是非西班牙式，會讓罪犯隱藏面容，無法辨認。兩星期後在棕枝主日爆發了嚴重動亂，稱為「帽子斗篷暴動」，主要針對財政大臣史奎拉奇（Squillace）；耶穌會未參與其中，但又再次遭到指責。一七六七年二月二十七日，卡洛斯三世將他們逐出西班牙和所有西屬海外領土。同年十一月，他們也被逐出拿坡里和西西里，一七六八年被逐出馬爾他島（此時仍在醫院騎士團手中），以及帕馬和皮亞琴察公爵領地，其公爵費迪南多（Duke Ferdinand）是卡洛斯三世的姪子。

雖然這公爵領地是為教宗保祿三世的私生子設立的封地，但長久以來教廷在歷史上的宗主權已不再受到承認。不過繼任的教宗們仍持續主張宗主權。一七六五年腓力的十五歲兒子斐迪南繼承他的公爵領地時，克萊孟十三世再度重申。但帕馬公爵，或更準確來說是公爵的首席大臣，費里諾侯爵（Marquis of Felino）吉尤・杜・提洛（Guillaume du Tillot）一心想尋釁開戰。斐迪南繼位後數月內便發佈一項法律，向教會產業徵收大筆稅金，一七六八年一月再次頒佈一項法律，禁止將爭端交付羅馬裁決，且教會頒佈任何法令前需經過公爵批准。這對克萊孟來說難以接受，他立刻召集樞機主教和主教集會，考慮做出適當回覆。他們的商議結果是發佈宗座簡函，重申教廷對公爵領地的采邑主權，並宣布帕馬的所有反教權法律皆無效。根據古老的傳統，每年濯足節星期四（Maundy Thursday）都會宣讀詔書《在主的最後晚餐》（*In coena Domini*），其中包含因信仰或道德因素而被開除教籍的名單，而克萊孟再將那兩項法律的制訂者列入名單。

這正是杜・提洛需要的藉口。不僅是帕馬，還有法蘭西、西班牙和拿坡里三大波旁君主國皆勃然大怒。他們堅稱，教宗對公爵領地發佈禁令，等於是對他們發佈禁令；而克萊孟已赦免他們的臣民順從君主的義務。拿坡里的首席大臣伯納多・塔努奇（Bernardo Tanucci）甚至建議剝奪他的所有世俗財產。法蘭西外交大臣，舒瓦瑟爾公爵（Duc de Choiseul）徹底放棄外交辭令：

> 教宗十分愚蠢，他的聖職人員更是愚蠢至極。這不僅是在污辱帕馬公爵，甚至整個波旁王朝。這是報復之舉，這是在報復驅逐耶穌會的君主們。這令人厭惡的行徑只是第一步，若是容忍，那麼由不知節制者領導的羅馬教廷將肆無忌憚。諸王和家族聯盟（Family Compact）秉持尊嚴強烈要求，不允許此王朝有任何親王受到有恃無恐的羞辱。

他認為解決此危機的最佳方式，是由法蘭西、西班牙和拿坡里的波旁王朝向教宗發出聯合備忘錄，針對教宗向帕馬公爵所寫的無禮又不公的簡函表達驚愕之意。教廷此時必須正式撤回簡函。若教宗拒絕，在他任期內的外交關係將從此斷絕。可想而知克萊孟拒絕了，一七六八年六月，一支法蘭西軍隊再度佔領亞維儂和維奈桑，以及拿坡里的貝內文托，此地自十一世紀以來就是教廷封地。

同時還有一個問題一直懸而未決：那些不幸的出走的會士將如何處置？一般猜測他們都被安置在羅馬，但樞機主教特別召開集會，以六比二多數票決定，拒絕讓他們進入羅馬。這群流亡者人數多達數千人；耶穌會的會院沒有多餘的空間容納，也沒有多餘資金供他們到其他地方住宿。他們設法將約三千名西班牙耶穌會會士移到科西嘉島，結果此舉證實是一場災難。近四十年來這座島一直在反抗熱那亞封建領主，四處都在爭戰；當地居民已是糧食不足。而新抵達的會士甚至有一個多月時間未獲准下船，然後他們不得不在農民的一片怨聲載道中設法自己覓食，甚至經常與他們公開敵對。五個月內已有十六名卡斯提爾省的會士死亡。

接著在一七六八年五月十五日，法蘭西買下科西嘉島。路易國王四年前才將所有耶穌會會士驅離自己的領土，當然不願意讓他們繼續在他新買的島上橫行。他們再度被召集登上法蘭西的船隻，被送到熱那亞和拉斯佩齊亞之間的塞斯特里萊萬泰（Sestri Levante），希望他們再從那裡一小群一小群地慢慢悄悄地前往教宗國。但在他們登上義大利土地那一刻，大家對他們的態度變了。看到這群成百上千無家可歸、身無分文的神父衣衫襤褸、憔悴消瘦且身心俱疲，漫無目的地徘徊，較有同情心的義大利人感到驚恐。克萊孟無法再將他們拒之門外。他們終於獲准進入教廷領地，但未經耶穌會會長特許仍禁止進入羅馬。

但波旁強權絲毫不憐憫他們。唯有普遍鎮壓耶穌會才能令他們滿意；一七六九年一月十六日星期一，西班牙駐羅馬大使代表其政府向教宗傳遞書信。克萊孟將信收下，賜福大使並將他打發走後才打開信函，接下來兩天他取消所有人覲見。這場打擊和羞辱對他來說難以承受，從此他再也沒有康復。他原定於二月三日召開樞機主教特殊會議，但在前一晚心臟病發作，早上時過世。

克萊孟因耶穌會而對波旁王朝怨恨難平，以致於教宗生涯深受其害而悽慘可悲，但耶穌會之事也難怪罪於他。不過以威尼斯人來說，他毫無創造力，思想出乎意料地狹隘[3]。他若能更有自信、更果決，或許會是更優秀的教宗，會更有能力保護耶穌會，但即便如此，他或許也改變不了多少情況。這只能歸咎於時代；啟蒙時代不適合教宗，正如教宗不適合啟蒙時代。教廷已失去聲望，也失去了權勢。基督教歐洲頂多不過是表面上的基督徒。

✠

克萊孟十三世為拯救耶穌會而戰死；克萊孟十四世（一七六九—一七七四）則是扼殺耶穌會。羅蘭索・甘根諾（Lorenzo Ganganelli）是方濟各會會士，出身卑微，諷刺的是，他在一七四三年為耶穌會創辦人聖伊尼修斯・羅耀拉寫過一本書。祕密會議經過三個半月的討論後選他為教宗，而這場會議一開始便以耶穌會問題為主軸，特別的是，期間奧地利的約瑟夫二世來拜訪過。約瑟夫是在父親法蘭索瓦一世過世後繼承皇位，但沒什麼實權，是他在世的母親瑪麗亞・泰瑞莎手握大權。他在回答禮貌性的提問時表示，他認為她會因過於虔誠而不至於鎮壓耶穌會；但也不會反對鎮壓，整體來說樂見鎮壓。他本人的看法也大致一樣。

祕密會議一開始就明白，任何人選一旦公開支持耶穌會，將受到天主教強權國家代理人的樞機否決；另一方面，若曾因承諾廢除耶穌會而獲選，則帶有買賣聖職的味道。於是甘根諾小心翼翼採取中間路線。他只讓大家認為，他將徹底鎮壓耶穌會視為可能的選項，如此而已。他或許對鎮壓與否都沒有強烈立場；但他有野心，並決心為自己的利益而默默地打耶穌會這張牌——一定要默不作聲。一七六九年五月十九日，他獲選為教宗，時年六十四歲。

克萊孟十四世具備許多令人欽佩的特質。他十分聰慧、友善、謙虛、清廉，且很有幽默感。一七六九年十一月二十六日，他參與進駐遊行，這是進駐拉特朗大殿儀式前的盛大遊行，他的馬甚至被廣大群眾的歡呼聲嚇到躍起而將他甩落。他後來評論道，他原本希望以聖伯多祿之姿遊行至卡比托利歐山，卻像聖保祿一樣落馬。不幸的是，他因缺乏政治經驗而陷入困境：他從未離開過義大利，也從未到國外擔任外交職務。或許是這種劣勢削弱他的信心。某位熟知他的當代佚名人士說道：

……他缺乏勇氣和恆心；他優柔寡斷到令人難以置信。他用花言巧語和承諾欺騙人民，編織羅網迷惑人民。他先是向人民承諾全世界，但接著故意刁難，以羅馬人一貫作風拒絕實現承諾……想尋求幫助的人應在第一次覲見他時就極力爭取到。

樞機主教兼法蘭西駐羅馬大使狄貝尼斯（de Bernis）寫道：

3 他延續保祿五世的工作，下令用塗料覆蓋教廷裡較前衛的藝術品，包括西斯汀小聖堂的壁畫。

克萊孟十四世雖聰明，但他的知識僅限於神學、教會歷史和宮廷生活的一些軼事。他對政治一無所知，比起掌握政治，他更喜愛遮掩；他喜歡親密友好的往來，在來往過程中他會透露內心想法。他的態度和藹可親。他想迎合大家的心意，十分害怕氣氛不愉快。他想鼓起勇氣卻徒勞無用；他生性膽怯。他在政治方面更常表現友好而非堅決；在教會財政方面，他整頓秩序並節約。他儉樸積極，儘管效率不佳。他個性開朗，只想與大家和平相處和長壽。

喜愛遮掩的個性為他與樞機團之間造成嚴重問題。他從不信任他的樞機主教們，甚至從未向他們諮詢意見。他們開始抱怨，而抱怨未獲重視時，便自行處理事務，抵制教會的大型儀式，讓教宗獨自主持儀式。此外，克萊孟習慣讓低階的人跟在自己身邊，此舉嚴重傷害他與羅馬貴族之間的關係，以致於他在上任僅四個月後，他們便拒絕按慣例出席儀式。特別令他們惱火的還有教宗的私人祕書和親信，即同樣身為方濟各會士的邦泰皮（Bontempi），他來自佩沙洛，是廚師的兒子。比起教廷國務卿兼樞機主教歐皮奇歐．帕拉弗奇尼（Opizio Pallavicini），他更願意向邦泰皮吐露內心的想法和祕密。

由於教宗一心希望調解，因此一上任便立刻與葡萄牙和波旁強權展開商討。葡萄牙較容易應付。經過十年的斷絕關係後，葡萄牙上下，包括國王都由衷希望結束爭執，除了龐巴爾；但在克萊孟確認他的所有主教提名人，並晉升他的兄弟為樞機主教後，就連這位令人畏懼的侯爵也態度軟化了。接著在一七七〇年，教宗再採取一重大措施。他停止一年一度宣讀詔書《在主的最後晚餐》，此詔書兩年前將帕馬列入，促使波旁王朝下最後通牒——於是自十三世紀初以來的詔書宣讀傳統就此結束。

這類姿態確實改善了雙方關係；但克萊孟仍不斷承受著壓力，也深知若不徹底解散耶穌會，這裂痕是永遠無法彌補的。他盡量拖延；但隨後在一七七三年傳來波旁各強權準備攤牌的消息，而此舉肯定會導致關係徹底破裂，相當於歐洲最強大的天主教國家脫離教廷的權勢。奧地利的哈布斯堡王朝仍有些疑慮，因為瑪麗亞・泰瑞莎以前支持耶穌會，曾委託他們教導她的孩子；她曾滿懷希望地將女兒瑪麗・安東妮（Marie Antoinette）嫁給法蘭西王儲，即未來的路易十六世。儘管她十分重視耶穌會，但四月時，這位太后向西班牙的卡洛斯三世致函確認，若鎮壓是教宗出於團結天主教的權宜之計，那她不會阻止。她有幾位親近人士可證明她此後餘生後悔寫了這封信；她若是知道自己女兒最終的命運，可能會更後悔，因為她是為了女兒著想而犧牲耶穌會。

隨著瑪麗亞・泰瑞莎發出信函，教宗手中已沒有其他牌了。於是教廷著手準備詔書《上帝與救世主》（*Dominus ac redemptor noster*）批准鎮壓，並於一七七三年八月十六日頒佈。隔天耶穌會會長洛倫佐・里奇（Lorenzo Ricci）被帶到羅馬的英格蘭學院，一個月後他又從此地被轉移到聖天使城堡。同時樞機主教們將他酒窖裡的葡萄酒全分光。耶穌會的藝術收藏品的下場也差不多一樣，不過最重要的藝術品被送進梵蒂岡博物館。

里奇與他的祕書、五名助理（分別是義大利人、波蘭人、西班牙人、葡萄牙人和德意志人）和另外七人一起被送進城堡。在可惡的獄吏，即蒙席[4]阿法尼（Alfani）和西班牙駐羅馬大使荷西．莫尼諾（José Monino）的命令下，他們不能跟彼此說話，窗戶都被木板封上，以確保他們不能與外界溝通。十月時，他們被禁止舉行彌撒，配給他們的食物也減少一半。經過漫長和詳盡的調查，仍查不到他們不法行為的證據，但他們仍繼續被監禁。儘管克萊孟和其繼任者多次上訴，七十四歲的里奇仍於一七七五年十一月在聖天使城堡過世，不過他被葬在耶穌會的耶穌堂。但他過世後，他同僚的訴訟程序得以暫停。已有兩人比他先過世；其餘人在一七七六年二月獲釋。

由於查不到這群遭受非人道待遇的神父有任何不法行為的證據，克萊孟十四世的紀錄因此又留下不可抹滅的污點，必須說，他的紀錄在此之前早已有污點。他本人並不反對耶穌會；不然他為何會拖延三年才對他們採取行動？但他始終明白，鎮壓他們是他必須為教廷付出的代價，而且他已準備好犧牲他們。他或許認為當時別無選擇，若留下耶穌會，教廷便無望重獲天主教歐洲的尊重；可嘆的是，儘管耶穌會已消亡，但教廷甚至比以往更不受尊重，其國際聲望是自中世紀以來降至最低。

教宗最後一年的生活十分悲慘。他原本已承受多年痛苦的皮膚病，此時突然更是嚴重惡化；同時他也變得更沮喪和偏執，一直害怕有人要殺他，以致於他不再親吻最喜愛的十字架底端，因為他害怕耶穌會士在上面下毒。他的情況在幾個月間急遽惡化，一直到八月時，根據在羅馬的拿坡里代理人錢東馬尼（Centomani）說：「他憔悴消瘦，徹底喪失辨認顏色的能力，眼神失焦，嘴巴張著流口水」。克萊孟於一七七四年九月二十二日上午過世時，他周圍的人，包括他自己，想必是如釋重負。即便如此，他的屍體腐爛速度之快，令許多人認為耶穌會終究是勝利了。

經過四個月的祕密會議，吉奧凡尼・安喬洛・布拉斯奇（Giovanni Angelo Braschi）於一七七五年二月獲選為教宗，封號為庇護六世（一七七五—九九），他是親民的貴族，他在決定當聖職人員前曾訂婚。他的教宗任期持續近二十五年，創下教宗任期最久的紀錄；[5] 不幸的是，教會在如此關乎命運的四分之一世紀中，落入如此窩囊之人的手中。

庇護並非特別聰明或十分虔誠。但他高大英俊，而且熱愛擔任教宗。壯遊（Grand Tour）在此時已達到顛峰，他十分享受穿上華麗長袍出席聖伯多祿大殿舉行的所有盛大儀式，接見湧進羅馬的年輕貴族，並優雅地伸手為他們賜福。他在其他方面似乎也退回到文藝復興時代。帶著報復意圖的任人唯親又復甦了：他為姪子路易吉（Luigi）在聖潘塔里奧廣場（Piazza S. Pantale）建造布拉斯奇宮（Palazzo Braschi，這也是最後一座由教宗為自己家族建造的宮殿），用教會經費為其他幾位親戚中飽私囊。他在藝術方面耗費鉅資，在羅馬增建三座埃及方尖碑，大幅擴建梵蒂岡的庇護—克萊孟博物館（Museo Pio-Clementino）。他甚至想排乾龐廷沼澤（Pontine Marshes），好將開墾土地的終身所有權傳給自己姪子，但未成功。

他的兩位前任主要對付波旁王朝，而庇護的主要敵人則是皇帝約瑟夫二世。他的母親瑪麗亞・泰瑞莎還在世時，約瑟夫並未對教宗帶來什麼麻煩，但自從她在一七八〇年過世後，他便改頭換面。他認為奧地利教會急需改革，他也不願再讓與此相關的事務由教宗或其大使支配。首先

4 譯註：蒙席（Monsignor）是教宗賜予有功司鐸的榮銜，通常可穿近似主教的服裝。

5 但他的紀錄後來有三人打破，分別是庇護九世、李奧十三世和若望・保祿二世。

是修道院太多，總共有超過兩千座修道院；他立刻解散一千三百座。至於聖職人員，眼界過於狹隘；未來所有神學院都將受國家監督，學生除了接受宗教教育，也要接受適當的博雅教育。一七八一年十月，皇帝再對教廷祭出一連串打擊：頒佈《寬容詔諭》（Edict of Toleration），教會將服從國家，允許新教徒和東正教徒擁有宗教自由和平等機會，鎮壓所有默觀修會，將剩餘修道院的管轄權從教宗移交到地方主教。

對庇護而言，只有一件事要做：他必須親自前往維也納。他於一七八二年初春啟程，在復活節前不久抵達。這是勇敢的一步，自改革時期以來，沒有教宗離開義大利，但以他強烈的個性和毋庸置疑的魅力，或許有機會說服皇帝。但他大失所望。約瑟夫熱烈歡迎他，讓他入住霍夫堡（Hofburg），並舉行幾次盛大儀式，教宗的英俊外貌和自傲讓在場眾人留下深刻印象；但在兩人漫長的討論中，皇帝毫不讓步。奧地利大考尼茲親王（Prince Kaunitz）後來評論道，他讓教宗難堪。在巴伐利亞統治者選帝侯卡爾—提奧多（Elector Charles-Theodore）的邀請下，庇護經由巴伐利亞返回羅馬。他也在那裡受到盛大款待，不論走到哪裡都受到眾人歡呼；但當時沒人能料到，僅四年後在埃姆（Ems）召開的代表大會，差點成功建立獨立於羅馬的德意志天主教會。同樣在一七八六年，義大利的皮斯托雅（Pistoia）在皇帝的弟弟，托斯卡尼大公利奧波德（Grand Duke Leopold of Tuscany）的支持下，也在計畫類似事情；但這次庇護得以行使權力。他強迫主教會議的倡導人席皮翁．里奇主教（Bishop Scipione Ricci，正好是不幸的耶穌會會長的姪子）辭職，頒佈詔書《信仰創造者》（*Auctorem fidei*），譴責在皮斯托雅通過的所有決議。

精神和世俗權力之間的正確平衡，長久以來一直是天主教歐洲國家的重大問題，還要討論很多年，可能還要為此而開戰。但法蘭西此時已風雲密佈，這類問題在即將到來的大革命中將無人問津。一七八九年五月五日，法蘭西三級會議（States-General）在凡爾賽召開。

✠

法蘭西破產了，因為君主政體課稅過高，貴族權力肆無忌憚。在大革命初期，教會尚未被責難；路易十四世或路易十五世都不是教廷的朋友，但法蘭西基本上仍信奉羅馬天主教。最後一位殉難的新教徒牧師於一七七一年在獄中過世，最後一位新教徒划槳奴工近期於一七七五年恢復自由。當時的首席大臣是圖盧茲樞機總主教洛梅涅·德·布里安（Etienne Loménie de Brienne）。[6]但貴族和第三級（Third Estate，人民）之間的鴻溝也反映在貴族主教和佔多數的貧困教區聖職人員之間，而貧困的聖職人員要努力保持身心平衡；隨著大革命浪潮的力量匯聚，教會無可避免被吞沒了。另一位不可知論的教長，奧頓（Autun）主教塔樂蘭（Charles-Maurice de Talleyrand-Périgord）於一七八九年十一月二日提出教會財產應由「國家支配」。三個月後，所有宗教修會都遭到鎮壓。

此時教會的牧職結構仍未受影響；但隔年七月國民會議通過《聖職人員的公民組織法》（Civil Constitution of the Clergy），又稱為《教士法》，確實是一大革新。五十二個主教轄區被廢除；此後每個省有自己的主教，受委派為「公職人員」，由獲選的教區議會的當權者管轄。從此聖職人員由

6「他其實不是基督徒。正如其他許多上流社會的聖職人員，他跟伏爾泰一樣輕蔑和厭棄啟示宗教（evealed religion）。有人提議推舉他到巴黎擔任總主教時，路易十六世以巴黎總主教『必須至少相信上帝』為由拒絕了」。引自達菲的《聖徒與罪人》，此段落大部分也參考本書，頁一九九—二〇〇。

平信徒選出，不論是否天主教徒，稱為公民聖職人員（citizenpriests，curés-citoyen）。不用說，所有這些提議都未諮詢過教宗，顯然教宗應該要完全接受此《教士法》。他若不接受，法蘭西很有可能再次併吞亞維儂（革命黨已宣稱併吞亞維儂是既成事實）和維奈桑。

一七八九年，國民議會單方面廢除每年支付給教廷的年貢「聖伯多祿便士」（St Peter's Pence），教宗庇護沒有反抗。由於未收到羅馬的消息，儘管有許多疑慮，但路易十六世仍於七月二十二日初步批准《教士法》。可惜隔天他收到教宗非公開的信箋，此信寫於十日，大意是說此《教士法》「將帶領整個國家步上歧途，讓整個王國陷入分裂，或許會引起殘酷的內戰」。國王壓下這封信，與庇護進行孤注一擲的談判，希望能達成妥協，儘管此時國民會議的氣氛並無跡象表明他們會考量教宗的要求或甚至意見。

法蘭西的聖職人員不知道教宗有來信，大部分人討厭此《教士法》，渴望羅馬以公開聲明的形式給予引導；但他們大失所望。庇護私下寫信給國王路易，他不可能祝福這項新立法，但他若冒險公開表示反對，會讓整個國家陷入分裂，正如兩百年前的英格蘭那樣。於是他保持沉默，十一月二十七日，國民議會指示所有教會人士宣誓遵守《教士法》時，聖職人員們仍未收到教宗的指令。約有一半堂區司鐸按國民議會指示宣誓了，但只有七位主教照辦（當然包括塔樂蘭）。拒絕宣誓的教士們被革職，但理論上他們仍可自由禮拜。但久而久之，隨著大革命的力量和程度增長，他們被認為是叛徒；有許多人被驅離。

強迫宣誓之舉終於讓庇護打破沉默。他在一七九一年三月譴責此法律是分裂之舉，宣稱新主教由國家任命是褻瀆神，禁止所有教長和司鐸宣誓，並於四月再譴責一次。法國教會此時一分為二。外交關係破裂，亞維儂和維奈桑再次被吞併。最後在一七九二年八月十日，君主制度被廢除，血戰開始。里昂興起大規模處決風潮，逾一百位司鐸和修女被處決；巴黎、奧爾良等數個城市也發生大屠殺。至少有八位主教被絞死。洛梅涅·德·布里安若沒在獄中服毒自盡，應該也會被送上斷頭臺。在數百人遭處決後，一七九三年一月二十一日，法蘭西國王和王后也跟著被送上斷頭臺。

此時迫害已不再只侷限於頑強抵抗的司鐸；他們將矛頭指向基督教本身。約有兩萬人退出聖秩。教堂被封鎖或改成「理性神殿」（temple of reason），或重新信奉各種假宗教，例如「生育」（Fertility）或羅伯斯庇（Robespierre）的「至高無上的力量」（Supreme Being）。公開信奉基督教幾乎是終止了；到了一七九四年春天，只有一百五十個在大革命前留下的堂區在舉行彌撒。同年七月羅伯斯庇過世後，情況稍有改善，但三年後暴力事件再次發生，迫害程度比以往更甚。

教宗庇護在羅馬得知這些事件時十分驚恐。他在一七七五年就任時所熟知的舊歐洲已經改變了。波旁王朝已經從法蘭西消亡。他們雖還在西班牙統治，但在一七八八年接任父親卡洛斯三世王位的卡洛斯四世，是無足輕重的人物，他只顧狩獵。至於奧地利的約瑟夫二世已於一七九〇年過世，他的弟弟利奧波德二世也在兩年後過世；此時接任王位的是利奧波德的兒子法蘭茲二世，而約瑟夫的教會改革想法早已被拋諸腦後。同時奧地利正率歐洲大聯盟對抗法國。庇護不太願意加入，首先是因為天主教國家之間發生爭戰時，教廷的古老傳統是要維持中立，第二個原因是他不希望讓法國有藉口入侵教宗國；但從旁觀者的角度來看，教廷全力支持聯盟也是自然的。

教宗或其他人此時都無法預見歐洲即將再次改變，而且是自羅馬帝國以來最激進劇烈的一次。拿破崙．波拿巴即將崛起。

✠

法國督政府於一七九五年十月成立時，拿破崙獲任命為國民議會軍副司令；五個月後督政府決心透過義大利發動一場對付奧地利的新戰役，這位纖瘦、嚴肅又年輕的科西嘉人能說義大利語，明顯是率領軍隊的人選。或許除了他自己以外，沒人能料到他得勝的程度和速度。一七九六年快四月底時，法國併吞皮埃蒙特，國王卡洛．埃曼努埃萊四世退位，躲到他的另一個薩丁尼亞王國。五月八日，法軍橫越波河，十五日拿破崙正式進軍米蘭，並在此建立共和國。他下令消滅教廷，「狂熱主義的中心」，但倫巴底仍有一支奧地利軍隊，他不太願意往南進攻太多。他轉而接管拉芬納、波隆那和費拉拉的教廷公使館（Legations，有此稱號是因為這幾處由教廷大使統治），並以對自己十分有利的條件與教宗達成休戰協議。根據協議條件，他將保留公使館，在安科納設駐軍，可自由進出所有教廷港口。他也要求二千一百萬盾賠償金，並從教廷收藏品中挑選五百件古手稿和一百件藝術品。教宗則敦促所有法國天主教徒接受並遵守他們國家的宗教法律。一七九七年二月簽訂的《托倫蒂諾條約》（Treary of Tolentino）確認這些條件，並規定教廷將亞維儂和維奈桑永久讓渡給法國，另外索取更多賠償金和更多藝術品。三個月後，法國軍隊開始攻打威尼斯。

同時拿破崙的哥哥約瑟夫與他的準妹夫里奧納德．杜福將軍（General Léonard Duphot）被派到羅馬擔任大使。他們兩人獲得指示要盡量惹麻煩製造事端，以便為推翻教廷鋪路，由羅馬共和國取代。一七九七年十二月二十二日，他們策劃一場對付教宗的武裝示威，但期間杜福遭到一名教廷下士射殺。約瑟夫對教廷的解釋充耳不聞，向督政府報告說，國家最年輕有為的將軍遭到司鐸們殺害。於是將軍路易・貝蒂埃（General Louis Berthier）領命進軍羅馬。他一路長驅直入，於一七九八年二月十日佔領羅馬。五天後，新共和國在羅馬廣場宣布成立。此時已八十歲的庇護遭到粗暴對待，他手指上戴的漁人權戒（Fisherman's Ring）遭強行脫下，人則被強行帶往錫耶納，群眾跪在雨中看著他被帶走。

五月時，錫耶納發生一連串地震，悲慘的教宗被轉移到佛羅倫斯外的嘉都西會（Carthusian）修道院。此時他已虛弱到醫生們擔心他有性命之憂，因此督政府下令將他送往薩丁尼亞島時，醫生們斷然拒絕。但他仍無法靜養。隔年三月，法國軍隊佔領佛羅倫斯，廢黜大公國，他再度被轉移，這次是轉移到法國。他此時已幾乎癱瘓，以擔架抬著穿越冰凍的阿爾卑斯山道，送往布里昂松（Briançon）後，最後在一七九九年八月二十九日抵達瓦隆斯，他長久以來如殉道者般受的折磨終於要結束了。

庇護六世確實是殉道者。史上少有教宗承受如此多也如此不必要的苦難。他在承受磨難時展現出的勇氣和毅力也為他挽回不少聲譽，因為他畢竟要為許多事情受責罰。在一片無情的革命怒海中，他不太可能成功拯救法國天主教會。現實需要他帶領教會時，他卻沒做到；他反而躊躇不決，而法國基督信仰幾乎是消亡了。

第二十四章 進步與反動（一七九九—一八四六）

法國軍隊沒有在義大利待太久。拿破崙出發遠征埃及，一七九九年八月他悄悄從那裡返回巴黎，僅一星期後庇護六世過世；約瑟夫．波拿巴經事實證明沒有控制羅馬的能力，「神聖信仰主義者」（Sanfedisti）在義大利半島各地發起反法國和支持教廷的運動，法軍匆匆撤退。但半島立刻被拿破崙軍隊取代佔領，樞機主教們都認為接下來的祕密會議應該在羅馬以外的城市舉行，如此才能更安全平靜。他們選擇了威尼斯。

最祥和的共和國（Most Serene Republic，威尼斯）已亡。拿破崙已於一七九七年五月終結威尼斯。聖馬可廣場上豎起一棵「自由之樹」（Tree of Liberty），頂端放著象徵性的緋紅色佛里幾亞帽（Phrygian cap），與總督冠冕十分相似。而總督冠冕本身和其他象徵達官顯貴之物，以及一本收錄威尼斯共和國所有貴族家族名字的金冊（Golden Book），全放到樹底下公開焚燒。但拿破崙只佔領威尼斯五個月；十月時，他按照《坎波福爾米奧條約》（Treaty of Campo Formio）將威尼斯讓給奧地利。於是祕密會議在奧地利的支持下舉行，皇帝法蘭茲甚至負擔會議的開支。

會議選定於聖喬治馬焦雷島（S. Giorgio Maggiore）上的修道院舉行；於是一七九九年十一月祕密會議開始。會議從一開始就明顯不順利。奧地利希望新教宗是反革命的君主制支持者，且不會干涉奧地利對北義大利日益增長的野心計畫；奧地利特別急於永久佔有公使館，包括拉芬納、波隆那和費拉拉，這些領地是庇護六世在簽訂《托倫蒂諾條約》時不得不割讓給拿破崙的。樞機團不支持大革命，但大部分樞機主教更支持公使館，他們認為公使館屬於教宗國的領土。經過十四週的辯論，終於打破僵局，選出伊莫拉主教巴納巴．奇爾蒙提（Barnaba Chiaramonti）為教宗，封號為庇護七世（一八〇〇—二三）。

皇帝法蘭茲至少可說是不滿意。新教宗雖然仁慈、態度溫和且十分虔誠，但眾所周知他在一七九七年耶誕節佈道時表示欣然接受民主（以革命意義上來說）成為基督徒美德；此外，他是在教宗國土生土長，應該不樂見公使館被奧地利併吞。皇帝勉為其難地邀請他到維也納商談；教宗拒絕了，而法蘭茲憤怒之餘拒絕讓他在聖馬可聖殿宗主教座堂行加冕儀式。於是加冕儀式在聖喬治馬焦雷小島舉行，由於島上條件受限，這場儀式沒有遊行。此時又出現帝國不滿的不祥之兆：由於法蘭茲擔心公使館出現支持教廷的示威遊行，於是命令庇護必須從海路返回羅馬。法蘭茲派給他的船隻幾乎經不起風浪侵襲，也沒有烹飪設備；十二天的航程猶如夢魘。

教宗終於在一八〇〇年七月抵達羅馬時，發現當地政局再次翻轉。拿破崙此時是法國的第一執政，是掌握實權的統治者，他在馬倫哥（Marengo）擊潰奧地利軍隊，再次掌控北義大利。庇護會步上前任後塵，遭到廢黜並流亡嗎？看來是很有可能。但拿破崙遠比督政府的成員聰明，他已看清法國人民厭倦了大革命的暴行和極端：反作用已經出現了，他們希望能回歸舊信仰。他為博得最高權力的首要行動之一，於是下令為庇護六世提供完整的榮譽葬禮，此時他的遺體仍在瓦隆斯[1]，尚未下葬。一八〇〇年六月五日，他向米蘭的聖職人員致詞：

> 我相信天主教是唯一能穩定社區福祉、建立優良政府基礎的宗教。我承諾永遠捍衛天主

教……我打算讓天主教得以完全公開信奉……法國在歷經苦難中睜開了雙眼，親眼目睹天主教是暴風雨中的唯一支柱。

於是庇護七世從拿破崙收到的第一封信比他所預期的友善很多。信上通知教宗，第一執政歡迎提出新的政教協定，甚至建議若能達成協定，教廷至少可收復一些失去的財產。但隨之而來的協商既漫長又艱難。其中最棘手的問題是主教任命。此時法國長久以來有兩個相互競爭的階級組織，一個是大革命前的舊制度，另一個是基於《教士法》建立的制度。各有各的主教，雙方無法調解。拿破崙的解決方案是廢除這兩個制度，自行提名新一批主教，不與教宗協商，這項提案令樞機團感到震驚。另一個頭痛的問題是聖職人員獨身的問題。在大革命期間，司鐸獲准（甚至鼓勵）結婚，其中有許多人也結婚了。還有一個複雜的問題，塔樂蘭此時是法國的外交部長；身為前奧頓主教的他不但娶了英格蘭女子，而且她還是新教徒。他理所當然決定不該對已婚司鐸採取任何反對行動。

但製造困境的不只有法國人。對許多樞機主教來說，拿破崙仍代表大革命，也就是曾經迫害教會的大革命，曾奪走教會財產、屠殺司鐸、綁架教宗並剝奪教會的世俗權力——而這一切包括教會的學校、醫院和對窮人的照顧。就讓拿破崙發怒吧；就讓他威脅教會可能會像英格蘭那樣分裂，或甚至讓他變成喀爾文主義者，拿下整個歐洲；難道這樣還不比與偽基督和解更好？一八〇

1 遺體於一八〇二年移回羅馬，並葬於聖伯多祿大殿。

一年五月，談判徹底破裂，佛羅倫斯的法國軍隊準備進軍羅馬。教廷國務卿，樞機主教康薩維（Consalvi）急忙從巴黎趕到羅馬，挽救了整個局勢，等待已久的政教協定終於在七月十五日簽署。即便如此，困境仍未解除：在拿破崙單方面宣布他的七十七條「組織條款」（Organic Articles）以便加強國家的控制權和進一步限制教廷干預之時，批准工作差點無法完成，必要的立法也仍在進行中。公使館仍在法國手中，亞維儂和維奈桑也是。教會並未收復失去的財產。拿破崙於一八〇四年五月自行宣布為法國皇帝時，雙方還在辯論。不久後，教宗受邀到巴黎參加皇帝加冕儀式。

這讓庇護陷入窘境。歐洲各君主國對這次政教協定感到震驚，他們將此舉視為投降協定。若教宗此時出席這位出身科西嘉島的投機份子的加冕儀式，更別說主持儀式，那麼教廷的聲望只會更沉淪。至於皇帝法蘭茲，他在大革命期間捍衛教會，教宗卻要公開為新崛起的對手加冕，而這位對手既無出身背景也無血統，他會作何反應？同時庇護明白自己無法拒絕。他告訴自己，為拿破崙加冕至少能助長自己的聲望，他在六位樞機主教的陪同下出發，翻越阿爾卑斯山。

他抵達巴黎時意外發現一個能行使職權的機會：約瑟芬向他坦承她和拿破崙從未在教堂舉行婚禮，而教宗直截了當表示，他們未在教堂舉行婚禮前，他不會出席加冕儀式。於是在新郎的百般厭惡下，在加冕儀式前一天下午，拿破崙的表舅，樞機主教費希（Fesch）私底下為他們主持婚禮，沒有見證人在場。但拿破崙也報仇了。在一八〇四年十二月二日加冕儀式這天，他先是讓教宗在聖母院足足等了一小時，接著親自為自己加冕，然後為約瑟芬加冕。庇護獲准為皇帝和皇后兩人祝聖，但也僅止於此，他的角色淪為普通的觀禮者。在賈克—路易．大衛為這場儀式描繪的傑出畫作中，可以清楚看到教宗臉上的不悅。

教宗繼續待在法國四個月。儘管經過多次努力，他仍未達到主要目的，「組織條款」仍舊有效力。他個人方面則贏得不少成就。只要他出現在公眾場合——而他也盡量公開露面——總是能受到群眾歡呼，眾人都湧上來接受他的祝福。自大革命以來，局勢在歷日曠久後終於翻轉；法國正要進入一場天翻地覆的天主教反動運動，而教宗的出現正是這場運動需要的。庇護要返回羅馬時，夾道歡送他的群眾更多了；這與五年前他在威尼斯獲選後返回羅馬的旅程截然不同。

✠

皇帝加冕後一年，他的六萬八千人軍隊在摩拉瓦（Moravia）的奧斯特里茨（Austerlitz）擊潰了奧地利和俄國的九萬人聯合軍隊。一八〇五年耶誕節後一天在普雷斯堡（Pressburg，現今的布拉提斯拉瓦，Bratislava）簽署條約，奧地利必須將一七九七年因《坎波福爾米奧條約》而獲得的所有威尼斯領土歸還法國，加上伊斯特里亞和達爾馬提亞的沿岸地區，形成義大利的新拿破崙帝國。但對拿破崙而言，這一切才剛開始：他決心拿下整個義大利半島。他在未警告教宗的情況下已併吞安科納的教廷港口，引起教宗震怒；此時元帥安德烈·馬塞納（Marshal André Masséna）率四萬法國軍隊經由教宗國進軍南義大利，由約瑟夫·波拿巴擔任皇帝的私人代表。庇護嚴正表達抗議時，拿破崙的一番言詞讓他明白自己的真正地位：「聖父閣下尊重我在世俗世界的地位，我便同樣尊重他在屬靈世界的地位……聖父閣下是羅馬的君主，但我是羅馬的皇帝。」

一八〇六年二月十一日，拿坡里國王斐迪南和王后瑪麗亞·卡洛琳娜（Maria Carolina）——瑪麗·安東妮的妹妹——逃到正處於嚴冬的巴勒摩；十四日一支法國師級部隊在暴雨中進軍拿坡里，基本上暢行無阻。隔天約瑟夫自行舉行遊行並入住皇宮，拿坡里人則默默觀望。該年稍晚，他頒佈帝國法令，自行宣布為國王。此時教廷周圍都是由法國掌控的領土，此後法國與教廷之間的關係逐步惡化，以致於在一八〇八年一月，法國再次佔領羅馬，教宗被囚禁在奎里納爾宮，承受著被迫放棄世俗權力的巨大壓力。他持續拒絕放棄，到了一八〇九年六月十日，羅馬宣布為「自由的帝國城市」，聖天使城堡上的教廷旗幟被帝國的三色旗取代。三星期後，法國已失去耐心，一群法國士兵用雲梯攀上奎里納爾宮的圍牆，闖入教宗的書房，當時庇護正與他的祕書，樞機主教帕卡（Pacca）開會。教宗仍穿著完整的長袍，兩人被扣押後塞進馬車匆匆載往北方。帕卡被拘留在佛羅倫斯，但教宗在盡量保密的情況下越過阿爾卑斯山，急速送往格勒諾勃（Grenoble）。

拿破崙得知屬下未經他命令便不負責任地綁架教宗時，他勃然大怒；他寧可永遠將庇護留在他所屬的奎里納爾宮。再者，如果將他直接送回羅馬會讓皇帝看起來很愚蠢。最後他決定將這倒楣的教宗送到位於義大利沿岸的薩沃納的主教宮殿。儘管在各種考量下讓他在物質上獲得舒適優待，但他仍是俘虜，完全與外界隔絕，並禁止他使用紙張和墨水。同時羅馬已經成了死城，整個教廷制度其實已被清算：樞機主教、宗教修會的會長、檔案和職權印章全都被移送到巴黎。

但此時皇帝正忙著處理兩個新問題。約瑟芬未能替他生兒子以繼承皇位，此時也已四十六歲，明顯因年紀大而無法生育。他唯一的希望是再婚；但必須要先離婚，他知道庇護是不會准許的。所幸他的第一次婚禮是在備受壓力下舉行，且沒有證人；在這種情況下，應該無礙於巴黎的教會法庭宣告婚姻無效。一八一〇年四月拿破崙迎娶奧地利皇帝法蘭茲一世[2]的女兒瑪麗．路易莎（Marie Louise），不過有十三位忠於教宗的樞機主教拒絕出席婚禮。

第二個問題是庇護仍拒絕確認拿破崙所提名的主教。到了一八一〇年，單是法國就已有二十七個主教區沒有主教，而法國佔領的歐洲地區還有更多空缺。拿破崙希望能說服現有的主教召開大公會議推翻教宗，但會議雖是由他的表舅，樞機主教費希主持，卻未聽從他。庇護對這一切一無所知，一直到一八一二年六月九日，他從薩沃納被強行帶到法國。這趟旅程是一場夢魇，為了保密和趕路，大部分時候都走夜路，所經歷的苦難就跟他前任一樣悽慘：此時他也身患嚴重泌尿系統感染，每十分鐘不得不停下馬車。這位可憐的教宗經過十二天的可怕旅程，抵達楓丹白露時已性命垂危，並得知皇帝才剛剛啟程出征俄國。

拿破崙只在俄國待了約六個月。十二月，他得知巴黎發生政變未遂時，便像當初在埃及一樣拋下軍隊，自己輕裝趕回西方。他在一八一三年一月中返回楓丹白露。此時教宗身體已稍有好轉；但仍十分虛弱，而且孤身一人，沒有一位樞機主教在身邊支援他應付這位皇帝的狂暴欺凌，於是毫不意外，他終於屈服，在一張碎紙片上簽下正式政教協定的草案，放棄自己的所有世俗權力。他無法再統治羅馬；教宗職位現轉移到法國。教宗若不在六個月內批准新主教任命，將由他們的教省總主教授任。

這只是匆忙之下簽寫的一張草稿；但拿破崙立刻宣布這項政教協定是既成事實。樞機主教帕卡和康薩維得知消息後都十分震驚，最後獲准去見教宗。他們見到了沮喪消沉的教宗，在得知自己遭到皇帝接連折磨和欺騙而做了什麼後，教宗驚恐地雙手抱住頭。兩位樞機主教慢慢鼓勵他不

2 他曾是神聖羅馬帝國的皇帝法蘭茲二世。但此帝國在奧斯特里茨一役後已解散。他已在一八〇四年建立新的奧地利帝國，此時仍是皇帝法蘭茲一世，於是史稱「雙重皇帝」（*Doppelkaiser*，double Emperor），也是史上唯一雙重皇帝。

要放棄希望，直到他終於親筆寫信給拿破崙，否認那項「政教協定」，因為他簽署的只是一張草稿，而且是在受到嚴厲脅迫下簽的。拿破崙不出所料壓下這封信，但此時他有更重要的事要考量。他十月在萊比錫（Leipzig）戰敗後，帝國已開始崩塌；到了一八一四年一月，他致函教宗，願意無條件撤回政教協定。聖父閣下可以隨時自由返回羅馬。庇護首先離開薩沃納，接著於三月前往羅馬。二十四日抵達時，他受到熱烈歡迎；眾人將他的馬車的馬卸下後，由三十名出身羅馬望族的年輕人一路以凱旋之姿將馬車拉到聖伯多祿大殿。

拿破崙被放逐到艾爾巴島（Elba）後，一八一四年十一月一日召開的維也納會議重新繪製了歐洲地圖。由樞機主教康薩維代表教宗出席，他靠著傑出的外交技巧成功收復幾乎所有的前教廷領地，除了亞維儂和維奈桑，反正此時沒有收回的正當理由。但公使館和安科納的馬爾凱政區（一七九八—九屬於阿爾卑斯山以南和羅馬共和國，一八〇八—九屬於義大利的拿破崙帝國）再次回歸教廷。

但不只有歐洲要重建；教會也是。自查理曼逾一千年前建立的神聖羅馬帝國已於一八〇六年廢除；德意志的王侯—主教權威也已消亡。宗教修會大多已被鎮壓。歐洲大陸各地的主教一職都仍空懸，神學院也已關閉，教會財產也被接管；在所有受到法國大革命法律管轄的土地，離婚、公民婚姻和宗教自由已經深根，實在難以廢除。庇護七世在一八一四年八月七日重振耶穌會，明顯是這艱鉅任務的第一步。

教宗此時已七十二歲，在歐洲受尊重的程度比以往更甚。大革命的殘酷和暴行，以及拿破崙權欲熏心的野心引起一股強烈的反動精神，一方面受到大革命迫害、另一方面又受到拿破崙不斷苛待的教會，此時成了最重要象徵；而庇護的教宗生涯又是史上最為動盪之一，他個人所受的苦也是最嚴重的，他此時被視為抵抗的化身，繼而導致兩者（大革命的迫害與拿破崙帝國）最終破滅。前一個世紀教宗在大家心目中是微不足道且不合時宜；但此時他再次成為歐洲的重要人物，天主教王公們承認他的世俗統治者身分和至高無上的屬靈權力。於是他處於更強而有力的談判地位；他在接下來九年教宗任期中，得以與外國締結逾二十項政教協定，包括一八一八年與東正教的俄國和一八二一年與新教的普魯士，在每一項協定中列出教會在進行事業時應遵循的條款和條件。在大部分國家，教宗失去任命主教的權力（在整個歷史中，這是教會和國家之間最大的爭議問題），但修道院和神學院得以重新啟用，學校再次屈服於宗教權威。不是所有改變都有好結果：也有民主受到壓制的案例，或書籍再次受到審查。西班牙的斐迪南七世是無可救藥的反動派，他再度採用宗教裁判所。但庇護本人竭盡所能讓教廷適應現代世界，他在一八二三年七月二十日過世時，教廷在歷經瓦解創傷的餘波後，其前景已比半個世紀前更光明了。

✠

事實上，這只是虛假的表象。樞機主教康薩維在六個月後也隨教宗而去，他是忠於教宗的教廷國務卿，是教宗許多改革措施背後的指導者；此時對狂熱派（Zelanti）來說形勢明朗，可以推選自己的人，他們是更加反動的樞機主教，討厭改革，尋求由靈性支配而非實用主義的保守政權。他們選出六十三歲的樞機主教安納貝．賽瑪提．德拉．根加（Annibale Sermattei della Genga），他的職涯主要從事教廷外交，直到協商收復亞維儂無果後被康薩維解除外交職務。他採用封號為李奧十二世（一八二三－九）。他雖虔誠但思想狹隘，一直受痔瘡所苦，他代表著十八世紀最黑暗時期的大倒退，譴責信仰自由、加強審查和禁書目錄、再次限制猶太人只能待在猶太人聚居區、在羅馬強迫三百名猶太人每週參加基督教佈道。在教宗國，昔日的貴族階級又重新建立起來，昔日的教會法院也再次採用。教育受到嚴格控制，實行上千條瑣碎歪曲的道德規範。在星期日或節日玩遊戲將判處牢獄監禁。自由買賣酒類也遭禁止。康薩維先前如此精心建立起的開明現代化狀態，現在被密探和告密者的監控體制取代，而普契尼（Puccini）的《托斯卡》（*Tosca*）將這種情況呈現得淋漓盡致。

李奧在剛就任的頭幾個月中，羅馬和外國都擔心他會推翻庇護七世簽締的所有和解政策。幸好這只是空穴來風。教宗或許是偏執狹隘；但他很清楚與歐洲列強維持友好關係的好處。確實，多虧了他與鄂圖曼蘇丹馬哈茂德二世（Mahmud II）調停，亞美尼亞天主教徒終於在一八三〇年解放。但此時教宗已過世。他的五年半教宗任期幾乎是徹底失敗。他無疑是出於好意，但因不瞭解現代世界而使自己在羅馬成了備受厭惡的人物，破壞了不少前任的傑出貢獻。

范查斯科・賽維洛・卡斯提爾隆（Francesco Saverio Castiglione）於一八二九年三月接任教宗為庇護八世（一八二九—三〇）後，只在任二十個月，他可能被視為一時權宜的人選。事實上他不只是過渡的替代人物。他勇敢高潔，曾因拒絕宣誓效忠拿破崙而被監禁八年。庇護七世十分欽佩他，也希望他能獲選為自己的繼任者，而他也特意採用同樣的封號；這位新教宗宣稱自己的目標是要跟隨那位偉人的腳步。他無法徹底廢除李奧的監控體制，但他解除其武裝，讓羅馬平民的日子更好過。一八三〇年七月，法國廢黜那位虔誠到病態又格外不受歡迎的查理十世（Charles X），教宗立刻承認路易—菲利普（Louis-Philippe）為法國國王，並授予他「最虔誠的基督徒國王」的傳統頭銜。

但四個月後，庇護過世。經過六十四天後，繼任者伯洛梅・奧伯特・卡佩拉（Bartolomeo Alberto Cappellari）以八十三票獲選，採用封號為教宗額我略十六世（一八三一－四六），他曾是卡瑪爾迪斯修會（Camaldolese）[3]僧侶，來自威尼斯的穆拉諾島（Murano）的聖米凱萊修道院（S. Michele）。庇護八世延續庇護七世的任務，可嘆的是，額我略十六世追隨李奧十二世的腳步。他和李奧一樣屬於狂熱派；他也獲得奧地利首相梅特涅（Prince Metternich）侯爵的支持，他決心支持專制的教宗，因為教宗不會屈服於他口中的「當代的政治瘋狂之舉」。而首相確實如願以償。

額我略是在教廷處於危機時刻接任教宗。自拿破崙垮臺以來，一波激進不滿的情緒力量便逐步匯聚並蔓延整個義大利半島，其中大部分力量來自大型的半祕密社團，燒炭黨（Carbonari）。他們的宗旨首先是政治自由；第二是統一義大利。但他們之中極少人知道一件事實，此時另有一個以統一義大利為唯一目標的黨派正在組織中。此黨派稱為青年義大利黨（La giovane Italia，Young Italy），成立於一八三一年，是流亡馬賽的二十六歲年輕人朱塞佩・馬志尼（Giuseppe Mazzini）所建立。

一八三〇年教宗國爆發叛亂，幾座城市落入叛黨之手。額我略必須迅速行動。因擔心動亂可能延燒，他請求奧地利皇帝派軍隊保衛羅馬。法蘭茲毫不遲疑。他堅定迅速的行動助教宗國恢復秩序，但未解決引起暴動的根本問題；在避開了眼前的危機後，教宗開始採取嚴厲鎮壓的政策。

3 卡瑪爾迪斯修會是本篤會延伸出的分支，會規嚴格且禁慾，他們在修道院度過一段日子後，以隱士身分度過餘生。

他公開譴責思想自由、出版自由或政教分離的理念。他透過監控體制殘忍壓制堅持這些理念的人，其程度甚至遠比之前的李奧更嚴厲。不久後，教廷監獄人滿為患，教廷金庫為了負擔密探和告密者的費用而耗盡。

額我略完全沒有進步或創新的思想。舉例來說，他禁止在教廷領土興建新鐵路，他稱鐵路是地獄之路（chemins d'enfer），這是他的典型作風。他就任後不到四個月，列強聯合要求教宗國進行徹底改革。教宗拒絕了；內亂再次爆發；奧地利軍隊已被召回，而路易—菲利普佔領安科納——此舉格外忘恩負義。接下來七年，教宗國一直有外國軍隊佔領下。

✠

但額我略最嚴重的失敗是在波蘭。根據一七九五年第三次瓜分波蘭（Third Partition）的條款，波蘭已不是國家，領土由俄國、普魯士和奧地利瓜分；自一八二五年教宗就任以來，沙皇尼古拉一世（Nicholas I）便竭盡所能為難他所管轄的天主教徒，而波蘭人幾乎都是天主教徒。他強制施壓，要求希臘東正教徒（遵循東方禮，接受教宗至高無上的地位）加入俄羅斯東正教會，而遵循拉丁禮的主教（佔絕大多數）發現幾乎無法與羅馬聯繫。波蘭人對俄國人的怨恨日益增長，一直到一八三〇年十一月起義反抗他們。凡事只要可能出錯，就一定會出錯；但他們仍得以建立臨時政府，一八三一年二月，一支十一萬五千人的俄國軍隊進軍華沙，波蘭人反擊。此時歐洲各地興起一波支持波蘭人的大浪潮，來自大陸各地的男人都趕緊加入波蘭軍隊，包括拿破崙大軍（*Grande Armée*）的數百名軍官。還有來自德意志、義大利、匈牙利和英國的分遣隊。路易—菲利普在法國發表鏗鏘有力的演說，提議軍事支援，詹姆斯・菲尼莫爾・庫珀（James Fenimore Cooper）成立波蘭裔美國人委員會（Polish-American Committee）。

可嘆的是，他們徒勞無功。九月八日，華沙被迫投降。沙皇尼古拉斯採取可怕的報復行動。反抗軍的領導被斬首，三百五十人被判處絞刑，一萬名軍官被罰作苦役。超過三千戶家庭的地產遭到沒收。鄉村地區的村莊徹底遭到燒毀：

> 這次懲罰著重於羞辱他們的自尊心、削弱崇高理想、滅除骨氣。親王羅曼·桑古斯科（Roman Sanguszko）是留里克（Rurik）的後裔，在俄國頗受尊重，他被判處到西伯利亞終身服苦役，而且是跟一群罪犯以鐵鍊拴在一起步行到那裡。他的妻子曾是皇后的侍女，也是皇后的朋友，她向尼古拉斯下跪求饒，她被告知也可以去。她便去了。[4]

一般或許會猜測額我略十六世會在某個時候會為他的天主教會眾說一、兩句話；但他隻字未提。他反而在一八三二年六月頒佈宗座簡函，明確譴責這次起義，指責他們「披著宗教的外衣反抗王侯的合法權力」。兩個月後，他更在教宗通諭《你們令人震驚》（*Mirari Vos*）中提到，「為所有人主張和捍衛的信仰自由，是荒謬、錯誤、或更確切來說是譫妄的教義」。至於革新教會的想法：

4 亞當·扎莫伊斯基（Adam Zamoyski），《波蘭之路》（*The Polish Way*），頁二七五。

> 經由耶穌基督和其宗徒的指示，以及聖靈的教導……因此教會需要重建和革新的建議是徹底荒謬且極其無禮……彷彿教會已枯竭、墮落或有其他缺陷。

《你們令人震驚》主要是針對司鐸費利西－羅伯・德・拉梅奈（Félicité-Robert de Lamennais），他是《未來報》（*L'Avenir*）的編輯，報紙刊頭上印著「上帝與自由」，他也是法國自由派聖職人員的發言人。拉梅奈堅稱教會必須與人民聯盟，而非成為他們的壓迫者：與波蘭天主教徒聯盟對抗沙皇尼古拉斯；與比利時天主教徒聯盟對抗荷蘭新教徒威廉一世（William I）；與愛爾蘭天主教徒聯盟對抗新教的西敏寺（英格蘭）。但正如通諭所清楚表明，教宗額我略不願這麼做；由於他拒絕——也或許是他無力——接受進步的思想，他將自己和教廷與現代政治思想之間隔絕起來。拉梅奈後來譴責羅馬是「玷污人類眼睛的最可怕下水溝」。他可說是說得有點過分了；但世上沒有什麼比羅馬教廷所展現的偏執狹隘程度更令人大為光火了，因此也難以不贊同他。

額我略的政績也不全然糟糕。他重組所有外國傳教士，讓教廷能更堅定地掌控他們。他在世界各地建立七個新教區，設置近兩百名傳教主教職位。他譴責奴隸制和奴隸交易。他在拉特朗大殿建立基督教博物館，在梵蒂岡建立伊特魯里亞博物館和埃及博物館。但他敗壞了教會的信譽；一八四六年六月一日他因急病過世時，沒有多少人為他哀悼。

第二十五章　庇護九世（一八四六—七八）

教宗給人缺乏務實觀念的印象是與日俱增。他是在自由派家庭出生長大，在不健全的學校裡受教育；他是優秀的司鐸，從來無心於政治事務。他雖熱心但缺乏才智，自接任教宗後，他因輕信於人而落入圈套，此後再也不知該如何掙脫，若任其自然發展，他將被逐出羅馬。

以上這段猶如預言般的文字是奧地利首相梅特涅於一八四七年十月寫給他的駐巴黎大使。信中所提到的人是賈瓦尼・馬利亞・瑪斯塔—佛拉提（Giovanni Maria Mastai-Ferretti），他在前一年獲選為教宗庇護九世（一八四六—七八），年僅五十四歲，祕密會議花了四十八小時便選出。他與前任截然不同：確實，眾人皆知他曾公開批評額我略對教宗國的治理，正如他曾公開批評奧地利在義大利的駐軍。額我略雖任命他為樞機主教，卻從不信任他，他斷言，就連佛拉提的貓都是自由派。

貓對於庇護當選有何反應是不得而知了；但義大利、甚至整個西歐的自由派都為此消息感到興奮喜悅。新教宗似乎是他們的人。他上任第一個月赦免逾一千名政治犯和被流放者[1]。數星期

1 梅特涅為此怒吼：「上帝不會准許大赦，而是寬恕。」

後，他在奎里納爾宮舉行花園聚會，男女皆可參加。同時他積極鼓勵鐵路計畫，以及在羅馬街道安裝天然氣照明設備，其中鐵路是他的前任非常厭惡的。他建立自由（或者說幾近自由）出版。他也展開關稅改革，在教廷政府採用平信徒，廢除李奧十二世規定猶太人每週要聆聽基督佈道的可笑法規。不論他走到何處都受到群眾簇擁，是義大利最受歡迎的人。

但名聲也為他帶來危險。此時所有政治示威運動，從溫和派到最極端的革命派，都聲稱有他的支持；他的名字出現在成千上萬面旗幟上，所宣揚的理想經常是他強烈反對的。一八四八年在西西里、巴黎、維也納、拿坡里、羅馬、威尼斯、佛羅倫斯、盧卡、帕馬、摩德納、柏林、米蘭、克拉科夫、華沙和布達佩斯相繼爆發革命，他的立場更是難以防守。「庇護九世！庇護九世！庇護九世！」這稱號成了戰鬥的口號，一群群示威群眾在一座座城市的街頭不停激動吶喊著。只要教宗以「上帝保佑義大利」這句話結束一段演講，他說的話立刻被視為支持深孚眾望的夢想：半島統一、永遠脫離奧地利統治。（不用說，庇護其實不想看到義大利統一，別的不說，統一後教宗國還能有什麼下場？）總之，他發現自己已經上了一列失控火車：他只希望能竭盡所能踩煞車。

在這關乎命運的一年，各地在一月底相繼開始實施一波新憲法。國王斐迪南於二十九日在拿坡里實施新憲法；一星期後佛羅倫斯的大公向臣民頒佈新憲法。巴黎發生革命，路易－菲利普逃亡後，三月五日薩伏伊王朝的國王卡洛·阿爾貝托（Charles Albert of Savoy）批准杜林（Turin）的皮埃蒙特市民實施新憲法。接著在三月十三日輪到維也納，梅特涅迅速逃走。這是最重要的大事；每個義大利愛國者心中都燃起新希望，而他們也一如既往期待教宗帶領。結果沒有：三月十五日教宗庇護在教宗國批准一項憲法，建立由選舉產生的議院。此議院由他的首席大臣，樞機主教賈科莫・安東納利（Giacomo Antonelli）[2]負責，並非特別自由主義，結果也證明未持續太久；但也達到了目的。庇護雖不願帶領歐洲革命，但也不算落後。

梅特涅辭職並逃離，留下一片混亂的奧地利。政府已群龍無首，軍隊茫然困惑，不知該效忠誰。這無疑是義大利各地發動叛亂和革命的導火線。義大利人將米蘭發生的大規模起義稱為「五日」（cinque giornate）——自三月十八日至二十二日——將奧地利人逐出城市，建立共和政府。最後一日在杜林的《復興報》（*Il Risorgimento*）頭版出現一則激動人心的文章，是由編輯卡米洛・加富爾伯爵（Camillo Cavour）所寫。他寫道：「最重要時刻已到，國家、政府、國王如今只有一條路。戰爭！」

兩天後，國王卡洛・阿爾貝托宣布皮埃蒙特已準備好拿起武器對抗奧地利佔領軍。托斯卡尼的大公雷波德二世（Leopold II）派出一支由正規部隊和志願軍組成的軍隊。更令人訝異的是，拿坡里國王斐迪南也做出類似回應，他派出一支一萬六千人軍隊，由來自卡拉布里亞的古烈莫・裴佩將軍（Guglielmo Pepe）率領。從戰略上來看，這些作為可能沒有什麼影響力；但他們無疑展現出這是全國性的義大利事業。與卡洛・阿爾貝托同為統治者的一方與皮埃蒙特人民站在同一陣線，

2 教廷能繼續握有世俗權力主要歸功於安東納利。他是才華洋溢、魅力十足的政治家，有無數私生子可證明他的性生活十分豐富。「他在一處沙龍停下，附近有一名美女，他走向這位女子跟她說話，他輕撫著她的肩膀，仔細研究她的胸花，你認出這位森林之子，你想到路邊翻覆的驛馬車而顫抖」（艾德蒙・亞堡，Edmond About，《羅馬問題》，*La question romaine*）。

他們自認不是盟友，而是同胞。

三月二十四日，將軍喬凡尼・杜朗多（Giovanni Durando）率教廷軍隊的先鋒離開羅馬，前去保衛教宗國的北境，以防奧地利入侵。這一般會認為純粹是防禦措施，但主戰論者不這麼認為。他們聲稱奧地利已向基督教義大利宣戰，因此這是聖戰，是十字軍，且身負神聖使命，要將入侵者驅離神聖的義大利土地。教宗庇護感到驚恐。他無法坐視這種挑釁政策。尤其是針對天主教國家。顯然此刻他有必要徹底表明自己的立場。於是他在一八四八年四月二十九日正式發表訓諭。他不但不率領統一義大利的運動，反而宣稱自己極力反對。敬畏神的義大利人應拋開統一的觀念，再次宣誓效忠於各王公。

全國各地所有真心愛國者聽到這篇訓諭皆感到驚恐。結果證明統一事業實際上未受影響：這場運動此時已流傳甚廣，已無法阻擋。唯一受損的反而是庇護自己的名譽。在此之前他本來被視為英雄；此後成了叛徒。此外，這篇訓諭已經表明，或許也只能表明，他對局勢的影響力有多低。他的聲望在一夜間消失殆盡；現在輪到他與革命正面交鋒了。七個月來他努力堅持自己的立場；但在十一月十五日，他的首席大臣，安東納利的繼任者，伯爵佩萊格里諾・羅西（Pellegrino Rossi）在進入祕書處時被人砍死，庇護意識到羅馬對他來說不再安全。二十四日，在法國大使和巴伐利亞大臣的協助下，他扮成普通司鐸悄悄從側門溜出奎里納爾宮，逃往拿坡里的領土加埃塔，在那裡與樞機主教安東納利和一小群教廷人員會合。國王斐迪南熱烈歡迎庇護，讓他留宿在當地宮殿，他在那裡建立小教廷，繼續處理教廷事務。

最初皮埃蒙特軍隊旗開得勝，但過沒多久，一八四九年七月二十四日，卡洛・阿爾貝托在維羅納西南數英里處的庫斯托扎（Custozza）遭擊潰，他撤退回米蘭，而奧地利老元帥喬瑟夫・拉德茲（Josef Radetzky）[3]對他緊追不捨；八月四日，他不得不提出休戰，條件是他和其軍隊撤退到自己的邊界後面。兩天後，米蘭也投降了，那位不屈不撓的老元帥率軍隊進城。這場戰爭的第一階段結束，奧地利明顯是贏家。奧地利不但收回威尼西亞－倫巴底（Venetia-Lombardy）無可爭議的控制權，也與拿坡里另外簽署和平協議；羅馬已投降；法國由外交大臣、詩人阿方斯・德・拉馬丁（Alphonse de Lamartine）代表公布共和宣言，意在鼓舞人心，儘管沒有實質助益。反革命的勢力在義大利半島各地大獲全勝。

除了威尼斯。一八四八年三月二十二日，威尼斯法學家丹尼爾・馬寧（Daniele Manin）和其追隨者佔領軍械庫，強佔奧地利存放的所有武器和彈藥。接下來馬寧率領一支凱旋遊行隊伍前往廣場，正式宣布復興半個世紀前遭拿破崙廢除的共和國。奧地利總督已簽署投降法案，承諾立刻撤離所有奧地利軍隊。但此時威尼斯孤立無援，馬寧是唯一的希望，八月時他獲邀接掌獨裁權。他拒絕了；不過在他的唯一指導下，威尼斯共和國在接下來的整個冬天雖持續勇敢奮戰，卻日益陷入絕境。

對義大利所有邦國來說，一八四八年（*quarantotto*）是事關重大的一年。以戰略來說，局勢變化不大；奧地利仍掌控大部分地區。以政治來說，普遍民意則有劇烈變化。這一年初始，大部分

3 拉德茲逾五十年前便加入奧地利對抗拿破崙的首批戰事，自一八一三年萊比錫之役以來擔任參謀長。他參與過十七場戰事，負傷七次，有九次在騎馬時，馬被射殺。

愛國的義大利人都在思考怎麼擺脫奧地利的軍事佔領；到了年底，除了威尼斯外，各地的首要目標都是統一義大利。改變已勢在必行。義大利人似乎終於將實現希冀已久的夢想，義大利統一運動（Risorgimento）就此展開。

教宗匆匆出走令羅馬人感到意外。教廷政府的首席大臣朱賽佩．賈利提（Giuseppe Galletti）獲得大赦返回羅馬，勇敢接替遭謀殺的羅西，他是馬志尼的老朋友，首先派代表團前往加埃塔說服庇護回羅馬；庇護拒絕後，賈利提要求成立羅馬制憲會議（Roman Constituent Assembly），由兩百名選出的成員於一八四九年二月五日在羅馬開會。時間已不多，但這場會議急需召開，一百四十二名成員於約定日期在文書院宮（Palace of the Cancellaria）按時出席。僅在四天後的凌晨兩點，會議以一百二十票比十票通過（十二人棄票），終止教宗的世俗權力，成立羅馬共和國。而這場會議是由四十一歲的僱傭兵朱塞佩．加里波底（Giuseppe Garibaldi）主導。

加里波底於一八〇七年在尼斯出生——尼斯會在一八六〇年割讓給法國——他和馬志尼一樣是皮埃蒙特人。他是商船水手出身，於一八三三年成為馬志尼的青年義大利黨（*Giovane Italia*）成員。他始終是行動派，隔年他便參與一場叛變，但未成功（早期有許多失敗的謀反活動），當局對他發出逮捕令。而他得以及時逃到法國；同時他缺席下，被杜林法庭因叛國罪判處死刑。他加入突尼斯的君王（Bey of Tunis）的法國商船隊並工作一段時間後，君王提供他總司令一職，但他拒絕了；最後在一八三五年十二月，他以二副身分駕駛一艘法國雙桅橫帆船前往南美洲。他在那裡待了十二年，頭四年為一個小國家打仗，這個如今已被遺忘的小國當時想脫離巴西統治，但未成功。一八四一年，他和巴西情人安妮塔・里貝羅・達・席瓦（Anita Ribeiro da Silva）長途跋涉到蒙特維多（Montevideo），他在那裡負責管理烏拉圭海軍，也指揮一大群義大利流民，這也是紅衫軍（Redshirts）的第一批成員，此後他的名字經常與紅衫軍並提。他在一八四六年的聖安東尼奧德聖多（San Antonio del Santo）小戰役中英勇戰勝後，名聲很快傳回歐洲。此時他已是專業叛亂份子，在游擊戰累積的經驗對他日後大有裨益。

加里波底聽說一八四八年的革命消息時，召集他的六十名紅衫軍搭下一艘船回義大利。他最初提議為教宗而戰，接著提議為皮埃蒙特而戰，但兩個提議都被否決，尤其是卡洛・阿爾貝托，他還未忘記加里波底仍被判處死刑。加里波底前往米蘭，馬志尼早已在那裡，於是他立刻加入戰局。卡洛・阿爾貝托在庫斯托扎戰敗後提出休戰，加里波底直接無視，繼續私自征討奧地利軍隊，一直到八月底，因人數遠遠不敵對方，他不得不撤退到瑞士。但三個月後，聽說教宗逃跑後，他立刻率自己的志願軍趕往羅馬。他在那裡獲選為新制憲會議的成員，於是他正式提出羅馬此後應是獨立的共和國。

✠

一八四九年二月十八日，教宗庇護在加埃塔正式發表演說，向法國、奧地利、西班牙和拿坡里求助。這四個強權都接受他的求助；但對制憲會議而言，最大的危險是法國，法國的回應明顯取決於新共和國的狀況，尤其是新當選的總統，親王路易—拿破崙（Prince Louis-Napoleon）。近二十年前，親王曾捲入一場反教廷的陰謀，並被逐出羅馬；他此時仍對教廷無特別感情。但他十分清楚奧地利此時在義大利的勢力比以往更強大；他要如何預估奧地利此時進軍南方並按自己的主張助教宗復位的可能性？他自己若不採取行動，他也深知他們必定會先行動。

於是路易－拿破崙下達命令，一八四九年四月二十五日，將軍尼古拉·烏迪諾（Nicholas Oudinot，拿破崙的一名元帥之子）率九千人在奇維塔韋基亞登陸，然後行四十英里路進軍羅馬。從一開始他就誤解了。他一直被誤導而相信羅馬共和國是由一小群革命派成立，而人民是受強迫而勉強接受，很快能推翻他們；因此他和其軍隊將被視為解放者而受歡迎。他接獲的命令是不准許正式承認制憲會議，若可能的話，不動用武力而和平佔領城市。

但他進城時感到驚訝。羅馬人雖然不指望能抵擋得了訓練有素且裝備精良的軍隊，但仍忙著準備奮力一戰。他們的軍隊包含教廷前線部隊、卡賓槍騎兵（負責警察職責的義大利特殊部隊）、千人市民衛隊（Civic Guard），這是在城內召集的志願軍團，共計約一千四百人，最難對付的是，民眾每人手上都有武器。但他們的總人數仍少得可憐，四月二十七日，加里波底率領在羅馬涅召集的一千三百人軍團進入羅馬時，眾人都歡欣鼓舞。兩天後，一支倫巴底狙擊兵團抵達，他們戴著獨特的寬邊帽，插著黑綠色雞毛。捍衛部隊已全數集結；但他們戰勝的機率還是很低，而他們也心知肚明。

羅馬的第一戰在四月三十日開打。由於烏迪諾對形勢的無知和誤判，羅馬得以轉危為安。他沒有帶來任何攻城炮，也沒帶雲梯；他帶著小分遣隊往梵蒂岡和加尼科洛丘前進時，遭到砲火襲擊，他才明白自己處境有多危險。他們遭到加里波底的軍團迅速掃蕩後，很快又被槍矛狙擊兵攻下。他和其部隊接下來六小時竭力反擊，但到了傍晚時，他們只能承認戰敗，踏上返回奇維塔韋基亞的漫漫長路。他們的死傷人數有五百，有三百六十五人被俘，但最嚴重的損失或許是戰敗的恥辱。

那天晚上整個羅馬燈火通明，全城歡騰慶祝，但大家不會假裝入侵者不會回來。法國已瞭解到羅馬比他們所預期的更難啃下；儘管如此，他們仍打算擊潰羅馬。接下來一個多月，加里波底率領他的軍團和狙擊兵團往南行進，與入侵的拿坡里軍隊交戰，毫不費力將他們驅離共和國國土。六月三日，烏迪諾要求的援軍抵達，他率二萬人和增強的軍備第二次進軍羅馬。

他再度從西面進軍，他的主要目標是加尼科洛丘上歷史悠久的潘費里莊園和科西尼莊園。那天要結束時，他已佔領這兩處莊園，並就位備戰。羅馬注定要戰敗了。防禦部隊極力反擊近一個月，但在六月三十日上午，馬志尼向制憲會議發表演說。他說有三個辦法：他們可以投降；繼續打仗，然後戰死街頭；或是可以退到山上，繼續奮力抵抗。大約中午時，加里波底出現，全身沾滿塵土，身上的紅衫佈滿鮮血和汗水；他心意已決。投降是不可能的。他指出，街頭戰鬥也不是辦法；羅馬的台伯河以西地區一旦被迫棄守，法國軍隊就能輕易摧毀城市，到時候只能退到山區。他告訴他們：「不論我們在哪裡，哪裡就是羅馬（*Dovunque saremo, colà sarà Roma.*）」[4]

羅馬此時正等著教宗返回；但庇護不急。他知道羅馬要回歸正常，要等數星期或數月；不論如何，他自己的政策是什麼？整體來說，他很高興路易—拿破崙同意在羅馬或附近無限期留下一支法國駐軍，因為他可能會用到，但他也決心不讓這位親王總統指使他。他不可能再次採用一八四八年的憲法；他只允許有條件的大赦、成立國務院和立法會。唯有法國同意這些條件，他才願

4 英譯文：Wherever we are, there shall be Rome.

意返回。一直到一八五〇年四月十二日，他才正式再次踏入羅馬。但這次他拒絕入住奎里納爾宮：那裡有太多不幸的回憶。他直接前往梵蒂岡，後來的繼任教宗們也都住在那裡。

✠

難道一八四八年是白忙了一場？到了一八五〇年初時看似如此。庇護九世回到法國佔領的羅馬；奧地利軍隊回到威尼斯和倫巴底；拿坡里的國王斐迪南二世（「炸彈國王」，King Bomba）廢除憲法，再次獨攬大權；由奧地利派兵駐守的佛羅倫斯、摩德納、帕馬情況都一樣。整個半島只有皮埃蒙特仍是自由的，但皮埃蒙特也發生了變化。高挑英俊的理想主義者卡洛·阿爾貝托過世了，其子維特·埃馬努埃萊二世（Victor Emmanuel II）接任王位，他身材矮胖、異常醜陋，（看似）主要對狩獵和女人有興趣。不過他比外表看來更聰明；儘管他在公眾場合看似膽怯笨拙，但他善於把握機會。很難想像義大利統一運動沒有他會怎樣。

但若是沒有伯爵卡米洛·加富爾，維特·埃馬努埃萊二世可能也會失敗，加富爾在一八五二年底擔任他的首席大臣，接下來九年一直掌權，除了中途稍有中斷，而這九年也是義大利的關鍵時期。加富爾的外表就像他的主人一樣其貌不揚。他身材矮小，有大肚皮，皮膚有斑點，頭髮稀疏，戴著像護目鏡的眼鏡，穿著破舊衣服，乍看下並不起眼。但他的頭腦機智犀利，一旦開口說話，少有人不被他的魅力折服。他在國內推行教會改革計畫，往往不顧虔誠又勤勉的天主教國王反對；同時他的外國政策直接朝統一義大利的夢想邁進，並以皮埃蒙特為首。但在奧地利控制威尼西亞–倫巴底的情況下，又有法國派兵保護教宗國，這夢想要如何實現？克里米亞戰爭後，於一八六六年初，加富爾和拿破崙三世[5]在巴黎進行和平談判，加富爾開始懷抱激動人心的新希望，儘管皇帝過去實行明顯無用的政策，但在盼望多時後，此時皇帝可能已準備好將奧地利人驅離。

令人驚訝的是，最終讓路易—拿破崙決定為了義大利動武的原因，是義大利愛國者密謀暗殺他。他們密謀在一八五八年一月十四日，趁他和皇后前往歌劇院時，朝他的馬車扔炸藥。他們兩人雖未受傷，但有數名隨從和周圍的路人受傷。這宗密謀的主事者菲利斯・奧爾西尼（Felice Orsini）是知名的共和主義者，之前參與過多次密謀。他在獄中等待審判時寫給皇帝一封信，後來在法庭公審時他大聲宣讀這封信，法國和皮埃蒙特的報紙都刊登了這封信。這封信最後寫道：「記住，只要義大利不獨立，歐洲和陛下的和平就只是一場虛幻的夢……讓我的國家自由，二千五百萬人的祝福會永遠跟隨你左右。」

儘管說這些高尚的話無法讓奧爾西尼免於死刑，但這些話似乎一直縈繞在路易—拿破崙的心頭，到了仲夏時他終於改變想法，願意以聯合作戰方式徹底將奧地利人驅離義大利半島。不用說，他的動機並非全然是理想主義。沒錯，他是真心愛義大利，也樂意為世人擔起解救者的角色，但他也知道自己在家鄉的聲望和民心正迅速下滑。他急需一場戰爭挽回聲譽，而且是一場勝戰，而奧地利是唯一可利用的潛在敵人。下一步是與加富爾討論可行辦法，一八五八年七月，兩人在佛日省（Vosges）的普隆比埃萊班（Plombières-les-Bains）一處小療養勝地祕密會面。兩人迅速達成協議。皮埃蒙特會策劃與摩德納公爵發生爭執，然後表面上應民眾要求而派部隊處理。奧地利

5 路易—拿破崙於一八五二年十二月二日復興叔叔的帝國，並自封為皇帝。

必定會支援公爵並宣戰；屆時皮埃蒙特向法國求助，法國會助皮埃蒙特將奧地利人驅離義大利，並併吞威尼西亞—倫巴底。義大利則割讓薩伏伊郡和尼斯市以示回報。尼斯是加里波底的出生地，割讓此地是加富爾必須接受的殘酷事實；但只要能換取自由，這是不得不接受的代價。

皇帝率五萬四千人軍隊於一八五九年五月十二日登陸熱那亞，六月四日在米蘭以西約十四英里處的小村莊馬根塔（Magenta）進行第一場決定勝負的戰役，法軍擊敗了奧地利的六萬人軍隊。雙方的傷亡人數都很高，皮埃蒙特的指揮官因優柔寡斷而晚到，他若未到，死傷人數會更高。但這一場災難未阻止路易—拿破崙和維特·埃馬努埃萊在四天後一同凱旋般地進入米蘭。

馬根塔一役後，加里波底加入法國—皮埃蒙特軍隊，維特·埃馬努埃萊請加里波底召集阿爾卑斯獵兵團（cacciatori delle Alpi，Alpine hunters），約十天前他在瓦雷塞（Varese）再次擊敗奧地利軍隊。接著他們一起前進，於六月二十四日在加爾達湖以南的蘇法利諾（Solferino）與奧地利大軍交戰。接下來的戰役有超過二十五萬人參與，是自一八一三年萊比錫之役以來最大規模。法軍此時得以亮出祕密武器：線膛砲，大幅提高砲火的精準度和射程。但大部分戰鬥是肉搏戰，從早上開始持續一整天。快到晚上時，二十九歲的皇帝法蘭茲·約瑟夫（Franz Josef）在豪雨中已損失約二萬人，他下令撤退到明喬河對岸。這場雖是勝戰，但損失慘重；法軍和皮埃蒙特軍損失的人數和奧地利差不多，而且戰後軍中都爆發流行病（可能是斑疹傷寒），雙方損失人數皆又增加數千人。大屠殺的場面令當時偶然在場的年輕瑞士人亨利·杜南（Henri Dunant）印象深刻，他為傷患組織了急救服務隊。五年後，他以自己的經驗成果創立紅十字會。

路易—拿破崙也為這場面深感震驚；這也是他在這場戰役十多天後與奧地利達成和平協議的

原因之一。還有其他原因：近期發生的一些事件促使幾個較小邦國考慮推翻他們的統治者，與皮埃蒙特合併，尤其是托斯卡尼、羅馬涅、摩德納和帕馬大公國。他們最後組成強大的邦國，橫跨法國邊境，涵蓋大部分義大利中部和北部地區：可能會吸收部分或整個教宗國，甚至兩西西里王國。法國人在蘇法利諾一役英勇獻出生命真是為了這個結果嗎？

於是一八五九年七月十一日，法國和奧地利的皇帝在維羅納附近的維雅夫蘭卡（Villafranca）會面，不到一小時便決定了義大利北部和中部的未來。奧地利保留威尼西亞，以及曼圖阿和佩斯基耶拉，這兩處是加爾達湖的大堡壘；倫巴底的其餘部分割讓給法國，再由法國交給皮埃蒙特。托斯卡尼和摩德納之前的統治者可恢復王位，義大利可以教宗為名譽主席成立邦聯。威尼西亞，包括威尼斯本身會是這聯盟的成員，但主權仍屬於奧地利。

可想而知，加富爾看到維雅夫蘭卡協議的細節時會有多憤怒。沒了威尼斯、佩斯基耶拉或曼圖阿，甚至沒有威尼西亞—倫巴底，義大利就不完整了；至於義大利中部，在還沒完全取得之前就已經失去了。與維特．埃馬努埃萊經過漫長而激烈的面談後，他提交辭呈。他致函給朋友時寫道：「我們應重新共同謀劃。」不過他也逐漸重振旗鼓。至少協議中未提到法國併吞薩伏伊和尼斯，那是他在普隆比埃時勉強同意的；目前情況就算不全然是他所期望的，肯定也比一年前好很多。

接下來數個月情況改善更多，幾個較小邦國斷然拒絕接受命運被安排；他們表明，沒有什麼能引誘他們再次接受之前的統治者。在佛羅倫斯、波隆那、帕馬和摩德納，獨裁者如雨後春筍般湧現，他們都決心與皮埃蒙特合併。唯一的障礙是皮埃蒙特本身；在維雅夫蘭卡協商的條件現在併入一項在蘇黎世簽署的正式條約，接替加富爾為首席大臣的將軍阿方索・拉馬爾莫拉（Alfonso La Marmora）不願採取行動違抗此條約。但獨裁者們已準備伺機而動。同時佛羅倫斯維持獨立；羅馬涅（包括波隆那）、帕馬、摩德納聯合組成新邦國，由於羅馬的艾米利亞大道（Via Aemilia）行經這三個地區，因此新邦國稱為艾米利亞（Emilia）。

加米洛・加富爾滿意地順隨這些發展，並於一八六〇年一月回杜林接管新政府。他才剛上任便立刻與拿破崙三世協商，沒多久兩人便達成協議。皮埃蒙特會與托斯卡尼和艾米利亞合併；薩伏伊和尼斯會割讓給法國以示回報。可以想像加里波底得知時會有多憤怒，他立刻開始計畫親自奪回他的故鄉，讓其回歸皮埃蒙特；但在他行動前，他眼前突然出現更大有可為的機會，不只是為崇高事業奮鬥的機會，而是創造歷史的機會。

✠

一八六〇年四月四日，巴勒摩發生大規模起義。這場起義並未成功，拿坡里當權者已事先暗地裡得知，但這件事成了北西西里各地起事的導火線，當權者無法全部應付。加里波底聽說此事時，他立刻行動。他向加富爾要求一支皮埃蒙特軍團但被拒，但不到一個月，他召集一支志願軍，他們在五月五日晚上從夸托（Quarto，現今屬於熱那亞）小港啟航，十一日在西西里西部的馬沙拉（Marsala）登陸，一路無人阻擋。他們來自義大利各階層社會，一半是專業人士，包括律師、醫生、大學講師，另一半來自工人階級。有些人嚴格上來說是共和主義者，但他們的首領向他們表示，他們不只是在為義大利戰鬥，也為國王維特・埃馬努埃萊而戰，而這一點已沒時間爭辯了。

他們自稱千人軍，不過其實有一千零八十九人，從馬沙拉往內陸前進。波旁軍隊抵擋得有點敷衍，到了五月底，加里波底成了巴勒摩的首領，兩個月後，是整個西西里島的首領。八月中，他和其軍隊穿越墨西拿海峽；九月七日，他乘坐敞篷馬車進入拿坡里，國王弗朗西斯科二世已在前一天逃走。

拿坡里是當時義大利最大城市、歐洲第三大城市。加里波底以獨裁者身分統治拿坡里和西西里兩個月，同時規劃下一步：進軍教宗國和羅馬。但他一直未採取行動。加富爾深知若讓加里波底繼續下去，勢必會與法國開戰，因此決心阻止他。此外，加里波底此時遠比維特・埃馬努埃萊深得民心；皮埃蒙特軍隊十分嫉妒他最近的成就；而且一直有個潛在的威脅是，馬志尼在九月中抵達拿坡里，可能會說服他拋棄皮埃蒙特國王，支持共和事業。

加里波底突然發現有兩支強大的軍隊在對付他：拿坡里和皮埃蒙特，國王弗朗西斯科已設法召募一支新軍隊，紅衫軍離開拿坡里後，才剛踏上北伐之旅沒多久，就在沃圖諾（Volturno）河畔遇到一支約五萬人軍隊。這是他們自登陸西西里以來第一次吃敗仗：就在卡亞佐（Caiazzo）小鎮外，在他們的首領暫時離開的情況下，他們其中一名將軍率眾人渡河失敗，中途損失二百五十人。但在十月一日，加里波底成功復仇。這場發生在佛米斯（Formis）的聖安吉洛（S. Angelo）小村莊內外的勝仗代價甚高，約有一千四百人死傷；但此戰可能挽救了義大利。

同時皮埃蒙特軍隊也往南進軍，進入教廷領地翁布里亞和馬爾凱。這場戰役平淡卻有成效，敵方只不過是一小支由來自各國的教宗支持者組成的志願軍，是從歐洲各地的天主教團體召募而來[6]。他們在佩魯賈遇到激烈反抗，在洛雷托（Loreto）附近的小村莊卡斯特菲達多（Castelfidardo）擊敗一支教廷軍隊，並在佔領安科納時擊敗一支較大的教廷軍隊，俘虜七千人，包括教廷軍隊的指揮官，法國將軍克里斯多福・狄・拉莫西耶（Christophe de Lamoricière）。教廷軍隊就此終結；麻煩也就此結束。

此時維特・埃馬努埃萊在相識已久的情婦羅西娜・佛奇拉納（Rosina Vercellana）的陪同下掛名率領軍隊，而佛奇拉納據說盛裝打扮。從此刻起，加里波底的好運開始消退。沃圖諾之役讓他明白進軍羅馬是不可行的；此時國王已經親自上路，他也認為自己在南方的統治要結束了。他瀟灑地棄戰，帶著大批護衛隊北上見國王，十一月七日，兩人並肩乘坐皇家馬車進入拿坡里。維特・埃馬努埃萊授予加里波底將軍一職和一座豪華莊園，但他婉拒了。他仍是革命分子，只要奧地利仍佔領維內托，教宗繼續擔任羅馬的世俗統治者，他便決心繼續自由行動。十一月九日，他駛往薩丁尼亞沿岸附近的卡普雷拉島（Caprera），前往他的小農場，帶著少許錢財（是借來的錢，因為他在掌權的那幾個月沒有收入）和一包果菜種子。

一八六一年三月十七日受難主日（Passion Sunday），維特・埃馬努埃萊二世自行宣布為義大利國王。據說加富爾的前任和繼任首席大臣馬西莫・阿澤廖（Massimo d'Azeglio）聽說此消息時說道：「義大利已建國；現在我們要當義大利人。」[7]

王室公告不到三個月後，加富爾過世。在他最後數星期的生命中，他仍在為羅馬的未來激辯，在此該記載一下，他從未踏足過羅馬。他主張，義大利其他所有主要城市已是獨立的自治市，而且都在奮力抗爭；唯有羅馬，是教會的所在地，仍置身於抗爭之外。儘管教宗肯定會被要求放棄世俗權力，但一定要不惜代價保證教廷的獨立性：「在自由邦國中的自由教會」。他面臨強烈反對聲浪：其中抨擊得最尖刻的是加里波底，他於一八六一年四月從卡普雷拉島歸來，穿著紅衫和灰色南美龐裘斗篷（poncho）大步邁入議會，朝著加富爾一陣破口大罵，他怒喝道，加富爾把他的半個國家賤賣給法國，還竭盡所能阻止他出兵兩西西里王國。但他只能成功證明自己不論是多出色的將軍，依舊不是政治家。而加富爾隨後輕易就贏得信任票。這是他政治生涯的最後一次勝利。他突然在六月六日中風過世，得年僅五十歲。

卡米洛·加富爾若能再多活十年，便能看到義大利的最後兩塊拼圖到位。在羅馬方面，教宗庇護拒絕讓步；他為了天主教世界而堅守教宗國，也必須按登基誓言將教宗國傳給繼任者。相較之下，拿破崙三世越來越容易協商，根據一八六四年九月十五日簽署的《九月公約》（September Convention），他同意在一八六六年九月前從羅馬撤軍。新的義大利王國則承諾保護教廷領地免受侵襲以示回報，並同意在六個月內將首都從杜林移到佛羅倫斯。這項執行了六年的公約，與其說是促使羅馬併入新義大利邦國，不如說是至少暫時保證維持現狀。另一方面，藉由結束法國的十

6 「庇護九世一開始對愛爾蘭志願軍存疑，因為他擔心愛爾蘭人會沉浸於廉價且隨處可得的義大利葡萄酒」（艾蒙·達菲，《聖徒與罪人》）。

7 義大利文：*L'Italia è fatta; restano a fare gli italiani.* 英譯文：Italy is made; now we have to make the Italians.

五年佔領為下一步做準備，不管下一步是什麼；藉由凍結羅馬的局勢，得以讓政府專心處理其他最重要事務：收復維內托。

因為突如其來的好運，此時天降神兵（*deux ex machina*），正好就降落在義大利夢寐以求的兩塊領土。這令普魯士首相奧托・馮・俾斯麥（Otto von Bismarck）出乎意料，他此時正將所有德意志邦國合併成一個帝國，而絆腳石就是奧地利。於是俾斯麥提議與維特・埃馬努埃萊結成軍事聯盟：奧地利將同時受到兩個陣線攻擊，普魯士從北方，義大利則從西方。戰勝後義大利可獲得維內托。國王同意了，而拿破崙三世沒有異議。這項條約於一八六六年四月八日簽訂，六月十五日開戰。六星期後戰事結束。一場戰役就解決了。戰場是在薩多瓦（Sadowa），距離布拉格東北方約六十五英里，所召集部隊數量創下歐洲戰場有史以來最高紀錄，約三十多萬支部隊。普魯士大獲全勝，接著是休戰和準備正式割讓維內托，並由一場公民投票確認，而投票結果早已是定局了。威尼斯終究成了義大利城市，而義大利得以在亞得里亞海擁有一座無價的新港口而自豪。

現在只剩羅馬要解決了。

✠

一八六四年十二月八日，教宗庇護頒佈通諭《何等關心》（*Quanta cura*）。之所以頒佈這道通諭，是因為自由派的伯爵查爾斯・蒙塔蘭伯（Charles de Montalambert）前一年在比利時馬連（Malines）的天主教代表大會（Catholic Congress）上發表演說。蒙塔蘭伯宣稱，古老的王座和祭壇聯盟已凋零，廢除的時機到了。他呼籲教會以全新態度接受新的民主主義，廢除禁書目錄、宗教裁判所等類似的鎮壓制度，開放自由討論。對庇護而言，這確實是危險的言論。蒙塔蘭伯和馬連總主教都收到嚴厲譴責的信函，教宗並著手準備通諭，待通諭頒佈時，並附上一份《謬說要目》（*Syllabus of Errors*）。比起通諭，《要目》更引起眾人驚愕，其中列出至少八十條譴責論點。其中有些無可爭議；其他論點則令許多虔誠信徒深感震撼。難道教宗真的認為非天主教徒在天主教國家應被禁止信奉自己的宗教？難道他是真心譴責「羅馬教宗可以且應該與進步、自由主義和近代文明和解」的觀點？

庇護九世從未失去隨和的魅力，始終保持微笑和幽默感；但必要的話，也有證據可證明他此時支持現代教會史上最反動、偏執和激進的運動之一。對所謂的教宗至上主義者（Ultramontanist）而言，教宗是絕對的統治者、無可爭議的領袖、絕無謬誤的指引。不容許任何討論，也不會有兩方辯論的現象。羅馬天主教正處於淪為類似警察國家的危險，既狹隘又偏執。正如從聖公會改信天主教的若望．亨利．紐曼（John Henry Newman）憤慨地寫道：「我們正退避到自己的小圈子，溝通界線越來越狹窄，在思想自由中戰慄，用沮喪絕望的言語描繪我們的前景。」難怪英國在羅馬的代表奧多．羅素（Odo Russell）向他的政府回報時寫道，教宗「自詡有絕對控制人類靈魂和身體的無限權力」，且他的立場是「帶領廣大教會共謀反對統治現代社會的原則」。他寫道：「自由派天主教徒若以教會立場抗辯，便會被判處異端罪。」

這波衝擊很快蔓延至歐洲各地。《要目》在法國遭禁，在拿坡里被公開焚燒；奧爾良主教杜班洛（Dupanloup of Orleans）寫道：「我們若不制止這愚蠢的羅馬天主教主義（Romanism），半個世紀內教會在歐洲將被放逐。」但教宗庇護仍不悔悟。他無視反對意見，於一八六九年十二月八日在聖伯多祿大殿召開教會大公會議，稱為第一次梵蒂岡大公會議（First Vatican Council）。

這是史上最大規模的大公會議，來自五大洲近七百位主教出席，其中一百二十人說英語。（若俄國能允許天主教司鐸參加，會有更多主教出席。）眾人同意議程應以兩項主題進行，信仰和教會。信仰方面的憲章正式譴責當時的泛神論、唯物主義和無神論，引起了少許問題。教會方面的憲章更是棘手。會議原本不打算將教宗無誤論（Papal Infallibility）列為主要議題，但隨著會議繼續進行，這逐漸成為首要議題。辯論冗長而熱烈，最終以五百三十三比二的多數票通過憲章的措辭，但有許多人因為對雙方的極端分子感到失望而棄票。會議宣稱，羅馬教宗確實是絕對無誤的，他的釋義「不得糾正，不需由教會同意」；但他的無誤僅限於「以宗座權威下詔時，即履行所有基督徒的牧職和聖師職務時，憑藉至高無上的宗徒權威，根據普世教會的信仰或道德解釋教義」。

這項法令於一八七〇年七月十八日頒佈，而且頒佈得正是時候。隔天法國和普魯士宣布開戰；法國立刻從羅馬撤軍，義大利人隨即佔領羅馬，大公會議於是驟然結束。

✠

一八六六年末，加里波底準備進軍羅馬，甚至發表宣言，呼籲所有熱愛自由的羅馬人群起反抗教宗。由於《九月公約》還要執行四年，皮埃蒙特政府別無選擇，只能逮捕他，將他送回卡普雷拉島；但他很快逃跑，此時已六十歲的他重新召集志願軍，繼續履行承諾進軍。

他漏算了法國。拿破崙三世已在一八六六年按《九月公約》撤走軍隊，現在另派新的軍隊，配備致命的新型夏塞波步槍，於十月底在奇維塔韋基亞登陸。志願軍人數寡不敵眾，戰勝機會渺茫。加里波底設法越過邊境溜回義大利，卻自投羅網。他被送回卡普雷拉島，在那裡遭到軟禁看管（這次戒備森嚴）。他的軍隊至少有一千六百人被俘。

再一次，由於皇帝拿破崙的反應迅速，挽救了教廷的世俗權力；此時沒人能料到，不到三年後他此舉反而是助長教廷垮臺。而最主要的推手又是俾斯麥，他威脅要將統治普魯士的霍亨索倫王朝（House of Hohenzollern）的一位親王推上西班牙王位，巧妙地將法國引入戰爭。這場戰爭是由法國於一八七〇年七月十九日宣戰，而非普魯士。結果證實是一場激戰：拿破崙必須用盡一兵一卒奮力戰鬥。到了八月底，羅馬的法軍已全軍覆沒。

庇護九世深感危機四伏。他身邊只剩一小支僱傭兵保護他。拿破崙於九月一日在色當（Sedan）[8]戰敗，於二日投降，第二帝國就此終結，庇護的最後希望也就此破滅。對義大利政府而言還剩下一個問題要決定，那便是時機：他們的軍隊是否該立刻佔領羅馬，《九月公約》即將到期，反正其中一個簽署者已滅亡，這公約也只是一紙空文——或者他們該等到民眾起義時？

同時維特．埃馬努埃萊派特使古斯塔夫．龐扎．狄．聖馬提諾伯爵（Count Gustavo Ponza di San Martino）向教宗做最後呼籲，如他所寫，他是「懷著兒子的感情、天主教的信仰、國王的忠誠和義大利人的靈魂」。他繼續寫道，義大利和教廷的安全取決於義大利軍隊進駐羅馬。聖父閣下難道不接受這無法改變的事實，展現善意配合？可嘆的是，聖父閣下不願配合。他宣稱，他只屈服於暴力，即便如此，他至少也會表現出抵抗的樣子。在他讓特使離去前，他要特使最後保證：聖

8 據說教宗對剩下的最後一名法國代表說：「法國失去了牙齒（發音類似失去色當）。」庇護九世說的雙關語是出了名的糟糕；但就算以他的程度來說，這句雙關語也必定是他最糟糕的一個。

馬提諾和其朋友不得再踏入羅馬。這位爵爺朝門口走到一半時，教宗召他回來。他微笑著說：「這最後的保證並非絕對無誤！」不論如何，他說話是算數的。義大利軍隊於一八七〇年九月二十日上午從庇亞門（Porta Pia）進入羅馬時，發現一支教廷分遣隊在等著他們。這場街頭戰役很快結束，但最後有十九名教宗支持者和四十九名義大利人戰死。

接下來數小時，義大利軍隊大批湧入羅馬，只剩梵蒂岡和聖天使城堡，而這兩處此時也掛起白旗投降，再也沒遇到抵抗。一八七一年五月，按所謂的《保障法》（Law of Guarantees），政府保證教宗是神聖不可侵犯的，他可繼續獨佔梵蒂岡、拉特朗大殿和他在岡多菲堡（Castel Gandolfo）的鄉間住所。但這三處此後都屬於義大利國家的財產，每年支付他三百五十萬里拉的賠償金。教廷宮殿和教宗近衛隊將維持不變；教宗將繼續處理自己的外交事務，教廷可繼續委派外交使團。教宗可透過梵蒂岡郵局和電報局與外界通訊，梵蒂岡也可發行自己的郵票。但庇護頑固地拒絕承認這既定事實，也拒絕接受賠償金。他宣稱，身為「被釘上十字架的天主之代表」，他已準備好受苦；但他主動放棄伯多祿教產，而「耶穌基督的無縫聖袍」則是他永遠不會考慮放棄的。

但他確實接受了《保障法》中一項條款：任命所有義大利主教的權力。隨著義大利統一，所有二百三十七位主教的任命權都在維特．埃馬努埃萊手中；任命權轉移到教廷後，義大利主教轄區對教宗的態度徹底改變，教宗對教會的權力無限增長。但教宗對義大利政府的看法並未因此改變。他已於三年前頒佈法令《不參政》（*Non Expedit*），禁止天主教徒參與選舉或投票，或以任何方式參與新王國的政治生活，此法令在第一次世界大戰後仍有效力；現在他主動退到梵蒂岡城內，在那裡度過他人生最後八年。不久後舉行的公民投票有十三萬三千六百八十一票支持羅馬併入義大利王國，有一千五百零七票反對。羅馬此時並非透過征服成為義大利國土，而是透過羅馬人民的意願。只有梵蒂岡仍是獨立的主權邦國。

一直到一八七一年七月二日，維特．埃馬努埃萊才正式進駐新首都。他向市長發電報禁止所有慶祝活動時，街道早已為這天裝飾好了。身為虔誠的天主教徒，他被開除教籍時感到既悲傷又驚恐。普魯士的中世紀羅馬歷史學家斐迪南．格雷戈羅維烏斯（Ferdinand Gregorovius）在日記中寫道，這場進駐遊行「既不華麗歡慶、也不壯觀莊嚴；就如本該如此，因為這一天象徵教宗對羅馬的千年統治結束」。那天下午，許多工人階級民眾在台伯河西舉行了小型慶祝典禮，國王獲邀渡河前往參加。他斷然拒絕，並用沒有多少人聽得懂的皮埃蒙特方言說道：「教宗就在咫尺之外，他會傷心。我對那位可憐的老人造成的傷害夠多了。」

✠

教宗庇護在一八七〇年九月十九日最後一次行經羅馬，當時他要前往聖若望拉特朗大殿，他在那裡下馬車，緩慢而痛苦地跪著登上聖階。他登上最頂端的臺階後禱告，然後站起身，為護送他的教廷衛隊賜福。接著他返回梵蒂岡，此後七年半餘生再也沒有離開，比拿破崙三世多活了五年，比維特．埃馬努埃萊多活了一個月。他最後做的事情之一是解除國王的教籍開除令，讓國王最後得以領受聖事。在他過世前幾個星期，最常探視他的是西敏寺總主教，樞機主教亨利．曼寧（Henry Manning），他是徹頭徹尾的教宗至上主義者。庇護在過世前，給了曼寧一張他自己十分糟糕的照片，照片底下潦草地寫著基督涉水時說的話：「別怕，是我」。讓人不禁懷疑曼寧是否領略其中的幽默。

庇護在一八七八年二月八日上午過世。樞機主教佩奇（Pecci，很快便繼任為李奧十三世）按習俗用小銀槌在他前額輕敲三次，呼喚他的領洗聖名，賈瓦尼．馬利亞。沒有回應後，他轉向其他在場的樞機主教們，說出傳統說詞：「教宗確定安息了。」遺體放在聖體堂供瞻仰，雙腳貼著護柵後面，讓信徒親吻。連續三天日夜都有大批群眾前來瞻仰。

他的教宗任期是教宗史上最久，長達三十一年。從庇護的角度來看，他的政治生涯是徹底失敗；但庇護未用盡一生努力維持世俗權力。他首要關心的始終是教會本身的健全和福祉；關於這一點沒有其他教宗比他更努力或更有成效了。他成立了兩百多個新教區，尤其是在美國和大英帝國；他在英國和尼德蘭重建天主教聖統制；他與眾多邦國簽訂政教協定，不只包括天主教國家。

他也有其他成就，而且維持更久，儘管不是每件成就都廣受讚賞。早在一八五四年，教宗已宣布教義聖母無染原罪，按此教義，聖母在出生時未染原罪（並非許多人以為的耶穌基督）。教義宣告的方式與教義本身同樣重要，甚至更重要；儘管庇護已事先諮詢過幾位樞機主教，但他敢於以自己獨有的權威提出此信條，是其他教宗所不敢做的。這麼做等於是大力推動發展迅速的瑪利亞教派，而此教派也隨著世紀推移持續推動。僅在四年後便出現神性認證之印記：聖母在盧德（Lourdes）顯現在年輕的伯爾納德．蘇比魯（Bernadette Soubirous）面前，向她自我介紹時說「我是聖母無染原罪」。教宗大力鼓勵的另一個教派是耶穌聖心（Sacred Heart of Jesus）。十八世紀時，楊森主義者認為那是「心臟崇拜」而不願接受，但庇護堅持將此教派節日列入天主教日曆。位於巴黎地勢最高點的蒙馬特（Butte Montmartre）的聖心堂（Sacré Coeur）是在他任內建造的，這絕非巧合。

他這一生既受人愛戴也受人憎恨，既受人尊崇也受人鄙視；一八八一年，他過世後三年，局勢再次翻轉。教會原本為其遺體的最終安息之處定在城外聖老楞佐聖殿的宗主教座堂；但由於義大利此時正處於反教權主義的激烈浪潮中，這波浪潮是由總理阿戈斯提諾·德普雷迪斯（Agostino Depretis）興起的，因此教會認為在晚上轉移遺體較安全。不幸的是，移靈的消息傳到羅馬一群暴徒耳中，他們差點將棺材投入河中。等棺材運進聖老楞佐聖殿時已被暴徒用石頭砸凹，遭大量淤泥濺污。看來庇護九世始終是備受爭議的人物，至今亦是。

第二十六章 李奧十三世與第一次世界大戰（一八七八—一九二二）

一八七八年二月二十日，祕密會議在第三輪投票中選出樞機主教喬奇諾・文森佐・佩奇（Gioacchino Vincenzo Pecci）為教宗李奧十三世（一八七八—一九〇三），這是教廷失去世俗權力後舉行的第一場祕密會議。此時佩奇距離六十八歲生日只有十天，而且眾所周知身體狀況不佳；但那些將他視為一時權宜人選的人很快會對他改觀。他在逾四分之一世紀的任期內以格外高效率管理教會。

他的職涯初期一直是前途無望。他於一八四三年在比利時擔任教廷使節時以慘敗告終，他是在國王利奧波德一世（Leopold I）要求下受辱離開。接下來三十二年擔任不太重要的佩魯賈主教。一八五三年庇護九世升任他為樞機主教，但有無上權力的安東納利不喜歡也不信任他，一八七六年安東納利過世後，佩奇才被召回羅馬。接下來他獲任命為財務總管（*Camerlengo*），是在教宗過世到選出繼任者期間負責管理教會的樞機；但此職務其實並不如一般人所想的重要，因為長久以來一直有財務總管不會升任教宗的傳統。

李奧接手的問題確實難以對付。在一八七〇年代和一八八〇年代，尤其是在阿戈斯提諾・德普雷迪斯和弗朗西斯科・克里斯丕（Francesco Crispi）兩位總理時，義大利王國對教廷的態度明顯懷有敵意：一再違反《保障法》。李奧在就任後甚至不能按傳統慣例在聖伯多祿大殿的涼廊為群眾賜福；整個儀式反而必須在西斯汀小聖堂的隱密處舉行。接下來數年情況更是每下愈況。遊行和戶外儀式受到禁止；主教們不斷受到政府干預；什一捐被扣押；司鐸被徵召入軍隊，越來越少司鐸獲准參與教育。天主教信徒擔心遭到迫害，因此懇求教宗成立自己的國會黨派，以便憑自己力量應付政府；但李奧仍堅定不移。若天主教徒想透過地方投票或市政選舉表達自己的感受，他們可以去做；但超出這個範圍等於是承認義大利這個國家，而這點是教宗辦不到的。

另一方面，身為至高無上的教宗，他可以為教會發言，他也定期而積極地這麼做了。李奧所表達的觀點基本上與前任無異，不論是梵蒂岡大公會議，甚至《要目》；但語氣明顯不同。庇護九世後來發表宣言的語氣尖銳刺耳，現在已聽不到了：李奧的語氣冷靜、理性，並帶著遺憾。為何義大利王國如此懷有敵意？當然教會應該是朋友，不是敵人。難道教會沒有引導人類啟蒙，脫離野蠻？那麼為什麼教會參與教學會遭到拒絕？任何人都知道，拒絕教會參與教育只會造成目無法紀和爭鬥。只要義大利能回歸天主教，所有當前的麻煩都會消失。

至於其他國家，李奧採取更溫和的方式。法國—普魯士戰爭改變了歐洲的宗教面貌。佔主導地位的強權已非天主教奧地利，而是強悍的新教普魯士，而這個新政體讓德意志的天主教地區（尤其是巴伐利亞）深感擔憂。德意志新教徒一直對庇護九世的《要目》和無誤論定義感到憤怒，同時天主教徒已組成強大的政治黨派，在柏林議會中形成一股強大的阻礙；因此俾斯麥將他們視為潛在的危險敵人。俾斯麥在一八七二年任命可惡的艾達貝．法爾克（Adalbert Falk）博士為教育部長，在他的協助下創立了所謂的「文化鬥爭」（*Kulturkampf*，Culture Struggle），繼而產生所謂的法爾克法（Falk Laws），按此法律驅逐耶穌會等其他數個宗教修會，所有天主教教育機構嚴格受國家控制，在講道臺上討論政治可判處監禁。

李奧就任後立刻尋求和解。所幸此時俾斯麥的反教權主義政策證實毫無成效，他也對此政策失去信心；此政策引起激烈抗議，發生過一、兩次嚴重暴動，甚至偶爾發生流血事件。他此時很高興能找到藉口放棄此政策，教宗的提議為他提供了一個保全面子的完美機會。當然，這位總理不能太快放棄；但到了一八八〇年底，反教權主義政策被廢除，到了一八八六年，文化鬥爭也被廢除。唯一重要的例外是驅逐耶穌會，這項驅逐令仍一直執行到一九一七年為止。

不幸的是，普魯士才剛放棄反教權主義，法國卻正要重新燃起。近期發生巴黎公社（Paris Commune）恐怖事件後，又引發戰爭，期間巴黎總主教和其他幾位傑出教士被行刑隊處決；不出所料，這場暴行引起右翼的反動行動，並持續近十年。一八七九年時，法國的政局這次反過來由里昂・甘必大（Léon Gambetta）主導，他在兩年前以這句話界定自己的立場：「教權主義是敵人。」（*Le cléricalisme, c'est l'ennemi.*）甘必大在一八八二年最後一天過世，得年僅四十四歲，在他情婦的陪伴下，死於左輪手槍「意外」走火；但他的政策並未隨他而逝。在整個一八八〇和一八九〇年代，法國再次全面盛行文化鬥爭。根據激進左翼派茹費理（Jules Ferry）的知名教育法第七條（Article VII），宗教和世俗學校不能再平等競爭。正如路易十五世時期，耶穌會士被逐出他們的宗教會院。聖母會神父和道明會士在國立或私立學校任教的權利被剝奪。小學教育完全世俗化。神學院學生不再豁免兵役。第一批國立女子中學創立，這是一大改革，也令許多人震驚，因為在此之前年輕女子的教育一直由教會獨佔。最後是首次批准離婚。

在第三共和國與教會劍拔弩張的情況下，教宗李奧已是盡力而為。他一再頒佈通諭敦促法國政府結束敵對，否則只會對法國的根本造成傷害：他不斷重申，教會和國家不是不能和諧共存；

而是相輔相成，因此應該合作，共同為法國人民謀福祉。但他也對右翼派、君主主義者、天主教派同樣直言不諱。他宣稱，共和主義的信條既非違法也非不道德；善良的天主教徒不論有什麼感受，都有責任支持已建立的共和國。教會可以對抗懷有敵意的法規；但絕不能反對合理的憲法。但教宗之言幾乎沒什麼影響力；而法國在一八八八—九年未躲過一位格外野心勃勃、卻有些荒謬的獨裁統治者，喬治．布朗熱（Georges Boulanger）[1]將軍，他更是將天主教的權利分化。

一八九三年至一八九八年，法國由一群相對較溫和的部長統治，一開始看似教會最艱難的困境要結束了。教宗李奧再次向法國天主教徒頒佈通諭確立，只要共和黨候選人承諾宗教自由，主教便可適度地支持那位候選人。於是天主教共和黨就此成立，導致議會多數轉向中間派。但接著在一八九四年十一月，猶太人上校阿弗列．德雷福斯（Alfred Dreyfus）被判定叛國罪，隨後被判處在惡魔島（Devil's Island）終身監禁。在他是否有罪的問題上，法國分成兩派，始終反猶太人的天主教徒可想而知是反對德雷福斯。提及此事的所有出版刊物中，用詞最惡毒的是聖母升天會（Assumptionist Order）的刊物《十字架》（*La Croix*）[2]。這件事拖到一九〇六年夏天，德雷福斯最終官復原職，後獲得升遷和授勛。

但到了那時，法國天主教已承受最大打擊。一九〇二年六月，政府由埃米爾．孔布（Emile Combes）接手，他是外地來的政治人物，曾學習擔任聖職人員，但後來對教會和其代表的一切產生仇恨。此時正要開始大規模驅逐「未經批准的」宗教修會；一九〇三年四月十九日，兩組帶著槍上刺刀的騎兵大隊到大沙爾特茲山（Grande Chartreuse），強迫驅離整個修道院會眾。到了一九〇四年末，超過一萬所天主教學校被關閉。成千上萬司鐸、僧侶和修女逃離法國以免被迫害；一九〇五年十二月正式廢除於一八〇一年簽訂的政教協定，教會和國家徹底政教分離。這對教宗體制來說是悲傷的一天；可喜的是，李奧十三世不必活著看到這一切。

但李奧最重要的成就不是政治或外交，而是社會方面。他是第一位勇於正視世界已進入工業時代的教宗。並不是說他的前任未注意到義大利明顯充滿都市無產階級；只是庇護九世不斷激烈攻擊社會主義、虛無主義和當時他所視為邪惡的一切。但他未認識到這個龐大的新勞工階級才是教會的責任，卻大多被教會忽略。是李奧重新開啟雙方的對話，採用社會行動（social action）計畫。單是在他的教宗任期內，他的代表大會工作和天主教委員會（*Opera dei Congressi e dei Comitati Cattolici*）就贊助十四次代表大會；他也監督成立天主教貿易工會，原本相當成功，直到一九二七年墨索里尼將主動停工定為應受懲罰的罪行。

他最優秀的功績或許是在一八九一年五月頒佈的通諭《新事物》（*Rerum Novarum*），其實這是

---

1 布朗熱差點發動政變，卻臨陣退縮。他逃到布魯塞爾，後來在情婦的墳前開槍自殺。記者卡荷琳・萊米（Caroline Rémy）以筆名席文琳（Séverine）寫道：「他的開頭猶如凱撒，過程猶如喀提林（Catiline），結局猶如羅蜜歐」。

2 德雷福斯獲赦免後，羅馬耶穌會的刊物《天主教文明》（*Civiltà Cattolica*）仍持續宣稱他有罪，編輯拉非雷・巴雷里尼神父（Fr Raffaele Ballerini）聲稱猶太人為了替他脫罪，「收買歐洲所有報紙和良心」。數年前在一八八一和一八八二年，同一份刊物聲稱，按猶太法律，基督徒孩童的血液「能約束所有希伯來人的良知」。這份刊物繼續寫道，每年猶太人都將「一個孩童釘上十字架」，讓那孩童「必定在折磨中死去」（科恩韋爾，J. Cornwell，《希特勒的教宗：庇護十二世祕史》，*Hitler's Pope: The Secret History of Pius XII*，頁二八）。

教廷對《資本論》（*Das Kapital*）和《社會主義宣言》（*The Socialist Manifesto*）做出為時已晚的回應，後來教宗若望二十三世形容其為天主教社會教義的大憲章（Magna Carta）。李奧已在序言中明確表態。在目前的工業社會，他寫道：

> 一小群非常富有的人得以在大量窮苦工人身上套上枷鎖，這幾乎與奴隸無異……目前嚴重的衝突源自於工業大幅擴張和科學的非凡發現；源自於主人和工人之間的關係改變；源自於少數人的鉅額財富和多數人的極度貧困；源自於勞工階級的自立更生和更密切互相結合的現象增長；最後是源自於普遍的道德墮落。

他強調，階級和不平等永遠存在；同時強烈譴責馬克斯的階級鬥爭理論。錯就錯在當代資本主義中考慮不周的冷酷無情和貪婪；每個工人都有權要求公平的薪水，甚至絕對必要的話，有權罷工。國家的職責是確保雇主和雇員之間的合約得以妥當制訂和遵守，並規範工作時間、安全措施和工作條件。但不該關心社會弊端是否消除；這只能透過基督教慈善事業做到。宗教確實曾是勞資和平的指引。若沒有宗教，世界會陷入無神的無政府混亂狀態；而且在他人生最後十年中發生一連串公然刺殺事件，包括法國總統薩迪．卡諾（Sadi Carnot）於一八九四年遇刺、奧地利皇后伊莉莎白於一八九八年遇刺、義大利國王翁貝托一世（Umberto I）於一九〇〇年遇刺、美國總統麥金利（McKinley）於一九〇一年遇刺——他似乎看到最可怕的惡夢實現了。

這一整篇內容毫無革命性；大多以舊教廷的家長式專制作風的語言包裝，而且有許多段落是關於人類天生不平等，以及窮人有義務安分守己，而這些內容可被右派護教論者斷章取義，用來主張其實一切都沒什麼變。《新事物》的真正意義在於它代表第二十世紀首位教宗的思想，即庇護九世的繼任者。從此這道通諭為未來世代的天主教社會主義者開啟發揚和推動此思想的大門。

教宗李奧十三世於一九〇三年七月二十日過世，得年九十四歲，他始終神志清明，精力充沛。為了天主教會在歐洲兩大主要國家的福祉——或許有人會說是為了生存——少有教宗需要比他更努力，而他本不該如此，在他二十五年的努力奮鬥中，他承受許多挫折和失望。但回首這一段任期，他有一項驚人的成就：他證明教宗就算被削去世俗權力，甚至其實成了「梵蒂岡的囚徒」，他仍是世上一股強大的力量。他為教宗身分賦予新形象，讓教宗之位享有許多世紀以來最高的聲望。

✠

李奧十三世受到全球各地尊崇；但他未受到愛戴。沒有世俗君主比他更注重禮儀。李奧堅持訪客在覲見他時全程要下跪；他的隨行人員絕不能站在他的面前；據說在他二十五年任期間，他沒跟他的馬車伕說過一句話。在他過世後，樞機主教們希望能改變也是意料之中；於是他們選出一位截然不同的人選。封號為庇護十世（一九〇三—一四）的朱塞佩．薩托（Giuseppe Sarto）是農民出身，是自三個多世紀前的西斯篤五世以來第一位，父親是維內托的鄉村郵差，母親是女裁縫。他擔任過八年堂區司鐸，後來雖然擔任過曼圖阿主教和威尼斯宗主教，但大部分時候仍是擔任堂區司鐸；在他擔任教宗期間，他每週日下午親自講授教理問答。他完全沒有前任的莊嚴、嚴厲或冷酷超脫；他熱情、平易近人，最重要的是腳踏實地。

他一就任後立刻在教會實行改革。他簡化教廷組織，將三十七個部門減至十九個。他重新編修法典。他幾乎是重寫了日課經和教理問答。他也廣泛修改教會音樂。在十九世紀，教會音樂傳統上的中世紀特色由深受義大利歌劇影響的樂曲所取代；威爾第（Verdi）的《安魂彌撒》（*Requiem*）和羅西尼（Rossini）迷人的《小莊嚴彌撒》（*Petite Messe Solonelle*）就是明顯的例子。這是教宗嚴厲譴責的，他呼籲回歸額我略風格的反覆吟誦和單旋律聖歌。他也發起運動鼓勵所有天主教徒更常領受聖體。他強調，一年數次是不夠的，優秀的天主教徒應每天領受聖體，或至少一星期一次。初領聖體是另一個影響深遠的改變：之前是十二歲到十四歲的孩童要舉行初領聖體儀式；之後年齡改為七歲。從此這項傳統在天主教世界沿襲至今：小女孩穿著白色連衣裙，頭戴白紗，小男孩繫上飾帶，儀式後是送禮物和家庭慶祝活動。

庇護勤奮努力，而且成就頗豐；但他未能像庇護九世和良那樣對歐洲和世界發揮影響力。他太文靜、謙卑、聖潔；他也正因為聖潔而讓想法侷限於最初的思想。義大利、法國、德國和英國的天主教知識分子神學家正竭盡所能，將宗教從中世紀經院哲學的枷鎖解放出來，讓他們的信仰與貫穿世紀初的哲學思想和驚人科學、歷史和考古發現相互調和，卻發現教宗不僅無同理心，也是積極而不寬容的敵人。一九〇七年，他頒佈通諭《應牧放主羊》（*Pascendi*），內容長達至少九十三頁，譴責他口中的「現代主義」是「所有異端的概要」。近期一位歷史學家[3]形容這「相當於恐怖統治的開端」；教宗和他的教廷國務卿拉菲爾・梅利・戴爾佛樞機主教（Rafael Merry del Val，西班牙裔英國人），親自批准一個名為「聖庇護五世協會」（The Society of St Pius V）的組織，有效執行祕密警察制度，壓制自由派的天主教報紙，以蒸氣軟化封口拆封信件，甚至利用密探奸細陷害自由派入罪。這組織由格外邪惡的蒙席翁貝托・貝尼尼（Umberto Benigni）管理。受害人包括巴黎和維也納的樞機總主教，以及夫里堡（Fribourg）的整個道明會會眾。

儘管庇護十世專注於教會事務，但在教宗任期後半段時，他十分清楚歐洲各強權正堅決走向戰爭，而這場戰爭必然是天主教徒之間的自相殘殺，可能還是史上最具破壞力的戰爭。他為此深感痛苦，且因為知道自己無力阻止而更感痛苦。一九一四年七月底爆發的戰爭往往被認為是加速他死亡的原因，他在三個星期後的八月二十日過世。這確實是有可能；但他當時已經七十九歲，飽受痛風之苦，前一年心臟病發作過，可能時日已不多。

庇護遭到詆毀的事情中，以神學領域尤甚；但沒人質疑他有善良的本質。一九〇八年墨西拿發生驚人的大地震後，在義大利政府伸手援助前，他已在梵蒂岡收留大批無家可歸的流民。他不為自己或家族求恩惠：他的兄弟仍一直擔任郵局職員，他的三個姊妹在羅馬都過著拮据的生活；他的姪子仍繼續擔任普通的堂區司鐸。因此他比他的兩位繼任者更受愛戴，他過世沒多久便有大批朝聖者前來他位於聖伯多祿大殿地下墓室的墳前祈禱。一九二三年，在他就任後二十年，漫長的封聖程序開始了，但過程並不完全順利：教廷國務卿皮耶卓・加斯帕里（Pietro Gasparri）提出證據證明教宗「曾支持、祝福和鼓勵教會聖統外的某個祕密間諜組織……教會中的某種共濟會，這是教會史中聞所未聞的」。但沒人理會這種小瑕疵；一九五四年，教宗庇護十二世在約八十萬人

3 達菲，《聖徒與罪人》，頁二五〇。

面前正式宣布他為聖人，是自四個世紀前過世的庇護五世以來，首位晉升為聖人的教宗。[4]

接下來在第十六輪投票當選教宗的是熱拿亞的貴族賈科莫・德拉・基沙（Giacomo della Chiesa），封號為本篤十五世（一九一四—一九二二），但他立刻在梵蒂岡引起緊急問題：他因為早產而未長到正常身高；就算穿上最小件的現成教宗袍仍像是身上掛著一副窗簾。據說他轉頭朝梵蒂岡的裁縫師微笑說道：「卡羅（Caro），你忘了我嗎？」他在波隆那擔任總主教時是出了名的矮個子；樞機團通常要與教廷密切配合，但身材矮小不是庇護十世和樞機主教梅利・戴爾佛格外不信任而阻止他進入樞機團的原因；他是在升任教宗前三個多月才當上樞機主教。在他發現辦公桌上的第一批公文中有一份是譴責他時，他可能甚至不特別感到驚訝，那份公文是不久前按他的前任要求而起草的。他採取的第一個行動是解雇他的前主管梅利・戴爾佛，甚至不給他時間清空辦公桌。接著他撤除蒙席貝尼尼和其間諜組織，教廷終於能再度喘口氣了。

本篤的教宗任期還沒開始就注定要失敗，因為遇到第一次世界大戰，他的政績必然相形見絀。戰爭中的每一方都有許多本篤的會眾，他也只能嚴格保持中立，同樣譴責雙方殺戮，竭盡全力透過和平協商結束這場他口中的「可怕屠殺」。同時他也盡一切所能減輕苦難：在梵蒂岡開放一處代理機構交換受傷的戰俘，最終有六萬五千人得以遣送回國；他說服瑞士接收來自任何軍隊的結核病患；而他發起的無數救援行動差點導致梵蒂岡破產。[5]

儘管他力求公正，但結果雙方難免都指責他偏袒對方，協約國可說是更有理由如此指責，因為德國其實提出，一旦義大利戰敗，德國會協助他收復教廷在羅馬的世俗權力[6]。本篤也相當恐懼，因為在俄國戰勝下，東正教正向西方擴張；但隨著俄國大革命到來，這股恐懼突然轉為希望，終於有希望與東正教和解，讓俄國回歸天主教。早在一九一七年五月，他已為東方教會成立聖部，隨後在羅馬成立教廷東方研究所（Pontifical Eastern Institute）；但他的努力付諸東流，事實上列寧對宗教宣戰，一掌權後便立刻在俄國殘忍地迫害東正教會和羅馬天主教會。

義大利政府於一九一五年參戰時，成功說服協約國不與教宗往來，拒絕讓他代表參加一九一九年的和平談判，而教宗不掩失望。他只能譴責政府這是「復仇之舉」——事實上確是如此。他在餘生中竭力確保教會在戰後歐洲的地位，且成就非凡。他在一九一四年剛就任教宗時，駐教廷的外交代表有十四人；他的任期於一九二二年結束時，增至二十七人。其中包括英國，其代理公使是自十七世紀以來首次派來的代表。考慮周全的教宗在一九二〇年為阿克的貞德封聖後，教廷與法國的關係大有改善，並於一九二一年恢復邦交。沒錯，梵蒂岡與義大利政府的關係仍是問

4 「一九五四年的教宗庇護十二世封聖和二〇〇〇年的庇護九世位列真福，證明從那時到現在，羅馬的封聖已淪為教會的政治表現。最近梵蒂岡開放的宗教裁判所檔案甚至只有到一九〇三年，即庇護十世就任那年為止，顯示人們多害怕面對真相」（孔漢思神父，The Revd Hans Küng，《天主教教會》，*The Catholic Church*, 2001）。

5 根據義大利歷史學家尼諾·羅貝洛（Nino lo Bello）所說，教廷國務卿加斯帕里樞機主教不得不向羅斯柴爾德家族（Rothschild）貸款，以支付一九二二年祕密會議的開銷。

6 在教廷大使，蒙席尤金·派契利（Eugenio Pacelli），即未來的庇護十二世的順利外交下，教廷與德國之間的關係在一九一七年後也大有改善。

題，但本篤至少邁出解決的第一步。他於一九一九年為基督教民主之父，神父路吉．斯圖爾佐（Luigi Sturzo）創辦的義大利人民黨（Italian People's Party）賜福，繼而有效廢除庇護九世的《不參政》[7]；三年後，此政黨成為議會第二大黨。接著在一九二〇年，他解除天主教國家元首正式拜訪奎里納爾宮的教會禁令，奎里納爾宮自一八七〇年以來是義大利國王的官邸。

本篤於一九二二年一月二十二日過世，得年僅六十七歲，令歐洲大為震驚，死因是感染流感後突然轉為肺炎。在他的教宗任期間，他仍相對較不出名；近期一部關於他的傳記更將書名取為《沒沒無聞的教宗》（The Unknown Pope）。這不完全只是因為戰爭。與他兩位前任不同的是，他長相不英俊，也不具備超凡魅力。一位美國記者寫道：「他的外型不出色、面無表情，既沒有屬靈也沒有世俗的威嚴感。」英國公使館的祕書甚至寫道：

……現任教宗明顯平庸。他是眼光狹窄的義大利人心態，幾乎未出過遠門，以拐彎抹角的方式處理事務……他既無法竿頭日進，也無法有效控制日常施政……他十分頑固，脾氣非常暴躁。

這評價不全然公平。本篤在梵蒂岡畢竟有二十年經驗，他對波隆那的控制堪稱典範，而該教區始終是難以控制。他的外表和公眾形象是他無能為力的；他每天接見不斷湧入的朝聖人潮時，也無法像李奧或庇護那樣令眾人留下深刻印象；朝聖人潮因戰爭已幾乎消散。事實上，儘管本篤在戰爭中為兩方提供無限的人道支持，但他在義大利或整個世界都沒有留下什麼印象。重要的是，他除了在聖伯多祿大殿有墳墓，也是所有教宗中，唯一讓土耳其人在伊斯坦堡的聖神聖殿主教座堂（Saint-Esprit Cathedral）中庭為他立碑的。碑文寫著：「世界悲劇中的偉大教宗……所有民族的恩人，不分國籍或宗教」。至少有人懂得感激他。

7 這項在一八六八年頒佈的法令禁止天主教徒參與義大利政治（請見第二十五章，頁四六二）。

第二十七章 庇護十一世與庇護十二世（一九二二—五八）

教宗庇護十一世（一九二二—三九）在祕密會議的第十四輪投票中獲選，也只是為了打破僵局，因此結果相當出乎意料。六十五歲的阿奇利·拉提（Achille Ratti）是學者，是研究中世紀古文字學的專家。他的大半生涯是擔任圖書館長，大部分閒暇時喜歡到阿爾卑斯山爬山。一九一九年，本篤十五世派他到波蘭擔任大使，而波蘭在經過一百二十三年後剛剛奪回獨立國家的主權。那不是令人愉快的任務，拉提受到波蘭教會的領導階層怨恨和不信任，他們認為他不過是親德教宗的代理人。但在他抵達波蘭十四個月內，局勢發生巨大變化。布爾什維克派（Bolsheviks）入侵波蘭，於一九二〇年夏天進軍華沙。他們若佔領華沙，就無法阻止他們佔領整個東歐了。國外觀察者都不看好波蘭人能戰勝，但不知何故，元帥約瑟夫·畢蘇斯基（Jozef Pilsudski）得以發動大規模反擊，在最後一刻翻轉戰局，而波蘭國內外皆認為這簡直是奇蹟。

拉提原可輕易逃回羅馬；但他反而堅決拒絕離開華沙。幾百年來沒有其他教廷特使願意與基督教世界的軍隊一同抵禦外敵入侵，而他最終避開危機，也難怪他的支持度因此急速攀升。他本人從未忘記這次經驗，因此他始終堅信，基督教歐洲面臨的所有敵人中，共產主義是最可怕的。一九二一年春天，他返回義大利，先是擔任樞機主教，接著在六月擔任米蘭總主教；但他擔任總主教的時間很短，僅七個月後便獲選為教宗。

他像是胸有成竹般著手開始。在通知眾樞機主教他所選擇的封號後，他擔任教宗的第一個行動便是宣布要在聖伯多祿大殿陽臺進行傳統的教宗祝福（*Urbi et Orbi*[1]）。這是自一八七〇年以來首次進行教宗祝福；但他不是諮詢，也不是徵求意見；他的隨從很快發現，徵詢他人意見不是他的行事作風。庇護明確知道自己想要什麼，而且會下定決心去做。

他的品性在與法國來往的過程中表露無遺，有人可能會認為他冷酷無情。雙方的友好關係是在他的前任本篤開始恢復；阿克的貞德的封聖影響顯著，法國政府派來代表參加封聖儀式，還有來自巴黎的至少八十名議會代表。但還有一個問題，此時危險而受歡迎的右翼運動和報紙，以及偽天主教、君主主義者和強烈反猶太主義相當盛行，兩者都被稱為法蘭西運動（*Action Française*）。他們的創始人是令人討厭的煽動者夏爾．莫拉斯（Charles Maurras），他長久以來已失去最初的信念，但他狂熱地認為教會是反動的支柱，肆無忌憚地利用這點達到自己的目的。法國許多天主教徒，包括幾位主教，讀了他的報紙並分享他的觀點，其中包括對法蘭西共和國的憎恨。於是教宗庇護明白，只要莫拉斯和法蘭西運動繼續聲稱有教廷支持，那教廷與法國之間的關係就無法進一步改善。一九二五年，他將兩人列入禁書目錄，兩年後正式開除法蘭西運動所有支持者的教籍。八十一歲的法國耶穌會樞機主教路易．畢魯（Louis Billot）隨後在報紙投書表達他的同情後，教宗召見他，強迫他辭去樞機主教一職。[2]

對教宗的政治才能而言還有一個更大的挑戰，就是義大利法西斯黨的崛起。一九二二年十月末，距離教宗獲選不到九個月，貝尼托．墨索里尼發動「進軍羅馬」，並獲國王維特．埃馬努埃萊任命為首相。墨索里尼在成為「領袖」（Il Duce）之前的初期階段仍可能在議會選舉中被推翻。社會主義派和神父路吉．斯圖爾佐的人民黨加起來的人數輕易就超過三十五名法西斯代表；他們若是結盟，或許能確保義大利繼續殘存些許自由。但庇護沒這麼做。他不可能與社會主義派有任何合作；此外，他越來越擔心人民黨明顯左翼的傾向。神父路吉得知聖父閣下認為他的政治活動與其聖職不相符，於是順從教宗的心意流亡他鄉，他先是前往倫敦，後來到美國（他在那裡繼續政治活動，梵蒂岡為此大為惱怒）。他在義大利的政黨因沒有教廷的支持而勢弱，後悄然消亡。

相較之下法西斯派逐漸壯大。一九二三年，義大利政府通過了所謂的《阿塞博法案》（Acerbo Law），獲得百分之二十五選票的任何政黨按規定在議會應獲得三分之二多數席位。此法案目的明顯是要確保法西斯派佔大多數，隔年選舉後，墨索里尼在強制實行獨裁統治時更是順暢無阻。此時他原先的反宗教態度已稍有緩和，與教會做出和解的姿態，在國立學校再次採用宗教，在法庭裡豎立十字架，甚至在一九二七年親自接受羅馬天主教洗禮；同年他提出一項條約和政教協定，經過長久的辯論和艱難的交涉後，他終於在一九二九年二月十一日與庇護的教廷國務卿，樞機主教皮耶卓．加斯帕里一同在拉特朗大殿簽署條約。

根據這項《拉特朗條約》（Lateran Treaty），教宗重獲殘餘的一點世俗權力。他身為主權統治者

---

1 譯註：原文為拉丁文，意指羅馬城和全世界。

2 「法國的聖靈教父（Holy Ghost Fathers）會眾強烈支持莫拉斯，其中一人是羅馬的法蘭西神學院院長，該學院有大量學生參與法蘭西運動。庇護派人將年高德劭、蓄鬍的修會會長請來，要求他解雇那位院長。這位老人回答：『是的，聖父，我會看著辦。』教宗抓住他的鬍子咆哮：『我沒說要你看著辦，我說要解雇他』。」（達菲，《聖徒與罪人》，頁二五六—七）。

的領土僅有一百零九英畝，約摩納哥公國的四分之一，人口不到五百人，但羅馬教廷再次躋身世界一國。此外，作為交換條件，他要放棄之前教廷領土的主張，教宗會獲得十七億五千萬里拉的現金和義大利國家證券，換算成現今幣值約二千一百萬英鎊。義大利政府自一八七〇年通過的反教權法，包括《保障法》，宣布無效和作廢。為表示回報，梵蒂岡保證維持中立，不介入國際間的政治或外交。

這項政教協定處理了教會在義大利的地位，宣稱羅馬天主教是國家唯一承認的宗教，承認教會法典與國家法律並行，規範國立學校中的天主教宗教教學，承認教會證婚的合法性。羅馬的地下墓穴委託教廷管理，梵蒂岡此後將允許義大利政府繼續進行考古挖掘和探究。從表面上來看，教廷已處理得非常好。但不可否認，此舉等同是認可法西斯主義。教宗甚至讚揚墨索里尼為「天主派來的人」，在一九二九年選舉時，大部分天主教徒受到司鐸慫恿投票給法西斯黨。

蜜月期並不持久。雙方關係破裂是從公教進行會（Catholic Action）開始，這場運動是由庇護十世創立，其實僅專門為全國社會發起，正如教宗所說，「讓耶穌基督回歸家庭、學校和社區」。墨索里尼本能地不信任任何未由他親自掌控的全國組織，他宣稱這項運動受到政治煽動，代表著流亡中的斯圖爾佐的人民黨前線。天主教童軍（Catholic Scout）運動更加引起他的憤怒：沒有人比他更瞭解初期洗腦的重要性。他聲稱：「年輕人應該屬於我們。」這些相似的團體承受法西斯暴徒越來越多肢體暴力，這些暴行包括強行解散他們的會議或查扣紀錄，於是教宗提出抗議。他在一九三一年六月頒佈通諭《我們不需要》（*Non abbiamo bisogno*），值得注意的是，這是用義大利文起草，首先依序回答領袖的指控；但後來轉為抨擊法西斯主義和其所主張的一切：

關於宣誓的準則需要思考的是什麼，就連小男孩和小女孩都必須宣誓，不用與當權者討論而執行命令……而當權者能違反一切真理和正義下命令嗎？……宣誓者必須發誓全力以赴，甚至不惜流血為革命事業服務，而這場革命從教會和耶穌基督那裡奪走了年輕人，灌輸年輕人仇恨、暴力和不恭不敬……這種宣誓是不正當的……

我們不是說我們想譴責〔法西斯〕黨……它〔近期〕宣稱「對天主教和其最高領袖的尊重不變」。〔但這份〕尊重卻是用充滿仇恨且大量增加的警備管制手段表現，在寂靜中籌劃著陰謀，以猝不及防的閃電速度執行，就在我們誕辰前夕……

在同一脈絡下，影射黨剩餘的對手獲得「庇護和保護」；「義大利的九千個法西斯團體的領導人們」獲命將注意力集中在這種情況……〔我們接獲〕悲哀的消息，這些評論、影射和命令的結果，已引發新一波仇恨監視、譴責和恐嚇……

有意思的是，這道通諭算是相當有成效。此通諭在義大利國內外受到廣泛傳閱，墨索里尼明顯因此減緩對教會的施壓。樞機主教尤金·派契利（Eugenio Pacelli）於一九三〇年二月接任加斯帕里為庇護的教廷國務卿，而他心中應該也是這麼認為。派契利從一開始就很關心德國。他十分瞭解德國，自一九一七年在慕尼黑擔任三年的大使，一九二〇年起整整十年在柏林擔任大使。比起義大利，他更喜愛德國人，且精通德語。他也明白德國在戰前對教廷貢獻更多資助，比全世界其他國家加起來還要多。德國嚴格來說當然不是天主教國家，一九三〇年時，天主教徒佔總人口約三分之一，儘管到了一九四〇年，希特勒併吞薩爾（Saar）、蘇台德（Sudetenland）和奧地利，天主教徒比例增至一半，但派契利和庇護對納粹都不存在任何妄想，認為他們不過只比歹徒稍好一些；但他們相信納粹主義是堅決反對共產主義的堡壘，在他們眼中，共產主義才是更大的敵人。

於是在一九三三年七月二十日，代表教宗庇護十一世的派契利，與代表希特勒的德意志帝國（Reich）副總理法蘭茲．馮．巴本（Franz von Papen），在羅馬簽署德國政教協定。德國的天主教聖職人員和天主教學校獲得優渥的特權，為表示回報，天主教會則退出所有社會和政治行動的各種團體和報紙。這種退出等於損失一個政黨，正如義大利的情況。為了與墨索里尼達成協議，庇護實際上犧牲了人民黨；此時在希特勒的堅持下，派契利宣布中央黨對梵蒂岡而言是可有可無的，而中央黨是德國議會第二大黨，也是由司鐸領導，即蒙席路維斯．卡斯（Ludwig Kaas），黨中絕大部分是德國天主教徒。此政黨正式結束，而蒙席卡斯此時完全臣服於派契利，鮮少離開他的身邊，後來被帶到羅馬，獲命負責聖伯多祿大殿的建築。[3]

德國政教協定和義大利政教協定同樣受到國際嚴厲批評。天主教會原本能以堅決反對納粹主義自居；反而同意放棄所有政治權利，道德上強迫所有德國天主教徒服從納粹領導，派契利和庇護一起為納粹主義通行無阻的發展之路和迫害猶太人之路掃除前方障礙。根據一九三三年七月十四日的內閣會議記錄，希特勒吹噓「政教協定賦予德國機會和信任，這對德國與國際猶太人展開鬥爭的發展來說尤其重要」。[4]外界指責教宗為這兩個政權賦予尊崇地位，助他們提高聲望，從短期來看確實如此。但他很快對納粹表現出不滿，不滿程度比對法西斯黨更甚：他們在一九三三年至一九三六年的三年執政期間，對教會的打壓日漸嚴重，他不得不向德國政府提出至少三十四次外交照會以表達抗議。但值得注意的是，他未對一九三五年公布的《紐倫堡種族法案》表示抗議。[5]

最後一次關係破裂是在一九三七年棕枝主日，教宗的通諭《極度關切》（*Mit brennender Sorge*）偷偷被運往德國，由十二間印刷廠祕密印出，再由腳踏車和腳力分批派送，每座天主教講道臺都宣讀了這道通諭。這道通諭早該在至少三年前就頒佈；即便是此時也未指名譴責希特勒和納粹。不過其內容已夠清楚，尤其是以德文書寫，而非平時的拉丁文。這道通諭宣稱，德意志帝國政府「播下對基督和其教會的猜疑、爭執、仇恨、誹謗、祕密和公開敵對的稗子，以一千種不同的來源和利用各種手段餵養」。

通諭的第十一段尤其有意思，因為對象清楚，儘管也沒有具體譴責反猶太主義。內容強調猶太《舊約》的價值，並形容其為「完全是上帝之言，也是祂的重要啟示」：

3 多虧了蒙席卡斯，他在重新整理聖伯多祿大殿的地下墓室，以容納庇護十一世的墳墓時，發現了據稱是聖伯多祿的古老聖髑龕。

4 德國的天主教司鐸接獲指示——大多數似乎也是自願——透過地方結婚和洗禮登記處向當局提供血統純正的詳細資料。政教協定也誘騙教會接受希特勒的《後代遺傳病防治法》（Law for the Prevention of Genetically Diseased Offspring），此法案造成三十五萬人被絕育，大部分未經過本人和其家人同意。

5 順帶一提，此通諭也未譴責「水晶之夜」（*Kristallnacht*），這是一九三八年十一月九、十日發生在德國的第一場重大集體大屠殺，有九十一名猶太人遇害，約三萬人被逮捕和送到集中營。超過兩百座猶太教堂被燒毀，成千上萬戶住家和商家被洗劫。

欲將《聖經》歷史和《舊約》中明智的教義從教會和學校剔除的人，都會辱罵上帝、辱罵全能上帝的救贖計畫，以人類有限的狹隘思想批評上帝對世界歷史的構思……

《我們不需要》和《極度關切》無疑讓眾人明白教宗對法西斯和納粹政權的意見；一九三八年三月，元首希特勒到羅馬進行國是訪問，庇護刻意溜到岡多菲堡（Castel Gandolfo），也沒人感到意外。但這事還沒結束：僅在頒佈第二道通諭五天後，他頒佈第三道通諭，而且恢復以傳統拉丁文書寫。通諭《救世主》（*Divini Redemptoris*）主要針對他最大的敵人，共產主義：

這場現代革命……其範圍和暴力程度超出了以往針對教會發起的迫害行動。所有民族正陷入倒退回野蠻狀態的危險中，比救世主降臨時世界受野蠻行為壓迫的範圍更廣。這一切都太危險了……布爾什維克和無神論的共產主義，其目的是顛覆社會秩序，破壞基督文明的根基……

此外，共產主義掠奪人身自由、剝奪人格和尊嚴，消滅所有能制止因盲目衝動而爆發的道德約束……

這是我們史上第一次目睹人類和「稱為上帝的一切」之間，以殘酷冷血為目的而詳細籌劃的鬥爭。

出於對共產主義的仇恨，一九三六年七月西班牙內戰爆發時，教宗立刻支持將軍佛朗哥

（Franco），加上之前共和政府於一九三一年冷酷地實行政教分離，並引發暴徒攻擊教堂和修道院，屠殺司鐸、僧侶和修女，因此他難以支持另一方。不過看到佛朗哥在兩位獨裁者的支持下得勝，仍令他感到侷促不安，而且西班牙長槍黨開始極力效法納粹和法西斯政權最惡劣的特性時，更是令庇護不安，於是他多次譴責。

但庇護的教宗生涯在歐洲獨裁統治下顯得黯然失色，而且絕不只是在政治方面。在庇護的教宗任期間，天主教傳教士數量增加逾兩倍，同時將職責下放給近期歸信的會眾的情況也大有增長；早在一九二六年，教宗已親自為首批六位中國主教祝聖，印度和遠東的本土司鐸人數從三千人增至逾七千人。對他而言，他為天主教會和東正教會合一的努力未獲得多少回報而深感失望。他若不以自視高人一等的姿態要求東正教會回歸，把他們當迷途的羔羊，或許會更有成效。

所幸他總是能從科學中尋求慰藉。庇護是自兩百年前的本篤十四世以來的首位真正學者，而且也不怕表現出來。他擴建並現代化梵蒂岡圖書館，創辦宗座基督考古研究院（Pontifical Institute of Christian Archaeology）和宗座科學院（Pontifical Academy of Sciences），為梵蒂岡興建畫廊以保存收藏至今的一流畫作，並將舊的天文臺從羅馬移到岡多菲堡。一九三一年，他設立廣播電臺，成為第一位定期向世界廣播的教宗，令許多守舊的信徒感到震驚。其中一次重要的廣播節目是在一九三八年九月慕尼黑危機之時放送，當時英國首相內維爾．張伯倫（Neville Chamberlain）飛往慕尼黑與希特勒會面，欲阻止即將爆發的戰爭，但徒勞無功。庇護不太賞識張伯倫，他很快便看清張伯倫無法與他的敵人相匹敵；他透過廣播發表感人的演講，向整個歐洲呼籲和平。

不幸的是，他此時已患病，而且病況迅速惡化。他的糖尿病急遽發作，雙腿嚴重潰爛。十一月二十五日，他在數小時內兩次心臟病發作。儘管此時他已臥病在床，但仍繼續接見訪客，一九三九年一月，他接見張伯倫和外交部長哈利法克斯勳爵（Lord Halifax）時，竭力灌輸他們勇氣和決心，以抵抗希特勒的要求。但他未說服成功，他也早已料到，據說他們離開後，他喃喃自語：「那兩個懶惰鬼。」

此時他已在準備一份激烈抨擊獨裁統治的講稿，計畫於一九三九年二月十一日在義大利主教會議上發表。他懇求醫生盡量拖延他的生命，讓他能發表此生最重要的演說；可嘆的是，醫生沒做到。庇護在計畫演說前一天過世。他是被法西斯命令醫生法蘭西斯科·佩塔奇（Francesco Petacci）[6]謀殺的謠言很快傳開。而我們所知道的事實是，根據墨索里尼的女婿，即外交部長吉安·嘉萊亞佐·恰諾（Gian Galeazzo Ciano）伯爵所說，元首後來特別急於派人尋找這份演講稿，確實也派了義大利大使到教廷向派契利（此時的教宗庇護十二世）詢問。派契利向他保證，這份講稿已存入祕密檔案館，已是一紙空文。

庇護十一世也有其過錯。他是徹頭徹尾的獨裁者。他對基督教的概念既偏執、反動又頑固：只有羅馬天主教會是正確的，其他都是錯的。大公運動初期時他不願花時間參與：就他而言，上帝所揭示的真理是不容討價還價的。「他在一九二八年頒佈的通諭《多年來》（*Mortalium Annos*）清楚表明，梵蒂岡對其他教會傳達的普世訊息簡明且不讓步：『慢慢進來，雙手舉到頭上。』」[7]在擔任教宗初期時，他因厭惡共產主義而更能容忍法西斯，甚至最初可能也因此能容忍納粹，別忘了，他曾在波蘭親眼目睹共產黨的行徑；不過他在最後幾年中公開並堅持與這兩黨為敵，為他贏得自由世界的尊重和欽佩。

教宗庇護十一世於一九三九年二月十日過世；教宗庇護十二世（一九三九—五八）於三月二日祕密會議第一天第三輪投票時便獲選，是三百年來歷時最短的一次祕密會議，而這天是他的六十三歲生日。據他的姊妹說，尤金．派契利是「天生的司鐸」；他幼年時便在臥室裡穿著司鐸長袍和小白衣，假裝舉行彌撒。待他年紀到時，便到羅馬的額我略大學和卡普拉尼卡神學院（Capranica College）就讀，他在一八九九年獲任聖職時，只有二十三歲。兩年後他進入教廷服務，之後再也沒有離開，先是在慕尼黑擔任大使，接著到柏林，於一九二九年升任樞機主教，隔年接任加斯帕里為教廷國務卿。他以國務卿身分與奧地利協商政教協定，並於一九三三年七月與納粹德國協商政教協定。儘管自一六六七年克萊孟九世以來沒有國務卿獲選為教宗，但派契利是當時最知名、經驗最豐富且最聰明的樞機團成員。他的前任也十分欽佩他，在健康狀況逐漸惡化時，委託他處理的教廷事務也越來越多。他獲選為教宗其實早已是定局。

樞機主教又稱為「教會的親王」；三百年來沒有幾位樞機主教的作風比派契利更像親王了。他對飲食的講究是出了名，一九一七年五月十八日，他從羅馬出發前往慕尼黑，他的火車多載了一輛特意從蘇黎世運來的密封車廂，裡面放著六十箱糧食，以防戰爭時德國的糧食配給不合他的胃口。他的私人豪華車廂原本在戰爭時是特別禁用的，但為了他而特地從義大利國家鐵路公司徵

6 順帶一提，佩塔奇醫生的女兒克拉拉（Claretta）是墨索里尼的情婦，六年後與他一起被絞死。

7 達菲，《聖徒與罪人》，頁二六二。

用，而且一路從羅馬到瑞士邊境之間的火車站站長全部處於紅色警戒狀態。六個星期後，他也以類似的待遇前往柏林，先是與帝國總理，提爾博・馮・畢曼—霍韋（Theobald von Bethmann-Hollweg）討論本篤的和平計畫，隨後與皇帝威廉二世（Kaiser Wilhelm）本人協商。這些會談毫無結果是意料之中：在雙方都認為自己能贏的情況下是無法調解的。派契利返回慕尼黑，再度投身於戰爭賑災。

必須說他在這方面工作十分努力，他親自造訪戰俘營，分派糧食給戰俘，隨時隨地盡力提供精神協助。只有一次意外事件引起不快：他替慕尼黑的首席拉比請求教宗運用影響力放行一批義大利棕櫚葉的托運，這是他的猶太信眾需要用來慶祝即將舉行的住棚節（Feast of Tabernacles）。他們顯然已經購買這批葉子，但在科莫（Como）遭到扣留。派契利回覆道，儘管他已經將請求轉達羅馬，但他擔心因為戰爭延誤，而且教廷和義大利政府之間確實沒有外交關係，因此可能無法即時解決問題。但他私下向加斯帕里解釋道：

> 對我來說，配合做這件事似乎是向猶太人提供特別協助，這超出了秉持務實態度、保持適當距離、或全人類共有的純粹公民或自然權利的範圍，而是以積極直接的方式協助他們舉行猶太教儀式。

一九一九年四月，局勢仍處於去年十一月休戰後的混亂中，布爾什維克黨的三巨頭——麥克斯・萊維（Max Levien）、尤金・萊文（Eugen Leviné）和托亞・艾索羅（Towia Axelrod）——在巴伐利亞奪得權勢。接下來是一段短暫的恐怖統治，期間外國使團尤其遭到攻擊；於是外交使團決定派代表向萊維表達抗議。當時的教廷大使派契利向加斯帕里報告：

> 出現在上述這位先生面前，對我來說是徹底失去尊嚴，因此我派豫審官（uditore）〔某位蒙席斯基奧帕（Mgr Schioppa）〕……
>
> 宮殿裡的情形是難以形容的，完全是一片慌亂騷動，污穢到令人作嘔……在這片混亂中，有一群外表可疑的年輕女子，和其他所有人一樣是猶太人，在各辦公室到處閒晃，舉止淫蕩，帶著暗示性地微笑。負責帶頭的女子是年輕的猶太裔俄國人，是萊維的情婦，已離婚。教廷大使館為了公事而不得不對她禮敬有加。
>
> 萊維是年輕人，年約三十或三十五歲，也是猶太裔俄國人。面色蒼白、猥褻、眼神像是吸了毒、聲音嘶啞、粗俗，令人厭惡，一臉精明狡猾。他在走廊屈尊俯就接見蒙席豫審官，身邊有一群武裝護衛，其中一人是駝背，是他忠實的保鏢。他頭上戴著帽子，抽著菸，一邊聽著蒙席斯基奧帕跟他說話，一邊不斷抱怨他有更重要的事趕著去做。[8]

庇護十二世會在晚年寫下許多對猶太人深感喜愛和欽佩的文字。最後兩段描述表明這類報告可能有點誇大。在有色人種方面之事上他則毫不掩飾。早在一九二〇年，派契利已向加斯帕里抱

8 這兩段引述的更完整版本請見科恩韋爾的《希特勒的教宗》，頁七〇、七四—五。

怨過，法國軍隊的黑人士兵經常在萊茵河流域強暴德國婦女和兒童。對於這些指控，包括未暗示白人士兵可能也會這麼做，法軍毫不意外強烈表示否認；但派契利繼續相信這些指控，並敦促教廷介入。二十五年後，他以教宗身分要求英國外交部保證，「同盟國在佔領後可能會派少數部隊在羅馬駐軍，其中不得包括有色人種。」

納粹德國於一九三八年三月併吞奧地利。整整一年後，在可恥的《慕尼黑協定》（Munich Agreement）簽訂後，德國軍隊在捷克斯拉夫邊境集結。一九三九年三月六日，教宗庇護十二世獲選後僅四天，便親自致函希特勒：

> 致傑出的德意志國家元首和總理阿道夫．希特勒先生！在我們教宗任期初始，我們想藉由與受你關照的德國人民締結深厚友誼，以表達維持團結的願望……我們祈禱，在上帝的幫助下，願德國人民繁榮，並在各領域有所進步和圓滿。

這不只是新任教宗首次向國家元首致函；根據庇護十二世的史官之一，蒙席奧貝托．喬凡尼（Alberto Giovanetti）所說，這封信的「長度和表達態度，與梵蒂岡當時所發佈的其他官方信函迥異」。

一九三九年三月十五日，德國佔領捷克斯拉夫。一星期後，德國駐梵蒂岡大使狄戈．馮．貝根（Diego von Bergen）向他的政府報告：

我從可靠的消息來源得知，有國家正緊急勸說教宗加入各民主國家反抗德意志合併波希米亞和摩拉瓦的抗議活動，尤其是法國。教宗已堅決拒絕這些請求。他讓周遭人明白，從政治角度來看，他沒理由介入教會不感興趣的歷史進程。

而這一切才剛開始。一九三九年九月一日，德意志國防軍（*Wehrmacht*）進軍天主教波蘭，兩天後英國和法國向德國宣戰。接下來五星期，波蘭損失約七萬人。不過，儘管英國和法國大使不斷與梵蒂岡調停，梵蒂岡仍未表達一絲同情或遺憾之意，更遑論譴責。這種震耳欲聾的沉默一直持續到十月第三週，教宗頒佈第一道通諭《至上教宗》（*Summi Pontificatus*），這麼久以來終於提到波蘭：

> 無數人的性命遭屠殺，其中包括非戰士，他們向天吶喊，尤其是波蘭人民的性命，那是我們非常珍視的國家。他們有權受到全世界人類和兄弟般的同情，由於他們對教會的虔誠和熱忱而全力捍衛基督文明，因此他們的稱號將永留青史。

這並不全然出乎意料，同盟國欣然接受這道通諭；法國空軍在德國上空灑下八萬八千份。這道通諭等於是告知德國駐教廷大使：「庇護十二世已不再保持中立。」對德國外交部而言，措辭已夠清楚了。但值得注意的是，其內容並未提到德國或納粹，或猶太人。

一九三九年十一月發生了一件怪事，一群德國謀反者暗地裡向教宗求助。他們意圖推翻希特勒，讓德國回歸民主；但在此之前，他們需要西方列強保證不會利用這段混亂時期佔德國便宜，如同第一次世界大戰後在凡爾賽宮強加的羞辱。教宗是否準備居中調停，向英國和其同盟國尋求保證以達成光榮和平？

庇護十分明白他們是在要求他參與共謀。這明顯是一大風險。他參與之事若傳出去，希特勒肯定會拿德國的天主教會洩憤；墨索里尼可能會宣稱這違反了《拉特朗條約》，並入侵教宗國，或至少切斷教宗國的水電供應。不出所料，庇護要求二十四小時考慮。他沒有向教廷成員諮詢意見，就連教廷國務卿都沒有；他於隔天交出的答覆——即為了和平，他準備竭盡所能——是他獨自做的決定，不是其他人。

但這決定讓他深感不安。沒多久後英國駐教廷外交大使，達西・奧斯博（d'Arcy Osborne）爵士覲見教宗，據他報告：

> 他想將〔德國謀反者的〕情報傳遞給我，純粹是為了探聽消息。他不想對此事表達贊同或推薦。他聽了我的建議後……他說，或許到頭來不值得進行此事，於是他要求我當他什麼情報都沒透露。但我立刻拒絕，正如我說過，我拒絕替聖父的良知負責。

最後結果是一事無成。內維爾・張伯倫政府堅持需要更多訊息，而謀反者不準備透露這麼多，而且在德國軍事機器完好無缺的情況下，張伯倫政府對實現和平的想法也不感興趣。張伯倫政府也堅持要讓法國加入，但謀反者十分不情願。謀反者可能臨陣退縮了；不論是什麼原因，這場密謀就是胎死腹中了。這件事值得一記的重點只是為了表明庇護的基本反納粹情緒，在做特別有風險的決定時所展現的勇氣，以及做決定後卻異常不安。

於是有個大疑問為教宗庇護十二世的任期蒙上陰影：他對大屠殺的態度。強烈的反猶太主義情緒始終貫穿著天主教思想：難道猶太人沒有謀殺基督嗎？特倫特大公會議於十六世紀頒佈的特倫特彌撒（Tridentine Mass）[9]包含為「背信棄義的猶太人」[10]的歸信進行耶穌受難日祈禱，而且法國、德國、奧地利的右翼天主教黨派毫不掩飾自己的反猶太人情緒。不用說，教會的正式訓導中找不到這類觀點；但本章前面引用的段落清楚表明，年輕的派契利至少在某種程度上也有這種情緒，而且不只有他一人有。

希特勒於一九四二年二月九日在廣播中宣稱：「猶太人將被清算至少一千年。」一個月內，積極迫害猶太人的活動不僅發生在德國、奧地利、波蘭，也發生在匈牙利、克羅埃西亞、斯洛伐克（Slovakia），以及元帥貝當（Pétain）的未被佔領的法國。而梵蒂岡對這一切都十分清楚；事實上，整個歐洲都知道這件事。四月二十一日，達西．奧斯博爵士致函朋友布麗姬．麥溫（Bridget McEwen）：「昨天是希特勒的生日，我戴上黑色領帶，為他所屠殺和虐待的數百萬人哀悼。」教

9 請見第十八章。

10 這段措辭後來依照若望二十三世的命令刪除（請見第二十八章）。

宗或許可以不戴黑色領帶，但他應該要公開反對持續不斷的暴行。儘管奧斯博繼續懇求，但他仍拒絕表態。七月三十一日，奧斯博再次致函麥溫夫人：

非常悲哀。庇護十一世和其前任們為教廷建立起世界大國的道德威信，可惜現在已消亡了。我猜測聖父想扮演調解者這偉大的角色，這是他試圖在交戰國中保持中立的原因之一。但正如你所說，德國的罪行與中立無關……而教宗的沉默實際上是在摧毀自己的目標，因為此舉是在破壞他為和平做貢獻的機會。

此時大規模驅逐已經開始了；這一年結束前，光是在法國就有四萬二千名猶太人被送往奧茨維茲集中營（Auschwitz）。九月時，總統羅斯福派個人特使請求教宗譴責德國的戰爭罪行；但教宗仍拒絕。教廷國務卿、樞機主教麥隆（Maglione）僅一再表示教廷會盡其所能。

但願是因為一九四二年接近尾聲，但其實不然，梵蒂岡明顯還有其他想法。同盟國即將轟炸羅馬的消息令人深感震驚。可憐的奧斯博幾乎每日都被傳喚到教廷國務院，教廷懇求他向英國政府取得堅定承諾，不會空襲聖城。但此舉徒勞無用，他指出，英國正處於戰爭狀態，而羅馬是敵方的首都；他十分清楚，就算他們會放過羅馬這座城市，義大利人也不會事先得到消息。他在十二月十三日寫道：

我越想就越厭惡希特勒屠殺猶太人一事，梵蒂岡則是明顯特別專注於戰爭對義大利的影響和羅馬被轟炸的可能性。整個組織似乎變成只屬於義大利。

隔天他與樞機主教麥隆有另一場談話：

我敦促梵蒂岡，不要只關心轟炸羅馬之事，也有職責關注希特勒消滅猶太人的活動，而且這是史無前例的非人道罪行，況且義大利身為德國的夥伴和盟友就是幫凶。

庇護十二世最後在一九四二年耶誕節前夕向世界廣播。那段講話很長，但大部分浮誇到令人窒息。只有在最後要結尾時，他才勉強講到重點，而此時大部分聽眾可能都已厭煩到關掉收音機，他呼籲善心世人鄭重宣誓「讓社會回歸重心，而此重心便是上帝的法典」。他繼續說道：

人類應向戰場上無數亡者鄭重宣誓，他們的殉職是為更好的新社會秩序獻上全燔祭。人類應向無數悲傷的母親、寡婦和孤兒鄭重宣告，他們已從自身痛苦的生命中看到光和慰藉。人類應向無數流民鄭重宣告，戰爭的暴風雨將他們驅離故土，他們因此散落在陌生的土地，而得以寫出自己的先知輓歌：『我們的遺產落入外人手中，我們的家園落入陌生人手中』。人類應向數十萬未犯錯的人鄭重宣告，他們有時只是因為自己的國籍或種族而被處死，或被放任自生自滅。

就這樣，又再次沒提到猶太人，或納粹，或甚至德國。他用含糊的措辭「有時只是」來緩和大屠殺中的種族元素；即使只算到一九四二年耶誕節，仍有幾百萬受害者，但被刻意降低到「數十萬」。墨索里尼聽到這場演講後向恰諾說道：「這通篇的陳腔濫調，由普雷達皮奧鎮（Predappio）[11]的堂區司鐸來發表還比較適合。」他說的一點都沒錯。

與中歐的同胞們相比，義大利猶太人至今為止的情況相對較幸運。羅馬的猶太社區有八千多人，儘管他們無疑對教宗明顯懦弱的態度普遍感到憤慨，但在元首持續掌權的情況下，他們大部分時候未受到干擾。墨索里尼頒佈一連串反猶太人法，但大部分都被忽視。接著在一九四三年七月，一切都變了。同盟國入侵西西里，轟炸羅馬。墨索里尼和克拉拉・佩塔奇被槍殺，並被懸掛在車庫屋頂上，德國軍隊也湧進義大利。九月十一日，德國佔領羅馬，元帥阿爾貝特・凱塞林（Albert Kesselring）宣布戒嚴。十月十八日，武裝黨衛隊下令圍捕猶太人。

猶太人比基督徒更早來到羅馬，第一批猶太移民是在公元前一三九年抵達。基督教出現後，猶太人社區的命運便各不相同；本書前幾章已記述過他們的一些苦難。但義大利猶太人此時面臨的威脅是史無前例的。猶太社區早在九月底時便覺得必須在三十六小時內籌集五十公斤黃金；他們只能透過義大利同胞慷慨解囊，包括基督徒和猶太人一起籌募。（經過幾小時的猶豫，梵蒂岡提供貸款；但猶太人禮貌性拒絕了。）當時他們普遍認為這批黃金能換來安全；結果十月十六日清晨，冗長的武裝卡車隊伍佔據猶太社區時，他們才明白情況並非如此。

正當卡車隊伍在滂沱大雨前往軍校（Collegio Militare）的集合地點，再從那裡將猶太人運往奧茨維茲時，出現了一些強而有力的制止聲音，其中有幾位是德國人：一位是德國駐教廷大使，公侯恩斯特·馮·魏薩克（Ernst von Weizsäcker），另一位是凱塞林本人。還有一位制止者是羅馬的德國領事，艾博·馮·凱瑟（Albrecht von Kessel）。他們三人都認為，若讓驅逐行動繼續，可能容易引起民眾群起對抗佔領軍。此時需要教宗出面對這波新的暴行表達強烈抗議，而且這波暴行就發生在梵蒂岡門口。但教宗未出面。魏薩克親自致函柏林的同事卡爾·李特博士（Karl Ritter）：

> 儘管承受各方壓力，教宗仍不願參與任何譴責將猶太人逐出羅馬的抗議活動。他唯一顯露出不贊同的跡象是十月二十五至二十八日在《羅馬觀察報》（*Osservatore Romano*）有模糊暗示，但只有少數人能看出其內容是涉及猶太人問題。

於是驅逐行動繼續進行。

我們要怎麼解釋庇護十二世在此事件中為人所不齒地保持沉默？這一切都要追溯到他天生的反猶太主義心態，以及他對共產主義的恐懼——對他自己和前任而言，共產主義始終是比納粹德國更可怕的妖魔鬼怪。正如他在梵蒂岡與美國代表哈洛·提曼（Harold Tittman）談話時所說，他認為抗議會激怒武裝黨衛隊而引起衝突；他雖沒說，但他可能擔心這起衝突會引來德國佔領梵蒂岡，並逮捕監禁他。這樣反而落入共產黨人的圈套。他曾在慕尼黑遇到共產黨人，十分瞭解他們

11 他出生的村莊。

對俄國、墨西哥和西班牙教會所施的暴行。歐洲此時處於混亂狀態下，不能低估共產黨人拿下羅馬的可能性；為了避免這種下場，默許羅馬猶太人被驅逐只是一個小小代價。

這論點本身難以讓人接受；但就算我們能接受教宗保持沉默是合理的，還有一個令人難以置信的事實尚待解釋。戰爭結束後，庇護仍繼續擔任教宗十三年，期間沒有表示一絲抱歉或遺憾，甚至未替一千九百八十九名被逐出羅馬並死於奧茨維茲集中營的猶太人舉行追思或紀念彌撒。許多人回想起來也會納悶，為何教宗沒想過將全世界的共產黨人開除教籍，也從未考慮將天主教徒納粹戰犯開除教籍，包括希姆萊（Himmler）、戈培爾（Goebbels）、鮑曼（Bormann）和希特勒。

他也未對納粹在羅馬解放前的最後一次暴行表示譴責。那次暴行發生在一九四四年三月二十四日，前一天有一群德國士兵沿著拉賽拉大道（Via Rasella）行進時遭到轟炸，造成三十三人死亡。隔天晚上希特勒親自下令，將三百三十五名義大利人，包括約七十名猶太人，集中驅趕到羅馬以南的阿德阿提涅塹壕（Ardeatine Caves）後屠殺。梵蒂岡同樣未對此事表示抗議，不過兩天後《羅馬觀察報》刊登一篇文章，對德國人傷亡表示同情，並對「三百二十人〔原文如此〕代替逃脫逮捕的罪犯犧牲」表示遺憾。

同樣在三月二十三日轟炸那天，德國佔領匈牙利；希特勒的「大屠殺策劃人」，阿道夫・艾希曼（Adolf Eichmann）開始對全國七十五萬猶太人執行「最終方案」。梵蒂岡此時終於關注此事了：布達佩斯的教廷大使，席蒙安喬洛・羅塔（Angelo Rotta）正式向匈牙利政府提出抗議，這是首次由教廷外交代表做出這類舉動。即便是當時的措辭也令人出乎意料：

教廷大使辦公室……要求匈牙利政府勿再繼續針對猶太人發起有違自然法則和上帝誡命的戰爭[12]，避免再採取任何讓教廷和整個基督徒世界出於良心而必須抗議的行動。

但一直到六月二十五日，教宗才發電報給匈牙利總統司令霍爾帝（Horthy），要求他「盡一切影響力阻止無數人因國籍或種族而承受苦難和折磨」。內容依舊未指明猶太人，但總統羅斯福隔天發的電報措辭就沒這麼圓滑，而且還威脅會有可怕後果。

值得一提的是，此時匈牙利的天主教會堅決介入且有所成效。大批遭圍捕的猶太人得以到男修道院、女修道院、教堂，甚至天主教徒民宅避難。一九四四年秋冬時期，據說「布達佩斯所有天主教會機構都收容了被迫害的猶太人」。無數生命得以獲救；儘管如此，仍留下兩個疑團。艾希曼是從三月開始執行這暴行；難道救援行動是在四、五個月後才開始？而這次救援行動有受到教宗祝福嗎？

✠

隨著和平在一九四五年春天到來，教宗庇護十二世發現自己要再度面對他的老頭號敵人，共產黨，而且在樞機主教麥隆於前一年八月過世後，他便兼任教廷國務卿。義大利共產黨在傑出的帕米洛·陶利亞提（Palmiro Togliatti）領導下，自認是法西斯主義的真正征服者，因此是合法的權力繼承者。幸好美國的魅力足以抵銷他們的影響力，此時來自美國的衣物飾品夾帶著資本主義—

12 原文撰者以斜體呈現（*beyond the limits prescribed by the laws of nature and God's Commandment*）。

消費主義社會的威力橫掃義大利。夾在這種兩極端現象中的庇護敦促實行天主教復興計畫，既不是共產主義，也不是資本主義，而是徹底的義大利式；不過，如果他必須選擇，比起共產主義和資本主義，他無疑認為美國的唯物主義較不邪惡。一九四九年七月二日，他甚至頒佈法令，宣稱天主教徒不能加入共產黨或以任何形式宣揚共產主義；違者不得舉行聖事。他和整個教廷已在前一年強烈反對以色列建國。這點並不意外，對庇護而言，教會自古以來就認定猶太人是謀害天主的族群。

此時教宗已年屆七十三歲。身體仍然強健，專制心態和自信是逐年增長。昔日的反猶太人心態明顯還在：到他臨終那天，他仍拒絕承認以色列國。他的眼界狹隘；越來越將自己禁錮在歷經磨難的古老正統信仰的壕溝內，不願對新的神學思想敞開心扉。一九五〇年九月二日，他頒佈通諭《人類》（*Humani generis*），抨擊當代的學術研究，明確譴責任何新的或原創的基督教思想。這道通諭更是變本加厲。教宗的通諭從未被認為是絕對無誤的；今後通諭清楚表明是用來徹底解決有爭議的事務：「這項事務明顯……不能再被視為讓神學家公開討論的問題。」

接下來發生一件事，猶如庇護十世任期間的恐怖統治。美國耶穌會的丹尼爾．貝瑞根（Daniel Berrigan）記述道：「我親眼目睹傑出的知識份子在一波正統信仰派的浪潮中被摧毀，這波浪潮猶如史達林主義者的大清洗。」[13]其中一位主要受害者是知名的耶穌會古生物學家德日進（Pierre Teilhard de Chardin），他的著作被拒絕出版，最後流亡到美國。另一個受害對象是法國工人—司鐸實驗，這是將基督教引進重工業界的所有運動中，最激動人心、也可能是最成功的方式。聘用船夫、礦工或工廠工人為聖職人員，並將聖職人員服換成工作服；以前從未有這種傳教方式，且成效卓越。但對庇護而言，這方式太危險，等於是公然招來共產主義。他對這場運動的敵意與日俱增，最後在一九五三年十一月徹底解散此運動。

對於高瞻遠矚的基督教思想家來說，這是一段悲慘時期；某種程度也反映了參議員約瑟夫．麥卡錫的美國，當時人心惶惶，草木皆兵。教宗於一九五〇年十一月一日以宗座權威宣布聖母升天教義，說明聖母的遺體在過世後未腐化，而是立刻升天，但宣言頒佈後情況仍未改善。這項教義並無新意；聖母升天長久以來一直是義大利宗教繪畫最受歡迎的主題之一，只要想一下提香（Titian）為威尼斯的聖方濟會榮耀聖母教堂（Frari）繪製的巨幅祭壇畫作就知道了，而且八月十五日聖母升天節是基督曆中最重要的日子之一。但從另一角度而言，此教義在早期教會中沒沒無聞，而《聖經》中也未確認；非天主教會無法相信此信條，他們認為教宗在規定此信條生效時，主張自己無謬誤是為傲慢，並為此感到憤慨，而且這是自一八七〇年第一次梵蒂岡大公會議首次界定教宗無謬誤以來，第一次有教宗以此權威主張。

到了一九五〇年代中期，教宗庇護的健康狀況衰退。健康惡化的主要原因是眼科醫生李卡多．嘉萊奇—里奇（Riccardo Galeazzi-Lisi）教授接手全權照顧他的身體，而所有人都認為他是騙子庸醫，只有庇護相信他。嘉萊奇—里奇十分糟糕，還介紹兩個跟他差不多的醫生：一位是當時上流社會的瑞士醫生保羅．尼翰斯（Paul Niehans），他自稱在羊和猴子胎兒細胞中發現不老的祕密，另一位是瘋狂的牙醫，他開的藥含有工業用量的鉻酸，那是當時主要用於清潔銅管樂器的物質。有

13 引述自科恩韋爾，《希特勒的教宗》。

人認為那是導致教宗在生命中最後幾年飽受慢性打嗝之苦的原因。

他在一九五八年十月九日星期四清晨過世。葬禮漫長而令人印象深刻；遺體放在開啟的棺材中，由車子載著慢慢穿越羅馬，最後停放在聖伯多祿大殿供公眾瞻仰。不幸的是，遺體的防腐工作是交給嘉萊奇—里奇，他聲稱用了一種新技術，與耶穌基督所用的類似，「能讓遺體維持自然狀態」。結果是格外失敗。在供公眾瞻仰期間，時不時會聽到棺材裡傳來可怕的噴發聲，傳出的氣味濃烈到讓宗座瑞士近衛隊的一名侍從昏倒。期間遺體的鼻子還剝落下來。棺材終於蓋上時，在場眾人都如釋重負，而教宗庇護十二世也被送入大殿的地下墓室，在距離聖伯多祿墳墓僅數英尺遠的地方安息。

在此不得不痛苦地表明一下，在他的繼任者命令下，他的封聖程序已展開。在此我只想說，按目前既定原則為所有教宗封聖的風氣若繼續下去，對聖徒身分來說是一種嘲弄。

第二十八章　第二次梵蒂岡大公會議以後（一九五八年至今）

安傑洛・朱塞佩・龍嘉利（Angelo Giuseppe Roncalli）於一九五八年十月二十八日第十二輪投票中獲選為教宗，此時距離他七十七歲生日不到一個月。他肥胖、和藹、善於交際、親切隨和、機智，與他接觸過的人都會喜歡他；沒有人會真心愛戴教宗庇護十二世，但不可能不愛戴教宗若望二十三世（John XXIII，一九五八—六三）。儘管如此，他仍被視為只不過是過渡時期的教宗（*papa di passaggio*）——看守教宗（caretaker pope）。他的教宗任期確實不到五年，但他完全不是看守教宗，其成就反而震撼了整個世界。

首先令世人震驚的是他所選擇的封號：若望。之前已有二十二位合法教宗選擇此稱號，前一位是十四世紀初在亞維儂統治；此封號的教宗少有卓越傑出的，其中若望十二世是史上最墮落的教宗之一[1]。還有之前的對立教宗約翰二十三世（John XXIII），在一四一五年由康士坦茨大公會議廢黜[2]。教宗後來堅稱，他之所以選擇此封號，是為了替這個取自福音的名字一雪前恥；但他在獲選之時聲稱，這是他在貝加莫附近的堂區聖堂神父的名字，他們全家十三人都在此聖堂受

1　請見第七章。
2　請見第十六章，吉朋還評論道：「最可恥的指控罪名被隱瞞下來：基督之代表只被指控強盜、謀殺、強暴、肛交和亂倫。」

洗，而這名字也用於世界各地無數的主教座堂，包括拉特朗聖若望大殿。後來他卻明確提出另一個原因：若望是歷來最多教宗採用的稱號，而且大部分任期都特別短。

這位新教宗是學者，曾以他心目中的英雄，聖嘉祿．鮑榮茂為主角撰寫了五部研究論文，鮑榮茂是十六世紀優秀的米蘭總主教，是反宗教改革的傑出人物[3]；他的著作引起當時的梵蒂岡圖書館長，席蒙拉提的注意而與他結識，而拉提就是後來的庇護十一世。也是他在一九二五年任命龍嘉利為外交官，龍嘉利先是到保加利亞服務，後來到土耳其和希臘，德國佔領希臘期間，他堅持不懈地為猶太人奔走。一九四四年十二月，他被任命為駐巴黎大使，他在那裡強烈支持工人－司鐸運動，一九五三年，他升任為樞機主教和威尼斯宗主教，他一直留在威尼斯，直到獲選為教宗。

教宗若望才剛上任，便明顯有許多事情要忙。一九五九年一月二十六日，就在他獲選後三個月，《羅馬觀察報》報導，他正計畫進行三項重要任務：羅馬的教區主教會議、大公會議和法典修訂。其中第二項任務是至今最雄心壯志的；對許多人來說，教宗沒有將大公會議召告天下是令人難以理解的。其實教宗當時肯定是在試水溫。他在巴爾幹半島服務時有許多與東方教會接觸的經驗，他急於得知他們是如何看待他的提案，並盡可能謹慎查探。他們的反應若是支持，他可能會擴大大公會議規模而讓他們加入；否則便只限於羅馬教會。

梵蒂岡的保守派深感震驚。教宗庇護十二世是冰冷的獨裁者：只有他能下命令；而眾主教，甚至眾樞機主教，也只能按命令行事。而現在教宗突然提議全世界的主教都能聚集自由討論而不受控制。就連自由派的樞機主教蒙提尼（Montini），即米蘭總主教和未來的教宗保祿六世都認為，這位新教宗是在「攪弄大黃蜂的窩」。但若望心意已決。教宗獨裁統治的日子結束了。從此教會變成協同組織，教宗和眾主教共同分擔責任。教會已無法再迴避現代這個時代。新的口號，現代化運動（Aggiornamento），要讓教會的組織和訓導跟上最新發展趨勢。教宗說，教會該打開窗戶讓新鮮空氣進來的時候到了。

在大公會議尚未開始前，難免有許多準備工作要完成。教區主教會議於一九六〇年一月在拉特朗大殿舉行，出乎意料的是，這是教廷史上首次舉行教區主教會議；但第二次梵蒂岡大公會議（事實上是羅馬天主教會的第二十一次大公會議）要等到近兩年後，於一九六二年十月十一日才召開。在聖伯多祿大殿舉行的開幕會議有二千五百四十位代表參加，大部分是主教和修會上司，是教會史上最大規模會議。近半數與會者是非歐洲人；有二百五十人是非洲人，與亞洲派來的人數差不多，拉丁美洲派來六百位代表。東正教會和新教教會派來十七名觀察員代表。教宗的開幕辭充滿樂觀：

> 我們覺得有必要反對那些陰沉的倡導者，他們總是預言災難，好像世界末日即將來臨似的……
>
> 教會不應背棄聖父們領受的神聖真理遺產。但同時教會也應關注當下，關注新狀況，以及現代世界所採納的新生活形式，這開闢了新途徑……因此遲鈍的教會還未注意到人類天才

3 請見第二十章，頁三五五。

的發現的神奇進展……
大公會議現在猶如黎明般在教會中升起，是光芒最燦爛的第一道曙光。現在才剛漸露端倪。在破曉之際首次宣告時，我們心中已充滿愉悅。這裡的一切散發著神聖，激起極大的喜悅。讓我們凝視星星……

不到一年後，一九六三年六月三日，教宗若望死於癌症，是兩百年來最短任期。召開大公會議是他的主意，幾乎可說是他的產物，儘管會議上的大部分最終決策歸功於他人，尤其是他的繼任者，但從頭到尾都是由他的精神主導。在這短短五年任期中，他讓教會向二十世紀敞開大門。他主動接觸其他基督教會，尤其是猶太人，他始終特別關懷猶太人。第二次世界大戰時，他在土耳其擔任宗座代表時，便拯救了羅馬尼亞和保加利亞的數千名猶太兒童的性命，為他們提供空白的領洗證；他在獲選教宗一年內，做了一件庇護十二世始終拒絕考慮的事：他將耶穌受難日禮拜儀式中的「不忠的猶太人」（*pro perfidis Judaeis*，faithless Jews）這句話刪除。某天他在羅馬乘車時經過一座猶太教堂，當時所有信徒正要離開教堂；他停下車跟他們說話，並賜福他們。也難怪在他過世前一晚，羅馬的首席拉比帶著許多猶太信徒在聖伯多祿大殿禱告。

喬凡尼・巴提斯塔・蒙提尼（Giovanni Battista Montini）於一九五四年獲任命為米蘭總主教前，幾乎都在教廷文書院中任職。他的父親是富裕的律師和議會代表，一九三七年時便以四十歲之齡獲任命為樞機主教派契利的助理，接著擔任教廷國務卿，接下來十七年都一直擔任此職務。一九五三年，他拒絕接任樞機主教一職，他知道此職務會剝奪他獨特的權力地位；但無論如何，不久後他的影響力似乎開始下降。身為自由派，他肯定會反抗反動的保守派，包括庇護，而庇護也已開始設法擺脫他；而他獲任命為米蘭總主教時，他其實也知道這是明升暗降。還有另一個明顯不討教宗喜愛的跡象，儘管他不斷受到米蘭代表強烈推薦，但他依舊無緣加入樞機團；正如許多人預料，沒有樞機主教的身分，他便明顯不符合下任教宗的候選資格。

獨裁者一貫是不太考慮繼任者的人選，而庇護十二世確實是獨裁者。也許庇護有天性獨裁的一面，據說他曾喃喃自語道：「我死後，大洪水也與我無關」（*après moi le déluge*），他似乎不信任他的樞機主教，而且不太在乎他們。在十九年裡他只主持過兩次樞機主教會議，在他過世時，樞機團只有五十一人，而且半數已超過八十歲，而西斯篤五世設定的上限人數是七十人。這一切問題在教宗若望接任後立刻修正。他在第一次樞機主教會議上廢除教宗西斯篤的人數上限規定，另外總主教蒙提尼此時終於升任樞機主教，到了一九六二年，樞機團人數至少有八十七人。

其中八十位樞機主教在六月十九日晚上召開祕密會議。蒙提尼是支持度最高的，但他仍在第五輪投票時才獲選，採用封號保祿六世（一九六三—七八）；他說，他想接觸現代的外邦人。鮮少有教宗如此真正勉強接受三重冠。此時六十五歲的蒙提尼比誰都明白教宗的意義：不僅是負起責任，還要承受痛苦的孤獨。他也知道距離大公會議第二次會期只剩一百天了。他已在第一次會期發揮重要作用，但那場會期並未完全成功：會議上發生了幾次尖銳的想法衝突，還發生更多次人身攻擊。但這是難免的，畢竟教廷史上從未有能如此直言不諱、完全自由表達意見的會議：套句前孟買總主教湯瑪斯・羅伯茲（Thomas Roberts）所說，上帝的孩子們得以在主的家中從樓梯扶手上滑下來。

大公會議一直到第二次會期才大有進展，證明是宗教改革以來最具革命性的基督教現象。幾乎每一項主要議題都與庇護十二世的宣言相抵觸：大公主義、禮儀改革、共產主義、宗教自由，以及最重要的猶太教。關鍵文件是有關教會的宗座憲令（*Lumen Gentium*，Decree on the Church）。庇護想必會討厭此憲章的，尤其是不將羅馬天主教會定義為等同於基督教會的部分。此憲章堅稱，基督教會就「存在於」天主教會中，「儘管不少聖化和真理的因素可在天主教會的有形界限之外找到」。這表示天主教會實際上可與其他教會平等共存：天主教不再主張獨佔神聖真理。在其他方面，此憲章強調眾主教與平信徒的重要性，繼而削弱教廷專制的概念。教會被形容為朝聖者教會（pilgrim Church），是身為朝聖族群的虔誠信徒。

在大公會議通過的其他幾項法令中，禮儀法令（Decree on the Liturgy）改變了羅馬天主教的禮拜儀式，為平信徒更能參加彌撒建立了基礎，採用白話文取代拉丁文，要求主禮應面對會眾，而非祭壇。大公主義法令（Decree on Ecumenism）要求以宗教合一為教會工作的核心。主要由美國人提倡的宗教自由法令（Decree on Religious Liberty）宣稱崇拜自由是人類尊嚴的基本要素。其他宗教法令（Decree on Other Religions），即《教會對非基督宗教態度》（*Nostra Aetate*），則受到依舊反猶太主義的教廷強烈反對，此法令在界定教會對猶太人的態度尤其重要：

> 沒錯，當時的猶太當權者和聽從其領導之人逼死了基督；但祂受難之事不能歸咎於當時所有猶太人，也不能歸咎現今所有猶太人。儘管教會是上帝的新子民，但正如《聖經》中所

說，猶太人不應被視為上帝所拒絕或詛咒之人。所有人都應明白，不論是在教理工作或聖道宣講，都未教導與福音真理和基督精神不符之事。此外，教會反對迫害任何人，在未忘記與猶太人共同擁有教會遺產下，教會譴責任何人在任何時候針對猶太人的敵意、迫害和反猶太主義的表現，這並非出於政治因素，而是福音的屬靈之愛。

大公會議持續召開逾三年，最後由教宗保祿於一九六五年十二月八日結束會議。從最初的準備工作到結束，會議的成功主要歸功於他。保守派在會議期間始終徹底反對，就算教宗若望在世，可能也無法像他一樣強行通過大部分措施。相較之下，保祿幾乎整個職涯都在梵蒂岡官僚機構度過，他具備知識和經驗，以鐵腕方式和十足信心帶領大公會議。為了對付保守派，他強制所有七十五歲以上的主教退休，除了教宗的羅馬主教職位。教廷的樞機主教必須在八十歲時退休，之後不准再參與教廷祕密會議——樞機職位賦予的唯一特權。另一方面，樞機團規模遽增，從第三世界新任命了許多新樞機主教；此後義大利人未再享有絕對多數。

教會已經改換頭面。對許多天主教徒來說，教會終於與時俱進了。對許多其他人來說，教會是在自毀長城。修會數量凋零，甚至是在西班牙和西西里這類歷史悠久的大本營的修會。司鐸們不再穿白領制服，幾個修會的修女也不再穿傳統的會衣，而是穿得更像女空服員。熟悉且備受鍾愛的拉丁文消失了，對老一輩而言尤其令人難以接受；對部分人來說更是讓人心碎。拉丁文除了本質優美，還曾是通用語言；世界每個國家的彌撒完全都是一樣的，因此會立刻感到親切。在民航開放那一刻起，人們比以往更常旅行，現在信徒到外地參加彌撒時，經常不得不聽他們所不懂的語言。

保祿的任務是要整合這些相互衝突的元素。大體上來說，他得以成功整合，但無法阻止傳統主義的總主教馬賽・魯菲爾（Marcel Lefebvre）脫離教會，他自行創辦的「聖庇護十世會」（Society of St Pius X）堅決支持舊秩序和完整的特倫特彌撒。保祿推動大公會議，確保會議結束後不倒退；但在其他方面，他仍堅持保守立場。關於聖職人員獨身的問題，他拒絕讓步；他在節育方面所採取的立場也嚴重損害了自己的聲望。

他認為這主題對大公會議來說是個燙手山芋，或許這想法是不明智；他反而將此議題交給由神學家、醫生、科學家和夫妻（這點頗令人訝異）組成的特別委員會討論。此委員會建議教會的傳統訓導應修改為允許至少在某些情況下人工節育；而大家都以為教宗會接受這建議，而且由眾主教組成的一個討論小組也已有多數支持。可嘆的是，他沒接受：他隨後在一九六八年頒佈通諭《人類生命》（*Humanae Vitae*），只再次確認舊的梵蒂岡方針。此通諭引來許多人失望，甚至令許多人厭惡。尤其是在生育率上升的南美洲，引起數百名聖職人員辭職；更有數百名聖職人員一如既往繼續鼓勵會眾節育。

保祿或許該親自造訪南美洲；他當然能做到，因為他是第一位跨海遠行的教宗，實際上他也視其為牧靈職責。一九六三年，他曾到紐約的聯合國大會上發表講話；一九六四年在孟買的國際聖體大會（International Eucharistic Congress）上講話。那年他也到耶路撒冷，與大公宗主教雅典納哥拉（Ecumenical Patriarch Athenagoras）一起為結束大分裂踏出第一步，東西方教會分離是從一〇五四年的大分裂開始[4]。一九六七年，他也是自鄂圖曼征服以來首位造訪伊斯坦堡的教宗，他在那裡犯了尷尬的錯誤，他在進入聖索菲亞大教堂時下跪，讓強硬的伊斯蘭教徒有機會指責他試圖將此建築改回基督教堂[5]。出乎意料的是，他在一九六九年到日內瓦的普世基督教協會（World Council of Churches）總部，在第二次梵蒂岡大公會議以前，教宗在那裡現身是不可思議的；同年他前往烏干達，於是成了首位踏足非洲大陸的教宗；一九七〇年他造訪菲律賓和澳洲，而他在菲律賓差點遭到暗殺。

但此時他有幾位關係親近的同僚為他感到擔憂。他攬了太多職責在身上，因此十分不快樂。他位高而孤獨，且日漸不得人心，尤其是頒佈《人類生命》之後，隨著第二次梵蒂岡大公會議後的所有後果逐漸浮現，教會內部的緊張局勢便與日俱增，加上國際恐怖主義上升和義大利赤軍旅（Red Brigades）都造成傷亡損害，他也因此越來越憂鬱。一九七四年時，甚至有謠言說他可能會辭職；一九七八年，他的親密朋友，即基督教民主黨人阿爾多．莫羅（Aldo Moro）被綁架後遭殺害（教宗為他主持葬禮），這次打擊讓他無法重新振作。他於同年在岡多菲堡的避暑行宮過世，死因是嚴重心臟病發作引起的急性膀胱炎。當時是八月六日星期日晚上，正逢主顯聖容節（Feast of the Transfiguration）。

---

4 請見第八章。

5 這座教堂在鄂圖曼時期用作清真寺，一九三五年時，凱末爾．阿塔圖克（Kemal Atatürk）宣布將此建築用作世俗博物館。

一九七八年八月二十六日在僅一天的祕密會議上，樞機主教阿爾比諾．盧恰尼（Albino Luciani）於第四輪投票中獲選為教宗。他出身柏盧諾（Belluno）附近的貧困勞工階級家庭，父親是磚匠和電工，大部分時候在瑞士從事臨時工。阿爾比諾曾擔任維托里歐威尼托（Vittorio Veneto）的主教，隨後擔任威尼斯宗主教九年；但他在義大利之外幾乎無名氣，因此他以一百一十一票迅速獲選為教宗時相當令人訝異，而且投給他的樞機主教中只有二十七位是義大利人。英國樞機主教貝索．修姆（Basil Hume）曾解釋道：「我鮮少有上帝臨在的經歷……我不是按聖靈指示行事之人，這點是不言而喻的。對此我是略微冷漠強硬的……但對我來說，他是上帝的人選。」

正如我們所見，保祿六世是格外勉強接受教宗一職；他的繼任者也差不多。他在倒數第二輪投票中已經領先，距離獲選票數只差七票時，有人聽到他喃喃自語：「不，拜託不要……」他有許多親密的同僚以為他可能會拒絕；但他緩慢而難過地點了點頭。他採用封號若望．保祿一世（一九七八），也是教宗史上首位採用雙名稱為封號的教宗。他在第一次向羅馬人民發表演講時解釋道：

> 教宗若望曾想在聖伯多祿大殿親自為我祝聖。然後，儘管不值得，但我在威尼斯的聖馬可聖殿宗主教座堂接任他的職位，那裡至今仍充滿教宗若望的精神……另一方面，教宗保祿不但在數月前任命我為樞機主教，也在聖馬可廣場，在二萬人面前脫下自己的聖帶，披在我的肩膀上，令我顧景慚形……我從未如此面紅耳赤過……所以我採用封號「若望．保祿」。

我敢肯定的是，我沒有教宗若望的心靈智慧，沒有教宗保祿的未雨綢繆和文化修養。但我現在站在他們的立場。我將尋求服務教會，希望你們以祈禱幫助我。

這種非正式的親切語氣奠定了若望．保祿的教宗職涯，過去沒有教宗比他更平易近人了；也沒有教宗的笑容比他更溫暖迷人，所有見過他的人都能感受到。他厭惡浮華。當然以他的地位來說這是擺脫不了的，但他盡量將奢華程度削至最低。舉例來說，他是首位拒絕舉行加冕儀式的教宗；不戴三重冠、不坐在分娩座椅上讓人抬著穿過人群、不再搖鴕鳥羽毛聖扇、不再用君主自稱詞「朕」（We）。他渴望帶領教會回歸根源，回歸耶穌基督本身的謙卑和儉樸、誠實和清貧。

但要怎樣才能做到呢？首先要應付教廷。他在教廷原本沒有敵人——在他當選之時確實是完全沒有敵人的。不過他拒絕按慣例加戴所有衣冠一事嚇壞了傳統派，另外剛當選的新教宗按慣例可多領一個月的薪水，他決定刪減一半，但此舉並未讓他討喜。他也很快發現，梵蒂岡是無謂的仇恨、競爭和嫉妒心的溫床。他抱怨道：「除了針對所有人和事的惡意，我什麼都沒聽到。我還注意到這裡缺少兩樣東西：真誠和一杯好咖啡。」

在這種氣氛下，他難免受到誤解和歪曲。舉例來說，《羅馬觀察報》在他當選後幾小時內發行特刊，報導他是首先傳閱通諭《人類生命》的主教之一，「並堅持其訓導毫無問題」。這完全錯誤。眾所周知他在一九六八年擔任維托里歐威尼托主教時，向前任威尼斯宗主教提出機密報告，建議教會批准使用近期研發的避孕藥；而這份報告獲得其他主教支持，並提交給保祿六世。正如我們所知，保祿否決了這份報告；但若望．保祿未改變他的見解。一九七八年，他獲邀到米蘭的國際代表大會（International Congress）上演講，以慶祝《人類生命》十週年，但他拒絕參加。他在當選後數日，同意接受美國國會議員詹姆斯・施爾（James Scheuer）的邀約，施爾也是眾議院人口遴選委員會（House Select Committee on Population）主席。他曾向教廷國務卿維勒（Villot）樞機主教評論道：「在我看來，我們不能讓現狀繼續下去。」

這位安靜、溫和、笑容可掬的教宗若能多活幾年，有圓滿的任期，或許可為教會實現一場革命——一場比教宗若望的第二次梵蒂岡大公會議更激勵人心、更影響深遠的革命。但他未活下去。一九七八年九月二十九日星期五清晨五點半，他被發現在床上過世。他擔任教宗只有三十三天，是自一六〇五年李奧十一世以來最短任期。

若望・保祿一世是被謀殺了嗎？這點確實有理由相信。以六十七歲的人來說，他身體十分健康；之後沒有驗屍或解剖；教廷明顯感到恐慌，他們後來也被抓到在死狀和遺體發現處的說詞方面編了許多小謊；正如大家普遍認為，假如他當時正要揭發一樁重大財務醜聞，其中梵蒂岡銀行和其行長，即總主教保羅・馬辛奇斯（Paul Marcinkus）牽連甚深，那麼至少會有三名國際罪犯將竭盡全力阻止他揭發，其中一人是安布羅斯銀行（Banco Ambrosiano）的羅貝托・卡維（Roberto Calvi），他後來被發現懸吊在倫敦的黑衣修士橋（Blackfriars Bridge）底下。此外，梵蒂岡是容易發生凶殺案的地方。那是獨立的邦國，沒有自己的警力；義大利警察在未獲准下不得進入，而且他們也未曾獲准進入。

複雜的陰謀論長久以來一直存在，支持者和反對者皆有。若要在此闡述，勢必要為這位任期僅一個月的教宗寫二、三十頁，對篇幅已過長的本書來說會徹底失衡。有意研究的讀者——而且這主題也是值得研究的——可以閱讀兩本書：大衛・耶洛普（David Yallop）所著的《以上帝之名》（*In God's Name*）是支持陰謀論的；約翰・科恩韋爾（John Cornwell）所著的《夜盜》（*A Thief in the Night*）是反對陰謀論的。然後讀者可自行決定要相信哪一方。[6]

✠

非比尋常的是，繼任者嘉祿・沃伊蒂瓦（Karol Wojtyla）是自一五二二年的哈德良六世以來，首位波蘭人和非義大利人教宗，而且也十分卓越非凡，他是在第二天投票時，以一百零三票獲選，總票數為一百零九票。他獲選時僅五十八歲，是有出版著作的詩人和劇作家，也是有造詣的滑雪和登山專家，且熟悉六種語言（另有一說是十種）。他曾就讀克拉科夫大學（University of Cracow），但在一九三九年九月一日德國入侵波蘭後，該學校關閉。之後他從事幾個勞力工作，包括在採石場工作，據說他在相對較晚的二十二歲決定擔任聖職人員前，曾與當地一名女孩發展戀情。之後他迅速晉升。他擔任堂區司鐸僅三年後便返回大學修讀哲學，並講授社會道德學。他早在三十八歲時獲任命為主教，五年後保祿六世任命他為克拉科夫總主教。

他在獲選為教宗若望・保祿二世（一九七八—二〇〇五）後兩天，以教宗身分發表第一次重要演講時，強調自己身為普世教會領袖的國際角色。他說：「從現在起，我們的祖國不重要。」當

6 曾有多年我相信教宗確實是被謀殺，後來重新閱讀雙方立場的證據後，我改變了想法。若有凶手的話，他必須在深夜設法進入教宗的套房。除非是教宗的其中一位祕書涉及這宗陰謀（或一小群負責烹飪打掃的修女中有一人或以上涉案）——這點令我難以相信——否則我不認為凶手有辦法進得去。

然實情並非如此。他的人生前五十八年都在波蘭居住，那裡依舊是他的心靈歸屬。這也影響了他的所有政策、決策和公開聲明。在擔任教宗期間，他返回波蘭不下九次，比前往其他國家的次數還多。他非常清楚記得華沙起義和大屠殺。在一九四四年八月六日的「黑色星期天」，蓋世太保在克拉科夫圍捕八千名波蘭青年；德國人在搜索沃伊蒂瓦的藏身處的樓上時，他因躲在地下室而逃過一劫。戰後他忍受了近半個世紀的共產主義，一九八〇年共產主義巨石開始崩裂後，他積極鼓勵波蘭團結工聯（Polish Solidarity）運動和其領導人萊赫．華勒沙（Lech Wałęsa），他也可能祕密透過總主教馬辛奇斯和梵蒂岡銀行資助過華勒沙。正如戈巴契夫曾評論道：「若沒有若望．保祿二世，鐵幕不可能崩塌」。

在一九八一年五月十三日傍晚的一場公開接見活動中，若望．保祿二世乘坐教宗座駕在聖伯多祿大殿廣場行駛時，土耳其行刺者阿里．阿加（Ali Agca）幾乎是近距離朝他開了三槍。若望．保祿被緊急送往雙子醫院（Gemelli Hospital）。阿加立刻被捕，後來他告訴檢察官，他是「民族主義無神論者」，討厭天主教會和美俄的帝國主義。他又說，他曾想在一九七九年十一月教宗造訪土耳其時行刺他，但當時教宗的保護措施太完善。教宗在羅馬則是無遮蔽的目標。阿加背後若有主謀的話，也從未揭露，儘管保加利亞政府嚴重受到懷疑。若望．保祿在休養期間宣布，他原諒那位行刺未遂者；一九八三年，教宗到監獄探視阿加，他們兩人之間建立了近似友誼的關係。幾年後，教宗也接見了阿加的母親和兄弟。

經過五小時的手術，教宗流失四分之三血量，恢復期漫長：一直到十月他才完全康復。但到了一九八二年，他成了媒體巨星，他得以恢復折磨人的出訪計畫，一年有四、五次造訪世界各地的重要行程。到了第二十六年任期末時，他已累積一百零四次出訪之旅，到訪過一百二十九個國家。一九八二年五、六月時，儘管爆發福克蘭戰爭（Falklands War），也差點取消出訪行程，但他仍造訪英國六天，是首位以在任教宗身分造訪英國，期間他在坎特伯雷主教座堂佈道。二〇〇〇年三月，他造訪以色列：令人猜測庇護十二世會怎麼想？[7] 二〇〇一年，他造訪大馬士革，是首位在清真寺祈禱的教宗。他唯一的遺憾是未能造訪俄國。

但在其他方面，比起若望二十三世，若望・保祿二世的想法與庇護十二世更接近。或許這點並不完全令人意外。自他成年後，一直到抵達羅馬之前，波蘭教會一直處於險境，掙扎著求生，先是要對抗德國，接著是俄國。沃伊蒂瓦可說是一直在為當時那個教會奮戰，而非當下的教會；在五十八歲成為教宗時，他已年紀大到無法改變想法。他頒佈的十四項通諭顯示他是反動派，固執地重申天主教在安樂死、墮胎、女性的聖職授任、同性戀和同性婚姻方面的舊訓導。曾指望他的前任能大力改革節育政策的那些人都十分清楚，他們也不指望若望・保祿二世會批准節育政策，其中包括使用保險套，儘管只是為了防止愛滋病傳播。令人意外的是，他像是失控般為數百人封聖：除了為一千三百四十位男女列為真福外（封聖的第一步程序），他也至少為四百八十三人封為聖徒，比過去五百年來的封聖人數還多。

若望・保祿在教宗任期快結束時，堅定反對伊拉克戰爭。二〇〇三年他在世界情勢咨文中清

7 他至少能感到寬慰的是，若望・保祿即使到了以色列猶太大屠殺紀念館（Yad Vashem Holocaust Memorial），也未替過去的沉默道歉。

楚表達他的觀點：「反對戰爭！戰爭並非無可避免，而且戰爭始終是人性的失敗。」後來他說的一段話常被引用：「戰爭一般無法解決引起爭戰的問題，因此最終證明是徒勞無益。」但此時他的身體狀況迅速衰退。一九九一年時他初次明顯出現帕金森氏症，但梵蒂岡按慣例保密了十二年，在二〇〇三年才承認，當時他演講時明顯口齒不清，而且被限制坐輪椅。他在二〇〇五年四月二日星期六晚上過世，距離八十五歲生日只有四十六天。六天後為他舉行的追思彌撒有超過四百萬人參加，可說是基督徒朝聖史上最大一次規模。

若望．保祿二世的葬禮是由樞機主教若瑟．拉辛格（Joseph Ratzinger）處理，他是教義部部長，教義部以前稱為聖職部，再之前稱為宗教裁判所。他的主要職責是確保天主教機構的訓導符合羅馬教會制訂的嚴格教義。儘管拉辛格號稱「上帝的洛威拿犬」，但其實他性格寬厚溫和，常被認為是最佳繼任人選；雖然祕密會議往往不會選出支持度最高者，但這次在第五輪投票時，他正式獲選也是意料之中，他是史上第七位德國教宗，不過是十一世紀以來第一位。

本篤十六世（二〇〇五—二〇一三）無疑是十分聰慧的神學家，但在我寫這本書時，他尚未證明自己如眾人所期待的腳踏實地。在兩年多一點的時間裡，他嚴重得罪了三個重要的宗教團體：先是穆斯林，接著是猶太教徒，最後是新教教會。他的第一次失言是在二〇〇六年九月十二日，就任後不到十八個月，他在昔日任教的雷根斯堡大學（University of Regensburg）演講時說：「證明給我看，正如穆罕默德為世界帶來新教導，而你會發現那些只是邪惡和非人道的教導，比如他下令以利劍傳播他所宣講的信條。」

後來明顯可見，教宗只是在引述拜占庭皇帝曼努埃爾二世（Manuel II Palaeologus）於一三九一年說的話，而非表示贊同；不幸的是，他當時未說清楚。穆斯林世界掀起廣泛的抗議聲浪，約旦河西岸的兩座基督教教堂遭到炸彈攻擊。後來教宗鄭重道歉，並在岡多菲堡特別舉辦接待會，召集二十位高階穆斯林外交官，再次道歉。兩個月後他正式造訪土耳其，伊斯坦堡機場出現懷有敵意的示威活動，當局必須採取特別安全措施保護他；但他在蘇丹艾哈邁德清真寺祈禱，這次造訪算是相當成功。

他也因為多此一舉而引起新教徒的敵意。他在二〇〇七年七月十一日發佈宗座宣言時指出：

然而難以看出「教會」這一稱呼怎麼能屬於〔新教徒團體〕，鑑於他們不接受天主教意義上的教會禮拜的神學概念，而且他們缺乏天主教會中不可或缺的元素。

這次引來一波抗議的怒吼。義大利福音教會聯盟（Italian Federation of Evangelical Churches）主席形容這份宣言是「倒退一大步」，並以法語同義詞發出「對外造成災難後果」的危險警告，不過沒人能確定他所表達的意思。

在此不久前本篤也將注意力轉向猶太人，而其中原本已有許多人對教會堅持為教宗庇護十二世封聖而感到憤怒。儘管沒有理由指控本篤個人表現出反猶太主義，但他在二〇〇七年七月七日決定再次批准特倫特彌撒，而此彌撒包括一段祈禱文，內容是請求上帝揭開布幔，讓猶太人「重見天日」，而這段祈禱文在猶太人圈子不受歡迎。還有令猶太人不太滿意的是，教廷隨後為脫離教會的四名主教解除教籍開除令，他們之前因加入總主教魯菲爾創立的「聖庇護十世會」而被開除教籍，其中主教理查・威廉森（Richard Williamson）因否認猶太人大屠殺而惡名昭彰。[8]

這些都是刻意而為的舉措，原本可以、也應該避免。但緊接著本篤陷入一場更大的風暴，這倒不是他自己造成的。這場風暴先是在愛爾蘭爆發，天主教學校和孤兒院揭露了可怕而分布甚廣的虐兒現象，無來由的肢體暴力事件頻頻發生。同樣該受指摘的是，教會本能地掩蓋醜聞，意圖將該負責任的人轉往其他堂區，而非冒著名聲受損的風險革除他們的聖職。愛爾蘭首席主教兼樞機主教祥恩・布雷迪（Sean Brady）承認在一九七〇年代參與掩蓋醜聞時，教宗原本可以立刻果斷革除他的職務以贏得聲譽；但在我寫本書時，布雷迪依然留任。同時聖職人員的戀童醜聞也蔓延到歐洲和美國各地。教宗確實在二〇一〇年三月致函愛爾蘭天主教徒，為持續數十年的「罪惡且犯法的」虐童行為道歉。但此舉再次引來大家質疑，他為何只向愛爾蘭道歉，於是奧地利、荷蘭、瑞士、義大利，尤其是德國的天主教徒難免都覺得，發生在自己國家的事對他來說比較不重要。本篤的反應太微弱、太晚；而且這場風暴沒有減弱的跡象。

逾半世紀以來，革新派的天主教徒一直渴望能看到教會步入現代。隨著每任新教宗上任，他們都希望當今的主要議題都能有所進展，這些議題包括同性戀、節育、女性聖職人員的授任，但每一次都讓他們失望。確實，教會有時似乎在退步：二〇一〇年七月十五日，教會將女性聖職人員授任的狀況提升到「重大不法行為」，將此事定為法典中最嚴重的罪行之一，程度實際上相當於虐童罪。[9]

本篤在二〇一〇年九月造訪英國，儘管違反許多人的期待，但也十分成功，不過他此時的教宗之位已明顯開始震盪。他近期表示，歡迎那些為了抗議女性主教授任而離開自己教會的已婚新教徒聖職人員加入天主教聖職，此舉令聖公會聖統難掩憤怒。但他的教宗任期尚未結束，因此無法做最後結論。只能說教宗本篤將證明自己比許多前任更好，也比一些前任更糟；儘管當今世上各地瀰漫著不可知論的氣氛，但羅馬天主教會在歷經近兩千年後——有二十億會眾，佔所有基督徒的一半，佔全球人口約六分之一——撇開種種，至今仍蓬勃發展，繁榮景象猶如前所未見。聖伯多祿若能看到現今的羅馬教會，確實會感到自豪。

8 為了多加彌補，本篤於二〇〇九年造訪以色列，自然要跟隨若望·保祿二世的腳步，造訪以色列猶太大屠殺紀念館。

9《時代》，二〇一〇年七月十五日星期五。在此應補充一下，根據後來的期刊報導，天主教護教論者憤怒地反駁這項指控。

參考書目

About, E. *La Question romaine.* Paris, 1859.

Aland, K. *A History of Christianity.* Tr. J. L. Schaaf. 2 vols. Philadelphia, 1985.

Aston, N. *Religion and Revolution in France.* London, 2000.

Aveling, J. C. H. *The Jesuits.* London, 1981.

Baring-Gould, S. *Curious Myths of the Middle Ages.* London, 1897.

Barraclough, G. *The Medieval Papacy.* London, 1968.

Bede, The Venerable. *Ecclesiastical History of England.* Tr. and ed. A. M. Sellar. London, 1907.

Bigg, C. *The Church's Task Under the Roman Empire.* Oxford, 1905.

Blakiston, N. (ed.). *The Roman Question: Extracts from the Despatches of Odo Russell from Rome, 1858 – 1870.* London, 1962.

Boccaccio, G. *Concerning Famous Women.* Tr. G. A. Guarino. London, 1964.

Boureau, A. *The Myth of Pope Joan.* Tr. L. G. Cochrane. Chicago, 2001.

Bradford, S. *Cesare Borgia: His Life and Times.* London, 1976.

Burchard, J. *At the Court of the Borgias.* Tr. G. Parker, London, 1963.

Bury, J. B. *History of the Later Roman Empire from Arcadius to Irene.* 2 vols. London, 1889.

Cambridge Medieval History. 8 vols. Cambridge, England, 1911 – 36.

Cambridge Modern History. 12 vols. Cambridge, England, 1902 – 10.

Carrington, P. *The Early Christian Church.* 2 vols. Cambridge, England, 1957.

Chadwick, O. *Britain and the Vatican During the Second World War.* Cambridge, England, 1986.

Chamberlin, E. R. *The Bad Popes.* London, 1970.

Cheetham, N. *Keepers of the Keys: The Pope in History.* London, 1982.

Clarke, C. P. S. *Short History of the Christian Church.* London, 1929.

Clement, St. *The Epistles of St. Clement of Rome and St. Ignatius of Antioch.* Tr. and ed. J. A. Kleist. London, 1946.

Collins, P. *Papal Power.* London, 1997.

Cooper, A. D. *Talleyrand.* London, 1932.

Cornwell, J. *Hitler's Pope: The Secret History of Pius XII.* London, 1999.

Cornwell, R. *God's Banker: An Account of the Life and Death of Roberto Calvi.* London, 1984.

Creighton, M. *History of the Papacy During the Period of the Reformation.* 6 vols.

London, 1903 – 7.
Cullman, O. *Peter: Disciple—Apostle—Martyr*. London, 1953.
Dictionnaire d'histoire et de géolgie catholique. Ed. A. Vacant and E. Mangenot. 9 vols in 15. Paris, 1926 – 50.
Döllinger, J. J. I. *Fables Respecting the Popes of the Middle Ages.* Tr. A. Plummer. London, 1871.
Dudden, F. H. *Gregory the Great: His Place in History and Thought.* 2 vols. London, 1905.
Duffy, E. *Saints and Sinners: A History of the Popes.* New Haven, Conn., 1997.
Eggenberger, D. *A Dictionary of Battles.* London, 1967.
Enciclopedia italiana di scienze, lettere ed arti. Milan and Rome, 1925 – 60.
Encyclopaedia Britannica, 15th ed. Chicago, 1974.
Eusebius, Bishop of Caesarea. *Ecclesiastical History.* Tr. C. F. Crusé. London, 1894.
Falconi, C. *The Silence of Pius XII.* Tr. B. Wall. London, 1970.
Friedländer, S. *Pius XII and the Third Reich.* Tr. C. Fullman. London, 1966.
Gascoigne, B. *The Christians.* London, 1977.
Gibbon, E. *The History of the Decline and Fall of the Roman Empire.* 7 vols. Ed. J. B. Bury. London, 1896.
Gilley, S. *Newman and His Age.* London, 1990.
Greeley, A. *The Making of the Popes.* London, 1979.
Gregorovius, F. *History of the City of Rome in the Middle Ages.* London, 1895.
Gregory, Bishop of Tours. *The History of the Franks.* Tr. O. M. Dalton. 2 vols. Oxford, 1927.
Grisar, H. *History of Rome and the Popes in the Middle Ages.* London, 1911 – 12.
Guicciardini, F. *The History of Italy.* Ed. and tr. S. Alexander. New York, 1969.
Hale, J. R. *The Cvilisation of Europe in the Renaissance.* London, 1993.
Hales, E. E. Y. *Pio Nono.* London, 1954.
———. *Pope John and His Revolution.* London, 1965.
Hebblethwaite, P. *John XXIII, Pope of the Council.* London, 1984.
———. *Paul VI: The First Modern Pope.* London, 1993.
———. *The Year of the Three Popes.* London, 1978.
Hook, J. *The Sack of Rome.* London, 1972.
Hughes, P. *Pope Pius the Eleventh.* London, 1937.
Jameson, Mrs. A. *Sacred and Legendary Art.* 2 vols. London, 1896.
Johnson, M. *The Borgias.* London, 1981.
Johnson, P. *A History of Christianity.* London, 1976.
Jones, A. H. M. *The Later Roman Empire, 284 – 602: A Social, Economic and*

Administrative Survey. 3 vols. Oxford, 1964.
Kantorowicz, E. *Frederick the Second.* Tr. E. O. Lorimer. London, 1931.
Katz, R. *Black Sabbath: A Journey Through a Crime Against Humanity.* London, 1969.
Küng, H. *The Catholic Church.* London and New York, 2001.
Lacey, R. *The Life and Times of Henry VIII.* London, 1972.
Ladurie, E. Le Roy. *Montaillou: Cathars and Catholics in a French Village, 1294 – 1324.* Tr. Barbara Bray. London, 1978.
Levillain, P. *Dictionnaire historique de la papauté.* Paris, 1994.
Lewy, G. *The Catholic Church and Nazi Germany.* New York, 1964.
Liudprand, Bishop of Cremona. *Works.* Tr. F. A. Wright. London, 1930.
Lowe, J. *Saint Peter.* Oxford, 1956.
MacNutt, F. A. *A Papal Chamberlain.* London, 1936.
Mallett, M. *The Borgias: The Rise and Fall of a Renaissance Dynasty.* London, 1969.
Mann, H. K. *Lives of the Popes in the Early Middle Ages.* London, 1902.
Martines, O. *April Blood: Florence and the Plot Against the Medici.* London, 2003.
Masson, G. *The Companion Guide to Rome.* London, 1965.
———. *Frederick II of Hobenstaufen: A Life.* London, 1957.
Maurois, A. *A History of Frenace.* Tr. H. L. Binsse and G. Hopkins. London, 1960.
Mollat, G. *The Popes at Avignon.* London, 1963.
Moorhead, J. *Gregory the Great.* London, 2005.
Mullins, E. *Avignon of the Popes: City of Exiles.* Oxford, 2007.
New Catholic Encyclopedia. Washington, D.C., 1967 – 96.
New Encyclopaedia Britannica (15th ed.). 32 vols. Chicago, 1998.
Noel, G. *The Renaissance Popes.* London, 2006.
Norwich, J. J. *Byzantium: The Early Centuries.* London, 1988.
———. *The Kingdom in the Sun.* London, 1970.
———. *The Normans in the South.* London, 1967.
———. *Venice: The Greatness and the Fall.* London, 1981.
Origo, I. *The Merchant of Prato: Francesco di Marco Datini.* London, 1957.
The Oxford Dictionary of Popes. Ed. J. N. D. Kelly. Oxford, 1986.
Pardoe, R., and D. Pardoe. *The Female Pope: The Mystery of Pope Joan: The First Complete Documentation of the Facts Behind the Legend.* Wellingborought, England, 1988.
Pastor, L. von. *History of the Popes from the Close of the Middle Ages.* 40 vols. London, 1891 – 1953.

Petrarch, F. *Petrarch at Vaucluse: Letters in Verse and Prose.* Tr. E. H. Wilkins. Chicago, 1968.
Pius II, Pope. *Memories of a Renaissance Pope: The Commentaries of Pius II.* Tr. F. A. Gragg. London, 1960.
Platina, B. *The Lives of the Popes.* Ed. and tr. W. Benham. London, 1888.
Pollard, J. F. *The Unknown Pope: Benedict XV* (1914 – 1922) *and the Pursuit of Peace.* London, 1999.
———. *The Vatican and Italian Fascism, 1929 – 32: A Study in Coflict.* Cambridge, 1985.
Pope-Hennessy, J. *Fra Angelico.* London, 1952.
Powell, J. M. (ed.). *Innocent III.* Washington, D.C., 1994.
Ranke, L. von. *History of the Popes in the 16th and 17th Centuries.* London, 1847.
Renouard, Y. *The Avignon Papacy.* London, 1970.
Rhodes, A. *The Vatican in the Age of the Dictators, 1922 – 45.* London, 1973.
Rhoidis, E. *Pope Joan, a Romantic Biography.* Tr. L. Durrell. London, 1954.
Richard, J. *The Popes and the Papacy in the Early Middle Ages.* London, 1979.
Royal, R. *The Pope's Army: 500 years of the Papal Swiss Guard.* New York, 2006.
Runciman, S. *The Eastern Schism.* Oxford, 1955.
———. *History of the Crusades.* 3 vols. Cambridge, 1951 – 54.
Rustici, C. M. *The Afterlife of Pope Joan: Deploying the Popess Legend in Early Modern England.* Ann Arbor, Mich., 2006.
Selwyn, E. G. *The First Epistle of St. Peter.* London, 1946.
Spanheim, F. *Histories de la Papesse Jeanne.* Tr. J. Lenfant. 2 vols. The Hague, 1720.
Stanford, P. *The She-Pope: A Quest for the Truth Behind the Mystery of Pope Joan.* London, 1998.
Thomas, G., and M. Morgan-Witts. *Pontiff.* London, 1984.
Tillmann, H. *Pope Innocent III.* Tr. W. Sax. Amsterdam, 1980.
Toynbee, J. M. C., and J. Ward-Perkins. *The Shrine of St Peter and the Vatican Excavations.* London, 1956.
Trease G. *The Condottieri: Soldiers of Fortune.* London, 1970.
Tuchman, B. *The March of Folly: From Troy to Vietnam.* New York, 1984.
Ullmann, W. *The Growth of Papal Government in the Middle Ages.* London, 1962.
———. *The Origins of the Great Schism.* London, 1948.
———. *A Short History of the Papacy in the Middle Ages.* London, 1972.
Zamoyski, A. *The Polish Way.* London, 1987.
Ziegler, P. *The Black Death.* London, 1969.

教宗與對立教宗列表

對立教宗以斜體字標示。前兩個世紀的教宗任期是大概的日期；所有結束日期代表教宗統治結束，而非教宗過世、退位或退休的日期。

教宗稱號	本　　名	在位日期
第一章　聖伯多祿		
伯多祿 Peter	賽門／西門 Simon/Symeon	？—約64年
理諾 Linus		67-76
克雷 Anacletus		76-88
克勉一世 Clement I		88-97
愛華利多 Evaristus		97-105
第二章　城市的守護者		
亞歷山大一世 Alexander I		105-115
西斯篤一世 Sixtus I		115-125
德肋斯福祿 Telesphorus		125-136
喜及諾 Hyginus		136-140
庇護一世 Pius I		140-155
亞尼策 Anicetus		155-166
索德 Soter		166-175
愛琉德理 Eleutherius		175-189
維篤一世 Victor I		189-199
則斐琳 Zephyrinus		199-217
嘉禮一世 Callistus I		217-222
希波律陀（對立教宗） *Hippolytus (antipope)*		217-235
烏爾巴諾一世 Urban I		222-230
彭謙 Pontian		230-235
安塞羅 Anterus		235-236

教宗稱號	本　　名	在位日期
法比盎 Fabian		236-250
科爾乃略 Cornelius		251-253
諾範（對立教宗） *Novatian (antipope)*		251-
路基約一世 Lucius		253-254
斯德望一世 Stephen I		254-257
西斯篤二世 Sixtus II		257-258
狄約尼削 Dionysius		260-268
斐理斯一世 Felix I		268-274
歐提齊盎 Eutychian		275-283
加猶 Gaius (Caius)		283-296
瑪策林 Marcellinus		296-304
瑪策林一世 Marcellus I		308-309
歐瑟伯 Eusebius		309-310
美基德 Miltiades (Melchiades)		311-314
思維一世 Sylvester I		314-335
馬爾谷 Mark		336
儒略一世 Julius I		337-352
利伯略 Liberius		352-366
斐利二世（對立教宗） *Felix II (antipope)*		355-365
達瑪穌一世 Damasus I		366-384
伍西（對立教宗） *Ursinus (antipope)*		366-367
西里修 Siricius		384-399
亞納大削一世 Anastasius I		399-401
依諾增爵一世 Innocent I		401-417
佐西穆 Zosimus		417-418
博義一世 Boniface I		418-422

教宗稱號	本　　名	在位日期
恩賴（對立教宗） *Eulalius (antipope)*		418-419
策肋定一世 Celestine I		422-432
西斯篤三世 Sixtus III		432-440
李奧一世（大聖） Leo I (the Great)		440-461
依拉略 Hilarius (Hilary)		461-468
辛普利修 Simplicius		468-483
斐理斯三世（二世） Felix III (II)		483-492
哲拉修一世 Gelasius I		492-496
亞納大削二世 Anastasius II		496-498
西瑪克 Symmachus		498-514
樂倫（對立教宗） *Laurentius (antipope)*		498-499，510-516
何彌 Hormisdas		514-523

第三章　維吉呂

若望一世 John I		523-526
斐理斯四世（三世） Felix IV (III)		526-530
迪歐（對立教宗） *Dioscorus (antipope)*		530
博義二世 Boniface II		530-532
若望二世 John II		533-535
亞加比多一世 Agapetus I		535-536
西爾勿略 Silverius		536-537
維吉呂 Vigilius		537-555
柏拉奇一世 Pelagius I		556-561
若望三世 John III		561-574

教宗稱號	本　名	在位日期

第四章

本篤一世 Benedict I		575-579
柏拉奇二世 Pelagius II		579-590
額我略一世（大聖） Gregory I (the Great)		590-604
沙比尼盎 Sabinian		604-606
博義三世 Boniface III		607
博義四世 Boniface IV		608-615
亞狄達篤一世 Deusdedit I (Adeodatus I)		615-618
博義五世 Boniface V		619-625
和諾理一世 Honorius I		625-638
塞味利 Severinus		640
若望四世 John IV		640-642
戴多祿一世 Theodore I		642-649

第五章

瑪爾定一世 Martin I		649-653
恩仁一世 Eugenius I		654-657
魏德連 Vitalian		657-672
亞狄達篤二世 Adeodatus II		672-676
多諾 Donus		676-678
亞佳東 Agatho		678-681
李奧二世 Leo II		682-683
本篤二世 Benedict II		684-685
若望五世 John V		685-686
哥諾 Conon		686-687
色爾爵一世 Sergius I		687-701
德奧二世（對立教宗） *Theodore (antipope)*		687

教宗稱號	本　名	在位日期
巴斯卡（對立教宗） *Paschal (antipope)*		687
若望六世 John VI		701-705
若望七世 John VII		705-707
西西諾 Sisinnius		708
君士坦丁 Constantine		708-715
額我略二世 Gregory II		715-731
額我略三世 Gregory III		731-741
匝加利亞 Zachary		741-752
斯德望二世 Stephen II		752-757
保祿一世 Paul I		757-767
剛定二世（對立教宗） *Constantine II (antipope)*		676-768
斐理（對立教宗） *Philip (antipope)*		768
斯德望三世 Stephen III		768-772
哈德良一世 Hadrian I		772-795
李奧三世 Leo III		795-816
斯德望四世 Stephen IV		816-817
巴斯加一世 Paschal I		817-824
恩仁二世 Eugenius II		824-827
瓦倫廷 Valentine		827
額我略四世 Gregory IV		827-844
若望（對立教宗） *John (antipope)*		844
色爾爵二世 Sergius II		844-847
李奧四世 Leo IV		847-855

第六章

瓊安 Joan		？855-857

教宗稱號	本　　名	在位日期
本篤三世 Benedict III		855-858
安納斯塔西斯（對立教宗） *Anastasius (antipope)*		855

第七章

尼各老一世（大聖） Nicholas I (the Great)		858-867
哈德良二世 Hadrian II		867-872
若望八世 John VIII		872-882
瑪理諾一世 Marinus I		882-884
哈德良三世 Hadrian III		884-885
斯德望五世 Stephen V		885-891
福慕 Formosus		891-896
博義六世 Boniface VI		896
斯德望六世 Stephen VI		896-897
羅馬諾 Romanus		897
戴多祿二世 Theodore II		897
若望九世 John IX		898-900
本篤四世 Benedict IV		900-903
李奧五世 Leo V		903
克里斯多弗（對立教宗） *Christopher (antipope)*		903-904
色爾爵三世 Sergius III		904-911
亞納大削三世 Anastasius III		911-913
蘭鐸 Lando		913-914
若望十世 John X		914-928
李奧六世 Leo VI		928
斯德望七世 Stephen VII		928-931
若望十一世 John XI		931-935
李奧七世 Leo VII		936-939

教宗稱號	本　　名	在位日期
斯德望八世 Stephen VIII		939-942
瑪理諾二世 Marinus II		942-946
亞加比多二世 Agapetus II		946-955
若望十二世 John XII		955-964
李奧八世 Leo VIII		963-965

第八章

教宗稱號	本　　名	在位日期
本篤五世 Benedict V		964
若望十三世 John XIII		965-972
本篤六世 Benedict VI		973-974
博義七世（對立教宗） *Boniface VII (antipope)*		974，984-985
本篤七世 Benedict VII		974-983
若望十四世 John XIV	彼得・卡內帕諾瓦 Peter Canepanova	983-984
若望十五世 John XV	約翰・克列斯謙蒂 John Crescentius	985-996
額我略五世 Gregory V	克恩頓人布魯諾 Bruno of Carinthia	996-999
約翰十六世（對立教宗） *John XVI (antipope)*	約翰・菲拉加托斯 John Philagathos	997-998
思維二世 Sylvester II	熱貝爾・奧里雅克 Gerbert of Aurillac	999-1003
若望十七世 John XVII	約翰・西科內 John Sicco	1003
若望十八世 John XVIII	約翰・法沙諾 John Fasanus	1003-1009
色爾爵四世 Sergius IV	皮埃特羅・博卡迪博科 Pietro Buccaporca	1009-1012
國瑞六世（對立教宗） *Gregory VI (antipope)*		1012

教宗稱號	本　　名	在位日期
本篤八世 Benedict VIII	塔斯卡倫人狄奧菲拉克特二世 Theophylact II of Tusculum	1012-1024
若望十九世 John XIX	塔斯卡倫人羅馬諾 Romanus of Tusculum	1024-1032
本篤九世 Benedict IX	塔斯卡倫人狄奧菲拉克特三世 Theophylact III of Tusculum	1032-1045， 1047-1048
思維三世 Sylvester III	薩比納人約翰 John of Sabina	1045
額我略六世 Gregory VI	約翰・格拉提安 John Gratian	1045-1046
克萊孟二世 Clement II	班伯格人蘇伊格 Suidger of Bamberg	1046-1047
達瑪穌二世 Damasus II	布雷薩諾內人波珀 Poppo of Brixen	1048
李奧九世 Leo IX	埃吉賽姆人布魯諾 Bruno of Egisheim	1049-1054
第九章		
維篤二世 Victor II	多爾恩斯泰因—希爾施貝格人格布哈特 Gebhard of Dollnstein-Hirschberg	1055-1057
斯德望九世 Stephen IX	洛林的弗雷德里克 Frederick of Lorraine	1057-1058
本篤十世（對立教宗） *Benedict X (antipope)*	約翰・明西歐 John Mincius	1058-1059
尼各老二世 Nicholas II	洛林的熱拉爾 Gérard of Lorraine	1058-1061
亞歷山大二世 Alexander II	巴吉奧人安瑟莫 Anselm of Baggio	1061-1073
何諾二世（對立教宗） *Honorius II (antipope)*	彼得・卡達魯斯 Peter Cadalus	1061-1064

教宗稱號	本　　名	在位日期
額我略七世 Gregory VII	希德布蘭德 Hildebrand	1073-1085
第十章		
克勉三世（對立教宗） *Clement III (antipope)*	拉芬納人吉伯特 Guibert of Ravenna	1080，1084-1100
維篤三世 Victor III	卡西諾山的德西德里斯 Desiderius of Monte Cassino	1086-1087
烏爾巴諾二世 Urban II	拉熱里的奧多 Odo of Lagery	1088-1099
巴斯加二世 Paschal II	畢達的瑞納斯 Rainerius of Bieda	1099-1118
鐸理（對立教宗） *Theodoric (antipope)*		1100-1101
雅博（對立教宗） *Albert (Aleric) (antipope)*		1101-1102
西爾維斯特（對立教宗） *Sylvester IV (antipope)*	瑪吉звать Maginulf	1105-1111
哲拉修二世 Gelasius II	加艾塔的約翰 John of Gaeta	1118-1119
國瑞八世（對立教宗） *Gregory VIII (antipope)*	莫里斯・布達努斯 Maurice Burdanus	1118-1121
嘉禮二世 Calixtus II	勃艮第的圭多 Guido of Burgundy	1119-1124
和諾理二世 Honorius II	蘭柏・史坎貝奇 Lambert Scannabecchi	1124-1130
雷定二世（對立教宗） *Celestine II (antipope)*	提鮑德 Teobaldo	1124
依諾增爵二世 Innocent II	格戈里奧・帕帕瑞奇 Gregorio Papareschi	1130-1143
克雷二世（對立教宗） *Anacletus II (antipope)*	皮卓・皮洛里 Pietro Pierleoni	1130-1138

教宗稱號	本　　名	在位日期
維篤四世（對立教宗） *Victor IV (antipope)*	格雷戈里・康狄 Gregorio Conti	1138

第十一章

策肋定二世 Celestine II	圭多・狄・卡斯泰羅 Guido di Castello	1143-1144
路基約二世 Lucius II	葛拉多・卡奇納米奇 Gherardo Caccianemici	1144-1145
恩仁三世 Eugenius III	柏納多・皮納泰利 Bernardo Pignatelli	1145-1153
亞納大削四世 Anastasius IV	羅馬的康拉德 Conrad of Rome	1153-1154
哈德良四世 Hadrian IV	尼可拉斯・貝斯皮爾 Nicholas Breakspear	1154-1159

第十二章

亞歷山大三世 Alexander III	奧蘭多・班迪納里 Orlando Bandinelli	1159-1181
維篤四世（對立教宗） *Victor IV (antipope)*	蒙提塞利的奧塔維亞諾 Ottaviano of Monticelli	1159-1164
帕斯三世（對立教宗） *Paschal III (antipope)*	克雷馬的圭多 Guido of Crema	1164-1168
賈利三世（對立教宗） *Callistus III (antipope)*	史卓馬的吉奧凡尼 Giovanni of Struma	1168-1178
諾森三世（對立教宗） *Innocent III (antipope)*	塞澤的蘭多 Lando of Sezze	1179-1180
路基約三世 Lucius III	烏鮑多・魯西戈尼 Ubaldo Allucingoli	1181-1185
烏爾巴諾三世 Urban III	翁貝托・克里維利 Umberto Crivelli	1185-1187
額我略八世 Gregory VIII	奧柏多・狄・莫拉 Alberto di Morra	1187
克萊孟三世 Clement III	保羅・斯科拉里 Paulo Scolari	1187-1191

教宗稱號	本　名	在位日期
策肋定三世 Celestine III	吉辛多・波波內 Giacinto Boboni	1191-1198

第十三章

依諾增爵三世 Innocent III	洛塔里歐・狄・西尼 Lotario di Segni	1198-1216

第十四章

和諾理三世 Honorius III	森西歐・席維里 Cencio Savelli	1216-1127
額我略九世 Gregory IX	奧斯提亞的烏戈利諾 Ugolino of Ostia	1227-1241
策肋定四世 Celestine IV	戈斯費多・達・卡斯提里歐尼 Goffredo da Castiglione	1241
依諾增爵四世 Innocent IV	辛尼柏多・戴・費斯基 Sinibaldo dei Fieschi	1243-1254
亞歷山大六世 Alexander VI	瑞納多・戴・康提・狄・賽尼 Rainaldo dei Conti di Segni	1254-1261
烏爾巴諾四世 Urban IV	雅克・潘塔隆 Jacques Pantaléon	1261-1264
克萊孟四世 Clement IV	蓋爾・福克斯 Guy Foulques	1265-1268
額我略十世 Gregory X	泰德隆・維斯康提 Tedaldo Visconti	1271-1276
依諾增爵五世 Innocent V	塔朗泰斯的皮埃爾 Pierre of Tarantaise	1276
哈德良五世 Hadrian V	歐多波諾・費斯奇 Ottobono Fieschi	1276
若望二十一世 John XXI	佩卓・朱利亞諾 Pedro Juliano	1276-1277
尼各老三世 Nicholas III	吉歐梵尼・蓋塔諾・歐西尼 Giovanni Gaetano Orsini	1277-1280
瑪爾定四世 Martin IV	西蒙・德・布里 Simon de Brie	1281-1285

教宗稱號	本　名	在位日期
和諾理四世 Honorius IV	賈科莫・薩維利 Giacomo Savelli	1285-1287
尼各老四世 Nicholas IV	吉洛拉莫・瑪西 Girolamo Masci	1288-1292
策肋定五世 Celestine V	皮卓・德爾・莫羅尼 Pietro del Morrone	1294
博義八世 Boniface VIII	畢尼德多・凱塔尼 Benedetto Caetani	1294-1303

第十五章

教宗稱號	本　名	在位日期
本篤十一世 Benedict XI	尼柯洛・波卡西諾 Niccolo Boccasino	1303-1304
克萊孟五世 Clement V	柏川・德・賈特 Bertrand de Got	1305-1314
若望二十二世 John XXII	賈克・篤斯 Jacques Duèse	1316-1334
尼古拉五世（對立教宗） *Nicholas V (antipope)*	皮卓・萊納篤奇 Pietro Rainalducci	1328-1330
本篤十二世 Benedict XII	雅克・福尼爾 Jacques Fournier	1334-1342
克萊孟六世 Clement VI	皮爾・羅傑 Pierre Roger	1342-1352
依諾增爵六世 Innocent VI	艾提・奧貝爾 Etienne Aubert	1352-1362
烏爾巴諾五世 Urban V	吉奧姆・德・格里莫 Guillaume de Grimoard	1362-1370
額我略十一世 Gregory XI	皮爾羅吉・德・伯佛 Pierre-Roger de Beaufort	1370-1378

第十六章

教宗稱號	本　名	在位日期
烏爾巴諾六世 Urban VI	波托洛梅・皮亞諾 Bartolomeo Prignano	1378-1389
克勉七世（對立教宗） *Clement VII (antipope)*	日內瓦的羅伯特 Robert of Geneva	1378-1394

教宗稱號	本　名	在位日期
博義九世 Boniface IX	皮卓・塔莫切里 Pietro Tomacelli	1389-1404
本篤十三世（對立教宗） *Benedict XIII (antipope)*	佩卓・德・魯納 Pedro de Luna	1394-1417
依諾增爵七世 Innocent VII	卡斯莫・金泰爾・戴・米格拉提 Cosimo Gentile dei Migliorati	1404-1406
額我略十二世 Gregory XII	安喬洛・科洛 Angelo Correr	1406-1415
歷山五世（對立教宗） *Alexander V (antipope)*	皮卓・費勒奇 Pietro Philarghi	1409-1410
約翰二十三世（對立教宗） *John XXIII (antipope)*	巴達賽瑞・卡薩 Baldassare Cossa	1410-1415
瑪爾定五世 Martin V	歐登・科隆納 Oddone Colonna	1417-1431
克勉八世（對立教宗） *Clement VIII (antipope)*	吉爾・桑奇斯・穆尼斯 Gil Sanchez Munoz	1423-1429
本篤十四世（對立教宗） *Benedict XIV (antipope)*	伯納德・加里爾 Bernard Garier	1425- ？
恩仁四世 Eugenius IV	加布萊爾・康道莫 Gabriele Condulmer	1431-1447
費利克斯五世（對立教宗） *Felix V (antipope)*	薩瓦的阿梅迪奧八世 Amadeus VIII of Savoy	1439-1449

第十七章

尼各老五世 Nicholas V	托馬索・佩查里 Tommaso Parentucelli	1447-1455
嘉禮三世 Calixtus III	阿方索・德・博賈（波吉亞） Alfonso de Borja (Borgia)	1455-1458
庇護二世 Pius II	埃尼斯・席維斯・皮科洛米尼 Aeneas Silvius Piccolomini	1458-1464
保祿二世 Pius II	皮卓・巴波 Pietro Barbo	1464-1471

教宗稱號	本　名	在位日期
西斯篤四世 Sixtus IV	法蘭斯科・德拉・羅維爾 Francesco della Rovere	1471-1484
依諾增爵八世 Innocent VIII	傑巴蒂斯塔・席波 Giambattistata Cibo	1484-1492

第十八章

亞歷山大六世 Alexander VI	羅吉戈・波吉亞 Rodrigo Borgia	1492-1503
庇護三世 Pius III	法蘭斯科・托德席尼—皮科洛米尼 Francesco Todeschini-Piccolomini	1503
儒略二世 Julius II	朱利亞諾・德拉・羅維爾 Giuliano della Rovere	1503-1513

第十九章

李奧十世 Leo X	喬凡尼・德・梅迪奇 Giovanni de' Medici	1513-1521
哈德良六世 Hadrian VI	安卓亞・佛倫斯・戴鐸 Adrian Florensz Dedal	1522-1523
克萊孟七世 Clement VII	朱利奧・德・梅迪奇 Giulio de' Medici	1523-1534

第二十章

保祿三世 Paul III	亞歷山卓・法內西 Alessandro Farnese	1534-1549
儒略三世 Julius III	吉歐梵尼・馬利亞・丘吉・德爾・蒙提 Giovanni Maria Ciocchi del Monte	1550-1555
瑪策祿二世 Marcellus II	馬賽羅・喬維尼 Marcello Cervini	1555
保祿四世 Paul IV	姜皮卓・柯拉法 Giampietro Carafa	1555-1559
庇護四世 Pius IV	吉歐梵尼・安喬洛・梅迪奇 Giovanni Angelo Medici	1559-1565

教宗稱號	本　名	在位日期
庇護五世 Pius V	米薛・吉斯里 Michele Ghislieri	1566-1572
額我略十三世 Gregory XIII	余戈・邦卡帕尼 Ugo Boncompagni	1572-1585
西斯篤五世 Sixtus V	弗利斯・佩瑞提 Felice Peretti	1585-1590
烏爾巴諾七世 Urban VII	金巴蒂斯塔・卡斯塔納 Giambattista Castagna	1590
額我略十四世 Gregory XIV	尼可勒・史方卓提 Nicolo Sfondrati	1590-1591
依諾增爵九世 Innocent IX	吉歐梵尼・安東尼・法西內提 Giovanni Antonio Fachinetti	1591
克萊孟八世 Clement VIII	伊帕利多・阿杜布蘭迪 Ippolito Aldobrandini	1592-1605

第二十一章

李奧十一世 Leo XI	亞歷山卓・德・梅迪奇 Alessandro de' Medici	1605
保祿五世 Paul V	卡米洛・波吉西 Camillo Borghese	1605-1621
額我略十五世 Gregory XV	亞歷山卓・盧德維西 Alessandro Ludovisi	1621-1623
烏爾巴諾八世 Urban VIII	瑪菲歐・巴貝尼 Maffeo Barberini	1623-1644
依諾增爵十世 Innocent X	金巴蒂斯塔・潘費里 Giambattista Pamfili	1644-1655
亞歷山大七世 Alexander VII	法比歐・奇吉 Fabio Chigi	1655-1667
克萊孟九世 Clement IX	古利歐・羅斯皮利歐西 Giulio Rospigliosi	1667-1669
克萊孟十世 Clement X	艾米利・阿特利 Emilio Altieri	1670-1676

教宗稱號	本　　名	在位日期
依諾增爵十一世 Innocent XI	貝內代托・奧代斯卡基 Benedetto Odescalchi	1676-1689
亞歷山大八世 Alexander VIII	皮卓・歐多博尼 Pietro Ottoboni	1689-1691
依諾增爵十二世 Innocent XII	安東尼奧・皮納塔利 Antonio Pignatelli	1691-1700

第二十二章

教宗稱號	本　　名	在位日期
克萊孟十一世 Clement XI	吉安・法蘭斯科・奧巴尼 Gian Francesco Albani	1700-1721
依諾增爵十三世 Innocent XIII	麥可蘭喬洛・德・康提 Michelangelo de' Conti	1721-1724
本篤十三世 Benedict XIII	皮卓・弗蘭斯科・歐西尼—格拉維納 Pietro Francesco Orsini-Gravina	1724-1730
克萊孟十二世 Clement XII	洛倫佐・科西尼 Lorenzo Corsini	1730-1740
本篤十四世 Benedict XIV	帕斯洛・羅倫佐・蘭伯提尼 Prospero Lorenzo Lambertini	1740-1758

第二十三章

教宗稱號	本　　名	在位日期
克萊孟十三世 Clement XIII	卡洛・德拉・多瑞・瑞瑟尼科 Carlo della Torre Rezzonico	1758-1769
克萊孟十四世 Clement XIV	羅蘭索・甘根諾 Lorenzo Ganganelli	1769-1774
庇護六世 Pius VI	吉奧凡尼・安喬洛・布拉斯奇 Giovanni Angelo Braschi	1775-1799

第二十四章

教宗稱號	本　　名	在位日期
庇護七世 Pius VII	巴納巴・奇爾蒙提 Barnaba Chiaramonti	1800-1823
李奧十二世 Leo XII	安納貝・賽瑪提・德拉・根加 Annibale Sermattei della Genga	1823-1829
庇護八世 Pius VIII	范查斯科・賽維洛・卡斯提隆 Francesco Saverio Castiglione	1829-1830

教宗稱號	本　名	在位日期
額我略十六世 Gregory XVI	伯洛梅・奧伯特・卡佩拉 Bartolomeo Albreto Cappellari	1831-1846

第二十五章

庇護九世 Pius IX	賈瓦尼・馬利亞・瑪斯塔—佛拉提 Giovanni Maria Mastai-Ferretti	1846-1878

第二十六章

李奧十三世 Leo XIII	喬奇諾・文森佐・佩奇 Gioacchino Vincenzo Pecci	1878-1903
庇護十世 Pius X	朱塞佩・薩托 Giuseppe Sarto	1903-1914
本篤十五世 Benedict XV	賈科莫・德拉・基沙 Giacomo della Chiesa	1914-1922

第二十七章

庇護十一世 Pius XI	阿奇利・拉提 Achille Ratti	1922-1939
庇護十二世 Pius XII	尤金・派契利 Eugenio Pacelli	1939-1958

第二十八章

若望二十三世 John XXIII	安傑洛・朱塞佩・龍嘉利 Angelo Giuseppe Roncalli	1958-1963
保祿六世 Paul VI	喬凡尼・巴提斯塔・蒙提尼 Giovanni Battista Montini	1963-1978
若望・保祿一世 John Paul I	阿爾比諾・盧恰尼 Albino Luciani	1978
若望・保祿二世 John Paul II	嘉祿・沃伊蒂瓦 Karol Wojtyla	1978-2005
本篤十六世 Benedict XVI	若瑟・拉辛格 Joseph Ratzinger	2005-2013
方濟各 Franciscus	豪爾赫・馬利奧・貝戈利奧 Jorge Mario Bergoglio, S.J.	2013-

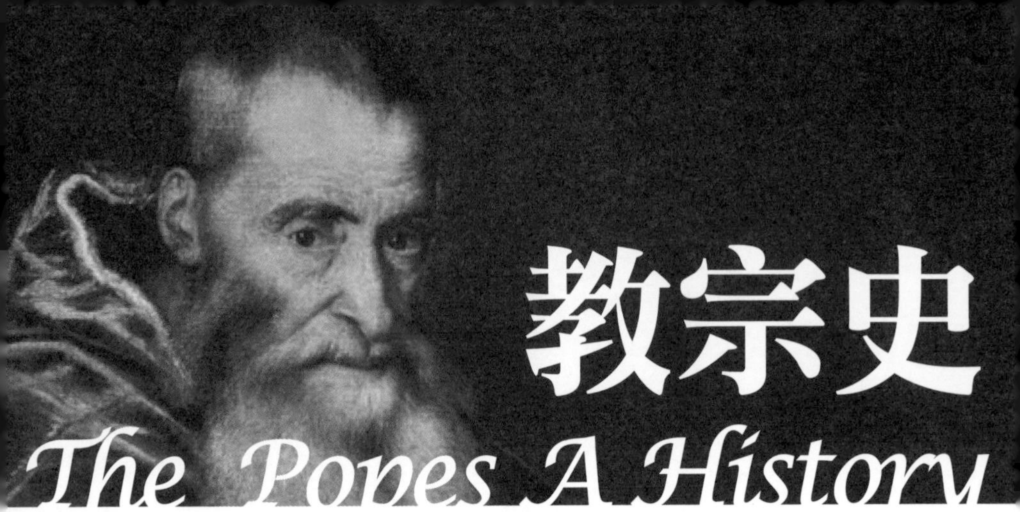

作　　者　約翰‧朱利斯‧諾里奇(John Julius Norwich)
譯　　者　黃書英
責任編輯　沈昭明
社　　長　郭重興
發行人暨出版總監　曾大福
出　　版　廣場出版
發　　行　遠足文化出版事業有限公司
231新北市新店區民權路108-2號9樓
電　　話　(02) 2218-1417
傳　　真　(02) 8667-1851
客服專線　0800-221-029
E-Mail　service@bookrep.com.tw
網　　站　http://www.bookrep.com.tw/newsino/index.asp
法律顧問　華洋國際專利商標事務所　蘇文生律師
印　　刷　前進彩藝股份有限公司
初版一刷　2019年12月
定　　價　650元

國家圖書館出版品預行編目(CIP)資料

教宗史 / 約翰.朱利斯.諾里奇(John Julius Norwich)著 ; 黃書英譯.
初版. -- 新北市 : 廣場出版 : 遠足文化發行, 2019.12
面；　公分

譯自 : The popes : a history
ISBN 978-986-97989-9-0(平裝)
1.教宗傳記 2.天主教 3.歷史
249.9371　　108020224